Vorwort

Band 2 der Lehrwerkreihe »All inclusive« deckt die Lernfelder 3 und 7 des Lehrplans für den Ausbildungsberuf Tourismuskaufmann/-frau (Kaufmann/-frau für Privat- und Geschäftsreisen) ab und qualifiziert die Auszubildenden, Destinationen und Reiseformen unter Berücksichtigung des Spannungsverhältnisses zwischen Ökonomie und Ökologie zielgruppenorientiert zu vermarkten.

Lernfeld 3 zeigt die Tourismusentwicklung weltweit und in Deutschland unter sozialen, wirtschaftlichen und ökologischen Aspekten auf. Die Charakterisierung von Reisetypen und die Beschreibung von Attraktivitätsfaktoren der von deutschen Urlaubern präferierten Destinationen, vermitteln das Handwerkszeug für einen kundenorientierten Beratungsprozess.

Lernfeld 7 stellt die im Lehrplan genannten Destinationen im Hinblick auf die geografischen, klimatischen, historischen und kulturellen Gegebenheiten so dar, dass die Auszubildenden in ihrer Funktion als *»Urlaubsscouts«* den Anforderungen im Massen- und Individualtourismus gerecht werden können. Eine zentrale Rolle nehmen die Merkmale der Reiseformen ein, die in den einzelnen Kapiteln ausführlich beschrieben und anhand der Destinationsbeispiele erläutert werden. Die detaillierten Beschreibungen der Destinationen in diesem Band sollen außerdem der guten Vorbereitung auf das fallbezogene Fachgespräch in der Abschlussprüfung dienen. Ergänzt wird das Lernfeld durch eine Trainingseinheit Preisberechnung auf der Grundlage von Veranstalterkatalogen.

Zur Veranschaulichung und zum geografischen Verständnis enthält das Buch eine Fülle an Fotos und Kartenmaterial. Ein Glossar beleuchtet grundlegende Begriffe der Touristik, die in den Kapiteln des Buches Verwendung finden.

Wie in allen weiteren Bänden der Lehrwerkreihe »All inclusive« sichern umfangreiche Aufgaben nach jedem Kapitel den Lernfortschritt. In diese sind Fragestellungen integriert, die mit Hilfe von für den Band angefertigten und online abgelegten Stummkarten zu lösen sind.

Sommer 2012

Joanna Hagemeyer

Lernfeld 3

Rahmenbedingungen touristischer Dienstleistungen analysieren 7

Lernfeld 7

Veranstalterreisen vermitteln 179

Lernfeld 3

Rahmenbedingungen touristischer Dienstleistungen analysieren

Tourismus ist ein wichtiger, sich dynamisch entwickelnder Wirtschaftszweig, dessen rasantes Wachstum auf die politische Liberalisierung, innovative Transport- und Systemtechnologie und neue Wertehaltung zurückzuführen ist. Mit der zunehmenden wirtschaftlichen und sozialen Bedeutung der Tourismusbranche hat sich aber auch ein zunehmendes Spannungsverhältnis zwischen Ökonomie und Ökologie entwickelt (▸ Fachwissen Tourismus Band 1, LF 1, Kapitel 1).

Während das Motiv der Erholung vermehrt in den Hintergrund tritt, sind Urlaubsreisen heutzutage vorwiegend ein Ausdruck des persönlichen Lebensstils und ein Instrument zur Selbstverwirklichung.

Dies hat zur Entwicklung neuer Reiseformen geführt. Entsprechend ist der heutige Expedient „Destinationsscout und *Lifestyle*berater". Vor diesem Hintergrund sind Kenntnisse über die unterschiedlichen Freizeit- und Reisemotive, über Reisearten sowie Reiseformen unterschiedlicher Zielgruppen einerseits und andererseits Kenntnisse über die klimatischen, geografischen, kulturellen und politischen Gegebenheiten der meistbesuchten Urlaubsgebiete innerhalb und außerhalb Deutschlands unabdingbar.

1 Touristische Rahmenbedingungen

Die **Ursprünge des Tourismus** führen bis in die Antike zurück: Schon damals verreisten reiche Römer und Griechen zum Vergnügen zu besonderen Ereignissen, wie z. B. den Olympischen Spielen, oder zum Erholen in Form einer **Kurreise** in Parks und Bäder.

Im Mittelalter hatten Messe- und Pilgerreisen einen ausgeprägt symbolischen Charakter. Viele Gläubige besuchten »Heilige Orte« wie Rom und Jerusalem.

Die **Bildungsreise** wurde während des späten Mittelalters, gegen Ende des 17. Jahrhunderts, zum Trend. Junge Adelige reisten auf mehreren Etappen durch ganz Europa, um Sprache und Menschen verschiedener Kulturen kennen zu lernen. Daraufhin bildete sich entlang der Wegstrecken eine **Art erste »touristische Infrastruktur«** mit Herbergen und Gaststätten aus.

Als dann zu **Beginn des 19. Jahrhunderts** auch die ärmeren Bevölkerungsschichten das Reisen begannen, entstanden erste Reiseanbieter, die den Leuten Urlaubsreisen in nahe und ferne Länder anboten. Etwa zu diesem Zeitpunkt wich der Adel auf weniger klassische Zielgebiete, wie z. B. das Meer, aus und unternahm die ersten Schiffsweltreisen.

Die am 5. Juli 1841 von Thomas Cook für englische Arbeiter organisierte Bahnreise von *Leicester* nach *Loughborough* war der **Beginn der Pauschalreise,** denn erstmals waren die einzelnen Kosten (Fahrt und Verpflegung) im Gesamtpreis inbegriffen.

Seit im **Jahr 1963 Erholungsurlaub** in Deutschland gesetzlich festgeschrieben wurde, treten viele deutsche Bürger mindestens einmal im Jahr eine Urlaubsreise an.

Abb. Historisches Reiseplakat

1.1 Wirtschaftliche und soziale Bedeutung der Tourismusbranche

Der **Tourismus** zählt heute weltweit zu den größten und am stärksten wachsenden Wirtschaftssektoren:

- **Europa** ist im internationalen Tourismus mit großem Abstand unangefochtener **Marktführer**.
- Über 50 Prozent der international touristischen Ankünfte zählte **Europa.**

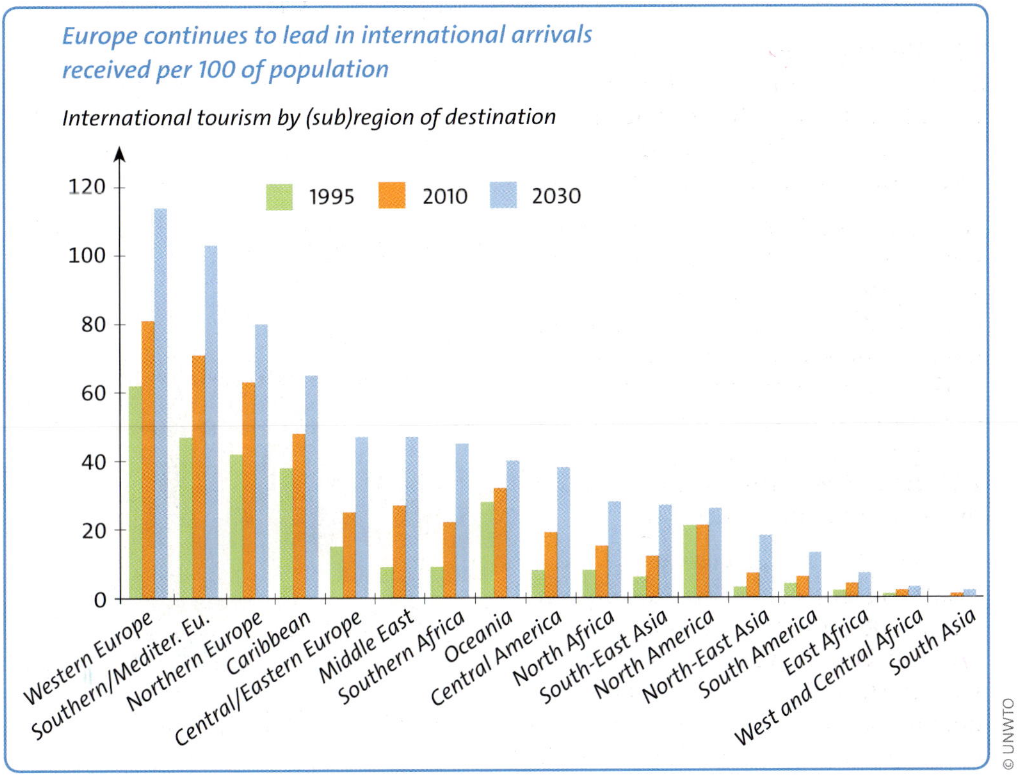

Abb. Internationaler Tourismus in den Destinationsregionen

Die Völker verbindende und gleichzeitig äußerst wichtige wirtschaftliche Funktion des weltweiten Tourismus steht heute außer Zweifel. Für viele Länder gilt der **internationale Tourismus als wichtige Devisenquelle,** da er als Export von Dienstleistungen eingestuft wird und hohe Einnahmen verspricht. Diese Einnahmen sind jedoch »verzerrend«, da in der Regel ausländische Kapitalimporte, wie die Einfuhr von Konsumgütern, Werbung in den jeweiligen Herkunftsländern und Devisenkosten für Investitionsgüter der Tourismusindustrie nötig sind, und somit die Leistungsbilanz um einiges relativieren.

In den Destinationen generiert der Tourismus Beschäftigung und führt so zu Einkommen mit dem entsprechenden Multiplikatoreffekt, der sich nicht zuletzt in einer Verbesserung der Gesamtinfrastruktur widerspiegelt.

Tourismusdefinition

Die ***United Nations World Travel Organization*** **(UNWTO)** definiert Tourismus folgendermaßen: »*Tourism is a social, cultural and economic phenomenon which entails the movement of people to countries or places outside their usual environment for personal or business/professional purposes. These people are called visitors (which may be either tourists or excursionists; residents or non-residents) and tourism has to do with their activities, some of which imply tourism expenditure.*«

www.unwto.org (Stand 04/12)

Die **Europäische Kommission** lehnt sich an diese Definition an: »Tourismus ist die Tätigkeit von Personen, die zu Orten außerhalb ihrer gewohnten Umgebung reisen und sich dort höchstens ein Jahr lang zu Urlaubs-, geschäftlichen oder anderen Zwecken aufhalten.«

Europäische Gemeinschaften, Amtsblatt Nr. L 009 vom 15/01/1999

Tourismusformen

Die UNWTO unterscheidet weiterhin folgende **Tourismusformen** *(engl. Tourism Classification):*

Tourism may be classified into the following types:

- ***Inbound international tourism*** – *visits to a country by nonresidents of that country*
- ***Outbound international tourism*** – *visits by the residents of a country to another country*
- ***Internal tourism*** – *visits by residents of a country to their own country*
- ***Domestic tourism*** – *inbound international tourism and internal tourism*
- ***National tourism*** – *internal tourists and outbound international tourism*

Daneben differenziert die UNWTO nach **touristischen Ausprägungen,** wie z. B.:

- ***Cultural tourism*** *includes urban tourism, visiting historical or interesting cities, such as Berlin, London, Paris, Delhi, Rome, Prague, Beijing, Kyoto, Warsaw, and experiencing their cultural heritages.*
- ***Heritage tourism*** *visiting historical cities (Athens, Cracow) or industrial sites, such as old canals, railways, battlegrounds, etc.*

- ***Inclusive tourism*** *tourism marketed to those with functional limits or disabilities. Referred to as »Tourism for All« in some regions. Destinations often employ Universal Design and Universal Destination Development principles.*

Für die verschiedenen Ausprägungen sind u. a. **Standard- und *Dynamic Package*-Angebote** zu entwickeln, die einen spezifischen Zusatznutzen für die jeweiligen Kundentypen bereitstellen.

1.2 Das touristische Angebot

Das touristische Angebot kann generell in **zwei Segmente** gegliedert werden:

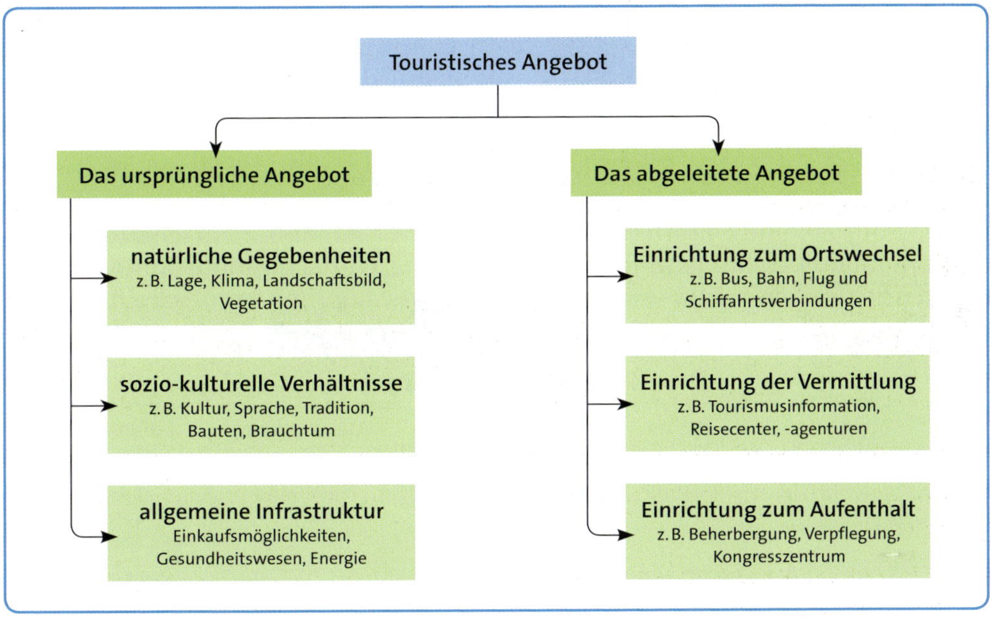

Abb. Segmente des touristischen Angebotes

- Unter dem **originären touristischen Angebot (natürliches Angebot)** werden diejenigen Faktoren verstanden, die nicht unmittelbar von Reiseveranstaltern zur touristischen Bedürfnisbefriedigung beansprucht werden können, der Destination aber Charakter und die notwendige Infrastruktur verleihen.
- Die **originären »Produzenten« der touristischen Dienstleistung des abgeleiteten Angebotes** sind die Beherbergungsbetriebe (z. B. Hotels), die Verkehrsträger (z. B. Fluggesellschaften, Bahnen) und die Unternehmen der touristischen Infrastruktur in den Zielgebieten, wie z. B. Theater oder Schwimmbäder. Vielfach werden deren Leistungen von Reiseveranstaltern und kommunalen Tourismus-Informationsstellen gebündelt und als neue, eigenständige »*Packages*« offeriert.

MERKE

Touristische Leistungen
Wesentliche Merkmale der touristischen Leistungen sind ihre Immaterialität (Nichtlagerfähigkeit), die Potenzialorientierung des Anbieters und die Einbeziehung des Kunden.

Die **potenzialorientierte Sichtweise** stellt die Leistungsfähigkeit bzw. die Leistungsbereitschaft des Reiseveranstalters heraus. Im Rahmen von *Dynamic Packaging* ist der Reiseveranstalter in der Lage ein touristisches Leistungsbündel flexibel aus unterschiedlichen Quellen innerhalb eines interaktiven Produktionsprozesses zu erstellen.

Die Wertschöpfungskette des Tourismus

An der Erstellung einer komplexen touristischen Leistung, die verschiedene Bestandteile hat, sind eine Vielzahl von Unternehmen beteiligt.

Die Erstellung reicht z.B. von der Buchung der Reise im Reisebüro, über die Organisation durch den Reiseveranstalter, der Beförderung durch Transportunternehmen, der Unterbringung in den Beherbergungsbetrieben, bis hin zu der Versorgung und Unterhaltung der Touristen. Gemeinsam erschaffen Reisevermittler und Leistungsträger eine **touristische Wertschöpfungskette** die zwischen direkter, indirekter und induzierter Wertschöpfung unterscheidet.

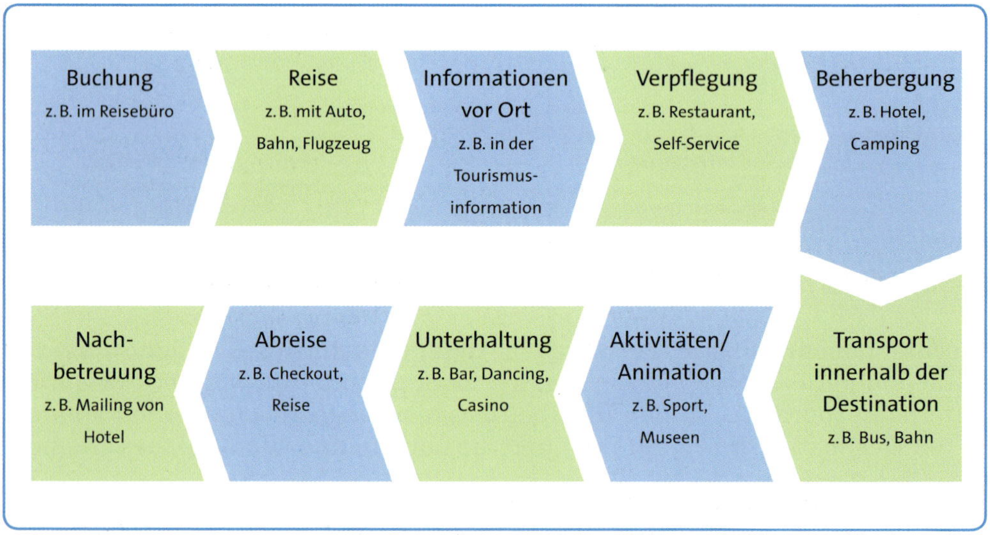

Abb. Wertschöpfungskette des Tourismus

Die **direkte Wertschöpfung** bezeichnet die unmittelbaren Auswirkungen des Tourismus, die durch die Anwesenheit der Touristen in der Destination erzielt werden. Hiervon profitieren vor allem Reiseveranstalter,

Reisevermittler, das Transportwesen (Transport zum Urlaubsort sowie innerhalb der Region), Beherbergungsbetriebe in der Zieldestination, *Incoming*-Agenturen und weitere am Tourismus direkt beteiligte Leistungsträger. Die Nachfrage nach diesen touristischen Leistungen führt zu weiteren wirtschaftlichen Impulsen **(indirekte Wertschöpfung).** Ein Hotel z.B. benötigt aufgrund der touristischen Nachfrage Getränke, Lebensmittel, Reinigungsmittel als auch Dienstleistungen von Dritten (z.B. Banken und Telekommunikationsunternehmen). Diese indirekte Nachfrage ergibt sich aber erst aufgrund der touristischen Nachfrage. Die Beschäftigten der am Tourismus beteiligten Unternehmen geben ihr Einkommen wiederum für Dienstleistungen und Güter aus. Dies führt zu der **induzierten Wertschöpfung**.

MERKE

Multiplikatoreffekt
Die direkte Wertschöpfung aus dem Tourismus führt zu einem Multiplikatoreffekt, der sich in indirekter und induzierter Wertschöpfung äußert.

Corporate Social Responsibility

Das heutige Verständnis von ***Corporate Social Responsibility* (CSR)** basiert auf der **Pyramide von *Carroll*,** nach der das gesamte Engagement des Unternehmens, welches über die gesetzlichen Rahmenbedingungen hinausgeht, auf der Basis von ökonomischer und rechtlicher Verantwortung aufgebaut wird.

Abb. Ebenen der unternehmerischen Verantwortung (Pyramide nach *Caroll*, 1996)

CSR ist »… ein Konzept, das den Unternehmen als Grundlage dient, auf freiwilliger Basis soziale Belange und Umweltbelange in ihre Unternehmenstätigkeit und in die Wechselbeziehungen mit den *Stakeholdern* zu integrieren. […] Sozial verantwortlich handeln heißt nicht nur, die gesetzlichen Bestimmungen einhalten, sondern über die bloße Gesetzeskonformität hinaus »mehr« investieren in Humankapital, in die Umwelt und in die Beziehungen zu anderen *Stakeholdern*. […]«.

Grünbuch der Europäischen Kommission 2001: Europäische Rahmenbedingungen für die soziale Verantwortung der Unternehmen

Der unternehmerische Ansatz eines CSR eröffnet neue **Dimensionen der touristischen Leistungserstellung:**

Menschenrechte und Arbeitsschutz	▸ faire Arbeitsbedingungen, ▸ Existenz sicherndes Einkommen inkl. der notwendigen Sozialversicherungen, ▸ Gleichstellung von Frauen und Männern, ▸ Schutz der Kinder vor sexueller und wirtschaftlicher Ausbeutung, ▸ Beachtung gesetzlicher Arbeitsrechte
Umweltverträglichkeit sowie ökologische und soziale Produktentwicklung	▸ betrieblicher Umweltschutz, ▸ sparsamen Ressourcenverbrauch, ▸ umweltschonende An- und Abreise sowie Transport vor Ort, ▸ Reisedauer entsprechend der Reiseentfernung wählen, ▸ CO_2-Kompensation, ▸ Bevorzugung von Reisezielen mit nachweisbaren Umweltschutz und Menschenrechtsstandards
Lokale Gemeinschaften	▸ Achtung der Gesellschaft, Kultur sowie der Bedürfnisse der lokalen Bevölkerung im Reiseland, ▸ Partizipation der Einheimischen an der Ausgestaltung und den wirtschaftlichen Erträgen des Tourismus, ▸ Beschäftigung von Angestellten aus der Region und Förderung der Ausbildung, ▸ Steuerzahlung, ▸ Sponsoring
Geschäftspartner	▸ Unternehmen in der Zieldestination, die die Sozial- und Umweltstandards erfüllen, werden ausgewählt, ▸ Existenz sichernde Preise an die Zulieferer zahlen, ▸ Beziehungen zu den *Stakeholdern* sind geprägt von gegenseitigem Respekt, Verlässlichkeit, Transparenz und Rechenschaft

Tab. Beispiele von CSR-Dimensionen

Corporate Social Responsibility bezieht sich auf das **Kerngeschäft des Reiseveranstalters** und fokussiert die Bedingungen, unter denen touristische Leistungen produziert werden.

Zu den **Themen Wertschöpfungskette und *Customer Relationship Management* (CRM)** können Sie auch in ▸ Fachwissen Tourismus Band 1, LF 4, Kapitel 3.2 und 3.3 weiter lesen.

1.3 Touristische Kennzahlen und Informationsquellen

Es gibt viele **touristische Indikatoren,** die über das Reiseverhalten Auskunft geben. Sie sind häufig so zielgruppenspezifisch, dass an dieser Stelle nur auf ausgewählte Indikatoren eingegangen wird.

Tourismusintensität

Zur Berechnung dieses Indikators wird die Zahl der Ankünfte oder der Übernachtungen in einer Region in das Verhältnis gesetzt zur Zahl der dort lebenden Bevölkerung. Damit liefert der Wert eine Schätzung des Tourismuspotentials. Die **Tourismusintensität** dient als **Indikator für die relative Bedeutung,** die der Tourismus für eine Region besitzt. An ihr lässt sich das wirtschaftliche Gewicht des Tourismus besser ablesen als an der absoluten Zahl der Übernachtungen.

Als absolute Größe wird sie je nach der Bevölkerung einer Region auf 1000 bzw. 100 Einwohner bezogen. Im **Hinblick auf die Nachhaltigkeit von Tourismus** ist sie auch ein Indikator für die vom Tourismus möglicherweise ausgehende Belastung.

$$\text{Tourismusintensität (absolut)} = \frac{\text{(B2B-Übernachtungen + B2C-Übernachtungen)}}{\text{Einwohnerzahl d. Destination}} \cdot 1000$$

Durchschnittliche Aufenthaltsdauer

Die **Zahl der Übernachtungen** in einer Region setzt sich zusammen aus der **Zahl der Besucher** und ihrer **durchschnittlichen Aufenthaltsdauer.** Jeder der beiden Faktoren ist von dem Charakter der jeweiligen Region abhängig. So sind Städte- und Geschäftsreisen von einer kürzeren Aufenthaltsdauer als der Aufenthalt in typischen Urlaubsregionen.

In den **Beherbergungsbetrieben** ergibt sie sich rechnerisch aus der Beherbergungsstatistik, indem die Anzahl der Übernachtungsnächte durch die Anzahl der Ankünfte dividiert wird.

$$\text{Durchschnittliche Aufenthaltsdauer} = \frac{\text{Anzahl der Übernachtungen}}{\text{Anzahl der Ankünfte}}$$

Häufig erfolgt hier eine Unterscheidung nach inländischen und ausländischen Gästen, die auch nach Herkunftsländern spezifiziert werden.

Reiseintensitäten

Die **Reiseintensität** oder Bruttoreiseintensität berücksichtigt den Anteil der Reisen an **der Gesamtbevölkerung**.

$$\text{Bruttoreiseintensität} = \frac{\text{Anzahl der Reisen}}{\text{Gesamtbevölkerung}} \cdot 100$$

Die **Urlaubsreiseintensität** (Nettoreiseintensität) berücksichtigt nur den **Anteil der Bevölkerung** ab 14 Jahre **(reisende Personen)**, der in einem Jahr mindestens eine Urlaubsreise mit einer **Dauer von mindestens 5 Tagen** unternimmt.

$$\text{Nettoreiseintensität (\%)} = \frac{\text{reisende Personen}}{\text{Gesamtbevölkerung}} \cdot 100$$

Die Urlaubsreiseintensität erfasst nur Reisen unter den oben genannten Prämissen, dass bedeutet, Kurzreisen bis zu 4 Tagen werden nicht erfasst.

Reisehäufigkeit

Sie beschreibt die durchschnittliche Zahl der Reisen pro gereister Person (Reisendem). Die Reisehäufigkeit ist ein **Indikator für den Reisekonsum** und somit das Verbindungselement zwischen beiden Reiseintensitäten.

$$\text{Reisehäufigkeit} = \frac{\text{Reisen}}{\text{Person}} \text{ bzw. } \frac{\text{BRI}}{\text{NRI}}$$

Die Reisehäufigkeit ist u. a. ein Indikator für den heute stattfindenden »kurzen« Reisekonsum.

Das Zahlenmaterial zur Berechnung der touristischen Indikatoren wird zum Teil bereits ausgearbeitet und u. a. von den **folgenden Institutionen** zur Verfügung gestellt:

Welttourismusorganisation (UNWTO)	Sie stellt zahlreiche Publikationen im Bereich Tourismus zur Verfügung.
F.U.R – Forschungsgemeinschaft Urlaub und Reisen e.V.	Die FUR ist eine neutrale Interessengemeinschaft der in- und ausländischen Nutzer von Tourismusforschung in Deutschland und Träger der jährlich durchgeführten Reiseanalyse.
Deutscher Reisemonitor	Er erfasst alle In- und Auslandsreisen der Deutschen ab einer Übernachtung sowie neben den Urlaubsreisen auch alle Geschäfts- und sonstige Privatreisen.
World Travel Monitor	Er ist weltweit die größte touristische Datenbank mit vergleichbaren Reisedaten zum Auslandsreisevolumen und Auslandsreiseverhalten der Europäer, Amerikaner und Asiaten.
Deutscher Kundenmonitor	Hier werden u. a. die Serviceprofile ausgewählter Branchen (z. B. Kundenservice der Reisebüros) in kompakter Zusammenfassung veröffentlicht.
Die Stiftung für Zukunftsfragen von *British American Tobacco*	Das B.A.T Freizeit-Forschungsinstitut veröffentlicht u. a. Tourismusanalysen.
Der Deutsche ReiseVerband e.V. (DRV)	Er veröffentlicht u. a. Analysen zum Reisemarkt.
Deutscher Tourismusverband e.V.	Die wichtigsten Kennzahlen des Deutschlandtourismus stellt der DTV jährlich in seiner Broschüre »Zahlen-Daten-Fakten« zusammen.
Statistisches Bundesamt (Destatis)	Das Bundesamt stellt zahlreiche Publikationen im Bereich Tourismus zur Verfügung.
Eurostat	Das »Europäische Statistische System« stellt zahlreiche Publikationen im Bereich Tourismus speziell auf Europa bezogen zur Verfügung.

Tab. Übersicht Informationsquellen

Laut Reiseanalyse 2011 der **F.U.R (Forschungsgemeinschaft Urlaub und Reisen e.V.)** unternahmen im Jahr 2010 insgesamt 75,7 Prozent der deutschen Bevölkerung eine Urlaubsreise von wenigstens fünf Tagen Dauer. Zudem liegen die Kurzurlaubsreisen im Trend: Mit 57,6 Prozent liegt die Reiseintensität deutlich höher als im Vorjahr. Insgesamt gab es 86 Millionen Kurzurlaubsreisen mit zwei bis vier Tagen Länge.

Urlaubsreisekennziffern

		2000	2009	2010*	2010*	
		Deutsche	Deutsche	deutschsprachig	deutschsprachig, darin: Deutsche	Ausländer
5+ Tage	Basis: Bevölkerung ab 14 J. (Mio.)	63,8	64,8	70,5	64,8	5,7
	Urlaubsreiseintensität (in % d. Bev.)	75,9	75,7	**75,7**	75,1	81,6
	Urlaubsreisende (Mio.)	48,4	49,0	**53,4**	48,7	4,7
	Urlaubsreisen (Mio.)	62,2	64,8	**69,5**	63,6	5,8
2 bis 4 Tage	Basis: Bevölkerung 14 bis 70 J. (Mio.)	-	55,7	60,8	55,2	5,5
	Kurzurlaubsreiseintensität (in % d. Bev.)	-	53,5	**57,6**	57,5	58,3
	Kurzurlaubsreisende (Mio.)	-	29,8	**35,0**	31,8	3,2
	Kurzurlaubsreisen (Mio.)	-	74,1	**86,0**	79,7	6,3

* Erweiterung der Grundgesamtheit der RA 2011

RA ReiseAnalyse 2011

Abb. Urlaubsreisekennziffern

Quelle: Reiseanalyse 2011 der F.U.R

Der zunehmend härtere Wettbewerb in der Reisebranche und die momentan häufig auftretenden politischen Unruhen und Naturkatastrophen zum Teil auch in beliebten Urlaubsgebieten, lässt die Urlauber verschiedene Möglichkeiten sehen, ihre Bedürfnisse zu befriedigen. Sie entscheiden sich für ein **anderes Zielgebiet** oder ändern ihre **Reiseform** (► Kapitel 2.4).

Laut **Reiseanalyse 2011 der F.U.R** stehen hinter der beständigen Zahl von Urlaubsreisen »Reise erfahrene, sehr regelmäßig reisende und urlaubsmotivierte Personen«, die tendenziell flexibler in Ihrer Auswahl des Reiseziels und der Reiseform sind denn je. Das bedeutet, Reiseziele und -formen werden zunehmend austauschbarer und erhalten die Stabilität des Gesamtmarktes.

Für Sie als Touristikkaufmann/-frau bringt dieser Trend einen **Vorteil für die Beratung:** Kennen Sie die Merkmale und die wichtigsten Verkaufsargumente für die verschiedenen Reiseformen, können Sie diese flexibel für geeignete Destinationen anwenden und kombinieren (sofern grundlegende Gegebenheiten und spezifische Angebote für die Reiseform in dem Zielgebiet vorhanden sind).

BEISPIEL

Spezifische Angebote

- Um eine »Golfreise« anzubieten, benötigt das Reiseziel Golfplätze.
- Für einen »Cluburlaub« müssen in dem Urlaubsgebiet entsprechende Unterkünfte, die so genannten »Clubhotels« vorhanden sein.
- »Sprachreisen« können nur in Reisezielen mit entsprechenden Sprachschulen angeboten werden.
- »Badereisen« sind nur dann sinnvoll, wenn das Urlaubsziel Gewässer vorweisen kann.

Viele Zielgebiete wollen flexibler auf die individuellen Nachfragen des Marktes reagieren können und **erweitern** aufgrund dessen ihre touristischen Leistungen mit zielgruppengerechten und variablen Angeboten für Urlaubsreisende. Es werden z.B. Golfplätze oder künstliche Gewässer angelegt, »Clubhotels« gebaut oder Sprachschulen eingerichtet.

MERKE

Verbreitertes Angebot

Durch die Erweiterung des Angebots sprechen die Destinationen folglich ein größeres Spektrum an Zielgruppen an als zuvor. Für Sie als Tourismuskaufmann/-frau hat das zur Folge, dass Sie jegliche Reiseformen für viele Zielgebiete anbieten können.

1.4 Zeitzonen – so tickt die Welt

Ursprünglich verfügte jede größere Region bzw. Siedlung über ihre eigene Uhrzeit, die auf den Sonnenstand abgestimmt war; hatte die Sonne ihren scheinbar höchsten Punkt erreicht, war es 12 Uhr mittags. Das Aufkommen eines geregelten Verkehrsaufkommens (z.B. der Eisenbahn) und die Einführung entsprechender Fahrpläne machte eine umfangreiche Regelung der Uhrzeiten in verschiedenen Ländern, später auf der Welt, notwendig.

Auf der **Internationalen Meridian Konferenz 1884 in *Washington, D.C.*** wurde dazu die Erde zunächst in 24 Stundenzonen von je 15 Längengraden aufgeteilt und, um die Weltzeit berechnen zu können, der ***Greenwich-Meridian*** als Nullmeridian festgesetzt. Ein Meridian verbindet alle Orte, an denen die Sonne zur gleichen Zeit den höchsten Punkt am Himmel einnimmt. Bei jeder Erdumdrehung erreicht die Sonne alle vier Minuten einen Meridian, jeder 15. Meridian bildet somit rein mathematisch betrachtet eine **Zeitzone** (einen Zeitabstand von 60 Minuten), so dass der Zeitunterschied von einer Zeitzone zur nächsten eine Stunde beträgt.

Bei der Bildung der **tatsächlichen Zeitzonen** wurde jedoch von den Meridianen abgewichen (z. B. bei der Festlegung der Mitteleuropäische Zeitzone), um administrativen (Staatsgrenzen) und kulturellen Zusammengehörigkeit bestimmter Gebiete Rechnung zu tragen. Dies hatte zur Folge, dass einige Destination, die entlang desselben Meridians liegen, über verschiedene Uhrzeiten und Zeitzonenbezeichnungen verfügen.

MERKE

Eine Zeitzone
Eine Zeitzone ist ein Abschnitt der Erdoberfläche zwischen zwei geografischen Längen mit einem Abstand von 15 Grad, in dem zu einem bestimmten Zeitpunkt das gleiche Datum und die gleiche Uhrzeit gelten.

Heute werden die Zeitzonen über die **Koordinierte Weltzeit UTC** (wobei UT für *Universal Time* steht und der Zusatz C für *coordinated*) angegeben, die nach dem Nullmeridian, der durch *Greenwich*/London verläuft, ausgerichtet ist.

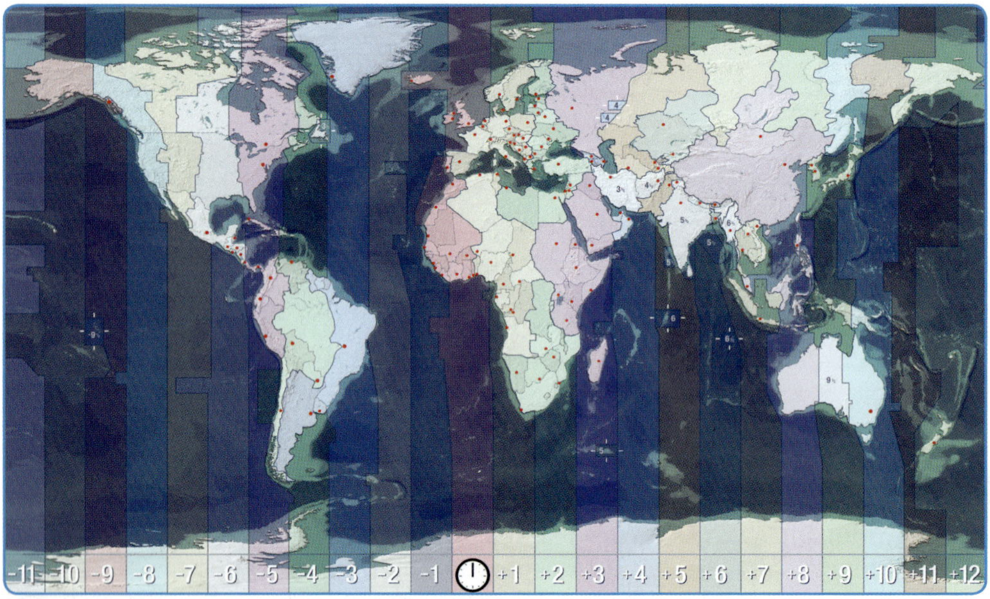

Abb. Die Zeitzonen der Erde

Die Zeiten in den anderen Zeitzonen ergeben sich durch Addition bzw. Subtraktion einer ganzzahligen Anzahl von Stunden, je nach ihrem (mittleren) Abstand vom »nullten« Längengrad. Ausgehend vom Nullmeridian in Richtung Osten schreitet die Weltzeit bis zum 180sten Längengrad voran, in Richtung Westen dreht man die Zeit zurück. Am 180sten Längengrad befindet sich die Datumsgrenze, entsprechend verliert man einen Tag, wenn diese in Richtung Westen überschritten wird bzw. gewinnt man einen Tag, wenn diese in Richtung Osten überschritten wird.

In Deutschland gilt, wie in den meisten EU-Staaten, als gesetzliche Zeit die **Mitteleuropäische Zeit (MEZ)**. Ausgehend von der »koordinierten Weltzeit« gilt im Winter die MEZ (UTC +1) und in den Sommermonaten (MESZ, UTC +2), die Mitteleuropäische Sommerzeit. Bei Ländern auf der Südhalbkugel erfolgt der Wechsel zur dortigen Sommerzeit in unserem Herbst und zurück im (Nord-) Frühling.

BEISPIEL

Flugzeitberechnung

Bei einem Flug von Deutschland nach Thailand werden zu der bei uns geltenden MEZ sechs Stunden bzw. bei MESZ fünf Stunden hinzugezählt (UTC +7) um die aktuelle Uhrzeit vor Ort zu erhalten.

In Ländern mit großer Ost-West-Ausdehnung gelten häufig mehrere Zeitzonen. So besitzt zum Beispiel Russland 11 Zeitzonen und die USA sechs. Hingegen hat China, dessen Territorium etwa über vier Zeitzonen reicht, trotz seiner Ausdehnung nur eine Zeitzone festgelegt.

1.5 Klimazonen der Erde

Das **Klima** auf unserer Erde ist nicht überall gleich. Das liegt daran, das bestimmte Klimaelemente- und Faktoren in verschiedenen Regionen der Erde unterschiedlich stark ausgeprägt sind.

Klimaelemente und Klimafaktoren

Klimaelemente sind Einzelerscheinungen, die durch Messgeräte an den Wetterstationen oder durch Beobachtungen fortlaufend erfasst werden und das Wetter an unterschiedlichen Orten charakterisieren. Die Summen dieser Messwerte über einen längeren Zeitraum »ergeben« das eigentliche Klima.

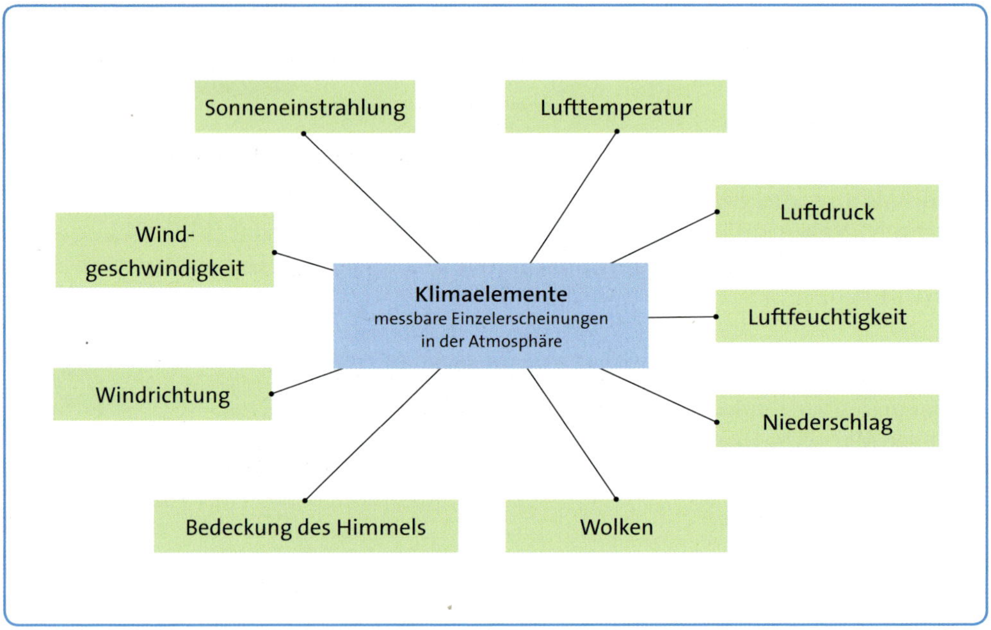

Abb. Klimaelemente in der Erdatmosphäre

Die Klimaelemente bzw. das tägliche Wetter werden von den **Klimafaktoren** beeinflusst. Klimafaktoren sind:

- **die geografische Breite** – Die Breitengrade bestimmen im Wesentlichen die Temperaturen eines Ortes. Am Äquator sind die Sonneneinstrahlungen stärker als an Nord- und Südpol, daher ist es dort wärmer als an den Polen.
- **die Lage zum Meer** – Gebiete am Meer sind i. d. R. von mehr Niederschlag betroffen, haben allerdings geringere Temperaturschwankungen als das Binnenland. Das Meer nimmt vereinfacht gesagt im Sommer die warmen Temperaturen auf und speichert sie und gibt sie im Winter wieder an die Luft ab.
- **die Lage zu Gebirgen/Höhenlage** – Die Temperaturen nehmen mit zunehmender Höhe ab.
- **Bodenbedeckung** – In Städten geschieht die Erwärmung aufgrund der asphaltierten Straßen und der vielen Gebäude schneller als bei landschaftlichen Räumen.

nach: »Wovon ist das Klima abhängig? – Klimafaktoren« Matthias Forkel.2008

Solarzonen, Klimatypen und Klimaregionen

Die Erde kann aufgrund der unterschiedlichen Einfallswinkel des Sonnenlichtes und der damit ausgelösten Temperaturunterschiede in diverse Gebiete eingeteilt werden, in die so genannten **Solarzonen.** Diese Zonen sind einem gleichartigen Klima ausgesetzt und verlaufen in Streifen parallel zum Äquator. Grundsätzlich wird unterschieden in: Tropen, gemäßigte Zone und polare Zone.

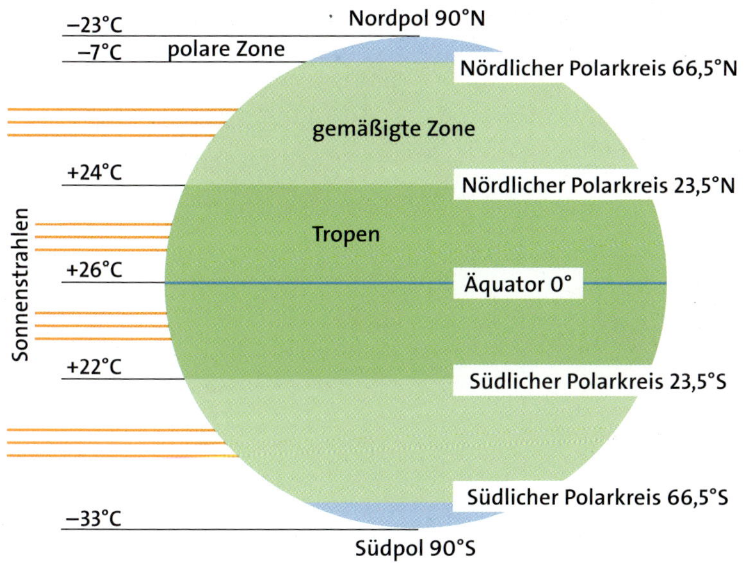

Abb. Solarzonen der Erde

Da die Ausprägungen der Klimafaktoren in einigen Regionen innerhalb einer Solarzone dennoch unterschiedlich stark sind, ist eine alleinige Einteilung der Erde in Solarzonen nicht sinnvoll.

Daher wird die Erde zusätzlich in **Klimazonen und Klimatypen** eingeteilt die entschieden von den Klimafaktoren beeinflusst werden und durch die Klimaelemente bestimmbar sind.

Klimaklassifikation MERKE

Die Möglichkeit die Erde hinsichtlich dieser drei Aspekte einteilen zu können bezeichnet sich als Klimaklassifikation. Es wird dabei zwischen der effektiven und der genetischen Klimaklassifikation unterschieden.

- Die **effektive Klassifikation** basiert auf Zusammenhängen zwischen Klimaelementen und Vegetation.
- Die **genetische Klassifikation** beruht auf dern allgemeinen Zirkulationsbewegungen in der Erdatmosphäre.

An folgender Abbildung und Tabelle sehen Sie ein Beispiel der genetischen Klimaklassifikation vereinfacht nach *Ernst Neef*, bei dem Regionen der Erde aufgrund ihrer Lage innerhalb eines bestimmten Windgürtels einer bestimmten **Klimazone** zugeordnet und dann in **Klimatypen** unterteilt werden.

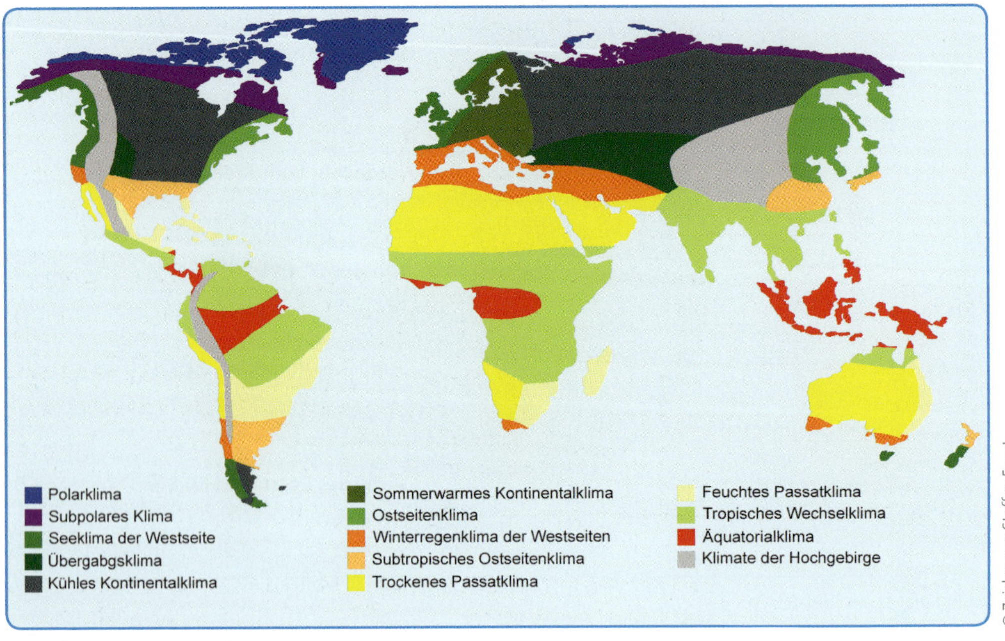

Abb. Klimatypen der Erde

Die folgende Tabelle entstand in Anlehnung an die Internetseite
▸ www.m-forkel.de/klima (Stand 11/2011).

Klimazone	Winde	Klimatyp	Temperaturen und Niederschläge	Vegetationszone
Polare Klimazone	Polare Ostwinde	Polarklima	T sehr niedrig – kurz über dem Gefrierpunkt N ganzjährig gering	Polare Eiswüste
Subpolare Klimazone	S Außertropische Westwinde, W Polare Ostwinde	Subpolares Klima	T ganzjährig gering, nur im kurzen S über dem Gefrierpunkt N gering, im S höher	Tundra (Moose, Flechten, Zwergsträucher)

Klimazone	Winde	Klimatyp	Temperaturen und Niederschläge	Vegetationszone
Gemäßigte Klimazone	Außertropische Westwinde	Seeklima der Westseiten	T gemäßigt mit mäßigen Schwankungen, Max im S N ganzjährig, Max im W	Sommergrüne Laub- und Mischwälder
		Übergangsklima	T gemäßigt, mäßige nach Osten zunehmende Schwankungen, Max im S N ganzjährig, im S erhöht	
		Kühles Kontinentalklima	T kühl gemäßigt, starke Schwankungen N ganzjährig mit Max im S	Taiga (borealer Nadelwald)
		Sommerwarmes Kontinentalklima	T warmgemäßigt mit starken Schwankungen N unregelmäßig	Winterkalte Steppen, Halbwüsten und Wüsten
		Ostseitenklima	T gemäßigt mit großen Schwankungen, Max im S, W kalt N ganzjährig, Max im S	Sommergrüne Laub- und Mischwälder, Steppen, Tundra
Subtropische Klimazone	S Subtropischer Hochdruckgürtel, W Außertropische Westwinde	Winterregenklima	T warmgemäßigt, mäßige Schwankungen, Max im S N im W (Winterregen)	Hartlaubgewächse
		Subtropisches Ostseitenklima	T warmgemäßigt, mäßige Schwankungen, Max im S, W relativ kühl N ganzjährig, bes. im S	Lorbeerwald, Subtropischer Feuchtwald
Passatklimazone	Passatwinde	Trockenes Passatklima	T hoch, Max im S N kaum/kein	Passatwüsten
		Feuchtes Passatklima	T hoch, mäßige Schwankungen, Max im S N im Sommer, W trocken	Tropische Regenwälder, Subtropische Feuchtwälder, Feucht- und Trockensavannen
Tropische Wechselklimazone	S Innertropische Konvergenzzone, W Passatwinde	Tropisches Wechselklima	T ganzjährig hoch, mit zwei Max N nur in Regenzeit	Dornenstrauch-, Trocken- und Feuchtsavanne
Äquatoriale Klimazone	Innertropische Konvergenzzone	Äquatorialklima	T ganzjährig hoch Tageszeitenklima: Größere tägliche Schwankungen als jährliche N ganzjährig hoch	Tropischer Regenwald
Klimate der Hochgebirge	Mit zunehmender Höhe nehmen die Temperaturen ab, es bilden sich unterschiedliche Klima- und Vegetationsstufen, die so genannten Höhenstufen.			

Tab. Klimazonen und Klimatypen der Erde

S: Sommer, W: Winter, T: Temperaturen, N: Niederschläge, Max: Maximum

AUFGABEN

1. Die Pauschalreise ist heute eine wohl bekannte Art der Reisegestaltung. Doch wer ist eigentlich ihr Erfinder? In welchem Rahmen und wann fand die erste Pauschalreise statt?

2. Bitte »werfen Sie einen Blick« auf die Urlaubskennziffern der Reiseanalyse der F.U.R. (► Abb. in Kapitel 1.3):
   a) Welche Art der Urlaubsreise liegt laut Reiseanalyse der F.U.R. momentan voll im Trend? Nennen Sie zwei Beispiele für diese Art der Urlaubsreise.
   b) Betrachten Sie die Abbildung genau. Wie viele Urlaubs- und Kurzurlaubsreisen umfasst der deutsche Urlaubstourismus insgesamt?

3. »Reiseformen und die dazu gehörigen Destinationen werden zunehmend untereinander austauschbar. Dies jedoch erhält die Stabilität des Gesamtreisemarktes.« Nehmen Sie mit Hilfe der Beantwortung folgender Fragen Stellung zu dieser Aussage.
   a) Warum werden die Reiseformen und -ziele zunehmend austauschbarer? Welche Gründe stecken dahinter?
   b) Welche wirtschaftlichen Ausmaße haben die Gründe für das betroffene Reiseland?
   c) Wie wirkt sich der Wandel im Reiseverhalten der Reisenden aus? Wie reagieren die Reisenden auf die Veränderung?
   d) Warum erhält die Austauschbarkeit des Reisezieles und der Reiseform Ihrer Meinung nach die Stabilität des Gesamtreisemarktes?
   e) Erläutern Sie in diesem Zusammenhang, wie Destinationen auf diesen Wandel der Nachfrage reagieren.
   f) Welche Auswirkungen hat das letztlich für Sie als Tourismuskaufmann/-frau?

4. Welcher Längengrad hat die größte zeitliche Abweichung von der UTC-Zeit?

5. Warum wird der 180. Längengrad als Datumsgrenze bezeichnet?

2 Vorbereitungen für die zielgruppenorientierte Kundenberatung

Die Voraussetzung für eine erfolgreiche zielgruppenorientierte Kundenberatung ist eine gute Vorbereitung. Verschaffen Sie sich zu diesem Zweck einen Überblick über die verschiedenen Faktoren, die auf die **Reisenachfrage** Ihrer Kunden Einfluss nehmen. Stellen Sie sich hierzu die Frage: Welche Faktoren spielen eine Rolle bei Reiseverhalten und Kaufentscheidung meines Kunden?

In erster Linie spielt selbstverständlich das Reiseziel selbst eine entscheidende Rolle. Jede touristische Region hat eine gewisse Anzahl an natürlichen und künstlich geschaffenen Attraktionen vorzuweisen, die von den Reisenden zur »Besichtigung« oder zum »Erleben« aufgesucht werden. Ihre Summe ergibt die **Gesamtattraktivität der Destination**. Viel Einfluss auf die Attraktivität der Destination hat dabei der »Zustand der Umwelt« vor Ort. Daher fördert der Tourismus die in vielen Regionen der Erde zur Bewahrung der Natur eingerichteten **Schutz- und Naturgebiete nachhaltig**. Doch dient der Tourismus der Umwelt nicht immer förderlich. Ein negatives Beispiel ist der in vielen Reiseregionen der Erde bereits herrschende Massentourismus.

Touristische Label verweisen auf die Qualität ausgewählter touristischer Produkte und heben somit ebenfalls deren Attraktivität hervor, während sie zeitgleich als Werbeeffekt dienen.

Eine grundsätzliche Entscheidung, die Ihre Kunden für den Urlaub treffen müssen, ist die Auswahl der **Reiseform**. Die vorhandene Vielfalt an Reiseformen resultiert letztendlich aus den unterschiedlichen **Reisemotiven**, die – genau wie der **Reisetyp** Ihres Kunden selbst – ebenfalls entscheidende Beweggründe für das Reiseverhalten darstellen.

Die folgenden Unterkapitel enthalten weiter gehende Informationen zu den genannten **Einflussfaktoren auf die Reisenachfrage**. Sie sollten Sie für das Kundenberatungsgespräch beachten bzw. in dieses einfließen lassen.

2.1 Attraktivitätsfaktoren von Reisezielen

Eine touristische Region wird in der touristischen Fachsprache als **Destination** (übersetzt: **Reiseziel**) (► Fachwissen Tourismus Band 1, LF 1) bezeichnet.

Destinationen können eine ganz unterschiedliche geografische Größe besitzen. Wichtig für eine Destination ist in erster Linie die Existenz einiger Grundvoraussetzungen, die Übernachtung, Gastronomie und Unterhaltung ermöglicht. Dies wird als die **touristische Infrastruktur** einer Destination bezeichnet.

Destination BEISPIEL

Die türkische Riviera ist ein bestimmter geografischer Abschnitt der Türkei, aber eine eigene Destination, da die Region zahlreiche Unterkünfte und Unterhaltung z. B. in Form von Sport- und Freizeitangeboten in den Ferienorten bietet.

Die Grundvoraussetzungen, die ein Reiseziel benötigt um Urlauber anzulocken und um damit gleichzeitig den Reiseverkehr anzukurbeln, werden als **Attraktivitätsfaktoren** bezeichnet. Grundsätzlich wird bei touristischen Reisezielen zwischen natürlichen und künstlichen Attraktivitätsfaktoren unterschieden.

- Naturräumliche und klimatische Gegebenheiten stellen die Grundlage bei der Entscheidungsfindung des Reiseziels dar und gehören dem **natürlichen Attraktivitätsprofil** einer Urlaubsregion an. Der Kunde überlegt sich ob er in eine warme und niederschlagsarme Region reisen möchte, ob er Gewässer oder das Landesinnere einer Destination bevorzugt.
- **Künstliche Attraktivitätsfaktoren** sind unter anderem die oben aufgeführte touristische Infrastruktur sowie Freizeiteinrichtungen, aber auch soziokulturelle Merkmale und die Sicherheit eines Reiseziels.

Natürliche Attraktivitätsfaktoren	Künstliche Attraktivitätsfaktoren
Klima (Sonnenstunden, Regentage, Niederschlagsmenge, Temperaturen)	**Touristische Infrastruktur** (Erreichbarkeit/Beförderung, Einreise, Verkehrswege, Hotellerie, Gastronomie)
Naturräumliche Gegebenheiten (Berge, Seen, Meer, Strände, Vulkane)	**Freizeiteinrichtungen** (Sport- und Spieleinrichtungen, Einkaufsmöglichkeiten, Ausflugsmöglichkeiten, Ausgehmöglichkeiten, Unterhaltungsmöglichkeiten)
Flora und Fauna (seltene Pflanzen- und Tierwelt)	**Soziokulturelle Faktoren** (Menschen, Geschichte, Kultur und Kunst)
Gesundheit (verbreitete Erkrankungen im Zielgebiet und daraus resultierende Impfbestimmungen)	**Sicherheit** (Politische Lage der Urlaubsregion, Medizinische Versorgung vor Ort)

Tab. Natürliche und künstliche Attraktivitätsfaktoren einer Destination

Bringen Sie die Faktoren in die zielgerichteten Gespräche (Verkaufsgespräche ► Fachwissen Tourismus Band 1, LF 4), die Sie mit Ihren Kunden führen ein, denn Attraktivitätsfaktoren einer Destination sind wichtige **Beratungskriterien für Sie als Tourismuskaufmann/-frau und zugleich bedeutende Entscheidungskriterien für Ihren Kunden**, da sie Kundenwünsche und somit auch Reisemotiven (► Kapitel 2.5) nachkommen. Genau gesagt helfen sie Ihnen bei der Beschreibung eines Reiseziels und Ihrem Kunden bei der Auswahl der Destination und/ oder einer Reiseform.

Nutzung der Attraktivitätsfaktoren eines Zielgebietes

BEISPIEL

Die Destination Rotes Meer wirbt mit qualitativ guten Tauchbasen. Ein Kunde, der das Reisemotiv »Tauchen« verfolgt, springt auf diesen beworbenen Attraktivitätsfaktor an und möchte das Reiseziel gern bereisen.
Das Ehepaar Rose möchte einen Badeurlaub über das Reisebüro buchen und erkundigt sich bei Ihnen nach einer Destination, die sie auch im September bereisen können. Sie möchten auf jeden Fall im Meer baden und eine kurze Fluganreise haben. Sie empfehlen dem Paar die Balearischen Inseln, da die Bademöglichkeit aufgrund des warmen Klimas gegeben ist und die Inseln von Deutschland in weniger als drei Stunden zu erreichen sind.

2.2 Touristische Label

In vielen Bereichen des Tourismus werden so genannte »Label« für die Erfüllung von **(Qualitäts-) Anforderungen**, die von einer Organisation festgelegt und ausgeschrieben werden, vergeben. Für den Begriff »Label« werden unterschiedliche Benennungen wie »Güte- oder Qualitätssiegel«, »Prädikat« oder »Zertifikat« verwendet.

Hat ein Produkt oder eine Dienstleistung die Anforderungen nach einer Prüfung erfüllt, erhält es zur Auszeichnung ein leicht wieder erkennbares »Symbol«, das in Prospekten oder auf anderen Kommunikationswegen veröffentlicht wird. Positive Auszeichnungen haben einen bedeutenden Werbeeffekt, da potenzielle Kunden anhand des Labels die erwartete Qualität oder Dienstleistung abschätzen können und somit eine gewisse Sicherheit erhalten.

Aus diesem Grund bilden erworbene Label, die von einer Destination vermarktet und gefördert werden, einen **wichtigen Attraktivitätsfaktor**. Reisende orientieren sich an diesen Auszeichnungen und entscheiden sich im besten Fall für die Destination bzw. das Produkt mit dem erworbenen Label.

Blaue Flagge

© Deutsche Gesellschaft für Umwelterziehung e.V. (gilt auch für weitere Grafiken)

Die ***Blaue Flagge*** ist ein exklusives **Öko-Gütesiegel**, das seit 1987 jedes Jahr an Strände, Badestellen und Sportboothäfen vergeben wird. Um die **Auszeichnung** der *Blauen Flagge* zu erhalten, müssen hohe Anforderungen bezüglich der Wasserqualität und des Umweltmanagements erfüllt werden.

Standardisierte Sicherheits- und Serviceaspekte sowie Entsorgungsbereiche für (Sonder-) Abfälle und Abwasser müssen beachtet und jährlich neu nachgewiesen werden. Im Jahr 2011 wehten 3.511 *Blaue Flaggen* in 41 Ländern weltweit. Weitere Informationen gibt es im Internet unter: ► www.blaue-flagge.de

Internationale Tauchschulen PADI, CMAS, SSI

Die zertifizierenden und weltweit operierenden Ausbildungsorganisationen **PADI** *(Professional Association of Diving Instructions)*, **CMAS** *(Confédération Mondial des Activités Subaquatiques)* oder **SSI** *(Scuba Schools International)* sind ein Beweis für Sicherheit und Qualität während der Tauchgänge.

Tauchschulen und -basen auf der ganzen Welt zertifizieren sich durch die Mitgliedschaft in den internationalen Tauchschulen und bieten ihren Gästen somit Tauchen auf sicherem und qualitativ hohem Niveau an.

Qualitätsweg Wanderbares Deutschland

Qualitätsweg Wanderbares Deutschland

Für die Bewertung wird ein Wanderweg in 4 km-Abschnitte unterteilt. In jedem Abschnitt wird der Weg anhand von 23 Wahlkriterien und 9 Kernkriterien untersucht. Bei den Wahlkriterien führt die Erfüllung der Grenzwerte zur Vergabe von jeweils 1 oder 2 Punkten. Für das Prädikat sind pro 4 km-Abschnitt 11 Punkte aus den Wahlkriterien notwendig. Über die Gesamtstrecke müssen alle Kernkriterien erfüllt werden. […]

Wahlkriterien-Kategorien:
Wegeformat (Wegführung, Belag, Breite)
Wanderleitsystem/Besucherlenkung (Wegweisung, Markierung)
Natur/Landschaft (Naturattraktionen, Landschaftsformationen)
Kultur (Regionale Sehenswürdigkeiten, Baudenkmäler)
Zivilisation (Gasthäuser, Haltepunkte ÖPNV, Parkplätze, Umfeld)

Kernkriterien:
Ein »Qualitätsweg Wanderbares Deutschland« muss die Kernkriterien komplett erfüllen.

1. natur belassene Wege	mindestens 35 % der Gesamtstrecke
2. schlecht begehbare Wege	höchstens 5 % der Gesamtstrecke höchstens 1.500 m am Stück

3. Verbunddecken	höchstens 20 % der Gesamtstrecke höchstens 3.000 m am Stück
4. auf befahrenen Straßen	höchstens 3 % der Gesamtstrecke höchstens 300 m am Stück
5. neben befahrenen Straßen	höchstens 10 % der Gesamtstrecke höchstens 3.000 m am Stück
6. nutzerfreundliche Markierung	100 % der Gesamtstrecke
7. Abwechslung	mind. 2 Formationswechsel auf 8 km
8. Erlebnispotential	mind. 4 Punkte auf 8 km aus den Wahlkriterien 13 – 19
9. intensiv genutztes Umfeld	höchstens 10 % der Gesamtstrecke höchstens 3.000 m am Stück

© Deutscher Wanderverband 2009 www.wanderbares-deutschland.de

Der Qualitätsweg ist ein **Prädikat für Wanderwege** in Deutschland, das vom **Deutschen Wanderverband im Rahmen eines Kooperationsprojektes mit dem Deutschen Tourismusverband e. V.** vergeben wird. Bereits 76 Wege erfüllen die geforderten Kern- und die bewerteten Wahlkriterien.

Wellness im Kurort ®

Der DHV (Deutsche Heilbäderverband) zertifiziert *Wellness*einrichtungen in Kurorten mit dem Qualitätssiegel **Wellness im Kurort®**. Die Klassifikation gibt dem Kunden eine gewisse Qualitäts- und Servicesicherheit der Einrichtung (► LF 7, Kapitel 3).

Weitere Informationen finden Sie unter: ► www.deutscher-heilbaederverband.de

Deutsches Wellness Zertifikat

Eine weitere Zertifizierung von *Wellness*hotels und *Wellness*einrichtungen wird von dem **Deutschen Wellness Verband** übernommen. Er vergibt die Prädikate je nach Erfüllungsgrad der Prüfung mit

- GUT (50–74 %)
- SEHR GUT (75–89 %)
- EXZELLENT (90–100 %).

Weitere Informationen: ► www.wellnessverband.de

2.3 Tourismus in Schutz- und Naturgebieten

»Die Natur braucht uns nicht – aber wir brauchen die Natur.«
(ARD Werbeslogan der 1980er)

Im Jahr 2010 fanden 27 Prozent aller Urlaubsreisen in »ursprünglichen Umgebungen« statt (Quelle: F.U.R. 2011). Das bedeutet, touristische Angebote, die das Entdecken der Eigenarten von Natur und Kultur ermöglichen, werden stärker nachgefragt. Viele Destinationen reagieren auf diesen Trend indem sie ihre landschaftlichen Gegebenheiten effizient bewerben, um einen höheren Bekanntheitsgrad zu erreichen und eine **stärkere touristische Nachfrage** zu erwecken. Nachweislich fördert die **Ausweisung von Naturgebieten** die touristische Attraktivität einer Region und zieht viele Reisende an, die die Natur möglichst nah, intensiv und ursprünglich erleben möchten. Diese Art von Reisenden akzeptiert in der Regel die Bewegungsfreiheiten und Einschränkungen in ökologisch sensiblen Gebieten und behandelt die Umgebung respektvoll. **Ziel der verschiedenen Schutz- und Naturgebiete** ist die Stärkung des Schutzzwecks sowie die Förderung des nachhaltigen Wirtschaftens und des Tourismus. In den meisten Fällen erhalten sie finanzielle Unterstützung seitens der Regierung und des Tourismus.

> **Attraktive Faktoren**
> Schutz und Naturgebiete sind somit attraktive Faktoren für den Tourismus, da sie dem Reisenden reizvolle Erlebnismöglichkeiten in und mit der Natur ermöglichen.
>
> MERKE

Naturschutzgebiet

Ein Naturschutzgebiet ist ein Gebiet, das einen besonderen Schutz von Natur und Landschaft erfordert, da außergewöhnlich seltene Biotope (Wälder, Gebirgs- und Moorlandschaften) oder bedrohte Tier- und Pflanzenarten in ihrem Verbreitungsgebiet erhalten bleiben sollen. Naturschutzgebiete und »sanfter« Tourismus (▸ Fachwissen Tourismus Band 1, LF 1) lassen sich in der Regel verbinden. Wander- und Fahrradwege, Kanutouren und viele weitere touristische Angebote ermöglichen Reisenden, bislang unberührte Natur zu erkunden.

Biosphärenreservat

Biosphärenreservate sind wertvolle Natur- und Kulturlandschaften, die sich über Jahrhunderte hinweg unter menschlicher Nutzung gebildet haben. In mehreren Staaten werden sie gesetzlich definiert, aber zum größten Teil von der UNESCO (▸ UNESCO-Welterbe) als international repräsentative Modellregion genutzt, die ein Gleichgewicht zwischen Mensch und Natur schafft. Ihr Zweck ist die **nachhaltige Entwicklung in ökologischer, ökonomischer und sozialer Hinsicht** (▸ Fachwissen Tourismus Band 1, LF 1).

© Dr. Arnulf Müller

Abb. UNESCO-Biosphärenreservat Rhön

Die natürlichen Rohstoffe, die Landschaftsstrukturen und die Artenvielfalt sollen durch die hier lebenden und wirtschaftenden Menschen schonend genutzt und geschützt werden. Die über 563 Biosphärenreservate in 110 Ländern (Stand: 06/2011) dienen zugleich als »Freilichtlabore« für den globalen Austausch von Forschungswissen und Umweltbeobachtungen. Die touristische Infrastruktur wie Unterkunfts- und Gastronomiebetriebe wird oftmals von der Destination gefördert, solange diese die spezifischen Merkmale der nachhaltigen Entwicklung und die Besonderheiten der Region berücksichtigen.

Nationalpark

Ein **Nationalpark** ist weltweit ein klar definiertes Schutzgebiet, das in erster Linie zum Schutz seiner typischen Lebensgemeinschaften (Ökosystemen) und zur Erholungszwecken entstanden ist. Die ausgedehnten Naturlandschaften beheimaten in der Regel verschiedene heimische Tier- und Pflanzenarten oder sogar seltene geologische Objekte wie z. B. die monolithischen Sandsteinformationen im *Monument Valley Nationalpark*, die vor **schädlichen menschlichen Eingriffen und vor Umweltverschmutzung geschützt** werden.

© Tourismusverband Ostbayern e. V. – Peter Auerbeck

Abb. Luchs im Bayerischen Wald

Spezielle Naturerfahrungs-, Forschungs-, Bildungs- und Erholungsangebote fördern die Maximierung der Artenvielfalt, die Begünstigung seltener Arten und den Erhalt von Kulturlandschaften. Anders als bei einem Biosphärenreservat, bei dem ein Gleichgewicht zwischen Mensch und Natur geschaffen wird, wird bei einem Nationalpark **jegliche Form menschli-**

chen Eingriffs so gering wie möglich gehalten. Vorhandene Ressourcen werden nicht genutzt, Agrar- und Forstwirtschaft wird nicht betrieben und Tourismus ist nur in »sanfter« Form vorzufinden, das bedeutet verkehrsmäßige Erschließungen sind auf ein Minimum reduziert und das Angebot zB. an Wanderwegen groß.

Naherholungsgebiet

Ein **Naherholungsgebiet** ist eine nicht bebaute Grün- und Freizeitoase, die oftmals in Form einer Parklandschaft, eines Waldes, einer Seenlandschaft, einem Flusstal oder einer Sportfläche in der Nähe von größeren Städten oder Ballungsgebieten liegt. Sie dienen der Bevölkerung und Besuchern der städtischen Region als ein Ort der Erholung und Freizeitgestaltung. Naherholungsgebiete locken auch mit touristischen Angeboten wie Wanderpfaden und Radwegen, die gerne von Städtereisenden als reizvolles Kontrastprogramm zum hektischen Treiben der Stadt wahrgenommen werden.

Wildreservat

Ein **Wildreservat** (lat. *reservatum* von *reservare* = aufbewahren) ist ein Gebiet, in dem viele Arten von seltenen und einheimischen Tieren geschützt leben und nicht gejagt werden dürfen.

Auch hier hat der Tourismus Einzug erhalten und führt Reisen in Form von Safaris oder Pirschgängen durch. Besucher der Reservate haben sogar die Möglichkeit in landestypischen, touristischen Unterkünften wie »Lodges« und »Rest Camps« (► LF 7, Kapitel 4.4.2) unterzukommen. Wildreservate gibt es sehr häufig in Afrika.

Abb. Löwe im Reservat

Korallenriff

Korallenriffe gehören zu den schönsten Naturwundern der Erde, sind jedoch ziemlich sensibel, da sie durch die Klimaerwärmung und durch die Entnahme von Korallen-Souvenirs bedroht sind.

Aus diesem Grund stehen einige **Korallenriffe unter strengem Naturschutz** und dürfen nicht berührt werden. Sie bieten Lebensraum für bis zu 400.000 Tier- und Pflanzenarten. Aufgrund ihrer Schönheit bieten die Riffe, die noch »betaucht« werden dürfen, eine **wirtschaftlich wertvolle Touristenattraktion** für die jeweilige Destination. Korallenriffe lassen sich unterscheiden:

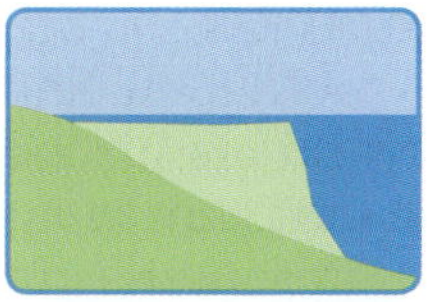

Der am meisten verbreitete Rifftyp ist das **Saumriff**, das, wie der Name schon sagt, die Küsten mit Korallenwachstum säumt (sehr stark an der Küste des *Roten Meeres* vertreten). Meistens bleibt die Breite des Riffs unter hundert Metern, die Länge hingegen kann viele Kilometer betragen.

Das deutlich weniger vorkommende **Barriereriff** (wie das *Große Barriereriff* von Australien) liegt weit vor der Küste, kann viele Kilometer breit werden und 30 bis 70 Meter in die Tiefe reichen.

Ein **Atoll** ist ein ringförmiges Riff, welches eine Lagune umschließt. Sehr bekannt für die Atolle, die ihr Wachstum in der Regel als Saumriffe um vulkanische Inseln beginnen, sind die Malediven. Verschwindet die Insel vollkommen, bleibt ein Ring aus Riffen zurück, der die Lagune umgibt. Eine Innenlagune ist durch Kanäle mit dem offenen Meer verbunden.

UNESCO-Welterbe

UNESCO steht für ***United Nations Educational, Scientific and Cultural Organization*** (übersetzt: Organisation der Vereinigten Nationen für Bildung, Wissenschaft und Kultur). Sie ist eine rechtlich selbstständige Organisation, in der momentan 193 Mitgliedsstaaten vertreten sind. Sie fördert die Zusammenarbeit zwischen den Völkern hinsichtlich Bildung, Wissenschaft und Kultur und trägt zur Wahrung des Friedens und der Sicherheit bei.

1972 verabschiedete die UNESCO ein international bedeutendes **Instrument zum Schutz der kulturellen und natürlichen Erben** einer Völkergemeinschaft. Die »Erben« sind Zeugnisse vergangener Kulturen, künstlerische Meisterwerke und einzigartige Naturlandschaften, dazu gehören unter anderem die Pyramiden Ägyptens, die Altstadt Wiens und der *Grand Canyon Nationalpark*.

Insgesamt umfasst die von der UNESCO geführte Liste des Welterbes in 151 Ländern 911 Denkmäler, aufgegliedert in **704 UNESCO Welt-Kulturdenkmäler** und **180 UNESCO Welt-Naturdenkmäler** und weitere 27 Denkmäler, die sowohl dem Kultur- als auch dem Naturerbe angehören. (Stand: 08/2010)

Exkurs: Massentourismus und Nachhaltiger Tourismus

In vielen Reisezielen, insbesondere im Mittelmeerraum, ist die touristische Form des **Massentourismus** weit verbreitet.

Typisch für den Massentourismus sind Pauschalreisen sowie das **konzentrierte Auftreten von Reisenden** an bestimmten Reisezielen. Gebiete, in denen Massentourismus herrscht, bieten den Urlaubern viele Einrichtungen und Arrangements, die sie von Zuhause kennen und im Urlaub nicht missen möchten, wie z. B. deutsches Essen, deutsche Ärzte, deutsche Zeitungen und deutschsprachiges Personal.

Massentourismus kann zu **schrittweiser Verdrängung der einheimischen Kultur** führen, da viele Reisende selten oder wenig an kulturellen Besonderheiten interessiert sind. Ferner hat der Massentourismus negative Auswirkungen auf die Naturräume einer Destination. Er zerstört die Flora und Fauna, da mehr und mehr touristische Einrichtungen wie z. B. Hotels oder Golfplätze erbaut werden.

Häufig gibt es in den Regionen, in denen der Massentourismus herrscht, ein überdurchschnittlich hohes Aufkommen an All inclusive-Verpflegungsangeboten. So populär diese Verpflegungsart derzeit auch ist, bringt es der Urlaubsdestination häufig gravierende Nachteile. Die touristische Infrastruktur (wie Restaurants und Souvenirläden) im Umland einer Clubanlage wird quasi ausgelöscht, da die Gäste ihr Hotel kaum verlassen (▸ Fachwissen Tourismus Band 1, LF 1, Kapitel 1.4.2).

Trotz alledem ist das All inclusive-Angebot der Hotels in den Massentourismusgebieten ein wichtiger Attraktivitätsfaktor für Reisende, da sich diese um Nichts kümmern müssen und ihren Reisepreis ziemlich genau kalkulieren können.

Der folgende Artikel von der größten unabhängigen Naturschutzorganisationen der Welt **WWF *(World Wide Fund For Nature)*** beschreibt beispielhaft die Auswirkungen, die der Massentourismus in den Zielgebieten mit sich bringt und macht deutlich, dass sich in der Reisebranche etwas ändern muss. Der **Nachhaltige Tourismus** (▸ Fachwissen Tourismus Band 1, LF 1, Kapitel 1.4) soll u. a. dazu beitragen, dass alle Teile der lokalen Bevölkerung von dem Reiseverkehr profitieren und dass die landestypischen Sitten und Bräuche von den Urlaubern akzeptiert und berücksichtigt werden.

Nachhaltig reisen – aber wie? Auch Sie können dazu beitragen, die Umweltbelastung durch Tourismus zu verringern

Endlose Sandstrände, schneebedeckte Berge, tiefblaue Meere und Seen ziehen seit jeher Erholungssuchende an. Längst sind Fernreisen durch Dumpingangebote auch für Otto-Normalverbraucher erschwinglich. Auf der Strecke jedoch bleibt oft die Natur.

Seit Jahren verteidigen die Deutschen mit über 60 Millionen Urlaubsreisen jährlich ihren Titel als »Reiseweltmeister«. Trotz Wirtschaftskrise: Der Druck auf die letzten Naturoasen weltweit nimmt weiter zu. Touristische Topziele wie die Mittelmeerregion machen schon lange nicht mehr nur wegen ihrer landschaftlichen Schönheit Schlagzeilen, sondern auch wegen schwerwiegender Umweltbelastungen. Verbaute Küsten, illegale Mülldeponien und ökologisch umgekippte Seen und Lagunen in beliebten Urlaubsregionen sind deutliche Zeichen einer verfehlten Entwicklung. Hinzu kommen weitere Umweltbelastungen, die weniger greifbar sind: Der Tourismus ist weltweit für rund fünf Prozent aller Treibhausgasemissionen verantwortlich. […]

Beispiel Thailand – Abwasserbelastung inklusive

Am Urlaubsort gehen die Umweltbelastungen weiter. Dass mit der Buchung eines erstklassigen Hotels in Thailand eine Abwasserbehandlung nach deutschem Standard »all inclusive« sei, ist eher Wunsch denn Realität. Häufig fließen Abwässer unbehandelt ins Meer oder versickern ins Grundwasser. Geruchsbelästigungen für Einheimische und Urlauber sind keine Seltenheit. Die Folgen für die Umwelt sind jedoch weitaus schlimmer: Die Abwässer sorgen für eine unkontrollierte Überdüngung der Gewässer: Algen wuchern und entziehen dem Meer den lebensnotwendigen Sauerstoff. Korallen sterben, Keime breiten sich aus. Das Ökosystem Meer wird instabil.

Das alles ist nicht allein ein thailändisches Phänomen. Weltweit werden heute noch Hotelanlagen errichtet, ohne entsprechende Kapazitäten zur Entsorgung von Brauchwasser und Müll bereit zu halten.

Beispiel Mittelmeer – zementierte Urlaubsträume

Nur ein paar Schritte vom Hotelzimmer bis zum Meer: Was auf den ersten Blick verführerisch klingt, ist nicht selten Ergebnis illegaler Aktivitäten. Gigantische touristische Anlagen und Ressorts werden oft gerade an solchen Strandabschnitten errichtet, die zur Bewahrung der Umwelt und der Natur klar als Schutzgebiet deklariert wurden. Die Rohbauten entstehen ohne Lizenzen und schaffen in Beton gegossene Tatsachen, deren Abriss im Nachhinein viel zu kostspielig würde. Das schnelle Geld ist zu verlockend und Investoren verschwinden nach Vollendung ihrer Bauwerke mit satter Rendite. Dem Bettenburgenbau geopfert werden zum Beispiel Wälder und Feuchtgebiete oder wichtige Brutplätze von Meeresschildkröten. Anderswo wird Meeressand abgegraben, um Baumaterial zu gewinnen.

Das tut der WWF

Doch auch das ist eine Tatsache: Ohne zahlende Touristen wären viele Naturregionen längst für andere Nutzungen zerstört worden. Tourismus als Lebensgrundlage der lokalen Bevölkerung schafft alternative Einkommen und Verständnis für Naturschutz. Wertvolle Lebensräume für Flora und Fauna können dadurch erhalten werden. Deshalb setzt sich der WWF für einen nachhaltigen, das heißt umwelt- und sozialverträglichen Tourismus ein und geht dabei mit guten Beispielen voran.

- **Umweltmanagement in Hotels verbessern**

In einem Pilotprojekt an der *Riviera Maya* in Mexiko arbeitet die Umweltstiftung gemeinsam mit der *Tour Operators' Initiative for Sustainable Tourism Development* (TOI) und der lokalen Organisation MARTI (*Mesoamerican Reef Tourism Initiative*) mit großen Hotelanlagenbetreibern an einer Reduzierung des Wasser- und Energieverbrauchs und an der langfristigen Etablierung eines Umweltmanagements für einen effizienteren und sparsameren Umgang mit allen Ressourcen. Zusammen mit der dortigen Tourismusindustrie kümmert sich der WWF auch um den Erhalt der für den Küstenschutz dringend notwendigen Mangrovenwälder Mexikos. Sie sollen nicht mehr für touristische Anlagen abgeholzt und dafür geschützt werden. […]

- **Mehr Transparenz durchsetzen**

Dass nachhaltige Reiseangebote vom Verbraucher gewünscht werden, zeigt eine aktuelle Untersuchung der Forschungsgemeinschaft »Urlaub und Reisen« im Auftrag des WWF: Jeder fünfte Deutsche will bereits künftig bei der Reisebuchung auf Umweltstandards achten. Um diese Entscheidungen bewusster treffen zu können, fordert der WWF von den Reiseanbietern eine transparente Darstellung des Klimafußabdrucks der einzelnen Reisen und eine genaue Kennzeichnung der Nachhaltigkeit ihrer Produkte.

Petra Bollich und Martina Kohl, WWF, dieser Beitrag erschien im WWF Magazin 1/10

Bei dem **Nachhaltigen Tourismus** geht es also nicht wie häufig angenommen ausschließlich um den Naturschutz, sondern auch um **sozialgerechte und kulturelle Anpassung des Tourismus an die Destination**, um die ökologische Tragbarkeit des Reiseverkehrs sowie um die wirtschaftliche Ergiebigkeit des Reiselandes.

Nachhaltiger Tourismus soll auch **langfristigen wirtschaftlichen Nutzen bringen**, und zwar nicht nur für die touristischen Unternehmen sondern auch für die ortsansässige Bevölkerung.

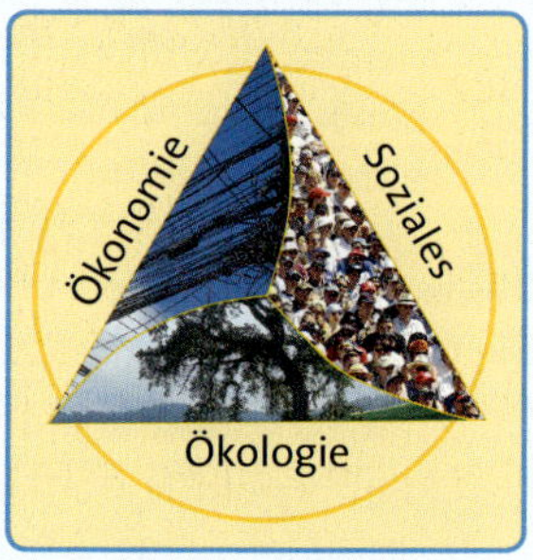

Abb. Magisches Dreieck der Nachhaltigkeit

2.4 Merkmale verschiedener Reiseformen

Um die Entwicklung von den Anfängen des Reisens (v. althochdeutsch *risan* = aufstehen, sich erheben) bis zu den heute existierenden äußerst vielfältigen verschiedenen Reiseformen nachvollziehen zu können, ist es wichtig, deren **unterscheidenden Merkmale** zu kennen.

Generell wird im Tourismus in **investive Reiseanlässe (Geschäftsreise)** und **konsumtive Reiseanlässe (Privatreise)** sowie in individuelle **(Individualreise)** oder pauschale **(Pauschalreise)** Reisegestaltung differenziert.

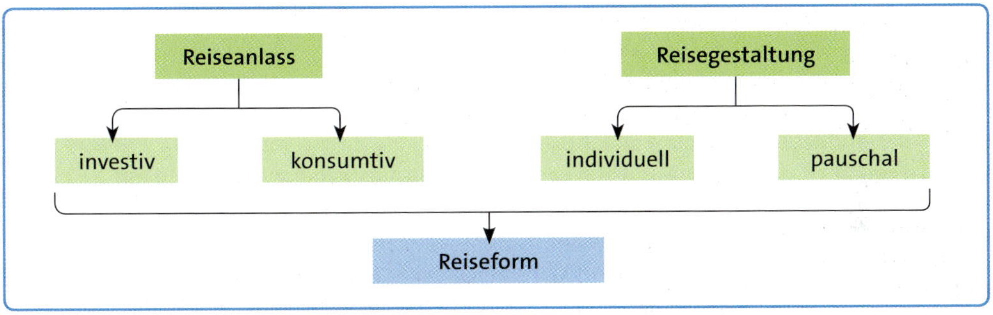

Abb. Reiseanlass und Reisegestaltung als Merkmale einer Reiseform

Geschäftsreise

Muss ein Arbeitgeber oder Arbeitnehmer vorübergehend außerhalb seiner Wohnung oder seines regelmäßigen Arbeitsplatzes beruflich tätig werden, handelt es sich um eine **Geschäftsreise** (► Fachwissen Tourismus, Band 4, LF 8). Der Ortswechsel findet hierbei einschließlich der Hin- und Rückreise statt. Eine Geschäftsreise wird in der Regel als **Individualreise** organisiert. Einzelne Elemente werden bei den jeweiligen Leistungsträgern direkt oder über ein Reisebüro gebucht. Eine Geschäftsreise ist steuerlich absetzbar.

BEISPIEL

Geschäftsreise
Die Firma Sonnenschein bucht ihrem Mitarbeiter Herrn Walther für ein *Meeting in New York* einen Hin- und Rückflug mit der Lufthansa sowie eine Hotelübernachtung über ein Reisebüro.

Privatreise

Eine Privatreise ist eine Reise, die nicht beruflichen Ursprungs ist, sondern aus privaten Gründen unternommen wird. Sie lässt sich in eine Vielzahl von Kategorien, wie z. B. »Erholungsreise«, »Jahresurlaub« oder »Verwandtschaftsbesuch« unterteilen und bezeichnen.

Privatreise BEISPIEL

- Das befreundete Paar Pohlmann fährt für eine Woche mit dem eigenen Auto von der Heimatstadt München zum Timmendorferstrand an die Ostsee um Freunde zu besuchen.
- Zwei Freundinnen fliegen nach ihrem bestandenen Abitur für zehn Tage nach Gran Canaria. Sie haben über das Reisebüro Sonnenschein Flüge, Transfer und Hotel mit Vollpension zu einem Gesamtpreis gebucht.

Individualreise

Eine **Individualreise** (► Fachwissen Tourismus, Band 1, LF 4.1, Exkurs Kapitel A.1) ist eine Reise, bei der der Reisende einzelne Reisebestandteile (Beförderung, Unterkunft) maßgeschneidert nach seinen eignen Wünschen und Vorstellungen miteinander kombiniert. Er wählt zwischen den Möglichkeiten die benötigten Leistungen spontan vor Ort, also direkt beim Leistungsträger (Hoteliers, Beförderungsunternehmen) zu erwerben oder alternativ vorab in den Reisebüros oder online zu buchen. Somit schließt der Reisende für jede Einzelleistung einen eigenen Vertrag mit dem jeweiligen Leistungsträger ab. Dementsprechend erfolgt die Zahlung der Einzelpreise an die verschiedenen touristischen Leistungsträger.

Individualreise BEISPIEL

Familie Meyer bucht *online* einen Flug bei Lufthansa nach Bangkok und sucht sich bei dem Veranstalter FTI ein bestimmtes Hotel zur Übernachtung, das sie über ein Reisebüro bucht.

Pauschalreise

Eine **Pauschalreise** (► Fachwissen Tourismus, Band 1, LF 4, Kapitel 1) ist eine vom Reiseveranstalter organisierte Reise, die aus mindestens zwei Hauptreiseleistungen (Beförderung/Transport, Unterbringung, Reiseleitung, Verpflegung oder andere Arrangements) besteht. Die **gebündelte Reise** wird zu einem entsprechenden **Gesamtpreis** verkauft, bei dem die Preise der Einzelleistungen nicht mehr identifizierbar sind.

Bei diesem **typischen Tourismusprodukt** nehmen die Veranstalter dem Kunden die Organisation der Kombination von fremden Leistungsträgern (z. B. Hotels) und die Abwicklung seiner Urlaubsreise ab. Außerdem steht den Pauschalreisenden eine Reiseleitung im Zielgebiet für Fragen, Anregungen und Beschwerden zur Verfügung; es gilt das Pauschalreiserecht (► Fachwissen Tourismus Band 1, LF 4.1).

BEISPIEL

Pauschalreise
Familie Meyer bucht über den Reiseveranstalter TUI eine Flugreise in die Türkei, die zusammen mit einem Hotel, einem Transfer vom Flughafen zum Hotel und zurück, einer Reiseleitung sowie einer Verpflegung angeboten wird.

Ein weiterer Ansatz die Vielfalt an touristischen Reisen zu differenzieren, ist neben der Beachtung von Reiseanlass und -gestaltung, die **Unterscheidung hinsichtlich verschiedener Grundsatzelemente**, die eine Urlaubsreise formen

- **Reisemotiv** (z. B. Aktivurlaub, Erholungsurlaub, Erlebnisreise, Bildungsreise)
- **Reiseziel** (z. B. Inlands-, Auslands-, Fern-, Überseereise)
- **Reisedauer** (z. B. Tagesreise, Kurzreise unter fünf Tagen Dauer, Reise ab fünf Tagen Dauer, Langzeitreise mit mehr als 28 Tagen Dauer)
- **Zeitpunkt** (z. B. Sommerurlaub, Winterurlaub)
- **Anzahl der Reisenden** (z. B. Familienurlaub, Single-, Gruppenreise)
- **Transportmittelnutzung** (z. B. Rad-, Pkw-, Bus-, Zug-, Flug- oder Schiffsreise)
- **Kosten** (z. B. Billig-, Exklusiv-, Luxusreise)

(Einteilung in Anlehnung an Freyer, »Tourismus-Marketing«, Oldenbourg Wissenschaftsverlag GmbH, 2007, Kapitel 1.1, Seite 5)

Aufgrund der unterschiedlichen Möglichkeiten diese Elemente miteinander zu verknüpfen, **existiert kein Standardmodell, das Reiseformen klar voneinander gliedert**. Insofern sind viele Angebote an **Reiseformen** denkbar: Je nachdem, welches Grundsatzelement hinterfragt wird, kann eine spezielle Anordnung vorgenommen werden.

Ordnen Sie die **Reiseformen hinsichtlich des »Reisemotivs«**, kann eine sinnvolle Einteilung zum Beispiel folgendermaßen aussehen:

Erholungsreisen	Erlebnis- oder Bildungsreisen	Sport-/Aktivreisen
Badereise Gesundheits- und *Wellness*urlaub Kururlaub Hochseekreuzfahrt Flusskreuzfahrt	Städtereise *Event*reise Rundreise Studienreise Kunstreise Sprachreise Pilgerreise	Tauchurlaub Golfurlaub Wanderurlaub Cluburlaub Winterurlaub Paddel-/Kanu-/Fahrradtour Segelreise

Tab. Klassische Reiseformen und deren spezielle Ausprägungen hinsichtlich des Reisemotivs

MERKE

Einteilung der Reiseformen nach Reisemotiv
Die Einteilung der Reiseformen hinsichtlich des Reisemotivs führt zu drei Hauptangebotsformen. Sie leiten sich aus den Reisemotiven »Erholung«, »Erlebnis und Bildung« oder »Sport und Aktivität« her.

Merkmale einer Erholungsreise:

- Hauptmerkmale sind **Entspannung und Ruhe**.
- Sekundäre Merkmale sind **Unterhaltungs- und Freizeitmöglichkeiten**; bietet den Reisenden häufig die Möglichkeit an Ausflügen teil- oder z. B. *Wellness*- und Massageangebote wahrzunehmen.
- Wird oftmals in Form einer **Pauschalreise** gebucht, da sich der Kunde um so wenig wie möglich vor Ort kümmern möchte.
- Führt oft an einen **Strand** im Mittelmeerraum oder zu einer Fernreisedestination.
- **Dauer:** Kurzreise oder ein- bis zweiwöchige Reise.
- **Beispiele:** Badereisen (▸ LF 7, Kapitel 2), Gesundheits- und *Wellness*urlaub (▸ LF 7, Kapitel 3), Cluburlaub (▸ LF 7, Kapitel 4), Kreuzfahrten (▸ LF 7, Kapitel 5).

Merkmale einer Erlebnis- oder Bildungsreise:

- Dient der **Erweiterung und Vervollständigung des Wissens** der Reisenden.
- **Vermittelt ein komplexes Bild** eines Landes, einer Region oder einer Kulturlandschaft.
- Steht oft unter einem **bestimmten Thema** (Kunst, Geschichte, Literatur, Sprache, Kulinarik, Umwelt, Natur, Botanik, Geographie, usw.).
- Hauptsächliche Urlaubsbeschäftigung der Reisenden ist die **kulturelle Besichtigung**.
- Reisende treffen auf die Menschen, Religionen, Kulturen, Denkweisen oder Wirtschaftsfaktoren des jeweiligen Reiseziels.
- Wird häufig in Form einer **organisierten Rundreise** mit Freizeitmöglichkeiten durchgeführt.
- Wird teilweise von einem **Reiseleiter** begleitet oder geführt.
- **Dauer:** Tages- oder Kurzreisen sowie ein-, zwei- oder dreiwöchige Reisen.

- **Beispiele:** Kreuzfahrten (► LF 7, Kapitel 5), Städtereisen (► LF 7, Kapitel 6), Studienreisen (► LF 7, Kapitel 7), Rundreisen (► LF 7, Kapitel 8).

Merkmale einer Sport-/Aktivreise:

- **Sportliche Aktivitäten** stehen auf dem Tagesplan an erster Stelle.
- Reisende erfreuen sich während des **Aktiv-Seins im Freien** an den Naturschauspielen einer Destination.
- Stellt meist eine gelungene **Mischung aus Aktiv-Sein und Relaxen** dar; bietet den Reisenden z. B. entspannende *Wellness*angebote.
- Achtet auf **gesunde Küche**.
- Verbände oder Vereine (Wanderverband), Clubs (Golfclub) und Schulen (Tauchschule) sind vor Ort und bieten entsprechende Sportangebote an.
- **Dauer:** ein- bis zweiwöchige Reise; teilweise mit begleitender Reiseleitung.
- **Beispiele:** Gesundheits- und *Wellness*urlaub (► LF 7, Kapitel 3), Cluburlaub (► LF 7, Kapitel 4), Tauchurlaub (► LF 7, Kapitel 9), Golfurlaub (► LF 7, Kapitel 10), Winterurlaub (► LF 7, Kapitel 11), Wanderurlaub (► LF 7, Kapitel 12).

Ordnen Sie dagegen Reisen in **Bezug auf die Reisedauer**, könnte die Einteilung in Reiseformen so aussehen:

Tagesreise	Kurzreise	Reise (> 5 Tage Dauer)	Langzeitreise
*Event*reise Musicalreise Messereise Geschäftsreise	Verwandten-/ Bekanntenreise *Wellness*urlaub Städtereise Wanderurlaub	Badeurlaub, Erholungs- urlaub, Cluburlaub, Tauchurlaub, Golfurlaub Kreuzfahrt	Studienreise Rundreise Weltreise Kururlaub

Tab. Beispielanordnung üblicher Reiseformen hinsichtlich der Reisedauer

Wie schon erwähnt, gibt es viele Möglichkeiten die **Grundsatzelemente des Reisens** miteinander zu kombinieren. Daher kann es bei der **Einteilung** von Reisen **in Reiseformen** zu Überschneidungen kommen. In manchen Fällen verknüpfen Reisende Grundsatzelemente mit anderen oder miteinander.

BEISPIEL

Verknüpfung von Grundsatzelementen

Möchte ein Kunde die Reisemotiv-Grundsatzelemente »Erholung« und »Bildung« mit einem »Fernreise«-Ziel und dem Transportmittel »Schiff« miteinander verknüpfen, ist eine Hochseekreuzfahrt in Mittelamerika aus seiner Sicht zugleich eine »Erholungsreise« und eine »Erlebnis- und Bildungsreise« in einem »exotischen Reisegebiet« als »Kreuzfahrt« und »Studienreise«.

Abb. »Verknüpfte« Reiseformen

Auch subsumieren sich bestehende Reiseformen in Untergruppen und ergeben in Folge unterschiedliche touristische Angebote, die sich **in ihren Merkmalen unterscheiden**.

BEISPIEL

Unterscheidung nach Merkmalen

Ein Reiseveranstalter schreibt eine Reise als »Sport-/Aktivreise« aus und wirbt zugleich mit mehreren Sportmöglichkeiten, wie Wandern und Radfahren, auch kombiniert. Möchte der Kunde im Urlaub aber nur einer bestimmten Sportform nachkommen, wie z. B. dem Wandern, wählt er das Merkmal und damit die speziell angebotene Reiseform »Wanderurlaub« aus. Somit konzentriert er sich in erster Linie auf das Wandern, wählt daraufhin eine geeignete Unterkunft an einem Wanderweg und richtet sein Tagesprogramm dementsprechend aus.

Die **spezifischen Merkmale** einiger der aufgeführten Reiseformen werden in ▸ LF 7, Kapitel 2 bis 12 im Hinblick auf geeignete Destinationen beschrieben.

2.5 Reisemotive

Damit Sie Ihrem Kunden ein **bedarfsgerechtes Angebot** bezüglich der auf ihn oder sie abgestimmten Reise vorlegen können, müssen Sie in der **Bedarfsermittlungsphase** (▸ Fachwissen Tourismus Band 1, LF 4, Kapitel 2.1 und 2.2) herausfiltern wie ihr Kunde »tickt«:

Verreisen Ihre Kunden, weil sie sich vom stressigen Alltag erholen und Zeit mit ihrer Familie oder dem Partner verbringen wollen oder verreisen sie, weil sie Land, Leute und Kultur erleben möchten?

Bei der Ermittlung spielen die **Reisemotive, die zu einer Buchungsentscheidung** führen eine relevante Rolle. Sie gründen sich in der Regel auf die gesellschaftlichen und individuellen Bedürfnisse des Kunden.

MERKE

Wunsch und Wunschverwirklichung

Bedürfnisse wie »Kontakt, Freude und Anerkennung« stellen ein »Gefühl des Mangels« dar, wobei der Wunsch erweckt wird, das Gefühl zu beseitigen. Aus dem Wunsch, den Ihr Kunde verfolgt und verwirklichen möchte, geht das Reisemotiv hervor.

Die **spezifischen Motivationen basieren demnach auf den Bedürfnissen** des Kunden und können in bestimmte Kategorien unterschieden werden.

Ferner **mündet jedes Reisemotiv in eine der verschiedenen Reiseformen**, wie z. B. Aktivurlaub, Erlebnis- und Bildungsreise, Besuchsreise oder Geschäftsreise (▸ Tabelle).

Berücksichtigen Sie die Motivationen Ihres Kunden, können Sie ihm eine **geeignete Form des Reisens** anbieten.

MERKE

Reisemotive

Die spezifischen Reisemotive gründen auf den Bedürfnissen des Kunden und lassen sich verschiedenen Reiseformen zuordnen, die für Ihren Kunden geeignet sind.

Reisemotivationen	Entsprechende Reiseformen
Physische Motivation ► Erholung (physische Regeneration) ► Heilung (körperliche Gesundheit) ► Sport (körperliche Betätigung)	Erholungsreise, Gesundheits- und *Wellness*urlaub, Kurreise Sport-/Aktivurlaub (Tauchurlaub, Golfurlaub, Wanderurlaub, Winterurlaub)
Psychische Motivation ► Persönliche Entfaltung ► Eskapismus (Flucht aus dem zivilisierten Alltag, Rückkehr zur Natur) ► Zerstreuung oder Erlebnisdrang	Erlebnis- und Bildungsreise, Rundreise, Cluburlaub, Camping- und *Outdoor*urlaub
Interpersonelle Motivation ► Besuch von Freunden und Bekannten ► Geselligkeit, soziale Kontakte	Besuchsreise (häufiges Motiv bei USA-Reisen), Kaffeefahrt, *Single*reise
Kulturelle Motivation ► Kennen lernen von anderen Ländern, Menschen und Lebensverhältnissen ► Kunstinteresse	Bildungsreise, Studienreise, Kulturreise, Sprachreise, Kunstreise
Religiöse Motivation ► Wallfahrt (Besuch heiliger Stätten)	Pilgerreise
Berufliche Motivation ► Aus- und Weiterbildung ► Geschäftliche Treffen, Termine, Kongresse ► Messen und Ausstellungen	Sprachreise, Bildungsreise Geschäftsreise, Kongressreise, Messe- und Ausstellungsreise
Prestigebedingte Motivation ► Reisen um Achtung, Ansehen und Anerkennung in der Gesellschaft zu finden	Luxusreise, Kreuzfahrt, Golfreise, Winterurlaub, Städtereise

Tab. Reisemotivationen und Reiseformen

verändert nach »Tourismusmanagement« von Haedrich, Kaspar, Klemm und Kreilkamp, de Gruyter, 1998

Die an den **Reisemotiven der Urlauber** orientierte Beispielgliederung ermöglicht dem Reisenden nach erfolgter Gestaltungs- und Grundsatzentscheidung die **Auswahl einer Reiseform** aus dem breit gefächerten Sortiment der vielen speziellen Reiseformen.

2.6 Reisetypologien

Um das Rahmenangebot (Beförderung, Übernachtung, Arrangements vor Ort) einer Reise auf die Kundenwünsche und Reisemotive abstimmen zu können, ist weiterhin eine **genaue Betrachtung soziodemographischer und psychografischer Merkmale eines Kunden** sinnvoll.

Abb. Verschiedene Reisende

In der Praxis hat die Untersuchung dieser Merkmale sowohl für die **Marktforschung als auch für das Marketing** bereits eine hohe Beachtung erlangt (► Fachwissen Tourismus Band 4, LF 9 und 10).

Ebenso erhalten touristische Leistungsträger (Reiseveranstalter, Destinationen und Gastgewerbe) wertvolle Hinweise zu ihrer **Angebotsgestaltung und -optimierung**.

MERKE

Ziel der Typisierung
Ziel der Typisierung der Urlauber ist es, dass Sie ein tiefer gehendes Verständnis für diese Zielgruppen bekommen und somit Ihre Kunden hinsichtlich ihrer grundlegenden Einstellungen, Interessen und Bedürfnisse analysieren können.

Soziodemographische Merkmale

Sie werden unter anderem kategorisiert in:

- **Alter, Geschlecht**
- **Familienstand** (*Single*, ledig, verheiratet, Kinder)
- **Bildungsstatus** (hohe oder niedrige Bildungsabschlüsse)
- **Beruf/Einkommen** (hohes oder niedriges Einkommen, Ersparnisse, berufstätig, Rentner)

Psychografische Merkmale

Zu den **psychografischen Merkmalen** zählen die folgenden Faktoren, die bei der Ermittlung von Reisetypologien eine entscheidende Rolle spielen:

- **Lebensstilmerkmale** (z. B. weltoffen, freiheitsorientiert, traditionell, gesundheits- und umweltbewusst, gesellschafts- und bildungsorientiert)
- **Charaktereigenschaften** (z. B. freundlich, selbstbewusst, zurückhaltend, skeptisch)
- **Gefühle** (z. B. friedlich, schüchtern, ängstlich)
- **Verhaltensrelevante Eigenschaften** (z. B. sentimental, hilfsbereit, religiös)
- **Einstellung und Erwartung** (sucht z. B. nach neuen Erfahrungen und Eindrücken)
- **Meinung** (z. B. konservativ, bürgerlich, unabhängig, sozialistisch)
- **Reisemotiv** (z. B. Verwandtenbesuch, Erholung, Kontakt)

MERKE

Reiseverhalten
Das Reiseverhalten Ihres Kunden resultiert vor allem aus der Struktur seiner Persönlichkeit und Einstellung, seinen Bedürfnissen und Reisemotiven sowie seiner Produkterwartung.

Urlauber lassen sich nach Untersuchungen der soziodemographischen und psychografischen Merkmale **verschiedenen Reisetypen (Zielgruppen)** zuordnen:

Badeurlauber und Pauschalreisende

- Oftmals allein oder im Zwei-Personen-Haushalt lebende Personen mittleren Alters
- Verfügen über ein kleines Einkommen und haben niedrige Bildungsabschlüsse
- Können sich keinen gehobenen Lebensstandard leisten
- Umwelt- und sozialverträgliche Aspekte spielen selten eine Rolle
- Legen großen Wert auf das äußere Erscheinungsbild und Statussymbole
- Sind auf der Suche nach Schnäppchen und günstigen Angeboten; das Zielgebiet ist dabei zweitrangig
- Schätzen All inclusive-Urlaub, da Kosten kalkulierbar und vergleichbar sind
- Möchten sich um nichts kümmern und buchen demnach Pauschalangebote
- Erholung, Sommer, Sonne und Strand stehen im Vordergrund
- Verreisen häufig in den Mittelmeerraum
- **Bevorzugte Reiseformen:** Pauschalreisen, Badereisen, Erholungsreisen

Familien mit Kindern

- Altersschwerpunkt der Eltern liegt bei 30- bis 50-Jahren
- Verfügen über mittleres bis höheres Einkommen
- Das Familienleben und die Kinder bilden den Mittelpunkt des Lebens
- Sicherheit des Reiseziels und Sauberkeit der Unterkunft spielen wichtige Rollen
- Wünschen sich Entlastung und Erholung
- Wählen das Reiseziel nach Kinder- und Familienfreundlichkeit aus
- Wünschen familiengerechte, tolerante Atmosphäre und gezielte Angebote für die Kinder
- Legen Wert auf Kinderermäßigungen und Preisvorteile
- Möchten oftmals getrennte Schlafzimmer für Eltern und Kinder
- Familien sind an die Ferienzeiten gebunden und müssen deshalb oftmals zu Hauptsaisonzeiten reisen
- **Bevorzugte Reiseformen:** Pauschalreisen und Badereisen, Cluburlaub, Winterurlaub, ggf. auch Erholungsreisen

Junge Spaß-, Erlebnis- und Partyurlauber

- Jüngste Zielgruppe auf dem Reisemarkt, zum größten Teil unter 30 Jahre und ledig (engl. *single*)
- Oftmals noch in der Ausbildung, verfügen daher über ein niedriges bis mittleres Einkommen
- Interessieren sich nicht für umwelt- und sozialverträgliche Reisen
- Schätzen touristische Angebote mit ausgeprägter, moderner Technik (Hotel mit Internetanschluss)
- Streben nach Dynamik, Abwechslung und körperliche Bewegung
- Haben den Drang Neues und »Trendiges« zu erleben
- Wollen möglichst viele Erlebnisse sowie Eindrücke sammeln und neue Kontakte knüpfen
- Bevorzugen günstige Last-Minute-Angebote und Schnäppchen
- Buchen Zielgebiete mit hohem Unterhaltungsfaktor am Tag sowie in der Nacht
- **Bevorzugte Reiseformen:** Aktiv- und Sportreisen, Badereisen (mit Nachtleben), Clubreisen, Städtereisen, Kurztrips zu günstigen Preisen

Paare und DINKS
(Abk. von engl. *double income, no kids*)

© Egypt 2011

- Kinderlose (Ehe-) Paare, etwa um die 30 Jahre
- Beide Teile erwirtschaften ein relativ hohes Einkommen und sind gebildet
- Legen Wert auf Komfort und Service
- Schätzen die Kombination Kultur und Genuss
- Reisen gern zu jeder Zeit
- Buchen häufig Kurzreisen
- **Bevorzugte Reiseformen:** Städtereisen, Kulturreisen, Rundreisen, Fernreisen, Erholungsreisen, Aktiv- und Sportreisen

Best Ager

- Konsumenten zwischen 50 und 64 Jahren (Generation 50plus)
- Verfügen über ein hohes Einkommen sowie Ersparnisse, welche sie gerne für Dinge ausgeben, die ihnen wichtig sind

- Fühlen sich körperlich fit und sind bis mindestens 65 in einer aktiven und konsumorientierten Lebensphase
- Haben mit zunehmendem Alter ein erhöhtes Sicherheits- und Servicebedürfnis
- Möchten im Urlaub keine grundsätzliche »Rundum-Versorgung«, sondern individuelle Gestaltungsmöglichkeiten
- Nehmen verstärkt kulturelle Angebote wahr
- Buchen oft Hotelurlaube
- Reisen gern außerhalb der Saison und bringen viel Zeit mit
- Höhere Reiseaktivität (unternehmen häufiger Reisen) als andere Reisetypen
- **Bevorzugte Reiseformen:** Kulturreisen, Rundreisen, Städtereisen, Kreuzfahrten

Kulturinteressierte

- Gehören in den meisten Fällen zu den *Best Agern* (Generation 50plus), der Großteil ist verheiratet
- Sind gebildet und wohl situiert
- Streben nach Weiterbildung sowie körperlicher und geistiger Fitness, weniger steht die Erholung im Vordergrund
- Legen Wert auf ökologische und soziale Gerechtigkeit
- Zeichnen sich durch Offenheit und Toleranz sowie durch ein gewisses Engagement für sozial schlechter Gestellte aus
- Zeigen ausgesprochenes Interesse und Respekt für andere Kulturen und Lebensgewohnheiten (essen landestypische Küche und kommunizieren mit den Einheimischen, wenn möglich sogar in der jeweiligen Landessprache)
- Informieren sich vorab ausführlich über das Reiseziel
- Sind sehr anspruchsvoll, schätzen Komfort und Service
- Tendieren zu hochwertigen Kulturangeboten und buchen eher selten klassische Pauschalreisen
- **Bevorzugte Reiseformen:** Studienreisen, Rundreisen, Städtereisen

Sport- und Aktivbegeisterte

© Club Aldiana

- Jüngere bis mittlere Altersgruppe sowie *Best Ager*
- Frauen und Männer sind zu gleichen Teilen vertreten
- Verfügen über ein höheres Einkommen und sind berufstätig
- Sind sportlich aktiv in Form von Wandern, Radfahren, *Mountainbiken*, Klettern, Golfspielen, Tauchen, Surfen, Segeln usw.
- Verfolgen zum Teil den Wunsch nach einer möglichst intakten und gesunden Umwelt
- Legen Wert auf Wohlbefinden und gesunde Ernährung
- Schätzen *Wellness*angebote und eine gesunde, regionale Küche
- Bevorzugen qualitativ hochwertige Unterbringung
- **Bevorzugte Reiseformen:** Sport- und Aktivreisen (Wander-, Fahrrad-, Tauch-, Winter-, Golfurlaub), Gesundheits- und *Wellness*reisen, Cluburlaub

Individualreisende Entdecker

- Sind häufig Paare dessen Kinder nicht mehr mit im Haushalt leben
- Sind berufstätig und gebildet
- Haben eine individualistische und aufgeschlossene Grundeinstellung und lehnen konventionelle Lebensstile ab
- Suchen nach Selbsterfahrung und Inspirierung
- Verzichten auf bestimmte Annehmlichkeiten, um in das Leben fremder Kulturen eintauchen zu können
- Sind spontan und mögen Überraschungen, lassen den Urlaub »auf sich zukommen«
- Reisen gern auf eigene Faust zu Reisezielen **abseits des Massentourismus**
- **Bevorzugte Reiseformen:** Individualreisen, Rundreisen, Studienreisen, Städtereisen, Erlebnisreisen

Alleinreisende und Singles

© Tourismusverband Ostbayern e.V. – Michael Körner

- **Alleinreisende:** haben evtl. einen Partner, der nicht mitreisen kann, gehören der älteren Generation an
- ***Singles:*** ledig, ohne Partner, im Alter von 30 bis 50 Jahren
- Haben eine individualistische und aufgeschlossene Grundeinstellung; bevorzugen individuelle und spontane Reisen
- Suchen Unterhaltung und Abwechslung
- Möchten Kontakte knüpfen
- Schätzen Komfort und Service
- *Singles* verreisen mit *Single*-Veranstaltern, selten mit »Verkupplungsabsichten«
- Alleinreisende haben eine Vorliebe für Themenreisen
- **Bevorzugte Reiseformen:** Rundreisen, Kreuzfahrten, Städtereisen, Gesundheits- und *Wellness*reisen

Haben Sie Ihren Kunden in einem dieser Reisetypen wieder gefunden, können Sie ihm daraufhin ein spezielles, individuelles und passendes Leistungsangebot zusammenstellen.

2.7 Weitere Kriterien und Handlungsanleitungen

© TUI Deutschland GmbH

Die TUI Markenkampagne mit dem *Claim* (Slogan) »Zeit für neue Ziele« hat am 25. Dezember 2011 den langjährig verwendeten Slogan »Sie haben es sich verdient« abgelöst. Dies ist bemerkenswert, weil dadurch nicht mehr die traditionellen Kundensegmente (Kundentypen) fokussiert werden, sondern sich der Reiseanbieter verstärkt mit **emotionalerer Ansprache** an den individuellen Bedürfnissen der Kunden ausrichtet.

Die »[...] neue Markenkampagne »Zeit für neue Ziele« ist ein Appell an unsere Kunden, ihre Zeit so wertvoll wie möglich zu verbringen«, sagt Martina Lierow, Leiterin Markenführung bei TUI. [...]« Dies setzt voraus, dass dem Kunden der Ort auf der Welt als Destination angeboten wird, »[...] der perfekt zu ihm passt, der Ort, an dem seine (Urlaubs-)Wünsche wahr werden. [...]«. Entsprechend werden differenzierte Hotelprodukte und Service-Leistungen angeboten, die sich passgenau an den individuellen Bedürfnissen der Kunden orientieren.

Den Leitgedanken der Kampagne verdeutlicht folgende Aussage: [...] »Der moderne Kunde legt heute zunehmend Wert auf Individualität bei Reisen. Er möchte, dass seine persönlichen Wünsche passgenau erfüllt werden«, so Lierow. [...]

Kernelement dieses Konzeptes und der Kampagne ist der TUI-Fächer in Form eines bunten Markenfächers als neues *Key Visual*, der die Produktvielfalt des Anbieters optisch und auch haptisch (also »fühlbar«) darstellt. [...] »Jedem Hotelkonzept [ist] ein »Zeit für...« Claim zugeordnet, der die jeweilige Erlebniswelt beschreibt und dem Kunden die Konzeptauswahl erleichtert.« [...] »Die gewählte Bildsprache der Kampagne zeigt immer den besonderen Moment, die Zeit, die man an diesem Ort verbringen und erleben wird.« [...]

Zitate und Passagen aus dem Artikel »Zeit für neue Ziele« – neue Marken-Kampagne bei TUI; *www.reise-news-online.de/2011/12/15*

BEISPIEL

Beispiele für emotionalere Ansprache und Konzeptauswahl (TUI-*Claims*)

»Zeit für Zweisamkeit« – Hotelmarke *Sensimar*
»Zeit für Natur«- *Viverde* (Viverde Hotels sind kleine Hotels mit 50 bis maximal 250 Zimmern im landestypischen Stil, angesiedelt im 3- bis 4-Sterne-Bereich)
»Zeit für Gefühle« – Hotelmarke *Robinson*

Sie als Expedient/in und Destinations*scout* müssen **ungeachtet der jeweiligen Konzepte der Anbieter** das notwendige Hintergrundwissen zur Verfügung haben, um eine jeweilige Reiseform oder die Attraktivitätsfaktoren von Destinationen erläutern- und empfehlen zu können. So können Sie Ihren »Kundentypen erreichen«- oder noch besser dessen **emotionale Motivation** für einen Urlaub. Das Ziel ist es, jedem Kunden den passenden Urlaub (»seinen Urlaub«) vermitteln zu können.

Die Anwendung z. B. des »**individuellen Zielfinders**« kann Ihnen die Arbeit erleichtern: Entsprechend der angebotenen Konzept- oder der in Frage kommenden Destinationsauswahl können Sie sich durch eine entsprechende Zuordnung mit Hilfe der Tabelle einen Überblick verschaffen, schneller zum Ziel kommen und dadurch weiteren Zusatznutzen für Ihr Unternehmen bzw. Ihre Kunden schaffen.

Der individuelle Zielfinder	**xxx = sehr gut geeignet, xx = gut geeignet, x = geeignet, o = wenig geeignet, -- = nicht ideal**		
Sie suchen:	**Konzept**	**Konzept**	**Konzept**
Bademöglichkeit (Meer/See)			
Sandstrand			
Unterkünfte in Strandnähe			
Großes Angebot an Restaurants			
Ausgehmöglichkeiten am Abend			
Einkaufsmöglichkeiten			
Sportmöglichkeiten			
Wassersportmöglichkeiten			
Kulturelle Sehenswürdigkeiten			
Landschaftliche Sehenswürdigkeiten			
Ruhige Umgebung			
Kinderfreundliche Einrichtungen			

Tab. Individueller Zielfinder

Die Anwendung des Zielfinders wird im Verlauf des Lernfeldes im Rahmen von Aufgabenstellungen mehrfach geübt.

AUFGABEN

1. Definieren Sie den Begriff »Attraktivitätsfaktoren«.
2. Recherchieren und beschreiben Sie die Destination *Gran Canaria* hinsichtlich ihrer Attraktivitätsfaktoren für Sport- und Aktivbegeisterte, Familien mit Kindern sowie junge Spaß-, Erlebnis und Partyurlauber, indem Sie jeweils eine Nutzenbrücke bilden.
3. Beschreiben Sie in eigenen Worten die relevante Bedeutung von Güte- und Qualitätssiegeln in der Touristik. Fallen Ihnen noch weitere Beispiele zu den bereits im Text genannten Labels ein? Informieren Sie sich z. B. im Internet.
4. Warum fördert Ihrer Meinung nach die »Blaue Flagge« als Umweltsymbol den nachhaltigen Tourismus und stellt zugleich ein Marketinginstrument dar?
5. Informieren Sie sich z. B. im Internet über *Wanderbares Deutschland* und beantworten Sie folgende Fragen:
   a) Nennen Sie fünf Wanderwege, die bereits das Prädikat *Qualitätsweg Wanderbares Deutschland* tragen.
   b) Warum wurde *Wanderbares Deutschland* als Kooperationsprojekt zwischen dem *Deutschen Tourismusverband e. V.* und dem *Deutschen Wanderverband* ins Leben gerufen? Formulieren Sie zwei Gründe.
   c) Die Kern- und Wahlkriterien für die Qualität der Wanderwege werden in fünf Bereiche unterteilt. Zählen Sie diese bitte auf und geben Sie jeweils ein Beispiel dazu an.
6. Um das Zertifikat des *Deutschen Wellness Verbandes* zu erlangen, müssen die Hotels und *Wellness*einrichtungen je nach Fachgebiet bestimmte Anforderungskriterien erfüllen.
   a) Informieren Sie sich auf der Internetseite des *Deutschen Wellness Verbandes* hinsichtlich der zehn Fachgebiete und nennen Sie mindestens vier.
   b) Beschreiben Sie stickpunktartig die weitere Abwicklung nach der Bewerbung bis zur Erteilung des Zertifikats.
7. Nehmen Sie Stellung zum Werbeslogan »Die Natur braucht uns nicht – aber wir brauchen die Natur«. In welchem Zusammenhang steht diese Aussage zum Tourismus?
8. Nennen Sie jeweils zwei Merkmale der folgenden Natur- und Schutzgebiete:
   - Naturschutzgebiet,
   - Biosphärenreservat und
   - Nationalpark.

9. Erläutern Sie die Arbeit der UNESCO. Welche Bedeutung hat die UNESCO für den Tourismus?

10. Die Insel *Mallorca* hat stark mit dem Phänomen »Massentourismus« zu kämpfen. Doch wie viele Touristen bereisen jährlich die Insel? Da es nur zwei Arten gibt auf die *Balearische Insel* zu reisen (per Flugzeug oder per Fähre) wird die Zahl der Reisenden (Urlauber, Geschäftsmann/-frau oder Dauergast), die jährlich nach *Mallorca* kommen, von Flug- und Fährhäfen statistisch erfasst. Eine exakte Zahl gibt es jedoch nicht. Die folgende Grafik zeigt die per Flugzeug einreisenden Touristen im Jahresvergleich:

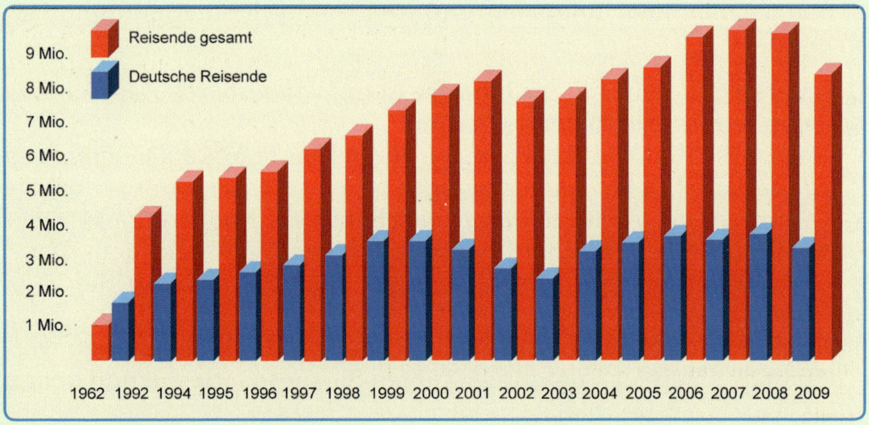

Zeichnung: Steffen Faust

a) Beschreiben Sie die Aussage der Grafik und erklären Sie mit ihrer Hilfe die Entwicklung des Tourismus auf *Mallorca*.
b) Welche Vorteile hat der Tourismus den Einwohnern und der Wirtschaft der Insel gebracht? Nennen Sie bitte drei Beispiele und erläutern Sie diese kurz.
c) Welche Veränderungen und daraus resultierende Probleme hat der »Massentourismus« auf *Mallorca* angerichtet? Zählen Sie bitte drei Beispiele auf und erläutern Sie diese.
d) Wie kann die Umweltbelastung durch den Tourismus nachhaltig verringert werden?

11. Es gibt mehrere »Ansätze« die Vielzahl an Reiseformen einer bestimmten Kategorie zuzuordnen oder sie voneinander zu unterscheiden. Grundsätzlich werden Reiseformen aber hinsichtlich vierer Merkmale differenziert. Nennen Sie diese und beschreiben Sie sie stichpunktartig.

12. Familie Grieß bucht einen Flug für einen zweiwöchigen Aufenthalt in *Andalusien*. Anschließend ruft der Familienvater bei seinem Bekannten in der andalusischen Stadt *Málaga* an und reserviert einen Mietwagen. Hat die Familie eine Pauschalreise gebucht?

13. Nehmen Sie eine Einteilung der Reiseformen hinsichtlich des Grundsatzelementes »Anzahl der Reisenden« vor und nennen Sie jeweils mindestens drei. Nutzen Sie zur Lösung der Aufgabe die in ▸ Kapitel 2.4 gemachten Angaben und die folgende Tabelle:

Alleinreisende	Familien mit Kindern	Gruppenreisende
...	...	...

14. Nennen Sie jeweils drei Merkmale sowie zwei Beispiel-Reiseformen einer Erholungsreise, einer Erlebnis- oder Bildungsreise sowie einer Sport-/Aktivreise.

15. Kombinieren Sie einige Grundsatzelemente miteinander, so dass Sie eine Reiseform ergeben. Bilden Sie insgesamt vier Kombinationen. Beispiel: Reisemotiv »Erholung« + Reiseziel »Fluss« + Transportmittelnutzung »Schiff« = »Flusskreuzfahrt«.

16. Erklären Sie den Begriff »Reisemotive«.

17. Ordnen Sie den genannten Reisemotiven jeweils eine passende Reiseform zu:

Reisemotive	Reiseform
Interesse an fremden Kulturen und Traditionen	
Heilbehandlung, Rehabilitation	
Aus- und Weiterbildung	
Erkundung neuer Plätze, Besichtigung von Sehenswürdigkeiten	
Spaß und *Action*	
Landschaftsräume auf aktivem Weg kennen lernen	

18. Begründen Sie, warum es für Leistungsträger wie z. B. Hotels, sehr wichtig ist Reisende zu typisieren.

19. Wozu nutzt Ihnen als Tourismuskaufmann/-frau die Charakterisierung in Reisetypen?

20. Herr Maucher ist ein sportlich sehr aktiver Single Anfang 30, der seinen nächsten Urlaub mit »Gleichgesinnten« verbringen und dort nette Leute kennen lernen möchte. Das Zielgebiet ist ihm nicht sehr wichtig, die Ferienanlage sollte allerdings alle »Annehmlichkeiten« in ein- und demselben Komplex bieten. Eine Lage direkt am Meer wäre schön, ist aber nicht zwingend erforderlich. Welche Reiseform empfehlen Sie ihm? Begründen Sie Ihre Antwort.

3 Tourismuswirtschaft in Deutschland

Der **Gesamtmarkt der Reiseveranstalter** wird als Angebotsoligopol bezeichnet (Marktformen ▸ Fachwissen Tourismus Band 4, LF 9, Kapitel 3). Einer großen Zahl von **Nachfragern** stehen **wenige Großveranstalter** (= Oligopol) und **viele mittlere und kleinere Veranstalter** gegenüber. Auf die »sechs Großen« entfielen im Jahr 2010 fast zwei Drittel des Gesamtumsatzes von 21,3 Milliarden Euro, den Rest teilten sich die ca. 2.500 mittelständischen Unternehmen.

Die **Tourismuswirtschaft** zählt zu den Schlüsselbranchen in Deutschland. In keiner anderen Branche finden so viele Menschen Arbeit und Beschäftigung wie in den Kern- und Randbereichen des Tourismus. Der Tourismus ist vor allem für Regionen, die industriell schwach entwickelt sind und in größerer Distanz zu den Industrie- und Dienstleistungszentren liegen, eine wichtige Einnahmequelle.

In Deutschland arbeiten 2,9 Millionen Menschen in der Tourismuswirtschaft. Der gesamtwirtschaftliche Produktionswert der Tourismusindustrie in Deutschland belief sich 2011 auf mehr als 214,1 Milliarden Euro. Hierbei wird von einer **Wertschöpfung der Tourismusbranche von 97 Milliarden Euro** ausgegangen. Damit ist die wirtschaftliche Bedeutung des Tourismus in Deutschland fast dreimal so groß wie die der Landwirtschaft. Auch die Zweige Textilindustrie, Chemische Industrie und Ernährungswirtschaft liegen weit hinter dem Tourismus zurück.

Bedeutung der Tourismuswirtschaft MERKE
Der Tourismus ist für Deutschland ein überaus wichtiger Wirtschaftsmotor mit nicht exportierbaren Arbeitsplätzen.

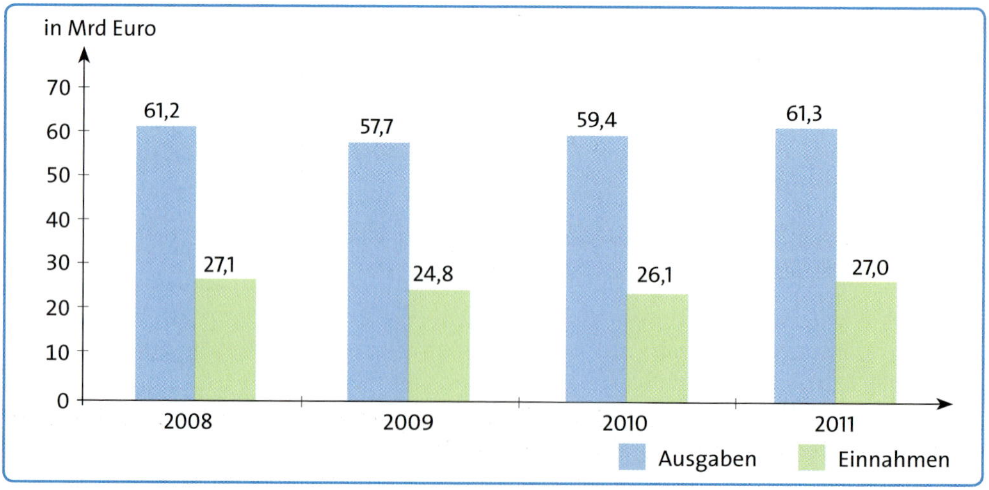

Abb. Ausgaben und Einnahmen im Reiseverkehr Deutschland
Daten: Deutsche Bundesbank, Commerzbank Research, Reisestudie 2011

3.1 Einkommens-, Mobilitäts- und Freizeitentwicklung der Deutschen

Die Deutschen sind die **größten Nettodevisenbringer im internationalen Reiseverkehr**. Die Reiseausgaben im Ausland entsprachen 4,1 Prozent des gesamten privaten Verbrauchs der Bundesbürger im Jahr 2011. Für das im Oktober 2011 endende Tourismusjahr verzeichneten die Reiseveranstalter einen Umsatz (Reisen im Inland und Ausland) von 23,3 Milliarden Euro.

Die alljährliche Analyse der BAT Stiftung für Zukunftsfragen ergab: Insgesamt waren **53 Prozent** der Bundesbürger 2011 **fünf Tage und mehr** unterwegs. Allerdings ist die Urlaubsreise kein Allgemeingut mehr. So verreisten in der abgelaufenen Urlaubssaison ca. 77 Prozent der Besserverdienenden (Einkommen > 3.500,00 Euro monatlich). Bei den Geringverdienern (Einkommen < 1.500,00 Euro monatlich) waren es nur 32 Prozent.

Das **beliebteste Reiseziel der Deutschen** ist Deutschland. In der Reisesaison 2011 verbrachte mehr als jeder dritte Reisende (37,1 Prozent) seinen Urlaub in Deutschland. Bayern mit seinen Bergen, Seen und Sehenswürdigkeiten liegt dabei noch immer knapp vor dem Küstenurlaub an der Ostsee.

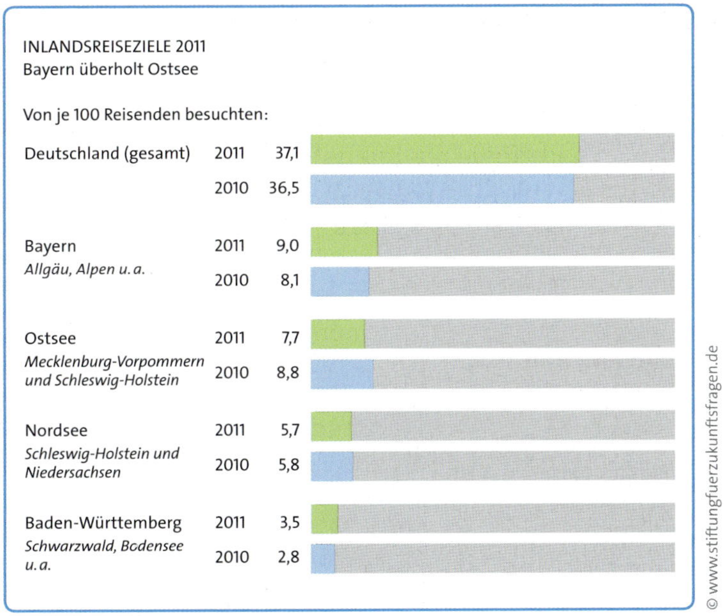

Abb. Inlandsreiseziele der Deutschen 2011

Bei den Auslandsreisezielen belegte Spanien mit seinen attraktiven Küsten und Inselgruppen unangefochten den Spitzenplatz.

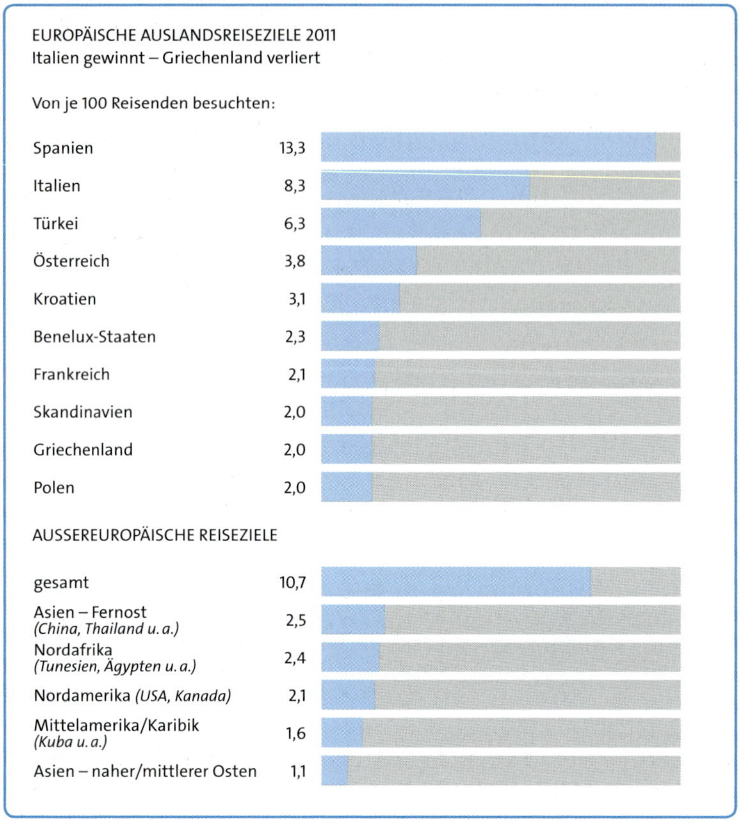

Abb. Auslandsreiseziele der Deutschen 2011

Abb. Die fünf beliebtesten Städtereisen der Deutschen im Jahr 2011

DRV Fakten und Zahlen zum deutschen Reisemarkt 2011

Die **Reisedauer der Deutschen** betrug im Jahr 2011 **durchschnittliche** 12,4 Tage (Inlandsreisen 9,9 Tage).

Die **durchschnittlichen Kosten pro Person** beliefen sich dabei auf 1.012,00 Euro (europäisches Ausland 1.029,00 Euro, Deutschland 715,00 Euro und Fernreisen 1.967,00 Euro).

Ein wichtiger Bestandteil des deutschen Urlaubsreisemarktes sind mittlerweile die **Kurzurlaubsreisen** (es waren 74 Millionen im Jahr 2011) mit einer Dauer von zwei bis vier Tagen geworden. Hierzu zählen insbesondere die Städtereisen (► LF 7, Kapitel 6).

Quelle: Statistische Landesämter

Die **fünf beliebtesten Städtereiseziele** in Deutschland nach Gästeankünften, in Millionen Besuchern waren 2011 die deutschen Metropolen Berlin, München, Hamburg, Frankfurt am Main und Köln.

Das **beliebteste Verkehrsmittel** war mit einem Anteil von über 50 Prozent der eigenen Pkw, gefolgt vom Flugzeug mit ca. 30 Prozent, erst danach folgten Bus und Bahn. Urlaub auf dem Kreuzfahrtschiff (Hochsee- oder Flusskreuzfahrt) verbrachten im Jahr 2011 über 1,8 Millionen Gäste. Obwohl das am wenigsten genutzte »Verkehrsmittel«, stellte der Kreuzfahrtmarkt im Jahr 2011 den größten Wachstumsmarkt der Tourismuswirtschaft in Deutschland dar.

3.2 Wichtige Urlaubsgebiete in Deutschland

Das beliebteste Reiseziel der Deutschen im Jahr 2011 war laut Reiseanalyse der F.U.R. Deutschland selbst. Sämtliche Zielgruppen wählen die **Inlandsdestinationen zur Befriedigung unterschiedlichster Reisemotive** aus:

- Die **Nord- und Ostsee** wird in erster Linie z. B. für einen **Badeurlaub** im Sommer oder ganzjährig für eine **Gesundheits- und *Wellness*urlaub** aufgesucht. Außerdem beliebt für eine solche Reise ist beispielsweise der **Schwarzwald** mit seinen vielen Kurorten.
- Gerne für einen **Wanderurlaub** ausgewählt werden die Regionen **Bayern (Allgäu) und der Harz**. Das Allgäu ist weiterhin beliebt bei Reisenden, die etwas Kultur erfahren möchten.
- Ebenfalls gut besuchte Urlaubsgebiete innerhalb Deutschlands sind die **Regionen, die an den Ufern großer Flüsse liegen**, welche von **Flusskreuzfahrtschiffen** befahren werden wie z. B. der Rhein, die Mosel, die Elbe usw.
- **Städte wie Berlin, München, Hamburg,** aber auch z. B. **Dresden** zählen zu beliebten Destinationen in Deutschland.

Mithilfe der folgenden Beschreibungen der beiden meist bereisten Regionen Deutschlands, Ostsee (Mecklenburg-Vorpommern) und Allgäu (Bayern) verschaffen Sie sich einen Überblick über die klimatischen, geografischen, kulturellen und historischen Gegebenheiten dieser Destinationen.

Anhand dieser zwei Beispiele können Sie nach eigenen Recherchen auch andere Urlaubsgebiete zielgruppen- und reiseformorientiert prüfen und auswählen sowie in einem Beratungsgespräch einfließen lassen. Nutzen Sie für die eigenständige Recherche das Internet, die Veranstalterkataloge, Reiseführer und/ oder die Fachpresse.

3.2.1 Mecklenburg-Vorpommern und Ostseeküste

Das Bundesland Mecklenburg-Vorpommern mit einer Fläche von etwa 23.000 Quadratkilometern liegt im Nordosten Deutschlands. Natürliche Grenzen bilden die **Ostsee im Norden** und die **Oder im Osten**. Ferner grenzt der Staat Polen im Osten und die deutschen Bundesländer Brandenburg im Süden sowie Niedersachen und Schleswig-Holstein im Westen an Mecklenburg-Vorpommern.

Das Landschaftsbild des Bundeslandes ist ziemlich vielfältig: **Boddenlandschaft und breite Sandstrände** prägen die 340 Kilometer lange mecklenburgische Ostseeküste, vor der sich die **Inseln** *Poel, Hiddensee, Rügen* und *Usedom* sowie die Halbinsel *Fischland-Darß-Zingst* reihen. Zur Küstenregion gehören die zwei bedeutenden **Nationalparks *Jasmund* und *Vorpommersche Boddenlandschaft.*** Im Hinterland liegen die reizvolle **Mecklenburgische Seenplatte** mit zahlreichen Seen, Flüssen und Kanälen, Moorlandschaften und **Jungmoränenlandschaften** (▸ Glossar) sowie der **Nationalpark *Müritz*.**

Abb. Übersichtskarte Mecklenburg-Vorpommern

Das Bundesland Mecklenburg-Vorpommern hat etwa 1,6 Millionen Einwohner, von denen rund 100.000 in der **Hauptstadt Schwerin** leben. Neben den sechs kreisfreien Städten *Schwerin, Greifswald, Rostock, Stralsund, Wismar* und *Neubrandenburg* wird das Bundesland zusätzlich in zwölf Landkreise aufgeteilt. Seit der Wiedervereinigung Deutschlands wird die touristische Infrastruktur an den Küsten und Seen sowie auf den Inseln stark ausgebaut.

Klima

An den **Küstengebieten herrscht nordeuropäisch-ozeanisches Klima**, das als weniger rau und stürmisch gilt als an der Nordsee. Hier sowie auch im Binnenland, das von dem **kontinental gemäßigten Klima** beeinflusst wird, ist das Wetter unbeständig. In den warmen Sommermonaten liegt die Durchschnittstemperatur bei etwa 20 Grad Celsius. Die Winter werden mit durchschnittlich drei Grad Celsius relativ kalt.

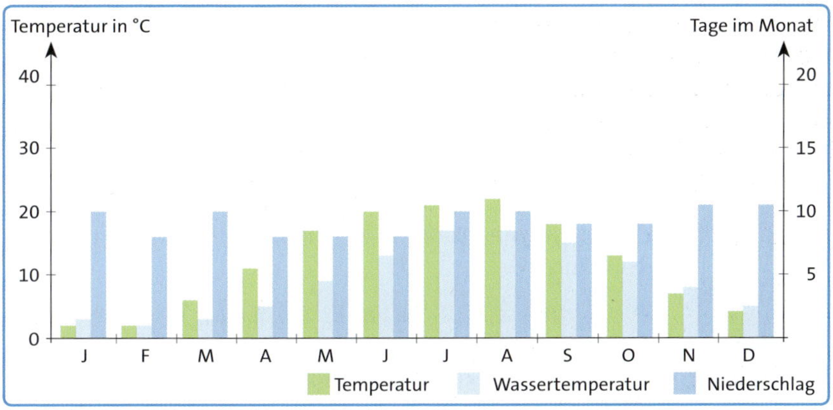

Abb. Klimadiagramm Mecklenburg-Vorpommern

Reisezeit

Der Sommer mit seinen warmen Temperaturen ist Hochsaison, da die Küsten und Seen zum Schwimmen einladen, außerdem gilt der Frühling mit seiner herrlichen Blütenpracht als eine schöne Reisezeit.

Zeitzonen

Mitteleuropäische Zeit; Winter: UTC+1 (MEZ), Sommer: UTC+2 (MESZ).

Geschichte

Vorpommern und das fürstliche Mecklenburg waren früher eigenständige Einheiten bis sie 1945 als **sowjetische Besatzungszone** zu Mecklenburg-Vorpommern zusammengeführt wurden. 1952 wurde das Gebiet im Rahmen der Verwaltungsreform in der ehemaligen Deutschen Demokratischen Republik (DDR) aufgelöst und in drei Bezirke eingeteilt: *Neubrandenburg, Rostock* und *Schwerin*. Mit der deutschen Wiedervereinigung 1990 wurde Mecklenburg-Vorpommern neu gegründet und *Schwerin* zur Hauptstadt ernannt.

Verkehrsnetz

Die gern befahrene Ferienstraße in der Ostseeregion ist die **erste Etappe der »Deutschen Ferienstraße«** (die sich bis nach *Berchtesgaden* erstreckt) und führt von *Fehmarn* nach *Lübeck*. Von *Lübeck* in Richtung Osten erstreckt sich die »**Nordostdeutsche Hanseroute**«.

Tourismus

© Tourismusverband MV

Abb. Rostocker Standesamt

Mit dem kontinuierlichem Ausbau der touristischen Infrastruktur in den Bundesländern wurden insbesondere an der **Küste Mecklenburg-Vorpommerns** viele moderne Unterkünfte und Einrichtungen geschaffen, die die Besucherzahlen stetig wachsen lassen. Ferner sind die **Naturschutzgebiete und historischen Städte** mit **UNESCO-Welterbe-Auszeichnungen** für den Tourismus von wichtiger Bedeutung.

Die Hansestädte ***Lübeck, Rostock, Wismar, Stralsund*** und ***Greifswald*** blicken auf eine lange Tradition zurück und bieten ihren Besuchern viel Sehenswertes.

- **Lübeck:** Alte Hansestadt und UNESCO-Welterbe – die ganze Stadt ist ein Museum; Kirchen, Klöster, Stiftshöfe – alles in norddeutscher Backsteingotik. Mittelalterliches Ambiente und kunsthistorische Sehenswürdigkeiten bestimmten das Stadtbild.
- **Rostock: Alte Hansestadt – das Stadtbild ist geprägt** von Giebelhäusern mit Backsteinfassaden, machtvollen Kirchen, dem alten Rathaus und Resten der alten Stadtmauer; stärkster Eisbrecher Deutschlands »Stephan Jantzen« liegt im Hafen der Stadt; in der Umgebung die *Rostocker Heide*, eines der letzten großen und geschlossenen Waldgebiete an der deutschen Küste.
- **Wismar:** UNESCO-Welterbe – der mittelalterliche Grundriss wurde aufbewahrt, größter Marktplatz in Mecklenburg-Vorpommern, Rathauskeller mit einer Ausstellung über *Wismar*, »Wendische Viertel« mit vielen Kirchen und Backsteinhäusern.
- **Stralsund:** UNESCO-Welterbe – sehenswerte Altstadt mit vielen Kirchen, Denkmälern und historischen Gebäuden im Stil der Backstein-Gotik; Deutsches Meeresmuseum
- **Greifswald:** Alte Universitätsstadt, wunderschönes architektonisches Ensemble: alter Marktplatz mit Rathaus und alten Bürgerhäusern, gotische Kirchen, historische Giebelhäuser; die Promenade »Wallanlagen« am Hafen.

© Tourismusverband MV

Abb. Backsteingotik in Stralsund

Unterkünfte

Mecklenburg-Vorpommern bietet eine große Palette an Unterkünften. Das Angebot reicht von Schlosshotels über Sport- und *Wellness*hotels bis hin zu familiengeführten Pensionen.

Ferienwohnungen und -häuser sowie Ferienhöfe sind sehr beliebt bei Familien mit Kindern. Des Weiteren besteht die Möglichkeit den Urlaub auf einem Reiter- oder Bauernhof sowie Gutshöfen zu verbringen.

Außerdem bietet Mecklenburg-Vorpommern preiswerte Jugendherbergen und *Hostels* (betreute, preisgünstige Beherbergung für Reisende, insbesondere junge Leute) sowie schön angelegte Campingplätze.

An der Küste

Die **bizarre Küstenlinie** Mecklenburg-Vorpommerns weist neben den Steilküsten ebenso wald- und dünengesäumte feinsandige Strände auf. Da es im Gegensatz zur Nordsee **so gut wie keine Gezeiten** gibt, können die Besucher der Ostsee jederzeit im jedoch relativ frischen Wasser schwimmen. Die Ostseeküste eignet sich aufgrund der kühlen Wassertemperatur nur **bedingt für einen reinen Badeurlaub**.

Mecklenburg-Vorpommerns Küsten faszinieren ihre Besucher mit wichtigen kulturell-historischen Segmenten, wie z. B. Bauten aus der Hansezeit, der Bäderarchitektur, dem typischen *Flair* der Fischer- und Badeorte. Der **Großteil der Tourismusangebote** bezieht sich daher auf die Küstenregion sowie die Inseln mit ihren Kurorten und Seeheilbädern.

Kurhotels Ostsee – Hohen Übernachtungskomfort in traumhafter Landschaft genießen

Kurhotels Ostsee – hier wartet ein großes Kur- und *Wellness*angebot inmitten landschaftlicher Reize in einem gesunden Meeresklima.

(PM) Deutschland, 14.04.2011 - Umweltbelastungen und zunehmender Stress hinterlassen Spuren an Körper, Geist und Seele. Alle, die über spezielle Symptome klagen, oder einfach ausspannen wollen, erholen sich schnell in komfortablen Kurhotels. Ostsee, mildes Reizklima und kilometerlange Strände, die zum Badespaß und ausgedehnten Spaziergängen einladen, erweisen sich als ideale Kombination. Die Ostseeküste überzeugt Jahr für Jahr Zehntausende von Touristen durch viele sehenswerte Städte, Kurorte und romantische Fischerdörfer, die sich bis heute ihren individuellen Charme bewahren konnten. Die vielen sonnenreichen Tage, die jod- und salzhaltige Meeresluft und die ungewöhnlichen landschaftlichen Reize überzeugen alle, die auf der Suche nach Erholung sind.

Darüber hinaus kann der Gast, der Kurhotels, Ostsee und touristische Angebote miteinander verbinden will, aus einer großen Vielfalt wählen. Die deutsche und polnische Ostseeküste bietet facettenreiche Abwechslungen, die geprägt sind von Wanderdünen, langen Sandstränden, Steilküsten, vielen Wäldern und einem interessanten Hinterland. Nahezu überall findet der Tourist ansprechende und mit einem großen *Wellness*angebot ausgestattete Kurhotels. Ostsee, Seebäder und Erholung gehören zusammen und haben entlang der Küste eine lange Tradition. Die größte deutsche Insel, Rügen, ist der pommerschen Küste vorgelagert und eignet sich als idealer Urlaubsort für Jung und Alt. Hier findet der Tourist unzählige verträumte Buchten, zerklüftete Steilküsten, hohe Wanderdünen und kristallklares Wasser. Neu erbaute und auch sanierte Kurhotels bieten ein umfangreiches Fitness- und Erholungsprogramm. Menschen mit unterschiedlichen Beschwerden wie Atemwegserkrankungen, Störungen des Bewegungsapparates, Hautleiden, Herz- und Kreislaufbeschwerden und rheumatischen Krankheitsbildern werden professionell bei unterschiedlichen Anwendungen betreut. Massagen, Bäder, spezielle Trainingsprogramme und innovative Therapien gehören zum Programm der Kurhotels.

Ostsee und Klima verstärken die Wirkung einer umfassenden Kur, aber auch derjenige, der einfach ein paar Tage ausspannen will, um neue Energie für den Alltag zu sammeln, kommt auf seine Kosten. [...]

Perspektive Mittelstand (PM), Pressemitteilung vom 14.04.2011 www.perspektive-mittelstand.de

Freizeitangebot

Viele Ferienziele an der Ostseeküste und im Binnenland werden aufgrund ihres umfangreichen Freizeitangebots von **unterschiedlichen Zielgruppen** besucht.

Zur Ausübung des Freizeitangebots sind unzählige, ausgeschilderte Wander-, Fahrrad- und Reitwege, gut ausgebaute Golfplätze, Wassersportangebote und Strände mit Strandkörben vorhanden. Außerdem gilt die Mecklenburgische Seenplatte als ideales Revier für Angler, Segler sowie für Kanuten und Kajakfahrer. Auf den zahlreichen Gewässern ist viel Platz für Yachten und so ziemlich alles, was schwimmen kann.

Natur- und Kultururlauber kommen bei der großen landschaftlichen Vielfalt und kulturellen Angeboten in den Großstädten nicht zu kurz. Die Anzahl der *Wellness*- und Gesundheitseinrichtungen ist in diesem Bundesland besonders an der Küste enorm hoch und gut besucht. Die **Reiseform des Gesundheits- und *Wellness*urlaubes** in dieser Destination sind in ► LF 7, Kapitel 3 genauer beschrieben.

Attraktivitätsfaktoren und Zielgruppen

Bei einem Verkaufsgespräch spielen die **verschiedenen Attraktivitätsfaktoren** von Mecklenburg-Vorpommern eine bedeutende Rolle.

Analysieren Sie Ihren Kunden, so dass Sie ihn einem **Reisetypen** (► Kapitel 2.6) zuordnen können. Machen Sie ihm/ihr die »**Destination Mecklenburg-Vorpommern**« mit Hilfe der **passenden Attraktivitätsfaktoren** schmackhaft.

Natürliche Faktoren		Reisetypen/Zielgruppen
Klima	Relativ warme Sommermonate, weniger raues Klima als an der Nordsee	Badeurlauber Sport- und Aktivbegeisterte Familien mit Kindern *Best Ager*
Naturräumliche Gegebenheiten	Sandstrände, Boddenlandschaft, zahlreiche Seen, Kanäle, Flüsse, Moorlandschaften	Badeurlauber Erholungsurlauber
Flora und Fauna	Waldgebiete Artenreiche Vogelwelt, z. B. Kraniche	Wanderer Naturliebhaber
Gesundheit	Einheimische Naturheilmittel	*Wellness*urlauber Gesundheitsreisende
Luftreinheit	Mildes Reizklima, Luftkurorte	Allergiker Asthmatiker
Wasserqualität	Viele Strände sind mit der blauen Flagge ausgezeichnet	Badeurlauber Wassersportbegeisterte
Erreichbarkeit/ Beförderung	Mit dem eigenen Auto zu erreichen	Familien mit Kindern Flugängstliche
Verkehrswege	Autobahnen, Ferienstraßen, Fährverbindungen	Individualreisende Entdecker
Hotellerie	Hotels, Pensionen, Ferienwohnungen- und Häuser, *Wellness*hotels, Kureinrichtungen	Selbstverpfleger *Wellness*urlauber Gesundheitsreisende

Künstliche Faktoren		Reisetypen/Zielgruppen
Freizeiteinrichtungen	Wander-, Fahrrad- und Reitwege, Golfplätze, Yachthäfen, Bootsfahrten, Schwimmbäder, Museen, Theater	Familien mit Kindern Sport- und Aktivbegeisterte Kulturinteressierte
Soziokulturelle Faktoren	Historische Städte mit UNESCO-Welterbe-Auszeichnungen, traditionsreiche Kurorte und Seebäder	Kulturinteressierte Individualreisende Entdecker *Best Ager* *Wellness*urlauber Gesundheitsreisende
Sicherheit	Gute Medizinische Versorgung vor Ort, keine politischen Unruhen	Familien mit Kindern *Best Ager*

Tab. Attraktivitätsfaktoren Mecklenburg-Vorpommerns und Zielgruppen

3.2.2 Freizeitparadies Allgäu

Das Allgäu ist eine Ferienregion im Süden von Deutschland die zum größten Teil in Bayern liegt; nur kleine Abschnitte gehören zu Baden-Württemberg (im Westen) und Österreich (im Süden). Die Region erstreckt sich außerdem zwischen dem *Bodensee* im Westen, dem Fluss *Lech* im Osten und den bis zu 2.600 Meter hohen *Allgäuer Alpen* im Süden, die die natürliche Grenze zu Österreich bilden. 35 Berge erreichen über 2.500 Meter Höhe; der höchste unter ihnen ist der *Große Krottenkopf* (2.657 Meter).

Das Allgäu wird seit der Gebietsreform von 1972 in **vier Landkreise** unterschieden: Im Osten der Region liegt das *Ostallgäu*, im Süden das *Oberallgäu* (südlichster Landkreis Deutschlands), im Westen das *Westallgäu* und im Norden das *Unterallgäu*.

Abb. Karte des Allgäus

Besonders der als **Oberallgäu** bezeichnete südliche Teil des Allgäus gehört, nicht zuletzt wegen seiner zahlreichen bekannten Kurorte, zu den beliebtesten Feriengebieten Deutschlands mit einer hervorragenden touristischen Infrastruktur. Die abwechslungsreiche alpine Landschaft ist geprägt von grünen Wiesen und Weiden, idyllischen Tälern und hochalpinem Fels. Gleichzeitig bietet sie klare Seenlandschaften, teils mittelalterliche Städte, Kirchen und Königsschlösser. Zwischen den grünen Wiesen und Wäldern stehen vereinzelt Bauernhöfe, die Getreide anbauen oder Milchwirtschaft betreiben, denn typisch für das Allgäu sind die vielen braunen Kühe. Die größte Stadt des Allgäus mit etwa 60.000 Einwohnern bildet ***Kempten***. Sie ist gleichzeitig das wirtschaftliche und kulturelle Zentrum der Region.

Klima

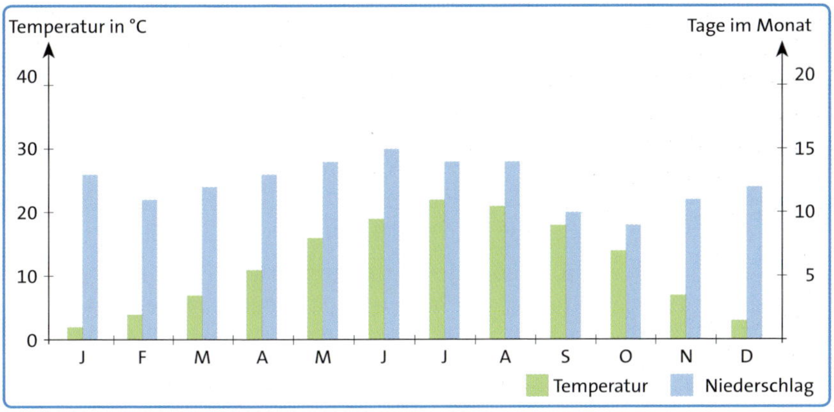

Abb. Klimadiagramm Allgäu

Durch die Lage am Alpennordrand und dem dadurch entstehenden Wolkenstau vor den Bergen, ist das Allgäu von **ergiebigen Niederschlägen** in Form von Regen und Schnee gekennzeichnet.

Die **gemäßigte Klimazone** verspricht angenehme, aber niemals drückend heiße Sommer und meist raue und kalte Winter. Schneesicherheit ist somit garantiert.

Für angenehme Temperaturen sorgt auch der ab und an herrschende **Föhn** (▸ Glossar). Das Klima am Bodensee zeigt sich deutlich milder, die Wassermassen speichern die Wärme des Sommers und geben sie im Herbst und frühen Winter wieder ab.

Reisezeit

Das Allgäu ist ein ganzjähriges Reiseziel und bietet zu jeder Jahreszeit seine besonderen Reize:
Winterurlauber kommen über die Wintersaison von Dezember bis Mai auf Ihre Kosten, im Frühjahr locken blühende Wiesen und verschneite Berge **Wanderer und Naturliebhaber** in die Region, Sommer und ebenso Herbst eignen sich für jegliche **sportliche Aktivitäten**, im Herbst findet dann der traditionelle und touristisch gern besuchte **Almabtrieb** statt.

Geschichte

500 v. Chr.	Die ***Kelten*** besetzen die Allgäu-Region und beherrschen sie fast 500 Jahre lang alleine.
Um 15 v. Chr.	Die ***Römer*** erobern das Allgäu und gründen die Stadt *Cambodunum*, das heutige *Kempten*. Neben dieser Stätte können Hobby-Historiker noch heute zahlreiche römische Hinterlassenschaften bewundern, die von dieser wirtschaftlich reichen Zeit zeugen: die Reste einer Villa am *Tegelberg*, verschiedene Thermen und Teile der angeblich größten *Augustus*statue nördlich der Alpen.
817	Der Name **Allgäu** wird zum ersten Mal urkundlich erwähnt. Er setzt sich aus den Begriffen »Alpen« (= Hütten) und »Geäu« zusammen. Der Begriff »Geäu« leitet sich von »Auen« – den grünen Wiesen ab.
1079–1268	Auf Römer folgen ***Alemannen, Franken*** und schließlich die ***Staufer*** (Herzöge von Schwaben). Letztere verleihen ihren Besitzungen *Isny, Kaufbeuren, Kempten, Leutkirch, Memmingen* und *Wangen* Stadtrechte.
1525	Wirtschaftliche Not aufgrund häufiger Missernten, soziales Elend, Missstände in der Kirche und zusätzliche Schwierigkeiten das Recht gegenüber Grund-, Leib- und Gerichtsherren zu erhalten; sie sind Anlass zu einem von Bauern organisierten **Bauernaufstand**, der sich über weite Teile des süddeutschen Raumes ausweitet. Die Bauern verfassten die »12 Bauernartikel«, in denen sie Milderung der Lasten und Aufhebung der Leibeigenschaft forderten. Dieser Forderungskatalog war die **frühere Formulierung der Menschenrechte**.
1527–1546	Bürger der schwäbischen Reichsstätte bekennen sich zu den Lehren *Luthers*.
um 1830	Die **Weidewirtschaft löst mancherorts den Flachsanbau ab**, woraufhin sich die Region fortan zu dem »grünen Allgäu« entwickelt, das wir heute kennen.
1889	In *Bad Wörishofen* beginnt der **Kurbetrieb** unter Leitung von Pfarrer *Sebastian Kneipp*.
1945–1947	Heimatvertriebene aus Böhmen und Schlesien vergrößern die Bevölkerung des Allgäus um ein Drittel.
1972	Eine **Gebietsreform** findet statt bei der die Landkreise und Gemeinden im bayerischen Teil des Allgäu neu gegliedert werden.

1973	Erste Skiflugweltmeisterschaft in *Oberstdorf*.
1978	Eröffnung der Fachhochschule *Kempten*.
2003	Gründung der *Allgäu Marketing GmbH*, die Gesellschaft für Standort und Tourismus. Sie kurbelt den Tourismus in der Allgäu-Region erheblich an.
2005	*Oberstdorf* ist Austragungsort der **Nordischen Ski-Weltmeisterschaften**.

Tab. Zusammenfassung der Geschichte des Allgäus

Zeitzonen

Mitteleuropäische Zeit; Winter: UTC+1 (MEZ), Sommer: UTC+2 (MESZ)

Verkehrsnetz

Gäste des Allgäus können die reizvolle Landschaft sowie die schönen Orte von den gut ausgebauten Ferienstraßen aus genießen, die durch das Allgäu verlaufen. Die älteste und wohl auch bekannteste **deutsche Ferienstraße** ist die *Romantische Straße*, die von *Würzburg* bis nach *Füssen* führt. Die Strecke der *Deutschen Alpenstraße*, die von *Lindau* bis nach Berchtesgaden durch die Allgäu-Region verläuft, führt über Passstraßen vorbei an Bergseen, Schlössern und Kurorten. Weitere Ferienstraßen sind die *Mühlenstraße Oberschwaben*, die *Oberschwäbische Barockstraße* und die *Schwäbische Barockstraße*.

Auf einigen Allgäuer Alpengipfeln verkehren regelmäßig **Bergbahnen**, die die Gäste vom Tal hinauf auf die Bergstationen fahren.

Tourismus und Freizeitangebote

Hunderte Gäste zieht es jährlich in die vielseitige Allgäu-Region, die ganzjährig zu den beliebtesten Touristenregionen in Deutschland gehört. Entsprechend gut ist die touristische Infrastruktur organisiert:

Neben privaten Pensionen, Bauernhöfen, Campingplätzen und Ferienwohnungen können die Besucher des Allgäus ebenso mit komfortablen Hotels und *Wellness*angeboten als **Übernachtungsmöglichkeiten** rechnen. Die Auswahl ist groß und daher für viele Geschmäcker geeignet.

Ferner treffen die Allgäu-Besucher auf eine breite Palette an **Freizeitgestaltungsmöglichkeiten** wie etwa Kunst- und Kulturausstellungen in den historischen Orten, Besichtigungen der Burgen und Schlösser, Besuch der Erlebnis-, Kletter- und Tierparks,

Wander-, Fahrrad- und *Mountainbike*ausflüge durch die reizvolle Landschaft, Golfen auf den landschaftlich schön gestalteten Golfplätzen, Badespaß in den klaren Seen der Region oder Klettern in den Bergen sowie Gleitschirmfliegen.

Somit ist das Allgäu nicht nur für Aktiv- und Sportbegeisterte sondern auch für Erholungssuchende, Naturliebhaber und Kulturinteressierte geeignet. Ideal ist die Region aufgrund der kunterbunten Angebotsvielfalt aber insbesondere für Familien mit Kindern und *Best Ager*.

Touristisches *Highlight* ist zur Herbstzeit der **Almabtrieb**, der Besucher von überall her anlockt. Unter dem traditionellen Brauch versteht sich die Überführung des Viehs von den Almen (Bergweiden) hinunter ins Tal, wo es dann in den Stallungen der Bauernhöfe überwintert. Die Tiere werden für den Abtrieb kunstvoll mit Glocken, und Kränzen sowie mit frischen Blumen geschmückt.

Der regional unterschiedlich zwischen Mitte September und Mitte Oktober stattfindende Almabtrieb wird mit einer Musik- und Tanzveranstaltung verbunden.

Von Dezember bis Mai verwandelt sich das Allgäu zu **Deutschlands größtem Wintersportzentrum**. Die wintersportliche Angebotsvielfalt reicht in den acht Skigebieten von alpinem Skisport und Langlauf auf den *Loipen*netzen über Rodel- und Eislaufbahnen bis hin zu *Snow*- und *Fun*parks. Beliebte Skigebiete für Familien mit Kindern und für Anfänger sind *Grasgehren* und *Balderschwang/Ofterschwang*. Fortgeschrittene kommen rund um *Oberstdorf* und in dem Gebiet *Unter-/Oberjoch* auf ihre Kosten. Mit den Verbundkarten der Allgäuer Skigebiete, so z. B. die *Allgäuer-Gletscher-Card* oder der *Superschnee-Pass*, kennt der Spaß fast keine Grenzen. (Weitere Informationen zu einem Winterurlaub ► LF 7, Kapitel 11.)

Bad Wörishofen, *Bad Hindelang*, *Oberstaufen* und *Scheidegg*, um nur vier der über 30 **heilklimatischen Kurorte, Luftkurorte und Kneipp-Heilbäder** (► LF 7, Kapitel 3) im Allgäu zu nennen, sind bekannt für *Wellness*, Kuren und Erholung der Extraklasse. Unabhängig davon bieten die verschiedensten Hotels, Gesundheitsresorts und Pensionen *Wellness*behandlungen in allen Variationen. Das ist Urlaub mit Erholung für Leib und Seele.

Städte, Gemeinden und Sehenswürdigkeiten im Allgäu

Sehenswerte *Highlights* bilden unter anderem die fünf **früheren Reichsstädte** *Isny, Kaufbeuren, Kempten, Memmingen* und *Wangen*. Neben Stadtführungen über verschiedene Themen, kunsthistorischen Sehenswürdigkeiten und Ausstellungen bieten sie viele Feste und Veranstaltungen, Konzerte und Theater.

Westallgäu	
Lindau	Romantische Altstadt am Bodensee. Sehenswert sind der alte Leuchtturm und Deutschlands größte Festungsruine *Hohentwiel*. Schifffahrten auf dem Bodensee.
Leutkirch	**Historische Altstadt** mit barockem Rathaus. *Schloss Zeil* thront über der Stadt. Der nahe gelegene Ort *Schmidsfelden* ist ein **historisches Glasmacherdorf** mit Museum.
Bad Wurzach	**Größtes intaktes Hochmoor Europas**, beliebtes Ziel für Spaziergänge und Wanderungen; oberschwäbisches Barock; *Wurzacher Schloss*; heilende Naturmoorbäder.
Wangen	**Prächtige Altstadt** mit historischen Gebäuden, urigen Gassen, zahlreichen Brunnen und stillen Winkeln. Dazu gepflegte Gastronomie und nette Menschen.  © Stadt Wangen
Oberallgäu	
Kempten	 © Fotolia.com **Einstige Römerstadt** und heutige Allgäu-Metropole an der *Iller*. Archäologischer Park, historische Bürgerhäuser, prächtiges Rathaus, Basilika und Fürstenstift locken zu einem Besuch.
Bad Hindelang	Der Ort ist **heilklimatischer Kurort und Kneippheilbad**. Oberjoch ist ein Ortsteil von *Bad Hindelang* und Deutschlands **höchstgelegenes Bergdorf**. In mitten eines sonnigen Hochtals eignet es sich als hervorragender Ausgangspunkt für Ausflüge und sportliche Aktivitäten. Aufgrund der guten Luftqualität ist es besonders für Allergiker geeignet.
Oberstaufen	Schicke *Shops*, exklusive Hotellerie und lebendiges Nachtleben. Gleichzeitig auch über 300 Kilometer ausgeschilderte Wanderwege, einziges **Schroth-Heilbad** Deutschlands, Ski und Langlaufmöglichkeiten.
Oberstdorf	Die südlichste Gemeinde Deutschlands ist **heilklimatischer Kur- und Kneippkurort,** schneesicherer Wintersportort. Idealer Ausgangspunkt zum Wandern z. B. in der ***Breitachklamm***, (tiefste Felsschlucht Europas) oder am ***Hohen Ifen*. Skisprungschanzen** am *Schattenberg*. **Skigebiet *Nebelhorn*.** 

Nebelhorn	Auf mehr als **2.200 Meter Höhe** genießen Besucher des ***Nebelhorns*** einen Blick auf über 400 Gipfel.
Breitachklamm Oberstdorf	**Tiefste Felsschlucht Europas**. Kann durchwandert werden, auch für Familien geeignet, festes Schuhwerk erforderlich.
Hoher Ifen	Das karge **Gottesackerplateau** ist eine der beeindruckendsten **Karstlandschaften** (► Glossar) Europas. Ziel vieler Wanderungen.
Ostallgäu	
Füssen	*Füssen* ist die **höchstgelegene Stadt Bayerns** in traumhafter Lage an der Romantischen Straße und am Fluss *Lech*. Umgeben ist sie von vielen Seen, wie etwa *Hopfen*- und *Weißensee*. Die **Königschlösser** *Neuschwanstein* und *Hohenschwangau* liegen in unmittelbarer Umgebung. **Wiege des europäischen Geigenbaus.** Lebendige Altstadt mit italienischem *Flair*, erstklassige Veranstaltungen wie Konzerte, Operetten und Theateraufführungen im Festspielhaus.
Nesselwang	Liegt idyllisch und zentral vor beeindruckender Bergkulisse. Hier fährt Deutschlands erste **Kombibahn** (Sessellift und Gondel). Spaß für die ganze Familie erbringt die **Sommerrodelbahn**.
Pfronten	Malerisch am Fuß der ***Tannheimer Berge*** gelegen. Wahrzeichen der Gemeinde ist die spätbarocke ***St. Nikolaus*** Kirche. Sehenswert ist die Burgruine Falkenstein. Das Bergdorf macht sich die belebende Wirkung des Heus im Rahmen einer **Heu-Kur** zu Nutze.
Schloss Neuschwanstein	Das weltberühmte, von Bergen und einem See umgebene **»Märchenschloss«** mit zahlreichen Zinnen und Türmen, ist eines der beliebtesten und meistbesuchten Touristenziele in Deutschland.
Schloss Hohenschwangau	Ehemals verfallene **Burg *Schwanstein*** wurde im neugotischen Stil wieder aufgebaut. Hier verlebte *König Ludwig II.* seine Jugend.
Forggensee	Der **größte See des Allgäus** ist ein Stausee, der vom *Lech* durchflossen wird. Er ist 12 Kilometer lang und drei Kilometer breit. Schiffsrundfahrten sind gerade im Sommer sehr beliebt.
Unterallgäu	
Bad Wörishofen	Ursprung des **Kneippschen Naturheilverfahrens** (► LF 7, Kapitel 3). Der Kneippkurort bietet seinen Gästen u. a. ein Kneippmuseum, eine **historische *Wandelhalle***, eine Fußgängerzone mit edlen Boutiquen sowie einen etwa 160.000 qm großen Kurpark mit Rosengarten, Tennisplätzen u. v. m.  © Kurverwaltung Bad Wörishofen

Memmingen	**Stadt der Tore und Türme, Giebel und Fassaden.** Mittelalterlicher Stadtkern mit historischer Altstadt und vielen reizenden, idyllischen Plätzen und Sehenswürdigkeiten. Marktplatz, ***Siebendächerhaus*** und *Martinskirche* lohnen einen Besuch.
Skyline Park	Bayerns beliebtester **Freizeitpark** in *Bad Wörishofen* vereint Alpenpanorama und spannendes Achterbahn*feeling* auf über 60 Attraktionen.
Benediktinerabtei Ottobeuren	Imposante **Klosteranlage**, geführte Besichtigungen.
Allgäu Umgebung	
Vilsalpsee	**Bergsee** in traumhafter Natur umgeben von seltener Flora und Fauna. Sogar **wild wachsende Orchideen** können bewundert werden. Ein leichter Wanderweg führt rund um den See und zu dem *Bergaicht-Wasserfall*.
Ehrwald und Zugspitze	Mit der *Ehrwald-Zugspitzbahn* geht es hinauf auf den **höchsten Berg Deutschlands**, der *Zugspitze*. Die 40 Kilometer lange Strecke von *Füssen* nach *Ehrwald* in Österreich ist in einer knappen Stunde zu schaffen. Auf knapp **3.000 Meter** Höhe haben die Besucher einen unvergleichlichen Blick über die Gipfel der umliegenden Berge sowie den *Eibsee* und *Garmisch-Partenkirchen*. In der **Erlebniswelt** findet sich Interessantes für Klein und Groß. Rodeln, **Skifahren** oder ein Besuch des Iglu-Dorfes, vieles ist möglich.
Tannheimer Tal	Bereits in Österreich liegend, bietet das *Tannheimer Tal* seinen Gästen zu jeder Jahreszeit eine Menge sportliche Abwechslung. Das Tal ist aufgrund seiner großen Auswahl an Wanderwegen beliebt und mehrfach ausgezeichnet. Außerdem locken die abwechslungsreichen Skigebiete in unmittelbarer Umgebung viele Winterurlauber.

Tab. Sehenswerte Städte und Gemeinden im Allgäu

Das Allgäu bietet sowohl Einheimischen als auch Gästen außerhalb seiner Städte eine Vielzahl an kulturellen und landschaftlichen Sehenswürdigkeiten, die jeweils bei gutem oder bei schlechtem Wetter zu besichtigen sind.

Abb: Schloss Neuschwanstein, Forggensee, Zugspitze

Attraktivitätsfaktoren des Allgäus und Zielgruppen

Bei einem Verkaufsgespräch spielen die verschiedenen Attraktivitätsfaktoren des Allgäus eine bedeutende Rolle.

Analysieren Sie Ihren Kunden jedoch zuerst nach Interessen, Motivation und Einstellung, so dass Sie ihn einem der Reisetypen (▸ Kapitel 2.6) zuordnen können und machen Sie ihm anschließend die Destination »Allgäu« mit Hilfe der Attraktivitätsfaktoren schmackhaft. Nennen Sie die Faktoren auf die der Kunde Ihres Erachtens Wert legt und geben Sie wenn möglich detaillierte Hinweise dazu.

Natürliche Faktoren		**Reisetypen/Zielgruppen**
Klima	Ganzjahres-Reiseziel, mild feuchte Sommer, schneereiche Winter	Sport- und Aktivbegeisterte Wintersportbegeisterte Familien mit Kindern *Best Ager*
Naturräumliche Gegebenheiten	Alpen, Täler, Seen, Flüsse	Wintersportbegeisterte Wanderer
Flora und Fauna	Wiesen, Wälder mit Fichten, Lärchen, Buchen, Kiefern; Bergblumen wie Enzian; Heilkräuter wie Arnika; Giftpflanzen wie Eisenhut und Hahnenfuß; Moose. Rotwild, Greifvögel, Steinböcke, Füchse, braune Kühe.	Naturliebhaber Wanderer Familien mit Kindern *Best Ager*
Gesundheit	Keine speziellen Impfvorschriften Klare und reine Luft, sauberes Wasser	Alle Zielgruppen Allergiker
Künstliche Faktoren		**Reisetypen/Zielgruppen**
Erreichbarkeit/ Beförderung	Anreise mit Pkw, Bus, Bahn und per Flugzeug möglich.	Alle Zielgruppen
Verkehrswege	Verfügt über ein sehr gutes Straßennetz mit zusätzlichen Passstraßen und Ferienstraßen. Großstädte sind durch Autobahnen oder Schnellstraßen miteinander verbunden.	Individualreisende Entdecker Autofahrer, Motorradfahrer Sport- und Aktivbegeisterte, Wanderer
Hotellerie/ Gastronomie	Ferienwohnungen, Bauernhöfe, Pensionen, *Wellness*-Hotels, Kureinrichtungen. Gaststätten mit landestypischer Küche, Gourmetrestaurants, Berg- und Hüttenrestaurants	Familien mit Kindern Paare und DINKS *Best Ager*

Künstliche Faktoren		Reisetypen/Zielgruppen
Freizeit-einrichtungen	Wander-, Fahrrad-, Reitwege, Tandemflüge, *Paragliding*-Absprunghänge, Gasthäuser, Bars, Erlebnis-, Kletter- und Tierparks, Hallenschwimmbäder oder Erlebnisbäder mit Wasserrutschen, Saunalandschaft, *Wellness*einrichtungen, Kureinrichtungen und Kliniken.	Sport- und Aktivbegeisterte Junge Spaß-, Erlebnis- und Partyurlauber Familien mit Kindern Paare und DINKS *Wellness*urlauber
Wintersport- und Winterurlaubs-einrichtungen	Ski/Langlaufschulen, Skiverleihe, präparierte Pisten mit Beschneiungsanlagen. Skitouren, Tiefschneehänge, *Snow*- und *Funparks*, Bobbahnen, Eislaufhallen und -bahnen, Eiskletterwände, Pferdeschlittenfahrten, Schneeschuhtouren und Winterwanderwege.	Winter(sport)begeisterte
Soziokulturelle Faktoren	Almabtrieb, historische Ortschaften, Kirchen, Burgen, Schlösser, Kulturfestivals, bayrischer Dialekt	Kulturinteressierte Naturliebhaber *Best Ager*
Sicherheit	Gute Medizinische Versorgung vor Ort, keine politischen Unruhen	Familien mit Kindern *Best Ager* Individualreisende Entdecker Alleinreisende und *Singles*

Tab. Attraktivitätsfaktoren des Allgäus und Zielgruppen

AUFGABEN

1. Erklären Sie die Bedeutung der Tourismuswirtschaft für die deutsche Volkswirtschaft.
2. Welche Vor- und Nachteile sehen Sie in der Tatsache, dass die Deutschen die größten »Nettodevisenbringer« im internationalen Reiseverkehr sind?
3. Warum muss die »Einkommensschere« künftig bei Reiseangeboten beachtet werden?
4. Welcher Marktform entspricht der deutsche Tourismusmarkt?
5. Welche Besonderheiten weist die Landschaft Mecklenburg-Vorpommerns auf?
6. Mecklenburg-Vorpommern ist eine der beliebtesten Urlaubsregionen in Deutschland. Begründen Sie mit Hilfe der Attraktivitätsfaktoren den Grund für die touristische Beliebtheit.

7. Welche »Ferienbeschäftigungen« bieten sich an der Ostseeküste und auf den Ostsee-Inseln an? Nennen Sie sechs Möglichkeiten, zwei davon sollten auch bei Regenwetter unternommen werden können.

8. Nennen Sie die Hansestätte an der Ostseeküste, klären Sie die Herkunft dieser Bezeichnung und charakterisieren Sie diese Städte.

9. Beschreiben Sie die geografische Lage des Allgäus.

10. Sie empfehlen Ihren Kunden, die über den Sommer eine Woche in das Allgäu reisen, das Befahren einer geeigneten Ferienstraße, vorzugsweise die »Deutsche Alpenstraße«.

    a) Erläutern Sie allgemein welches Landschaftsbild die »Deutsche Alpenstraße« aufweist.

    b) Geben Sie außerdem vier Orte und/oder Sehenswürdigkeiten in sinnvoller Reihenfolge an, die an dieser Straße liegen und nennen Sie deren Merkmale.

11. Welche Urlaubsorte im Allgäu empfehlen Sie Kunden die besonderes Interesse an Kuranwendungen haben? Bitte geben Sie zwei Alternativen an.

12. Ein junges Ehepaar informiert sich bei Ihnen über eine Reise ins Allgäu. Sie möchten ihren Urlaub in einem »lebendigen Ort« verbringen, um auch dort etwas unternehmen zu können. Welchen Urlaubsort empfehlen Sie dem Paar? Nennen Sie neben einer Sportmöglichkeit eine weitere Möglichkeit der Programmgestaltung vor Ort.

13. Familie Ahlert mit zwei Kindern im Alter von 10 und 14 Jahren kennt das Allgäu bisher nur durch einen Winterurlaub. Nun erkundigt sich die Familie bei Ihnen nach den klimatischen Gegebenheiten im Sommer und nach interessanten Attraktivitätsfaktoren.
    a) Beschreiben Sie zwei typische Klimamerkmale für das Allgäu im Sommer.
    b) Nennen Sie zwei Attraktivitätsfaktoren des Allgäus für Familien mit Kindern.
    c) In dem Beratungsgespräch weisen Sie insbesondere auf die vielen sehenswerten *Highlights* im Allgäu hin. Nennen Sie drei Sehenswürdigkeiten und beschreiben Sie diese mit bildhafter Sprache.
    d) Empfehlen Sie der Familie im Allgäu wandern zu gehen. Frau Ahlert äußert Bedenken, dass eine Wanderung für die Kinder zu langweilig sein könnte. Entkräften Sie diesen Einwand mit zwei Beispielen für Themenwanderungen im Allgäu, die für Kinder interessant gestaltet sind. Recherchieren Sie diese entweder selbst oder lesen Sie in ► LF 7, Kapitel 1 nach.

4 Tourismus außerhalb Deutschlands

Der Tourismus-Wettbewerb in (Südost-) Asien nimmt immer stärker zu. Länder wie Kambodscha, Vietnam, China und Indien drängen ebenso wie Malaysia zunehmend auf den Tourismusmarkt. Aber auch Nationen wie Thailand, Hongkong und Singapur, die schon stärker auf dem Tourismusmarkt vertreten sind, bemühen sich verstärkt um ausländische Touristen.

4.1 Tourismusentwicklung und touristische Ziele weltweit

Nach **Schätzungen der UNWTO** betrugen die weltweiten Touristenankünfte im Jahr 2010 insgesamt 930 Millionen Reisende in einem der 150 Zielländer. Davon waren 49,0 Millionen deutsche Reisende. Die internationalen Tourismuseinnahmen betrugen 2010 rund 900 Milliarden US-Dollar.

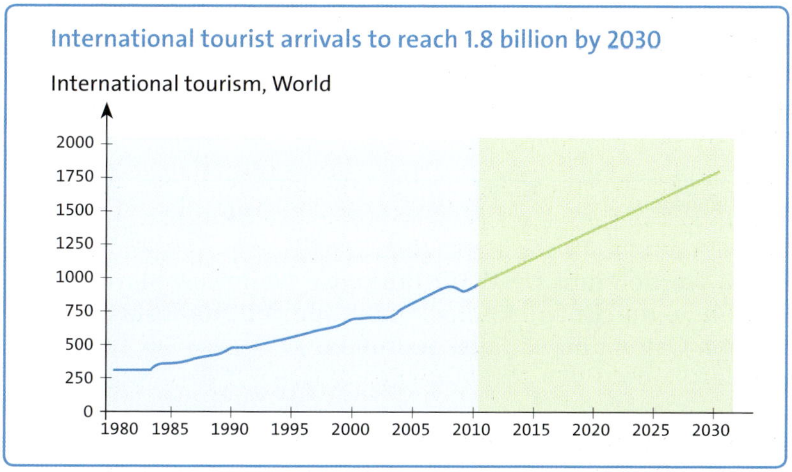

Abb. Entwicklung Tourismus International © UNWTO

Die **UNWTO prognostiziert für das Jahr 2030** weltweite internationale Ankünfte von 1,8 Milliarden Reisenden, dies entspricht einer durchschnittlichen Wachstumsrate von 3,3 Prozent pro Jahr (für alle Jahre zwischen 2010 und 2030). Die durchschnittliche jährliche Wachstumsrate für Westeuropa wird auf 1,8 Prozent geschätzt.

Asien und der Pazifische Raum wird der am stärksten wachsende ***Outbound*-Markt** sein (+17 Millionen internationale Ankünfte pro Jahr 2010–2030), gefolgt von Europa mit +16 Millionen internationalen Ankünften pro Jahr. 2030 werden daher 832 Millionen internationale Ankünfte von Europa generiert, gefolgt von Asien und dem Pazifischen Raum mit 581 Millionen.

Im Jahr 2030 werden 51 Prozent der internationalen Gäste per Flugzeug anreisen, 49 Prozent mit Autos, Zügen und Schiffen. Konsequenzen aus diesen Entwicklungen sowie die ethische Verantwortung der am Tourismus Beteiligten werden in ▸ Fachwissen Tourismus Band 4, LF 10 dargestellt.

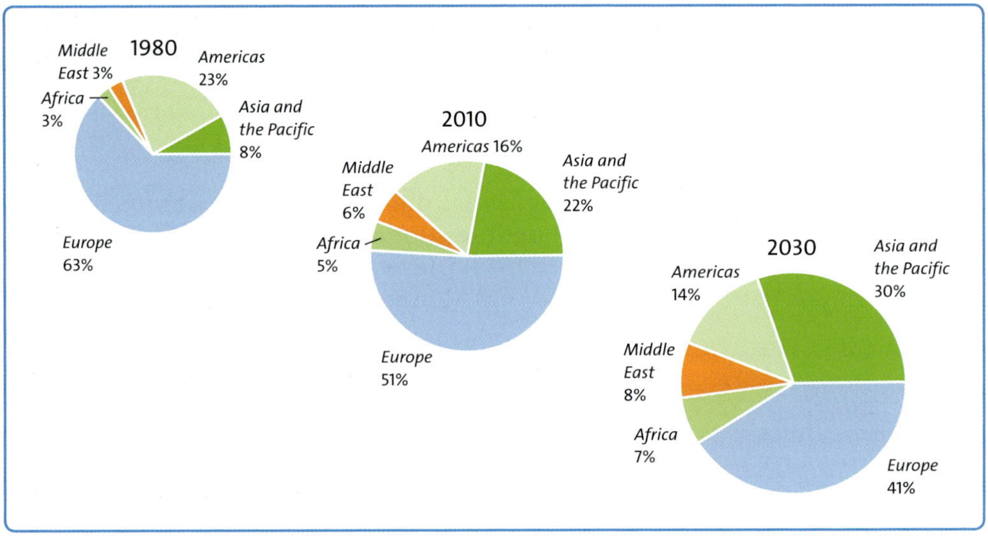

Abb. Wachstumsmärkte im Tourismus © UNWTO

Europa und Amerika werden laut UNWTO-Prognose weiterhin Marktanteile zugunsten der Schwellen- und Entwicklungsländer, speziell Nordostasiens und Südasiens, dem Nahen Osten und Afrikas, einbüßen.

4.2 Beispiele für außerdeutsche Nahziele

Außerdeutsche **Nahziele** werden von Reisenden aus Deutschland überwiegend mit dem Pkw, dem Camper oder dem Motorrad angefahren, da sie maximal bis zu 1.500 Kilometer vom Startpunkt der Reise entfernt liegen.

Die **zielgruppenorientierten Reisemotive der Deutschen** sind sehr unterschiedlich, dennoch lassen sie sich gut mit vielen außerdeutschen Nahzielen kombinieren. Von Badeurlaub an den Küsten der Niederlande, Gesundheits- und *Wellness*reisen in Osteuropa (z. B. Tschechien und Ungarn), Rundreisen in Norditalien bis hin zu Städtereisen z. B. nach *Amsterdam, Prag, Rom,* oder nach *Wien* oder Winterurlaub in Österreich und der Schweiz; so ziemlich viele Kombinationen von Reisemotiv und Reiseziel sind möglich.

Nachfolgend werden Ihnen die Sommer- sowie auch Winterdestinationen, *Wien*, Donau, Tirol und die Stadt *Rom* im Hinblick auf klimatische, geografische, kulturelle und historische Gegebenheiten beschrieben. Diese Destinationsbeschreibungen sollen Ihnen als Beispiel dazu dienen, Kenntnisse für andere außerdeutsche Nahziele selbstständig im Internet zu recherchieren und zu vertiefen, damit Sie während eines Beratungsgespräches in der Lage sind, unterschiedliche Nahziele zielgruppen- und reiseformorientiert zu prüfen und auszuwählen.

4.2.1 Walzerstadt Wien

Metropolen in Deutschland, Europa oder sogar weltweit werden wegen ihrer umfangreichen **Kultur**, interessanten **Architektur**, den zahlreichen **Einkaufsmöglichkeiten**, attraktiven **Unterhaltungsangeboten** und beeindruckenden **Veranstaltungen** besucht. So auch und im Speziellen die Stadt *Wien*.

Üblicherweise konzentrieren sich die kulturellen Attraktionen und Aktivitäten im **Stadtzentrum**.

Wien, die **Hauptstadt** und zugleich **das kleinste Bundesland Österreichs** (415 Quadratkilometer), liegt zu Füßen des Mittelgebirges Wienerwald, im etwa 100 Kilometer langen *Wiener Becken* im Nordosten des Landes. Durch die Stadt mit ihren vielen Parkanlagen und Grünflächen fließt die knapp 300 Meter breite Donau. Fast ein Viertel aller Österreicher (1,6 Millionen Menschen) leben in dem politischen, wirtschaftlichen und kulturellen Zentrum Österreichs.

Klima

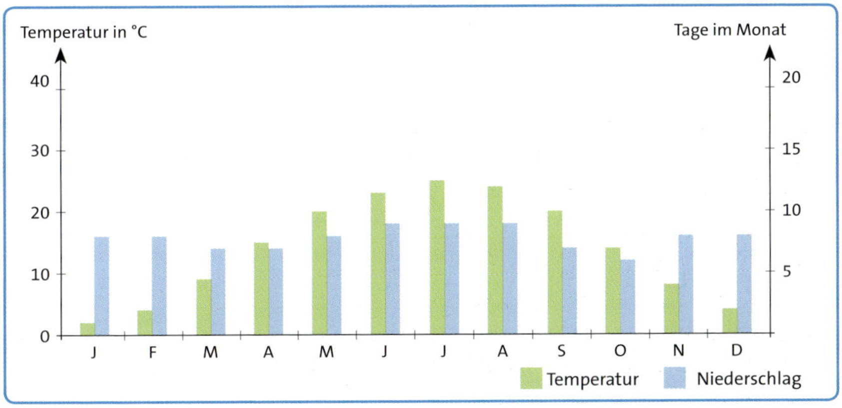

Abb. Klimadiagramm *Wien*

Die **Übergangszone zwischen ozeanischem und kontinentalem Klima** bringt eine nur geringe Niederschlagsmenge und längere Trockenperioden mit sich, wobei die Temperaturen über das ganze Jahr sehr schwanken.

Reisezeit

Die ideale Reisezeit, um die Metropole wegen ihrer vielen Sehenswürdigkeiten und kulturellen Veranstaltungen zu besuchen, sind das Frühjahr und der Herbst.

Zeitzonen

Mitteleuropäische Zeit; Winter: UTC+1 (MEZ), Sommer: UTC+2 (MESZ)

Geschichte

2000 v. Chr.	Indogermanische Volksstämme siedeln in den nordwestlichen Waldbergen des *Wienerbeckens*.
5. Jh. v. Chr.	**Keltische Stämme** verdrängen die frühere Bevölkerung. Eine keltische Siedlung namens ***Vedunia*** (Wildbach) entsteht an der heutigen Stelle Wiens.
15. v. Chr.	Die **Römer** erobern das *Wienerbecken*. Die keltische Siedlung wird zum römischen Legionslager und wird nun ***Vindobona*** genannt, dem heutigen 1. und 3. Bezirk Wiens.
213	Die Zivilstadt ***Vindobona*** wird zum ***Municipium*** (► Glossar) erhoben.
5. Jh.	*Vindobona* fällt einer Brandkatastrophe während der **germanischen Völkerwanderung** zum Opfer, wird daraufhin aufgegeben und kampflos von dem römischen Kaiser an die *Hunnen* übergeben.
791	***Karl der Große*** errichtet nach seinem großen Kriegszug die Grenze Ostmark.
976	Die ***Babenberger*** werden Markgrafen der Ostmark und weiten diese Steig aus.
996	Die Ostgrenze wird ***Ostarrichi*** genannt. Die Entstehung der österreichischen Nation ist in vollem Gange.
1155	*Herzog Heinrich Jasomirgott* ernennt *Wien* zur **Hauptstadt**.
1156	*Ostarrichi* (Österreich) wird zum **Herzogtum** erhoben und *Wien* zur **Residenzstadt**.
1278	Der deutsche *König Rudolf I. von Habsburg* gewinnt die Schlacht auf dem Marchfeld gegen den tschechischen *König Ottokar II.* Von nun an sind die ***Habsburger*** 640 Jahre Herrscher von *Wien*.
1469	*Wien* wird **Bischofssitz** und somit der *Stephansdom* zur Kathedrale.
1498	Eine Vereinigung der Kappellenknaben, die Vorgänger der »Wiener Sängerknaben«, lebt auf.

1526	Die *Habsburger* erben **Ungarn und Böhmen** und steigen dort auf den Thron.
1556	*Wien* wird zum Kaisersitz.
1781	***Wolfgang Amadeus Mozart*** kommt nach *Wien*, ihm folgen bald ***Joseph Haydn*** und ***Ludwig van Beethoven***. Es entwickelt sich *Wiens* Weltruf als Kultur- und Musikstadt.
1805–1815	Napoleonische Truppen besetzen *Wien* mehrmals. Neuordnung Europas im ***Wiener Kongress*** (► Glossar).
1848	Der 18-jährige ***Franz Josef*** wird Kaiser von Österreich (bis 1916). 1854 heiratet er seine ***Sissi***.
1857	Die Stadtmauer wird abgetragen, die Ringstraße entsteht.
1918	Das Ende des Ersten Weltkrieges war zugleich **Ende der *Österreich-ungarischen Monarchie***. Vor dem *Parlament in Wien* wurde die **Republik Deutsch-Österreich** ausgerufen.
1938	*Adolf Hitler* marschiert in *Wien* ein und verkündet den Anschluss an das ***Deutsche Reich***. Beginn der Deportationen und Massenverhaftungen von Juden und Gegnern des *Faschistischen Systems*.
1945–1955	Die Stadt befindet sich unter alliierter Kontrolle
1955	Mit dem ***Österreichischen Vertrag*** erhalten Österreich und *Wien* ihre Unabhängigkeit wieder.
1979	Der *Wiener* Stadtteil ***UNO-City*** (offiziell *Vienna International Centre*) wird fertig gestellt und den ***Vereinten Nationen*** **(UNO)** als Amtssitz übergeben.
1995	Österreich tritt der **Europäischen Union** bei.
2007	Aufgrund des ***Schengener Abkommens*** werden Grenzkontrollen eingestellt.

Tab. Wichtige geschichtliche Stationen *Wiens*

Kulturangebot

Wien, die **Kontraststadt zwischen nostalgischem- und internationalem *Flair*** mit zahlreichen Sehenswürdigkeiten und alten Gebäuden inmitten einer reizvollen Umgebung, ist ein sehr beliebtes Ziel von Städtereisenden.

Abb. *Fiaker* vor der *Hofburg*, Aussicht vom *Stephansdom*, Spanische Hofreitschule

Ein Grund dafür ist: *Wien* gilt als die **Weltstadt der Musik**. Opernhäuser und Musicalbühnen sorgen für international beachtete Aufführungen, darunter die Konzerte der ***Wiener Philharmoniker*** und der ***Wiener Sängerknaben.*** Auch Veranstaltungen wie der **Musiksommer** oder verschiedene Bälle (z. B. der jährlich stattfindende ***Wiener Opernball)*** sind international bekannte *Events*. Viele berühmte **Theater** bereichern die Kulturszene mit einem abwechslungsreichen Programm und in zahlreichen, **bedeutenden Bauten** und **Museen** werden frühere königlich-kaiserliche Lebensart, aber auch zeitgenössische Ausstellungen, Kunst und Kultur gezeigt.

Weitere kulturelle Höhepunkte *Wiens* sind die für die Zucht und Dressur der Lipizzaner-Pferderasse weltberühmte ***Spanische Hofreitschule*** und das als **UNESCO-Weltkulturerbe** eingestufte ***Schloss Schönbrunn,*** mit gleichnamigem Park und dem *Wiener Tiergarten*. Die **klassischen *Wiener Kaffeehäuser*** sind seit Jahrhunderten Fixpunkt der österreichischen Gastronomiekultur und werden von Einheimischen sowie von Reisenden gern besucht.

Freizeitangebot

Die Stadt Wien bietet ihren Besuchern eine breite Palette an Möglichkeiten zur Freizeitgestaltung:
Neben den vielen kulturellen Angeboten gibt es Attraktionen, die nicht nur Kinderherzen höher schlagen lassen, wie z. B. eine Fahrt im *Fiaker* oder mit dem weltbekannten Riesenrad **im »*Prater*«** oder der Besuch des bunten, ersten, von dem berühmten Künstler gestalteten ***Hundertwasserhauses.*** Viele Einkaufsmöglichkeiten – nicht nur auf dem traditionellen ***Naschmarkt*** – locken *Shopping*liebhaber in die Stadt.

Zur Erholung und als Kontrastprogramm können eine kurze Donauschiffstour oder der **Besuch der *Donauinsel*** unternommen werden. Hier werden Freizeit- und Unterhaltungsmöglichkeiten wie Wander- und Radfahrwege, *Open-Air-Events* und vieles mehr für jede Altersgruppe geboten.

Mehr als eine Millionen Besucher im Jahr erkunden *Wien* in Form einer Städte- oder Kurzreise. Prachtvolle Schlösser, eindrucksvolle Architektur, urige Altstadtgassen und traditionelle Kaffeehäuser lassen auf Schritt und Tritt die Behaglichkeit, den Charme und den prunkvollen Glanz der **kaiserlichen und königlichen Zeit** (k. k. Monarchie) aufleben. Auf den Straßen *Wiens* treffen die Besucher der Stadt auf die Lebens- und Genussfreude der Einwohner.

Wiens **nostalgisch-romantischer *Flair***, die unzähligen Sehenswürdigkeiten aus der Kaiserzeit und die großartigen Opern- und Theateraufführungen sind in jedem Fall einen Besuch wert.

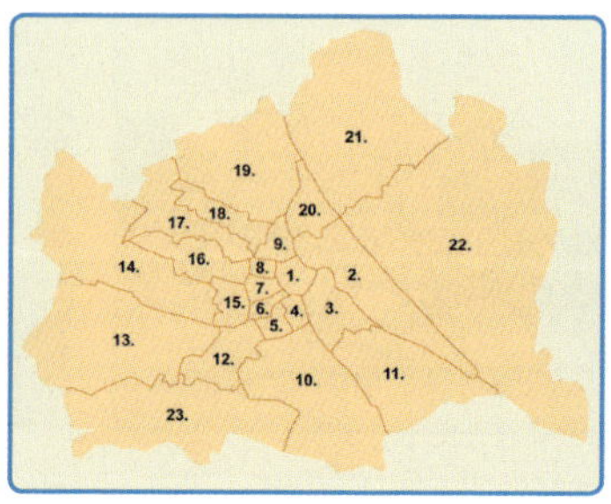

Zeichnung: Steffen Faust

Politisch gliedert sich *Wien* in 23 Bezirke. Die Innenbezirke (die Bezirke eins bis neun und 20) werden durch eine **Ringstraße, auch als »Gür-**

tel« bezeichnet, von den Außenbezirken (ehemalige Vororte, Bezirke 10 bis 19 und 21 bis 23) getrennt.

Durch die nördlichen Vororte fließt die Donau; der **Donaukanal** streift die Innenstadt, die durch den **historischen Stadtkern** gebildet wird. Die **Innere Stadt** (1. Bezirk) wird wiederum durch eine weitere *Ringstraße* von den Inneren Bezirken abgegrenzt.

Der in ▸ LF 7 Kapitel 6 gemachte Routenvorschlag einer Besichtigung *Wiens* kann zu Fuß, mit dem *Fiaker*, der Straßenbahn oder der »*Vienna Line Hop on Hop off*« durchgeführt werden.

Viele bedeutende Sehenswürdigkeiten liegen im historischen Stadtkern *Wiens*: Das Stadtbild des ersten Bezirks, dem »**historischen Kern« der »Inneren Stadt«**, ist geprägt von vielen Barockpalästen und Jugendstilhäusern sowie verwinkelten kopfsteingepflasterten Seitengassen und zahlreichen Kirchen. Hierzu gehören weltbekannte Bauwerke, wie u. a. der *Stephansdom*, die *Wiener Staatsoper*, der *Donnerbrunnen* oder die *Hofburg*.

Abb. Teilansicht der Hofburg

Mitte des 19. Jahrhunderts wurde **die Stadtmauer entfernt**, dafür wurde die hufeisenförmige *Ringstraße*, die um die »Innere Stadt« verläuft und an beiden Seiten vom Donaukanal begrenzt ist, angelegt. Entlang der vier Kilometer langen, fast 60 Meter breiten, von Bäumen gesäumten **Prachtstraße,** befinden sich zahlreiche öffentliche und private Bauten unterschiedlichen Stils sowie Grün- und Platzanlagen.

Hinter der *Ringstraße* in den **Innenbezirken** liegen weitere interessante Sehenswürdigkeiten. Sie können nur begrenzt per Rundgang, leicht jedoch mit öffentlichen Verkehrsmitteln erreicht werden. Die **Außenbezirke** liegen außerhalb des »Gürtels« und sind ebenso gut wie die Innenbezirke mit den öffentlichen Verkehrsmitteln zu erreichen. Auch hier gibt es Vieles, was *Wien* für eine Reise attraktiv macht: allen voran *Schloss Schönbrunn*. Auch sie alle werden in ▸ LF 7 Kapitel 6.3 beschrieben.

Der nordöstlich der Donau gelegene **22. Bezirk**, ist *Wiens* größter Gemeindebezirk und wird als »**Donaustadt**« bezeichnet. Dieser Stadtteil erlebte in den vergangenen Jahrzehnten eine schnell wachsende Urbanisierung mit viel Bauaktivität wie z. B. mit dem Bau der *UNO-City* und der *Donau-City*.

Das ***Vienna International Centre*** (***UNO-City***) ist seit 1979 neben *New York*, *Genf* und *Nairobi* **einer der vier Amtssitze der Vereinten Nationen**. Während einer Führung durch den Konferenzsaal und diverse Ausstellungen, werden Besucher über die Arbeit und die Aufgaben der Vereinten Nationen informiert. Das neu entstandene Viertel der *UNO-City* ist geprägt von modernen Hochhäusern und liegt in der Nähe zum revitalisierten Stadtviertel, der ***Donau-City***. Hier befinden sich moderne Wolkenkratzer wie der rund 200 Meter hohe ***Millenium Tower***. Trotzdem besteht der 22. Bezirk noch immer aus vielen Grünflächen, von denen sich die meisten an der Donau befinden.

Die riesige ***Donauinsel*** zwischen der Donau und der Neuen Donau ist Teil des Hochwasserschutzes für die Stadt. Mittlerweile hat sich die 21 Kilometer lange und bis zu 250 Meter breite Insel zu einem beliebten **Naherholungsgebiet** entwickelt. Sie bietet Wälder und Wiesen, Rad- und Wanderwege, Sportanlagen, Badestrände, Grillplätze, Restaurants und Diskotheken sowie große Musikfestivals und weitere Veranstaltungen.

Im nahe liegenden **Donaupark**, einer weiteren Grünfläche zwischen Neuer- und Alter Donau, befindet sich *Wiens* höchster Turm, der **Donauturm**. Die gebührenpflichtige Fahrt mit dem Expresslift zur Aussichtsterrasse des 250 Meter hohen Turms sowie zum Café und Restaurant belohnt die Besucher mit einer traumhaften Aussicht über die »Weltstadt« bei Tag sowie bei Nacht.

Ausflüge in die nähere und weitere Umgebung Wiens

Wiens Umgebung ist überaus reizvoll: Idyllische Orte und romantische Landschaften locken zu Tagesausflügen, die sehr gut mit einer »klassischen« Städtereise *Wien* verbunden werden können.

Donau-schiffstour	Ein besonderes Erlebnis ist es, *Wien* auf den Wasserwegen zu »erkunden«. Auskunft über den Fahrplan, Anlegestelle und Schiffe z. B. über ▸ www.ddsg-blue-danube.at.
Heurigen-viertel	Am Rande der Stadt liegen die klassischen *Heurigenviertel* wie ***Grinzing*** und ***Nußdorf***. Dabei handelt es sich um gemütliche **Höfe von Weinbauern**, die den *Heuriger* (gekelterten Wein des Jahres) ausschenken. Von der Inneren Stadt sind die Viertel gut mit der U-Bahn und/oder der *Bim* zu erreichen.
Freilichtmuseum und Archäologischer Park *Carnuntum*	Der etwa 40 Kilometer westlich von *Wien* liegende Archäologische Park ist ein gern besuchtes Ausflugsziel. Zu besichtigen sind die einzigartigen **antiken Bauwerke und Rekonstruktionen altrömischer Gebäude** sowie prächtige Schätze aus der Römerzeit. Verschiedene kulturelle Ausstellungen und interessante Führungen durch das Freilichtmuseum und den Museumsbau sowie durch das Amphitheater »Bad Deutsch-Altenburg« locken viele Besucher an.
Wienerwald	Ein gern besuchtes Ausflugs- und Naherholungsgebiet ist der *Wienerwald* mit seinen zahlreichen Wanderwegen, Klöstern, Kirchen und Schlössern, darunter das ***Schloss Laxenburg*** (Sommersitz der *Habsburger* aus dem 14. Jahrhundert) und das ***Jagdschloss Mayerling***.

Tab. Ausflüge für *Wien*

Kulturelle Reichtümer und historische Entwicklungen haben Städte wie *Wien* maßgeblich geprägt und verleihen ihnen einen ganz besonderen Charme. Aufgrund dieser Tatsache lassen sich die Metropolen, die z. B. im Rahmen der Reiseform »Städtereise« besucht werden, weltweit voneinander unterscheiden. Ein weiteres, sehr beliebtes jedoch etwas weiter entferntes städtisches Nahreiseziel ist *Rom*. Die Stadt wird in ▸ Kapitel 4.2.4 und ▸ LF 7, Kapitel 6 dargestellt.

Zuerst geht es jedoch in ein attraktives Flussgebiet, dass gar nicht weit von *Wien* entfernt immer mehr Gäste entweder für Flusskreuzfahrten (▸ LF 7, Kapitel 5) oder im Rahmen anderer Reiseformen lockt.

4.2.2 Auf der blauen Donau ...

Mit einer Länge von 2.850 Kilometern ist die Donau nach der *Wolga* der **zweitlängste Fluss Europas** und der einzige größere, der von Westen nach Osten verläuft. Die Donau entsteht aus dem Zusammenfluss der beiden Quellflüsse *Breg* und *Brigach* in der Nähe des Ortes Donaueschingen im Schwarzwald, sie durchquert bzw. grenzt an 10 Anrainerstaaten (Deutschland, Österreich, Slowakei, Ungarn, Kroatien, Serbien, Rumänien, Bulgarien, Moldau, Ukraine) und mündet am ausgedehnten **Donaudelta** in das **Schwarze Meer**.

Abb. *Benediktinerstift Melk*

In Deutschland bildet die Donau den drittlängsten Fluss, der über 618 Kilometer durch das Land bis zu der deutsch-österreichischen Grenze fließt. Von dort aus verläuft sie durch viele große Metropolen wie *Wien*, *Bratislava*, *Budapest*, *Belgrad* und *Bukarest*. Die Donau bietet sich daher ideal für einen »Städtetrip auf dem Wasser« an. (Mehr dazu in ▸ LF 7, Kapitel 5.)

Landschaftsbild an der Donau

Bedeutende Nationalparks und Naturreservate sowie eine beeindruckende Flora und Fauna prägen den gesamten Stromverlauf, während die Donau durch drei große Beckenlandschaften fließt, die den drei Abschnitten des Flussverlaufes zugeordnet sind.

- **Oberlauf:** Abschnitt vom **nördlichen Alpenvorland bis zum *Wienerbecken***. Im Streckenabschnitt *Passau-Wien* erstreckt sich das Weinanbaugebiet der Region *Wachau*.
- **Mittellauf:** Die Strecke zwischen *Wienerbecken* und den *Karpaten* befindet sich in der ***pannonischen Tiefebene***. Anschließend, an der Grenze von Serbien zu Rumänien liegt ein etwa 130 Kilometer langes Tal, in dem die Donau die *Karpaten* und die Ausläufer des *Balkengebirges* durchbricht. Dieser Ab-

schnitt mit der wildesten Landschaft des gesamten Flussverlaufes wird als »**Eisernes Tor**« bezeichnet und bildet ein beeindruckendes Naturschauspiel. Für die Schifffahrt war das »Eiserne Tor« wegen seiner Stromschnellen und Untiefen einst der gefährlichste Flussabschnitt der Donau, der nicht ohne ortskundige Lotsenschiffe passiert werden konnte.

Abb. Karte der Donau

- **Unterlauf:** Der Unterlauf führt schlussendlich durch das ***rumänische Tiefland*** bis an das ***Schwarze Meer***. Vor der Einmündung in das Schwarze Meer bildet die Donau ein 4.300 Quadratmeter großes Delta. Das **Donaudelta** ist das zweitgrößte Flussdelta Europas. Im Jahr 1991 erklärte die UNESCO es zu einem Teil des Weltnaturerbes, seitdem ist es Biosphärenreservat.

Der Weg der Donau

Der Weg der Donau führt nicht nur durch beeindruckende Naturlandschaften, sondern auch an vielen Metropolen und Sehenswürdigkeiten vorbei. Zum Teil werden sie im Rahmen einer **Flusskreuzfahrt** in ▸ LF 7, Kapitel 5.5.2 beschrieben. Diese Reiseform eignet sich zur »Besichtigung« ideal, wer jedoch die an der Donau liegenden Regionen als Urlauber »erleben« möchte, macht dies zum Beispiel im Rahmen anderer Reiseformen, wie etwa während eines **Wander- oder Radurlaubes**, einer **Städtereise** oder eines **Badeurlaubes** am Schwarzen Meer. Auch diese verschiedenen Reiseformen werden in ▸ LF 7 beschrieben.

BEISPIEL

Sehenswertes entlang der Donau

Deutschland: *Passau* – **Österreich:** *Wachau* – *Wien* – **Slowakei:** *Bratislava* – **Ungarn:** Donauknie und *Esztergom* – *Budapest* – *Puszta* – **Kroatien:** *Vukovar* – **Serbien:** *Novi Sad* – *Belgrad* – **Rumänien:** Karpaten/Balkengebirge und »Eisernes Tor« – Bukarest – *Walachei* – **Bulgarien:** Donautiefebene (Nordbulgarische Platte) – **Moldau:** *Giurgiulesti* – **Ukraine:** Donaudelta – Schwarzes Meer.

Klima

Im gesamten Flussverlauf finden sich **unterschiedliche Klimazonen**. Das Flachland weist z. B. wärmere und längere Sommer auf, als die Gebirgsregionen, in denen vier- bis fünfmal mehr Niederschlag als in den niedrigeren Lagen fällt. In den Flusstälern herrscht durch die hohe Lufttemperatur und die geringe Niederschlagsmenge starke Trockenheit.

Raues Klima mit warmen Sommern und kalten Wintern dominiert den Oberlauf. Mittellauf, Unterlauf und Schwarzes Meer sind mit dem trockenen Kontinentalklima gekennzeichnet, das heiße Sommer mit geringem Niederschlag und Luftfeuchtigkeit sowie kalte Winter mit sich bringt.

Reisezeit

Beliebteste Reisemonate auf der Donau sind die Frühlings-, Sommer- und Herbstmonate. Obwohl der Winter die Landschaft entlang der Donau sehr reizvoll erscheinen lassen kann, werden aufgrund der fehlenden Nachfrage nicht viele Reisetermine in das Programm der Reiseveranstalter aufgenommen.

Zeitzonen

Deutschland, Österreich, Slowakei, Ungarn, Kroatien und Serbien: **Mitteleuropäische Zeit**; Winter: UTC+1 (MEZ), Sommer: UTC+2 (MESZ)

Rumänien, Bulgarien, Moldau, Ukraine: **Osteuropäische Zeit (OEZ)**; Winter: UTC+2 (MEZ+1), Sommer: UTC+3 (MEZ+1)

4.2.3 Vielfältiges Urlaubsgebiet Tirol

Die **Alpenregion Tirol** als das beliebteste Urlaubsgebiet in Österreich erstreckt sich vom Westen des Landes bis in den Norden Italiens und grenzt an die Länder Deutschland, Italien und Schweiz. Nach dem Zweiten Weltkrieg wurde die Region zwei Staaten zugeteilt. Zu Italien gehört Südtirol und *Welschtirol*, die zur **autonomen Region** (▸ Glossar) ***Trentino*-Südtriol** zusammengefügt wurden. Nordtirol und Osttirol, die heute das **Bundesland Tirol** bilden, gehören zu der Republik Österreich.

Mit einer Fläche von fast 12.650 Quadratkilometern ist Tirol das drittgrößte Bundesland Österreichs. Hauptstadt und zugleich größte Stadt des Landes ist das in Nordtirol liegende ***Innsbruck*** mit etwa 120.000 Einwohnern. Die Stadt liegt im Tal des **Flusses *Inn***, der durch ganz Nordtirol fließt und von mächtigen Gebirgsstöcken umgeben ist. Das Tiroler *Inntal* wird in die Abschnitte »Oberinntal« und »Unterinntal« untergliedert.

Abb. Karte von Tirol

Südlich des *Inntals* erstrecken sich die ***Zentralalpen***, zu denen die ***Ötztaler Alpen***, die ***Zillertaler Alpen*** und die ***Hohe Tauern*** zählen. In Tirol erreichen die *Zentralalpen* mit einer Breite von etwa 250 Kilometern ihre größte Nord-Süd-Ausdehnung. Das Gebiet um den Ort *Kufstein* bildet den kleinen, zum **Voralpenland** gehörigen Teil Tirols. Der knapp 1.400 Meter hohe **Alpenpass Brenner** sowie der nahe dem Ort *Nauders* im *Oberinntal* liegende **Reschenpass** stellen die bekanntesten Verbindungen zwischen Deutschland und Italien dar.

Als »Urheimat« des Wintersports« beherbergt Tirol oftmals Austragungen von sportlichen Großveranstaltungen sowie **Weltmeisterschaften** oder sogar

Olympische Winterspiele. Die vielfältige und im Winter schneebedeckte Landschaft Tirols sowie die traditionsreichen, weltbekannten und mondänen Ferienorte, die von mächtigen Bergen umrahmt liegen, laden zu einem erlebnisreichen Winterurlaub ein. Aufgrund der relativ schnellen Anreise ist das Bundesland Tirol besonders bei deutschen Urlaubern beliebt. Dies wird in ► LF 7, Kapitel 11 genauer beschrieben.

Klima

Das Wetter in Tirol wird durch die **gemäßigte Klimazone** bestimmt und steht aufgrund der Lage im klimatischen Grenzbereich unter atlantischen, kontinentalen und mediterranen Einflüssen. Meist sehr unbeständig und regnerisch ist der Frühling, außerdem kann es zu Kälteeinbrüchen kommen. Der Sommer ist warm, der meiste Regen fällt bei Gewittern. Lange Schönwetterperioden zeichnen den Herbst aus. Der Winter ist vom Wechsel zwischen schneereichen und schneearmen Witterungen geprägt. In den Hochgebirgen herrscht überwiegend **inneralpines Gebirgsklima**, das für viel Niederschlag, kurze Sommer und lange Winter verantwortlich ist.

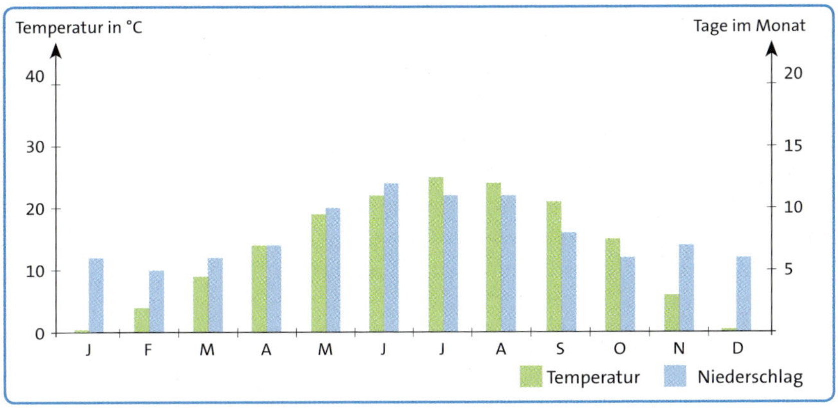

Abb. Klimadiagramm Tirol

Zeitzonen

Mitteleuropäische Zeit; Winter: UTC+1 (MEZ), Sommer: UTC+2 (MESZ)

Geschichte

Um 200 n. Chr.	Die **Brennerverbindung** über *Veldidena* (das heutige *Wilten*) wird unter Anordnung des römischen *Kaisers Septimus Severus* ausgebaut.
1027	Zur **Sicherung der wichtigen Brennerroute** trennt *Kaiser Konrad II.* das südlich angrenzende *Bistum Trient* vom italienischen Reichsteil ab und gliedert es dem **deutschen Reichsteil** ein. Damit entsteht das **Gebiet des heutigen Tirols**.

12. Jh.	Den *Grafen von Tirol* (bayerisches Adelsgeschlecht) gelingt es im südlichen Teil des *Herzogtums Trient* ein eigenes Territorium mit der ***Grafschaft Tirol*** zu schaffen, die über **Anteile an vielen wichtigen Alpenpässen** verfügt.
1363	*Margarete Maultasch von Görz-Tirol* übergibt nach dem Tod des letzten *Meinhardiners (Graf von Görz)* und dem damit verbundenen **Erlöschen ihrer Stammeslinie** die Grafschaft Tirol an ihren nächsten Verwandten, dem *Kaiser Rudolf IV.* aus dem ***Haus der Habsburger.***
1420	*Innsbruck* wird zur **Residenzstadt der *Habsburger*** ernannt; dies ist für die politische und kulturelle Entwicklung Tirols von großer Bedeutung.
1449	*Innsbruck* erhält den Rang einer **Landeshauptstadt**.
1518	Zum ersten Mal findet ein Landtag mit Vertretern aller österreichischen Länder (das **erste österreichische »Parlament«**) in *Innsbruck* statt.
1564	Neuerliche Teilung der österreichischen Länder nach dem Tod *Kaiser Ferdinand I*; sein Sohn ***Erzherzog Ferdinand II.* wird Landesfürst von Tirol**, womit das Land wieder selbstständig wird.
1564–1595	Im Zuge der **Gegenreformation** werden alle Anhänger der *Lutherischen Lehre (Protestanten)* gnadenlos aus Tirol vertrieben.
1665	***Kaiser Leopold I.* übernimmt die Regierung** in Tirol womit sich das Land nun wieder den Anweisungen aus *Wien* fügen muss.
1809	Der ***Tiroler Freiheitskampf* gegen die bayerisch-französische Besatzung** leitet das Ende der Herrschaft *Napoleons* in Europa ein. Jedoch erweist sich der ***Schützenaufstand*** unter Führung *Andreas Hofers* trotz zahlreicher Erfolge der Tiroler letztlich als erfolglos. **Österreich wird zur Abtretung Tirols gezwungen.** Teile des Landes werden vorübergehend an Italien und an die *Illyrischen Provinzen* Frankreichs gegeben.
1814	**Wiedervereinigung** des Landes. Tirol steht wieder unter Herrschaft der *Habsburger.*
Ab 1850	Im Zuge der *Industriellen Revolution* verbreiten sich Berg- und Eisenbahnen, die den **Beginn des Tiroler Fremdenverkehrs** markieren.
1894	Erstes Skirennen in *Kitzbühel.*
1919	Nach dem Ersten Weltkrieg muss Tirol in *St. Germain* das Land südlich des Brenners an Italien abtreten. Nord- und Osttirol gehören weiterhin zur neu gegründeten **Republik Deutsch-Österreich**.
1938	Aufgrund des Anschlusses Österreichs an das *Großdeutsche Reich*, erleidet Tirol während des **Zweiten Weltkrieges starke Zerstörungen**. Tirol wird im Sommer **1945 Teil der französischen Besatzungszone**; **Osttirol unterliegt den Briten**.
1947	Ost- und Nordtirol werden **wieder vereint**.
1955	Österreich erhält den **Staatsvertrag**, woraufhin die Alliierten das Land verlassen.

1964 und 1976	*Innsbruck* ist Austragungsort für die **Olympischen Winterspiele**.
1991	Fund des **Steinzeitmenschen »Ötzi«** an der Grenze zwischen Österreich und Italien.
1995	Der **österreichische Eintritt in die EU** regt die wirtschaftliche, kulturelle und politische Zusammenarbeit beiderseits des Brenners an.
1998	Die Grenzkontrollen zwischen Nord- und Osttirol einerseits und Südtirol andererseits fallen, daher kann ganz Tirol wieder ungehindert bereist werden.

Tab. Geschichte Tirols

Freizeitangebot

Das Spektrum an Möglichkeiten zur Freizeitgestaltung in Tirol ist ganzjährlich groß: Die größeren Gemeinden bieten ihren Gästen gute Einkaufs- und Ausgehmöglichkeiten sowie *Open Air-Events*, Unterhaltungs- und Kultureinrichtungen und Freizeithallen mit Kegelbahnen und Tennisplätzen.

Wander- und Radfahrwege, Kletterwände, Sommerrodelbahnen, Reiterhöfe, Golfplätze sowie Hallen-, Erlebnis- und Freibäder sorgen **im Sommer** für sportliche Abwechslung. Tirol lässt sich aber auch beim *Mountainbiking, Canyoning, Paragliding* und Ballon fahren entdecken.

Für großes **Wintersportvergnügen** sorgen präparierte Pisten, moderne Gondelbahnen, zahlreiche Langlaufloipen, Skirouten und Winterwanderwege, Rodelbahnen, *Snow- und Fun*parks sowie *Après-Ski*-Gaudi. Auch abseits der Pisten finden Gäste viele Möglichkeiten für die Freizeitgestaltung, so etwa Kletterhallen, Eislaufhallen, *Wellness*bereiche und Thermen, Hundeschlittenfahrten, Pferdekutschfahrten, Eisstockschießen u. v. m. (▸ LF 7, Kapitel 11.1.2).

© Tirol Werbung

© Tirol Werbung

Reisezeit

Für den **Winterurlaub** in den Gebirgsregionen eignen sich die Hochsaisonmonate Dezember bis April. **Sommersaison** ist von Mai bis September.

Nordtiroler Verwaltungsbezirke

Im Folgenden eine Auswahl an Sehenswürdigkeiten in den Nordtiroler Verwaltungsbezirken, die *Tirol* als Urlaubsziel attraktiv machen. Im Rahmen der Reiseform »Winterurlaub« werden die Nordtiroler Wintersportgebiete in ► LF 7, Kapitel 11.3 genauer beschrieben.

Brennerautobahn – Hauptverkehrsader, die über den **Brennerpass** nach Italien führt und über die beeindruckende 800 Meter lange und 200 Meter hohe *Europa Brücke* verläuft.

Erl – Der Ort ist bekannt für die **Passionsspiele**.

Innsbruck*-Stadt** – Die Landeshauptstadt Tirols war zweifacher Austragungsort der Olympischen Winterspiele und gilt noch heute als das *»Eldorado«* des alpinen Wintersports. Wahrzeichen *Innsbrucks* ist das berühmte ***Goldene Dachl, ein mit vergoldeten Schindeln verkleideter Prunkerker. Weitere Attraktionen sind der **barocke *Jakobsdom,*** der 57 Meter hohe **Stadtturm** neben dem Alten Rathaus, die **gotische *Hofburg*** mit ihren Prunkräumen und Kaiserappartements sowie die Hofkirche mit dem monumentalen Grabmal *Kaiser Maximilians*.

Die 13 Meter hohe ***Annasäule*** (► Abbildung) gibt der ***Maria-Theresien-Straße,*** der Pracht- und Hauptgeschäftstraße, eine natürliche Zweiteilung in einen alten und einen neueren Teil der Altstadt. ***Barockpalais*** und alte Kirchen säumen diese Straße, während die mächtige Kulisse des ***Karwendelgebirges*** den Hintergrund bildet.

Sehenswert außerhalb des Zentrums und mit der Seilbahn leicht zu erreichen, ist das zur Renaissancezeit erbaute ***Schloss Ambras,*** der *Alpenzoo* mit einer wunderbaren Alpenfauna sowie der 750 Meter hohe Berg *Bergise*. Bekannt ist der Berg für die **olympische Skisprungschanze** mit einem 50 Meter hohen Turm.

***Kitzbühel* und Umgebung** – Tradition und *Lifestyle* vereinen sich im sportlich eleganten *Kitzbühel*. Der traditionelle Wintersportort mit internationalem *Flair* ist Austragungsort des weltberühmten *»Hahnenkammrennens«,* das jedes Jahr im Januar stattfindet. Eine Fußgängerzone mit Boutiquen und Geschäften, Top-Hotellerie sowie Top-Restaurants schmücken den mondänen Ort.

Kufstein – Stadt mit jahrhundertealter Kultur und typischem tirolischen Charakter. Mittelpunkt und Wahrzeichen ist die **mittelalterliche Festungsanlage**. Aber nicht nur die Festung, sondern auch viele andere historische Bauten und Denkmäler wie etwa die **Wallfahrtskirche *Maria Kleinholz*** prägen das Stadtbild.

Obergurgl/Hochgurgl – Zu den am höchsten gelegenen Wintersportorten zählen das mondäne *Obergurgl* mit dem nahe liegenden Hoteldorf *Hochgurgl*. Der exklusive Ort garantiert eine ausgeprägte touristische Infrastruktur. Abends ist er verkehrsberuhigt, da *Obergurgl* **Modellort der UNESCO** für Umwelt- und Landschaftsschutz ist.

Ötztal – Das 60 Kilometer lange, gut besuchte Tal ist im Jahr 1991 durch den Fund des Mannes aus dem Eis, dem ***»Ötzi«*** weltbekannt geworden.

Scheffau – Der idyllische Ort ist seit 2007 das **erste *Kneipp-Dorf*** **(Kneipp-Therapie** ► Glossar) in Tirol.
Silvretta-Hochalpenstraße – Die nur im Sommer zu befahrende, 20 Kilometer lange Panoramastraße bietet Aussichtspunkte mit wundervollen Panoramen auf die Bergkulisse der ***Silvretta*** oder auf den über 2.000 Meter hoch gelegenen ***Silvrettastausee***. Sie verbindet die österreichischen Bundesländer Tirol und Voralbberg und ist teilweise mautpflichtig.
Timmelsjoch – Fast 2.500 Meter hoher Alpenpass, der nach Südtirol führt. Über den Winter ist der Pass allerdings gesperrt.
Zugspitze – Ab *Ehrwald* erreicht man mit der *Tiroler Zugspitzbahn* den Gipfel. Von der deutschen Seite aus fährt die *Bayerische Zugspitzbahn* ab Garmisch-Partenkirchen.

Tab. Sehenswürdigkeiten in den Nordtiroler Verwaltungsbezirken

Osttirol

Das etwa 2.000 Quadratkilometer große österreichische Osttirol grenzt an das italienische Bundesland *Südtirol* und an die österreichischen Bundesländer *Salzburg* und *Kärnten*. Die beiden Landesteile Nord- und Osttirol haben zwar eine gemeinsame Verwaltung, aber seit der Trennung des Landes im Jahr 1919 keine gemeinsame Grenze mehr. Ringsum ist Osttirol von Hochgebirgen umgeben; von den ***Hohe Tauern*** im Norden und von den ***Karnischen Alpen*** im Süden.

Osttirols Hauptstadt ist ***Lienz*** im Südosten der Region, zu Füßen der ***Lienzer Dolomiten*** gelegen. In der schönen Kleinstadt *Lienz* mit verwinkelten Gassen und beeindruckenden Bauwerken in einem mittelalterlichen Stadtkern, finden sich zahlreiche Geschäfte, Restaurants und urige Bars.

Erfragen Sie während der Beratung für einen Urlaub oder Winterurlaub in Tirol die genauen Wünsche und Vorstellung Ihres Kunden und suchen Sie ihm/ihr daraufhin eine geeignete Region aus. Nutzen Sie dafür die nützlichen Informationen der Veranstalter-Kataloge oder informieren Sie sich für Tirol unter ► www.tirol.at im Internet.

4.2.4 Ewiges Rom

Rom, die **Hauptstadt von Italien**, erstreckt sich in der Region *Latium*, etwa in der Mitte des »italienischen Stiefels«. Die auch als »**Ewige Stadt**« bezeichnete Metropole liegt in der Landschaft der ***Campagna Romana***, unweit des Tyrrhenischen Meeres. Während sich die antiken und mittelalterlichen Stadtteile östlich an den Ufern des Flusses ***Tiber*** erstrecken, liegt der **unabhängige Staat**, die ***Vatikanstadt*** an der westlichen Seite des Tibers. *Roms* Stadtgebiet zählt ca. 2,7 Millionen Einwohner.

Klima

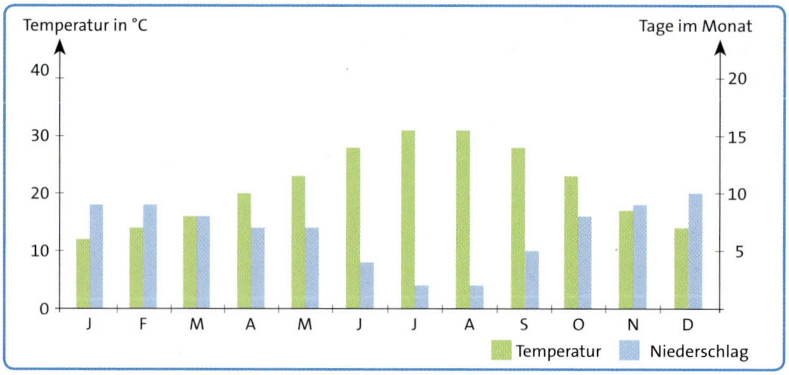

Abb. Klimadiagramm *Rom*

Durch das **mediterrane Klima** sind die Winter in *Rom* relativ mild, aber niederschlagsreich und die Hochsommer heiß (bis zu 40 Grad Celsius) und trocken; außerdem herrscht aufgrund des ständigen Verkehrschaos häufig *Smog* und Schwüle in der Stadt.

Abb. Petersdom

Reisezeit

Besonders **empfehlenswert sind das Frühjahr und der Herbst** mit sehr angenehmen Temperaturen. Besser zu meiden ist der August, denn zu dieser Zeit sind viele Römer im Urlaub und die Stadt wirkt wie ausgestorben. Zudem ist es drückend heiß.

Die Reisezeit richtet sich in *Rom* außerdem nach den kirchlichen Feiertagen und besonderen Veranstaltungen: So ist die Stadt zu Ostern wegen seiner vielen **Pilger zur Ostermesse** immer gut besucht und sollte dann auch aus diesem Grund aufgesucht werden.

Zeitzonen

Mitteleuropäische Zeit; Winter: UTC+1 (MEZ), Sommer: UTC+2 (MESZ)

Geschichte

753 v. Chr.	Das legendäre Gründungsjahr *Roms*. Es bildet sich zwischen den Stämmen der *latinischen Hirten* und der *Sabiner* ein Handelsplatz: das ***Forum Romanum.***
510 v. Chr.	Die **Staatsform der Republik** wird eingeführt.
390 v. Chr.	Einfallende *Gallier* plündern *Rom* und setzen es in Brand. Danach beginnt der Bau der ***Servianischen Mauer,*** die alle sieben Hügel umschließt.

3.–2. Jh. v. Chr.	Die ***Punischen Kriege*** begründen *Roms* Herrschaft über das Mittelmeer. Sizilien, Sardinien sowie Korsika werden römische Kolonien.
60 v. Chr.	***Cäsar*** wird zum Diktator.
31 v. Chr.	***Octavianus*** (später *Kaiser Augustus*) wird Herrscher *Roms*, womit die **römische Kaiserzeit** beginnt. *Rom* ist Staats- und politisches Zentrum des ***Römischen Reiches***. Während der nun jahrhundertlang anhaltenden »Blüte« entstehen viele große und wichtige Bauwerke.
64. n. Chr.	Juden- und Christenverfolgung in der Stadt und im ganzen Reich.
113 n. Chr.	Unter ***Kaiser Trajan*** erfolgt die größte Ausdehnung des *Römischen Reiches*.
3.–4. Jh. n. Chr.	Während der Herrschaft ***Kaiser Konstantins*** wird im Jahr 312 das **Christentum** öffentlich anerkannt und im Jahr 391 zur Staatsreligion ernannt.
476	**Untergang des *Römischen Reiches*** und Verlegung des Regierungssitzes nach *Konstantinopel* (heutiges *Istanbul*).
4.–5. Jh.	Plünderung der Stadt durch die *Westgoten*.
6. Jh.	Die Bedeutung ***Roms* als Zentrum des Christentums** sowie als **Sitz des Papstes** wächst. *König Pippin III* versprach *Papst Stephan II* die Übereignung der zurückeroberten Gebiete. Diese Geste wurde als ***Pippinische Schenkung*** bekannt mit der der Papst weltliche Macht erlangt.
800	*Papst Leo III* krönt *Karl den Großen* zum **Römischen Kaiser.**
1309	***Papst Clemens V*** verlagert die Residenz der Päpste nach ***Avignon***.
1417	Der **Vatikan** wird Papstresidenz.
15.–16. Jh.	In der ***Renaissance*** erlebt die Stadt durch Künstler wie *Leonardo da Vinci*, *Raffael*, *Michelangelo* u. v. m. einen künstlerischen und architektonischen Höhepunkt.
1798–1815	***Napoleonische Truppen*** **besetzen *Rom*** und lassen es zum **französischen Kaiserreich** werden. Der **Papst wird abgesetzt**, erhält aber im Jahr 1815 beim ***Wiener Kongress*** (▸ Glossar) seine Anerkennung zurück.
1871	*Rom* wird unter *König Vittorio Emmanuele II* Hauptstadt des neuen **Königreiches Italien.**
1922	***Benito Mussolini*** wird Ministerpräsident.
1929	Durch die ***Lateranverträge*** zwischen italienischem Staat und *Vatikan* wird der ***Vatikan* zum Staat** mit päpstlichem Oberhaupt.
1944	Das von **deutschen Truppen besetzte *Rom*** wird von den Alliierten befreit.
2. Juni 1946	Italien wird **nach** einer **Volksabstimmung zur Republik**, und *Rom* zur Hauptstadt ausgerufen.
1978	Der »Nicht-Italiener« *Karol Wojtyla* wird zum Papst gewählt: ***Papst Johannes Paul II.***

1980	Die UNESCO erklärt die Altstadt von *Rom*, den *Petersdom* und den *Vatikan* zum Weltkulturerbe.
1990	Das Stadion in *Rom* ist Ort des Finales der 14. Fußballweltmeisterschaft.
2000	*Rom* feiert das **»Heilige Jahr«**, welches auch bekannt ist unter dem Begriff »Jubeljahr« der katholischen Kirche, das alle 25 Jahre gefeiert wird. Außerdem findet im August der *Weltjugendtag* statt, an dem sich die katholische Jugend in der italienischen Hauptstadt trifft.
2001	Der früherer Kultusminister *Walter Veltroni* wird Bürgermeister *Roms*.
2005	Nach dem Tod von *Papst Johannes Paul II* wurde der Deutsche *Joseph Ratzinger* vom *Konklave* zum neuen Papst gewählt, der sich den Namen ***Papst Benedikt XVI*** gab.

Tab. Geschichte Roms

Religion

Etwa 90 Prozent der Bevölkerung der Stadt ist römisch-katholisch.

Kultur- und Freizeitangebot

Abb. Trevi-Brunnen

Als **eine der größten Kulturstädten Europas** beherbergt *Rom* neben den vielen Opernaufführungen (u. a. im **Opernhaus der Stadt**, das zu einem der größten Italiens zählt) sowie den zahlreichen Museen (darunter das große Vatikanische Museum), eine große Anzahl bedeutender Bauwerke, Gemälde, Statuen, Denkmäler, Gräber und Brunnen. Die »**Ewige Stadt**« begeistert mit Sehenswürdigkeiten aus der **Zeit der Antike**, des **Mittelalters** und der **neueren Zeit**. Sehenswürdigkeiten aus dem moderneren *Rom* befinden sich größtenteils in den äußeren Bezirken der Stadt.

Rom ist mit dem **Sitz des Papstes in der *Vatikanstadt*** religiöses Zentrum der römisch-katholischen, wenn nicht gar der christlichen Welt. Die rund um das »Kirchenjahr« stattfindenden Feierlichkeiten ziehen hunderttausende Gläubige an.

Neben den vielen **antiken und kulturellen Sehenswürdigkeiten** bietet »Mama Roma« wie die Römer ihre Stadt nennen, eine unermessliche Vielfalt an Mode- und Einkaufsgeschäften. Ein Besuch der bunten Märkte belohnt mit tollen Mitbringseln.
Junge und jung gebliebene treffen sich am Abend auf den lebhaften Plätzen der Stadt oder z. B. an der ***Spanischen Treppe***, um den Tag gemeinsam ausklingen zu lassen. Die vielen Feste auf den Straßen erlauben einen Einblick in das »römische Leben«, in dem Gesang und Musik sowie Kulinarisches große Rol-

len spielen. Nicht zuletzt das »***Dolce Vita***« auf den vielen Plätzen in den vielen Cafés und Restaurants verleiht der Stadt ihren **besonderen römischen *Charme***.

Innenstadtbereich (Historisches Zentrum)

Rom ist untergliedert in 19 **Munizipien** (▸ Glossar) und 155 Stadtbereiche. Über sieben Hügel erstreckt sich der ***Municipio I***, das historische Zentrum. Dieses umfasst etwa 140 Quadratkilometer und lässt sich wiederum in 22 Viertel (so genannte *Rioni*) einteilen.

Zu *Roms* **Historischem Zentrum** zählen die Altstadt (*Centro Storico*), die *Antike Stadt* und die *Vatikanstadt*. Die Sehenswürdigkeiten des Historischen Zentrums von *Rom* sind in ▸ LF 7, Kapitel 6 in Form eines Stadtrundganges ausführlich beschrieben.

Alle Sehenswürdigkeiten des historischen Zentrums sind bequem mit öffentlichen Verkehrsmitteln oder zu Fuß zu erreichen. Täglich verkehren Busse, Straßenbahnen und zwei U-Bahnen (die ***Metropolitana***) durch *Rom* und dessen Umgebung. Die umherfahrenden ***Sightseeing*busse** halten an 12 Sehenswürdigkeiten. Die »Buslinie 110« fährt alle wichtigen Sehenswürdigkeiten in der Altstadt an. Das **Mieten einer Vespa** eignet sich für Wagenmutige, denn mit diesem typischen italienischen Fortbewegungsmittel wird fast jeder Verkehrsstau gemieden. Allerdings ist die italienische Fahrweise gewöhnungsbedürftig. Empfehlenswert für einen *Rom*-Besuch ist der Erwerb des »***Roma Passes***«, der die Nutzung der öffentlichen Verkehrsmittel sowie Ermäßigungen für Museen oder architektonische Sehenswürdigkeiten und Nachlässe in verschiedenen Geschäften und Restaurants beinhaltet.

Auf den sieben Hügeln der Stadt befinden sich weitläufige Gartenanlagen wie z.B. die ***Villa Borghese***, die zu ausgedehnten Spaziergängen einladen. Die Parkanlage *Villa Borghese* ist aufgrund ihrer wundervollen Brunnen, Seen und kleinen Tempel eine abwechslungsreiche Erholungs-Oase.

Bei einer Schiffsrundfahrt auf dem *Tiber*, der Lebensader *Roms*, kann ein Großteil der Sehenswürdigkeiten der ewigen Stadt entspannt von Deck erkundet werden.

Ausflugsmöglichkeiten in die Umgebung

Geführte Ausflugstouren können oftmals in den Katalogen der Reiseveranstalter vorab oder vor Ort in den Touristeninformationen gebucht werden. Raten Sie Ihren Kunden jedoch von »Straßengeschäften« ab. Oft stecken »Gauner« dahinter, die nur auf das Geld der Reisenden aus sind und in Wirklichkeit keine

Touren anbieten. Für Ausflüge in die Umgebung von *Rom* lohnt sich das Anmieten eines Fahrzeuges. Wenn der Ausflug bereits vor Reiseantritt geplant ist, sollte der Mietwagen zu deutschem Recht bei Ihnen im Reisebüro gebucht werden. Ansonsten fahren auch öffentliche Verkehrsmittel in die Umgebung von *Rom*. Fahrplanauskünfte gibt es vor Ort.

Halbtagesausflug	
Ostia Antica	An der *Tiber*mündung, etwa 23 Kilometer südwestlich von *Rom*, liegen die Ruinen der alten Stadt ***Ostia Antica*** (von lat. *Ostium:* »Mündung«). Die **einstige Hafenstadt des »Antiken Roms«** ist heute eine beschauliche Ausgrabungsstätte. Das Netz von Straßen ist eingerahmt durch Reste von Thermen, Tempeln, Theatern, aber auch durch mehrstöckige Mietshäuser, Geschäfte und Speicherräume.
Ganztagesausflüge	
Tivoli	Etwa 30 Kilometer östlich von *Rom* erstreckt sich auf einem Hügel die **Stadt *Tivoli***. Schon zur römischen Zeit war die damalige kleine Ortschaft bei wohlhabenden Römern sehr begehrt für den **Bau von luxuriösen Villen und Häusern**. Ein Hauptwerk der **italienischen Gartenkunst** ist die ***Villa d' Este***, deren *Renaissance*garten erstaunlich viele Brunnen, Nymphen, Wasserspiele und –orgeln zieren. Die Prunkräume der Villa sind mit imposanten Fresken und Malereien geschmückt. Von der **UNESCO zum Weltkulturerbe erklärt** wurde die ***Villa Adriana*, Sommerpalast des *Kaisers Hadrian***. Neben dem prunkvollen Palast umfasste die *Villa* einst über 120 Hektar bebauter Grünfläche, von denen heute noch etwa 40 Hektar erhalten sind.
Albaner Berge	Beliebtes Ausflugziel um Ruhe zu schöpfen und Luft zu schnappen sind die 30 Kilometer südöstlich von *Rom* liegenden *Albaner Berge*. In den **Kratern** der bis zu 950 Meter hohen Berge haben sich Seen gebildet, darunter der anmutige ***Albaner See*** zu Füßen des ***Castel Gandolfo***, der **Sommerresidenz vieler Päpste**. Weinliebhaber kommen im **Städtchen *Frascati***, das für seinen Weißwein bekannt ist, auf ihren Geschmack.

Tab. Ausflugsmöglichkeiten in *Roms* Umgebung

4.3 Beispiele für Mittelstreckenziele

Die Bezeichnung »Mittelstrecke« wird im Flugreiseverkehr für eine Entfernung von etwa 1.500 bis 3.500 Kilometer genutzt. Die Flugzeit beträgt in etwa 1,5 bis sieben Stunden. Vereinfacht gesagt, sind **Mittelstreckenziele** von Deutschland aus die Urlaubsgebiete rund um das Mittelmeer, eingeschlossen die nordafrikanischen Staaten Ägypten, Tunesien und Marokko. Des Weiteren zählen zur Mittelstrecke von Deutschland außerdem die im Atlantischen Ozean liegenden *Kanarischen Inseln* und *Dubai* in den *Vereinigten Arabischen Emiraten*.

Die in den nachfolgenden Unterkapiteln beschriebenen Destinationen sind Mittelstreckenziele, die sehr häufig von Kunden angefragt und ebenso gebucht werden. Laut Reiseanalyse der F.U.R. war **Spanien das beliebteste Reiseziel** der Deutschen im Jahr 2011. Es folgen die Länder **Italien** und **Türkei.** Auf Platz neun lag Griechenland. Bei den »Außereuropäischen Reisezielen« belegte **Ägypten** unter der Kategorie »Nordafrika« **Platz 2.**

Die klimatischen, geografischen, kulturellen und historischen Beschreibung der Destinationen *Balearen, Türkische Riviera, Sizilien, Ägäis, Andalusien* und *Rotes Meer* sollen Sie als Beispiel dafür nutzen, weitere Mittelstreckenziele auf diese Weise eigenständig zielgruppen- und reiseformorientiert zu prüfen und auszuwählen. Recherchieren Sie entsprechende Gegebenheiten eines Mittelstreckenzieles im Internet und lesen Sie die Veranstalterkataloge, die Reiseführer und/ oder in der Fachpresse, damit Sie die notwendigen Kenntnisse erwerben.

4.3.1 Die beliebten Balearen

Der Badeurlaub ist eine **typische Reiseform** der *Balearen*, denn die langen, flachen Sandstrände mit gut ausgebauter **touristischer Infrastruktur** sind eine ideale Voraussetzung.

Viele unterschiedliche Beherbergungen wie Hotels und kleine Clubanlagen liegen in **unmittelbarer Umgebung zu den Stränden**. Die Wasserqualität der Strände und Buchten ist in vielen Fällen mit der ***Blauen Flagge*** (▸ Kapitel 2.2) ausgezeichnet. Außerdem haben die Balearischen Inseln aufgrund ihres Klimas und der Lage im Mittelmeer eine sehr lange Badesaison, die sich von **Mitte Februar bis Ende November** erstreckt.

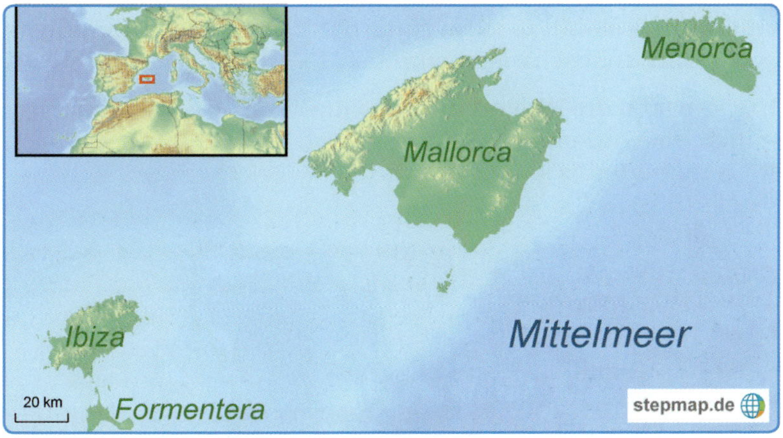

Abb. Karte der Balearen

Die *Balearen* sind eine spanische Inselgruppe, die aus den beiden Hauptinseln ***Menorca*** und ***Mallorca***, den südlich gelegenen *Pityusen*-Inseln (übersetzt: Pinienreiche Inseln) ***Ibiza*** und ***Formentera*** sowie aus mehreren kleinen Eilanden besteht. Der **Archipel** (▸ Glossar) liegt im westlichen Mittelmeer, etwa 100 bis 250 Kilometer von der Ostküste des spanischen Festlandes entfernt und bildet mit der Hauptstadt ***Palma de Mallorca*** auf der größten Insel *Mallorca* eine der spanischen Verwaltungsregionen. Knapp eine Millionen Menschen leben auf der rund 5.000 Quadratkilometer großen Fläche des Archipels, dessen höchste Erhebung der ***Puig Mayor*** auf *Mallorca* mit etwa 1.440 Metern ist. Die **Vegetation** der *Balearen* besteht größtenteils aus Gras- und Buschwerkebenen, Pinien, Oliven- und Mandelbäumen. Sehr ausgeprägt ist der landschaftliche Anbau von Südfrüchten, Wein und Oliven.

Klima

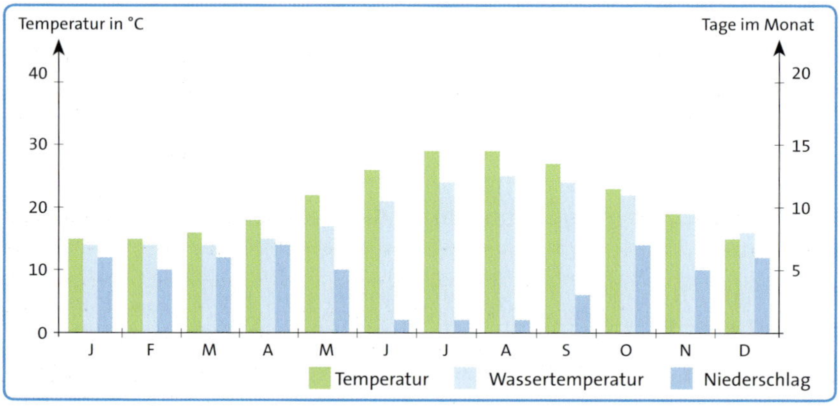

Abb. Klimadiagramm *Balearen*

Auf den *Balearen* herrscht **typisches Mittelmeerklima**, das im Schnitt über 300 Sonnentage garantiert. Eine ständige Brise sorgt dafür, dass die sommerliche Hitze über 30 Grad Celsius abgeschwächt wird.

Relativ **mild und trocken sind die Winter**, in denen die Temperatur selten unter fünf Grad Celsius sinkt. Im Norden der Inselgruppe, z. B. auf der Insel *Menorca*, regnet es häufiger als im Süden (z. B. auf *Ibiza*).

Reisezeit

Die *Balearen* sind ein ganzjähriges Reiseziel und haben zu jeder Jahreszeit ihren besonderen Reiz: Die Sommermonate sind auf allen Inseln sehr begehrt zum **Baden und Entspannen**; da sich das Mittelmeer nur langsam abkühlt, sind die Wassertemperaturen auch im Herbst noch zum Schwimmen geeignet. Frühjahr und Herbstmonate auf *Mallorca* oder *Ibiza* eignen sich für kulturelle Ausflüge sowie für »Sport- und Aktivreisen« wie **Cluburlaub** (▸ LF, Kapitel 4) und **Wanderurlaub** (▸ LF 7, Kapitel 12) oder eine Fahrradreise. Besonders die Insel *Mallorca* wird gern im Winter für einen »Langzeiturlaub«, vor allem von Senioren z. B. zum »Überwintern« gebucht.

Tipp: Die Mandelblüte von Ende Januar bis Anfang März verzaubert *Mallorcas* Täler mit dem so genannten »Schnee der Mallorquiner«.

Zeitzonen

Mitteleuropäische Zeit; Winter: UTC+1 (MEZ), Sommer: UTC+2 (MESZ)

Geschichte

Der Archipel im Mittelmeer war Ziel verschiedener historischer Kulturen: *Karthager, Phönizier, Römer, Mauren* und andere Völker hinterließen ihre Spuren in Landschaft, Traditionen und Kultur. Rund 500 prähistorische Fundstellen auf *Menorca* – das deswegen auch als »**urgeschichtliches Freiluftmuseum**« bezeichnet wird – erinnern an die verschiedenen Epochen. Ab dem 13. Jahrhundert n. Chr. eroberten die katalanisch-aragonesischen Truppen unter *Jaume I* (»Der Eroberer«) *Mallorca* für die christliche Welt zurück. Daher stammen die **katalanischen Dialekte** (*Mallorqui, Menorqui, Ibizenk*) die noch heute neben **Spanisch als Amtssprache** auf den Inseln gesprochen werden. Zeitungen und viele Beschilderungen sind häufig zweisprachig. Die im 16. Jahrhundert n. Chr. häufig von Piraten angegriffenen Inseln (Ruinen von Festungsbauten erinnern heute noch an diese Zeit) entwickelten sich während der letzten Jahrhunderte zu wichtigen Mittelmeerhäfen.

Der traditionsreiche, katholische Glaube äußert sich in den **Patronatsfesten** auf *Ibiza* und *Menorca*, die rund um das Jahr in den Inselgemeinden mit Prozessionen und Feuerwerk, ausgiebigem Tanz, Gesang und Festessen gefeiert werden.

Verkehrsnetz

Reisen die Kunden nicht mit dem eigenen Auto an, empfehlen Sie Ihnen auf jeden Fall einen Mietwagen, da das Umherreisen auf den Inseln aufgrund des meist gut ausgebauten Straßennetzes unproblematisch und lohnenswert ist.

Das Bussystem auf den *Balearen* ist gut und recht preisgünstig. Alle größeren Orte sind untereinander mit dem Bus zu erreichen. Im Hinterland oder in weniger touristisch besuchen Orten sollten längere Wartezeiten eingeplant werden, da die Busse hier seltener fahren.

Momentan gibt es auf der größten Insel des Archipels *(Mallorca)* zwei Eisenbahnlinien die von *Palma de Mallorca* aus fahren: die Nahverkehrslinie der SFM nach *Inca, Manacor* und *Sa Pobla* und der nostalgische Touristenzug »Roter Blitz« nach *Sóller*.

Freizeitangebot

Das Sport- und Freizeitangebot auf den Balearischen Inseln ist groß. Jegliche Arten von **Wassersport** wie z. B. Surfen, Tauchen oder Wasserski werden angeboten. Zur Ausübung der verschiedenen **Sportarten** sind Tennis- und Golfplätze, Fitness-Studios und Schießsport-Anlagen zahlreich vertreten. Auf vielen Bauerhöfen bestehen für Pferdeliebhaber **Reitmöglichkeiten**. Wanderer kommen bei ausgedehnten **Wanderungen** in der abwechslungsreichen Landschaft auf ihre Kosten.

Ideale Bedingungen finden **Radfahrer** in dem *Tramuntana*-Gebirge: *Mallorca* bietet echte Herausforderungen für *Mountainbiker* und Radrennfahrer; die sanften Hügel von *Menorca* sind für Freizeitradler zu empfehlen.

Die Inseln bieten zudem **kulturelle Attraktionen** die von den Urlaubern gern besichtigt werden. Dank der **guten touristischen Infrastruktur** sind die *Balearen* ein klassisches, relativ preiswertes Urlaubsziel mit schönen Stränden.

Mallorca

Die *Balearen*, insbesondere *Mallorca*, erleben derzeit einen **touristischen Wandel**. Die massive Expansion des Fremdenverkehrs, die nicht nur zu sinkenden Qualitätsstandards der Ferienunterkünfte sondern auch zu massiven Umweltproblemen wie Wasserknappheit führte, soll unterbunden werden.

Mit Investitionen z. B. im Bereich der *Playa de Palma*, ein Zentrum des **Massentourismus** (► Exkurs Kapitel 2), soll der Weiterentwicklung des »Billigtourismus«-*Image* von *Mallorca* Einhalt geboten werden.

Langfristig und nachhaltig soll die Urlaubsregion für **Touristen mit gehobenen Ansprüchen** attraktiver gemacht werden, in dem nur noch Hotel-Neubauten im Vier- und Fünf-Sterne-Segment erlaubt sind. Ferner werden veraltete Hotelanlagen abgebaut oder modernisiert, Park- und Grünanlagen werden geschaffen oder verbessert, Golfplätze kultiviert.

Mallorca ist die **größte Balearische Insel** mit einer knapp 100 Kilometer breiten West-Ost- und einer fast 80 Kilometer langen Nord-Süd-Ausdehnung. Von **Kap *Formentor*** im Nordosten *Mallorcas* bis zu der **Insel *Isla Dragonera*** im Südwesten, verläuft das *Sierra del Norte*-Gebirge (auch ***Tramuntana*** genannt), welches für eine abwechslungsreiche Küstenlandschaft sowohl mit steilen Schluchten und Klippen als auch mit kleinen Stränden sorgt. Die höchste Erhebung dieses Gebirges ist der *Puig Major* (1.443 Meter). An der Ostküste erstreckt sich das ***Sierre de Levante*-Gebirge** mit zahlreichen Buchten, langen Stränden und felsigen Steilhängen.

Zwischen den beiden Gebirgszügen liegt die zentrale, fruchtbare Ebene ***Es Pla***. Lange, weite Sandstrände bieten die große **Bucht von *Palma*** im Süden sowie die **Bucht von *Alcudia*** im Nordosten der Insel. Von den knapp 800.000 Inselbewohnern leben über 375.000 Menschen in der Hauptstadt *Palma de Mallorca*.

Die **Hauptstadt *Palma de Mallorca*** beeindruckt ihre Besucher mit einem großen Kulturangebot, zahlreichen Einkaufsmöglichkeiten und Restaurants. Wenige Kilometer östlich der Hafenstadt liegt der Flughafen der Insel (*Code*: PMI) der Fähr- und Kreuzfahrthafen befindet sich im Westen der Stadt. Sehenswürdigkeiten sind die am Ufer gelegene, prächtige, gotische Kathedrale *La Seu*, erbaut im 13. Jahrhundert. Sie gilt als Wahrzeichen von *Mallorca*.

Direkt gegenüber liegt der Königspalast, der heute dem spanischen König als Sommerresidenz dient. Nördlich der palmengesäumten Hafenpromenade inmitten von zahlreichen Bars und Restaurants liegt die ehemalige Handelsbörse *La Lonja*, die heute als Ausstellungshalle genutzt wird. Verkehrsknotenpunkt und Abfahrtsbahnhof für die Bahnlinien (nach *Sóller* und *Inca*) befinden sich an dem lebendigen *Plaza de Espana*. Die durch enge Gassen geformte Altstadt *Palmas* gehört zu den größten und best erhaltenen in Europa. Außerhalb *Palmas* bietet die Festung *Castell de Bellver* aus dem 14. Jahrhundert einen grandiosen Blick über die Hafenstadt.

Empfehlenswerte Ausflüge

- ***Aqualand* bei *El Arenal*:** Mit einer Gesamtfläche von über 200.000 Quadratmetern ist das Aqualand *El Arenal* (*Aquacity*) der größte und beliebteste Wasserpark *Mallorcas*.
- ***Marineland* zehn Kilometer westlich von *Palma de Mallorca*:** Das Marineland ist ein Freizeitpark mit einer Vielzahl von exotischen Tieren, das ein unterhaltsames Programm für Jung und Alt bietet.
- **Der »Rote Blitz«:** Nostalgischer Zug, der von *Palma de Mallorca* aus durch eine traumhafte Landschaft nach *Sóller* fährt.

- **Tal von *Sóller***: Das Tal ist auch bekannt als das »goldenes Tal«, da unzählige Orangen- und Zitronenbäume die Landschaft säumen. Gerne wird das Tal, das vom *Tramuntana*- Gebirge umgeben ist von Wanderern aufgesucht.
- ***Valldemossa*:** Bekannt ist der Ort mit den vielen verwinkelten Gassen und ockerfarbenen, teilweise sehr alten Häusern durch das Karthäuserkloster aus dem 14. Jahrhundert. Im Mittelpunkt eines Besuches stehen die Räumlich-

keiten die von *Frederic Chopin* (Komponist) und seinem Geliebten *George Sand* (Schriftsteller), genutzt wurden. Die Klosterzellen dienen heute als Museum.

- Kloster ***Monestir de Lluc:*** Wallfahrtsziel.
- ***Inca***: Hier befindet sich das Zentrum der Lederindustrie. Die Stadt bietet zahlreiche Geschäfte mit einer großen Auswahl an Lederwaren.
- ***Manacor:*** Die Stadt ist bekannt für ihre Perlenherstellung. Die Perlen sind ein beliebtes Mitbringsel.
- ***Cuevas del Drac* (Drachenhöhlen) in *Porto Christo:*** Berühmte Tropfsteinhöhle mit dem größten unterirdischen See Europas (Länge 177 Meter), etwa zwei Kilometer lang. Höhepunkt einer jeden Führung ist ein klassisches Konzert mit raffiniert inszeniertem Lichtspiel.

Menorca

Menorca, die am nordöstlichsten gelegene Insel, bildet mit circa 700 Quadratkilometern die zweitgrößte Insel der *Balearen* auf der über 90.000 Menschen leben. ***Mahón***, die Hauptstadt an der Südostküste, hat etwa 30.000 Einwohner. Die grüne Insel prägen zwei Regionen: ***Tramuntana*** – der ursprüngliche Norden mit schroffen, zerklüfteten, teilweise fjordartigen Küsten und malerischen Naturhäfen und ***Migjorn*** – das Hügelland im Süden. Letztere wird wegen ihrer sanften, weniger zerklüfteten Küsten und einiger feinsandiger Strände häufiger von Badeurlaubern aufgesucht als der Norden. In der Mitte der waldreichen Insel befindet sich die höchste Erhebung, der etwa 350 Meter hohe ***Monte Toro***.

Das Bild der Insel wird außerhalb der Städte von beschaulicher Geruhsamkeit geprägt, da etwa zwei Drittel der Bevölkerung in ***Mahón*** und ***Ciutadella*** leben. Wegen der intakten Natur und Umwelt wurde *Menorca* 1993 zu einem **Biosphärenreservat** (▸ Kapitel 2.3) erklärt wodurch bestimmte Küstenabschnitte nicht bebaut werden dürfen und somit traumhaft idyllische Buchten mit kristallklarem Wasser weiterhin existieren können. Darüber hinaus wird auf der Insel intensiv Landwirtschaft betrieben, dazu gehören die Rinderzucht und der Obst- und Gemüseanbau. Nichts desto trotz ist der bedeutendste Wirtschaftszweig der Tourismus.

***Mahón*, die wichtigste Stadt** *Menorcas* liegt auf einer Felsplatte. Fähren und Kreuzfahrtschiffe liegen im Hafen der Stadt, **einem der größten Naturhäfen der Welt**. Dort findet sich ebenfalls eine große Auswahl an Restaurants, Kneipen und Diskotheken. Neben dem Wassersport werden auch Hafenrundfahrten oder ein Besuch im Aquarium angeboten. Die lebhafte Hauptstadt bietet außerdem vielfältige Unterhaltungs- und Einkaufsmöglichkeiten. Interessante Sehenswürdigkeiten sind die schöne **Altstadt**, die alte Stadtmauer mit gotischen Festungstürmen sowie mehrere Kirchen und Museen.

Empfehlenswerte Ausflüge

- ***Es Castell***: Idyllischer Ort mit reizvollem Hafen und Nachtleben, drei Kilometer östlich der Hauptstadt *Mahón* gelegen.
- ***Ciutadella***: Maurisch geprägte, ehemalige Hauptstadt mit malerischem Hafen. Die zweitgrößte Stadt der Insel bietet neben ihren vielen Bars und Restaurants auch zahlreiche Einkaufsmöglichkeiten. Die gotische Kathedrale, der zentrale *Placa d'es Born*, die alte Stadtmauer und die palastartigen Villen laden zur Besichtigung ein.
- ***Naveta d'es Tudóns***: Prähistorische Ausgrabungsstätte, eines der ältesten Bauwerke Europas in der Nähe von *Ciutadella*.
- ***Kap de Cavalleria***: Äußerste Nordspitze *Menorcas*. Entlang der Küste gibt es Wanderwege, die durch Pinien- und dichte Steineichenwälder führen.
- ***Kap de Favàritx***: Karge, abgeschiedene Felslandschaft im Norden der Insel, dessen Leuchtturm ein schönes Panorama bietet.

Abb. Leuchtturm am *Kap de Favàritx*

© Turespaña

- ***Es Mercadal:*** Gipfel mit Christusstatue und Wallfahrtskirche. Nach einer Wanderung kann hier ein wundervoller Ausblick über die gesamte Insel genossen werden.
- ***Parque Natural S' Albufera des Grau***: Landschaftlich reizvoller Naturpark, Vogelparadies mit über 100 Arten.
- ***Cova d'en Xoroi:*** Eine Höhlendiskothek, die für Musik- und Partyliebhaber die Attraktion der Insel darstellt. Eine steile Felstreppe führt hinunter zur Tanzfläche, von der die Besucher einen fantastischen Blick auf das Meer haben.

Ibiza

Das 572 Quadratmeter große, 100 Kilometer südwestlich von *Mallorca* gelegene *Ibiza*, ist die drittgrößte Baleareninsel. Es leben etwa 110.000 Menschen auf der Insel, davon gut 40.000 in der Hauptstadt *Ibiza-Stadt*.

Die Landschaft *Ibizas* ist sehr vielseitig. Gekennzeichnet wird sie von mehreren verhältnismäßig hoch aufragenden Gebirgszügen, von fruchtbaren Tälern und Ebenen in denen Landwirtschaft betrieben wird. Den griechischen Begriff »***Pityusen***« (übersetzt: Pinienreiche Inseln) verdankt *Ibiza* den ausgedehnten Pinien- und Kiefernwäldern im Norden und Süden der Insel. Wunderschöne Steilküsten, Sandstrände und Salzlandschaften zeichnen den Süden ebenfalls aus.

Die zahlreichen Restaurants und exklusiven Boutiquen, die vielen Unterhaltungsmöglichkeiten und das Nachtleben mit internationalen Clubs machen **Ibiza-Stadt** (span. ***Ciutat d' Eivissa***) zu dem Zentrum des Tourismus. Innerhalb der Stadt befindet sich auch der Fähr- und Kreuzfahrthafen, acht Kilometer südlich liegt der Flughafen (*Code*: IBZ). Kultureller Mittelpunkt der Hauptstadt ist die von einer alten Stadtmauer umgebene historische Altstadt ***Dalt Vila***. Das

Labyrinth enger und verwinkelter Gassen, gestaltet mit kleinen Balkonen und Straßen überspannenden Wäscheleinen, führt zu einer Kathedrale aus dem 14. Jahrhundert. Die Hafenviertel ***Sa Penya*** und ***Sa Marina*** laden mit ihren Clubs wie z. B. ***Pacha*** und ***El Divino*** zu einem ausgeprägten Nachtleben ein. Die Prachtstraße ***Passeig Vara de Rey*** und ihre Umgebung mit vielen Boutiquen und Straßencafés laden zum Bummeln ein.

Empfehlenswerte Ausflüge

- ***Puig des Molins*:** Hügel der Windmühlen, phönizische Totenstadt, über 3.000 unterirdische Kammergräber mit Sarkophagen und wertvollen Grabbeigaben, zählt zum UNESCO-Weltkulturerbe.
- ***Ses Salines*:** Die Salzfelder, die zur Salzgewinnung dienen, stehen heute unter Naturschutz und sind UNESCO-Weltnaturerbe. Salinen, weitläufige Strände und idyllische Buchten ziehen viele Fahrradfahrer an. ***Le Canal*** ist der Hafen, von dem aus das Salz verschifft wird.
- ***Es Vedra/ Cala d'Hort:*** Felseninsel, die sich 382 Meter aus dem Meer empor hebt. Das Wahrzeichen *Ibizas* hat die Form eines Drachenrückens und gilt als sagenumwobener, »verzauberter Ort«. Einen besonders tollen Ausblick hat man vom Piratenturm ***Torre del Pirata*** bei *Savinar*.
- ***Es Canar*:** Beliebter »Hippie-Markt«, der in dem Ferienclub *Punta Arabi* immer mittwochs stattfindet.
- ***Santa Eulàlia*:** Ursprünglicher Fischerort auf dessen 60 Meter hohen Hügel eine Wehrkirche steht.
- ***San Rafael*:** Bekannt durch das Kunsthandwerk und der berühmten Diskothek ***Privilege***, in der mehr als 10.000 Besucher Platz finden.

Formentera

Abb. *Far de la Mola*

Ibizas Schwesterninsel *Formentera* ist mit nur 82 Quadratkilometern die kleinste und beschaulichste Insel der *Balearen* und deswegen Magnet für Ruhe suchende und Natur liebende Badeurlauber. Hauptort ist ***San Francisco Javier***, etwa in der Inselmitte gelegen. Die überwiegend flache Insel (höchste Erhebung ist *La Mola* mit knapp 200 Metern) ist geprägt von paradiesisch palmengesäumten Stränden, weiten recht einsamen Dünenlandschaften sowie von Pinienwäldern, typischen

Windmühlen und kleinen ursprünglichen Orten. Im Norden der Insel erstrecken sich zwei Meerwasser gespeiste Seen und Salinen die dem Naturpark ***Ses Salines*** angehören. Schöne Wander- und Fahrradwege befinden sich im ruhigen Südwesten der Insel.

Empfehlenswerte Ausflüge

- ***San Francisco Javier:*** Die Hauptstadt *Formenteras* bietet in Boutiquen, Souvenirläden und kleinen Kunstgalerien gute Einkaufsmöglichkeiten. Sehenswert sind die älteste Kapelle der Insel aus dem 14. Jahrhundert sowie eine Wehrkirche und das Heimatmuseum.
- ***San Fernando:*** Ehemalige »*Hippie*-Hochburg« in der Nähe einer Tropfsteinhöhle.
- ***Es Caló:*** Von der Stadt führt ein alter, bewanderbarer »Römerweg« (lat. *Camino antiguo*) in Serpentinen zum nahe gelegenen etwa 200 Meter hohen Aussichtspunkt ***La Mola.*** Eine Gedenktafel erinnert an den Schriftsteller *Jules Verne* der auf *Formentera* gelebt und gearbeitet hat. Dieser Weg wird gern von Wanderern aufgesucht.
- ***El Pilar:*** Bekannt für seine Kunst- und »*Hippie*märkte«. In der Nähe befindet sich der Leuchtturm ***La Mola.***
- ***Kap de Barbaria:*** Felsküste mit altem Leuchtturm. Lohnenswert ist der Besuch in den Abendstunden, um dcn Sonnenuntergag über dem Meer zu bewundern.
- ***Ibiza:*** Tagesausflug mit der Fähre ab ***La Sabina*** nach *Ibiza-Stadt* möglich (Dauer ca. eine Stunde).

4.3.2 Feuriges Andalusien

Abb. Am Strand der *Costa de la Luz*

Den Süden von Spanien nimmt die zweitgrößte **autonome Region** (► Glossar) des Landes mit ihren **acht Provinzen** (*Almeria, Cádiz, Cordoba, Granada, Huelva, Jaén, Málaga* und *Sevilla*) ein. ***Andalusien*** hat eine Gesamtfläche von rund 87.200 Quadratkilometern. Die nordwestliche Provinz *Huelva* grenzt an den Nachbarstaat Portugal. Der ***Pass Despeñaperros*** in der nordöstlichen Provinz *Jaén* verbindet die ***kastilische Hochebene*** mit dem ***Tal des Guadalquivir***. Von hier aus erstreckt sich die 600 Kilometer lange Bergkette ***Sierra Morena***, die das nördliche Rückgrat der Provinzen *Jaén, Cordoba, Sevilla* und *Huelva* bildet. Darunter breitet sich die fruchtbare Talebene des 650 Kilometer langen Flusses *Guadalquivir* aus. Er ist einer der längsten Flüsse Spaniens, entspringt in den andalusischen Gebirgsketten und mündet im Delta nördlich von *Cádiz* in den Atlantik.

Zwischen der östlichen Küste *Andalusiens* und der Talebene verläuft die Gebirgskette ***Sierra Nevada***, das Zentrum des andalusischen karstigen Gebirgszugs ***Betische Kordillere***, die teilweise bis an die Küsten des Mittelmeeres heranreicht. In der Gebirgsformation erheben sich die höchsten Gipfel *Andalusiens*, darunter der 3.478 Meter hohe ***Mulhacén*** in der Provinz *Granada*.

Das spanische Festland ist vom südlichsten Punkt, der Stadt ***Tarifa***, nur 14 Kilometer über die ***Straße von Gibraltar*** vom nordafrikanischen Marokko getrennt. Aufgrund der Nähe zum afrikanischen Kontinent wird *Andalusien* auch als die »**Brücke zwischen Europa und Afrika**« bezeichnet. Die Hauptstadt *Andalusiens* ist ***Sevilla*** mit über 700.000 Einwohnern.

Abb. Karte von Andalusien

Die 900 Kilometer lange Südküste *Andalusiens* ist in drei Abschnitte unterteilt: Im Osten liegt die ***Costa de Almeria*** am warmen Mittelmeer. Ihr folgt in Richtung Westen die ***Costa del Sol*** (übersetzt »die Küste der Sonne«). Der wilde Atlantik brandet an die ***Costa de la Luz*** (übersetzt »die Küste des Lichts«) im Südwesten *Andalusiens*.

Andalusien zählt zu den Regionen Spaniens, in denen der Tourismus von **besonders großer wirtschaftlicher Bedeutung ist**. Insbesondere an der *Costa del Sol* gibt es einige Ortschaften an denen der **Massentourismus** (▸ Exkurs Kapitel 2.3) stark ausgerichtet ist. Dazu gehört z. B. der Küstenort *Torremolinos*, in dem sich die »Bettenburgen« dicht aneinander reihen.

Klima

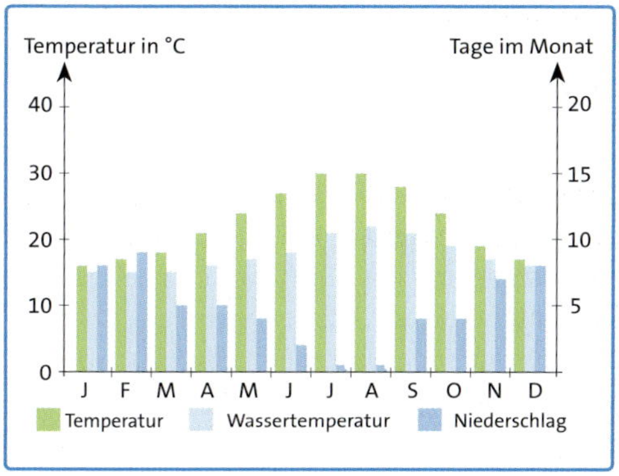

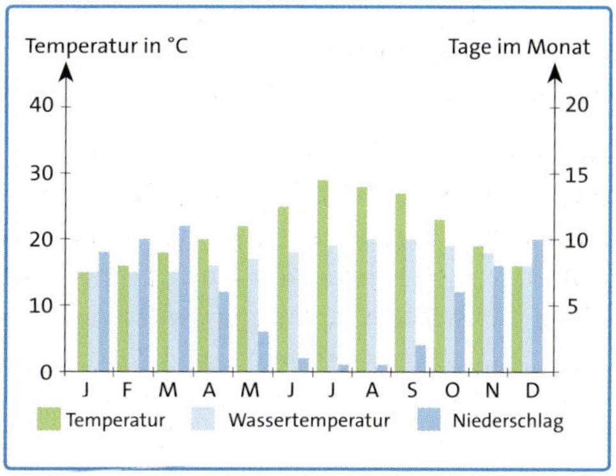

Abb. Klimadiagramme *Costa del Sol* und *Costa de la Luz*

Das Klima *Andalusiens* ist **gemäßigt mediterran**, das zeichnet sich durch kurze, milde Winter und heiße, trockene Sommer aus. Bis zu 3.000 Sonnenstunden bietet die andalusische Küste im Jahr. Im Gegensatz zu der trockenen *Costa Almeria* ist das Tal des *Guadalquivir* im Frühjahr und Herbst sehr niederschlagsreich.

In der *Sierra Nevada* herrscht **alpine Kälte**, sogar im Sommer ist die Gebirgskette oft schneebedeckt. Daher werden viele Wintersportfans in diese Region gelockt.

Reisezeit

Hochsaison für den Badeurlaub sind die Sommermonate, doch die Reisezeit dehnt sich wegen des milden Klimas an der Küste und in den Städten auch auf den Winter aus. Für sportliche Aktivitäten wie Golf, sind die heißen Sommermonate nicht empfehlenswert, dagegen bieten das Frühjahr und der Herbst ideale klimatische Bedingungen.

Zeitzonen

Mitteleuropäische Zeit; Winter: UTC+1 (MEZ), Sommer: UTC+2 (MESZ)

Geschichte

3.000 v. Chr.	Die ***Iberer***, die Ureinwohner Spaniens, wandern aus Nordafrika ein.
1.110 v. Chr.	***Phönizier*** besiedeln die iberische Halbinsel und gründen *Cádiz*.
600 v. Chr.	Die **Griechen** lassen sich in *Andalusien* nieder.
500. v. Chr.	Die ***Karthager*** (von den Römern als »*Punier*«, abgeleitet von »Phönizier« bezeichnet, da sie verwandt waren) errichteten verschiedene Städte.

3. Jh. v. Chr.	Nach dem Sieg in den ***Punischen Kriegen***, übernehmen die Römer 700 Jahre die Herrschaft und gründen die Provinz *Baeica*.
98–138	*Trajan* wird zum Kaiser ernannt, danach folgt *Hadrian*.
5. Jh.	Durch den Untergang des *Römischen Reiches* fallen ***Vandalen*** und ***Westgoten*** in *Andalusien* ein. Der Einfluss des **Christentums** wächst.
711	Mit dem Einfall der **Araber** (auch als »*Mauren*« bezeichnet) beginnt für *Andalusien* eine neue Etappe der Blüte. Handel, Wissenschaft, Handwerk und Kunst erleben einen Aufschwung. Bis heute sind die Provinzen von dieser Epoche vor allem landwirtschaftlich und architektonisch geprägt. ***Córdoba*** wird zur Hauptstadt des mächtigen ***Kalifats*** (► Glossar) ernannt, das unter Führung des arabischen Familienklans ***Umayyaden*** steht.
1031–1492	Nach dem politischen Zerfall der arabischen »Inquisition« in Spanien und der nachfolgenden Herrschaft der *Berber*, gewinnen die christlichen Könige Stück für Stück das Land zurück. Die katholischen Könige stürmen die ***Bastion*** (► Glossar) ***Granada*** und zwingen die moslemischen Könige zur Flucht nach Afrika.
1492	*Kolumbus* entdeckt Amerika, wodurch *Andalusien* zum Zentrum Europas mit ***Sevilla*** als Hauptstadt wird. »Früchte« dieses **»Goldenen Zeitalters«** sind noch heute in den prachtvollen Bauten der *Gotik*, der *Renaissance* und des *Frühbarocks* zu erkennen.
1649	Die **Pest** wütet in *Sevilla*. Die Stadt erlebt einen politischen und wirtschaftlichen Niedergang.
1680	***Cádiz*** übernimmt das Handelsmonopol von *Sevilla*.
1701–1715	Nach dem Spanischen **Erbfolgekrieg** fällt *Gibraltar* an England.
1808–1814	**Befreiungskriege** gegen den *Kaiser Napoleon Bonaparte*.
1873	In Spanien wird die **erste Republik** ausgerufen.
1923–1930	*Andalusien* steht unter der Diktatur von ***General Primo de Rivera***.
1931–1936	Ausruf der **zweiten Republik**.
1936–1975	Nach dem **Bürgerkrieg** herrscht Diktator und ***General Franco***.
1975	Unter dem *König* ***Juan Carlos I*** erlangt das Land die Demokratie zurück.
1982	*Andalusien* wird zur **autonomen Region.**
1986	Spanien wird EU-Mitglied.
1992	Die **Weltausstellung »Expo«** findet in *Sevilla* statt.

1996	Der Konservative ***José Maria Aznar*** wird neuer Präsident Spaniens und im Jahr 2000 wieder gewählt.
2004	Der Sozialist ***José Luis Rodriguez Zapatero*** tritt die Nachfolge *Aznars* an.
2009	In Spanien ist die Arbeitslosigkeit auf ein Rekordhoch gestiegen und stellt damit die höchste Arbeitslosenquote Europas. Die Provinz *Andalusien* ist davon sehr stark betroffen.
2010	Keine der großen Volkswirtschaften in Europa war und ist von der **globalen Wirtschaftskrise** so stark betroffen wie Spanien. Die Arbeitslosenquote liegt bei fast 20 Prozent.
22.05.2011	Der spanische ***Kronprinz Felipe*** heiratet die bürgerliche Journalistin *Letizia Ortiz*.

Tab. Geschichtliche Zeittafel Andalusiens

Religion

In *Andalusien* spielt der **Katholizismus** eine überragende Rolle, obwohl Spanien seit 1978 **keine Staatsreligion** mehr hat. Viele der großen *Fiestas* (dt. »Feste«) haben einen religiösen Hintergrund und werden mit viel »Aufhebens« gefeiert. Kathedralen und Kirchen sind zudem die prächtigsten Gebäude. Parallel zum Katholizismus gibt es in *Andalusien* eine große **antiklerikale Tradition** (kirchenfeindliche Einstellung), denn die andalusischen Anarchisten und andere Revolutionäre des 19. Jahrhunderts sahen in der Kirche einen ihrer Hauptfeinde. Der Einfluss **der Muslime und Juden**, der im Mittelalter eine bedeutende Funktion innehatte, ist heutzutage eher gering.

Freizeit- und Kulturangebot

Andalusien ist bekannt für seine **maurische Architektur**. Jedoch sind nur wenige große Gebäude aus der Maurenzeit heute noch vollständig erhalten. Dazu gehören die ***Mezquita* von *Córdoba***, die ***Alhambra* in *Granada*** und die ***Giralda* in *Sevilla***. Die Gebäude, die zu den eindrucksvollsten ihrer Art zählen, werden täglich von Hunderten Besuchern besichtigt.

Zahlreiche Künstler wie z. B. *Pablo Ruiz Picasso* haben sich von dieser Region inspirieren lassen. Heute zeigt das **Picasso-Museum** in *Málaga* die eindrucksvollen Meisterwerke des Künstlers. Viele Kathedralen der Region zeugen von den Meisterwerken der Künstler, die es zu besichtigen gilt.

Nichts hat allerdings die andalusische Mentalität musikalisch so geprägt wie der ***Flamenco***, der unter den andalusischen Zigeunern entstanden ist. Die Art des Gesangs, der Musik und des Tanzes hat seine Wurzeln in den herzzerreißenden, tragischen Klageliedern der Zigeuner. Den in *Andalusien* immer noch praktizierten, traditionell tief verwurzelten **Stierkampf** empfinden Tierschützer als ethisch »problematisch«.

Andalusien ist eine **Region der Feinschmecker**, da die Küche sehr vielfältig und schmackhaft ist. Hinzu kommen die erstklassigen andalusischen Weine, insbesondere der berühmte spanische ***Sherry***. Gäste der Region können Wein*bodegas* (dt. Weinkeller) besichtigen und die herrlichen Weine kosten.

Naturliebhaber und sportlich Aktive fühlen sich in der Region mit einer einmaligen Naturlandschaft und den vielfältigen Sportmöglichkeiten wie Wandern, Reiten, Radfahren, Angeln, Segeln, Golfen usw. wohl. Auf eine besondere Art und Weise vereint Andalusien alle interessanten Anziehungspunkte einer Reise zu einem einzigartigen und unvergesslichen Erlebnis.

Sehenswerte Küsten und Ortschaften

Costa de Almeria – Die Region von *Almeria* am **östlichsten Küstenabschnitt** *Andalusiens*, ist ein »Spiegel« der Kontraste. Fruchtbare Ebenen, die dem Anbau von Obst und Gemüse dienen, wechseln sich mit dürrem Land und wüstenartigen Steppen ab. Die *Costa de Almeria* ist aufgrund ihrer geografischen Lage, südlich der mächtigen Gebirgszüge der *Sierra Nevada*, die **trockenste Gegend Spaniens** mit durchschnittlich 3.000 Sonnenstunden pro Jahr. In wilder Schönheit zeigt sich die mehr als 100 Kilometer lange Strandküste.

Almeria

Die Stadt *Almeria* ist aufgrund ihres Hafens bedeutend für den Export im Südosten *Andalusiens* sowie für die Fährverbindungen nach Nordafrika. Sie ist die Stadt mit den meisten Sonnenstunden pro Jahr in Spanien und die am stärksten maurisch geprägte Stadt der iberischen Halbinsel. Sie bietet noch heute ein beeindruckendes, arabisches *Flair*. Besuchenswert ist die gewaltige Maurenfestung ***Alcazaba*** (► Glossar). Sie »thront« auf einem Felsvorsprung und ist durch eine Mauer mit der Altstadt *Almedina* und deren verwinkeltem Gassengewirr verbunden.

Costa del Sol – Die faszinierende Küstenregion ist mit einer Länge von über 300 Kilometern der **südlichste Teil der spanischen Mittelmeerküste**, der östlich von *Gibraltar* beginnt und bei *Málaga* endet. Als so genannte »**Sonnenküste**« bietet die *Costa del Sol* ihren Besuchern kontrastreiche Strände und kleine Badebuchten vor einer wildromantischen Kulisse, der *Sierra Nevada*. Aufgrund ihrer **Beliebtheit bei Bade- und Sporturlaubern** ist der Küstenabschnitt allerdings sehr bebaut und **touristisch überlaufen**. Der Küstenabschnitt östlich von *Málaga* zieht sich bis in die Umgebung von *Motril* und umschließt die ***Costa Tropical.*** Geprägt ist der Abschnitt von zerklüfteten Felsen und weit auseinander liegenden Orten. Im Hinterland stoßen die Reisenden auf die **typisch weißen Dörfer**.

Málaga

Málaga wurde vor fast 3.000 Jahren von den ***Phöniziern*** auf einem Hügel gegründet und ist heute mit einer halben Million Einwohnern **Provinzhauptstadt *Andalusiens***. Die *Phönizier* errichteten eine der größten **arabischen *Alcazaba***, die noch heute in der Region erhalten sind. Ihnen folgten *Karthager*, Römer, Barbaren, »Muselmannen« und Christen, die allesamt Spuren im Stadtbild hinterließen: die ***Burg Gibralfaro,*** die ein Stück mit der Befestigungsanlage *Alcazaba* verbunden ist, das **römische Theater** zu Füßen der arabischen Festung, die imposante, unvollendete **Kathedrale** aus dem 16. Jahrhundert und das aus arabischer Zeit stammende **Haupttor** zur Markthalle mit maurisch inspirierten Dekor. Ein herrlicher Blick ergibt sich von der *Alcazaba* auf den **Seehafen und die Stierkampfarena**. Durchaus interessant ist auch das Geburtshaus des bekannten Malers ***Pablo Ruiz Picasso,*** dessen Meisterwerke in dem *Renaissance*-Palast ***Buenavista*** ausgestellt sind. Die Stadt bietet außerdem eine Menge Einkaufsmöglichkeiten und ein reges Nachtleben.

Torremolinos

Etwa 12 Kilometer östlich von *Málaga* liegt der Ort, der mit seinen preiswerten »Bettenburgen« ein internationales Zentrum des **Massentourismus** (► Exkurs Kapitel 2.3) ist. Das Ortsbild ist von modernen Hotel- und Appartementanlagen, Bars, Restaurants, Diskotheken sowie zahlreichen Geschäften an der Fußgängerzone und der lebhaften Strandpromenade am sieben Kilometer langen Sandstrand geprägt. Zahlreiche Sportmöglichkeiten werden angeboten u. a. Segeln, Surfen, Reiten, Tennis, aber auch der Golfsport in der nahen Umgebung kommt nicht zu kurz.

Marbella

Östlich von *Málaga* an der *Costa del Sol* liegt *Marbella*, die **Golfhauptstadt *Andalusiens.*** Obwohl der Stadt mit ihrer malerischen Altstadt und den verwinkelten Gassen der typisch andalusische Charme erhalten blieb, hat sich der größere und modernere Teil der Stadt den Bedürfnissen der Besucher »angepasst«, vor allem denen von **exklusiven Golftouristen**. Neue reizvolle Einkaufszentren ermöglichen zahlreiche Freizeit- und Einkaufsaktivitäten. Unerschöpfliche Unterhaltungsmöglichkeiten bieten die vielen Restaurants, Bars, *Pubs*, Fitnesszentren, das breit gefächerte Wassersportangebot an den langen Sandstränden und der nahe liegende **Sporthafen *Puerto Banus***. Der bekannte Hafen ist aufgrund seiner exklusiven Geschäfte, Boutiquen, Straßencafés, *Gourmet*restaurants und seinem **internationalen Nachtleben** ein beliebter Treffpunkt beim **internationalen *Jet-Set.***

Costa de la Luz* –** Über 260 Kilometer entlang des Atlantiks erstreckt sie sich, die »Küste des Lichts«, von der **Grenze zu Portugal bis zur *Straße von Gibraltar. Die Landschaft bietet wildromantische Steilküsten und lange, windige Strände. Inmitten spröder Berg- und Wüstenregionen, fruchtbaren Ackerländern und üppigen Flusslandschaften, liegen berühmte Weingüter und malerische »Weiße Dörfer«. Vom Tourismus nicht so sehr aufgesucht, bietet die Region dennoch neben dem berühmten *Flamenco*-Tanz, den vielen *Sherry*-Verkostungen und den Dressur-Aufführungen der Rassepferde, zahlreiche attraktive Golfplätze, die als »Geheimtipp« gelten.

Jerez de la Frontera

Einige Kilometer von den Küstenorten entfernt, liegt das **Zentrum der Sherry-Produktion**, *Jerez de la Frontera*, kurz ***Jerez***. Inmitten von unzähligen Reben liegen Weinkellereien, so genannte ***Bodegas***, die besichtigt werden können und in denen Verköstigungen stattfinden. Da sich in *Jerez* außerdem **die *Königlich-Andalusische Schule der Reitkunst*** befindet, hat die Zucht andalusischer Rassepferde eine große Bedeutung für die Stadt. Regelmäßig werden beeindruckende Pferdedressuren vorgestellt.
Sehenswert ist außerdem die ***Alcázar*** (► Glossar) aus dem 11. Jahrhundert, die eine alte arabische *Moschee* (heute umgewandelt in eine christliche Kirche), eine Bäderanlage, eine gotische Kapelle und Gärten umfasst. In unmittelbarer Nähe am ***Plaza del Arenal***, einem der belebtesten Plätze der Stadt, steht die barocke Stiftskirche *San Miguel*, die an ihrem blau gekachelten Turm zu erkennen ist. Bekannt ist die elegant-stolze Stadt auch für den ***Flamenco***. In den zahlreichen Tanzschulen können Gäste den typisch andalusischen Tanz erlernen.

Abb. Recreo de las Cadenas

Cádiz

Auf einer kleinen Landzunge, 30 Kilometer westlich von *Jerez de la Frontera*, liegt *Cádiz*, eine der wichtigsten Handels- und Hafenstädte *Andalusiens*. Von hier aus bestehen **Auto-Fährverbindungen zu den *Kanarischen Inseln***. In **Spaniens größter Provinzhauptstadt** gibt es, untypisch für die iberische Halbinsel, keinerlei architektonische Zeugen der maurischen Vergangenheit. Bedeutendes Bauwerk ist die im barocken und neoklassischen Stil erbaute **Kathedrale**, mit einer Kuppel aus gelben Kacheln. Sehenswert sind neben den vielen kunsthistorischen Kirchen, auch das archäologische und das historische Museum. Die magische Atmosphäre, die in der Stadt herrscht, wird von dem viel gerühmten weißen Licht der *Costa de la Luz* geschaffen.

Chiclana de la Frontera* mit *Novo Sancti Petri
Südlich der Bucht von ***Cádiz*** folgt die kleine Stadt ***Chiclana de la Frontera,*** die nahe des bekanntesten und aufstrebenden Badeortes der *Costa de la Luz* liegt: ***Novo Sancti Petri.*** Der Urlaubsort an dem kilometerlangen, feinsandigen **Dünenstrand *Playa de la Barrosa*** mit wenigen, aber exklusiven Hotels, ist umgeben von Gartenanlagen und Pinienwäldern. Urlauber treffen auf ein umfangreiches Sportangebot u. a. mit Golfmöglichkeiten. Die Region um *Novo Sancti Petri* bietet noch weitere abwechslungsreiche Golfplätze für alle Spielstärken. Weiter südlich liegt die **Ortschaft *Conil de la Frontera*** an der **»Route der Weißen Dörfer«**. In der Altstadt finden sich zahlreiche Geschäfte, Bars und Restaurants. In der Nähe liegt das schöne »Weiße Dorf« ***Vejer de la Frontera.***

Tab. Sehenswerte Küsten und Ortschaften Andalusiens

Weitere Ausflugsziele in Andalusien

Andalusien wird aufgrund seiner kunsthistorischen Sehenswürdigkeiten in faszinierender Vielfalt auch gerne **im Rahmen einer Rundreise** (▸ LF, Kapitel 8) besichtigt. Jede Stadt versprüht ihren Charme und zieht die Gäste in ihren Bann.

Neben den bereits oben aufgeführten, sehr beeindruckenden Städten gibt es weitere, die es zu besichtigen gilt. Außerdem stellen die zahlreichen Gegensätze, die das Land aufweist, einen besonderen Reiz für Reisende dar.

Granada
Die Stadt *Granada*, die als **eine der schönsten Spaniens** gilt, liegt etwa 70 Kilometer von der ***Costa Tropical*** entfernt, vor der **Kulisse der *Sierra Nevada*.** Viele Bauwerke erinnern an die glanzvolle Zeit der Maurenherrschaft, die 1492 von den katholischen Königen beendet wurde. Besonders bekannt und zugleich **Wahrzeichen der Stadt ist die *Alhambra***, die von einer 2.000 Meter langen Mauer umgeben ist. Als **eine der prächtigsten und besterhaltenen maurischen Palastanlagen**, diente sie den maurischen Königen als Residenz. Den Beinamen »Rote Burg« trägt sie aufgrund ihrer Tonziegel, die je nach Lichtverhältnissen rötlich leuchten. Höhepunkt der Palastanlage ist der von den königlichen Privatbereichen umgebene ***Löwenhof***, in dessen Mitte ein **marmorner Löwenbrunnen** steht.

Abb. Alhambra

Die erhöht liegende **Sommerresidenz** *Generallife*, die von einem wunderschönen Garten umgeben ist, gehört ebenfalls zur *Alhambra*. Von dem **ältesten Teil der Festungsburg** bietet sich ein herrlicher Ausblick auf die Stadt. Ohne Zweifel ist dieser mächtige Bau nicht nur ***Andalusiens* meist besuchte Sehenswürdigkeit,** sondern zugleich UNESCO-Weltkulturerbe (▸ Kapitel 2.3). *Granadas* altes Stadtviertel ***Albaicin*** hat den Charakter einer ***Medina*** (▸ Glossar) bewahrt und führt mit einem Geflecht enger Gassen zur prächtigen Kathedrale, in der sich die **Grabmäler von *König Ferdinand* und *Königin Isabella*** befinden. Von der **Terrasse der Kirche *San Nicolas*** ergibt sich während des Sonnenuntergangs ein atemberaubender Blick auf die *Alhambra*. ***Flamenco*-Aufführungen** und traditionelle **Höhlenwohnungen** sind in dem **Zigeunerviertel *Sacromonte*** anzusehen, das auf einem der nahen Hügel liegt.

Sevilla

Über 700.000 Einwohner zählt die **Hauptstadt und zugleich größte Stadt *Andalusiens***, die für ihre Geschichte, Kultur und Baudenkmäler bekannt ist. Quer durch die Stadt fließt der *Guadalquivir*, der eine direkte Verbindung zum etwa 90 Kilometer entfernten Atlantik herstellt. 1992 brachte die Ausrichtung der **Weltausstellung EXPO** viele Modernisierungen und neue Infrastrukturen mit sich, dennoch hat die Stadt mit zahlreichen bedeutenden Denkmälern ihren Charme nicht verloren. Die spätgotische ***Kathedrale Santa Maria*** ist eine der größten Kirchen der Welt und wurde im 15. Jahrhundert an der Stelle der ehemaligen Haupt*moschee* erbaut. Noch heute ist das berühmte 97 Meter hohe ***Minarett Giralda*** (Minarett ► Glossar) erhalten, das nicht nur als Glockenturm der Kathedrale, sondern zugleich als **Wahrzeichen** mit einem fantastischen Blick über die Stadt dient. Sehenswert im Inneren der Kathedrale sind das große **Hauptaltaltarbild (das größte der Welt)**, das **Grabmal von *Kolumbus*** und der Innenhof mit zahlreichen Orangenbäumen. Direkt an die Kathedrale grenzen die Altstadt und die ***Alcázar*** (► Glossar), der Festungspalast der arabischen Könige. Die große Anlage der königlichen Residenz beherbergt eindrucksvolle Höfe und Säle sowie eine wunderschöne Gartenanlage mit exotischer Flora.

Abb. Europaplatz

Weitere Höhepunkte *Sevillas* sind das *Flamenco*-**Museum** und das **Stadtviertel** *Barrio de Santa Cruz* mit schmalen, malerischen Gassen und Restaurants. Am Ufer des *Guadalquivir* befindet sich die **Stierkampfarena**, daneben steht der *Torre del Oro*, ein maurischer Festungsturm, in dem heute das Marinemuseum untergebracht ist. Der Park *Maria Luisa* ist mit schönen Sparzierwegen, Teichen und Brunnen der ruhige »Gegenpol« der lebhaften Stadt. Auf dem ehemaligen **EXPO-Gelände** liegt heute der **Freizeitpark *Isla Magica*.**

Abb. *Torre del Oro*

Córdoba

Die Stadt mit 300.000 Einwohnern liegt zugleich an den Ausläufern der *Sierra Morena* und an den Ufern des *Guadalquivir*. Sie gehört aufgrund ihrer unzähligen Überreste des muslimischen Weltreichs, zum **UNESCO-Weltkulturerbe** der Menschheit (► Kapitel 2.3). Besonders eindrucksvoll ist die ***Mezquita***, das bedeutendste religiöse Bauwerk, das Araber auf europäischen Boden schufen. Im 8. Jahrhundert begannen die Bauarbeiten der damaligen *Moschee*, die nach der Eroberung der Stadt durch die katholischen Könige zu einer christlichen Kathedrale umgewandelt wurde. Die bemalten Säulen und Bögen sowie der Gebetsraum haben ihren reizvollen Glanz behalten. Teil dieser Kathedrale ist der Hof der Orangenbäume und auch der über 90 Meter hohe Glockenturm, von dem sich eine herrliche Aussicht über die Stadt bietet. Hinter der *Mezquita* erstreckt sich das ehemalige Judenviertel mit seinen quirligen, kleinen Gässchen, prächtigen Bürgerhäusern und prunkvollen Palästen.

Jaén

Inmitten von unzähligen Olivenhainen liegt das historische *Jaén*, die wichtigste Stadt im Nordwesten der *Sierra Nevada* mit etwa 100.000 Einwohnern. Zahlreiche historische Gebäude und Kunstschätze beherrschen die Stadt, darunter die **arabische Burg** *Santa Catalina*, die sich auf einem Hügel erhebt. Wichtigstes Baudenkmal ist der stolze *Renaissancebau Santa Iglesia Catedral*, der das Bildnis der Jungfrau *Virgen de la Cabeza* beherbergt.

Nerja

Etwa 52 Kilometer von *Málaga* entfernt liegt das Städtchen auf einem Hochplateau. Touristische Hauptattraktion ist die berühmte Aussichtsterrasse ***Balcón de Europa*** (dt. »Balkon von Europa«): Von hier bietet sich ein wunderbarer Ausblick auf die verschiedenen kleinen Sandbuchten der Küste *Costa de Sol* sowie auf die Berge im Hinterland. Ein Besuch der nahe liegenden **Tropfsteinhöhlen** ist lohnenswert. Einige Strände bei *Nerja* sind mit der *Blauen Flagge* ausgezeichnet.

© Turespaña

Abb. *Nerja – Balcón de Europa*

Ronda

Eines der reizvollsten und berühmtesten **»Weißen Dörfer«** im Süden *Andalusiens* ist das »Schmugglernest« *Ronda*, dessen traditionsreiche Innenstadt durch die spektakuläre, 150 Meter tiefe **Schlucht des** *Rio Guadalevin* zweigeteilt ist. Der Schlund ist von der eindrucksvollen, auf drei Bögen gebauten Brücke *Puente Nuevo* überspannt. Sie gilt als das beliebteste Fotomotiv *Rondas* und verbindet die beiden auf den unterschiedlichen Felsplateaus liegenden Stadtteile. An der Südseite der Brücke liegt die historische Altstadt *La Ciudad*, in der sich der Adelspalast – ein ehemaliger Sitz von Gouverneuren und Königen – sowie die Kirche *Santa Maria* befinden. Im modernen Stadtteil *Rondas* zieht das gewaltige Monument der **ältesten Stierkampfarena** mit einem angeschlossenen Museum die Besucher in ihren Bann.

© Turespaña

Abb. Schlucht in *Ronda*

Gibraltar

Das **Gebiet** *Gibraltar*, das auf einer Halbinsel mit dem gleichnamigen, 426 Meter hohen Felsen liegt, wurde 1704, während des Spanischen Erbfolgekrieges, von britischen Truppen erobert und zur **Kolonie** ernannt. Hauptattraktion neben den englischen *Pubs* und den typischen roten Telefonzellen, ist die **englische Wachablösung vor dem Gouverneurspalast**. *Gibraltar* ist aber vor allem für seine vielen frei lebenden Affen und dem **»Affenfelsen«** bekannt. Der Felsen selbst ist ein monolithischer Kalksteinfels, der zu den berühmtesten der Welt zählt. Zur Einreise in das Gebiet genügt den EU-Bürgern ein gültiger Personalausweis.

Tarifa

Tarifa ist der **südlichste Punkt des spanischen Festlandes**, gekennzeichnet durch einen Leuchtturm an der *Punta Marroqui*. Die langen Sandstrände sind besonders bei Surfern wegen dem stark wehenden Ostwind beliebt. Von hier misst die ***Straße von Gibraltar*** nur **14 Kilometer** Breite zur nordafrikanischen Küste.

Weiße Dörfer

Die *Ruta de los Pueblos Blancos* (dt. »Die Route der Weißen Dörfer«) führt durch etwa 30 Gemeinden im Norden der Provinzen *Cádiz* und *Málaga*. Abseits der großen Städte bietet die Route neben den landschaftlichen Höhepunkten Einblicke in die landestypischen Lebensweisen der Dorfbewohner und den dort herrschenden andalusischen *Flair*. Berühmt sind die Dörfer für den **weißen Kalkstein der Häuser**, die bei Sonnenschein schon von weitem hell erstrahlen. Rote Ziegeldächer, schmale Gässchen und zumeist eine kleine Burg oder Kirche vervollständigen das Stadtbild.

Tab. Ausflugsziele in Andalusien

4.3.3 Unbekanntes Sizilien

Den Namen der Insel zwischen Afrika und Europa kennt jeder, die Wenigsten kennen die Insel genauer: *Sizilien* ist ein **Schnittpunkt der Kulturen**. Griechen, Römer, Araber, *Normannen*, *Staufer*, Franzosen, Spanier, Österreicher – alle hinterließen Spuren auf der Insel. Die Höhepunkte der Insel erleben Urlauber am besten während einer **Studien- oder Rundreise** (▸ LF 7, Kapitel 7).

Die rund 25.700 Quadratkilometer umfassende und somit **größte Insel des Mittelmeeres**, liegt südwestlich der italienischen »Stiefelspitze« und ist an der Meerenge ***Straße von Messina*** nur gut drei Kilometer vom italienischen Festland entfernt. Zur nordafrikanischen Küste beträgt die Entfernung ca. 140 Kilometer.

Siziliens etwa 1.040 Kilometer lange Sand- und Felsküsten sind vom ***Tyrrhenischen Meer*** im Norden, dem ***Ionischen Meer*** im Osten und dem ***Libyschen Meer*** im Südwesten umspült.

Das nördliche bis nordöstliche Landschaftsbild der »dreieckigen« Insel ist geprägt von einer langen, mehrfach unterbrochenen Bergkette und schroffen, steil in das Meer abfallenden Felsküsten. Der höchste Berg *Siziliens*, nahe der Ostküste, ist der ***Ätna***. Mit **über 3.300 Metern ist er der größte noch aktivste Vulkan Europas** und zugleich das Wahrzeichen der Insel. Trotz der vulkanischen Ausbrüche und der verheerenden Erdbeben, die der Vulkan auslöst, bringt er ebenso Vitalität auf die Insel, denn auf den Flanken des Vulkanes »sprießt das Leben« in Form von

Abb. *Ätna*

Moosen, Gräsern sowie Birken, Oliven- und Orangenbäumen. Prägend für die umliegenden Städte war u. a. das schwere Erdbeben von 1693.

Die übrigen, von der Sonne **eher trocken gehaltenen Küsten** der Insel, weisen fast weiße, feinsandige Strände oder kilometerlange Dünen auf.

Im dünn besiedelten Landesinneren erstrecken sich fruchtbare Ebenen, die für den landwirtschaftlichen Obst- und Gemüseanbau (Orangen, Weinreben, Oliven, Mandeln und Pistazien) genutzt werden. Inmitten der landwirtschaftlichen Felder, der Ödlandflächen, bizarren Bergspitzen und Felsketten liegen stadtgroße Dörfer weit voneinander entfernt. Großstädte, wie ***Palermo***, die Hauptstadt der **autonomen Region** (▸ Glossar) *Siziliens*, befinden sich an den Küsten. Etwa 725.000 Einwohner der fünf Millionen *Sizilianer* leben in der Metropole, an der nordwestlichen Küste. Zur autonomen Region *Siziliens* gehören die im Norden vor gelagerten ***Äolischen Inseln*** vulkanischen Ursprungs (auch als Liparische Inseln bezeichnet) und ***Ustica*** sowie die ***Ägadischen Inseln*** im Westen und die etwa 200 Kilometer entfernten ***Pelagischen* Inseln**. Auch die Insel ***Pantelleria***, die näher zur Grenze von Tunesien liegt, gehört zu *Sizilien*.

Zur Veranschaulichung finden Sie in ▸ LF 7 Kapitel 7.2.2 eine Karte von *Sizilien*.

Klima

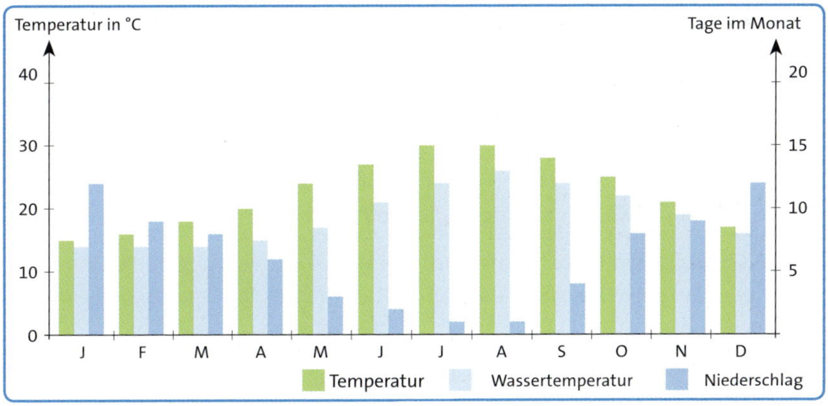

Abb. Klimadiagramm Sizilien

Auf *Sizilien* herrscht **mediterranes Klima**, das bedeutet, dass die Winter in der Regel relativ mild und feucht sind und die Sommer lang, heiß und trocken. Im Sommer ist der Süden der Insel von den heißen Winden des ***Scirocco*** (▸ Glossar) betroffen, die bis zu 40 Grad Celsius betragen können. Die Nordküste weist höhere Niederschlagsmengen auf. Im Landesinneren der Insel herrscht eher

kontinentales Klima, wobei die Temperaturen im Vergleich zu den Küsten kühler sind und im Winter oberhalb von 2.000 Metern sogar Schnee liegen kann.

Reisezeit

Ideale Reisezeit für eine Badereise ist von Mai bis Oktober, Studien- und Rundreisen (► LF 7, Kapitel 8) sind im Frühjahr und Herbst sehr empfehlenswert, wenn es noch nicht drückend heiß ist.

© Chantal Ruby

Zeitzonen

Mitteleuropäische Zeit; Winter: UTC+1 (MEZ), Sommer: UTC+2 (MESZ)

Geschichte

800–580 v. Chr.	Gründung **griechischer und phönizischer Städte** an den Küsten *Siziliens*.
415–250 v. Chr.	Zahlreiche prächtige Tempelanlagen werden erbaut.
241 v. Chr.–440 n. Chr.	Als Resultat des ersten ***Punischen Krieges*** wird *Sizilien* 700 Jahre lang **römische Provinz**.
440–535	Der **Einfall der *Vandalen*** beendet die römische Epoche.
535–827	*Sizilien* wird zur ***byzantinischen Provinz.***
827–1061	Unter **arabischer Herrschaft** blüht die Insel auf. ***Palermo*** wird im Jahr 901 zur Hauptstadt ernannt.
ab 1061	Unter **normannisch-stauferischer Herrschaft** bildet sich eine Hochkultur, die sich aus arabischer, byzantinischer und westeuropäischer Tradition zusammensetzt. ***Palermo*** wird ein angesehenes **Zentrum der Wissenschaft**.
1266	***Karl von Anjou,*** Sohn eines französischen Königs, wird nach dem Tod ***Friedrichs II*** von ***Papst Karl I*** zum König *Siziliens* ernannt.
1282–1516	Bei der ***Sizilianischen Vesper*** (Aufstand), lehnt sich das Volk gegen die Herrschaft der Franzosen auf. Der neue König stammt aus dem spanischen *Hause Aragón*.
1669	Beim **Ausbruch des *Ätna*** verlieren viele Menschen ihr Leben und die **Stadt *Catania*** wird mit Lava überflutet.
1693	Ein **schweres Erdbeben** richtet vor allem im Südosten der Insel schwere Schäden an. Der rasche Wiederaufbau erfolgt im Stil des Barock.
1713–1735	Nach dem ***Spanischen Erbfolgekrieg*** fällt die Insel an das *Haus Savoyen*. Später erfolgt die Verwaltung durch das österreichische *Haus Habsburg*.
1735–1860	*Sizilien* fällt unter die Herrschaft der in *Neapel* regierenden ***Bourbonen***.

1860	Befreiung *Siziliens* von den *Bourbonen* durch ***Garibaldi***.
1861	*Sizilien* wird dem ***Königreich Italien*** angeschlossen. Unter ***Vittorio Emanuele II*** verschlechtert sich die wirtschaftliche und soziale Lage, woraufhin »Schutzgelder« von Bauern erpresst werden. Großgrundbesitzer schaffen sich bewaffnete Truppen an, die ihnen die Abgaben eintreiben. Das ist die **Geburtsstunde der »Mafia«.**
Ab 1870	Beginn der **Auswanderung nach Amerika** aufgrund der miserablen wirtschaftlichen Lage.
1908	*Messina* wird von einem verheerenden Erdbeben heimgesucht und völlig zerstört.
1943–1947	Nach der Landung der alliierten Streitkräfte, wird *Sizilien* **autonome Region Italiens**.
Seit 1975	Die »Mafia« übt **offenen Terror** gegen den Staat aus. 1993 wird der Mafiaboss ***Totò*** von der Polizei verhaftet, womit die »Mafia« an Boden verliert.
2001 und 2003	Der Vulkan *Ätna* macht sich mit **schweren Erdbeben** bemerkbar.
2011	Der lang umstrittene Bau der etwa **drei Kilometer langen Hängebrücke** über die *Meerenge von Messina* wurde begonnen und soll bis 2017 realisiert worden sein.

Tab. Geschichte von *Sizilien*

Religion

Die Religion spielt auf *Sizilien* eine wichtige Rolle, da 95 Prozent der *Sizilianer* der römisch-katholischen Kirche angehören und streng gläubig sind. Das bedeutet **religiöse Ereignisse werden groß zelebriert**, so z. B. Ostern. Farbenprächtige, mit Blumen geschmückte Umzüge werden in den Städten veranstaltet, an denen Einheimische und auch Touristen teilnehmen.

Abb. Prozession

Freizeitangebot

Sport- und Freizeitmöglichkeiten gibt es auf *Sizilien* viele. Die Angebote reichen von Wassersportarten wie Surfen, Tauchen, Schnorcheln und Wasserski über Sportarten zu Lande wie Golfen, Wandern, Fahrradfahren, Trekking und Skifahren im Winter, bis hin zu gängigeren Sportarten wie Tennis, Fußball, *Fitness* und vielen mehr. Weitere Möglichkeiten sind *Shoppen* in den größeren Städten und Baden an den Sandstränden der Insel. Restaurants, Bars und Diskotheken laden darüber hinaus abends zu gesellschaftlichen Runden ein.

Des Weiteren gibt es eine große Palette an Ausflugsmöglichkeiten zu den kulturellen und landschaftlichen Sehenswürdigkeiten der Insel. Sie finden Sie ausführlich im Rahmen der **Reiseform »Studienreise«** in ▸ LF 7 Kapitel 7 beschrieben.

4.3.4 Türkei und Türkische Riviera

Die *Türkei* ist eines der wenigen Länder, deren Staatsgebiet sich auf **zwei Kontinenten** befindet. Der asiatische Hauptteil des Landes gehört zur Halbinsel *Anatolien* (»Kleinasien«), *Thrakien* bildet den europäischen Teil. Getrennt werden asiatischer und europäischer Teil durch den Fluss ***Bosporus***, das *Marmarameer* und die *Dardanellen*.

Die Gesamtfläche der *Türkei* beträgt knapp 779.500 Quadratkilometer. Aufgrund ihrer sehr großen Ausdehnung grenzt die *Türkei* sowohl an europäische Länder als auch an Staaten des Nahen- und Mittleren Ostens.

Abb. Karte der Türkei

Im Norden der *Türkei* verläuft das ***Pontische Gebirge***, das steil zur Schwarzmeerküste abfällt. Südlich davon erstrecken sich die Hochebenen *Inner-* und *Ostanatoliens*, die im Süden vom ***Taurus-Gebirge*** begrenzt werden, das parallel zur Mittelmeerküste verläuft. Fast an der Grenze zum Iran erhebt sich der höchste und zugleich berühmteste Berg der *Türkei,* der ***Ararat* (5.137 Meter)**.

Neben den vielen Binnenseen, die es in der *Türkei* gibt, liegt im *Ostanatolischen Hochland* auch der **salzhaltige *Van*-See**, der größte des Landes. Im Westen der Türkei grenzt das *Westanatolische Bergland* an, das sich zur Küste des *Ägäischen Meeres* absenkt und diese durch **zahlreiche Buchten und vorgelagerte Inseln** prägt. Längster Fluss ist der 1.350 Kilometer lange *Kizilirmak,* der im ***Schwarzen Meer*** mündet. Im *Inneranatolischen Hochland* liegt **Ankara, die Hauptstadt** der *Türkei.*

Die ***Türkische Riviera*** erstreckt sich zwischen dem prachtvollen *Taurus-Gebirge* im Norden, dem Mittelmeer im Süden, der Stadt *Antalya* im Westen und dem *Kap Anamur* im Osten. In der Regel wird auch der südwestlich von *Antalya* gelegene Küstenabschnitt **bis zu dem Ferienort *Kemer*** zur *Riviera* gezählt. Die abwechslungsreiche Küste ist dominiert von Buchten mit klarem Wasser, langen Sand- und Kiesstränden, Orangen und Zitronenplantagen, Pinien- und Palmenhainen und Kieferwäldern sowie von vielen faszinierenden antiken Ruinenstätten, welche Zeugnisse einer langen kulturellen Vergangenheit sind.

Klima

In den **Küstengebieten entlang des Mittelmeers *(Türkische Riviera)* und der *Ägäis*** herrscht Mittelmeerklima mit langen, heißen Sommern und milden, feuchten Wintern. Die im Norden liegende **Schwarzmeerküste** weist angesichts des dort herrschenden gemäßigten Klimas ausgeglichene Temperaturen und viel Niederschlag auf.

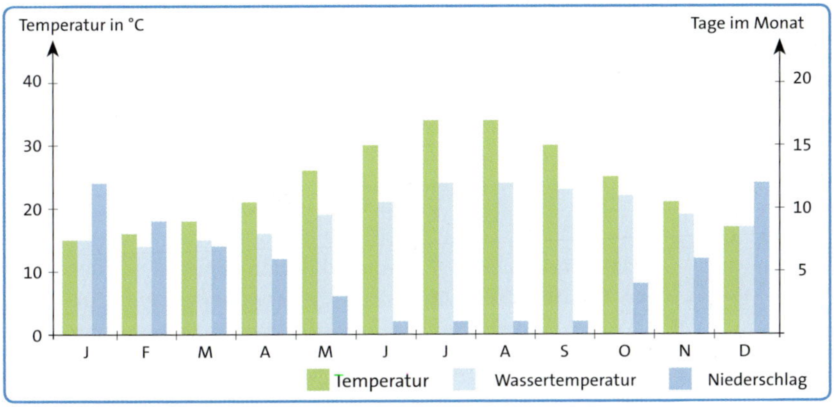

Abb. Klimadiagramm *Antalya*

Das ***Inneranatolische Hochland*** ist geprägt vom kontinentalen Steppenklima mit heißen Sommern, kalten Wintern und geringeren Niederschlagsmengen. Ebenfalls kontinental geprägt ist das ***Ostanatolische Hochland***, doch sind hier die Sommer kürzer und nicht mehr so warm.

Reisezeit

Die **Monate Mai und Juni bzw. September und Oktober** sind geeignet für einen Badeurlaub am Mittelmeer *(Türkische Riviera)* und am *Ägäischen Meer*, da die Tagestemperaturen warm, aber nicht drückend heiß und die Wassertemperaturen angenehm zum baden sind.

Abb. *Hagia Sophia*

Zeitzonen

Osteuropäische Zeit (OEZ); Winter: UTC+2 (MEZ+1), Sommer: UTC+3 (MESZ+1)

Geschichte

6. Jh. v. Chr. – 334 v. Chr.	Die Herrschaft der ***Perser*** in Anatolien endet mit dem Sieg von ***Alexander dem Großen*** im Jahre 334 v. Chr. Sein früher Tod leitet das Zeitalter des ***Hellenismus*** ein.
2. Jh. v. Chr.	Kleinasien fällt an die **Römer**. Das Reich wird zur *römischen Provinz* und erlebt einen wirtschaftlichen und kulturellen Aufschwung.
330 n. Chr. – 11. Jh.	***Konstantin der Große*** gründet das ***Byzantinische Reich*** mit der Hauptstadt ***Byzanz*** bzw. ***Konstantinopel***. Die folgenden Jahrhunderte werden von innen- und außenpolitischen Krisen sowie religiösen Spannungen überschattet, wie die schwere Niederlage gegen den Türkenstamm der ***Seldschuken*** im 11. Jahrhundert.
1453–1918	*Konstantinopel* fällt. Kleinasien wird islamisiert und bis zum Ende des Ersten Weltkrieges zentraler Bestandteil des ***Osmanischen Reichs***. Die *Osmanen* prägen *Konstantinopel* – das heutige ***Istanbul*** (▸ Kapitel 4.3.5) mit prächtigen Palästen und Moscheen, außerdem erobern sie weitere Gebiete im Westen, sogar *Wien* belagern sie.
1923	Nachdem die *Osmanen* alle Gebiete außerhalb Kleinasiens abtreten mussten, wird das Land im Jahr 1923 zur **türkischen Republik** mit dem ersten Staatspräsidenten ***Kemal Atatürk*** ausgerufen. ***Ankara*** wird zur Hauptstadt des neuen Staates benannt. *Atatürk*, der große Reformator, versucht das Land europäisch zu orientieren und schafft die islamische Rechtsprechung sowie die Vielehe ab, setzt die **Trennung von Religion und Staat** durch und führt die lateinische Schrift sowie das Wahlrecht für Frauen ein. Er stirbt am 10. 11. 1938.
1952	Die deutlichste Annäherung an den Westen findet nach dem Zweiten Weltkrieg mit dem Eintritt in die **NATO** statt.
1980	Militärputsch gegen die Regierung.
1982	Die demokratische *Türkei* erhält eine **neue Verfassung**.
Seit 2005	Innerpolitische Probleme wie Menschenrechtsverletzungen, der zunehmende Einfluss radikaler Moslems und der Kurdenkonflikt erschweren der *Türkei* den **Eintritt in die EU**.

Tab. Geschichte der Türkei

Religion

Nach offiziellen Statistiken gehören 99,8 Prozent der Türken der **islamischen Religionsgemeinschaft** an. Bei einer Reise in die *Türkei* muss man daher den Fastenmonat der Moslems, den ***Ramadan*** – der sich jedes Jahr gemäß dem islamischen Mondkalender um zehn Tage rückwärts verschiebt – berücksichtigen. Zu dieser Zeit sind Restaurants und Geschäfte tagsüber teilweise geschlossen. Der 24. Tag des Fastenmonats ist ein Feiertag.

Tourismus und Freizeitangebot

Die *Türkische Riviera* ist international bekannt für ihre komfortablen Hotels, zahlreichen Sport- und Unterhaltungsmöglichkeiten sowie für ihre sehr gute Wasserqualität, die oft mit der *Blauen Flagge* (▸ Kapitel 2.2) ausgezeichnet ist.

Luxuriöse Unterkünfte, die ihre Gäste mit hochwertigen **All inclusive-Angeboten** verwöhnen (nicht nur kulinarisch, sondern auch mit **AI-Wellnessangeboten**, unter denen besonders gerne *Spa*-Anwendungen, das Türkische Bad *Hamam* und Massagen in Anspruch genommen werden) und ein großes Angebot an einfachen AI-Hotels –, alles ist vertreten.

Die *Türkische Riviera* ist ein klassisches und selbst im höheren Preissegment ein verhältnismäßig **preiswertes Reiseziel**. Aufgrund dessen, des hohen Bekanntheitsgrades und der hohen Besucherzahlen, herrscht an dem kilometerlangen Küstenabschnitt häufig **Massentourismus** (▸ Exkurs Kapitel 2.3).

Den Besuchern der *Türkischen Riviera* wird eine breite Palette an Sport- und Freizeitmöglichkeiten geboten. **Auf und über dem Wasser** sind zahlreiche Aktivitäten von Tauchen über *Jetski*fahren und Segeln bis hin zum *Paragliding* möglich. **Zu Lande** locken große Plätze Golfspieler aus aller Welt mit interessanten Angeboten. Geführte *Trekking-Touren*, *Jeep Safaris* oder *Rafting* stehen unter anderem auch auf dem Programm. Einheimische bieten Reitsportfreunden die Möglichkeit während der traumhaften Sonnenuntergänge einen Ausritt am Strand zu unternehmen.

Neben diesen freizeitlichen Aktivitäten wartet die *Türkische Riviera* ebenso mit antiken und naturräumlichen Höhepunkten auf, die während kurzer mehrtägiger Ausflüge gerne von Reisenden besucht werden.

Mehrtägige Ausflüge

- ***Kappadokien*** – Das mystische Zentrum der *Türkei* bildet *Kappadokien*. Mehrtägige Ausflüge führen in eine beeindruckende Welt mit vielfältigen Naturwundern und interessanter Landschaft. Im **Nationalpark *Göreme*** treffen Besucher auf Felsenkirchen und -wohnungen sowie auf Tuffsteinhöhlen aus frühchristlicher Zeit.

- ***Pamukkale*** – Jahrtausende alte Terrassengebilde aus abgelagertem Kalkstein, auch unter dem Begriff »Baumwollschloss« bekannt, bilden eines der bekanntesten Fotomotive der *Türkei*. Badekleidung darf hier nicht fehlen.

- **»Blaue Reise« zu den Griechischen Inseln** – Im Rahmen einer Schiffsreise können die nur wenige Kilometer von der türkischen Küste entfernten griechischen Inseln angesteuert und besichtigt werden. Bei einer »Blauen Reise« fahren die Gäste an Bord eines ***Gulets*** (▸ Glossar) an malerischen Küsten und schönen Buchten entlang und lassen sich gleichzeitig von der freundlichen *Crew* verwöhnen.

4.3.5 Kreuzfahrtgebiet Ägäis

Das Mittelmeer ist für Kreuzfahrtschiffe eines der bekanntesten und beliebtesten Fahrtgebiete der Erde. Nirgendwo auf der Welt ballen sich Geschichte und Kultur so sehr wie hier. Insbesondere aber in der ***Ägäis***, die als »**Wiege zweier großartiger Kulturen**« bezeichnet wird. Es ist von großem Vorteil diese Kulturen per »Hotel auf dem Wasser« zu erkunden. Diese Form zu reisen ermöglicht, soviel von der *Ägäis* kennen zu lernen wie möglich. Die Gäste fahren jeden Tag einen neuen Hafen an, in dessen näherer Umgebung großartige Relikte aus dem Altertum der verschiedensten Kulturkreise sowie mediterraner *Flair* und südländische Lebensfreude zu finden sind. Alles kann während der Landausflüge besichtigt und erlebt werden. Häufig verbinden Kreuzfahrtgäste den Urlaub auf dem Wasser mit einer Verlängerung als Badeurlaub im Gebiet des letzten Zielhafens. Eine Kreuzfahrt in der Ägäis ist in ▸ LF 7, Kapitel 5.3 beschrieben.

Das *Ägäische Meer* (kurz ***Ägäis***) ist ein Abschnitt des östlichen Mittelmeeres, der zwischen Griechenland und der Türkei liegt. Im Nordosten ist das *Ägäische Meer* über die *Dardanellen*, das *Marmarameer* und den *Bosporus* mit dem Schwarzen Meer verbunden. Verbindungen zum offenen Meer bestehen im Südwesten an das *Lybische* Meer und im Südosten an das *Levantische* Meer.

Etwa 3.000 kleine und größere Inseln befinden sich in der *Ägäis*, die üblicherweise in sieben Inselgruppen untergegliedert werden.

Inselgruppe	Einige zugehörige Inseln
Nordägäische Inseln	*Limnos, Samothraki, Thasos*
Ostägäische Inseln	*Chios, Lesbos, Samos*
Nördliche Sporaden (gr.; zu deutsch »verstreute Inseln«)	*Skiathos, Skopelos, Skyros*
Südliche Sporaden (auch als *Dodekanes* bezeichnet)	*Kos, Patmos, Rhodos, Samos*
Kykladen (gr.; zu deutsch »Ringinseln«)	*Delos, Mykonos, Naxos, Paros, Santorin, Tinos*
Saronische Inseln	*Hydra, Salamis*
Kreta und umliegende kleine Inseln	*Gavdo, Kreta, Nisos Chrisi*

Tab. Inselgruppen der *Ägäis*

Die größte der Inseln, mit etwa 600.000 Einwohnern und rund 8.300 Quadratkilometern, ist die Insel ***Kreta***. Flächenmäßig folgt ihr mit 3.660 Quadratkilometern die Insel ***Evia (Euböa)***, die keiner Inselgruppe angehört.

Typisch für die **Küstengebiete der *Ägäis*** sind die Berglandschaften mit imposanten Klippen und Buchten sowie die vorgelagerten Inseln. Weite Teile des Küstengebietes sind von Buschvegetation dominiert und auf den Bergkuppen befinden sich teilweise kleine Abschnitte mediterranen Kiefernwaldes. Das restliche Landschaftsbild ist geprägt von Olivenanpflanzungen und wunderschönen Orchideen. Viele Reptilien und Insekten sind in dieser Region des östlichen Mittelmeers heimisch.

Klima

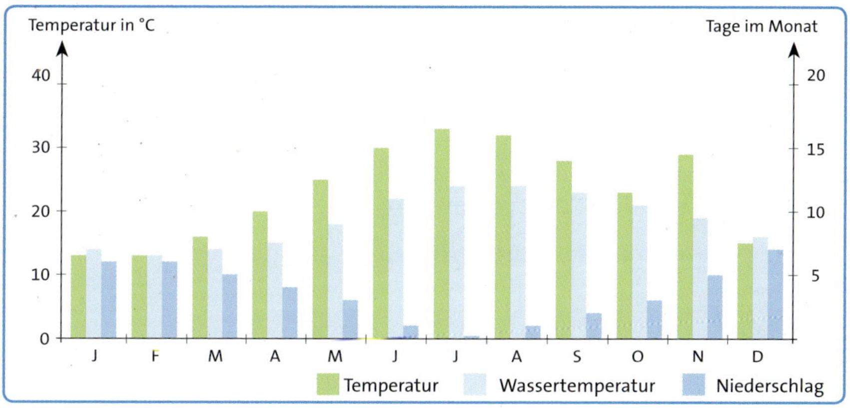

Abb. Klimadiagramm *Athen*

Der **trockene Sommer** des östlichen Mittelmeers beginnt für gewöhnlich Anfang Mai und zieht sich oft bis weit in den Oktober hinein; im heißen Hochsommer kann das Thermometer durchaus die 40 Grad Celsius-Marke erreichen. In den Sommermonaten ist die Region gelegentlich von Wolken bedeckt, aber Niederschlag fällt selten. Der milde Winter beginnt ab Mitte Dezember.

Reisezeit

Das östliche Mittelmeer wird von Reedereien **ganzjährig befahren**. Bei den deutschen Gästen bevorzugt sind allerdings die Frühjahrs- und Herbstmonate, die nicht ganz so heiß sind. Außerhalb der Sommersaison, im November bis April, kann es auf einer Kreuzfahrt im östlichen Mittelmeer recht kühl werden und ist deswegen nicht empfehlenswert.

Geschichte

Die *Ägäis* ist von **zwei großen antiken Kulturen** geprägt: die *minoische Kultur* sowie das antike Griechenland. Doch auch andere Kulturen hielten Einzug, darunter die *Perser*, Römer, *Byzantiner*, *Genuesen*, *Venezier* und *Osmanen*. Sie alle haben zu der kulturellen Entwicklung der östlichen Mittelmeerregion beigetragen und noch heute sichtbare Spuren hinterlassen.

Zeitzonen

Osteuropäische Zeit (OEZ); Winter: UTC+2 (MEZ+1), Sommer: UTC+3 (MESZ+1)

Freizeitangebot

Die Vielfalt des **kulturellen Angebotes** in der *Ägäis* ist nahezu grenzenlos, ebenso die Freizeit- und Sportmöglichkeiten: Die Griechischen Inseln sowie die Küsten Griechenlands und der Türkei sind ein »El Dorado« für **Wassersportler**. Es gibt zahlreiche Surf-, Segel- und Tauchmöglichkeiten.

Die Gebirge und Felsen der *Ägäis* »warten« förmlich nur darauf von **Wanderern und Kletterern** erkundet zu werden. Darüber hinaus werden *Jeep*-Safaris, Reitexkursionen, Bootsausflüge, *Mountainbike*touren und vieles mehr geboten. Der **Golfsport** hat Einzug in die Region gehalten und die »**Partyszene**« hat sich in dem östlichen Abschnitt des Mittelmeers etabliert: mondäne Clubs und schicke Diskotheken laden zum Vergnügen ein.

Im Folgenden einige Beispiele für **Sehenswürdigkeiten der *Ägäis*:**

Athen (Griechenland, Festland)

Athen stellt die Geburtsstätte der westlichen Zivilisation und Demokratie dar. Zudem bietet es viele archäologische Schätze, wie die berühmte ***Akropolis*** (► Glossar). Weitere Sehenswürdigkeiten in der Stadt sind in ► LF 7, Kapitel 5.3 beschrieben.

Kreta (Griechenland, Insel)

Kreta ist die **größte sowie felsigste Insel Griechenlands** und schließt einige umliegende Inseln mit ein, von denen die bewohnte Insel *Gavdos* den **südlichsten Punkt Europas** markiert. Verschiedene Ausflüge auf der Insel beinhalten u. a.:

- Die Besichtigung der berühmten Ausgrabungen in ***Knossos*** **(UNESCO-Weltkulturerbe)**.
- Die Fahrt durch das Weinbaugebiet *Peza*, südlich von *Heraklion* gelegen.
- Besichtigung der Stadt *Arkadi* und der dort befindlichen festungsartigen Klosteranlage.
- Den Besuch der der Hafenstadt *Chania*. Sie gilt als die schönste Stadt *Kretas*.

Abb. UNESCO-Weltkulturerbe *Knossos*

Außerdem sind **Wanderungen durch das *Nissimos*-Tal und zur *Diktaio*-Höhle**, der so genannten **»Geburtsstätte des Zeus«**, empfehlenswert oder eine 1,5-stündige Kajaktour zu der »Träneninsel« *Spinalonga*.

Istanbul (Türkei, Festland)
Istanbul ist die einzige Stadt der Welt, die auf zwei Kontinenten liegt. Die beiden Erdteile Europa und Asien sind durch den *Bosporus* voneinander getrennt. Der europäische Teil *Istanbuls* wird durch die Meeresenge *Goldenes Horn* um ein weiteres geteilt. Bei einem Stadtrundgang durch das europäische Viertel sollte der Besuch des *Hippodroms* (einst Schauplatz für sportliche Spiele) und der *Hagia Sophia*, deren gigantische Kuppel mit *byzantinischen* Mosaiken geschmückt ist, nicht fehlen. Empfehlenswert ist ebenfalls die Besichtigung der *Blauen Moschee* sowie des *Topkapi*-Palastes. Ein anschließender Bummel über den *Großen Basar* führt zur *Süleymann Moschee* und an das *Goldene Horn*. Ein Spaziergang entlang des *Goldenen Horns* führt über die *Galata*-Brücke mit zahlreichen Restaurants und Geschäften und zum *Galataplatz* auf dem der *Galata Tower* steht. Auf einer Stadtrundfahrt durch den europäischen und älteren Teil *Istanbuls* können der *Taksim*-Platz sowie der *Dolmabahçe*-Palast, ein einstiger Sommerpalast mit großzügiger Parkanlage, besichtigt werden.  Abb. *Galata*-Brücke
Izmir und Umgebung (Türkei, Festland)
Izmir ist die drittgrößte Stadt der Türkei und zugleich die Hauptstadt der gleichnamigen Provinz. Sie beherbergt nach *Istanbul* den zweitgrößten Hafen des Landes und liegt in der schönen *Bucht von Smyrna*. Als weltberühmte und in der Nähe *Izmirs* gelegene Sehenswürdigkeit können der *Artemis-Tempel* in *Ephesos* (eine Ausgrabungsstädte, die zu den sieben Weltwundern zählt) sowie die prächtige *Celsus*-Bibliothek genannt werden. Sie gehören zu den beliebtesten »Ausflugszielen« in der *Ägäis*. Im nahe gelegenen *Pergamon* sind die *Akropolis* (▸ Glossar), der *Zeus*-Altar und das steile Theater am Hang sehr sehenswert.  Abb. *Ephesus*, *Celsus*-Bibliothek
Santorin (Inselgruppe Griechenlands)
Santorin besteht aus insgesamt fünf Inseln (*Thira*, *Thirassia*, *Nea Kameni*, *Palea Kameni* und *Aspronissi*); nur zwei davon sind bewohnt. Auf einer **Inselrundfahrt auf *Thira*** können besichtigt werden:  ▸ Das Städtchen *Thira* per Seilbahn (▸ Abbildung). ▸ Das Dorf *Oia* mit schneeweißen Mauern und blauen Kuppeln – das am ruhigen Meer unter strahlend blauem Himmel gelegene Örtchen ist ein beliebtes Fotomotiv. ▸ Die vielen kleinen weißen Windmühlen, die in der Landschaft stehen. ▸ Der höchst gelegene Ort der Insel, *Pyrgos*, welcher als *Santorins* »*Penthouse*« bezeichnet wird. Gäste können zu Fuß die Bogendurchgänge, die schmalen Gassen, Würfelhäuser und blaue Kirchenkuppeln erkunden sowie die Kirche *Panagia Episkopi*.

Tab. Beispiele für Sehenswürdigkeiten der *Ägäis*

4.3.6 Faszination Ägypten und Rotes Meer

Der Staat *Ägypten* liegt im nordöstlichen Afrika und hat aufgrund seiner hohen Bevölkerungszahl von über 80 Millionen Menschen eine enorme politische und kulturelle Ausstrahlung auf die arabische Welt. Der Staat grenzt im Westen an *Libyen*, im Süden an den *Sudan* und im Nordosten an *Israel*. Die natürliche Grenze im Norden bildet das Mittelmeer und im Osten das *Rote Meer*.

Abb. Karte *Ägyptens*

Der im 19. Jahrhundert erbaute, 160 Kilometer lange ***Suezkanal*** stellt eine Verbindung zwischen dem Indischen Ozean mit dem europäischen Mittelmeer her und hat eine herausragende Bedeutung für die Wirtschaft des Landes. Die *Halbinsel Sinai* bildet die Verbindung zwischen den Kontinenten Afrika und Asien. Größtenteils ist sie von der ***Sinai*-Wüste** geprägt, einer gebirgigen Wüstenlandschaft. Im Süden der Halbinsel liegt außerdem der höchste Berg Ägyptens, der 2.642 Meter hohe ***Gabal Katharina***.

Ägyptens Lebensader bildet der etwa 6.600 Kilometer lange ***Nil***, der zweitgrößte Fluss der Welt. Hauptstadt und zugleich größte Stadt des nordafrikanischen Staates ist ***Kairo*** mit rund 7,7 Millionen Einwohnern.

Das *Rote Meer* ist ein schmales, etwa 440.000 Quadratkilometer **großes Nebenmeer** des Indischen Ozeans, das zwischen Nordost-Afrika und der Arabischen Halbinsel liegt. Staaten, die an das *Rote Meer* grenzen, sind *Ägypten* und *Saudi-Arabien* sowie *Israel*, Jordanien, *Eritrea*, *Dschibuti*, Jemen und der *Sudan*.

Die ägyptische **Halbinsel *Sinai***, die nördlich des *Roten Meeres* liegt, trennt den westlichen ***Golf von Suez*** von dem östlich liegenden ***Golf von Aqaba.*** An den Ufern des *Roten Meeres* erheben sich Wüstengebirge, in seiner Unterwasserwelt verbirgt es eine farbenfrohe Vielfalt an **Fischen** und **Korallen**.

Klima

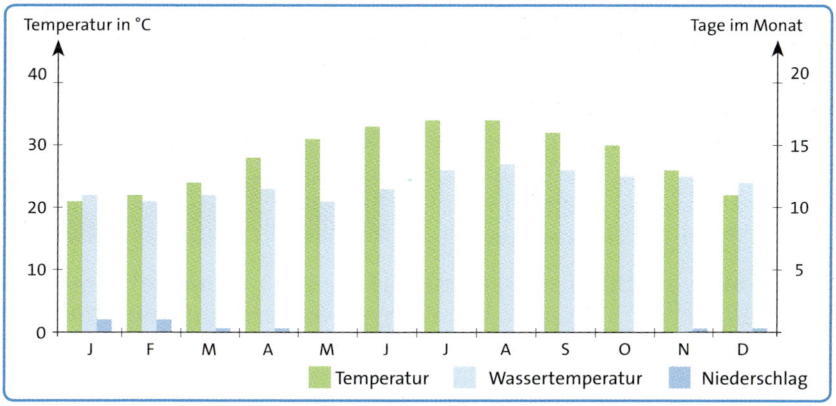

Abb. Klimadiagramm *Hurghada*

Das ganzjährig anherrschende **trocken-warme Wüstenklima** bringt niedrige Luftfeuchtigkeit und wenig Niederschläge mit sich und macht die Region zu einem Ganzjahresreiseziel. Die Sommer sind trocken und heiß, die Winter sind trocken, tagsüber warm und nachts kalt. Im Frühjahr, zwischen März und Mai, kann es durch den Wüstenwind ***Chamsin*** zu Sandstürmen kommen.

Selten sinken die Wasser- und Lufttemperaturen am *Roten Meer* unter 20 bis 25 Grad Celsius.

Reisezeit

Grundsätzlich ist ein Badeurlaub am *Roten Meer* ganzjährig möglich. Ideale Reisezeit ist der **Winter (zwischen Oktober und April)**, da das Wetter sonnig und angenehm warm ist. Jedoch wird es über die Wintermonate hinsichtlich der Nähe zum Äquator, sehr früh dunkel. Bevorzugen Urlauber Tagestemperaturen um die 35 Grad Celsius, sollten diese im **Sommer (zwischen Mai und September)** reisen.

Zeitzonen

Osteuropäische Zeit (OEZ); Winter: UTC+2 (MEZ+1), Sommer: UTC+3 (MESZ+1)

Geschichte

Die Entstehung der ***Ägyptischen Kultur*** liegt in längst vergangenen Zeiten. Die **Hochkultur** begann um 3.000 vor Christus mit der Schaffung eines Königreiches durch die Vereinigung von *Ober-* und *Unterägypten*. Mit der **Erfindung des Papiers** und der Entwicklung des **Kalenders mit 365 Tagen** erreichten die *Ägypter* erste, aber nachhaltige kulturelle Höhepunkte. Außerdem hatten die

Ägypter außergewöhnlich gute Kenntnisse in Mathematik, Astronomie, Architektur und Medizin.

Die *alten Ägypter* glaubten an viele verschiedene Götter, die für einzelne Lebensbereiche »zuständig« waren. Sie wurden teils in Menschen- teils in Tiergestalt, häufig auch in Mensch mit Tierkopf dargestellt. Hauptgott des damaligen *Ägyptens* war ***Amun***, besonders verehrt wurde auch der **Sonnengott *Re.***

© Egypt 2011

Die Ära der ***Pharaonen*** (gottähnliche Herrscher) ist in **30 Dynastien** und verschiedene Epochen, die als »Reiche« bezeichnet werden, unterteilt. So genannte »Zwischenzeiten« liegen zwischen den Epochen. Beginn und Ende der »Reiche« sind jedoch umstritten. Selbst in der Fachliteratur existieren Unterschiede hinsichtlich der Zeitangaben und Jahreszahlen.

Frühzeit ca. 3000–2707 v. Chr. (Erste und zweite Dynastie)	Der Glaube an das Leben nach dem Tod und der daraus entstehende **Totenkult** bringt die alten Ägypter dazu, Leichen vor der Beisetzung in den prächtigen Gräbern zu **mumifizieren und kostbare Grabbeigaben** zu machen. Die Gräber schmücken sie mit bildhaften ***Hieroglyphen*-Schriften**.
Altes Reich ca. 2707–2160 v. Chr. (Dritte bis sechste Dynastie)	Diese als **Blütezeit der ägyptische Kunst und Kultur** bezeichnete Epoche leitet das *Pyramidenzeitalter* ein. Große Bauwerke aus bearbeiteten Steinen entstehen, wie z. B. die ***Große Pyramide von Gizeh***. Die Pyramiden dienen als Grabstätten für die *Pharaonen*.
Mittleres Reich ca.1987-1640 v. Chr. (11. bis 13. Dynastie)	In dieser Epoche entwickelt sich *Ägypten* zur Großmacht. Die in *Oberägypten* gegründete Stadt ***Theben*** wird politisches und kulturelles Zentrum.
Neues Reich ca. 1540–1075 v. Chr. (18. bis 20. Dynastie)	In der glanzvollen Zeit regieren die berühmten *Pharaonen* ***Echnaton*** und ***Ramses II.*** Die Tempelbauten in ***Luxor*** und ***Karnak***, sowie die Grabanlage im **»Tal der Könige«** werden erbaut.
Spätzeit ab 745 v. Chr. (25. Dynastie)	Der Zusammenbruch der traditionellen Pharaonenherrschaft beginnt.
bis 332 v. Chr.	*Libyer*, *Äthiopier* und *Perser* beherrschen das Land.
ab 332–330 v. Chr.	Nachdem ***Alexander der Große*** die *Perser* besiegt, regiert er als *Pharao* und leitet die ***Epoche des Hellenismus*** ein. Die *Ptolemäer* übernehmen nach seinem Tod die Macht und ernennen ***Alexandria*** zur Hauptstadt.
ab 30 v. Chr.	Nach dem tragischen Selbstmord der berühmten *ägyptischen Königin* ***Kleopatra*** wird *Ägypten* für mehrere Jahrhunderte **römische Provinz**.

395–639 n. Chr.	Mit der Ost-West-Teilung des Römischen Reiches wird *Ägypten* eine **Provinz des Ostreiches, dem *Kaiserreich von Byzanz*** *(Konstantinopel)*. In dieser Zeit hält das Christentum Einzug in das Land.
451 n. Chr.	Die ägyptischen Christen spalten sich von der *byzantinischen Kirche* ab, wodurch die ***koptische Kirche*** entsteht.
640 n. Chr.	Das *Nil*tal wird von den islamischen Arabern erobert, die daraufhin die Stadt ***Kairo*** gründen. Der ***Islam*** **wird zur Staatsreligion** und **Arabisch zur offiziellen Sprache**.
969	Die ***Fatimiden*** (► Glossar) erobern *Ägypten*. Im Jahr 972 ernennen sie *Kairo* zur Hauptstadt.
1517	*Ägypten* wird von den Türken erobert und zum **Teil des Osmanischen Reiches**.
1798	Für drei Jahre fallen **französische Truppen unter *Napoleon*** in das Land ein und unterbrechen die türkische Herrschaft. *Napoleons* »ägyptische Expedition« wird von Wissenschaftlern begleitet, die die ***Ägyptologie*** **begründen**. Doch die Franzosen werden mit Hilfe der Briten in die Flucht geschlagen.
19. Jh.	Die ***osmanischen*** **Stadthalter** gelangen an die Macht. Sie entwickeln ein Modernisierungsprogramm mit Schwerpunkten auf den Eisenbahnbau, die Landwirtschaft und den Ausbau der Bewässerungssysteme.
1875	Mit dem Bau des ***Suezkanals*** verschuldet sich *Ägypten* enorm, woraufhin die ***Suezkanal*-Aktien an England verkauft** werden.
1882	Britische Truppen besetzen das Land.
1914	*Ägypten* wird zum ***Britischen Protektorat*** erklärt und zieht an Englands Seite in den **Ersten Weltkrieg**.
1922	Großbritannien erlässt mit der **neuen Monarchie** eine »Schein-Unabhängigkeit« für *Ägypten*.
1939–1945	Die *Ägypter* sind auch im **Zweiten Weltkrieg** gezwungen an Englands Seite zu kämpfen.
nach 1945	Nach dem Krieg herrschen jahrzehntelange Konflikte und Kriege zwischen *Ägypten* und *Israel*.
1953	Der **erste Staatspräsident** ruft die Republik aus und verstaatlicht die *Suezkanal*gesellschaft, woraufhin die ***Internationale Suezkrise*** beginnt. Später erfolgt die Annäherung an den Westen.
1979	Die Unterzeichnung des **Friedenvertrags mit Israel**, nach dem **Sechs-Tage-Krieg**, führt zur Isolierung Ägyptens von der arabischen Welt.
1980er	Stetig nimmt jedoch der **islamische Fundamentalismus** im Land zu.

1990er	Fundamentalisten versuchen durch **Attentate gegen Politiker und Touristen** ihre politischen Forderungen durchzusetzen.
2004 und 2006	**Terroristische Anschläge** gegen Touristenziele und Hotels fordern zahlreiche Todesopfer.
Anfang 2011	Es herrschen **landesweite Massenproteste** gegen die Regierung. Zentraler Platz für Demonstrationen ist der *Tahrir-Platz* in *Kairo*. Die Bevölkerung fordert einen demokratischen Wandel mit freien Wahlen.
11. Februar 2011	**Präsident *Mubarak*** verkündet seinen Rücktritt.

Tab. Geschichte *Ägyptens*

Religion

Offizielle Staatsreligion ist der Islam. In *Ägypten* spielt die Religion eine bedeutende Rolle, daher wird das Leben und auch die Kultur der *Ägypter* sehr stark davon geprägt.

Tipp: Weisen Sie ihre Kunden auf den **islamischen Fastenmonat *Ramadan*** hin, der in *Ägypten* sehr stark verankert ist. Zu dieser Zeit bleiben viele Geschäfte und Restaurants tagsüber geschlossen.

Verkehrsnetz

Das Straßennetz in touristischen Gebieten *Ägyptens* ist relativ gut ausgebaut. Vielerorts besteht die Möglichkeit Leihwagen anzumieten. Es herrscht Rechtsverkehr; **offiziell gelten** ähnliche Verkehrsregeln wie in Europa, allerdings werden diese wenig beachtet. In vielen Gebieten sind Überlandfahrten nur in einem von **Sicherheitskräften abgeschirmten Konvoi** möglich.

Linienbusunternehmen, die teilweise sehr komfortable Busse unterhalten, bieten relativ günstige Fahrpreise. Die existierenden Fahrpläne werden häufig kurzfristig geändert. Eine Busfahrt von *Kairo* nach *Luxor* dauert beispielsweise für gewöhnlich etwa 12 Stunden.

Ein wichtiger Verkehrsweg ist der *Nil*, auf dem reger Schiffsverkehr und zahlreiche Flusskreuzfahrten stattfinden. Eines der *Highlights* einer *Ägypten*reise ist eine Kreuzfahrt auf dem *Nil* (Flusskreuzfahrten ► LF 7, Kapitel 5.4).

Freizeitangebot

Ägypten ist aufgrund der vielen Tauchreviere und Korallenriffe ein überaus **beliebtes Reiseziel für Tauchurlauber**. Jedoch auch viele nicht ausschließlich tauchende Badeurlauber nutzen neben dem umfangreichen **Wassersportangebot** wie Surfen, Wasserski, Segeln und *Parasailing*, die in den Hotels vielerorts angebotenen Tennisplätze und Golfmöglichkeiten.

Weitere freizeitliche Aktivitäten sind z. B. *Jeep*- und *Quad*-Fahrten und Kamelreiten in den Wüsten, Wanderungen am Mosesberg sowie das Einkaufen auf den vielen bunten Basaren.

© Egypt 2011

Ab der Region des *Roten Meeres* werden in *Ägypten* **Ganztagesausflüge** zu den einmaligen **kulturellen Stätten**, z. B. *Luxor*, angeboten. Kulturinteressierte äußern oft den Wunsch, wenigstens einmal die *Pyramiden* in *Ägypten* gesehen zu haben und buchen daher zusätzlich einen ein- oder zweitägigen Aufenthalt in *Kairo*. Dieser wird entweder während des Aufenthalts am *Roten Meer* oder als Verlängerung vor oder nach dem Urlaub unternommen.

Ausflüge und kombinierte Rundreisen in Ägypten

Taucher, die nicht nur die Unterwasserwelt von *Ägypten* besichtigen möchten und Badeurlauber, die die Abwechslung zum Strandleben suchen, können Ausflüge in das Landesinnere unternehmen. Buchbar sind die von den Reiseveranstaltern organisierten Touren entweder vor Abreise über das Reisebüro bzw. den Veranstalterkatalog oder vor Ort über die Reiseleitung. Klimatisierte Busse und Inlandsflüge dienen zur Fortbewegung.

Kairo

Kairo ist die Hauptstadt der Gegensätze, in der **ägyptische Tradition und Moderne** miteinander verschmelzen. In der **größten Stadt Afrikas** lebt schätzungsweise ein Viertel der *ägyptischen* Bevölkerung. Die überaus lebendige Stadt ist eine der modernsten Städte des *Nahen Ostens* und hat nicht nur politisch, sondern auch wirtschaftlich eine Führungsrolle in der Region übernommen. Die Innenstadt, der am rechten Ufer des *Nils* liegenden Stadt, lässt sich grob in einen **traditionellen Teil** (»Islamische Altstadt«) und einen **modernen Teil** (»Neuere Stadt«) unterteilen.

Die **islamische Altstadt** ist Orient pur. Hier drängen sich Meisterwerke islamischer Baukunst und Museen von Weltrang. Auf dem reizvollen ***Khan El Khalili*-Basar**, dem **größten *Basar Ägyptens***, gibt es ein umfangreiches Angebot an Geschäften und Werkstätten, in denen man Lederwaren, Schmuck, Lebensmittel und vieles mehr erhandeln kann.

Kairo bietet zahlreiche sehenswerte Moscheen. Eines der dominantesten Bauwerke ist die ***Mohammed-Ali*-Moschee**, auch als »Alabastermoschee« bekannt. Ihre ***Minarette*** (► Glossar) ragen 82 Meter hoch empor und demonstrieren als Wahrzeichen das neue Selbstbewusstsein der Stadt. Die Moschee

© Egypt 2011

Abb. *Mohammed-Ali*-Moschee

liegt auf dem Gelände der **Zitadelle**, der mächtigsten Festung *Kairos* aus dem 12. Jahrhundert. Eines der Glanzstücke ägyptisch-arabischer Baukunst aus dem 14. Jahrhundert ist die ***Sultan-Hassan*-Moschee** mit einem 81 Meter hohen *Minarett*. Aus der *Fatimiden*-Zeit stammt die ***El-Azhar*-Moschee**, eine der ältesten Lehranstalten bzw. Universitäten der Welt.

Im **Koptischen Viertel**, der Vorstadt **»Alt-*Kairo*«**, befindet sich die älteste Moschee Kairos aus dem 7. Jahrhundert, die ***Amr*-Moschee**.

Im Herzen der **»Neueren Stadt«**, am Westufer des *Nils*, liegt der ***Midan et-Tahrir*-Platz** (dt. »Platz der Revolution«). Hier »verknoten« sich alle Buslinien der Stadt. Mehrstöckige Häuser im französisch-neoklassischen Stil sind typisch für dieses Zentrum. An der Nordseite des Platzes trotzt das in einem historischen Bau untergebrachte **Ägyptische Museum**. Es beherbergt die größte und einer der bedeutendsten Sammlungen *pharaonischer* und *byzantinischer* Kunst. Werke aus fünf Jahrtausenden sind hier ausgestellt. Eines der berühmtesten Exponate ist der **Grabschatz des jung verstorbenen *Pharaos Tutanchamun***, dieser wurde jedoch nach der Plünderung am 28. Januar 2011 teilweise zerstört. Schon lange finden all die wundervollen Artefakte nicht mehr genügend Platz im Gebäude, deswegen wird 2013 der Neubau **»*Grand Egyptian Museum*«** in der Nähe der *Pyramiden von Gizeh* seine Pforten öffnen.

Abb. Blick von *Kairo-Tower*

Die gesäumte Uferstraße ***Corniche el-Nil***, unweit des *Midan et-Tahir*-Platzes, ist umgeben von modernen Hotels und imposanten Gebäuden. Als modernes Wahrzeichen der Stadt gilt der 187 Meter hohe ***Kairo*-Turm** mit einer fantastischen Rundsicht über *Kairo*. Der Turm befindet sich auf der »grünen Lagune *Kairos*«, der vor gelagerten ***Nilinsel Gezira***. Öffentliche Park- und Sportanlagen sowie die neue Oper prägen ihr Bild.

Am westlichen Stadtrand *Kairos*, etwa 15 Kilometer vom Zentrum entfernt, ragen die großartigen ***Pyramiden von Gizeh*** majestätisch zwischen den Sanddünen hervor. Die vor 4.600 Jahren erbauten *Pyramiden* stellen das **einzige noch erhaltene der sieben antiken Weltwunder** dar. Die größte der drei ältesten Bauwerke der Menschheit ist die 137 Meter hohe ***Cheops-Pyramide***. Ein wenig kleiner ist die südwestlich liegende ***Chefren-Pyramide***. Mit nur 62 Meter Höhe ist die ***Mykerinos-Pyramide*** die kleinste der drei *Pyramiden*, die als Grabkammern für die Pharaonen genutzt wurden.

Abb. *Die Pyramiden von Gizeh*

Beeindruckend thront die große ***Sphinx*** – eine majestätisch wirkende in Stein gemeißelte, liegende Löwengestalt mit dem Kopf eines *Pharaos* – östlich unterhalb der *Cheops-Pyramide*. Weitere kleine *Pyramiden* und hunderte von Gräbern rund um die *Pyramiden von Gizeh* dienten den damaligen Mitgliedern der königlichen Familie (Adelige und Beamte).

Tipp: Weisen Sie Ihren Kunden daraufhin, dass die *Pyramiden* täglich von hunderten von Touristen besucht werden und die Führungen daher zeitlich sehr knapp bemessen sind.

Memphis

In der ehemaligen ägyptischen Hauptstadt *Memphis* sind heute nur noch Ruinen der einst glanzvollen Tempel erhalten, mitunter die **Statue des *Pharao Ramses II*** und die ***Alabastersphinx***. Das etwa 30 Kilometer südlich von *Kairo* liegende *Memphis* wird i. d. R im Rahmen eines Tagesausfluges von *Kairo* von den verschiedenen Anbietern angeboten.

Sakkara

Eine der größten ***Nekropolen*** (dt. »Totenstadt« ▸ Glossar) *Ägyptens* ist *Sakkara*. Sie stellt heute mit Grabmälern aus nahezu allen Epochen der *ägyptischen* Geschichte, eine der bedeutendsten Fundstätten dar. Hauptattraktion ist die **Stufenpyramide des *König Djos***. Sie gilt als Vorbild für die *Pyramiden von Gizeh* und als die **älteste *Pyramide* überhaupt**.

Luxor

Die Stadt *Luxor* ist ein Teil der alten Stadt *Theben* und liegt etwa 670 Kilometer südlich von *Kairo* im Landesinneren und am Ufer des *Nils*. Die Stadt gilt als das **größte offene Museum der Welt** mit unzähligen antiken ägyptischen Monumenten wie Tempeln und *Obelisken*. Sie ist touristisch sehr gut ausgerichtet, denn jährlich zieht es **Millionen von Besuchern aus aller Welt** zu den ruhmreichen Altertürmen aus vorchristlicher Zeit. Bedeutende Sehenswürdigkeiten in *Luxor* sind beispielsweise: Der ***Karnak*-Tempel** und der ***Luxor*-Tempel**. Auch die Nähe zu *Theben West* mit seinem ***»Tal der Könige«***, dem ***Hatschepsut*-Tempel** und den ***Memnon*-Kolossen** ist entscheidend und zieht viele Touristen an.

Abb. *Karnak*-Tempel, *Hatschepsut*-Tempel

Halbinsel *Sinai*

Die Ferienregionen der Halbinsel bieten neben dem in ▸ LF 7, Kapitel 9.3 beschriebenen großen Tauch- und Wassersportangebot an der Küste auch Ausflüge auf dem Rücken eines Kamels oder Wüstenfahrten mit dem *Quad* oder *Jeep* in die scheinbar endlose Wüste im Landesinneren. Einen typischen Anblick auf der Halbinsel *Sinai* geben die **Beduinen** (▸ Glossar) mit ihren bunten Zelten ab.

Kulturelle Hauptattraktion ist das ***Katharinenkloster***, etwa 200 Kilometer von *Sharm-el Sheikh* entfernt, im Landesinneren der *Sinai*-Halbinsel. Nach dem *Vatikan* enthält das Kloster die **weltweit wertvollste religiöse Bibliothek**. Das *griechisch-orthodoxe* Kloster wurde einst als christliche Festung am Fuße des **Berges *Sinai*** (2.300 Meter hoch) erbaut. Hier befand sich laut dem christlichen Glauben der brennende Dornbusch, durch den Gott zu *Moses* sprach. Man vermutet, dass der Berg, der auch als ***Moses*-Berg** bezeichnet wird, der biblische Berg *Sinai* ist, auf dem *Moses* die »Zehn Gebote« erhielt. Angesichts der Hitze in dieser Region empfiehlt sich der zweistündige Aufstieg auf den Berg zu Sonnenauf- oder Sonnenuntergang. Von oben fasziniert ein herrlicher Ausblick über die gesamte Umgebung.

Abb. Moses Berg

An der Südspitze der *Sinai*-Halbinsel befindet sich der älteste **Nationalpark Ägyptens *Ras Mohammed Marine National Park***. Die Sensationen dieses Nationalparks sind die **Korallenriffe** und die **artenreiche Tierwelt**. Taucher können Haien, Thunfischen und *Jack*fischen begegnen.

Nilkreuzfahrt

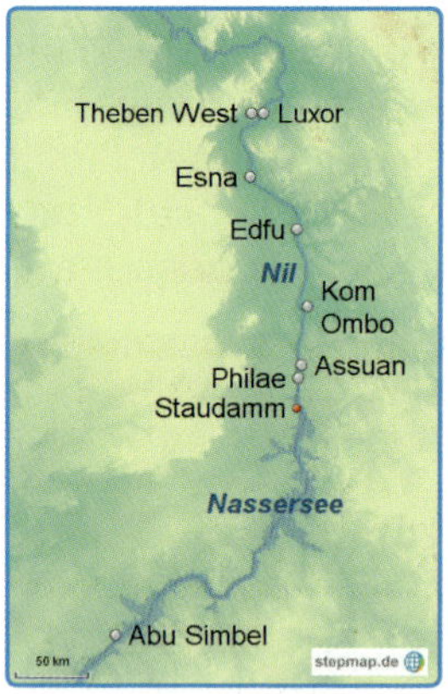

Eine Kreuzfahrt auf dem **längsten Fluss der Welt, dem *Nil***, dauert in der Regel **sieben Urlaubstage** und wird meist in Kombination mit einem Tauch- oder Badeurlaub am Roten Meer gebucht. Für gewöhnlich beginnen die Nilkreuzfahrten in ***Luxor***, verlaufen bis nach ***Assuan*** und führen wieder zurück nach *Luxor*.

Die Kreuzfahrtschiffe sind grundsätzlich mit Außenkabinen ausgestattet. Verpflegungsleistung während der Reise auf dem Wasser ist entweder Vollpension oder All inclusive. Vor der Reise können Ausflüge in einem »Ausflugspaket« gebucht werden.

Ein typischer Reiseverlauf:

Tag 1	Ankunft in ***Luxor***, Einschiffung
Tag 2	***Luxor***: Besichtigung des Luxortempels und des *Karnak*-Tempels Schleuse in *Esna* ***Edfu***: Besuch des *Chnum*-Tempels

Tag 3	***Kom Ombo:*** Besuch des Doppeltempels von dem krokodilköpfigen Gott *Sobek.*
Tag 4	***Assuan-Staudamm:*** Besuch des antiken Granitsteinbruches, des *Philae*-Tempels der Göttin *Isis* und/oder *Felukken*fahrt auf dem Staudamm.
Tag 5	***Assuan***: Besuch des botanischen Gartens oder fakultativer Ausflug nach *Abu Simbel* und Besichtigung des **Tempels von *Ramses II* und *Nefertari*.**
Tag 6	Rückfahrt von *Assuan* nach *Edfu.* ***Edfu:*** Besichtigung des *Horus*-Tempels
Tag 7	Von *Edfu* zur Schleuse in *Esna* und weiter nach *Luxor*: Ausflug nach *Theben West* **ins »Tal der Könige«**. Besichtigung des *Hatshepsut*-Tempels und der *Memnon*-Kolosse.
Tag 8	Ausschiffung in ***Luxor***

Tab. Reiseverlauf einer Nilkreuzfahrt

Weitere Informationen zu Flussschiffen und dem täglichen Ablauf einer Flusskreuzfahrt finden Sie in ▸ LF 7, Kapitel 5.4.

4.4 Beispiele für Fernreiseziele

Fernreiseziele liegen **mehr als 3.500 Kilometer** von Deutschland entfernt und sind erst mit einer Flugzeit von mindestens sieben Stunden zu erreichen. Demzufolge sind Fernreiseziele für Deutschland die USA, Kanada, die Karibik, Südamerika sowie die Kontinente Afrika (ausgenommen die nordafrikanischen Staaten), Asien und Australien.

Die nachfolgenden Unterkapitel beschreiben sehr beliebte Fernreiseziele der Deutschen, die aufgrund ihrer landschaftlichen Besonderheiten, der Flora und Fauna sowie der Kultur gerne **im Rahmen einer Rundreise** bereist werden. Doch auch andere Reiseformen spielen eine Rolle; Thailand wird z. B. neben den Rundreisen auch gern für einen **Badeurlaub** aufgesucht.

Die klimatischen, geografischen, kulturellen und historischen Beschreibungen der Destinationen *Thailand,* **Südwesten der USA und Südafrika** soll Ihnen als Beispiel dafür dienen, weitere Fernreiseziele zielgruppen- und reiseformorientiert prüfen und auswählen zu können. Nutzen Sie zur eigenständigen Recherche über weitere Fernreiseziele das Internet, Reiseführer, Veranstalterkataloge, Zielgebietsbroschüren usw. und eigenen Sie sich Kenntnisse an, die Sie während eines Beratungsgespräches einfließen lassen können.

4.4.1 Exotisches Thailand

Das Land der *Thai* hat sich zu **einem der beliebtesten exotischen Reiseziele der Deutschen** entwickelt. Die hervorragende touristische Infrastruktur, zahlreiche Flugverbindungen, die breite Palette an Urlaubsaktivitäten und das sehr gute Preis- Leistungsverhältnis haben diesen Erfolg möglich gemacht.

Thailand, das historische ***Siam***, liegt in Südostasien und bildet mit etwa 513.000 Quadratkilometern das Zentrum Hinterindiens. Von der Form her ähnelt das Land einem »Elefantenkopf«, dessen Rüssel auf der ***malaiischen Halbinsel*** im Süden ausläuft und den ***Golf von Thailand*** (östlich) von der ***Andamanensee*** (westlich) trennt. Im Süden grenzt *Thailand* an den Nachbarstaat ***Malaysia***, im Norden und Nordwesten an ***Myanmar***, im Nordosten und Osten an ***Laos***. Das Gebiet an dem *Thailand*, Myanmar und Laos aufeinander treffen, wird als das **»Goldene Dreieck«** bezeichnet. Südöstlicher Nachbarstaat ist ***Kambodscha***.

Abb. Karte von Thailand

Der **Norden und Westen** *Thailands* ist geprägt von den Ausläufern des ***Himalayas*** sowie von dem Berg ***Doi Inthanon***, der mit 2.565 Metern die höchste Erhebung des Landes ist. Zwischen den zum Teil dicht bewaldeten Gebirgszügen und tropischen Regenwäldern verlaufen Beckenlandschaften und Täler, die eine natürliche Grenze zu den Nachbarstaaten *Myanmar* und *Laos* bilden.

Durch den **östlichen Teil** des Landes verläuft das ***Khorat-Plateau***, auch ***Isaan*** genannt. Diese karge Hochebene erhebt sich bis auf 1.300 Meter und fällt gen Osten am Fluss ***Mekong***, der einen Teil der Grenze zu *Laos* bildet, sanft ab. Gebirgszüge wechseln sich mit Nationalparks und weiten Ebenen mit quadratischen Reisfeldern ab. Weitere Reisfelder, die sich in Terrassen die Hügel hinaufziehen, befinden sich im fruchtbaren Becken, dem landwirtschaftlichen und kulturellen Herzstück des Königreiches, das der königliche Fluss ***Maenam Chao Phraya*** mit seinen Nebenflüssen bewässert.

Im Mündungsdelta des Flusses rund 24 Kilometer vom *Golf von Thailand* entfernt, liegt die **Hauptstadt *Bangkok***. Die Metropole ist die mit Abstand größte

Stadt des Landes, denn von den insgesamt 64 Millionen in *Thailand* lebenden-Menschen, wohnen in *Bangkok* etwa zehn Millionen.

Endlos lange Sandstrände und vorgelagerte Inseln erstrecken sich auf über 3.000 Küstenkilometern im **Süden und Südosten des Landes**. Die von Berglandschaften dominierte *malaiische Halbinsel* im Süden *Thailands* ist im Westen von tropischen Regenwäldern und im Osten von Küstenebenen und Sandstränden geprägt.

Klima

Abb. Tropensturm

Thailands Klima ist **tropisch-*monsunal*** mit ganzjährigen Temperaturen um bzw. über 18 Grad Celsius und Luftfeuchtigkeitswerten zwischen 60 und 90 Prozent.

Für die tropischen Regenschauer, die im Mai/Juni einsetzen und bis September/Oktober andauern, ist der ***Südwestmonsun*** verantwortlich. Er bringt den häufig am Nachmittag einsetzenden niederschlagsreichen Schauer vom *Indischen Ozean* an die Westküste *Thailands* (z. B. nach *Phuket*). Zur Zeit des ***Monsun*wechsels** im Frühjahr und Herbst kann es zu **tropischen Wirbelstürmen *(Taifunen)*** kommen. Eine »klimatische Ausnahmeerscheinung« stellt der Osten der *Malaiischen Halbinsel* dar (z. B. *Koh Samui*). Die Hauptregenzeit in dieser Region dauert von Oktober bis Dezember/Januar.

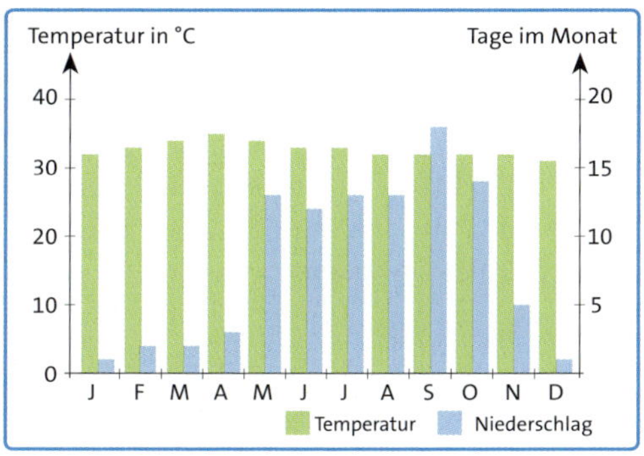

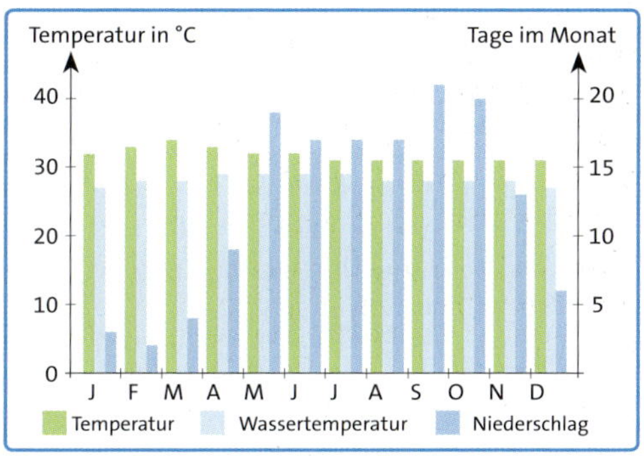

Abb. Klimadiagramme *Bangkok* und *Phuket*

Im Norden *Thailands* **herrscht tropisch-wechselfeuchtes Klima**. Nord- und Nordostwinde bringen kühle und trockene Luft von November bis Februar in das Land. In der »Vormonsunzeit« von März bis Mai liegen die Temperaturen bei mehr als 35 Grad Celsius. Von Juni bis September erwirkt der feucht-heiße *Südwestmonsun* eine sehr hohe Luftfeuchtigkeit.

Tropisch-immerfeucht ist der südliche und südöstliche Teil des Landes. Über das ganze Jahr verteilt fallen hier Niederschläge und die Temperaturschwankungen sind geringer als im Norden *Thailands.*

Reisezeit

Als ideale Zeit zum Reisen gilt sowohl die Trockenzeit von November bis Februar als auch das Ende der Regenzeit (August bis Oktober) wenn die Vegetation besonders üppig ist.

Aufgrund abweichender Windverhältnisse wird der Osten der Malaiischen Halbinsel (z. B. *Koh Samui*) zwischen Mai/Juni und August/September bereist.

Zeitzonen

***Indochina Time* (ICT)**; UTC+7 (MEZ+6, MESZ+5).

Flugzeitberechnung

BEISPIEL

Das Flugzeug startet am Sonntag um 14:45 Uhr in *Frankfurt/Main* (UTC+1) und landet am Montag um 06:25 Uhr in *Bangkok* (UTC+7). Die Differenz der Ortszeiten (14:45 Uhr bis 06:25 Uhr = **16 Std. 40 Min.**) wird zu der Differenz der Zeitzonen (+1 Std. – (+7) Std. = **–6 Std.**) hinzugezählt. Die Flugzeit beträgt **10 Std. 40 Min.**

Geschichte

860 n. Chr.	Der Volksstamm der ***Thai*** brach aus dem Südosten Zentralchinas auf und zog südwärts nach ***Siam***.
13. Jh.	Im 13. Jahrhundert drängten die ***Thai*** die ***Khmer*** schrittweise zurück und gründeten das unabhängige **Thai-Königreich** in der Stadt ***Sukhothai***.
Mitte 14. Jh.	Ab Mitte des 14. Jahrhunderts entstand mit ***Ayutthaya*** ein **neues Königreich in Zentralthailand**, das über 400 Jahre die Vormachtstellung im Siam erlangte.
16. Jh.	Im Laufe des 16. Jahrhunderts knüpften Portugiesen, nachfolgend auch weitere europäische Staaten, Handelsbeziehungen mit den *Thais*. Trotz der Kolonialisierung Südostasiens wurde *Siam* nie europäische Kolonie.
17. Jh	***General Taskin***, der sich selbst zum neuen König ernannte, gründete ein neues siamesisches Königreich mit der Hauptstadt *Thonburi*. Sein **Nachfolger** General *Chakri*, Herrscher in der ***»Chakri-Dynastie«***, war der Gründer der schnell heranwachsenden Metropole *Bangkok*.
17.–20. Jh.	Die im 17. Jahrhundert abgebrochenen Beziehungen zu den Europäern wurden wieder aufgenommen und Verbindungen zu den USA geknüpft. Durch die westlichen Kontakte erfolgten Modernisierungen und Reformen in Bezug auf Wirtschaft, Bildung und Infrastruktur, die auch im Laufe des 20. Jahrhunderts fortgesetzt wurden.
1914–1918	Im Ersten Weltkrieg schlug sich *Thailand* auf die Seite der Alliierten und erreichte somit einen Sitz im Völkerbund.

Bangkoks nähere Umgebung

- ***Klong*****fahrten** beginnen häufig im ursprünglichen Stadtteil ***Thonburi*** und führen außerhalb der Stadt an Reisfeldern und Mangrovenwäldern vorbei. Lohnenswerte Ausflugziele, die bei einer *Klong*fahrt besichtigt werden, sind die »Schwimmenden Märkte« in ***Ratchaburi*** und ***Damnoen Saduak***.
- ***Rosegarden*** ist eine Parkanlage direkt am *Maenam Tha Chin*, 20 Kilometer südwestlich von *Bangkok*, mit schönem Blick auf das gegenüberliegende Ufer. Populäre Touristen-Attraktion innerhalb der grünen Lagune ist ein **nachgebildetes thailändisches Dorf**, in dem die thailändische Kultur mit Musik und Tanz vorgestellt wird.
- Einen Überblick über die Vielfalt der thailändischen Kultur aus fünf Jahrhunderten gewährt das **größte Freilichtmuseum der Welt**, ***Ancient City,*** das etwa 35 Kilometer südöstlich von *Bangkok* liegt.
- In einer reizvollen Landschaft in der Nähe von ***Kanchanaburi***, etwa 100 Kilometer westlich von *Bangkok* liegt die durch den gleichnamigen Film berühmt gewordene **Brücke am *Kwai***. In den vier anliegenden Nationalparks kann man auf mehrtägigen Dschungeltouren mit dem Floß oder auf dem Elefantenrücken die Natur erkunden.

Weitere Ausflugsziele in der Umgebung von *Bangkok* sind der ***Dusit Zoo*** und die größte **Krokodilfarm** der Welt.

Nordthailand-Rundreise

Badeurlaub in *Thailand* wird gerne mit einer **einwöchigen Rundreise** durch das Land kombiniert, denn der Norden *Thailands* hat nicht nur viel Natur, sondern kulturell ziemlich viele *Highlights* zu bieten. Nachfolgend einige Städte, die während einer Rundreise bzw. Studienreise angefahren werden. (Die Reiseformen werden in ▸ LF 7, Kapitel 7 und 8 erklärt.)

Ayutthaya	Zweit älteste Königsstadt, prachtvolle Ruinenstadt, UNESCO-Weltkulturerbe (▸ Kapitel 2.3), Tempel *Wat Phra Si Sanphet.*
Lopburi	Provinzhauptstadt, einst Hauptstadt eines *Mon-Königreiches*, Kunst und Architektur von den *Khmern*, Ruinen des *Kala-Tempels* sind von Affen bewohnt.
Sukhothai	Erstes *Thai*-Königreich, *Historical Park* mit Museum und Ruinen, UNESCO-Weltkulturerbe.

Lampang	Elefantencamp
Chiang Mai	Wichtige Metropole im Norden von *Thailand*. Im westlichen Teil der Stadt liegt die von Wassergräben umgebene Altstadt; im Osten die moderne Stadt. Umgebung: *Wat Phra That Doi Suthep*, der berühmteste Tempel Nord*thailands*, *Trekking* zu den Bergstämmen z. B. den *Mae Hong Son* oder zu den *Padong* Dörfern mit den »Langhalsfrauen«.
»Goldenes Dreieck«	Einst Opiumanbaugebiet, Dschungel, Fluss *Mekong*; Dreiländereck: *Thailand, Myanmar* und *Laos*.

Tab. Nordthailand-Rundreise

4.4.2 Abenteuerliches Südafrika

Abb. Karte von Südafrika

Die **Republik Südafrika** umfasst mit rund 1,2 Millionen Quadratkilometer Fläche den südlichsten Teil des afrikanischen Kontinents. Der Norden Südafrikas grenzt an Namibia, Botswana und Simbabwe, der Nordosten an die Staaten Mosambik und Swasiland. Im Osten des Landes liegt der *Indische Ozean* und im Westen der *Atlantische Ozean*. Gemeinsam erbringen die zwei Weltmeere, die am **südlichsten Punkt der Republik Südafrika, dem *Kap Agulhas*** (engl. *Cape Agulhas*) zusammenfließen, eine Küstenlänge von etwa 3.000 Kilometer. Völlig umgeben von südafrikanischem Gebiet liegt das kleine aber eigenständige **Königreich *Lesotho*** im Osten des Landes.

Die Republik Südafrika ist insgesamt in neun Provinzen aufgeteilt und zählt landesweit etwa 49 Millionen Einwohner.

Offizielle Hauptstadt und zugleich Regierungssitz der Republik ist ***Pretoria*** mit rund zwei Millionen Einwohnern. Knapp 60 Kilometer nordwestlich von *Pretoria* entfernt, liegt ***Johannesburg***. Sie bildet die größte Stadt Südafrikas, in der über drei Millionen Menschen leben. Das Parlament befindet sich in der drittgrößten Stadt Südafrikas, in ***Kapstadt*** (engl. *Cape Town*). Sie ist die Hauptstadt der Provinz *Western Cape* (dt. »Westkap«) und trägt ihren Namen aufgrund der Nähe zum *Kap der Guten Hoffnung*.

Südafrika ist von verschiedenen Landschaftsräumen geprägt. Das von Norden nach Süden abfallende **Hochplateau *Highveld*** (dt. Hochland) liegt im Landesinneren und nimmt einen Großteil des südafrikanischen Staatsgebietes ein. Überwiegend wird die hügelige Hochebene von steilen Böschungen und Halbwüsten dominiert. Nördlich fällt das 1.000 bis 1.700 Meter hohe *Highveld* in die Beckenlandschaft der 600 Meter hohen ***Kalahari Wüste*** ab. Zu den Küsten im Westen, Süden und Osten ist das *Highveld* von einem Gebirgswall aus vielen einzelnen Gebirgen umgeben. Diese bestehende »Gebirgskette« wird als **Randschwellengebirge** oder **»Große Randstufe«** bezeichnet. Die nordöstliche Gebirgskette der ***Drakensberge*** ist ein Hochgebirge mit eindrucksvollen Gesteinsformationen, tiefen Schluchten und dem höchsten Berg Südafrikas, dem 3.377 Meter hohen ***Champagne Castle***.

Abb. *Drakensberge*

An die »Große Randstufe« schließen die schmalen, kaum gegliederten Küstenstreifen des so genannten ***Lowveld*** (dt. Flachland) mit Sandstränden und Felsbuchten. Nördlich der »Großen Randstufe«, in den Hochebenen des Landes liegt die ***Karoo***, eine Halbwüstenlandschaft, die unterteilt wird in ***Kleine Karoo*** und ***Große Karoo***. Als größtes Ökosystem Südafrikas beheimatet die 500.000 Quadratkilometer große Region eine Vielfalt von Lebewesen, die sich den extremen Lebensbedingungen angepasst haben. Die Sommertemperaturen in dieser Region erreichen regelmäßig Tageswerte über 40 Grad Celsius. Dagegen fällt im Winter bei Minusgraden in den umgebenden Bergen Schnee. In manchen Gebieten der *Karoo* fallen im Jahr nicht mehr als 200 Millimeter Niederschlag, daher gehören diese zu der **ariden (trockenen), halbwüstenartigen Zone**.

Der weitaus größte Teil Südafrikas besteht aus Gras- und Buschland. Das Hinterland ist mit Sträuchern bewachsen. Der längste Fluss des Landes, der ***Oranje*** (2.300 Kilometer lang) entspringt in den *Drakensbergen*, verläuft durch das Königreich *Lesotho* und mündet im Westen des Landes in den *Atlantischen Ozean*.

Klima

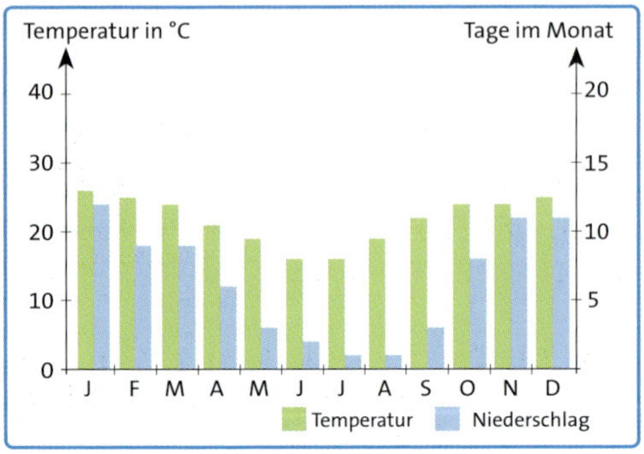

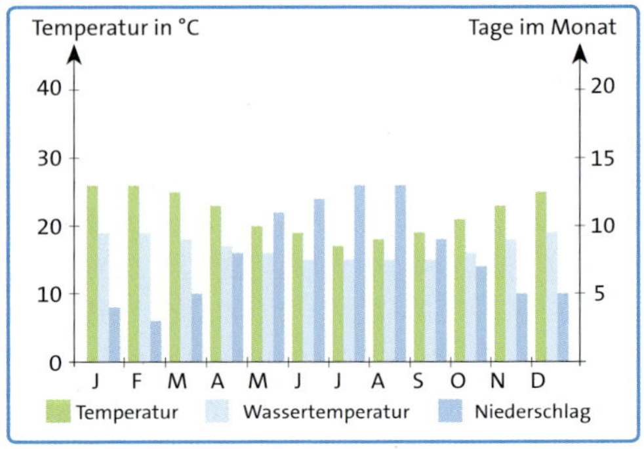

Abb. Klimadiagramme *Johannesburg* und *Kapstadt*

In den größten Teilen Südafrikas herrscht **subtropisches Klima** mit viel Sonnenschein im trockenen Sommer. Niederschlag fällt zur südafrikanischen Winterzeit (unserem nördlichen Sommer). Die Lufttemperaturunterschiede zwischen Tag und Nacht fallen hoch aus. Das ganze Jahr über liegen die Tagestemperaturen über 20 Grad Celsius.

- **Subtropisches Trockenklima** mit recht hohen Temperaturschwankungen und wenig Niederschlag dominiert in der Halbwüste und Wüste im Westen bis Nordwesten des Landes. Ganzjährig ist diese Region ziemlich trocken.
- Der äußerste Nordosten Südafrikas ist **tropisch** (von gr. *tropai heliou*: Sonnenwendegebiet) geprägt, das bedeutet, die täglichen Temperaturschwankungen sind stärker als die jährlichen. Die Tages- und Nachtlängen schwanken nur gering zwischen 10,5 und 13,5 Stunden.
- **Mediterranes Klima** herrscht an der Südwestküste um *Kapstadt*. Das bedeutet, die südafrikanischen Sommer sind trocken, heiß, mit warmgemäßigten Temperaturen und die Winter niederschlagsreich und mild.

Das Wetter steht unter dem Einfluss zweier unterschiedlicher Luftströmungen, die von den jeweiligen Meeresströmungen geprägt werden: dem **kühlen, trockenen Strom aus der Antarktis** an der Westküste entlang und dem **feuchtwarmen Strom aus dem *Indischen Ozean*** an der Ostküste entlang.

Somit ist es an der sandigen **Ostküste** stets wärmer als an der felsigen Westküste. Allerdings fällt im Osten eine viel höhere Niederschlagsmenge, insbesondere im dort »schwülen Sommer« (Oktober bis April). **Hauptregenzeit** ist hier von Dezember bis März. An der **Westküste** hingegen sind die südafrikanischen Sommer trocken und die Winter recht stürmisch mit nur wenigen Niederschlagsmengen.

Niederschläge und Temperaturen MERKE
Die jährlichen Niederschläge nehmen generell von Südosten nach Nordwesten des Landes ab, wobei die Temperaturen gleichzeitig ansteigen.

An der **Südküste** verteilt sich die relativ geringe Niederschlagsmenge gleichmäßig über das Jahr hinweg. In manchen Wintern liegt Schnee auf den *Drakensbergen*, die dann für den Wintersport genutzt werden.

Reisezeit

Südafrika kann grundsätzlich das ganze Jahr über bereist werden. Das Land liegt auf der Südhalbkugel der Erde, daher sind die **Jahreszeiten entgegengesetzt zu denen in Europa** ausgeprägt. Touristische Hochsaison sind daher die heißesten Monate Dezember bis Februar (der afrikanische Sommer).

Ideale Reisezeiten sind aufgrund der verschiedenen klimatischen Faktoren jedoch nicht für das ganze Land einheitlich: Während für die Kapprovinz und die Baderegion an der Ostküste die südafrikanischen Sommermonate Dezember bis Februar ideal sind, eignen sich die Übergangsmonate Mai und September für den Besuch der nördlichen Nationalparks, da sich die Tiere zu dieser Zeit um und an den wenigen Wasserlöchern aufhalten. Außerdem sind die Übergangsmonate im Frühjahr und Herbst mit ihren gemäßigten Temperaturen einladend für sportlich Aktive, wie z. B. Wanderer. In den Monaten Juni und Juli kann es kühl werden, vor allem nachts.

Zeitzonen

South Africa Standard Time* (SAST)**; UTC+2 (MEZ+1, MESZ). Da Südafrika keine Sommerzeit, sondern das ganze Jahr über die gleiche Zeit hat, besteht während der europäischen Sommerzeit kein Zeitunterschied. **Kein *Jetlag!

Geschichte

30.000 Jahre v. Chr.	Die Buschmänner *(San)* siedeln sich als Jäger und Sammler im Südwesten Afrikas an.
ca. 200 n. Chr.	Das östliche Südafrika wird von schwarzen Völkern besiedelt.
1448	Der Portugiese ***Bartholomeu Diaz*** umsegelt das Kap und geht als erster Europäer an der heutigen ***Mossel Bay*** an Land.

1652	Besiedlung der Tafelbucht durch *Holland,* wodurch **Kapstadt** gegründet wird. Die damalig dort siedelnde schwarze Bevölkerung wird als »minderwertige Menschenrasse« angesehen.
1835	Nach der englischen Machtübernahme über die holländische Kap-Region ziehen die ***Buren*** in großen *Trecks* in den Nordosten des Landes.
1838	Die Schlacht am *Blood River* endet mit dem Sieg der *Buren* über die *Zulu*.
1852	Gründung der ersten *Buren*republik *Transvaal*. Danach folgen *Natal* und *Oranje-Freistaat*.
1866	Wirtschaftlicher Aufschwung durch Entdeckung großer Diamantenvorkommen.
1880–1881	**Erster *Buren*krieg** endet mit dem Sieg der *Buren* über die Briten.
1868	Erste große Goldfunde bei *Johannesburg*.
1902	Nach dem **zweiten *Buren*krieg**, den die Briten gewannen, werden die *Buren*republiken zu britischen Kolonien.
1910	Britische Kolonien in Südafrika vereinigen sich zur **Südafrikanischen Union** mit einer gemeinsamen Verfassung.
1912	Gründung des **ANC *(African National Congress)*** – der ersten Partei für Schwarze und Farbige.
1913	Einführung der ***Apartheid*politik** (aus dem frz. von *à part*, bedeutet »auf der Seite« und »fremd«) in Südafrikas Innenpolitik durch die **ausschließlich von Weißen gestellte Regierung.** Fast vollständige Trennung des öffentlichen Lebens der Schwarzen (und Farbigen) von Weißen in Krankenhäusern, Schulen, Kirchen, öffentlichen Verkehrsmitteln usw.
1926	***Krüger Nationalpark*** wird erster offizieller Nationalpark Südafrikas.
1948	***Apartheid*politik wird offizielle Regierungspolitik**. Schwarze und Farbige verlieren das Wahlrecht und dürfen keine Gewerkschaften gründen.
1960	Nach Massenunruhen wird die **schwarze Partei ANC verboten**.
1964	Lebenslange Haft für die Anführer der Partei ANC, darunter *Nelson Mandela*.
1985–1990	**Permanenter Ausnahmezustand** aufgrund der zunehmenden Brutalisierung gegen die schwarze und farbige Bevölkerung sowie der »*Ghetto*isierung« in *Townships* und *Homelands* und die nach und nach folgende Ausgrenzung Südafrikas von Handelsmärkten führt in die politische und wirtschaftliche Isolation (z. B. Ausschluss aus dem *Commonwealth*); Abspaltung *Lesothos*. Erst nach zunehmender Einmischung und Sanktionen von ausländischer Presse, Staaten und internationalen Organisationen wurde eine Liberalisierung möglich.
1990	Liberalisierung: Zulassung der ANC und Freilassung *Nelson Mandelas*.
1994	Bei den **ersten freien Wahlen** wird *Nelson Mandela* zum ersten schwarzen Präsidenten gewählt.

1999	Zweite freie Wahlen, es folgt ***Thabo Mbeki*** als Präsident.
2009	***Jacob Zuma*** wird neuer Staatspräsident Südafrikas.
2010	Südafrika richtet die Fußball-Weltmeisterschaft aus.

Tab. Geschichte Südafrikas

Bevölkerung, Sprachen und Religion

Etwa 80 Prozent der Menschen in Südafrika sind **Schwarzafrikaner**. Der Anteil der »**Farbigen**« beträgt etwa neun Prozent und etwas mehr als neun Prozent der Bevölkerung ist »**weiß**«. **Asiaten** stellen etwas mehr als zwei Prozent der Gesamtbevölkerung. Die »Schwarzen« sind Angehörige vieler Stämme darunter der *Zulu, Xhosa* und *Sotho*. Zu der Gruppe von »Farbigen« werden die Nachkommen aus den Verbindungen der Schwarzafrikaner mit den weißen Bevölkerungsgruppen (»Mischlinge«) gezählt sowie die Nachkommen früherer Sklaven, z. B. aus Indien, *Sri Lanka*, Indonesien, *Malaysia* oder China.

Abb. Einwohner Südafrikas

In Südafrika werden **11 Amtssprachen** gesprochen. Aus diesem Grund wachsen viele Menschen mehrsprachig auf. Weit verbreitete Sprachen sind *Zulu, Xhosa, Afrikaans* und *Englisch*. Etwa **85 Prozent der Einwohner sind Christen**. Sie gehören entweder der afrikanischen, der reformierten oder der anglikanischen Kirche an oder sind Methodisten oder Katholiken. Die restliche Bevölkerung sind Anhänger von Naturreligionen, *Hindus* oder *Muslime*.

Freizeitangebot

Reisende, die sich sowohl für die Kultur, als auch für die atemberaubende Landschaft und einzigartige Tierwelt Südafrikas interessieren, sind hier gut aufgehoben. Wissbegierige, unternehmungslustige Reisende in jedem Alter mit einer körperlich guten Verfassung haben die Möglichkeit »hautnah« Land und Leute kennen zu lernen.

© South African Tourism

© South African Tourism

Die Palette an Freizeitaktivitäten ist in Südafrika breit »gefächert«. Neben der **Teilnahme an *Safaris*** (▸ Kapitel 9.2.1) können die Urlauber **Golf und Tennis** spielen, angeln, reiten oder auf einem der vielen ausgeschilderten Wanderwege wandern. Weitere Aktivitäten sind *Bungee Jumping*, Heißluftballon fahren und wenn es das Wetter zulässt: Skifahren. **Zahlreiche angebotene Wassersportarten** sind: Kanufahren, *Rafting*, Tauchen, Surfen usw.

Reisende können Museen, Kunstgalerien, Theater oder bunte Märkte besuchen. Sie können das pulsierende Nachtleben in *Clubs*, Kneipen, Diskotheken oder Konzerthallen entdecken. Zu bestimmten Zeiten im Jahr haben die Urlauber sogar die Möglichkeit vor der südlichen Küste **Wale zu beobachten**.

Zur Erkundung des Reiselandes Südafrika gibt es viele verschiedene Wege und Möglichkeiten. Im Folgenden genannt werden Besonderheiten, die es auszuprobieren lohnt.

Nutzung von Nostalgiezügen

Südafrika lässt sich auch auf exklusive Weise mit dem berühmten Luxuszug ***Blue Train*** oder den Nostalgiezügen des ***Rovos Rail*** erkunden. Eine dritte Möglichkeit bietet der ***Shongololo Express*** mit einer legeren Atmosphäre.

Abb. Reise mit dem Nostalgiezug

Die Routen verbinden schöne Landschaften und die größeren Städte miteinander. Die Fahrpreise sind trotz des Werteverfalls der südafrikanischen Währung, dem ***Rand*** (ISO-Code: ZAR) hoch geblieben. Oft sind die Preise in US-Dollar ausgeschrieben und auch zu begleichen.

Blue Train	*Rovos Rail*
Der nach seiner blauen Außenfarbe benannte Zug der Luxusklasse, gehört zu der staatlichen Eisenbahngesellschaft und entspricht mit seinem Komfort einem **Fünf-Sterne-Hotel**.	*Rovos Rail* ist einer der luxuriösesten Züge der Welt und wird gern als »*Pride of Africa*« (dt. »Stolz Afrikas«) bezeichnet.
Daten: 336 Meter lang, 18 Waggons, 82 Passagiere, Geschwindigkeit von knapp 90 Kilometer pro Stunde.	**Daten:** 20 Waggons, 72 Passagiere, Geschwindigkeit von etwa 40 Kilometer pro Stunde.
Einrichtung: Restaurant mit exquisiter Küche, holzgetäfelte *Lounge-* und Clubwagen mit Panoramafenstern, Bar und Bibliothek, moderne Kommunikationseinrichtungen (Monitore im Abteil).	**Einrichtung:** Restaurant in nostalgischer Atmosphäre mit hervorragender Küche, Salon- und Aussichtswaggons (teilweise aus Glas).
Butler sorgen für den *Room-Service*.	Exzellenter *Service*
Vollpension	Vollpension

Routen (jeweils in beide Richtungen): *Pretoria – Johannesburg – Karoo – Kapstadt* Dauer: etwa 27 Stunden, inkl. Stopps für Ausflüge. *Pretoria – Durban* (saisonal) Dauer: zwei Nächte	**Routen** (jeweils in beide Richtungen): *Pretoria – Kapstadt* Dauer: etwa 50 Stunden, inklusive Stopps für Ausflüge. *Pretoria – Durban* Dauer: 55 Stunden, inklusive Stopps für Ausflüge. *Pretoria – Victoria* Dauer: 55 Stunden, inklusive Stopps für Ausflüge.
Preis: Je nach Saisonzeit umgerechnet zwischen 1.000,00 und 1.200,00 Euro pro Person im günstigsten Doppelabteil für eine Übernachtung auf der Hauptstrecke. Eine frühzeitige Reservierung ist ratsam.	**Preis:** Umgerechnet rund 1.100,00 Euro pro Person im günstigsten Doppelabteil für zwei Übernachtungen auf der Strecke *Pretoria – Kapstadt*. Eine frühzeitige Reservierung ist empfehlenswert.

Tab. Vergleich der Nostalgiezüge

Safaris

© South African Tourism

Afrika ohne *Safari* kann sich wohl kein Tourist vorstellen. Auf einer *Safari* erleben die Besucher die Natur- und Artenvielfalt der Nationalparks und der privaten Wildreservate (engl. *Game parks*) des Landes. Hier können Wildtiere hautnah in ihrem Lebensraum beobachtet werden.

Idealer Zeitpunkt für eine *Safari* ist die regenarme Zeit oder **Trockenzeit**, wenn sich die Tiere an den wenigen Wasserstellen versammeln und unbelaubte Büsche und niedriges Gras für eine bessere Sicht sorgen. Im südafrikanischen Sommer (Dezember bis Februar), der über 40 Grad Celsius heiß werden kann, werfen die meisten Antilopenarten ihre Jungen gleich nach den ersten Regenfällen.

Individuelle *Safaris* werden von den Reisenden selbst organisiert und durchgeführt. Sie gestalten ihren Tagesablauf ganz nach eigenen Vorstellungen. Wann und wo sie wie lange einen Fotostopp einlegen, welche Route sie im Park oder Reservat einschlagen, welche verfügbare Unterkunft sie wählen usw. Allerdings ist es sehr wichtig auf die festgelegten Öffnungszeiten der Parktore (engl. *Gates*) und der Unterkünfte innerhalb der Parks (engl. *Camps*) zu achten.

© South African Tourism

Die **Erlaubnis des Befahrens eines Nationalparks oder privaten Wildreservates** sollten Reisende bereits bei Anmietung eines Mietfahrzeuges klären. Die täglichen Touren durch die *Game Parks* sollten vorab gut geplant sein und die Strecken einigermaßen berechnet. Tanken nicht vergessen! Die Parks erheben eine **Eintrittsgebühr**, die vor Ort zu zahlen ist.

MERKE

Feste Öffnungszeiten
Die Nationalparks sind außerhalb der festen Öffnungszeiten nicht zu betreten oder zu verlassen. Zu diesen Zeiten schließen auch die Tore der *Camps*. Die Zeiten richten sich nach Sonnenauf- bzw. -untergang. Weitere Informationen gibt es vor Ort.

Geführte *Safaris* werden von einheimischen Fahrern sowie von so genannten »***Rangern***« (erfahrenen Wildhütern mit sehr guten Ortskenntnissen) betreut. Generell finden sie in kleinen Gruppen (sechs bis acht Personen) statt und dauern **von wenigen Tagen bis zu ein- und zwei Wochen**. Übernachtet wird dann meist in den Quartieren innerhalb der Parks. Einige deutsche Reiseveranstalter bieten Badereisenden in Südafrika ebenfalls »Kurz*safaris*« an, die vorab im Reisebüro oder vor Ort gebucht werden können.

Fortbewegungsmittel der geführten Tierbeobachtungstouren sind kleine Busse, offene Geländewagen mit Allrandantrieb, Boote und kleinere Schiffe, Kleinflugzeuge ***(»Fly-in-Safaris«)*** oder Heißluftballons. Es gibt auch die Möglichkeit einer **Fuß-Safari** mit einem *Ranger*, die ein Höchstmaß an Spannung und Abenteuer inmitten der Wildtierparks bietet.

Viele private Tierreservate bieten ihren Besuchern geführte Pirschfahrten oder Pirschgänge an. (Je nach Unterkunft können diese kostenfrei oder -pflichtig sein.) Häufig erfolgt die erste »**Pirschfahrt**« in der frühen Morgendämmerung und die zweite am Nachmittag bis zum Einbruch der Dunkelheit, denn über die heiße Mittagszeit ziehen sich viele Tiere zurück in den Schatten. Den Gästen bietet dies die Möglichkeit zu relaxen und die Freizeiteinrichtungen der *Rest Camps* und *Lodges* zu nutzen.

Besonderheiten bei den Unterkünften

Das Land Südafrika verfügt über die **beste Hotelinfrastruktur der südafrikanischen Länder**. Unterkünfte in allen Komfort- und Preisklassen finden sich über das ganze Land verteilt. Das Spektrum reicht von Campingplätzen über einfache bis luxuriöse *Bed & Breakfast*-Unterkünfte, Gästezimmer und Pensionen, *Guesthouses* und Ferienwohnungen bis zum Fünf-Sterne-Luxushotel. Auch landschaftlich abgelegene Gästefarmen beherbergen Reisende.

Während einer *Safari* in den Reservaten und Parks können die Reisenden wahlweise in komfortablen Luxus*camps*- und *Lodges* sowie *Rest Camps* oder auf

Campingplätzen übernachten. Alle Unterkünfte sollten möglichst frühzeitig gebucht werden.

Abb. Rundhütten

Staatliche Nationalparks verfügen für gewöhnlich über so genannte ***Rest Camps*** (übersetzt etwa: Rastlager), die gern von Selbstversorgen besucht werden. Das *Camp* ist eine Siedlung aus typisch afrikanischen Hütten, wie z. B. den ***Rondavels*** (dt. Rundhütten). Diese sind zweckmäßig mit Betten, eigenem Bad und WC sowie laufendem Wasser und Strom eingerichtet. In der Regel gibt es eine Gemeinschaftsküche und Einkaufsmöglichkeiten sowie ein Restaurant und eine Tankstelle.

Ferner befinden sich in den staatlichen Nationalparks die **Camping- oder Zeltplätze**, die für Abenteurer und Selbstversorger ausgelegt sind. Je nach Bedürfnis nutzen die Besucher entweder die Camper-Stellplätze oder die Zelte. Die Zelte einiger Plätze sollten nicht unterschätzt werden, da sie recht komfortabel mit Möbeln, einem festen Bett und sogar mit fest installierter Dusche und WC ausgestattet sind. Solarstrom sorgt für die Beleuchtung und die Nutzung von Ventilatoren. Restaurants, Einkaufsmöglichkeiten und Tankstellen sind allerdings selten verfügbar.

In den größeren Nationalparks wie dem *Krüger Nationalpark*, gibt es außerdem **komfortable *Lodges*** mit einer gehobenen Ausstattung, Solarstrom sowie eigenem Bad, Dusche und WC. *Lodges* sind Unterkünfte aus festen Gebäuden.

Abb. Eine *Lodge*

Besucher eines **Privaten Wildreservates** treffen stets auf **luxuriöse *Lodges*** mit einer hervorragenden Architektur und erstklassigem Service in einem exklusiven *Ambiente*. Wohnen und Verpflegung sowie geführte »Pirschfahrten« und Fuß-Safaris sind meist inklusive. Ausgestattet sind diese privaten, zum Teil nicht eingezäunten Camps mit *Gourmet*-Restaurants, Swimming*pools*, *Lounges* und Bars sowie Einkaufsmöglichkeiten und Tankstellen. **Aufgrund der hochwertigen Qualität** sind die Unterkünfte in den Privaten Wildreservaten viel teurer als die Quartiere in den Nationalparks.

Reisende mit *Camper* und *Campmobil* finden auf über **800 Campingplätzen** in Südafrika eine Abstellmöglichkeit. Viele der meist sehr gepflegten Plätze liegen in schöner Lage in einem der Nationalparks oder auch direkt am Strand. **Doch Achtung:** »Wild campen« ist in Südafrika streng untersagt!

Und zu bedenken ist auch: Sie können sich mit dem Campingfahrzeug in Großstädten nur schwer fortbewegen. Reisenden ist daher besser anzuraten einen stadtnah gelegenen Stellplatz aufsuchen und die öffentlichen Verkehrsmittel für die Erkundung und Besichtigung des Zentrums zu nutzen.

Alle bisher genannten besonderen Reisevarianten haben **Vor- und Nachteile**, die Sie unbedingt mit Ihrem Kunden besprechen sollten, bevor er sich für eine Reise nach Südafrika und für eine der Reisevarianten entscheidet.

4.4.3 Traumziel Südwesten der USA

Die ***United States of America*** (**USA**) sind flächenmäßig der **drittgrößte Staat der Erde** und umfassen fast die Hälfte des nordamerikanischen Kontinents zwischen dem ***Pazifischen Ozean*** im Westen und dem ***Atlantischen Ozean*** im Osten.

Abb. Karte der USA

Die maximale Ausdehnung von Westen nach Osten beträgt etwa 4.500 Kilometer. Mit einer Nord-Süd-Ausdehnung von etwa 2.500 Kilometer erstrecken sich die **USA zwischen Kanada im Norden und Mexiko sowie dem Golf von Mexiko im Süden**. Das Gebiet umfasst 50 Bundesstaaten, zu dem ebenso die fast 4.000 Kilometer vom Festland entfernte Inselgruppe Hawaii und das im äußersten Nordwesten des amerikanischen Kontinents gelegene Alaska gehören.

Die Hauptstadt der USA, in der fast 600.000 Menschen leben, ist das an der Ostküste gelegene ***Washington D.C.***. ***New York City*** ist mit etwa sieben Millionen Einwohnern die größte Stadt des Landes und liegt im Osten der USA am *Atlantischen Ozean*.

Die höchste Erhebung der USA ist der fast 6.200 Meter hohe ***Mount McKinley*** in Alaska, der niedrigste Punkt des Landes, mit 86 Metern unter dem Meeresspiegel, befindet sich im ***Death Valley*** in Kalifornien.

Der ***Mississippi*** (*River*) ist der längste Fluss der USA mit einer Länge von 3.700 Kilometer. Er entspringt im Bundesstaat ***Minnesota***, fließt südwärts ins *Mississippi-Delta* und mündet in den ***Golf von Mexiko.***

Die *Sierra Nevada* im westlichen Bereich der USA sowie die ***Rocky Mountains*** im östlichen Bereich ergeben zusammen die ***Kordilleren***. Sie sind ein **junges Faltgebirge**, das sich im Westen des amerikanischen Kontinents von Alaska bis hinunter zur mittelamerikanischen Landenge zieht. Es entstand durch den Zusammenstoß der **Nordamerikanischen-** mit der **Pazifischen Kontinentalplatte**, die sich durchschnittlich fünf Zentimeter in Richtung Nordwesten (gegen die Amerikanische Kontinentalplatte) bewegt. Auf diese Weise entstehen Spannungen in der Erdkruste, die heftige Erdbeben und –stöße sowie Vulkanausbrüche verursachen können. Die kalifornischen Großstädte *San Francisco* auf der Nordamerikanischen Platte und *Los Angeles* auf der Pazifischen Platte sind oft »in Bewegung«. Die dazwischen liegende Verwerfung wird als ***San-Andreas-Graben*** bezeichnet.

Abb. Karte Kalifornien

Kalifornien liegt im Südwesten der USA, umfasst eine Fläche von etwa 411.000 Quadratkilometer und ist angesichts dessen der **drittgrößte Bundesstaat des Landes**. Und das ist noch nicht alles, denn mit fast 38 Millionen Einwohnern ist Kalifornien auch der **bevölkerungsreichste Bundesstaat** der USA.

Im Westen Kaliforniens erstreckt sich die gut 1.300 Kilometer lange **Küste des *Pazifischen Ozeans*** von der mexikanischen Grenze im Süden bis hin zum Bundesstaat Oregon im Norden. Kalifornien grenzt des Weiteren im Osten an *Nevada* und im Südosten an *Arizona*.

Die **Hauptstadt** Kaliforniens ist ***Sacramento*** mit etwa 400.000 Einwohnern. Rund 3,8 Millionen Menschen wohnen in Kaliforniens größter Stadt, in ***Los Angeles***, der zweitgrößten Metropole der USA.

Landschaftlich ist Kalifornien recht vielfältig. Der gebirgige Norden des Landes weist einsame Felsküsten, große Wälder, viele Bergseen und Flüsse auf. Der Süden ist hingegen von ausgedehnten Stränden dominiert. Entlang der Pazifikküste verläuft die als ***Coast Ranges*** bezeichnete Mittelgebirgskette. Sie ist bis zu 3.000 Meter hoch und fällt teilweise direkt ins Meer ab. In Richtung Osten grenzt das etwa 60 Kilometer breite und 600 Kilometer lange, fruchtbare ***Kalifornische Längstal*** (am. *California Central Valley*) an. Danach folgt im Südosten die ***Mojavewüste***, die mit dem ***Death Valley*** (dt. Tal des Todes, in dem sich der niedrigste Punkt des Kontinents befindet) zur ***Great Basin*** (dt. Großes Becken), eine karge, steppen- und wüstenartige trockene Landschaft hin, ausläuft.

Zwischen der *Great Basin* und dem *Central Valley* erstreckt sich die Hochgebirgskette ***Sierra Nevada***, deren höchster Berg ***Mt. Whitney*** 4.420 Meter misst. Der ***Sacramento River*** ist der längste Fluss Kaliforniens und misst eine Länge von 607 Kilometer. Allerdings wesentlich bekannter ist der durch Kalifornien fließende ***Colorado River***, der größte und wichtigste Fluss im Südwesten der USA.

Abb. *Monument Valley*

Der Bundesstaat Kalifornien ist ebenfalls unter dem Begriff »***The Golden State***« bekannt. Für diesen Beinamen ist der große und bedeutende »Goldrausch« in der Mitte des 19. Jahrhunderts verantwortlich sowie der ihm folgende wirtschaftliche Aufstieg. Er führte dazu, dass Kalifornien eine führende wirtschaftliche Rolle auf der Welt einnahm. Jedoch auch die natürlichen Gegebenheiten, wie etwa der goldene Sandstrand im Süden des Bundesstaats, die Sonne sowie das warme Klima, unterstreichen den Ausdruck »*Golden State*«.

Klima

Das **nördliche Kalifornien** liegt im Einflussbereich der **gemäßigten Klimazone** und ist von ganzjährigen starken Niederschlägen sowie Nebelbildung an den Küsten und im Winter häufig von Schnee in den Höhenlagen beeinflusst.

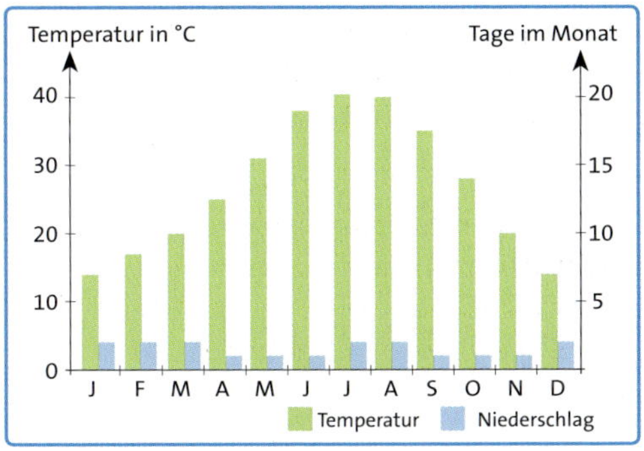

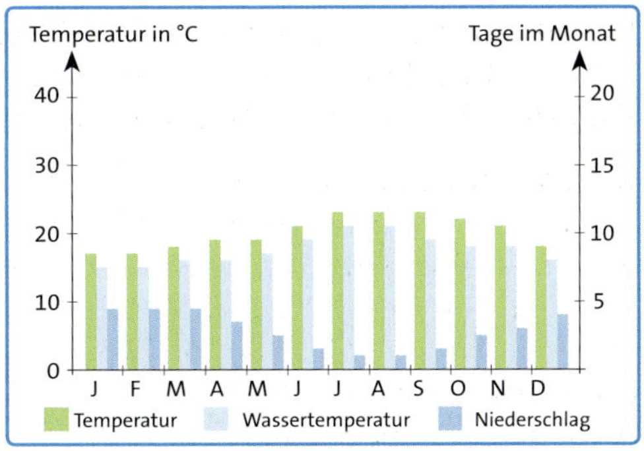

Abb. Klimadiagramme *Las Vegas* und *San Diego*

Einen kontrastreichen Unterschied weist das Klima **Südkaliforniens** auf: Hier garantiert die **subtropische Klimazone** an der Küste mehr als 260 Sonnenstunden im Jahr, heiße Sommer und milde Winter. Im Wüstenbereich herrscht **Wüstenklima.** Die Sommertemperaturen liegen oftmals über 40 Grad Celsius und es fällt wenig bis gar kein Niederschlag.

Reisezeit

Für eine Rundreise durch Kalifornien sind die **Frühjahres- und Herbstmonate** geeignet. Um den Norden Kaliforniens während einer Rundreise zu besichtigen oder wegen eines Badeurlaubs zu besuchen, ist die ideale **Reisezeit der Sommer**, da der Pazifische Ozean generell keine hohen Wassertemperaturen aufweist. Windsurfer und begeisterte Wassersportler erfreuen sich an der stetigen Brandung. In den **Wintermonaten** besteht die Möglichkeit in der *Sierra Nevada* Wintersport zu betreiben oder in den Wüstengebieten Sonne zu tanken.

Geschichte

30.000 v. Chr.	Einwanderung der indianischen Völker vermutlich ursprünglich aus Asien.
Frühes 16 Jh.	Erste europäische Entdecker segeln vor der Küste Kaliforniens.
28. Sep. 1542	*Juan Rodríguez Cabrillo*, ein Kapitän der spanischen Krone, nimmt als erster Europäer **Kalifornien für *Spanien*** in Besitz.
Ende 17. Jh.	Der spanische König beschließt die **Besiedlung Kaliforniens** ungeachtet der dort bereits lebenden Indianervölker.
1697	Die **erste Missionsstation** wird vom *jesuitischen* Missionar *Juan Maria de Salvatierra* errichtet, um den katholischen Glauben zu verbreiten. Die »ungläubigen« Einwohner nehmen den Glauben unter Druck an, da ihnen die Missionen Arbeit geben.

1767	Der spanische *König Karl III* weist die *Jesuiten* aus **Neuspanien** aus. Die *Franziskaner* übernehmen von nun an den Aufbau und die Bewirtschaftung der Missionen.
1769–1821	Die Mönche der *Franziskaner* errichten 21 Missionen in Kalifornien. Es entstehen erste spanische Siedlungen in *Alta California*, die von den aufstrebenden Missionen, insbesondere im Bereich Vieh- und Landwirtschaft profitieren.
4. Juli 1776	Die 13 bestehenden **britischen Kolonien an der Ostküste** Nordamerikas erklären ihre **Unabhängigkeit von Großbritannien** und bilden einen eigenen Staatenbund (die ersten Vereinigten Staaten von Amerika). Kalifornien gehört zu dieser Zeit nicht dazu.
1786	Der französische König beauftragt *Jean-Francois de Galaup* eine Gruppe Wissenschaftler nach Kalifornien zu führen um Berichte über die Missionen zu verfassen. Daraufhin bereisen Wissenschaftler, Händler und Walfänger Kalifornien.
1821–1840	**Mexiko** wird von Spanien unabhängig; deswegen **endet auch die europäische Herrschaft** über Kalifornien. Missionsstationen verlieren an Bedeutung.
ab 1840	Zunehmende Einwanderung Englisch sprechender Amerikaner in Kalifornien, welches nun die »sprachliche« Grenze zu Mexiko bildet.
1846	Die spanisch sprechende Bevölkerungszahl in der Region *Alta California* fällt auf unter 10.000 Personen. Eingewanderte Europäer beherrschen den Handel, ***Californios*** (Kalifornier mexikanischer Abstammung) arbeiten zum größten Teil auf den *Ranchos* (am. *Ranch*, dt. (Vieh-)Farm).
13. Mai 1846	Die **Vereinigten Staaten erklären Mexiko den Krieg**, der u. a. auf dem Gebiet Kaliforniens zu vielen Schlachten und Eroberungen führte.
1847–1849	Kalifornien wird vom US-Militär verwaltet. Die Sklaverei wird verboten.
Jan. 1848	*James W. Marshall* ist der erste, der auf der *Ranch* von *John Sutter* Gold entdeckt. Das löst den **»Kalifornischen Goldrausch«** und ein zugleich unvergleichliches Ausmaß an Bevölkerungswachstum in Kalifornien aus.
2. Feb. 1848	Der endgültige Friede mit Mexiko wird vertraglich besiegelt.
1850	Kalifornien wird als **31. Staat in die USA** aufgenommen. *Sacramento* wird zur Hauptstadt Kaliforniens ernannt.
1851–1856	Politische Unruhen und eine hohe Kriminalitätsrate sind Grund für die Entstehung des »*Committee of Vigilance*« (dt. »Wachsamkeitsvereinigung«). Diese beschlossen, aufgrund der Korruption der Polizei und sogar der Politiker, das Gesetz selbst in die Hand zu nehmen und die Rechtsordnung wieder herzustellen.
1865–1869	Bau einer **transkontinentalen Eisenbahn.** Nach Fertigstellung dauert eine Reise von *Chicago* nach *San Francisco* nicht mehr sechs Monate, sondern sechs Tage. **Chinesen**, die an dem Bau der Eisenbahn beteiligt waren, lassen sich in Kalifornien

	nieder, das ihnen das Erwerben von Grundeigentum erschwert. Daher gründen sie die »*Chinatowns*«.
18. Apr. 1906	Ein **verheerendes Erdbeben** zerstört große Teile von *San Francisco*.
1920er Jahre	Ölfunde in Kalifornien führen zur **Entwicklung der Ölindustrie**.
1939–1945	Der Zweite Weltkrieg wird in Kalifornien nach **dem japanischen Angriff auf *Pearl Habour*** *(Hawaii)* spürbar. Außerdem werden in Kalifornien Militärfahrzeuge sowie Kriegsschiffe gebaut. Viele Menschen ziehen in die Umgebung von *San Francisco* und suchen Arbeit in den Werften. Die Bevölkerungszahl wächst.
1945–1970	Kalifornien erlebt erneut einen starken Bevölkerungsanstieg, begünstigt durch den »*Baby-Boom*« (hohe Geburtenrate) nach dem Krieg sowie durch das aus *Hollywood* verbreitete Idealbild der Westküste.
1955	Eröffnung des *Disney Resorts* in *Anaheim*.
1960er Jahre	Mit dem »*Summer of Love*« *erreicht die Hippie*kultur im Sommer 1967 seinen Höhepunkt. Der Ausdruck versucht das Lebensgefühl zu beschrieben, das zu dieser Zeit im kalifornischen *San Francisco* herrscht.
1980er Jahre	*Boom* der Computerindustrie im »*Silicon Valley*« (übersetzt: Silizium-Tal; Anm.: Silizium ist ein wichtiger Bestandteil von Computerschaltkreisen und -speicher*chips*)
11. Sep. 2001	Die erschütternden Anschläge einer *islamistischen* Terrororganisation auf *New York* und *Washington* führen zu **massiven Sicherheits- und verschärften Einreisebestimmungen** in die USA und somit auch nach Kalifornien.
17. Nov. 2003–3. Jan. 2011	Der Republikaner und *Action*filmschauspieler *Arnold Schwarzenegger* ist der 38. *Gouverneur* Kaliforniens.
3. Jan. 2011	Demokrat *Jerry Brown* wird neuer Regierungschef des US-Bundesstaates Kalifornien.

Tab. Geschichte Kaliforniens

Missionen

BEISPIEL

Entlang der Pazifikküste Kaliforniens befinden sich insgesamt 21 Spanische Missionen, die zwischen 1769 und 1821 von Mönchen des Franziskanerordens errichtet wurden. Ziel der Stationen war es, die indigene Bevölkerung zum Christentum zu bekehren und die Besitzansprüche der spanischen Krone an der Pazifikküste zu behaupten. Neben der »Zivilisierung«, die verantwortlich für den Verlust der Identität, der Autonomie und des Lebensraumes der indigenen Bevölkerung ist, trugen die europäischen Kolonialmächte wesentlich zu der Entwicklung der Region *Alta California* bei. Die Europäer brachten ihre Früchte, Nutzpflanzen, ihr Wissen von Viehzucht sowie ihre Handwerkskunst mit.

Bevölkerung

Der Südwesten der USA ist das Land der großen Metropolen *Los Angeles, San Francisco* und *Las Vegas* und zugleich der »Wilde Westen« der Cowboys und Indianer. Daher bietet der Bundesstaat Kalifornien einen sehenswerten Mix aus indianischem Erbe und Moderne. Dieser Mix spiegelt sich in der **multikulturellen Bevölkerung** wieder.

Abb. Junge Kalifornier

Als bevölkerungsreichster Bundesstaat der USA hat Kalifornien die größte Anzahl an weißen Amerikanern in den Vereinigten Staaten, nämlich knapp 60 Prozent der gesamten Einwohnerzahl Kaliforniens. Die größte Gruppe der weißen Bevölkerung stellen mit knapp 10 Prozent Einwohner deutscher Abstammung. Auch die Ureinwohner Amerikas, die Indianer, sind in Kalifornien stärker vertreten als in jedem anderen Bundesstaat. Sie leben größtenteils in Reservaten.

Etwa ein Drittel der asiatischen Bevölkerung in den USA lebt in Kalifornien. Außerdem hat der Bundesstaat in absoluten Zahlen die meisten *Hispanics* und die drittgrößte Afroamerikanische Bevölkerung. Die hispanische/lateinamerikanische Bevölkerung stammt dabei in erster Linie aus Mexiko, das zugleich das größte Herkunftsland der Kalifornier ausmacht.

Zeitzonen

Kalifornien: *Pacific Standard Time* (PST); UTC–8 (MEZ–9, MESZ–9), denn in Kalifornien gilt ebenso wie in Deutschland die Sommerzeit (am. »*Daylight Saving Time*«), d. h., im Sommer werden die Uhren um eine Stunde vorgestellt.

Flugzeitberechnung

BEISPIEL

Das Flugzeug startet am Samstag um 16:00 Uhr in *München* (UTC+1) und landet abends um 19:15 Uhr in *San Francisco* (UTC–8). Die Differenz der Ortszeiten (16:00 Uhr bis 19:15 Uhr = **3 Std. 15 Min.**) wird zu der Differenz der Zeitzonen (+1 Std. – (–8) Std. = **9 Std.**) hinzugezählt. Die Flugzeit beträgt somit **12 Std. 15 Min.**

***Arizona: Mountain Standard Time* (MST)**; UTC–7 (MEZ–8, MESZ–9). In Arizona ist keine Umstellung auf Sommerzeit vorgesehen.

***Utah: Mountain Standard Time* (MST)**; UTC–7 (MEZ–8, MESZ–8). Im Sommer werden also auch hier die Uhren um eine Stunde vorgestellt.

MERKE

Amerikanische »Zeitschreibweise«
Bitte beachten Sie, dass in Amerika die 24-Stunden-Zeitschreibweise nicht üblich ist (Beispiel: 18:00 Uhr = 6 p.m., 6:00 Uhr = 6 a.m.).

Um den Westen der USA zu erkunden, gibt es verschiedene Möglichkeiten zu reisen und zu übernachten. Ihr Kunde kann zwischen unterschiedlichen Transportmitteln sowie zwischen einer Vielzahl an Übernachtungsmöglichkeiten auswählen.

Verkehrsnetz

Einige Fluggesellschaften und/oder Allianzen bieten Überseereisenden besondere Tarife bzw. so genannte »*Air*pässe« an, die auch für Flugreisen innerhalb der USA gelten. Der ***Airpass*** ist nur in Verbindung mit einem internationalem Hin- und Rückflug und vor Abreise in die USA erhältlich. Reisende können meistens zwischen drei und zehn, höchstens jedoch zwölf Flugcoupons zu einem relativ niedrigen Festpreis erwerben, mit denen sie ziemlich viele Flugstrecken innerhalb Nordamerikas zurücklegen können. Eine solche Allianz ist z. B. die ***Star Alliance:*** Sie ist das weltweit führende Netzwerk von Fluglinien in Bezug auf die angeflogenen Ziele und Länder, die Anzahl der täglichen Flugverbindungen sowie die Anzahl der Mitglieder.

Zu den insgesamt 27 Mitgliedsgesellschaften, deren Fluglinien die höchsten Standards in punkto Kundendienst, Sicherheit und technische Infrastruktur erfüllen müssen, gehören unter anderem *Lufthansa*, *Air Canada*, *Continental Airlines*, *Singapore Airways*, *South African Airways*, *Thai Airways*, *United Airlines*, *US Airways* und einige andere. Die *Star Alliance* bietet sogar einen »*Round the World*«-Tarif.

Ferner besteht die Möglichkeit den Südwesten der USA mit der Bahn zu bereisen, wobei der **Zugfernverkehr eine eher weniger große Rolle** spielt. Fernverkehrszüge der Firma *Amtrak* bieten fünf verschiedene Bahnlinien aus den nördlichen Nachbarstaaten, von Südkalifornien und dem Mittleren Westen, die in den größeren Bahnhöfen Kaliforniens, in *Los Angeles* und in *Oakland* (nahe *San Francisco*) enden oder einen Halt machen.

Es gibt auch **sehr gute und preiswerte nationale Verkehrsverbindungen mit Linienbussen**. Dominierendes Busunternehmen in den USA ist »*Greyhound World Travel*«, das täglich zahlreiche Orte auch in Kalifornien anfährt; beispielsweise wird achtmal täglich die Strecke von *Phoenix* bis *Los Angeles* befahren.

Sehr gut ausgebaute Autobahnen (am. *Interstates* bzw. *Highways*) **und Straßen** bieten die Möglichkeit einen größeren Teil des Westens und die Nationalparks mit dem Mietwagen oder dem Campingfahrzeug auf eigene Faust zu erkunden. Die Entfernungen des Landes sollten dabei keines Falles unterschätzt werden: eine Fahrt von *San Francisco* entlang der Pazifikküste nach *Los Angeles* beträgt mindestens acht Stunden.

Auto fahren

In den USA werden die Entfernungen und Höchstgeschwindigkeitsbegrenzungen **in Meilen angegeben**. Das Längenmaß Meile entspricht etwa 1,6 Kilometer. Maximale Höchstgeschwindigkeit in den USA sind 75 Meilen pro Stunde. Umgerechnet liegt die zugelassene Geschwindigkeit auf den Autobahnen damit bei etwa 100 Kilometer pro Stunde.

Autofahren in den USA ist anders als in Deutschland – die **Autos** sind breiter und größer, weicher gefedert, Benzin ist »billig«, die Straßen sind meist sehr breit. Oftmals gibt es kilometerlang keine Veränderung in der Natur. Die Fahrweise ist gemütlich bis ermüdend, was meist an den Tempolimits liegt. In der Regel haben Mietwagen in den USA eine Automatikschaltung und Klimaanlage, doch sind die Kofferräume vergleichsweise klein. Daher ist es empfehlenswert den größeren Fahrzeugtyp für eine Mietwagenrundreise zu buchen.

Die **amerikanischen Nationalparks** verlangen eine Eintrittsgebühr bei Einfahrt. Der Kauf eines Jahrespasses für 80,00 USD deckt alle US-Nationalparks sowie staatlich betriebene Erholungsgebiete ab, ist zwölf Monate gültig und nimmt drei weitere Personen (ab 16 Jahren), die sich im Pkw befinden, in die Parks mit.

Für das Zurücklegen langer Etappen bietet der ***Camper* oder das *Campmobile*** eine gute Alternative zum Mietwagen. Die meisten dieser Fahrzeuge sind mit Küche (Kühlschrank, Kochgelegenheit und Spüle), Dusche/WC und ausreichend Schlafplätzen ausgestattet.

Camping

In Amerika ist *Camping* noch immer sehr beliebt. Jedoch wird unter dem Begriff nicht nur das Zelten, sondern auch – und gerade – das »Heim auf vier Rädern«, also der Wohnwagen oder das Wohnmobil verstanden. Dort wird es als »***Recreational Vehicle***«, kurz R.V. (übersetzt »Erholungsfahrzeug«) bezeichnet.

Daher gibt es im Südwesten der USA ein dichtes Netz von hervorragenden Campingplätzen (am. »***Campgrounds***« oder »***R.V. Parks***« genannt) mit einem guten Maß an Komfort. Landschaftlich besonders reizvoll liegen die preiswerten **staatlichen Campingplätze** (*National-* oder *Provincial Campgrounds*), meist mit Feuerstelle, Picknick-Tisch und -Bank ausgestattet. Die Standgebühr beträgt zwischen 5,00 und 15,00 USD pro Fahrzeug und Nacht.

Privat betriebene Plätze, wie z. B. die der Firma KOA, sind zwar auf engem Raum angelegt, bieten allerdings ein **Höchstmaß an Komfort**: eigener Strom-, Wasser- und Abwasseranschluss, Dusche, WC, Waschautomat, Tische, Bänke sowie kleine Einkaufsläden sind vorhanden. Die Standgebühr beträgt hier zwischen 30,00 und 50,00 USD pro Fahrzeug und Nacht (Stand 2011).

Reisende mit dem »R.V.« möchten nichts desto trotz auch die »großen Metropolen« Kaliforniens kennen lernen. Daher bieten **Hotels in *Las Vegas***, wie z. B. *Circus Cirus, Mirage, Treasure Island* oder *Luxor*, kostenlose **Parkplätze für *Camper* und *Campmobile*** an. Als zweites Beispiel für eine Rundreise wird in ▸ LF 7, Kapitel 8.3.2 das Reisen mit einem Campingfahrzeug durch den Südwesten der USA beschrieben.

Abb. *Recreation Vehicle* (R.V.)

Unterkünfte

In Kalifornien finden Reisende Unterkünfte aller Kategorien und Preisklassen mit guten Qualitätsstandards. Hotels schreiben i.d.R. einen festen Zimmerpreis aus, unabhängig von der Anzahl der Personen, die das Zimmer bewohnen. Das bedeutet: eine **Einzelbelegung ist in der Relation recht teuer**. Viele der Hotels gehören großen Ketten wie *Holiday Inn, Best Western, Sheraton, Hilton* und *Hyatt* an.

Der Übernachtungspreis enthält üblicherweise keine Frühstücks-Verpflegung, da die Gäste im Hotel oder in der unmittelbaren Umgebung einen »***Coffeeshop***« finden, in dem sie frühstücken können.

B&B Hotels betreiben das so genannte »***Bed and Breakfast*«-System**. Sie bieten Reisenden ein Frühstück und eine preiswerte Alternative zu Hotels und Pensionen. Statt in einem anonymen Hotelbett übernachten diese in einem privaten Gästezimmer, Appartement oder in einer Ferienwohnung.

Abb. *Motel*

Junge Leute erfreuen sich außerdem an den niedrigen Übernachtungspreisen der in den USA als ***Hostels*** bezeichneten **Jugendherbergen**.

Mietfahrzeug-Reisende finden direkt an den *Highways* preiswerte Übernachtungsmöglichkeiten in Hotels, die als »***Motel***« bezeichnet werden.

Außerhalb der Städte, auf den ländlichen Gebieten im Westen der USA, können Reisende ihren **Urlaub auf einer *Ranch*** verbringen. Sie erleben das Leben eines *Cowboys* hautnah mit, da sie eingeladen werden bei der Viehwirtschaft mitzuarbeiten. Außerdem können die Gäste einer *Ranch* an Reittouren in die Umgebung teilnehmen.

Dieses Kapitel hat Ihnen **Destinationswissen** für eine Auswahl an Reisezielen außerhalb Deutschlands näher gebracht. Eignen Sie sich für weitere Destinationen selbstständig Kenntnisse an oder vertiefen Sie diese, indem Sie im Internet recherchieren, die Veranstalterkataloge sowie entsprechende Reiseführer lesen. Bringen Sie Ihre eigens erworbenen Kenntnisse anschließend **zielgruppen- und reiseformorientiert** in einem Beratungsgespräch ein.

AUFGABEN

1. Empfehlen Sie Ihren kulturinteressierten Kunden sowie anderen Kunden, die Sie der Reisetypologie DINKS zuordnen würden eine Städtereise nach *Wien*, indem Sie jeweils zwei Nutzenbrücken bilden.
2. Empfehlen Sie Ihren Kunden zwei Ausflugsmöglichkeiten außerhalb der »Inneren Stadt« *Wiens* und beschreiben Sie diese kurz.
3. Reisende aus aller Welt unternehmen eine Flusskreuzfahrt auf der Donau, eines der beliebtesten Fahrtgebiete.
   a) Wo liegt der Ursprung der Donau und in welches Meer mündet sie?
   b) Die Donau wird wie jeder Fluss in wesentliche Abschnitte unterteilt. Welche drei sind das in diesem Fall?
   c) Nennen Sie die drei großen *Beckenlandschaften*, die die Donau durchfließt und ordnen Sie diese den drei Abschnitten zu.
4. *Tirol* ist ein Bundesland von Österreich und eine für den Tourismus sehr beliebte Destination.
   a) Welche Teile *Tirols* gehören zu Deutschland?
   b) Stellen Sie das Landschaftsbild von *Tirol* vor.
   c) Wie heißt der bedeutendste Fluss in dem Bundesland?
   d) Nennen Sie jeweils die höchsten Berge von Nord- und Ost*tirol*.
   e) Verweisen Sie auf die höchsten Gebirge.
   f) Zeichnen Sie die in ▸ LF 7, Kapitel 11.3 erwähnten Gebirge, Täler und Städte von *Tirol* in die Stummkarte dieser Destination ein. Sie finden die Karte auf der Internetseite ▸ www.europa-lehrmittel.de ▸ Titel »All inclusive Band 2«
5. Nennen Sie jeweils vier Sommer- und Winteraktivitäten für *Tirol*.
6. Ihre Stammkundin Frau Münchhausen möchte ihrem Mann zum 50. Geburtstag im kommenden Februar eine mehrtägige Reise nach *Innsbruck* schenken.
   a) Nennen Sie Ihrer Kundin vier Sehenswürdigkeiten, die ein »Muss« für jeden *Innsbruck*-Besucher darstellen.
   b) Ihre Kundin bittet Sie ihr außerdem einen geeigneten Ausgangspunkt für *Tourenrouten* zum Wandern zu nennen.

▸▸

7. Reisende aus aller Welt besuchen die Stadt *Rom*. Nennen Sie jeweils drei Kultur- sowie Freizeitangebote in *Rom* und beschreiben Sie diese anhand eines Merkmals.
8. Beschreiben Sie stichpunktartig drei Ausflugsmöglichkeiten von *Rom*.
9. Erläutern Sie anhand von jeweils zwei Beispielen die Attraktivitäten der *Balearen* für die folgenden Reisetypen: Familien mit Kindern, DINKS, *Best Ager*, Kulturinteressierte.
10. Ordnen Sie den *Balearen* mithilfe der Freizeitangebote neben dem Badeurlaub fünf weitere Reiseformen zu.
11. Stellen Sie anhand von Sehenswürdigkeiten die *Balearen*insel *Mallorca* vor. Nutzen Sie dafür das Beispiel dieser Tabelle.

Natürliche Gegebenheiten, Flora und Fauna	Soziokulturelle Sehenswürdigkeiten
Tramuntana-Gebirge	»Roter Blitz«
Tal von *Sóller*	*La Seu*

12. Damit Sie Kunden den geeigneten Urlaubsort A, B oder C auf *Mallorca* anbieten können, nutzen Sie den »**Zielfinder**«.

Der individuelle Zielfinder	xxx = sehr gut geeignet, xx = gut geeignet, x = geeignet, o = wenig geeignet, -- = nicht ideal		
Sie suchen:	Urlaubsort A	Urlaubsort B	Urlaubsort C
Bademöglichkeit (Meer/See)			
Sandstrand			
Unterkünfte in Strandnähe			
Großes Angebot an Restaurants			
Ausgehmöglichkeiten am Abend			
Einkaufsmöglichkeiten			
Sportmöglichkeiten			
Wassersportmöglichkeiten			
Kulturelle Sehenswürdigkeiten			
Landschaftliche Sehenswürdigkeiten			
Ruhige Umgebung			
Kinderfreundliche Einrichtungen			

13. *Mallorca* und *Ibiza* gehören heute zu den meist besuchten Feriengebieten für junge Leute.
a) Welche Gründe könnte es dafür geben? Was suchen und finden die jungen Leute dort?
b) Welche Zielgruppen sprechen die Balearischen Inseln *Menorca* bzw. *Formentera* in erster Linie an und warum? Nennen Sie jeweils zwei Zielgruppen und begründen Sie.

14. Drucken Sie bitte für die Bearbeitung der folgenden Aufgaben die Stummkarten der vier *Balearischen Inseln* aus. Die Stummkarten finden Sie auf der Internetseite ► www.europa-lehrmittel.de ► Titel »All inclusive Band 2«
a) Skizzieren Sie die naturräumlichen Gegebenheiten (Gebirge und Täler) der Inseln in die entsprechende Stummkarte ein.
b) Zeichnen die Sie die Hauptstädte sowie drei wichtige Städte/Touristenzentren ein.
c) Zeichnen Sie jeweils fünf empfehlenswerte Ausflugsziele/Sehenswürdigkeiten in jede der Karten ein.

15. Zwei allein stehende Seniorinnen interessieren sich für eine Kombination aus Bade- und Wanderurlaub auf den *Balearen*. Die Kundinnen legen großen Wert auf einen ruhigen und sauberen Strand.

a) Schlagen Sie den beiden Damen eine der *Balearischen Inseln* vor und geben Sie ihnen Informationen über die Gebirge und deren Wandermöglichkeiten.
b) Welche Jahreszeit empfehlen Sie den Kunden und aus welchem Grund?
c) Außerdem haben sich die Damen vorgestellt einen Ausflug auf eine der benachbarten Inseln zu unternehmen. Informieren Sie sie über die Anreise und entwerfen Sie ein Tagesausflugsprogramm mit drei Besichtigungen.

16. *Andalusien* liegt im Süden Spaniens und ist die zweitgrößte autonome Region Spaniens.
a) Wie viele Provinzen umfasst *Andalusien*? Zählen Sie diese auf.
b) Stellen Sie das Landschaftsbild der Region vor.
c) In welche Küstenabschnitte wird *Andalusien* unterteilt? Bilden Sie für jeden Abschnitt eine Nutzenbrücke für Badeurlauber.

17. Drucken Sie bitte die Stummkarte *Andalusiens* unter der Internetadresse ▸ www.europa-lehrmittel.de ▸ Titel »All inclusive Band 2« als Arbeitsblatt aus. Tragen Sie darin die Provinzen mit den jeweiligen Hauptstädten ein.

18. Welches sind die besten Reisezeiten für einen Golfurlaub in *Andalusien* im Hinblick auf das Klima?

19. Nennen Sie jeweils zwei mögliche Aktivitäten in *Andalusien* zu Wasser, zu Lande und in der Luft.

20. Damit Sie Ihrem Kunden den geeigneten Urlaubsort A, B oder C in *Andalusien* anbieten können, nutzen Sie den »Zielfinder« und sortieren Sie die nicht den Kundenvorstellungen entsprechenden Urlaubsorte aus. Wenden Sie den Zielfinder für die Urlaubsorte *Málaga, Torremolinos* und *Novo Sancti Petri* an.

Der individuelle Zielfinder	**xxx = sehr gut geeignet, xx = gut geeignet, x = geeignet, o = wenig geeignet, -- = nicht ideal**		
Sie suchen:	***Málaga***	***Torremolinos***	***Novo Sancti Petri***
Bademöglichkeit (Meer/See)			
Sandstrand			
Unterkünfte in Strandnähe			
Großes Angebot an Restaurants			
Ausgehmöglichkeiten am Abend			
Einkaufsmöglichkeiten			
Sportmöglichkeiten			
Wassersportmöglichkeiten			
Kulturelle Sehenswürdigkeiten			
Landschaftliche Sehenswürdigkeiten			
Ruhige Umgebung			
Kinderfreundliche Einrichtungen			

21. *Andalusien* bietet Reisenden eine Vielzahl an kunsthistorischen Sehenswürdigkeiten und faszinierende Attraktionen aus der Vergangenheit.

a) Welches Gebäude maurischer Baukunst ist das Wahrzeichen von *Andalusien* und in welcher Stadt befindet es sich?

b) Für welche drei Eigenschaften ist die Stadt *Jerez de la Frontera* bekannt?
c) Beschreiben Sie die besondere Lage der Stadt *Ronda*.
d) Empfehlen Sie Ihren Kunden die Stadt *Málaga* anhand von fünf Sehenswürdigkeiten, die Sie kurz beschreiben.

22. *Sizilien* ist die größte Insel des Mittelmeers und als Reiseziel beliebt wegen ihrer vielen kulturellen Sehenswürdigkeiten.
a) Beschreiben Sie die Lage *Siziliens*.
b) Was ist das Wahrzeichen der Insel? Warum ist es eine Touristen-Attraktion und zugleich eine gefährliche Naturgewalt?
c) Welche Inselgruppen gehören zu *Sizilien* und wo liegen sie?
d) Welche Verbrechergruppe auf dem Bereich der organisierten Kriminalität stammt ursprünglich von der Insel?

23 Bilden Sie mit Hilfe der Attraktivitätsfaktoren der Insel *Sizilien* (▸ LF 7, Kapitel 7.2.1) jeweils eine Nutzenbrücke für die Reisetypen Kulturinteressierte, Badeurlauber und Sport- und Aktivbegeisterte für eine Urlaubsreise nach Sizilien.

24. Die *Türkische Riviera* ist eine touristische Destination in der Türkei.
a) Beschreiben Sie die geografische Lage der *Türkischen Riviera*.
b) Welches Gebirge bildet den Hintergrund der *Türkischen Riviera?*

25. Empfehlen Sie Ihren Kunden eine geeignete Reisezeit für einen Badeurlaub an der *Türkischen Riviera*.

26. Welche Probleme herrschen an machen Stränden der *Türkischen Riviera?* Schildern Sie zwei Beispiele. Zeigen Sie außerdem ein Beispiel für nachhaltigen Tourismus an der *Türkischen Riviera* auf.

27. Nennen Sie fünf Freizeitgestaltungsmöglichkeiten an der *Türkischen Riviera*.

28. Drucken Sie die auf der Internetadresse ▸ www.europa-lehrmittel.de ▸ Titel »All inclusive Band 2« zu findende Stummkarte der *Türkischen Riviera* aus und bestimmen Sie die geografische Lage aller im Text beschriebenen Ausflugsmöglichkeiten.

29. Die *Türkische Riviera* weist viele touristische Ortschaften sowie Ausflugsziele auf.
a) Bekannte Urlaubsorte sind z. B. *Kemer, Belek, Side* und *Incekum*. Recherchieren Sie in ▸ LF 7, Kapitel 4.2 und charakterisieren Sie die Orte durch jeweils drei Merkmale.
b) Charakterisieren Sie danach die Urlaubsorte *Lara* und *Kundu*. Welcher Zielgruppe können Sie diese Orte empfehlen?
c) Empfehlen Sie *Aspendos, Perge* und *Phaselis* als Ausflugsziele.

30. Damit Sie Ihrem Kunden den geeigneten Urlaubsort A, B oder C anbieten können, nutzen Sie den »Zielfinder« und sortieren Sie die nicht den Kundenvorstellungen entsprechenden Urlaubsorte aus. Wählen Sie drei Urlaubsorte der *Türkischen Riviera* aus und wenden Sie den Zielfinder an:

Der individuelle Zielfinder	**xxx = sehr gut geeignet, xx = gut geeignet, x = geeignet, o = wenig geeignet, -- = nicht ideal**		
Sie suchen:	**Urlaubsort A**	**Urlaubsort B**	**Urlaubsort C**
Bademöglichkeit (Meer/ See)			
Sandstrand			
Unterkünfte in Strandnähe			
Großes Angebot an Restaurants			
Ausgehmöglichkeiten am Abend			
Einkaufsmöglichkeiten			
Sportmöglichkeiten			
Wassersportmöglichkeiten			
Kulturelle Sehenswürdigkeiten			
Landschaftliche Sehenswürdigkeiten			
Ruhige Umgebung			
Kinderfreundliche Einrichtungen			

31. Ein Senioren-Ehepaar reist schon seit Jahren in die Türkei und gibt zu beklagen, dass es bereits alle Ausflugsziele gesehen hat, sich aber von dem tollen Service und der Freundlichkeit der Türken nicht trennen möchte. Empfehlen Sie dem Paar die »Blaue Reise« (▸ Kapitel 4.3.4) und erklären Sie den Kunden genauer um welche Art des Reisens es sich handelt.

32. Stellen Sie mit Hilfe dreier Verkaufsargumente die Einzigartigkeit einer Kreuzfahrt in der *Ägäis* dar.

33 Zu welcher Inselgruppe gehört …
a) … *Rhodos?*
b) … *Santorin?*

34. Zu welcher Reisezeit empfehlen Sie Ihren Kunden eine Kreuzfahrt in der *Ägäis?*

35. Die *Ägäis* ist bekannt für die vielen historischen Sehenswürdigkeiten. Ordnen Sie den Beschreibungen die Sehenswürdigkeit zu.

- Stadtfestung, die über *Athen* thront.
- Berühmte Ausgrabungsstätte auf *Kreta*.
- Moschee in *Istanbul* mit blauer Kuppel und sechs *Minaretten*.
- Residenz der osmanischen Sultane in *Istanbul*.
- Höchst gelegener Ort auf der *Insel Thira*.
- Ausgrabungsstätte, die zu den sieben Weltwundern zählt.

36. Beschreiben Sie die geografische Lage des *Roten Meeres*.

37. Empfehlen Sie Ihren Kunden (Sport- und Aktivbegeisterte und Kulturinteressierte) jeweils zwei Freizeitangebote am *Roten Meer*.

38. Empfehlen Sie drei kulturelle Sehenswürdigkeiten in *Kairo* und zwei weitere in der näheren Umgebung der Stadt. Beschreiben Sie diese kurz.

39. *Luxor* ist ein gern besuchtes Ausflugsziel bei den Touristen. Geben Sie drei Sehenswürdigkeiten der Pharaonenzeit in bzw. bei *Luxor* an und beschreiben Sie diese.

40. Ein Seniorenehepaar feiert im kommenden Januar »Goldene Hochzeit« und möchte das Jubiläum in *Ägypten* feiern. Das Paar stellt sich vor zunächst eine Kreuzfahrt auf dem *Nil* zu unternehmen und anschließend noch eine Woche Badeurlaub in einem Clubhotel gehobener Kategorie anzuhängen. Hier soll die Möglichkeit zum Tauchen und Schnorcheln bestehen.

a) Nehmen Sie Bezug auf die gewünschte Reisezeit. Ist sie für eine solche Reisekombination geeignet?

b) Erklären Sie dem Ehepaar den Ablauf einer *Nil*kreuzfahrt unter Berücksichtigung der möglichen Zielflughäfen, der Reisemöglichkeiten im Land, Ausgangs- und Endstationen sowie der üblichen Stationen und Sehenswürdigkeiten, die angefahren werden. Informieren Sie Ihre Kunden außerdem über die Ausstattung und Einrichtung der Schiffe. Welche Reisedauer empfehlen Sie den Kunden für die Flusskreuzfahrt?

c) Das Ehepaar weist darauf hin, dass der Transfer vom Schiff zum Hotel so kurz wie möglich sein soll. Sie nehmen Rücksicht auf den Wunsch und empfehlen ein entsprechendes Ferienzentrum an der Küste des *Roten Meeres*. Welche Unterhaltungs-, Freizeit- und Einkaufsmöglichkeiten bestehen vor Ort? (Recherchieren Sie hierfür selbst oder verwenden Sie die Angaben in ▸ LF 7, Kapitel 9.3.)

41. Ihre Kunden, eine sportbegeisterte Familie mit einem Kind (sieben Jahre), möchte gerne nach Thailand reisen und hat bereits im Internet günstige Angebote für den Urlaubsort *Pattaya* gefunden. Die Kunden erkundigen sich bei Ihnen, ob der Urlaubsort für einen Familienurlaub geeignet ist, da er doch für den »Sextourismus« bekannt ist.

a) Welche Freizeitaktivitäten werden in *Pattaya* für eine Familie geboten? Bitte recherchieren Sie selbst oder nutzen Sie die Angaben in ► LF 7, Kapitel 2.3.2.
b) Nennen Sie zwei Tagesausflugsziele, die mit dem Boot von *Pattaya* aus erreichbar sind.
c) Wie schätzen Sie die Bemühungen der Investoren ein, die versuchen aus dem »Rotlichtparadies« eine familientaugliche »*Premium*-Destination« zu machen? Suchen Sie zu diesem Thema Informationen im Internet und diskutieren Sie mit Ihren Mitschülern.

42. Ein Ehepaar mittleren Alters kommt zu Ihnen ins Reisebüro und informiert sich über das Reiseziel Thailand. Die Kunden möchten einen Badeurlaub mit einem *Stopover*-Programm in *Bangkok* kombinieren und pauschal buchen.

a) Sie empfehlen Ihren Kunden zwei Nächte in *Bangkok* zu verbringen. Welche kulturellen Sehenswürdigkeiten in *Bangkok* und Umgebung sollten Ihre Kunden in dieser Zeit besichtigen? Nennen und beschreiben Sie insgesamt sechs Besichtigungen und/oder Ausflugsziele.
b) Die geplante Reisezeit liegt in den Monaten Juni und Juli. Empfehlen Sie dem Ehepaar unter Berücksichtigung der Regenzeit eine geeignete Insel, auf der sie ihren Badeurlaub verbringen können (► LF 7, Kapitel 2.3.2).
c) Klären Sie Ihre Kunden über die Lage der Insel und ihre Erreichbarkeit von *Bangkok* aus auf.

43. Ein Ehepaar hat Interesse an Natur, Kunst und Kultur von Südostasien. Besonderes Augenmerk schenken Sie den ethnischen Minderheiten Nord- und West-Thailands, über die sie schon viel gelesen haben. Daher möchten Sie eine acht- bis 11-tägige Busrundreise in den Norden des Landes unternehmen. Im Anschluss daran wollen sie für etwa sieben Nächte Badeurlaub auf *Phuket* machen, um sich mit den vielen Eindrücken auseinander zu setzen und sich für die kommende Arbeitszeit erholen zu können.

a) Machen Sie den Kunden einen Routenvorschlag für eine acht- bis 11-tägige Nord-Thailand-Rundreise ab/bis *Bangkok*. Nennen Sie ihnen die *Highlights*, die dabei besichtigt werden können und deren Merkmale.
b) Recherchieren Sie für Ihre Kunden die Lebensräume der im Norden liegenden Bergdörfer und nennen Sie die Besonderheiten einer der ethnischen Minderheiten.

c) Die Frau erkundigt sich bei Ihnen, ob sie für die Reise nach Thailand bestimmte Impfungen benötigt. Informieren Sie Ihre Kundin hinsichtlich der Impfbestimmungen für Thailand.

d) Nennen und beschreiben Sie zwei unterschiedliche Strände auf *Phuket*, einen lebhaften und einen etwas ruhigeren. Recherchieren Sie hierzu selbst oder nutzen Sie die Angaben in ▸ LF 7, Kapitel 2.3.2.

e) Geben Sie dem Ehepaar zwei Ausflugsempfehlungen für *Phuket*, die es während einer Woche Badeurlaub besichtigen kann.

44. Charakterisieren Sie das Klima Thailands hinsichtlich des Südwestmonsuns (»Sommermonsuns«). Welche Auswirkungen hat er auf das Land?

45. Warum empfehlen Sie Ihren Kunden für den Monat Juli die Insel *Koh Samui (Golf von Thailand)* zu bereisen und nicht eine Badedestination an der Westküste *(Andamanensee)*? Begründen Sie hinsichtlich der klimatischen Gegebenheiten.

46. Beschreiben Sie die verschiedenen Landschaftsräume in Südafrika und erläutern Sie in diesem Zusammenhang außerdem die besondere Lage des Landes in Bezug auf die Weltmeere.

47. Treffen Sie zwei Aussagen zu den klimatischen Bedingungen in Südafrika und nennen Sie die geeignete Zeit, um das Land zu bereisen.

48. Ihre Kunden sind durch den Werbeslogan »Die ganze Welt in einem Land« auf Südafrika aufmerksam geworden und möchten nun gerne von Ihnen wissen, was damit gemeint ist. Führen Sie zwei Beispiele an, die den Werbeslogan konkret belegen.

49. Erklären Sie Ihrem Kunden den Begriff »Safari«.

50. Beschreiben Sie die Lage von Kalifornien in den USA und dessen Landschaftsräume. Drucken Sie hierzu die Stummkarte aus, die Sie auf der Internetseite ▸ www.europa-lehrmittel.de ▸ Titel »All inclusive Band 2« finden. Tragen Sie die großräumigen topographischen Gegebenheiten ein.

51. Zu welcher Reisezeit empfehlen Sie Ihren Kunden eine Rundreise durch den Südwesten der USA?

52. Beschreiben Sie den Unterschied zwischen staatlichen und privaten amerikanischen Campingplätzen.

53. Nennen Sie neben den Campingplätzen, die von den Fahrern eines *Campmobil* aufgesucht werden können, weitere typische Unterkünfte in Kalifornien.

Lernfeld 7

Veranstalterreisen vermitteln

Als Mitarbeiter eines Reisunternehmens bzw. eines Reisebüros gehört es zu Ihren Hauptaufgaben Veranstalterreisen zu vermitteln. Das bedeutet, Sie suchen für Ihre Kunden nach bedarfsgerechten Reiseangeboten, bieten eine geeignete Reiseart sowie Reiseform an und führen außerdem Preisvergleiche und -berechnungen durch.

Um Veranstalterreisen erfolgreich und professionell vermitteln zu können informieren Sie Ihre Kunden über geeignete Destinationen mithilfe der Attraktivitätsfaktoren, die sie zielgruppenorientiert auswählen. Sie geben ihnen außerdem Auskunft zum Reiseverlauf und nennen sehenswerte Attraktionen im Zielgebiet sowie nützliche Hinweise zur Reise.

Dieses Lernfeld unterrichtet Sie anhand von Zielgebiets- und Reiseformbeschreibungen über alle angesprochenen Aspekte.

1 Das Vermitteln von kundenspezifischen Destinationsangeboten

Ziel eines/r jeden im Reisebüro tätigen Tourismuskaufmannes/-frau ist die erfolgreiche Buchung eines geeigneten Reiseangebotes für den Kunden sowie dessen Zufriedenheit. Doch um zu einem erfolgreichen Abschluss zu gelangen, müssen vorab die wichtigen **Phasen eines Verkaufsgespräches** durchlaufen werden (► Fachwissen Tourismus Band 1, LF 4 Kapitel 2). Da allerdings jeder Kunde unterschiedliche Vorstellungen über und Wünsche für seinen Urlaub hat, läuft jedes Beratungsgespräch ein wenig anders ab. Die Bedarfsermittlung und die Angebotsphase machen daher i. d. R. den Hauptteil aus.

Grundsätzlich müssen jedoch für Sie als Tourismuskaufmann/-frau **einige wichtige Informationen bekannt sein**, um ein Beratungsgespräch erfolgreich mit einer Buchung abzuschließen.

1.1 Notwendige Informationen für die Beratung

Beratungssituation

BEISPIEL

Ein potentieller Kunde betritt Ihr Reisebüro und möchte sich von Ihnen als Spezialist/in für seine Urlaubsreise beraten lassen und ein Reiseangebot einholen. Nach der Kontaktphase, in der es Ihr Ziel ist eine harmonische Atmosphäre zwischen Ihnen und Ihrem Kunden herzustellen, ermitteln Sie in der zweiten Phase des Verkaufsgespräches, der Bedarfsermittlung, die Wünsche, Träume, Reisemotive und Bedürfnisse Ihres Kunden mittels adäquater Fragen (► Fachwissen Tourismus Band 1, LF 4 Kapitel 2.1). Während des Gesprächsverlaufes hören Sie Ihrem Kunden aktiv zu und erfragen neben seinen Wünschen und Vorstellungen folgende wichtige Reisedetails:
Reisezeitpunkt, Dauer der Reise, Organisationsform der Reise (Pauschal- oder Individualreise), gewünschte Reiseform und Reiseverkehrsmittel, die Anzahl der Reisenden und dessen Alter sowie in jedem Fall die Wunsch-Destination.

Um ein geeignetes touristisches Angebot für Ihren Kunden zu finden, ist es wichtig dass Sie die **Kundenwünsche und Reisemotive** berücksichtigen. Diese stehen im Zusammenhang mit den soziodemographischen- und psychografischen Merkmalen Ihres Kunden, welche ihn einem **Reisetypen** zuordnen (► LF 3 Kapitel 2.6).

Die **Auswahl der Destination** spielt eine entscheidende Rolle. Nicht immer weiß Ihr Kunde, wenn er das Reisebüro betritt, welches Land oder welche Destination er bereisen möchte. In einem solchen Fall sind Sie als Fachkraft gefragt Ihrem Kunden eine geeignete Destination für seine Wünsche und Reisemotive vorzuschlagen.

Setzen Sie die **natürlichen und künstlichen Attraktivitätsfaktoren** der Destination zielgruppen- und reisemotivorientiert während der Reiseziel-Beratung ein.

BEISPIEL

Tipp für die Reiseziel-Beratung

Entscheidet sich Ihr Kunde für einen Badeurlaub, beschreiben Sie ihm die wunderschönen Strände und die gute Wasserqualität des ausgewählten Reiseziels, außerdem erwähnen Sie die sehr gute touristische Infrastruktur. Weniger interessant für diesen Kunden ist es, wenn Sie von den vielen tollen Golfplätzen der Region schwärmen.

In der Regel haben Ihre Kunden – auch wenn sie bereits wissen wo sie ihren Urlaub verbringen möchten – noch **einige Fragen zur Destination**; sei es zu landschaftlichen, klimatischen oder politischen Gegebenheiten, Sehenswürdigkeiten, Ausflugs- und/oder Anreisemöglichkeiten.

MERKE

Destinationswissen

Daher sollten Sie über diese Aspekte der sehr häufig gebuchten Reiseziele Bescheid wissen, um die Fragen Ihrer Kunden beantworten zu können. Halten Sie sich auch nach Ihrer Ausbildung über diese Aspekte auf dem Laufenden, denn Sie sind der/die Fachmann/-frau. Nutzen Sie dafür beispielsweise die Fachpresse, die Veranstalterkataloge, Reiseführer oder die E-Learning-Programme im Internet, die immer mehr an Bedeutung gewinnen.

Nach der Bedarfsermittlung erfolgt die **Angebotsphase**, in welcher Sie kundenspezifisch touristische Angebote für die jeweiligen Interessen und Wünsche Ihres Kunden unter Verwendung der Veranstalterkataloge, des **CRS-Systems** (► Glossar) und/oder von der **Angebotssuchmaschine für Reisebüros *Bistro*** heraussuchen und bestenfalls die Verfügbarkeiten **(Vakanzen)** prüfen.

Außerdem erfolgt in der Phase des Angebotes **die Berechnung** eines ebenso wichtigen Entscheidungsfaktors für den Kunden: **des Reisepreises**.

1.2 Methoden der Preisermittlung

Zu Ihrer Aufgabe als Tourismuskaufmann/-frau gehört neben einer kompetenten Kundenberatung die Berechnung und Ermittlung des Reisepreises für die entsprechende touristische Leistung eines Veranstalters, die sich Ihr Kunde wünscht und buchen möchte.

Es gibt verschiedene Vorgehensweisen einen Veranstalter-Reisepreis zu berechnen bzw. zu ermitteln:

- **A. Sie berechnen den Reisepreis aus einem Reiseveranstalterkatalog.**
  Vorteil: Sie können den Weg der Preisbildung nachvollziehen und Ihrem Kunden ausführlich erläutern, falls dieser Fragen dazu hat.
  Nachteil: Ihnen kann schnell ein Rechenfehler unterlaufen, da die Berechnung ziemlich kompakt ist und auf viele Faktoren Rücksicht genommen werden muss.
- **B.** Eine alternative Methode zur Katalog-Berechnung bildet **die Ermittlung des Reisepreises über die effektiven Buchungs- und Reservierungssysteme** (*computer reservation system*, kurz: ***CRS-System***) wie etwa *Amadeus, Merlin/SABRE Travel Network, Galileo* usw. Sie ermöglichen einen schnell Zugriff auf sämtliche Preisdaten der Reiseveranstalter (vorausgesetzt, diese nutzen das jeweilige Reservierungssystem) weltweit.
  Vorteil: Preisberechnung mit gleichzeitiger Vakanzabfrage innerhalb weniger Sekunden.
  Nachteil: Falls die Systeme versehentlich mit fehlerhaften Reisepreisen »gefüttert« werden, ist es für Sie als Tourismuskaufmann/-frau nur schwer möglich dies zu bemerken. Sie haben keine gute Kontrolle auf die Korrektheit der Preisangaben.
- **C.** Eine dritte Variante ist **die direkte Erfragung des Reisepreises beim jeweiligen Reiseveranstalter** per Telefon, E-Mail oder Fax.
  Vorteil: –
  Nachteil: Relativ lange Bearbeitungszeit und Wartezeit für den Kunden.

Welche Vorgehensweise Sie für die Preisberechnung anwenden, ist Ihnen überlassen. Jedoch sollten Sie in jedem Fall **die effektivste Möglichkeit auswählen**:

Die **Preisermittlung über ein Reservierungssystem (Variante B)** ist grundsätzlich die schnellste Möglichkeit, bei der Sie im gleichen Schritt ebenso die Vakanzen des Angebotes prüfen und dieses anschließend auch buchen können.

Die **Preisberechnung anhand eines Veranstalterkataloges (Variante A)** sollten Sie in Betracht ziehen, wenn Ihr Kunde sich bei Ihnen über die genauere Zusammensetzung des jeweiligen Angebotspreises erkundigt.

BEISPIEL

Preisermittlung ohne Reservierungssystem
Ihr Kunde möchte eine Reisepreisberechnung für ein Busreiseangebot bei Ihnen einholen. Allerdings ist das Busunternehmen nicht über ein Reservierungssystem buchbar, sondern bietet ausschließlich einen Reisekatalog und eine eingerichtete Telefon-*Hotline* für Expedienten an. Sie ermitteln daher erst den Reisepreis anhand des Veranstalterkataloges, anschließend nehmen Sie telefonischen Kontakt zum Veranstalter auf, um den Reisepreis bestätigen zu lassen. Außerdem fragen Sie nach den Verfügbarkeiten, um ggf. mit Einverständnis Ihres Kunden direkt buchen zu können.

Einige Reisepreise, wie z. B. die **eines Linienfluges** oder die eines X-Produktes bei ***Dynamic Packaging*** sind nicht in den Katalogen abgedruckt, da sie täglich aktualisiert und verändert oder erst zum Zeitpunkt der Abfrage zusammengestellt werden. In einem solchen Fall **muss** das Reservierungssystem für eine Reisepreisberechnung genutzt werden.

1.3 Die Zusammensetzung eines Reisepreises

Wie genau setzt sich der Reisepreis einer Veranstalterreise für den Kunden zusammen?

- In Bezug auf die gewählte Reiseform Ihres Kunden, besteht der Reisepreis entweder aus einer **einzelnen Leistung** (z. B. Hotelübernachtung) **oder** aber setzt sich aus einem **Paket von Leistungen** (z. B. Flugreise und Hotelübernachtung) zusammen (▸ Fachwissen Tourismus Band 1, LF 4.1, Kapitel A).
- Einige Leistungen werden für ihre **tägliche Nutzung** bezahlt. Das sind z. B. die Hotelübernachtung oder die Anmietung eines Mietfahrzeuges. Das bedeutet, die Dauer der Reise bzw. der Nutzung einer Leistung ist ein bedeutender **Einflussfaktor auf den Reisepreis**. Die Anzahl der Tage/Nächte (Dauer) wird daher mit dem Leistungspreis pro Person/Tag multipliziert.
- Bei anderen Leistungen wiederum fallen für die Inanspruchnahme und Nutzung **einmalige Kosten** an, wie etwa bei einem Flug- oder Bahntransport von A nach B sowie einem Tauchausflug.

Werden diese Leistungen und deren jeweilige Kosten kombiniert, ergeben sie addiert den **Reisepreis pro Person**.

Reisepreis einer »nur Hotel-Buchung«	Reisepreis einer »Hotel-Reise« mit Beförderung
n: Anzahl der Nächte x: Zimmerpreis pro Person und Nacht $n \cdot x$ = Reisepreis pro Person	n: Anzahl der Nächte x: Zimmerpreis pro Person und Nacht y: Beförderungskosten (Flugpreis, Bahnpreis usw.) pro Person $y + n \cdot x$ = Reisepreis pro Person

Tab. Die Zusammensetzung eines Grundreisepreises pro Person

Bei einer **Pauschalreise** werden die einmaligen Kosten der einzelnen Leistungen Hin- und Rückflug, Transfer vom Flughafen zum Hotel und zurück sowie die Reiseleitung unter dem Begriff »**Basispreis**« zusammengefasst. In der notwendigen Kombination mit dem Hotelpreis (n · x) ergibt sich der Reisepreis pro Person.

Um den **Gesamtreisepreis** für die von dem Kunden bereits ausgewählte Leistung ermitteln bzw. berechnen zu können, benötigen Sie die in der Bedarfsermittlung (► Fachwissen Tourismus Band 1, LF 4, Kapitel 2.2) eingeholten **allgemeinen Reiseangaben und kundenspezifischen Angaben**, die den Reisepreis pro Person variieren:

Reiseorganisation	Pauschal oder Individualreise
Reiseform	Cluburlaub, Städtereise, Rundreise, Kreuzfahrt usw.
Destination	Nahreiseziel, Mittelstrecke, Fernreise, auf dem Wasser usw.
Reisetermin	Hauptsaison, Nebensaison, Weihnachten usw.
Dauer des Urlaubes	zwei bis vier Nächte, eine Woche, 10 Tage, zwei Wochen usw.
Anzahl der Reisenden	Alleinreisender, zwei Personen, Familie mit vier Personen usw.
Alter der Reisenden	Kind, Erwachsener, Senior
Art des Zimmers/der Kabine	Einzel-, Doppel, Familienzimmer/-kabine, Innen-, Außen-, Balkonkabine, Apartment, Suite, Bungalow mit Balkon oder Terrasse, Meerblick usw.
Verpflegungsart	Nur Frühstück (FR), Halbpension (HP), Vollpension (VP), All inclusive (AI)
Transportmittel	Flugzeug, Zug, Schiff, Bus, Pkw
Ausgangspunkte der Reise (ggf. Zuschläge)	Abflughafen (Düsseldorf, Frankfurt, München, usw.) oder Bahnhof (Berlin, Hamburg, Köln), Hafen, Mietwagenstation
Reisepreise können durch bestimmte **Ermäßigungen** gemindert werden. Diese Preisermäßigungen werden von dem Gesamtreisepreis subtrahiert. Beispiele sind:	
Tarifvergünstigungen	Frühbucherrabatt, Kinderfestpreise, Seniorenermäßigungen usw.
Flughafenabschläge	zu bestimmten Flugterminen
Sparpreise	14=11, 3=2, »einer zahlt – zwei reisen« usw.
= Gesamtreisepreis	

Tab. Komponenten eines Reisepreises

Möchten Ihre Kunden zusätzliche Leistungen buchen wie z. B. Stadtführungen, Ausflugs-, Golf-, *Wellness*- oder Tauchpakete, müssen diese zusätzlich anfallenden Kosten **(Zusatzkosten)** zum Reisepreis addiert werden.

Gesamtreisepreis MERKE

Der Reisepreis setzt sich aus vielen verschiedenen Einzelpreisen zusammen. Für die Ermittlung des Gesamtreisepreises sind die teilnehmenden Personen ebenso zu berücksichtigen wie der Zeitpunkt und die Dauer der Reise und alle dafür gewünschten Leistungen.

1.4 Notwendigkeit von Preisvergleichen

In der Regel möchte Ihr Kunde, dass Sie ihm nicht nur einen einzelnen Preis, sondern mehrere Reisepreisalternativen berechnen und diese dann miteinander vergleichen. Der Grund für den **Preisvergleich** ist folgender: Ihr Kunde wünscht sich für die Erfüllung seiner Reisebedürfnisse das beste Preis-Leistungs-Verhältnis. Das bedeutet i. d. R., er möchte qualitativ hochwertige Leistungen zu entsprechend günstigen Preisen buchen. Um sich einen Überblick über die Produkte und die Veranstalterangebote zu verschaffen, benötigt Ihr Kunde daher neben dem Leistungs- und Qualitätsvergleich ebenso den Preisvergleich. Das kann Produkt- sowie Veranstalter-übergreifend erforderlich sein.

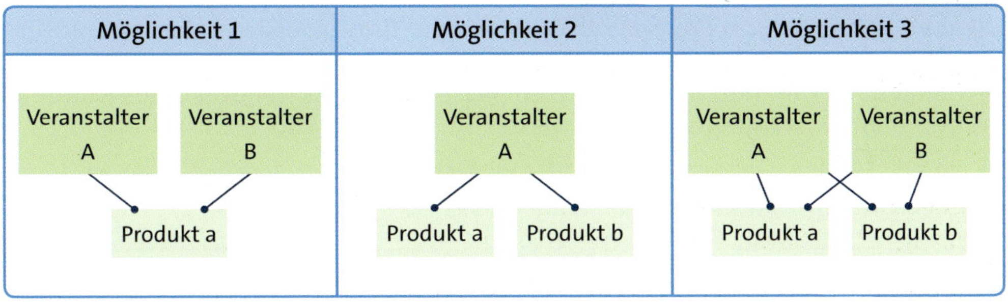

Abb. Möglichkeiten des Preisvergleiches

- **Möglichkeit 1**: Ihr Kunde möchte den Reispreis eines touristischen Produktes Veranstalter-übergreifend (Reiseveranstalter A und B) vergleichen.
- **Möglichkeit 2**: Ihr Kunde bevorzugt einen Veranstalter A, möchte aber den Reisepreis zweier unterschiedlicher Produkte/Pakete (a und b) vergleichen.
- **Möglichkeit 3**: Ihr Kunde wünscht einen Preisvergleich für mehrere touristische Produkte/Pakete bei unterschiedlichen Veranstaltern (A und B).

Sie können entweder die in ▸ Kapitel 1.2 aufgezählten Methoden der Preisermittlung für den Preisvergleich anwenden oder aber Sie nutzen ein *online*-**Reisepreis-Vergleichssystem** z. B. das *BistroPortal.* Auch Ihre Kunden können im Internet bei Reisepreisvergleichsportalen wie *Expedia, Opdo* usw. die Reisepreise der Veranstalter prüfen.

Reisepreisvergleichssysteme und -portale MERKE
Diese Systeme vergleichen nach Eintragung der kundenspezifischen Reiseangaben binnen weniger Sekunden die Reisepreise der Produkte/Pakete verschiedener Veranstalter und prüfen deren Vakanz.

Ein solches Vergleichsinstrument ist mit einem riesigen, täglich wechselnden Angebotsvolumen etlicher Reiseveranstalter »gefüttert«. Hier zählt »Masse«. Allerdings ist die Gesamtzahl der Produktpaletten ggf. so umfangreich und groß oder im Detail so spezialisiert, dass nicht jedes Angebot im System aufgeführt werden kann. **Probleme** eines solchen »Beratungsinstrumentes« zum Preisvergleich können daher sein: Nicht jedes einzelne Reiseangebot der Reiseveranstalter kann abgefragt bzw. gefunden werden. Außerdem werden in einem solchen System nur der Preis und die Vakanz der Angebote verglichen, nicht aber die Qualität oder das Preis-Qualitäts-Verhältnis.

Tipp: Sehen Sie daher ein solches Instrument nur als Orientierungsstütze während der Beratung, nutzen Sie aber weiterhin die Reservierungssysteme zur Berechnung der Preise.

1.5 Beispiele für Reisepreisberechnungen

Dieses Kapitel veranschaulicht und erklärt die Reisepreisberechnung mithilfe von Preistabellen der Veranstalter. Die kundenspezifischen Angaben werden vereinfacht in Tabellen dargestellt, die Sie in der Praxis in Form eines Kundenberatungsbogens anlegen (► Fachwissen Tourismus Band 1, LF 4, Kapitel 2.2).

Preisberechnung Städtereise inkl. Bahnanreise

Reisetermin	20. Januar bis 28. Januar
Dauer des Urlaubes	4 Nächte
Anzahl der Reisenden	3 Personen
Alter der Reisenden	2 Erwachsene (35 und 37 Jahre alt), ein Kind (6 Jahre alt)
Art des Zimmers	Doppelzimmer mit Zustellbett
Verpflegung	Frühstück
Sonstiges	► Bahnanreise 2. Klasse ohne *BahnCard* ab München ► Stadt- und Hafenrundfahrt

Tab. Kundenspezifische Angaben für eine Städtereise

Anwendung:

HOTEL-HIGHLIGHT

MIT VIELEN VORTEILEN.
Ausführliche Informationen auf Seite 106

Hotel Europäischer Hof ♦♦♦♦

17 Leistung **HAM01005 ST**
Privates First-Class-Hotel in zentraler Lage am Hauptbahnhof, neben Schauspielhaus und Kunsthalle gelegen. Restaurant, Bar. Raucher-Lounge. 2.100 qm Wellnessbereich „EURO-Therme" mit 150-m-Wasserrutsche, Fitnessraum, Pool, Dampfbad, Whirlpool. Lift. Garage (gegen Gebühr). 275 Zimmer, Föhn, TV, Minibar. Kind bis 6 J. inkl. Frühstück frei, von 7 bis 12 J. EUR 26 inkl. Frühstück*.
More inclusive: Der Zimmerausweis gilt als Fahrausweis für die öffentlichen Verkehrsmittel (3 Tage). Kostenfreie Nutzung des Internets (Terminal und WLAN) sowie der „EURO-Therme".
Bitte beachten Sie „Das Hansa Theater – eine Hamburger Legende", Seite 100, bzw. „Highlight-Package Hamburg", Seite 106.

01.11.-31.03.	Standard Plus DZ	**DI G**	**79**	**79**
	Standard Plus EZ	**EI G**	**127**	**127**
01.11.-31.03.	Extrabett		**52**	**52**

Stadt- und Hafenrundfahrt

Preis pro Person in EUR
Anf **ZUB** Leistung **HAM60061 ST**
Unterbr **PXX** **25**

Stadtrundfahrt: Abfahrtsort und -zeit siehe Angebot „Stadtrundfahrt". Dauer ca. 1,5 Stunden.
Hafenrundfahrt: Barkassen ab Landungsbrücke 1, Fahrgastschiffe ab Landungsbrücken 6-9, täglich 10 bis 18 Uhr alle 30 Minuten. Dauer ca. 1 Stunde.
Kind bis 12 J. EUR 7,50, zahlbar vor Ort.

! Spartermin: 4 = 3 Anreise 01.12.-27.12. u. 01.01.-31.01.

Bahnpreise Deutschland in EUR
Hin- und Rückfahrt pro Person

Entfernung	2. Klasse	
	ohne BahnCard	mit BahnCard
bis 400 km	**66**	**46**
401-600 km	**106**	**86**
ab 601 km	**130**	**110**

DB BAHN

Mit Kindern extra sparen
Mitreisende Kinder von 6 bis 14 Jahren fahren in Begleitung der Eltern oder Großeltern bei den meisten Angeboten kostenfrei

Abb. Auszug aus dem DERTOUR-Katalog »Städtereisen« Winter 2011/12

Die tourismustypischen Gesamtprodukte und die Vielzahl an touristischen Teil- und Einzelleistungen unterliegen einem **Angebotspreis**, den der Reiseveranstalter bzw. der Leistungsträger entsprechend kalkuliert (▸ Fachwissen Tourismus Band 4, LF 9) und in einem Reisekatalog oder im Internet veröffentlicht.

Preisberechnung für eine Städtereise

BEISPIEL

1. Hotelübernachtung		
Achtung: Sparangebot 4 = 3		
4 Nächte im Doppelzimmer	Erw.: 3 Nächte · 79,00 Euro =	237,00 Euro
inkl. Frühstück	2 Pers. · 237,00 Euro =	474,00 Euro
	Kind: 3 Nächte =	0,00 Euro
2. Bahnfahrt München – Hamburg		
	Erw.: 2 Pers. · 130,00 Euro =	260,00 Euro
	Kind: frei =	0,00 Euro
3. Stadt-/Hafenrundfahrt	Erw.: 2 Pers. · 25,00 Euro =	50,00 Euro
4. Gesamtreisepreis		784,00 Euro

Preisberechnung Pauschalreise

Reisetermin	26./27. Juli bis 9./10. August 2012
Dauer des Urlaubes	14 Nächte
Anzahl der Reisenden	2 Erwachsene, 2 Kinder
Alter der Reisenden	16, 19, 41 und 48 Jahre
Art des Zimmers	Bungalowsuite
Verpflegung	All inclusive
Sonstiges	▸ Abflughafen Hannover mit TUI *Fly* ▸ Buchungsdatum 20.12.2011

Tab. Kundenspezifische Angaben für eine Pauschalreise

Preisberechnung für eine Pauschalreise

BEISPIEL

1. **Abflugtabelle** am Abflugtag 26. Juli ist der Flughafenzuschlag p. P. 95,00 Euro		
(günstiger als 27. Juli)	4 Pers. · 95,00 Euro	**380,00 Euro**
2. **Basispreis für Paket**	p. P. 399,00 Euro	
	4 Pers. · 399,00 Euro =	**1.596,00 Euro**
3. **Hotelübernachtung**	Erw.: 14 Nächte · 117,00 Euro = 1.638,00 Euro	
	2 Pers. · 1.638,00 Euro =	**3.276,00 Euro**
	Kind: 50 % von 1.638,00 Euro = 819,00 Euro	
	2 Pers. · 819,00 Euro	**1.638,00 Euro**
4. **Frühbucherermäßigung**	Erw.: 7,00 Euro · 14 Nächte = 98,00 Euro	
	2 Pers. · 98,00 Euro =	**–196,00 Euro**
5. **XXL Bonus auf Flügen mit TUI *Fly***	Abschlag p. P. 50,00 Euro	
	4 Pers. · 50,00 Euro	**–200,00 Euro**
6. **Gesamtreisepreis**		**6.494,00 Euro**

Anwendung:

CLUB MAGIC LIFE Kemer Imperial

Katalog Seite 120

Lage: Kemer-Göynük
Öffnungszeit: 27.04. - 03.11.2012

BAD = Bad	MS = Meerseite
DU = Dusche	U = Unterkunft
BK = Balkon	G = Unterkunft/Frühstück
TE = Terrasse	H = Halbpension
WO = Wohnraum	V = Vollpension
AC = Klimaanlage	A = All inclusive
MB = Meerblick	XX = gemäß Programm

Weitere Erläuterungen finden Sie auf Seite 2.

Zielflughafen: Antalya (AYT)

Zielgebiet: Türkische Riviera

Preise pro Person und Nacht bzw. gemäß Programm in €

Abflughäfen sowie Ab- und Zuschläge siehe Abflugtabelle ab Seite 57.

Ausführliche Hinweise zur Preisberechnung ab Seite 12.

Reisetermine							
von	27.4.	5.5.	26.5.	14.7.	3.9.	1.10.	22.10.
bis	4.5.	25.5.	13.7.	2.9.	30.9.	21.10.	3.11.
	S	A	B	C	B	A	S

Basispreis für Paket 399

Gesamtpreis Paket = Basispreis für Paket (Flug/Transfer) + Preis TUI Paket + Flugzu-/-abschlag (Basispreis nur im Paket buchbar)

Bitte beachten Sie: Der Club ist erst für Jugendliche ab 16 Jahren zugelassen.

An-/Abreise und Mindestaufenthalt
Maxaufenthalt 84 Nächte.

AYT14070	max. Belegung	Verpflegung	Belegung	TUI Paket S	TUI Paket A	TUI Paket B	TUI Paket C	TUI Individuell S	TUI Individuell A	TUI Individuell B	TUI Individuell C	Abweichende Belegung: Zusätzl. Erwachsene	Abweichende Belegung: Ermäßigung in %/€ Preis in €	Kinder, Kinder!: Anzahl der ermäßigten Kinder	Kinder, Kinder!: Altersgruppe der ermäßigten Kinder	Kinder, Kinder!: Ermäßigung in %/€ Preis in €	Kinder, Kinder!: Anzahl vollzahlender Personen
BUX1 BOD/WC/BKTE/AC	3	A	2	64	83	95	100	69	88	100	105	3.	-20%	1	16-21	-50%	2
Bungalowzimmer		A	1	79	108	138	146	84	113	143	151						
DZX1 BOD/WC/BK/AC	3	A	2	59	78	90	95	64	83	95	100	3.	-20%	1	16-21	-50%	2
Doppelzimmer		A	1	75	102	130	141	80	107	135	146						
DZM1 BOD/WC/BK/AC/MB	3	A	2	67	86	98	103	72	91	103	108	3.	-20%	1	16-21	-50%	2
Doppelzimmer mit Meerblick		A	1	81	111	141	151	86	116	146	156						
JSX1 BOD/WC/BK/AC	3	A	2	69	87	99	104	74	92	104	109	3.	-20%	1	16-21	-50%	2
Junior Suite																	
JSX2 BOD/WC/BK/AC	3	A	2	70	88	100	106	75	93	105	111	3.	-20%	1	16-21	-50%	2
Junior Suite Superior																	
SUX1 BOD/WC/BKTE/AC	4	A	2	73	94	108	117	78	99	113	122	3.-4.	-20%	1-2	16-21	-50%	2
Bungalowsuite																	
							Economy-Zimmer				Begrenztes Angebot.						
DZE1 BOD/DU/EC/AC	3	A	2	54	73	85	90	59	78	90	95	3.	-20%	1	16-21	-50%	2
Doppelzimmer Economy																	

Frühbucher sparen! **Bei Buchung bis zum 31.1.12** sparen Sie pro Person/Nacht **7 EUR** (gilt bei Aufenthalt bis 21 Nächte). Folgende Zusatzleistungen sind inbegriffen: Vitalkorb bei Ankunft auf dem Zimmer, 10% Ermäßigung im Spa-Center. Kinder und Jugendliche erhalten keine Ermäßigung.

Flugtage, Abflughäfen und Reisetermine (Änderungen vorbehalten)

Ab-/Zuschläge pro Person in €

Zielflughafen: Antalya

Bitte beachten Sie weitere Zu- und Abschläge an bestimmten Rückflugterminen im Anschluss an diese Tabelle.

Donnerstag

Abflughäfen	Fluggesellschaft	Mar.	April					Mai					Juni					Juli					August					September					Oktober					Nov.
		-	5	12	19	26	-	3	10	17	24	31	7	14	21	28	-	5	12	19	26	-	2	9	16	23	30	6	13	20	27	-	4	11	18	25	-	1
Hamburg	X3	-	-	-	-	-	-	-	+35	+70	+80	+70	+25	+15	+115	+115	-	+115	+105	+95	+80	-	+80	+70	+35	+25	+25	+60	+80	+80	+80	-	+160	+105	+105	+95	-	-
Hannover	X3	-	+95	+25	+15	+15	-	+35	+25	+80	+70	+60	+15	+5	+80	+80	-	+70	+80	+70	+95	-	+95	+80	+80	+35	+25	+50	+70	+80	+80		+85	+95	+95	+125	-	+30

Freitag

Abflughäfen	Fluggesellschaft	Mar.	April					Mai					Juni					Juli					August					September					Oktober					Nov.
		30	6	13	20	27	-	4	11	18	25	-	1	8	15	22	29	6	13	20	27	-	3	10	17	24	31	7	14	21	28	-	5	12	19	26	-	2
Hamburg	AB	+100	+80	+10	±00	+35	-	+25	+10	+25	+55	-	+45	±00	-10	+90	+90	+80	+70	+55	+55	-	+45	+10	+10	±00	±00	+35	+55	+55	+100	-	+135	+80	+80	+70	-	-
Bremen	ST	-	-	-	-	-	-	-	+15	+30	+60	-	+50	+5	-5	+30	+15	+5	+5	+50	+95	-	+85	+75	+75	+30	+15	+30	+60	+60	+75	-	+75	+85	+85	+120	-	+20
Hannover	X3	+125	+105	+35	+25	+35	-	+50	+35	+95	+80	-	+70	+25	+15	+95	+95	+80	+95	+80	+105	-	+105	+95	+95	+50	+35	+60	+80	+95	+95	-	+105	+105	+105	+140	-	+30

Zusatz XXL Bonus auf Flügen mit TUIfly
Nutzen Sie unser **Frühbucher-Angebot** für Reisen inklusive **Flug mit TUIfly** und sparen Sie **EUR 50** (Hin- und Rückflug mit TUIfly) bzw. **EUR 25** (Hin- oder Rückflug mit TUIfly) **pro Person** bei **Buchung bis zum 31.01.2012** (ausgenommen Kinderfestpreis- und TUI Individuell-Buchungen). Dieses Angebot gilt nur bei Buchung einer TUI-Paketreise aus diesem Katalog, bei der der Flug von der TUIfly GmbH durchgeführtwird (begrenztes Sitzplatzkontingent pro Flug, Angebot an Ferienterminen nur bedingt verfügbar).

Abb. Auszug aus dem TUI-Katalog »Türkei« Sommer 2012

Preisberechnung für eine Tauchreise

Reisetermin	9. Juli bis 23. August
Dauer des Urlaubes	2 Wochen
Anzahl der Reisenden	1 Erwachsener, 1 Kind
Alter der Reisenden	13 Jahre und 38 Jahre
Art des Zimmers	Doppelzimmer zur Alleinbenutzung
Verpflegung	All inclusive
Sonstiges	► Pauschalreise inkl. Flug mit *Condor* ab Düsseldorf ► Kind: PADI *Open Water,* Grundkurs ► Erwachsener: 5-Tage-Tauchpaket ► Buchungszeitpunkt: 20.01.2012

Tab. Kundenspezifische Angaben für eine Tauchreise

© Egypt 2011

© Egypt 2011

Preisberechnung für eine Tauchreise (pauschal)

BEISPIEL

1. **Betrachtung der Hotelpreise** pro Person/Nacht bei Buchung einer Pauschalreise mit Flug und Transfer. Günstigster Zeitraum: 9. August bis 23. August. Blick in die Abflugtabelle werfen und Saisonzeit heraussuchen.

2. **Basispreis** Saison B	Vollzahler:	678,00 Euro
	Kind:	529,00 Euro
3. **Hotelübernachtung**	Vollzahler: 14 Nächte · 83,00 Euro =	1.162,00 Euro
	Kind: Kinderermäßigung pro Nacht 100 %	0,00 Euro
4. **Frühbucher-Extra-Plus-Bonus**		
	Vollzahler: 25 % von 1.162,00 Euro =	–290,50 Euro
5. **Preisabschlag**	Vollzahler: 14 Nächte · 3,00 Euro =	–42,00 Euro
6. **Abflugtabelle**	9. August Abschlag p. P. 5,00 Euro	
	2 Pers. · 5,00 Euro =	–10,00 Euro
7. **Tauchpakete**	Erw.:	167,00 Euro
	Kind:	263,00 Euro
8. **Gesamtreisepreis**		2.456,50 Euro

Anwendung:

3808 Hurghada Farbteil ab Seite 132 — **Bustransferzeit ca. 20 Minuten**

Privattransfer zubuchbar. Siehe Preis/Infoteil S. 106.

38471 SUNRISE Select Garden Beach Resort ★★★★☆ — im Farbteil auf Seite 138

		S	A	B	C	D	E
	Saisonbuchstabe laut Flugtabelle	S	A	B	C	D	E
Basispreise für Pauschalreise in € pro	**Vollzahler**	625	652	678	707	730	755
	Kind(er) BP1	459	509	529	539	549	549

25%	**FRÜHBUCHER-EXTRA-PLUS-BONUS**	bei Buchung bis 31.01.2012
15%	**FRÜHBUCHER-PLUS-BONUS**	bei Buchung vom 01.02.2012 bis 30.04.2012
10%	**55PLUS PREISVORTEIL**	

Reisepreis (für Flugreise) = Basispreis + Flugzu-/-abschlag + Hotelpreis (x Anzahl Nächte) – Rabatte (s. Preisberechnung auf Seite 6/7)

Eing. in Buchungsmaske						Belegung		Hotelpreise pro Person/Nacht in € bei Buchung einer Pauschalreise mit Flug und Transfer. Kinderpreise in €. Kinderrabatte in % auf den Hotelpreis des Vollzahlers.								
Leist.Code	Unterbr.		BP	Unterbringung	Ausstattung	Vollzahler	Anz. Kinder	01.05.-11.07.	12.07.-08.08.	09.08.-03.10.	04.10.-24.10.	25.10.-31.10.	01.11.-28.11.	-	-	-
38471A	2B	AI		Doppelzimmer	B,D,WC,KA,BK/TE	2	K1	61	70	61	70	61	63	-	-	-
38471A	1B	AI		Doppelzimmer zur Alleinbenutzung	B,D,WC,KA,BK/TE	1	K1-2	83	92	83	92	83	86	-	-	-
38471A	2A	AI		Doppelzimmer	B,D,WC,KA,BK/TE,SM	2	K1	65	73	65	73	65	67	-	-	-
38471A	1A	AI		Doppelzimmer zur Alleinbenutzung	B,D,WC,KA,BK/TE,SM	1	K1-2	89	98	89	98	89	92	-	-	-
38471A	2P	AI		Premium Wohnen, ebenerdig	B,D,WC,KA,TE,SM	2	K1	66	74	66	74	66	68	-	-	-
38471A	2D	AI		Beachfront Zimmer	B,D,WC,KA,BK/TE,SM	2	K1	77	85	77	85	77	79	-	-	-
38471A	1D	AI		Beachfront Zimmer zur Alleinbenutzung	B,D,WC,KA,BK/TE,SM	1		101	110	101	110	101	104	-	-	-
38471A	2C	AI		Suite	B,D,WC,KA,BK/TE	2	K1-2	107	116	107	116	107	111	-	-	-
38471A	2F	AI		Familienzimmer	B,D,WC,KA,BK/TE	2	K1-3	72	80	72	80	72	74	-	-	-
Aktionszimmer				**Unser günstigstes Angebot mit begrenztem Kontingent. Buchen Sie, solange der Vorrat reicht.**												
38471A	2R	AI		Aktionszimmer	B,D,WC,KA,BK/TE	2		59	67	59	67	59	60	-	-	-
38471A	*	AI	BP1	Kinderermäßigung pro Nacht für 1. - 3. Kind (2-14 Jahre)				100%	100%	100%	100%	100%	100%	-	-	-

Ihr Vorteil:
Preisvorteil: 14=11/7=6: bei Anreise 31.05. - 28.06., 30.08. - 13.09.2012 (weitere Reisedauern laut Reservierungssystem/Reisebüro).
Preisabschlag: € 3,- bei Buchung bis 29.02.2012 pro Vollzahler/Nacht.

HURGHADA Abflughäfen, Flugtage und Saisonzeiten — **HRG**

FLEXIBLE REISEDAUERN: 1-4 Wochen, sowie Kombinationen zwischen 3 und 28 Tagen, ganz nach Wunsch*.

Donnerstag		Reisedauer	Flugdauer[1)]	Flug mit[2)]	Mai					Juni				Juli				August					September				Oktober			
					3	10	17	24	31	7	14	21	28	5	12	19	26	2	9	16	23	30	6	13	20	27	4	11	18	25
DUS	**Düsseldorf**	14	04:35		S	S	S	S	S	S	S	A	A	B	B	C	C	C	B	A	A	A	A	A	B	C	C	C	C	C
		14		DE	-30	-30	-30	-30	-35	-45	-50	-50	-20	-5	-5	-5	-5	-5	-5	-25	-20	-15	-10	-5	-5	-5	-5	-5	-5	-5

Tauchen

Steigenberger Al Dau Beach Hotel Continental Resort Hurghada

Die großzügig ausgelegte Tauchbasis des Ilios Dive Club liegt direkt am Strand des Steigenberger Al Dau Beach Hotels. Die Basis steht unter deutschem Management und verfügt u.a. über modernste Ausrüstung, Werkstatt und Füllstation.Das Management verfügt auch über langjährige Erfahrung in der Tauchausbildung für Kinder.Über 40 Tauchplätze, die in max. 1,5 Std. angefahren werden, bieten sowohl für Anfänger als auch Fortgeschrittene ideale Bedingungen.

Der PADI Open Water Grundkurs kann ab einem Mindestalter von 10 Jahren gebucht werden und beinhaltet Leihausrüstung, 5 Theorie Module (5 Std.), 5 Tauchgänge im Flachwasser (Pool), durchgeführt an den 2 ersten Tagen und 4 Freiwassertauchgänge vom Boot an den 2 letzten Tagen. Für die Zertifikation sind € 35,– und für das PADI OWD Dive Manual € 45,– vor Ort zu entrichten. Alle Tauchpakete sind von einem erfahrenen Guide begleitet und beinhalten Flasche 12 l Alu, Bleigurt und Blei sowie 2 Tauchgänge an verschiedenen -Riffen. Die Tauchgänge erfolgen vom Boot aus. Umweltsteuer (€ 2,– pro Tag) und ggfs. Marineparkgebühr (€ 3,– pro Tag) sind vor Ort zahlbar.

Anf S	Orca Dive Club		Programmtage	Buchungsdauer	Preis pro Person
Leistung	**38921A**	PADI Open Water Grundkurs, 4 Tage, inkl. Ausrüstung	täglich	4 Tage	€ 285,–
Leistung	**38921D**	3-Tage-Paket (6 Tauchgänge), ohne Ausrüstung	täglich	3 Tage	€ 157,–
Leistung	**38921C**	5-Tage-Paket (10 Tauchgänge), ohne Ausrüstung	täglich	5 Tage	€ 240,–

Abb. Auszug aus dem *Thomas Cook*-Katalog »Ägypten« Sommer 2012

Preisberechnung für eine Selbstfahrerrundreise mit dem Mietwagen

Reisetermin	1. Juli bis 5. August
Dauer des Urlaubes	17 Tage
Anzahl der Reisenden	3 Personen
Alter der Reisenden	2 Erwachsene (32 und 38 Jahre alt), Kind (10 Jahre alt)
Art des Zimmers	Standard Variante ohne Zusatzbett
Verpflegung	Verpflegung gemäß Programm
Sonstiges	▸ Mietwagenrundreise: »Klassisches Südafrika« ab Johannesburg bis Kapstadt inkl. Flug mit *South African Airways* ▸ Flughafen: Frankfurt am Main ▸ *Business Class* ▸ Mietwagen für 16 Nächte: ***VW Polo Kompakt*** o. ä., Kategorie B

Tab. Kundenspezifische Angaben für eine Selbstfahrerrundreise

Anwendung:

Reisetermine

Flugpauschalreise mit South African Airways: täglich (Standard) **A:** 1.5.-28.6. **B:** 29.6.-30.8. **C:** 31.8.-20.9. I 29.-31.10. **D:** 21.9.-28.10. / (Superior) **A:** 1.5.-28.6. **B:** 29.6.-30.8. **C:** 31.8.-20.9. **D:** 21.-29.9. **E':** 30.9.-31.10.

Mietwagenreise: täglich (Standard) **A:** 1.5.-31.8. **B:** 1.9.-31.10. / (Superior) **A:** 1.5.-31.8. **B:** 1.-30.9. **C:** 1.-31.10.

Preise pro Person in EUR

Flugpauschalreise m. South African Airways (SA)
Klassisches Südafrika
17 Tage/14 Nächte, Rückflug 16. Tag
ab/bis Frankfurt oder München
Reiseart **TOUR**
Anf **F** Leistung **FRA JNB SA FL** Unterbr **W499**
Anf **F** Leistung **CPT FRA SA FL** Unterbr **W499**
Business Class Unterbr **Z505**
Anf **R** Leistung **JNB40407 SA**

	Zimmerbelegung mit Pers.: Standard (RI1X)			Superior (RX1X)	
Saison	1	2	Kind*	1	2
A	2295	1835	1199	3215	2535
B	2429	1971	1289	3349	2669
C	2489	2055	1369	3405	2705
D	2624	2190	1459	3540	2840
E	-	-	-	3739	2945

Mietwagenreise
Klassisches Südafrika
15 Tage/14 Nächte
ab Johannesburg/bis Kapstadt
Reiseart **TOUR**
Anf **R**
Leistung **JNB40407 SA**
(kombinierbar mit DERTOUR-Bausteinflügen)

	Zimmerbelegung mit Pers.: Standard (RI X)			Superior (RX X)	
Saison	1	2	Kind*	1	2
A	1472	1015	509	2395	1715
B	1535	1099	585	2459	1759
C	-	-	-	2649	1855

Flugpauschalreise mit South African Airways (SA)
Klassisches Südafrika
17 Tage/14 Nächte, Rückflug 16. Tag
ab/bis Frankfurt oder München
Reiseart **TOUR**
Anf **F** Leistung **FRA CPT SA FL** Unterbr **W499**
Anf **F** Leistung **JNB FRA SA FL** Unterbr **W499**
Business Class Unterbr **Z505**
Anf **R** Leistung **CPT40407 SA**

	Zimmerbelegung mit Pers.: Standard (RI1X)			Superior (RX1X)	
Saison	1	2	Kind*	1	2
A	2295	1835	1199	3215	2535
B	2429	1971	1289	3349	2669
C	2489	2055	1369	3405	2705
D	2624	2190	1459	3540	2840
E	-	-	-	3739	2945

Mietwagenreise
Klassisches Südafrika
15 Tage/14 Nächte
ab Kapstadt/bis Johannesburg
Reiseart **TOUR**
Anf **R**
Leistung **CPT40407 SA**
(kombinierbar mit DERTOUR-Bausteinflügen)

	Zimmerbelegung mit Pers.: Standard (RI X)			Superior (RX X)	
Saison	1	2	Kind*	1	2
A	1472	1015	509	2395	1715
B	1535	1099	585	2459	1759
C	-	-	-	2649	1855

Business Class Zuschlag pro Person/Strecke in EUR (nur Langstrecke)

South African Airways (SA) (Unterbr **Z505**)

Saison	pro Erw.	pro Kind
01.05.-31.10.	1160	789

***Kind:** 3 Jahre. 3-11 Jahre als 3. Person im Zimmer mit 2 Vollzahlern (ohne Zusatzbett). **Mindestalter Standard Variante:** 3 Jahre. **Mindestalter für Superior Variante:** 16 Jahre. Ab 16 Jahre Vollzahler. '**Flugpauschale Superior/Preise laut System**: Im Zeitraum 29.-31.10. gelten günstigere Preise. **Mit South African Airways:** Flug ab/bis Frankfurt oder München (nur SA260-265). Wichtige allgemeine und flugtechnische Hinweise zu DERTOUR Flugpauschalreisen finden Sie auf Seite 232.

Reisebüroinformationen: EDV-Hinweis: Bodenprogramm 1 Tag später als Flugantritt einbuchen, da Nachtflug. **Upsell Eco:** Alternative Buchungsklasse mit zusätzlicher Sitzplatzkapazität, jedoch zu höheren Preisen. **SA: T500/Q501/H502/M503 EUR 56-225** pro Erw., **EUR 40-151** pro Kind. Preise pro Person/Strecke, verschiedene Buchungsklassen (innerhalb einer Airline) miteinander kombinierbar. Nähere Informationen siehe unter Wissenswertes Seite 232.

Ihr Mietwagen zur Tour

Komplettpreis pro Mietwagen in EUR für die Aufenthaltsdauer der gebuchten Mietwagenreise
Avis Mietwagen zur Sonderrate inklusive Rückführungsgebühren: All inclusive (inkl. Vollkasko ohne Selbstbeteiligung) AVIS

Reiseart **TOUR** Anf **MW**

Unterbr	Leistung **JNB00 DUR00 88 SA** (7 Nächte)/**PLZ00 CPT00 88 SA** (9 Nächte) für die Tour Johannesburg – Kapstadt Kategorie/Wagentyp	1.5.-31.10.	Leistung **CPT00 PLZ00 88 SA** (9 Nächte)/**DUR00 JNB00 88 SA** (7 Nächte) für die Tour Kapstadt – Johannesburg Kategorie/Wagentyp	1.5.-31.10.
A5	**A** VW Polo Vivo o. ä.	320	**A** VW Polo Vivo o. ä.	320
B5	**B** VW Polo Kompakt o. ä.	368	**B** VW Polo Kompakt o. ä.	368
E5	**E** Toyota Corolla Automatik o. ä.	560	**E** Toyota Corolla Automatik o. ä.	560

Mietdauer: 16 Nächte. **EDV-Hinweis:** Aufgrund des inner-südafrikanischen Fluges sind die Mietwagen zur Tour dieser Reise in 2 Strecken einzubuchen. Siehe unter „Leistung" im Tabellentext.
Hinweis: Rückführungsgebühren inklusive. Infos siehe ab Seite 154. Weitere Kategorien „Mietwagen zur Tour" aus dem AVIS Angebot können mit der Unterbr z. B. **D5** eingebucht werden.

Abb. Auszug aus dem DERTOUR-Katalog »Afrika« Sommer 2012, Mietwagenrundreise »Klassisches Südafrika«

Preisberechnung Selbstfahrerrundreise (Mietwagen)

BEISPIEL

1. Flugpauschale inkl. Unterbringung		
Saison B	2 Erw. · 2.429,00 Euro =	**4.858,00 Euro**
	Kind:	**1.971,00 Euro**
2. Business Class	2 Erw. · 1.160,00 Euro =	**2.320,00 Euro**
	Kind:	**789,00 Euro**
3. Mietwagen	Fahrzeug:	**368,00 Euro**
4. Gesamtreisepreis		**10.306,00 Euro**

Preisberechnung für eine Hochseekreuzfahrt

Reisetermin	17. Mai bis 24. Mai 2012
Dauer des Urlaubes	7 Nächte
Anzahl der Reisenden	2 Erwachsene, 1 Jugendlicher
Alter der Reisenden	18, 40, 45 Jahre
Art des Zimmers	3-Bett-Außenkabine (*Code* AA)
Verpflegung	Vollpension
Sonstiges	▸ Nordeuropa 7 ▸ Anreise ab/bis München ▸ Buchungszeitpunkt: 10.11.2011

Tab. Kundenspezifische Angaben für eine Hochseekreuzfahrt

Preisberechnung Hochseekreuzfahrt

BEISPIEL

1. Saisontabelle

Werfen Sie einen Blick auf die Saisontabelle, um die Saisonzeit zu ermitteln. Die Nordeuropa Route 7 am 17. Mai 2012 liegt in Saisonzeit A (grün).

2. Preistabelle Saison A	2 Erw. · 1.535 Euro =	**3.070,00 Euro**
	Jugendlicher:	**150,00 Euro**
3. Frühbucherermäßigung		
auf den Erwachsenenpreis	2 Erw. · 100,00 Euro =	**–200,00 Euro**
4. An- und Abreisepaket		
für 3 Erwachsene	3 Erw. · 290,00 Euro =	**870,00 Euro**
5. Gesamtreisepreis		**3.890,00 Euro**

Anwendung:

Saison	Mai 12		Juni 12	Juli 12			August 12	
Datum	05	17	28	08	18	28	07	17
Anreisetag	Sa	Do	Do	So	Mi	Sa	Di	Fr
3 Route Nordeuropa 3			3	3	3	3	3	3
7 Route Nordeuropa 7	7	7						
Frühbucher*	**100 €** (bis 5 Monate vor Reisebeginn)							
Frühbucher-Plus*	**150 €** (bis 31.10.2011)							

FRÜHBUCHER-ERMÄSSIGUNG*
100€
bis 5 Monate vor Reisebeginn

Nordeuropa/Ostsee

Route	Nordeuropa 1, 2, 3, 5, 7 Jungfernfahrt ab/bis Hamburg 05.05.2012–27.04.2013	
ab/bis	Kind (bis 15 Jahre)	Erwachsener
Deutschland		
Düsseldorf (DUS)	200 €	290 €
Frankfurt (FRA)	200 €	290 €
München (MUC)	200 €	290 €
Stuttgart (STR)	200 €	290 €

AIDA PREMIUM Preise
ab/bis Hafen pro Person bei einer Belegung mit 2 Erwachsenen in der Kabine

Leistungscode AIDAluna: **LU**		Saison:	S	A
Kabinenkategorie	Code (max. Belegung)	Größe**	7 ab/bis Hafen 7 Tage	7 ab/bis Hafen 7 Tage
Außenkabine	**AD** (4)	14 m²	1.320 €	1.380 €
	AC (2)	14 m²	1.375 €	1.435 €
	AB (4)	16,5 m²	1.375 €	1.435 €
	AA (4)	16,5 m²	1.465 €	1.535 €
Preis für das 3./4. Bett der Kabine				
Kind (2–15 Jahre bei Reiseantritt)			0 €	0 €
Jugendlicher (16–24 Jahre bei Reiseantritt)			150 €	150 €
Erwachsener			200 €	200 €

Abb. Auszug aus dem AIDA Katalog März 2012 bis April 2013, Kreuzfahrt »Route Nordeuropa 7 mit *AIDALuna*«

Preisberechnung für eine Studienreise

Reisetermin	24. September bis 15. Oktober 2012
Dauer des Urlaubes	1 Woche
Anzahl der Reisenden	3 Erwachsene
Alter der Reisenden	35, 48, 50 Jahre
Art des Zimmers	Doppelzimmer und Einzelzimmer
Verpflegung	Verpflegung gemäß Ausschreibung
Sonstiges	▸ Abflughafen Köln ▸ Fluggesellschaft *Lufthansa*

Tab. Kundenspezifische Angaben für eine Studienreise

Anwendung:

8 REISETAGE/FLUGANREISE ST 0531

2012									2013
Feb	Mär	Apr	Mai	Jun	Jul	Aug	Sep	Okt	Mär
18	3	2*	5	2	–	25	1	6	2
	17	7	12	9			8	13	16
	24	14	19				15	20	23
	31	21	26				22	27	30
		28					29		

Samstag – Samstag * Montag – Montag

Höchstteilnehmerzahl:	29	35	35
Mindestteilnehmerzahl (S. 303):	12	12	12

Im Reisepreis enthalten

- Linienflug (Economy) mit Air Berlin von Frankfurt nach Catania und zurück
- Flug-/Sicherheitsgebühren (ca. 55 €)
- Transfers/Ausflüge/Rundreise in bequemem, landesüblichem Reisebus (Klimaanlage)
- 7 Übernachtungen, Hotels teilweise mit Klimaanlage und Swimmingpool
- Doppelzimmer mit Bad oder Dusche und WC
- Halbpension (Abendessen, Frühstück), am 5. Tag nur Frühstück

bei Studiosus außerdem inklusive

+ Speziell qualifizierte Studiosus-Reiseleiter
+ Bahnreise zum/vom Abflugsort in der 1. Klasse von jedem Bahnhof in Deutschland, Österreich und der Schweiz (S. 293)
+ Abendessen in einem typischen Restaurant am 4. Tag
+ Eintrittsgelder (ca. 65 €)
+ Trinkgelder im Hotel
+ Reiserücktritts/abbruchversicherung (ca. 30 €)
+ Infopaket und Reiseliteratur (ca. 30 €)
+ Neu: Klimaneutrale Bus- und Bahnfahrten durch CO_2-Kompensation (S. 286)

Reisepreis ab €	**1265**	**1320**	**1350**
Einzelzimmerzuschlag	140	145	150

Einzelreisende im ½ Doppelzimmer S. 292.
Die Preise beruhen auf dem Veranstaltertarif der Air Berlin (S. 295), Platzangebot begrenzt. Kerosinpreisänderungen vorbehalten.

Abflugsorte und Zuschläge ab € z. B. AF STR
AB Veranstaltertarif Air Berlin
LH Veranstaltertarif Lufthansa
AZ Veranstaltertarif Alitalia

	AB	LH	AZ		AB	LH	AZ
Basel	–	129	–	Köln	0	69	–
Berlin	0	69	–	Leipzig	–	69	–
Bremen	–	69	–	Linz	–	129	–
Dresden	–	69	–	München	0	30	55
Düsseldorf	0	69	–	Münster	–	69	–
Frankfurt	0	69	55	Nürnberg	–	69	–
Genf	–	129	185	Paderborn	–	69	–
Graz	–	129	–	Salzburg	–	129	–
Hamburg	–	69	–	Stuttgart	0	69	–
Hannover	–	69	–	Wien	–	129	65
Innsbruck	–	129	–	Zürich	15	129	–

Bei Abreise am 2.4. Flug mit Air Malta anstatt Lufthansa ab/bis München.

Individuelle Verlängerung

Unser Angebot für Catania finden Sie auf Seite 19, für einen Badeaufenthalt in Taormina auf Seite 22/23.

Ihre Hotels Änderungen vorbehalten

Stadt	Nächte/Hotel		Landeskategorie
Brucoli	2	Venus Sea Garden	****
Agrigent	1	Mose	***
Palermo	2	NH Palermo	***(*)
Taormina	2	Villa Bianca Resort	***

Beschreibung Hotel Venus Sea Garden und Hotel NH Palermo Seite 17, Hotel Villa Bianca Resort Seite 23.

Abb. Auszug aus dem *Studiosus*-Katalog »Westliche Mittelmeerländer« 2012/2013, Studienreise »*Sizilien* Höhepunkte«

Preisberechnung Studienreise nach Sizilien

BEISPIEL

1. Saisonkalender	6. Oktober – 13. Oktober = Gelbe Saison	
2. Reisepreis inkl. Übernachtung (Gelbe Saison) im DZ = 1.320, 00 Euro		
	2 Pers. · 1.320,00 Euro =	2.640,00 Euro
	EZ: 1.320,00 Euro + 145,00 Euro =	1.465,00 Euro
3. Flugkosten	3 Pers. · 69,00 Euro =	207,00 Euro
4. Gesamtreisepreis		4.312,00 Euro

Im Anschluss an die Suche und Ermittlung der **Angebote und dessen Reisepreise**, erfolgt deren **Präsentation**, d.h. die Preisnennung z.B. mithilfe der (in ▸ Fachwissen Tourismus Band 1 ▸ LF 4 Kapitel 2.4) beschriebenen Sandwich-Methode. Signalisiert Ihr Kunde Kaufsignale, können Sie in die Abschlussphase übergehen und ihm oder ihr wenn nötig eine der entsprechenden **Abschlussfragen** stellen (▸ Fachwissen Tourismus Band 1 LF 4 Kapitel 2.6).

Bejaht Ihr Kunde die Abschlussfrage, buchen Sie Ihm das entsprechende Angebot entweder über das CRS-System oder telefonisch beim Veranstalter. Drucken Sie Ihrem Kunden daraufhin die **Reisebestätigung** aus, die Sie mit ihm/ihr zusammen durchgehen, bevor er oder sie unterschreibt.

Bieten Sie Ihrem Kunden anschließend **Zusatzangebote,** wie z.B. einen Mietwagen oder Eintrittskarten an. Gesetzlich sind Sie sowieso dazu verpflichtet auf eine Reiserücktrittskostenversicherung (**Tipp:** nennen Sie diese während der Beratung »Reiseschutz«) hinzuweisen. Zu guter Letzt verabschieden Sie Ihren Kunden freundlich und erwähnen, dass Sie bei aufkommenden Fragen gerne jederzeit zur Verfügung stehen.

Sie sollten in der Lage sein in Gegenwart Ihres Kunden eine detaillierte Preisberechnung mit den Preistabellen der Veranstalter durchzuführen.

Preisberechnungen erfordern die oben aufgeführten **Grundkenntnisse**, aber **insbesondere Übung**. Als kompetenter Ansprechpartner für Ihren Kunden sollten Sie in der Lage sein den Reisepreis definieren und berechnen bzw. ermitteln zu können.

AUFGABEN

1. Welches sind die notwendigen Informationen für die kundenorientierte Beratung zur Buchung eines Reisezieles?

In den folgenden Fragestellungen ist es Ihre Aufgabe die kundenspezifischen Angaben und Wünsche in ein entsprechendes Reiseangebot aus der Vielfalt der Reiseveranstalterangebote umzusetzen und den Preis zu berechnen. Nutzen Sie dafür in erster Linie die Preistabellen aus den Veranstalterkatalogen. Berücksichtigen Sie Frühbuchervorteile.
Das *CRS-System*, das Sie im Reisebüro verwenden, können Sie zur Kontrolle und Überprüfung Ihres errechneten Reisepreises nutzen.

Tipp: Schreiben Sie zur vereinfachten Darstellung die wichtigsten Daten aus den Aufgaben heraus, indem Sie wie in ▸ Kapitel 1.5 eine Tabelle mit den kundenspezifischen Daten anlegen. Diese gleicht in der Praxis dem Kundenberatungsbogen (▸ Fachwissen Tourismus Band 1, LF 4, Kapitel 2.2).

2. Ein junges Paar aus Köln, beide im Alter von 25 Jahren, möchte eine Städtereise nach München unternehmen. Sie haben im Zeitraum 25. Mai bis 10. Juni Urlaub angemeldet und wollen in diesem Zeitraum vier Nächte in die Stadt verreisen. Das Paar wünscht ein Drei-Sterne Hotel mit Frühstücks-Verpflegung. Außerdem wählen sie die Anreise mit der *Deutschen Bahn*, zweiter Klasse. Die beiden besitzen keine *Bahn Card*. Um vor Ort problemlos die öffentlichen Verkehrsmittel nutzen zu können, möchte das Paar zusätzlich die *City Tour Card München* buchen. Suchen Sie ein geeignetes Angebot und errechnen Sie den Reisepreis.

Reisetermin	
Dauer des Urlaubes	
Anzahl der Reisenden	
Alter der Reisenden	
Art des Zimmers	
Verpflegung	
Sonstiges	

Tab. Kundenspezifische Angaben (Muster)

3. Eine Familie mit zwei Kindern im Alter von 13 und 15 Jahren möchte über die Feiertage im Winter eine Woche nach *Kitzbühel* in *Tirol* fahren. Sie wünschen ein Familienzimmer mit Halbpension in einem Vier-Sterne-Hotel. Da die Familie Wintersport betreiben möchte, benötigt sie einen Skipass. Das jüngere Kind soll einen Skikurs von mindestens zwei Tagen belegen. Die Skiausrüstung bringt die Familie von zu Hause mit. Präsentieren Sie Ihren Kunden ein für die Kundenwünsche geeignetes Angebot nachdem Sie den gesamten Reisepreis berechnet haben.

4. Zwei befreundete Paare möchten gemeinsam einen einwöchigen Badeurlaub bei Ihnen pauschal buchen. Gerne würden sie zwei Angebote einholen, eines für *Mallorca* und eines für *Ibiza*. Sie suchen nach einem Drei-Sterne-Hotel mit direkter Strandlage, Verpflegungsleistung All inclusive und der günstigsten Zimmerkategorie. Es soll nicht über 600,00 Euro pro Person kosten.

Suchen Sie zwei entsprechende Angebote mit Abflughafen Hamburg für den Zeitraum 20. Juni bis 5. Juli, vergleichen Sie die Preise und präsentieren Sie Ihren Kunden jeweils zwei Vorteile des Hotels.

5. Herr Mohr (40 Jahre alt), Ihr Stammkunde, ist *Single* und unternimmt jedes Jahr einen Tauchurlaub. Dieses Jahr zieht es ihn auf die Malediven. Er hat sich überlegt an einer »Tauchsafari« teilzunehmen, um noch mehr Zeit im Wasser verbringen zu können. Er möchte eine Kabine auf dem oberen Deck beziehen. Urlaub hat er eingereicht vom 3. Mai bis zum 30. Mai, in dieser Zeit möchte er eine Woche auf dem Schiff verbringen.
Suchen Sie nach einem geeigneten Angebot für diesen Kunden inklusive eines *Condor-Charter*fluges ab Frankfurt und berechnen Sie den Preis.

6. Herr Theiling möchte seine Nichte nach Bestehen des Abiturs im kommenden Sommer zu einer Woche Golfurlaub in *Belek* an der *Türkischen Riviera* einladen. Er benötigt zwei Einzelzimmer und wünscht die Verpflegungsleistung All inclusive in einem (mindestens) Vier-Sterne-Hotel mit direkter Strandlage nahe einem Golfplatz. Seine Nichte möchte den Golfsport erlernen und muss daher einen entsprechenden Platzerlaubnisprüfungs-Kurs belegen. Herr Theiling möchte zeitgleich zum Kurs Golfen gehen und wünscht sich daher ein Hotel mit *Greenfee*-Ermäßigungen.
Finden Sie für die Wünsche Ihres Kunden ein geeignetes Angebot ab Flughafen Düsseldorf. Berechnen Sie anschließend den gesamten Reisepreis.

7. Zwei Studenten im Alter von 25 Jahren möchten sich bei Ihnen ein Angebot für eine Mietwagenrundreise durch den Südwesten der USA einholen. Sie planen drei Wochen für den kommenden August ein. Das Auto muss kein großes sein, ein Kleinwagen würde den beiden völlig ausreichen. Wichtig ist ihnen jedoch, dass sie beide den Wagen fahren dürfen und die notwendigsten Versicherungen gegeben sind. Unbedingt sehen wollen Sie die Städte *Los Angeles, San Francisco* und *Las Vegas*, doch auch einige Nationalparks möchten sie gerne anfahren u. a. den *Grand Canyon Nationalpark*. Außerdem legen die beiden Studenten sehr großen Wert darauf einen direkten Flug zu nehmen.
Suchen Sie den Studenten aus den Veranstalterkatalogen eine geeignete Mietwagenrundreise heraus und berechnen Sie den jeweiligen Personen-Preis, wenn sich beide ein Doppelzimmer teilen. Die Verpflegungsleistung darf täglich variieren.

8. Ein Seniorenehepaar im Alter von 70 Jahren möchte gerne eine Studienreise in Andalusien unternehmen. Bestenfalls soll die Studienreise 10 Tage andauern und die größten und sehenswertesten andalusischen Städte umfassen. Die Reise soll im kommenden April oder Mai stattfinden und einen Flug ab Dresden sowie die Verpflegungsleistung Halbpension beinhalten.
Finden Sie für Ihre Kunden eine geeignete Studienreise in einem der gängigen Studienreiseveranstalter-Kataloge und berechnen Sie bitte den gesamten Reisepreis.

9. Familie Ahlert mit einem Kind im Alter von 12 Jahren möchte in den kommenden Sommerferien im Juli eine Kreuzfahrt im westlichen Mittelmeer für sieben bis zehn Tage unternehmen. Sie wünschen eine Drei-Bett-Balkonkabine mit mindestens 20 Quadratmetern. Der Flug soll in Frankfurt starten. Ausflüge möchte die Familie erst an Bord buchen.
Berechnen Sie der Familie den Reisepreis und berücksichtigen Sie bei der Preisberechnung die Kinderermäßigung.

10. Das junge Ehepaar Tönsing möchte einen einwöchigen Badeurlaub am Roten Meer mit einer Nilkreuzfahrt kombinieren. Ihren Urlaub haben die beiden für den kommenden Februar eingereicht. Das Paar wünscht eine Kabine auf dem oberen Deck und auf dem Schiff sowie im Hotel die Verpflegungsleistung All inclusive. Das Schiff sollte fünf Sterne tragen, das Hotel mindestens vier. Der Preis für die Nilkreuzfahrt soll ein Ausflugspaket enthalten. Gerne möchte das Paar ab München *nonstop* nach Luxor fliegen, um dort die einwöchige Nilkreuzfahrt antreten zu können. Der Transport zum Hotel am Roten Meer sollte nicht allzu lange dauern.
Suchen Sie Ihren Kunden ein entsprechendes Angebot aus den Veranstalterkatalogen heraus und berechnen Sie den Reisepreis.

2 Badereisen

Eine **Badereise** ist eine der meist gebuchten Reiseformen in der Tourismusbranche. Sie ist vielfältig und kann mit jeder Destination verknüpft werden, die Gewässer wie Seen und Meere vorzeigen kann.

Die **Hauptmerkmale** dieser Reiseform beziehen sich primär auf die **Bade- und Wassersportmöglichkeiten** an einem Gewässer sowie auf die **Entspannung**. Sekundär werden weitere Sport- und Freizeitmöglichkeiten in Anspruch genommen wie z. B. Fahrradverleih, Minigolfplätze, Wasserparks sowie kulturelle Ausflüge.

Wichtige **Beratungskriterien** für den Tourismuskaufmann/-frau und **Entscheidungsfaktoren** des Kunden für eine Badereise sind:

- Klima,
- Strandgegebenheiten,
- Wasserqualität,
- Unterkünfte und deren Lage zur nächsten Badegelegenheit,
- touristische Infrastruktur,
- Sport- und Freizeitangebote.

Klima	Sonnen- und Regentage, Tagestemperatur.
Strandgegebenheiten	Sand-, Kiesstrand, kleine Bucht usw.
Wasserqualität	Die Wasserqualität eines Strandes wird durch die *Blaue Flagge* (▸ LF 3, Kapitel 2.2) ausgezeichnet.
Unterkünfte	Hotel, Clubanlage, Ferienwohnung usw.
Lage der Unterkunft	Direkt am Gewässer, einige hundert Meter entfernt, durch eine Straße vom Strand getrennt, mit einem Shuttle zu erreichen.
Touristische Infrastruktur	Gastronomie, Bars, Einkaufsmöglichkeiten, Ausgehmöglichkeiten, Unterhaltungsmöglichkeiten, Strandpromenade.
Sport- und Freizeitangebote	Wassersportmöglichkeiten (Tauchen, Segeln, »Bananaboot« fahren, Jetski), Sportmöglichkeiten zu Land (Fahrradverleih, Minigolfplätze) Freizeit- und Aquaparks, kulturelle Ausflugsmöglichkeiten usw.

Tab. Beispiele für Beratungskriterien/Entscheidungsfaktoren für eine Badereise

Badereisen werden oftmals pauschal gestaltet. Beförderung (z.B. per Flug), Transfer, Hotel und Reiseleitung sind zu einem Gesamtpaket geschnürt und zu einem bestimmten Gesamtreisepreis zu buchen (▸ Fachwissen Tourismus Band 1, LF 4.1).

Den spezifischen **Reisetypen** für eine Badereise gibt es nicht. Ob Familien oder Alleinreisende, *Best Ager* oder junge Spaß-, Erlebnis- und Partyurlauber – für jeden »Badewilligen« lässt sich, abgestimmt auf seine sozidemographischen und psychografischen Merkmale (▸ LF 3, Kapitel 2.5) die geeignete Badereise buchen.

Badereiseziele unterscheiden sich über den Reisepreis, die »ideale Reisezeit« und über die Entfernung zur Heimat.

Es gibt **hochwertige und exklusive Reiseziele** wie Sylt, *Dubai* oder die Malediven und *Aruba* sowie **preiswerte Reiseziele** wie Kroatien oder Thailand und die Dominikanische Republik. Der Reisepreis ist abhängig von der **touristischen Infrastruktur** des Landes bzw. der bestimmten Urlaubsregion sowie von dem touristischen Angebot an Beförderungsmitteln zur Destination. Handelt es sich um ein Zielgebiet mit Massentourismus (▸ LF 3, Exkurs Kapitel 2.3) ist der Reisepreis relativ gering, da ein hohes touristisches Angebot vorliegt. Bei hochwertigen und exklusiven Reisezielen kann davon ausgegangen werden, dass auch die Versorgung und die touristischen Angebote vor Ort relativ teuer sind.

Da Badereisen von Sonnenschein und warmen Wetter abhängig sind, spielen die **klimatischen Gegebenheiten** eines Badereiseziels eine wichtige Rolle. Das Klima ist demnach verantwortlich für die »**idealen Reisezeiten**« einer Destination und die damit verbundene touristische Nachfrage.

Dass Badereisen weltweit, ob nah- oder fern, durchzuführen sind, zeigt sich an den folgenden Beispieldestinationen Balearen (für die »**Mittelstrecke**«) und Thailand (für die »**Fernreise**«). Die Destinationen unterscheiden sich in vielen Faktoren wie Flugzeit, Klima, Kultur usw. doch haben sie eines gemeinsam: **Wasser, Strand und Sonne** – die wichtigsten Elemente einer Badereise.

2.1 Attraktivitätsfaktoren der Balearen

Wie bereits in ▸ LF 3, Kapitel 4.3.1 beschrieben erfreuen sich die *Balearen* großer Beliebtheit als Urlaubsziel. Das begründet sich zum einen in der klimatischen »Andersheit« und der landschaftlichen Vielfalt, aber auch in Faktoren wie der guten Erreichbarkeit, absoluten Sicherheit usw.

© Turespaña

Bei einem Verkaufsgespräch spielen die **verschiedenen Attraktivitätsfaktoren der *Balearen*** eine bedeutende Rolle.

Analysieren Sie Ihren Kunden vorerst nach Interessen, Motivation und Einstellung, so dass Sie ihn einem der Reisetypen (▸ LF 3, Kapitel 2.6) zuordnen können. Machen Sie ihm anschließend die »**Destination Balearische Inseln**« mit Hilfe der Attraktivitätsfaktoren »schmackhaft« . Nennen Sie die **attraktiven Faktoren** auf die der Kunde Ihres Erachtens Wert legt und geben Sie wenn möglich detaillierte Hinweise dazu.

Im Folgenden ein Überblick der künstlichen- und natürlichen Attraktivitätsfaktoren der *Balearen:*

Natürliche Faktoren		**Reisetypen/Zielgruppen**
Klima	Ganzjähriges Reiseziel, viele Sonnenstunden, wenig Niederschlag	▸ Badeurlauber ▸ Aktivurlauber ▸ Kulturinteressierte ▸ Familien mit Kindern
Naturräumliche Gegebenheiten	Lange Sandstrände, felsige Steilküsten, flache und ruhige Sandbuchten, Gebirge im Inland	▸ Badeurlauber ▸ Aktivurlauber
Flora und Fauna	Immergrüne Vegetation, Mandelblüte (Ende Januar-Anfang März), Oliven-, Feigen- Mandelbäume. Verschiedene Vogelarten, Eidechsen.	▸ Wanderer ▸ Fahrradfahrer ▸ Naturliebhaber
Gesundheit	Keine speziellen Impfvorschriften	▸ Alle Zielgruppen
Wasserqualität	Viele Strände sind mit der *Blauen Flagge* ausgezeichnet, da die Wasserqualität sehr gut ist.	▸ Badeurlauber ▸ Wassersportbegeisterte
Künstliche Faktoren		**Reisetypen/Zielgruppen**
Erreichbarkeit/ Beförderung	Keine langen Flugzeiten von Deutschland	▸ Familien mit Kindern ▸ Flugängstliche
Einreise	Aufgrund der Zugehörigkeit zur EU benötigen deutsche Staatsangehörige nur einen Personalausweis zur Einreise.	▸ Deutsche Staatsangehörige
Verkehrswege	Gut ausgebaut, schnelle Erreichbarkeit zwischen den Ferienorten und größeren Städten.	▸ Individualreisende Entdecker
Hotellerie/ Gastronomie	Der Trend geht zu vier- und fünf-Sterne-Hotels (mehr Klasse als Masse) und Clubanlagen; es gibt jedoch auch viele günstige Hotels. Viele Restaurants mit typisch mediterranem Einfluss.	▸ Cluburlauber ▸ Preisorientierte Reisende ▸ Kulinarisch orientierte Reisende

Freizeiteinrichtungen	Wasserparks, Wassersportbasen, Golfplätze, Tennisplätze, Reitmöglichkeiten, Wander- und Fahrradwege, Diskotheken, Bars, Einkaufsmöglichkeiten	▸ Aktiv- und Sporturlauber ▸ Junge Spaß-, Erlebnis- und Partyurlauber ▸ Familien mit Kindern
Soziokulturelle Faktoren	Prähistorische Fundstellen, verschiedene Museen, Historische Bauten, Tropfsteinhöhlen	▸ Kulturinteressierte ▸ *Best Ager* ▸ Individualreisende Entdecker
Sicherheit	Gute Medizinische Versorgung vor Ort, keine politischen Unruhen	▸ Alle Zielgruppen

Tab. Attraktivitätsfaktoren der *Balearen*

Einreisebestimmungen

Für die Einreise auf die *Balearen* benötigen deutsche Staatsangehörige einen **gültigen Personalausweis oder Reisepass,** letzter wird auch dann akzeptiert, wenn er maximal ein Jahr abgelaufen ist. Mit diesen Dokumenten ist ein Aufenthalt von bis zu drei Monaten zulässig. Kinder benötigen einen Kinderausweis.

Medizinische Hinweise

Die **Standardimpfungen** für Kinder und Erwachsen sollten anlässlich einer Reise überprüft und vervollständigt werden. Darüber hinaus wird eine Impfung gegen *Hepatitis A* und *B* empfohlen. Weitere Informationen entnehmen Sie bitte der **Internetseite des Auswärtigen Amtes** ▸ www.auswaertiges-amt.de oder informieren sich bei einem Reise- und Tropenmediziner.

2.2 Badeurlaub auf den Balearen

Anreise

Von vielen deutschen Flughäfen werden direkte Pauschalreiseflüge und auch einige Linienflüge sowie Verbindungen mit *Low Cost Carriern* (▸ Fachwissen Tourismus Band 4, LF 8) nach ***Mallorca*** angeboten. Der Flughafen der Inseln (PMI) liegt nur wenige Kilometer östlich der Hauptstadt von *Mallorca*.

Menorca* und *Ibiza werden fast nur direkt von Pauschalreisefluganbietern angeflogen. Knapp zehn Kilometer südwestlich von der Hauptstadt *Mahón* liegt *Menorcas* Flughafen (MAH). Auf *Ibiza* befindet sich der internationale Flughafen (IBZ) acht Kilometer südlich der Hauptstadt *Ibiza-Stadt*. ***Formentera*** be-

sitzt keinen eigenen Flughafen, daher erfolgt die Anreise mit der Fähre ab *Ibiza* (s. u.).
Ganzjährig sind die drei Inseln mit dem europäischen Festland und untereinander mit Linienflügen verbunden. Wenige Flugverbindungen existieren im Winter nach *Menorca* und *Ibiza*, nach *Mallorca* bleiben die Verbindungen auch zu dieser Saisonzeit gut erhalten. Die Flugzeit beträgt etwa zwei Stunden.

Die Balearischen Inseln erreicht man mit **Autofähren vom spanischen Festland**. Von *Barcelona* beträgt die Fahrtdauer vier bis achteinhalb Stunden, von den südlicher gelegenen Häfen *Valencia*, *Denia* und *Alicante* drei bis 16 Stunden, je nach Schiffstyp und Strecke. Zwischen den Inseln bestehen ebenfalls gute Fährverbindungen.

Mallorcas Hafen im Westen der Hauptstadt *Palma de Mallorca* wird im Rahmen einer **Kreuzfahrt** angelaufen.

2.2.1 Mallorca

Die Insel *Mallorca* ist für ihre lebhaften Strände, das rege Nachtleben für Jung- und Junggebliebene und die abwechslungsreichen Freizeitangebote auch bekannt für ihre idyllische Naturlandschaft.

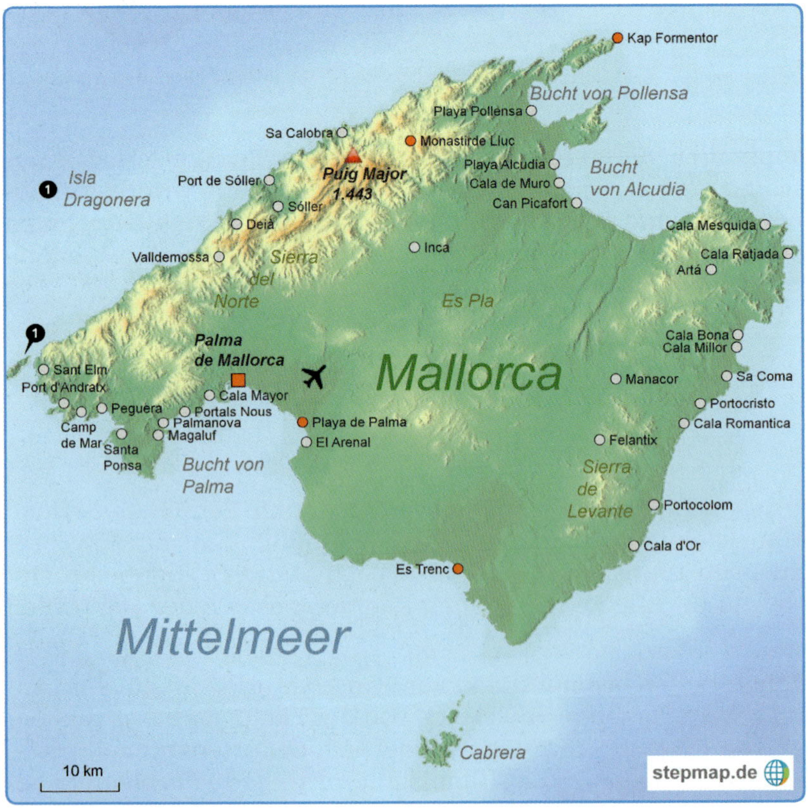

Abb. Karte von *Mallorca*

Badeorte und Strände

Südwestküste (westlich von Palma)

Cala Mayor: Schöner, gepflegter Sandstrand in Stadtnähe, gute touristische Infrastruktur.

Portals Nous: Mondäner, luxuriöser Yachthafen (dementsprechend Publikum und Preisgestaltung), Sandstrand mit flachem Einstieg ins Meer.

Palmanova: Breiter Sandstrand in englischer Touristenhochburg, sehr lebhaft, großes Freizeitangebot.

Magaluf: Städtischer Strand mit feinem weißen Sand, sehr lebhaft; liegt in einem wichtigen Touristenzentrum, daher existiert ein ausgedehntes Wassersportangebot.

Santa Ponsa: Ausgedehnter Sandstrand, flacher Einstieg ins Wasser, beliebt bei Familien mit Kindern, großes Wassersportangebot, ausgeprägte touristische Infrastruktur.

Peguera: Drei Strände (*Platja Palmira* und *Platja de Tora* sind dabei die beliebtesten), feiner bis grober Sandstrand, großes Freizeitangebot, touristisch gut erschlossen mit Flaniermeile und zahlreichen Einkaufsmöglichkeiten.

Camp de Mar: Beliebte Badebucht, aber nicht stark belebt, gern besucht von Familien mit Kindern.

Port d'Andratx: Wenige Bademöglichkeiten in kleinen Buchten, luxuriöser Yachthafen, beliebt bei prominenten Persönlichkeiten, exklusive Einkaufsmöglichkeiten.

Sant Elm: Städtischer, gut besuchter Strand, Ausblick und Bootsausflüge auf die vorgelagerte Insel *Sa Dragonera*.

Palma Stadt

Playa de Palma: Etwa sechs Kilometer langer Sandstrand,beginnend in *Can Pastilla* und endend in *El Arenal*. Von den durchnummerierten Strandhäuschen, den *Balnearios* unterteilt (bekanntester ist der »Ballermann 6«-*Balneario*). Sehr gut besucht, großes Sport- und Freizeitangebot, touristisch gut erschlossen: viele Restaurants, Diskotheken und Einkaufsmöglichkeiten, vielfältige Abendunterhaltung. Auch beliebt als Kurzreiseziel z. B. bei Vereinen.

Südostküste
Es Trenc: Etwa sieben Kilometer langer Naturstrand, weißer Sandstrand mit türkisblauem Wasser, schöne Dünenlandschaft und Pinienbewuchs im Hintergrund; ein Platz zum »ausspannen«. 
Cala d'Or: Sandstrand, von dichter Vegetation umgeben, liegt in der Nähe eines Villenviertels, gute touristische Infrastruktur.
Portocolom/Felanitx: Sandstrand mit flachem Einstieg ins Meer, liegt in der Nähe des Hafens von *Portocolom*, Panoramablick auf *Portocolom*, bei Einheimischen beliebt.
Cala Romantica: Schmale Felsenbucht, zur Hochsaison sehr gut besucht, großzügiges Wassersportangebot.
Ostküste
Portocristo/Manacor: In der Nähe des Hafens gelegener Sandstrand, flacher Einstieg ins Meer, Ausgangspunkt für Bootstouren im Hafen von *Portocristo*.
Sa Coma: Bucht mit feinem, weißen Sandstrand, großes Wassersportangebot, reizvolle Strandpromenade, geht über in das Ferienzentrum *Cala Millor*, gut ausgebaute touristische Infrastruktur.
Cala Millor: Fast zwei Kilometer langer Sandstrand im größten Ferienzentrum an der Ostküste, Besucheraufkommen, Sport- und Freizeitangebot sind hoch, gern besucht von Familien mit Kindern sowie von der jungen und älteren Generation, reizvolle Strandpromenade, zahlreiche Einkaufsmöglichkeiten, gute touristische Infrastruktur mit vielen Bars, Kneipen, Restaurants und Diskotheken. 
Cala Bona: Künstlich angelegte Bucht, flacher Einstieg ins Meer, vielfältiges Sport- und Freizeitangebot.
Son Moll/Cala Ratjada: Belebter Sandstrand des Touristenortes *Cala Ratjada* (bei Deutschen sehr beliebt), schöne Strandpromenade.
Cala Mesquida: Feinsandige Bucht, eingebettet in Dünen und Kiefernwälder, beliebt bei jungen Leuten und Familien mit Kindern, großes Wassersportangebot.

Nordostküste / *Bucht von Alcudia*
Can Picafort: Lebhafter Sandstrand, kinderfreundlich, ausgedehntes Sport- und Freizeitangebot, gute touristische Infrastruktur.
Cala de Muro: Weitläufiger Sandstrand mit Dünenlandschaft und Schatten spendenden Pinien, bei Surfern und Familien mit Kindern sehr beliebt, mäßig gut besucht.
Playa Alcudia: Weitläufiger Sandstrand, teilweise stark bebaut und gut besucht, zahlreiche Sport- und Freizeitmöglichkeiten, für Familien mit Kindern gut geeignet, ausgeprägte touristische Infrastruktur. Im Hinterland erstreckt sich das unter Naturschutz stehende Sumpfgebiet *S'Albufera.* 
Playa Pollensa: Relativ ruhige und geschützte Bucht, gute Segelmöglichkeiten.
Nordwestküste
Sa Calobra: Kleine, reizvolle Badebucht mit Sand-/Kiesstrand innerhalb einer imposanten Felsenschlucht, Strand kann auch von *Port de Sóller* mit dem Boot erreicht werden.
Port de Sóller: Malerische Bucht mit Sandstrand, ansehnliche Promenade, viel touristische Infrastruktur, beliebtes Tagesausflugsziel.

Tab. Badeorte und Strände auf *Mallorca*

2.2.2 Menorca

Im Gegensatz zu *Mallorca* und *Ibiza* ist der Tourismus weniger stark ausgeprägt und die Bauweise der Touristenunterkünfte weniger klotzig. Aus diesem Grund ist *Menorca* sehr beliebt bei Natur- und Kulturbegeisterten sowie bei Familien mit kleinen Kindern.

Abb. Karte von *Menorca*

Badeorte und Strände

Osten

Es Grau: Kleiner Fischerhafen mit Restaurants und Bars sowie Bademöglichkeiten am Strand *Playa de Es Grau*. Das Meer in der Bucht ist durch den Schutz der vorgelagerten Insel *Isla Colom* besonders ruhig und daher beliebt bei Sportboot- und Wasserskifahren.

Südosten

S' Algar: Kleiner felsiger Sandabschnitt, gute touristische Infrastruktur, sehr gute Wassersport- und Tauchmöglichkeiten, Ausblick auf die vorgelagerte Felsinsel *Isla de l'Aire*.

Punta Prima: Kleine Bucht mit feinem, flach abfallender Sandstrand, Promenade mit Restaurants und Einkaufsmöglichkeiten, Ferienhäuser, beliebt bei Familien mit Kindern.

Süden

Son Bou: Drei Kilometer langer, feinsandiger, flach abfallender Sandstrand, durchsetzt mit roten Felsplatten, im Hintergrund Dünenlandschaft, viele Bars und Restaurants sorgen für Unterhaltung, ideal für Paare, auch Familien mit Kindern.

Santo Tomas: Ruhigerer Urlaubsort, Dünenlandschaft, Wassersportangebote, Minidisko und Ponyreiten ziehen Familien mit Kindern in den Urlaubsort.

Cala Galdana: Lebhafte Bucht mit Sandstrand, eingebettet in einer hohen, unbebauten Steilküste, gilt als eine der schönsten Buchten im westlichen Mittelmeerraum, Wassersportmöglichkeiten und gute touristische Infrastruktur, *Wellness*- und *Spa*-Angebote für Alt und Jung, Kinderattraktionen.

Südwesten

Cala n' Bosch / Son Xoriguer: Kleine, feinsandige, flach abfallende Buchten, große Touristenzentren, zahlreiche Sport- und Freizeitangebote, Yachthafen, gute touristische Infrastruktur, beliebt bei Familien, hohe Konzentration an Pauschalurlauber-Hotels.

Norden

Arenal d'en Castell: Schöne Sandbucht an Pinien bewachsenen Hängen, Haupttouristenort des Nordens und sehr beliebter Strand für Familien mit Kindern, viele attraktive Angebote für Kinder, zahlreiche Wassersportmöglichkeiten, in der Nähe befindet sich ein Yachthafen mit Boutiquen, Restaurants, Bars und Nachtclubs, die gern von jungen Leuten besucht werden.

Tab. Badeorte und Strände auf *Menorca*

2.2.3 Ibiza

Ibiza ist besonders als »Partyinsel« ein sommerlicher Anziehungspunkt für junge Leute. Das legendäre Nachtleben und die vielen »hochpreisigen« Clubs von ***Ibiza-Stadt*** und ***San Antonio*** sind weltberühmt. Einige Orte erinnern noch an die 1960er-Jahre, als die Insel als »*Flower-Power*-Hochburg« für *Hippies* galt.

Abb. Karte von *Ibiza*

Badeorte und Strände

Südliche Umgebung von *Ibiza*-Stadt

Figueretas: Hausstrand von *Eivissa*, schmaler künstlicher Sandstrand, schöne Promenade, ausgedehntes Sport- und Freizeitangebot, touristische Infrastruktur.

Playa d'en Bossa: Kilometerlanger, flach abfallender Sandstrand, großes Wassersportangebot, an der Strandbar *Bora Bora Beach* tummelt sich das Partypublikum, am Anfang und Ende des Strandes geht es etwas ruhiger zu (auch besucht von Familien mit Kindern), Bettenburgen, gute touristische Infrastruktur.

© Turespaña

Playa de las Salinas: Sandstrand an der Südspitze *Ibizas*, umgeben von Dünen und Pinien, sehr beliebt, Yachthafen, touristische Infrastruktur.

Nördliche Umgebung von *Ibiza*-Stadt

Talamanca: Weite Sandbucht im verhältnismäßig, ruhigen Ferienort, Yachthafen, großes Sport- und Freizeitangebot, touristisch gut erschlossen.

Ostküste

Inmitten von Pinienhainen liegen viele kleine Badebuchten und Ferienorte, die weniger klotzig bebaut sind als im Süden.
Cala Llonga (Golfplatz),
Santa Eulària (lebhaft mit Strandpromenade),
Cala Pada (Tauchcenter),
Es Canar (beliebter Sandstrand)

© Turespaña

Norden
Wenige Bademöglichkeiten an den felsigen, malerischen Steilküsten. ***Cala San Vicente*** (breiter Strand, kleine Promenade) hat die *Blaue Flagge.*
Westküste
San Antonio: Lebhafter Sandstrand, sehr beliebt bei Engländern, Bettenburgen, Vergnügungs- und Amüsierviertel, neue Uferpromenade, neben vielen Bars, Kneipen und Diskotheken befindet sich hier auch das ***Café del Mar.***  © Turespaña
Südwesten
Cala Vadella: Lebhafte, naturgeschützte Bucht, gern besucht von Familien mit Kindern, beliebter Ankerplatz privater Segelyachten, gute touristische Infrastruktur.

Tab. Badeorte und Strände auf *Ibiza*

2.2.4 Formentera

Formentera hat selbst keinen Flughafen und wird deswegen mit der Fähre von *Ibiza-Stadt* angefahren. Gleichzeitig ist der kleine Fährhafen ***La Sabina*** an der Nordküste auch Anlegeplatz für Yachten. Die Überfahrt mit einer Fähre zur Nachbarinsel *Ibiza* dauert etwa 30 Minuten.

Die kleine Insel ist bekannt für ihre kilometerlangen, weißen, natur belassenen Sandstrände, die umgeben sind von unberührter Natur.

Abb. Karte von *Formentera*

MERKE

Hinweis für die Buchung
Bei späten Ankünften oder bei frühen Abflügen sollte ggf. eine Zwischenübernachtung auf Ibiza berücksichtigt werden.

Badeorte und Strände

Norden
Playa Sa Roqueta: Etwa 300 Meter langer Strand, flach abfallendes Wasser, ist ideal für Familien mit Kindern, kleiner – nicht offizieller – FKK-Strand, dennoch familiäre Atmosphäre, beliebte Strandbar.
Playa Es Pujols: Langer, feinsandiger Strand am größten Ferienort der Insel, türkisfarbenes Wasser, viele Sport- und Freizeitmöglichkeiten (*Surf*schule) auch für Kinder, gute touristische Infrastruktur mit Promenade und Fischrestaurants, sehr stark besuchte Bucht.  © Turespaña
Playa de Ses Illetes: Heller, breiter Sandstrand mit Dünenlandschaft an der nördlichen Landspitze, Ankerplatz für Bootsurlauber aus *Ibiza*, vor allem Yachten liegen am Strand, kaum Hotels in der Nähe, großes Angebot an Wassersportarten, offizieller FKK-Strand, bei Touristen sehr beliebt.
Süden
Playa Mitjorn: Sechs Kilometer langer Naturstrand (längster der Insel), unterbrochen von Felsen und Steinplatten, Wasserportmöglichkeiten inklusive Surf- und Tauchschule. Gilt bei vielen Urlaubern als »Geheimtipp«, da der Strand ruhiger ist als die Strände im Norden.

Tab. Badeorte und Strände auf *Formentera*

2.3 Badeurlaub in Thailand

Thailands ganzjährig warmes Klima und die langen Sandstrände im Süden des Landes laden Reisende zu einem Badeurlaub mit erholsamen Stunden ein. Ob auf dem **Festland oder auf einer der Inseln** wie *Phuket* und *Koh Samui*, an vielen Stränden ist den Urlaubern eine gute touristische Infrastruktur mit Unterkünften und Unterhaltungsmöglichkeiten geboten.

Einreisebestimmungen

Deutsche benötigen für die Einreise einen gültigen Reisepass, der mindestens noch sechs Monate nach Ende der Reise gültig ist. Bei einem Aufenthalt bis zu 30 Tagen benötigen Deutsche kein Visum für die Einreise. Für den Aufenthalt von 31 bis 60 Tagen ist ein »***Tourist Visa***« erforderlich, außerdem ein Rückflugticket. Weitere Informationen entnehmen Sie der Internetseite des Auswärtigen Amtes ► www.auswaertiges-amt.de.

Medizinische Hinweise

Es bestehen keine Impfvorschriften, allerdings werden **Standardimpfungen** sowie **Reiseimpfungen** wie *Hepatitis A* und *B*, *Typhus* und Tollwut empfohlen. *Malaria* tritt regionsabhängig ganzjährig auf. Ein hohes Risiko besteht in den Grenzgebieten im Nordwesten zu *Myanmar* und im Südosten zu *Kambodscha* sowie im äußersten Süden. Aufgrund dessen ist eine entsprechende *Prophylaxe* empfehlenswert. Allen Reisenden wird geraten den Körper bedeckende, eher helle Kleidung zu tragen und tagsüber sowie am Abend Insektenschutzmittel auf alle freien Stellen der Haut aufzutragen. Die medizinische Versorgung in *Thailand* ist rund um die touristischen Gebiete wie *Bangkok*, *Pattaya* und *Phuket* gut. In der Regel gibt es private Kliniken.

Anreise

Von mehreren deutschen Flughäfen gibt es täglich oder sogar mehrmals täglich Direktflüge nach *Bangkok* (BKK). Größtenteils werden diese Linienflüge von der *Lufthansa* (LH) oder *Thai Airways International* (TG) durchgeführt. Pauschalflüge ab Deutschland nach *Bangkok* und zur Insel *Phuket* (HKT) werden saisonal angeboten. Die Flugdauer nonstop ab Deutschland nach *Thailand* beträgt **10 bis 12 Stunden**. Der Flughafen *Bangkok*, der 2006 in Betrieb genommen wurde, liegt etwa 25 Kilometer nördlich der Metropole und ist ein **wichtiges Luftfahrt-Drehkreuz** in Südostasien: *Bangkok* wird oft als Zwischenstopp bei einer Flugreise nach Australien/Neuseeland angeflogen.

Verkehrsnetz

Innerhalb des Landes ist das Flugnetz ebenso gut ausgebaut, denn *Bangkok* wird durch *Thai Airways* sowie der privaten Fluggesellschaft *Bangkok Airways* (PG) und weiteren kleinen Airlines sowohl mit Städten im ganzen Land als auch mit den Inseln *Phuket* und *Koh Samui* (USM) verbunden.

Thailand verfügt über ein recht gut ausgebautes Straßennetz. Es herrscht Linksverkehr und bis auf wenige Ausnahmen gelten die international üblichen Verkehrsregeln. In den größeren Städten und touristischen Gebieten sind internationale Mietwagenfirmen vorhanden. *Bangkok* mit seinen täglich ausgedehnten Staus sollte von Reisenden mit dem Mietwagen gemieden werden. Im Nahverkehr werden neben normalen Taxis häufig so genannte *»**Tuk-Tuks**«* (dreirädrige Motorrikschas) genutzt.

Die Busse sind ein beliebtes und günstiges Fortbewegungsmittel in *Thailand*, zu dem das Busnetz sehr gut ausgebaut ist. In der Regel bieten private Busgesellschaften besseren Service (kostenfreie Getränke und besseres Essen) als die staatlichen.

In *Thailand* ist eine Bahnfahrt sicher und einfach. Die Tickets zu europäischen Verhältnissen sind sehr günstig, allerdings verkehren die Züge recht unpünktlich. Es gibt eine Verbindung ab *Bangkok* in den Norden des Landes und eine in den Süden. Ebenso beliebt bei Reisenden mit einem größeren Geldbeutel ist der luxuriöse Zug ***Eastern & Oriental-Express***, dessen Route z. B. von *Singapur* über *Kuala Lumpur* nach *Bangkok* oder andersherum führt.

2.3.1 Attraktivitätsfaktoren von Thailand

Bei einem Verkaufsgespräch spielen die verschiedenen **Attraktivitätsfaktoren von *Thailand*** eine bedeutende Rolle. Analysieren Sie ihren Kunden zuerst nach Interessen, Motivation und Einstellung, so dass Sie ihn einem Reisetypen (► LF 3, Kapitel 2.6) zuordnen können und machen Sie ihm anschließend die »Destination *Thailand*« mit Hilfe der Attraktivitätsfaktoren »schmackhaft«. Nennen Sie dabei genau die Faktoren, auf die der Kunde Ihres Erachtens Wert legt und geben Sie, wenn möglich, detaillierte Hinweise dazu.

Hier ein **Überblick der künstlichen- und natürlichen Faktoren**:

Natürliche Faktoren		**Reisetypen/Zielgruppen**
Klima	Ganzjähriges Reiseziel, viele Sonnenstunden, viel Niederschlag	► Badeurlauber ► Aktivurlauber ► Kulturinteressierte ► Familien mit Kindern
Naturräumliche Gegebenheiten	Lange Sandstrände, Felsformationen auf malaiischen Halbinsel, Regenwälder, Korallenriffe	► Badeurlauber ► Aktivurlauber ► Tauchurlauber
Flora und Fauna	Immergrüne Vegetation, Reisterrassen, Regenwälder Elefanten, Affen	► Wanderer ► Naturliebhaber
Gesundheit	Keine speziellen Impfvorschriften	► Familien mit Kindern ► *Best Ager*
Wasserqualität	Warme Wassertemperaturen, Korallenriffe	► Badeurlauber ► Wassersportbegeisterte ► Taucher
Künstliche Faktoren		**Reisetypen/Zielgruppen**
Erreichbarkeit/ Beförderung	Ab Deutschland sogar mehrmals täglich *Non-Stop*-Flüge nach BKK	► Alle Zielgruppen
Einreise	Reisen bis 30 Tage können ohne Visum durchgeführt werden.	► Deutsche Staatsangehörige

Künstliche Faktoren		Reisetypen/Zielgruppen
Verkehrswege	Recht gut ausgebaut, international übliche Verkehrsregeln, verkehrsgünstige Transportmittel	▸ Individualreisende Entdecker
Hotellerie/ Gastronomie	Breites Angebot an Unterkünften. Preiswerte bis exklusive Angebote.	▸ Individualreisende Entdecker ▸ Badeurlauber ▸ Cluburlauber ▸ Luxusurlauber
Freizeiteinrichtungen	Wassersportbasen, Tauchbasen, Golfplätze, Elefantensafaris, *Trekking*touren, Diskotheken, Bars, Einkaufsmöglichkeiten	▸ Aktiv- und Sporturlauber (Taucher, Wanderer) ▸ Wanderer ▸ Junge Spaß-, Erlebnis- und Partyurlauber ▸ Familien mit Kindern
Soziokulturelle Faktoren	*Buddha*-Figuren, Tempel, Ruinen Stätten, Museen	▸ Kulturinteressierte ▸ *Best Ager* ▸ Individualreisende Entdecker
Sicherheit	Gute Medizinische Versorgung in touristischen Gebieten wie *Bangkok*, *Pattaya* und *Phuket*.	▸ Alle Zielgruppen

Tab. Attraktivitätsfaktoren *Thailands*

2.3.2 Badeorte und Strände

Die Hauptbadegebiete von *Thailand* liegen in dem westlich des Landes liegenden ***Golf von Thailand*** und in der östlich liegenden ***Andamanensee.***

Östliche Golfküste (*»Thailändische Riviera«*)

Pattaya: Größter Ferienort Südostasiens, lebhafte Strände, sehr gute touristische Infrastruktur, bekannt durch Sextourismus, Unterkünfte aller Kategorien, ausgeprägtes Nachtleben, großes Sport- und Freizeitangebot, beliebt bei Partyurlaubern. Ausgangspunkt für Ausflüge mit dem Schnellboot nach *Bangkok* oder zur vor gelagerten Inselgruppe ***Koh Lan.*** Koralleninseln beliebt bei Tauchern.

Rayong: Ruhige Strände, beliebt bei Erholung suchenden Urlaubern. Ausgangspunkt für (Tages-) Ausflüge nach ***Koh Samet:*** Die Insel, die mehr und mehr vom Pauschaltourismus entdeckt wird, ist Teil eines gleichnamigen Nationalparks und bietet schöne, feine Strände.

Insel *Koh Chang*

Die zweitgrößte Insel *Thailands* liegt nahe der kambodschanischen Grenze. Beliebt ist sie für Dschungel-*Trekking*touren durch das Landesinnere, vorbei an vielen Wasserfällen sowie für ihre traumhaften Strände an der Westküste, z. B. dem ***Klong Prao Beach*** oder dem ***White Sand Beach,*** einer der schönsten Strände *Thailands*. Verschiedene Arten von Wassersport werden angeboten. Gern besucht wird die Insel von Individualreisenden und Rucksacktouristen, doch der Pauschaltourismus gewinnt allmählich seinen Einzug.

Westliche Golfküste

Hua Hin: Ältester Badeort *Thailands,* langer Sandstrand, gute touristische Infrastruktur, luxuriöse Ressorts mit *Spa*-Bereich, Golfplätze, Sommerresidenz der königlichen Familie.

Insel *Koh Samui*

Mit knapp 250 Quadratmetern Fläche zählt ***Koh Samui*** zur drittgrößten Insel *Thailands.* Die Hauptstadt ***Nathon*** liegt an der Westküste der Insel. Zu erreichen ist sie mit mehrmals täglich verkehrenden Fähren von ***Surat Thani*** (Fahrtdauer je nach Schiffsart 1,5 bis 6 Stunden). *Koh Samui* besitzt einen eigenen Flughafen (USM), der ab *Bangkok* angeflogen wird (Flugdauer etwa eine Stunde). Die Insel hat sich in den letzten Jahren im internationalen Pauschaltourismus etabliert, aber zugleich in vielen Teilen ihre Ursprünglichkeit behalten. Im **Landesinnern** ist die Insel gebirgig, der höchste Berg ragt 640 Meter empor. Kokos- und Obstplantagen prägen das Landschaftsbild. Geeignet ist die Insel für erholsamen **Bade- und Sporturlaub**.

Die **Westküste** ist weniger erschlossen, lange schöne Sandstrände erstrecken sich an der **Ostküste der Insel**. Dort liegt der ***Chaweng Beach,*** der Hauptstrand der Insel. Der feinsandige Strand ist flach abfallend und bietet seinen Urlaubern eine gute touristische Infrastruktur und Nachtleben. ***Lamai Beach,*** südlich von *Chaweng Beach*, ist der zweitgrößte Touristenort und bietet neben dem langen Sandstrand ebenfalls Vergnügungsmeilen mit vielen Diskotheken, Bars, Restaurants und Geschäften. Der ***Mae Nam Beach*** liegt in einer sanft geschwungenen Bucht **im Norden der Insel** mit leicht grobkörnigem Sand. Bevorzugt ist dieser Strand bei Erholungsurlaubern. Der ruhige Badeort ***Choeng Mon Beach*** liegt in einer malerischen Bucht mit tollem Panorama, weißen Sandstränden und flach abfallendem Ufer. Wahrzeichen *Koh Samuis* ist der ***Big Buddha***, eine auf der Klippe thronende, 12 Meter hohe Buddhastatue. Beliebte Bootsausflüge von *Koh Samui* führen auf die Nachbarinseln, z. B. *Koh Phangan*. Party-Begeisterte feiern dort allmonatlich in der ersten Vollmondnacht die berühmt-berüchtigten ***Full-Moon-Partys.***

Abb. Karte der Insel *Koh Samui*

Tab. Badeorte, Inseln und Strände am/im *Golf von Thailand*

Küste des Indischen Ozeans

Khao Lak: Das beliebte Dorf, 2004 von einem verheerenden ***Tsunami*** heimgesucht, ist inzwischen »wiederhergestellt«. Lohnenswerte Ausflugsziele sind die vorgelagerten Inselgruppen ***Koh Similan*** und ***Koh Surin***, die unter Naturschutz stehen und sowie der ***Khao Sok Nationalpark*** hervorragende Tauchgründe bieten.

Phang Nga Bay: *Phang Nga Bay* ist einer der größten Naturwunder der Welt. Die Bucht besteht aus üppig begrünten **Kalksteininseln**, von denen einige mehrere hundert Meter aus dem Meer empor ragen. Unter etlichen Inseln gedeiht eine unberührte, vielfältige Tier- und Pflanzenwelt, die mit **Höhlen und Wassergrotten** durchsetzt ist. Die Gegend ist für seine steil aus dem Meer ragenden Felsen bekannt. Die berühmteste Felsformation ist der nach dem hier gedrehten Film benannte ***James-Bond-Felsen***. Außerdem ist die *Phang Nga Bay* äußerst beliebt bei Seglern und Meereskajakfahrern, da sie sowohl von den südwestlichen als auch den nordöstlichen Monsun-Unwettern geschützt ist und somit **das ganze Jahr über** ideale Wassersportbedingungen bietet.

Insel *Phuket*

Die Insel ***Phuket*** ist mit einer Fläche von knapp 500 Quadratkilometern die größte Insel des Königreichs. Die Insel besitzt einen eigenen internationalen Flughafen **(HKT)**, zu dem es Inlandsverbindungen z. B. ab *Bangkok* oder auch Pauschalflugreiseverbindungen z. B. ab Deutschland gibt. Die in 2004 schwer vom Tsunami in Mitleidenschaft gezogene Insel, hat sich ebenfalls wieder erholt. *Phuket* liegt in einer landschaftlich sehr reizvollen Umgebung.

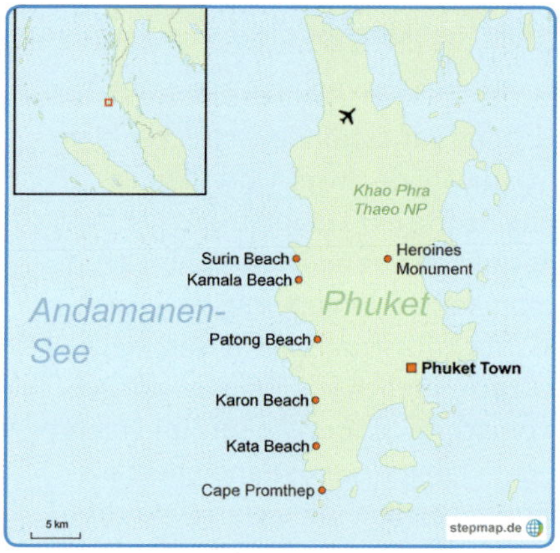

Abb. Karte der Insel *Phuket*

In Nord-Süd-Richtung verläuft ein Gebirgsrücken. **Zum Westen** hin besitzt die Insel weit geschwungene Buchten mit herrlichen Stränden. Hier liegt das touristische Zentrum *Phukets*: ***Patong Beach***. In einer Bucht gelegen bietet der lange, lebhafte Strand ein großes Sport- und Freizeitangebot sowie zahlreiche Unterkünfte, Restaurants, Geschäfte, Diskotheken und Bars, in denen das Nachleben stattfindet. **Nördlich** von *Patong Beach* liegen die ruhigeren und kleineren Strandorte ***Kamala Beach*** und ***Surin Beach***, die sich allerdings nicht allzu gut zum Schwimmen eignen. **Im Südwesten und Süden** der Insel gibt es ebenfalls schöne Strände, bei denen es etwas ruhiger zugeht. Am ***Karon Beach*** gibt es ein großes Angebot hochwertiger bzw. luxuriöser Hotels. Beliebt bei jungen Leuten ist der ***Kata Beach*** mit seinem großen Angebot an Tauchschulen und Unterkünften der Mittelklasse.

Der Osten der Insel hat eine schlammige, zum Teil Mangroven durchsetzte Küste, an der die gleichnamige Hauptstadt **Phuket** liegt. Die lebendige Stadt bietet viele Unterhaltungs- und Einkaufsmöglichkeiten, verschiedene Architekturstile und Tempel sowie einen alten Gouverneurspalast.

Im Norden *Phukets* liegt der ***Khao Phra Thaeo National Park***, der reiche Bestände tropischen Regenwaldes aufweist und aufgrund seiner zwei Wasserfälle ein beliebtes Ziel für halb- oder ganztägige Wanderungen darstellt. Das ***Heroines Monument***, das als Wahrzeichen von *Phuket* gilt, erinnert an den Freiheitskampf gegen die Burmesen im 18. Jahrhundert.
Das felsige Südkap ***Cape Promthep*** mit etlichen Souvenirläden und Gaststätten ist zum Sonnenuntergang gern besucht. Von hier aus hat man eine traumhafte Aussicht auf die Strände.

Tab. Badeorte, Inseln und Strände der *Andamanensee*

Baan (Ban) – Dorf	*Koh* (Ko) – Insel	*Pukao* (Khao) – Berg
Laem – Kap	*Had* (Hat, Haad) – Strand	*Maenam* (Mae Nam) – Fluss

Tab. Geografische Eigennamen

Wie an den vorgestellten Zielgebiets-Beispielen zu erkennen, ist die **Reiseform »Badereisen«** ziemlich flexibel mit einer Destination zu kombinieren, solange »Gewässer« vorhanden sind.

Sie können daher Badereisen in entsprechend vielen Destinationen weltweit anbieten. Berücksichtigen Sie dabei nur die Wünsche und Bedürfnisse Ihrer Kunden.

AUFGABEN

1. Erarbeiten Sie mit Hilfe der Beratungskriterien und Entscheidungsfaktoren einer Badereise eine tabellarische Zielgebiets-Präsentation. Wählen Sie zwischen Kroatien, Sardinien und der Dominikanischen Republik aus. Nutzen Sie die folgende Beispieltabelle.

Beratungskriterien und Entscheidungsfaktoren	Zielgebiet
Klima	
Strandgegebenheiten	
Wasserqualität	
Unterkünfte	
Lage der Unterkünfte	
Touristische Infrastruktur	
Sport und Freizeitangebote	

2. Zählen Sie fünf wichtige Merkmale auf, die eine Destination aufbringen muss, um als »Badereisedestination« attraktiv aufzutreten.

3. Nennen Sie die Vorteile des Kunden, wenn er seine Badereise pauschal bucht. Welche Leistungen enthält der Gesamtpreis?

4. In manchen Fällen bevorzugen die Urlauber die Anreise mit dem eigenen Auto auf die *Balearen*. Erstellen Sie einen Überblick für die folgenden Fährverbindungen:
a) Festland – *Ibiza* b) *Ibiza – Mallorca* c) *Ibiza – Formentera*
Wie lange dauert jeweils die Überfahrt?

5. Auf welchem Weg können Reisende die Insel *Formentera* erreichen?

6. Lokalisieren Sie auf jeder *Balearischen Insel* jeweils vier Strände und zeigen Sie diese für jede der Stummkarten auf. Drucken Sie bitte für die Bearbeitung dieser Aufgabe die Stummkarten der vier *Balearischen Inseln* aus. Die Stummkarten finden Sie auf der Internetseite ► www.europa-lehrmittel.de ► Titel »All inclusive Band 2«

7. Eine Familie mit zwei Kindern im Alter von fünf und neun Jahren möchte bei Ihnen im Reisebüro für den kommenden Sommer einen zweiwöchigen Badeurlaub auf den *Balearischen Inseln* buchen. Die Familie legt großen Wert auf schöne lange Sandstrände mit guter touristischer Infrastruktur und Wassersportangeboten. Die Mittelklasse-Unterkunft soll nicht weit entfernt vom Strand liegen und Unterhaltung sowie Kinderbetreuung bieten. Außerdem wünscht sich die Familie ein Familienzimmer sowie die Verpflegungsart Halbpension.

a) Welches Reiseziel könnte für die Familie interessant sein? Begründen Sie Ihre Empfehlung mit Hilfe von Nutzenbrücken.
b) Welche Anreisemöglichkeit kommt in Frage und warum?
c) Nennen Sie die Vorteile eines Familienzimmers.
d) Im Vordergrund des Familienurlaubes steht die Erholung; allerdings möchte die »Familienmutter« gerne ein- bis zwei Tagesausflüge im Zielgebiet unternehmen. Welche empfehlen Sie?
e) Berechnen Sie mit Hilfe der aktuellen Veranstalterkataloge den gesamten Reisepreis der Familie, wenn Sie von Anfang bis Mitte Juli verreisen. (Erläuterungen zur Reisepreisberechnung aus Veranstalterkatalogen finden Sie in ► Kapitel 1.5.)

8. Ein junges Ehepaar plant einen Badeurlaub auf den *Balearen*. Es will im Sommer verreisen und hat zwei Wochen Zeit. Das Paar wünscht sich in einem Apartment mit Frühstück »unter« zu kommen, nahe einem Ort,

der genügend Unterhaltungsangebote, Restaurants und Ausgehmöglichkeiten bietet. Die junge Frau legt großen Wert auf einen geeigneten Strand mit guter Wasserqualität zum Schwimmen. Dem Mann ist es wichtig am Strand verschiedene Unterhaltungs- und Wassersportmöglichkeiten nutzen zu können.

a) Schlagen Sie dem Paar in Bezug auf die Kundenwünsche eine geeignete Insel sowie einen entsprechenden Urlaubsort vor.
b) Die junge Frau fragt Sie, wo Sie am besten einkaufen und gleichzeitig einige kulturelle Sehenswürdigkeiten mit ihrem Mann besichtigen kann. Empfehlen Sie Ihren Kunden eine größere Stadt, die diese Wünsche erfüllt.

9. Zwei Freunde (28 und 29 Jahre), die schon langjährig erfahrene »Rucksacktouristen« sind, wollen bei Ihnen eine dreiwöchige Reise nach *Thailand* buchen. Die beiden erkundigen sich bei Ihnen nach Inseln, die noch nicht so sehr vom Tourismus »betroffen« sind.
   a) Nennen Sie Ihren Kunden entsprechende Inseln und beschreiben Sie deren Lage.
   b) Einen genauen Reisetermin haben die Freunde noch nicht festgelegt. Informieren Sie die beiden, welche Reisezeit sich klimatisch am besten für
      – eine Badereise eignen würde;
      – eine Rundreise eignen würde.
   c) Die Männer fragen Sie, ob Sie ein Visum benötigen. Informieren Sie sie über die Einreisebestimmungen.
   d) Klären Sie die Kunden hinsichtlich wichtiger Verhaltensregeln in einem »religiösen Reiseland« wie *Thailand* auf. Was haben sie zu berücksichtigen (► LF 3, Kapitel 4.4.1)?
   e) Nennen Sie den individuell Reisenden Fortbewegungsmittel, die sie für eine Reise durch *Thailand* nutzen können.

10. Informieren Sie Ihre Kunden über das Reiseziel *Thailand* im Hinblick auf Anreisemöglichkeiten, Flugdauer und Zeitunterschied.

11. Beschreiben Sie jeweils zwei Badeorte/Strände, die an der »*Thailändischen Riviera*« sowie auf den Inseln *Koh Samui* und *Phuket* liegen.

12. Nach einer erfolgreichen »*Thailand*-Buchung« bekräftigen Sie zum Abschluss eines Kundengespräches noch einmal die Auswahl des Zielgebietes. Gehen Sie dabei auf insgesamt drei allgemeine landschaftstypische Vorteile oder Erlebniswerte (Attraktivitätsfaktoren) in *Thailand* ein, die das Reisen für Touristen interessant und angenehm machen.

3 Gesundheits- und Wellnessurlaub

Bewährt und aktueller denn je sind Reisen, bei denen Gesundheit und Erholung vom Alltag im Vordergrund stehen. Die Wahl dieser Reiseart basiert in der Regel auf der **Eigenmotivation des Reisenden** und weniger auf ärztlicher Anweisung und Anleitung. Die Urlauber möchten Körper und Geist etwas Gutes gönnen und ihrem alltäglichen Umfeld für einen gewissen Zeitraum entfliehen.

Aufgrund dessen passen sich deutsche Reiseveranstalter dem **aktuellen Trend zu Gesundheits- und *Wellness*reisen** an und erweitern ihr Portfolio mit vielfältigen Angeboten und Produkten. Sie stellen Übernachtungen in ausgewählten, komfortablen Unterkünften mit Verpflegung und Gesundheits- und *Wellnes*sangeboten zu einem Paket zusammen.

Weltweit können Erholung suchende und gesundheitsorientierte Urlauber Kuren und Behandlungen für den Körper sowie *Fitness*aktivitäten und vieles mehr in Anspruch nehmen.

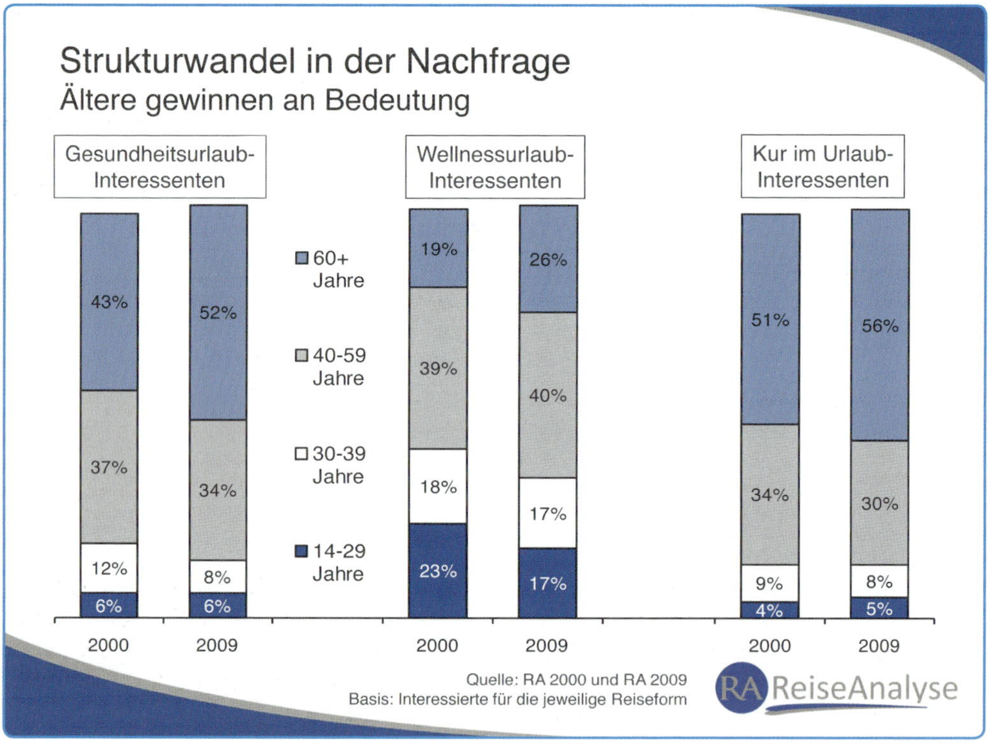

Abb. Strukturwandel in der Nachfrage

Es ist schwer möglich den **Reisetypen** des Gesundheits- und *Wellness*urlaubers spezifisch zu beschreiben und einzuteilen. Grundsätzlich haben alle diese Reisenden ein generelles **Bedürfnis nach Gesundheit und Wohlbefinden**, Kranke und Gesunde gleichermaßen. Unterschieden wird hinsichtlich der Wünsche und Erwartungen.

- »***Wellness*reisen**« werden vorwiegend von jüngeren Menschen mit Schwerpunkt 40 bis 59 Jahren gebucht, die ein paar Tage Abstand von ihrem Alltagsleben gewinnen wollen und dabei in erster Linie relaxen und ausruhen möchten.
- »**Gesundheitsreisen**« und »**Kur im Urlaub**« werden hingegen vorwiegend von *Best Agern* in Anspruch genommen, die bereits bestehende oder eintretende Krankheiten in deren Verlauf günstig beeinflussen oder stoppen wollen.

Gesundheits- und *Wellness*reisen fördern und stabilisieren unter Inanspruchnahme von Gesundheitsleistungen das körperliche, geistige und soziale Wohlbefinden des Reisenden. Allerdings unterscheiden sich die beiden Arten von Reisen in ihren verschiedenen Merkmalen.

3.1 Gesundheitsreisen

Leitgedanke einer Gesundheitsreise ist die Förderung und/oder Erhaltung der Gesundheit und der damit verbundenen Lebensqualität bzw. ebenso die Bekämpfung potenzieller gesundheitlicher Verschlechterungen.

Eine **touristische Gesundheitsreise** dauert in der Regel über einen längeren Zeitraum (ab drei Wochen) an, steht unter ärztlicher Betreuung und wird selten von Personen mit akuten, denn mit chronischen Erkrankungen oder Krankheitszuständen in Anspruch genommen.

Je nach aktuellem Gesundheitszustand des Reisenden kann dieser zwischen verschiedenen Möglichkeiten einer Gesundheitsreise auswählen:

- Kur im Urlaub
- Rundreisen mit ärztlicher Betreuung
- Themenkuren

Kur im Urlaub

Diese Form der Gesundheitsreise ist **orientiert am Krankheitsbild des Reisenden**. Bei chronischen Erkrankungen wie z. B. Neurodermitis, Asthma oder Diabetes soll ein Ortswechsel die Chance auf gesundheitliche Besserung erhöhen. **Unter Aufsicht eines Kurarztes** wird den Reisenden ein individueller **Therapieplan**, der einem Stundenplan gleicht, zusammengestellt. In der Regel dauern Kuren mindestens drei Wochen.

Verschiedene Formen einer Kur sind:

<table>
<tr><td>Prävention</td><td>

Präventionen werden ohne das Vorhandensein eines medizinischen Handlungsbedarfs während einer Kurreise oder individuell angeboten. Sie sollen dazu beitragen aktiv Krankheitszuständen und Krankheiten vorzubeugen und die Eintrittswahrscheinlichkeit von gesundheitlichen Schädigungen zu vermindern. Die präventiven Gesundheitsmaßnahmen, die individuell zu einem Therapieplan zusammengestellt werden, sind ganzheitlich orientiert und grundsätzlich in drei Schwerpunkte eingeteilt:

<table>
<tr><th>Bewegung</th><th>Entspannung</th><th>Ernährung</th></tr>
<tr><td>Wandern</td><td>Yoga</td><td>Ernährungsberatung</td></tr>
<tr><td>Fahrradfahren</td><td>Massagen</td><td>gesundes Kochen</td></tr>
<tr><td>Nordic Walking</td><td>Thai Chi</td><td></td></tr>
<tr><td>Jogging</td><td></td><td></td></tr>
<tr><td>Aqua-Fitness</td><td></td><td></td></tr>
</table>

Tab. Schwerpunkte bei einer Prävention und Beispiele

Der Therapieplan eines Präventions-Reisenden enthält von jedem Schwerpunkt einige Anwendungen und Angebote.
</td></tr>
<tr><td>Rehabilitation</td><td>Eine Rehabilitation, auch »Reha« genannt, soll denn Verlauf einer chronischen Erkrankung günstig beeinflussen oder stoppen. Oftmals wird die Rehabilitationsmaßnahme von erkrankten Personen in Anspruch genommen, die vor kurzer Zeit in einer Akut-Klinik behandelt wurden. Aus diesem Grund ist häufig eine Kooperation mit der Akut-Medizin erforderlich. Die unter Aufsicht eines Arztes durchgeführten Therapien und Anwendungen dienen der Wiederherstellung der Gesundheit und Heilung der Krankheit und werden am Krankheitsbild orientiert verschrieben.</td></tr>
</table>

Tab. Verschiedene Formen einer Kur

Rundreisen mit ärztlicher Betreuung

Möchten Reisende trotz gesundheitlicher Einschränkungen unbeschwert Reisen, bieten Sie ihnen Rundreisen an (▸ Kapitel 8), die unter ärztlicher Betreuung stehen.Der **deutsch sprechende Arzt, der die Rundreise 24 Stunden begleitet**, verfügt über die notwendigen Kenntnisse der medizinischen Strukturen im Reiseland und versorgt die Reisenden jederzeit bestmöglich.

BEISPIEL

Anbieter von Rundreisen mit ärztlicher Betreuung

Veranstalter, die unter anderem Rundreisen mit ärztlicher Betreuung anbieten sind z. B. TUI mit dem Katalog »*Vitalissimo*« und *Mediplus Reisen* mit dem Katalog »*Select*«.

Themenkuren

Reisende, die ihren Urlaub **gesundheitlich aktiv** und **konzentriert auf eine bestimmte Behandlungsmethode** führen möchten, können an Themenreisen teilnehmen. Sie stehen unter einem bestimmten Motto, wie z. B. Vitalität, Abnehmen, Entgiften, Meditation, Bewegung oder Atmung.

Behandlungsmethoden für diese Themenreisen, die für Reisende ohne akute gesundheitliche Beschwerden zusammengestellt sind, können z. B. sein:

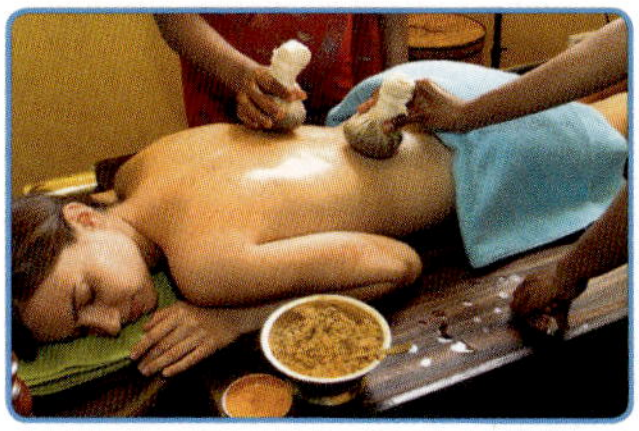

- ***Ayurveda*** (aus dem indischen *sanskrit*: das Wissen vom Leben, Lebensweisheit) – Reinigung und Ich-Erfahrung
- **Heilfasten** – Kontrolliertes Fasten und Entgiften
- ***Yoga*** (altindisch: *yōga-ḥ*, Verbindung, Vereinigung), ***Qi Gong*** (chinesisch: Arbeit an der Lebensenergie) – Entspannung und Konzentration auf die »Innere Mitte«

3.1.1 Bädersparten und Kurortqualität

Von den Reiseveranstaltern angebotene Unterkünfte für Kuren und Behandlungen befinden sich oftmals in einem Ferienort mit ausgerichtetem Gesundheitsangebot. Das sind Orte, die auf **Gesundheitstourismus** spezialisiert sind, hochwertige medizinische Angebote vorweisen und diese durch eigene natürliche Heilmittel ergänzen.

Diese **Kurorte und Heilbäder** bieten ihren Gästen ein vielfältiges Gesundheitsangebot, traditionelle Veranstaltungen, einladende Gesundheitseinrichtungen und Kuranlagen sowie ein meist abwechslungsreiches gastronomisches Angebot und weitere viele Freizeitmöglichkeiten wie Wanderwege oder Einkaufsmeilen. Häufig wird deswegen in diesen Orten eine **Kurtaxe** (▸ Glossar) erhoben. Sofern nicht anders ausgeschrieben, ist diese vor Ort zusätzlich zu entrichten.

Kurorte und Heilbäder gehören in der Regel so genannten **Bädersparten** an. Die Bädersparten sind aufgrund ihrer vorausgesetzt natürlichen Lage kategorisiert, verfügen über spezielle Indikatoren (Heilanzeigen), nach denen mit individueller oder ärztlicher Beurteilung der Beschwerden, Leiden oder Krankheiten der entsprechende Aufenthalt ausgewählt wird, und weisen außerdem verschiedene Heilmittel auf, die für bestimmte Therapieformen, Anwendungen und Behandlungen genutzt werden können.

Grundsätzlich werden folgende **vier Bädersparten unterschieden**:

	Mineral- und Moorheilbäder	Heilklimatische Kurorte	Seeheilbäder und Seebäder	Kneippheilbäder und -kurorte
Voraussetzung der Lage	Befinden sich dort, wo es Mineral- und Thermalquellen sowie natürlich vorkommendes Moor gibt.	Nachweis der spezifisch therapeutischen Wirksamkeit des Ortklimas bzw. reiner Luft ist erforderlich.	Befinden sich an Meeresküsten oder auf Inseln, dürfen aber nie weiter als zwei Kilometer vom Meer entfernt liegen.	Sind nicht an die natürliche Gegebenheit der Umgebung geknüpft. Eine ärztliche Betreuung muss vor Ort sein.
Heilanzeigen (Beispiele)	Erkrankung der Haltungs- und Bewegungsorgane, Erkrankung des Nervensystems, Magen-, Darm-, Lebererkrankungen	Erkrankung der Atemwege, Herz-, Gefäß-, Kreislauf-, Hautkrankheiten	Erkrankung der Atemwege, Chronische Krankheiten der Bewegungsorgane, Hautkrankheiten	Atemwegs-, Herz- und Gefäßerkrankungen, nervliche Funktionsstörungen, Stoffwechselleiden
Heilmittel	Mineral- und oder Thermalquellen, Moor, schwefelhaltiges Wasser, *Peloide*, Heilgase	Reiz-, Schon-, und Waldklima	Reizklima, Wasserverhältnisse	Wasser, Heilpflanzen
Therapieformen/ Anwendungen	Trinkkuren, Inhalationen, Bewegungs-, Wannen-, Moor- und Sprühbäder, Packungen	Klimatherapie	*Thalasso*therapie, Klimatherapie	Kneipptherapie

Tab. Bädersparten und ihre Merkmale

Kurorte, die zertifiziert werden möchten, stellen sich der **Klassifizierung des Deutschen Heilbäderverbandes (DHV)**.

Um als Kurort anerkannt zu werden und sich als solcher bezeichnen zu dürfen, bedarf es eines notwendigen **medizinischen und wissenschaftlichen Gutachtens** des DHV. Zusammen mit dem **Deutschen Tourismusverband (DTV)** erarbeitet der Verband die Qualifikation eines Kurortes.

Kriterien für die Qualifikation sind u. a. einige Voraussetzungen bezüglich der natürlichen Heilmittel, der Luftqualität und des medizinisch-therapeutischen Angebotes, bestimmte Anforderungen an die touristische Infrastruktur und den Ortschaftscharakter (Kureinrichtungen, Gastronomie/Hotellerie, Unterhaltungs-, Kultur-, Freizeit- und Sportangebot) sowie das Erfordernis des aktiven Umweltschutzes.

Gemeinsam veröffentlichen die Verbände den so genannten »**Deutschen Bäderkalender**«, in dem gezielt nachgelesen werden kann, welcher Kurort für welche Heilanzeige und Therapieform geeignet ist.

3.1.2 Heilmittel und Therapieformen

Weitere Kriterien und Faktoren, die sie während einer Beratung für Gesundheitsreisen ansprechen und mit Ihrem Kunden besprechen müssen sind folgende:

- Natürliche Heilmittel
- Therapieformen und Behandlungsmethoden
- Bezuschussung der Krankenkassen

Natürliche Heilmittel

Besprechen Sie mit Ihrem Kunden welche Heilmittel zur Bekämpfung ihrer/seiner Krankheit zu Nutze sind. Dazu sollte sich Ihr Kunde vorab bei seinem zuständigen Arzt erkundigt haben.

Heilmittel des Bodens	Heilmittel des Meeres	Heilmittel des Klimas
► Heilwasser ► Heilgase ► *Peloide* (griech. *pelos* = Schlamm, Moor)	► Meerwasser ► Meeresschlick ► Algen	► Reizklima (körperlich anregend) ► Schonklima (körperlich entlastend) ► Waldklima

Tab. Natürliche Heilmittel

Die Anwendung natürlicher Heilmittel wird häufig durch Massagen, Entspannungstrainings, Diäten, Bewegung und Gymnastik ergänzt.

Therapieformen und Behandlungsmethoden

Nach Absprache der **am Krankheitsbild orientierten Heilmittelnutzung**, können verschiedene Therapieformen und Behandlungsmethoden angewandt werden. Kurorte und Heilbäder nutzen je nach örtlichen Bedingungen unterschiedliche Therapieformen. Hier einige Beispiele:

- **Bade- und Trinkkuren, Inhalationen:** Verwendung von Heilwasser und -Gasen; *Peloide* werden als schlamm- oder breiförmige Packungen oder Bäder genutzt.
- ***Thalasso*therapie:** Behandlung mit Meerwasser, Meersalz und Meeresprodukten. Das *Thalasso*-Zentrum darf nicht weiter als 300 Meter vom Meer entfernt liegen.

- **Klimatherapie:** Sonnen- und Freiluftbehandlungen durch Bewegungs- und Liegekuren im starken Reizklima und hohem Salzgehalt.
- **Kneippkur:** Wasser, Bewegung im Kaltwasser, ausgewogene Ernährung, Nutzung von Heilpflanzen, bewusste Lebensführung (**Kneipp-Therapie** ► Glossar).

Bezuschussung der Krankenkassen

Wird ein Urlaub genutzt, um aktiv etwas für die Gesundheit zu tun, zahlen nahezu alle Krankenkassen ihren Versicherten einen **Zuschuss**. Verweisen Sie Ihre Kunden auf die entsprechenden gesetzlichen Bestimmungen (vgl. § 20 SGB V) und die jeweilige Satzung der Krankenkasse sowie die gesetzlichen Versicherungen.

In der Regel sind die die Gesundheitsreisen der deutschen Veranstalter den strengen gesetzlichen Vorschriften entsprechend angepasst und Krankenkassen-bezuschussungsfähig.

Gesetzliche Krankenversicherte können in der Regel alle drei Jahre eine ambulante Badekur beantragen.

3.2 Wellnessurlaub

Seit einigen Jahren *boomt* der *Wellness*urlaub auf dem Tourismusmarkt. Der Begriff »*Wellness*« ist eine Kombination aus den englischen Begriffen »*wellbeing*« und »*fitness*« und heißt einfach übersetzt: »Wohlbefinden«.

Das ***Wellness*-Konzept** basiert auf einem aktiven und selbstverantwortlichen Bemühen, um das **Gleichgewicht von Körper, Geist und Seele** herzustellen. Wohlbefinden, Zufriedenheit, Vitalität und ein strahlendes Aussehen sollen auf einer solchen Reise durch *Wellness*anwendungen gesteigert werden, Behandlungen mit medizinischem Hintergrund sind dabei eher weniger gefragt. Schon ein kurzer Aufenthalt über das Wochenende oder für einige Tage verhilft zu mehr Energie für den stressigen Alltag.

Beachten Sie bei der Beratung für einen *Wellness*urlaub folgende Merkmale:

Qualität der *Wellness*anbieter

»*Wellness*« ist kein gesetzlich geschützter Begriff und wird daher für jede Menge Angebote vermarktet, die rein gar nichts damit zu tun haben. Aus diesem Grund werden touristische *Wellness*anbieter seit einigen Jahren geprüft und zertifiziert.

© Deutscher Heilbäderverband e.V.

Da in vielen Kurorten (die in dem Bäderkalender nachgelesen werden können) mittlerweile auch breit gefächerte *Wellness*programme angeboten werden, verleiht der DHV den *Wellness*angeboten in Kurorten, die alle zehn der geforderten Kriterien erfüllen, das **Gütesiegel Wellness im Kurort®** (auch ▸ LF 3, Kapitel 2.2).

Weitere Informationen unter ▸ www.deutscher-heilbaederverband.de.

Ein **weiteres Zertifikat vergibt der Deutsche Wellness Verband** (auch ▸ LF 3, Kapitel 2.2). Er entwickelte in Zusammenarbeit mit erfahrenen Experten verbindliche Qualitätskriterien, die mittlerweile auch internationale Anerkennung und Anwendung finden. Unabhängige Fachleute prüfen die tatsächlichen Leistungen der Anbieter in rund 750 Prüfkriterien in allen Bereichen, in dem sie kritisch und kompetent beurteilen. Um dieses Vollzertifikat zu erlangen, wird eine anonyme Prüfung des Angebots im Rahmen eines dreitägigen Aufenthalts (so genannter *Mystery Check* – unangemeldet und unerkannt) durch einen professionellen »Inspektor« durchgeführt.

Prüfkriterien sind unter anderem:

- Besondere Gastfreundlichkeit, Servicequalität, persönliche Ansprache des Gastes, Wohlfühl-Atmosphäre
- Schmackhafte Vitalküche – durchgehendes Angebot an gesundheitlich wertvollen Gerichten
- Attraktiver und gepflegter *Wellness*bereich mit Pool, Sauna, Dampfbad, Fitness- und Gymnastikraum, *Beauty*-Abteilung, Anwendungsbereich für Körperbehandlungen usw.
- Qualifizierte *Wellness*programme, -pauschalen mit gutem Preis-Leistungsverhältnis
- Adäquat qualifizierte Fachkräfte für Behandlungen, Beratung und Training
- Nutzbarkeit der *Wellness*angebote an sieben Tagen in der Woche
- Unaufdringliches Angebot von Aktionen und Aktivitäten
- Tipps, Anregungen und Anleitungen für den Gast aus dem *Wellness*angebot zum Mitnehmen für zu Hause
- Schutz der Nichtraucher
- Umweltbewusste, möglichst natürliche Betriebsführung
- Erkennbare Ausrichtung als *Wellness*hotel

Weitere Informationen gibt es unter: ▸ www.wellnessverband.de.

Alle Zertifikate haben eine Gültigkeitsdauer von **maximal zwei Jahren**. Für eine Verlängerung muss die Prüfung in vollem Umfang wiederholt werden. Diese Vorgehensweise sichert im Interesse des *Wellness*-Gastes eine gleich bleibend hohe Qualität.

*Wellness*angebote und -regionen

***Wellness*angebote** lassen sich inhaltlich in **vier wesentliche Kategorien** unterteilen, die zu einer Steigerung des physischen und psychischen Wohlbefindens und zu einer geistigen und seelischen Balance führen können:

Körperbehandlung	Schönheitspflege	Fitness	Ernährung
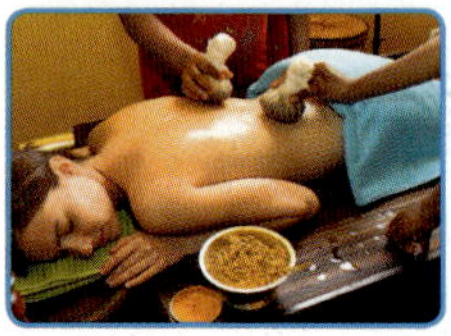 ► Massagen aller Art ► *Ayurveda* ► *Thalasso*therapie ► *Reiki* ► Meditation ► *Tai Chi* ► *Hamam*, Sauna ► Kosmetische Bäder	► *Anti Aging*-Behandlungen ► *Cellulite*-Behandlungen ► Epilationen ► Gesichtsbehandlungen ► Maniküren ► Pediküren ► Masken ► Packungen 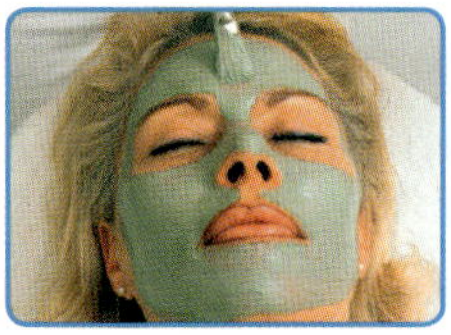 © AOK Mediendienst	► *Nordic Walking* ► *Yoga* ► *Aqua-Fitness* 	► Trinkkuren ► Diäten ► »Entschlackungen« 

Tab. Beispiele von *Wellness*-Anwendungen

Viele ***Wellness*-Einrichtungen** thematisieren die facettenreichen Anwendungen mit Begriffen wie »asiatische Wohlfühl-*Highlights*« oder »europäische Klassik«. Häufig ist in den Veranstalterkatalogen ein »*Wellness*-ABC« integriert, in dem die angebotenen *Wellness*programme erläutert werden.

***Wellness*regionen** gibt es weltweit – in jeder Destination, die eine entsprechende Struktur für die Reiseform bietet. Besonders beliebt sind ***Wellness*-reisen in die fernöstlichen Länder** wie Thailand, Indonesien, Sri Lanka, Indochina usw. Schon seit Jahrtausenden ist dort der Einfluss von Entspannung, Pflege und Bewegung auf das Wohlbefinden und die Gesundheit bekannt und ein fester Bestandteil des täglichen Lebens. Viele der Behandlungsmethoden wurden in Fernost entwickelt. Die Länder halten für ihre Gäste ein großes Spektrum an *Wellness*einrichtungen und -angeboten, darunter die besonders beliebten *ayurvedischen* Anwendungen, bereit.

Wellness wird in **Deutschland** (z. B. in den Regionen Schwarzwald, Bayerischer Wald, Nordsee usw.) großgeschrieben. Auch die vielen klassischen Kurbäder **Osteuropas** in Ungarn, Tschechien und Polen werben heutzutage mit *Wellness*-»Tempeln« und -angeboten.

3.3 Gesundheits- und Wellnessurlaub in Mecklenburg-Vorpommern

© Tourismusverband MV

Abb. Leuchtturm auf Hiddensee

In Mecklenburg-Vorpommern bilden der Gesundheitsurlaub sowie die *Wellness*reisen neben dem regulären »Küstentourismus« einen ziemlich wichtigen touristischen Zweig. Das rührt daher, da das Bundesland von den **besonders günstigen und natürlichen Gegebenheiten** wie dem primären Attraktivitätsfaktor »Wasser« und dem sekundären Faktor »Klima« profitiert.
Dank dem guten Zusammenspiel von einwandfreier Wasserqualität und mildem Reizklima sowie dem tertiären Faktor »heimische Naturheilmittel«, gilt Mecklenburg-Vorpommern sogar als **Gesundheits- und *Wellness*-Land Nummer eins in Deutschland**.

Anreise

Die Anreise mit dem Auto nach Mecklenburg-Vorpommern und an die Küstenregionen erfolgt über die Ostseeautobahn A20 mit der Anbindung an die A1 und A7. Die Strecke von Frankfurt am Main nach Schwerin über die A7 beträgt etwa 600 Kilometer.

Garantiert staufrei ist Mecklenburg-Vorpommern sowie die Ostseeküste nur über das Schienennetz der *Deutschen Bundesbahn* (DB) erreichbar. Die wichtigen Verbindungen sind:

- Mit dem **IntercityExpress (ICE) von Süd nach Nord** (München, Nürnberg, Leipzig, Berlin, Neustrelitz, Waren (Müritz), Rostock, Warnemünde)
- Mit dem **Intercity (IC) ohne Umstieg von West nach Ost** (von Frankfurt am Main, Köln, Hamburg, Düsseldorf, Münster, Bremen, Kassel und Hannover nach Schwerin, Rostock, Stralsund oder in das Ostseebad Binz). Die bequeme Anreise mit dem Zug ab Frankfurt am Main bis nach Rostock dauert etwa sieben bis acht Stunden.

Mecklenburg-Vorpommern kann außerdem per Flugzeug erreicht werden. Der Flughafen Rostock (RLG) wird mit *Germanwings* (4U) direkt ab CGN und STR angeflogen, außerdem auch von der *Lufthansa* (LH) ab MUC und FRA.
Die Insel Usedom wird im Sommer sogar von neun Flughäfen aus angesteuert. Von STR, DUS und DTM fliegt die *Air Berlin* (AB) im Linienverkehr direkt nach Heringsdorf (HDF). Die *Ostfriesische Lufttransport GmbH* (OLT) verbindet BRE, CGN, FRA, MUC, ZRH und BRN mit der Urlaubsregion.

Die Gesundheitseinrichtungen in den **traditionsreichen, zum Teil Jahrhundert alten Kurorten und See(heil)bädern** Mecklenburg-Vorpommerns behandeln ihre Gäste mit den vorhandenen natürlichen Heilmitteln, zu denen in erster Linie das **milde Reizklima** zählt, das zur Klimatherapie genutzt wird.

Über die Landesgrenzen bekannt ist auch die von Rügen stammende »Rügener Heilkreide«, die die Haut reinigt, den Körper wohlig warm entspannt und überwiegend für Heilbäder genutzt wird. Weitere Naturheilmittel sind die »Jod-Sole« aus Heringsdorf, Waren (Müritz) und Binz, der »Torf« aus Bad Sülze und das »Moor« aus Bad Doberan, die für Heilbäder, Inhalationen, Waschungen, Kompressen und Masken genutzt werden.

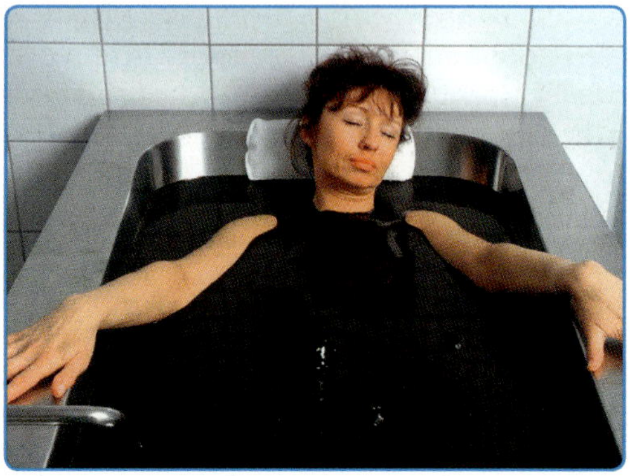

Abb. Moorbad

Gesundheitliche Erkrankungen, die in Mecklenburg-Vorpommern geheilt werden können sind: Stoffwechselerkrankungen, Allergien, Erschöpfungszustände (Stress), Herz- und Kreislauferkrankungen, Ekzeme, Neurodermitis, rheumatische Erkrankung, Atemwegserkrankung, chronische Bronchitis, Erkrankung des Stütz- und Bewegungsapparates.

Als **Kurort im Landesinneren** kann *Bad Sülze* genannt werden:

Bad Sülze – Die unterirdischen Solequellen bestimmten den Werdegang des ältesten Sol- und Moorbades Norddeutschlands, das eingebettet in zahlreichen Naturschutzgebieten etwa 35 Kilometer östlich von Rostock liegt.	
Bädersparte	Moorheilbad, Ort mit Heilquellenbetrieb
Therapieform	*Peloid*kurbetrieb
Klinik	MEDIAN *Klinik Bad Sülze*
Sport/Kultur/ Freizeit	Besichtigungen des Salzmuseums, der Kirche, des romanisch-gotischen Backsteinbaus und der steinernen holländischen Windmühle, Wandern, Rad fahren, Führungen im salzdurchtränkten Naturmoor, alljährliches Dahlienfest

Tab. Kurort in Mecklenburg-Vorpommern

Die **Lage an der Ostsee** jedoch ist meistverantwortlich für die Berühmtheit Mecklenburg-Vorpommerns und seiner Kurorte und Seebäder.

3.3.1 An der Küste

Mit einer Größe von 413.000 Quadratkilometer sowie einer Tiefe von bis zu 459 Meter gilt die Ostsee nicht nur als das **tiefste Binnenmehr in Europa,** sondern zugleich als das **größte Brackwassermeer (Gemisch von Süß- und Salzwasser) der Erde.** Sie weist verschiedene Meerengen, Meeresbuchten (z. B. *Kieler- Lübecker Bucht*), Förden (wie *Fjorde* von Gletschern gegrabene, meist schmale Meeresbuchten) sowie zahlreiche, zu verschiedenen Ländern gehörende Inseln unterschiedlicher Größe (z. B. die deutsche Insel Fehmarn) auf. Außerdem sind die Gezeiten der Ostsee im Gegensatz zur Nordsee weniger stark ausgeprägt, das bedeutet **keine Ebbe und Flut.** Anrainerstaaten der Ostsee sind: Deutschland, Dänemark, Schweden, Finnland, Russland, Estland, Lettland, Litauen und Polen.

Abb. Karte der Ostsee

An der etwa 2.005 Kilometer langen »**Deutschen Ostseeküste**« liegen die Bundesländer Schleswig-Holstein (auf 535 Kilometer Länge) und Mecklenburg-Vorpommern (auf 1.470 Kilometer Länge). Lange, weiße, feinsandige, langsam abfallende und im Sommer bewachte Badestrände oder steile Küsten prägen das Bild. Gesunde pollenarme Seeluft, sauberes Wasser und eine gute touristische Infrastruktur sind einige der vielen Aspekte, die einen Sommerurlaub an der »Deutschen Ostseeküste« attraktiv machen.

Die Destination ist zu **jeder Jahreszeit ein tolles Urlaubsziel** für alle Zielgruppen: Die grünen Wiesen, Wälder und Felder im Hinterland laden Wanderer und Radfahrer zu ausgedehnten Wanderungen und Radtouren ein. Tierfreunden, insbesondere Vogelbeobachtern, hat die Region durch ausgewiesene Naturschutzgebiete und Nationalparks einiges zu bieten. Zahlreiche Kur- und Badeorte entlang der Küste »erwarten« **Erholungssuchende und sportlich Aktive** mit vielfältigen Angeboten, Veranstaltungen sowie *Wellness*-Einrichtungen. Die Hansestädte Lübeck, Wismar, Rostock, Stralsund und Greifswald sowie die an einer Förde liegende Stadt Kiel oder die 30 bzw. 80 Kilometer von der Küste entfernt liegenden Städte Schwerin und Hamburg laden zu einem Besuch ein. **Kulturinteressierte und Städtereisende** erfreuen sich an verschiedenen Sehenswürdigkeiten wie Museen, Schlössern und Denkmälern sowie an vielfältigen kulturellen und kulinarischen Angeboten. Ebenso wird **Familien mit Kindern** eine Menge geboten, wie z. B. »Spaßbäder«, spezielle Familienausflugsziele, Kletterwände, Zoos, Tierparks und vieles mehr.

Da die in der nachfolgenden Tabelle aufgeführten Ostsee(heil)bäder sehr nahe beieinander liegen, sind sie aus Platzgründen nicht in der Karte abgebildet. Bitte schauen Sie diese in einem Atlas nach.

Boltenhagen – Idyllisches Ostseeheilbad unweit der Steilküste mit einer gut ausgebauten touristischen Infrastruktur.	
Bädersparte	Ostseeheilbad
Therapieformen	Meeresklima mit wechselnder bioklimatischer Reizintensität, Meerbäder, Inhalationen.
Kliniken	*Ostseeklinik Boltenhagen,* Strandklinik *Ostseebad Boltenhagen*
Kurörtl. Einrichtungen	Ostseebadestrand, Wander- und Radwege, Terrainkurwege, *Ostsee-Therme,* Kurmittelzentrum, Kurpark
*Wellness*hotel	*Iberotel Boltenhagen*
Sport/Kultur/Freizeit	Spiel, Sport- und Freizeitzentrum mit Fußballplatz und Tennisplätzen, Mehrwasserthermalbad, Wandern, Radfahren, *Nordic Walking,* Erlebniswanderungen, Wassersport, Tauchsport, Reiterhof, Strandvolleyball, Minigolf, Dampferfahrten ab Seebrücke und Hafen »Weiße Wiek«, Konzerte, *Live*-Musik, Kinderanimation, Strandfeste, Dia-Vorträge
Rerik – Stadt mit historischem Ortskern, frühgotischer Backsteinkirche und drei Großsteingräbern, liegt an einer wildromantischen Steilküste und Naturstrand.	
Bädersparte	Ostseebad
Kühlungsborn – Eine kilometerlange Promenade zieht sich zwischen dem schönen Sandstrand und dem traditionsreichen Kur- und Badeort entlang.	
Bädersparte	Ostseebad
Kliniken	Mutter-Kind-Haus *Godetiet,* Mutter-Kind-Klinik *Strandpark, Ostseeklinik Kühlungsborn*
*Wellness*hotel	*Beauty-Vital-Residenz* ****
Bad Doberan – Historische Stadt mit klassizistischen Bauten und besonderen Attraktionen, liegt am etwa einen Kilometer langen Seestrand.	
Bädersparte	Moorheilbad, Ort mit Heilquellenbetrieb
Therapieformen	Bäder und Packungen mit Naturheilmoor, Moorkneten, Moortreten, Klimatherapie
Klinik	*Dr. Ebel Fachkliniken GmbH & Co.*
Kurörtl. Einrichtungen	Ambulante Therapieabteilung, Rad- und Wanderwege, ausgedehnte Buchenwälder, Naturmoor, historischer Stadtkern mit Parkanlagen

Sport/Kultur/Freizeit	*Doberaner Münster* (gotischer Backsteinbau der ehemaligen *Zisterzienserabtei Doberan*), Klostergelände mit Kirche aus dem 14. Jahrhundert, älteste Galopprennbahn Kontinentaleuropas, Schmalspurbahn »Molli«, Führungen, Konzerte, Ausstellungen, Museen, Galerien, Kino, Sommertheater und -feste

Abb. Doberaner Münster
© Tourismusverband MV

Heiligendamm – ist ein am Meer liegender Ortsteil der Stadt *Bad Doberan.* Das Ostseeheilbad ist das älteste deutsche Seebad, das 1793 von dem mecklenburgischen Herzog *Friedrich Franz I* gegründet wurde.

Bädersparte	Ostseeheilbad
Therapieformen	Klimatherapie, natürliche Seebäder, Meerwasserwannenbäder, *Hydro-* und *Balneo*therapie, fachdermatologische Hautpflege und Hautschutz, *Dermatochirurgie*
Klinik	MEDIAN *Klinik Heiligendamm*
Kurörtl. Einrichtungen	Ambulante Therapieabteilung, Rad- und Wanderwege, Ostseestrand, Seebrücke, Strandpromenade, Deichkronenwanderweg, ausgedehnte Buchenwälder
Sport/Kultur/Freizeit	Konzerte, Führungen und andere Veranstaltungen

Warnemünde/Rostock – Das einstige Fischerdorf ist heute ein attraktives Seebad mit bunter Hafenszenerie und Anlaufpunkt für Kreuzfahrtschiffe; der Yachthafen »Hohe Düne« bietet etwa 750 Liegeplätze. Der feine Sandstrand von Warnemünde ist in der Sommersaison stark besucht und bietet neben der Strandkorbanmietung sowie den Restaurants an der Promenade, viele Sport- und Freizeitmöglichkeiten.

Abb. Warnemünde
© Tourismusverband MV

Bädersparte	Ostseebad
Therapieformen	Meeresreizklima, Meerbäder, Meerwasserwannenbäder und -druckstrahlmassage, Algen- und Schlickpackungen, Nebelsprühduschen mit Massagen, Inhalationen
Klinik	*Kur- und Ferienhotel Sanddorn*
Kurörtl. Einrichtungen	Kurhaus mit Garten, Kurpark, original *Thalasso*-Zentrum mit Meerwasser-Schwimmbad, *Terrain*kurwege, Rad- und Wanderwege, Saunen und *Fitness*einrichtungen

*Wellness*hotels	*Yachthafenresidenz Hohe Düne – Yachting & SPA Resort, Ringhotel Warnemünder Hof* ****, Hotel NEPTUN *Warnemünde* *****, *Strand-Hotel Hübner, Salzoase Warnemünde*
Sport/Kultur/Freizeit  © Tourismusverband MV Abb. Rostock	Tennis, Golf, Segeln, Surfen, Tauchen, Reiten, Bowling, Angeln, Sport am Strand, Kurbibliothek, Galerien, Heimatmuseum, Leuchtturm, Mühle, Fischmarkt auf der Mittelmole, Bummelmeile am *Alten Strom*, Strandbahn, Bootsverleih, Kreuzschifffahrt, Hafenrundfahrten, Stadtrundgänge, Kurkonzerte, Stoltera-Küstenwaldlauf, »Warnemünder Woche« mit internationalen Regatten und Sommerfest, *Hanse Sail*, Dorschwoche, Leuchtturm in Flammen, Warnemünder Gesundheitstag (Veranstaltung stellt Gesundheits-, Kur- und *Wellness*angebote im Seebad vor, gibt Tipps und Ratschläge aus erster Hand, Musik und Moderation, z. T. Vorführung spezieller Behandlungstechniken), Familien freundliche Angebote, Kinderprogramm, Kurkarte mit Sonderangeboten.
Graal-Müritz – Das traditionsreiche Seeheilbad liegt zwischen dem Waldgebiet der »Rostocker Heide«, dem Hochmoorgebiet und dem Strand der See.	
Bädersparte	Ostseeheilbad
Therapieformen	Meeresklima, Meerbäder und -wannenbäder, Inhalationen, Meerwassertrinkkuren
Kliniken	AKG *Reha-Zentrum Graal Müritz*, AKG *Reha-Zentrum Kinderkurklinik Tannenhof*, ASB *Mutter-Kind-Kurklinik Heidesanatorium*, ASB *Mutter-Kind-Therapiezentrum, Mutter-Kind-Kurklinik Meeresbrise, Klinik Graal-Müritz GmbH, Mutter-Kind-Klinik Schwarzheide*
Kurörtl. Einrichtungen	Kurmittelhaus, Schwimmhalle, Sauna, Haus des Gastes, Kurpark, Seebrücke, Strandpromenade, fünf Kilometer langer Strand
*Wellness*hotels	*Aquadrom Graal-Müritz*, IFA *Hotel Graal-Müritz*
Sport/Kultur/Freizeit	Schwimmen, Wandern, Radfahren, Reiten, Angeln, Surfen, Kurkonzerte, Lesungen, Theateraufführungen

Tab. Kurorte und Seebäder an der Küste Mecklenburg-Vorpommerns

3.3.2 Auf der Halbinsel Fischland-Darß-Zingst

Zwischen Rostock und Stralsund erstreckt sich die schmale Halbinsel mit ihren berühmten weißen Sandstränden. Sie liegt gegenüber dem größten Nationalpark in Ostdeutschland. Mit dem Fahrrad, zu Fuß oder auf dem Wasserweg lässt sich die einzigartige Naturlandschaft der Halbinsel erkunden. Ihre jungen und jung gebliebenen Besucher finden hier inmitten der Wiesen und Felder alte Gutshäuser und Schlösser sowie Dörfer mit Reet gedeckten Fischerhäusern und mittelalterliche Kirchen.

Abb. Karte Fischland-Darß-Zingst

Sehenswürdigkeiten:

- **Nationalpark *Vorpommersche Boddenlandschaft*** (800 Quadratkilometer, größter Nationalpark in Mecklenburg-Vorpommerns, einmalige Landschaftskulisse, Kranichrastplätze, seltene Pflanzen- und Tierarten)
- **Vogelpark *Malow*** (Parklandschaft, die Vogel- und Tierwelt aller Kontinente zeigt)
- **Leuchtturm »Darßer Ort«** (ältester in Betrieb befindliche Leuchtturm in Mecklenburg-Vorpommern)

Dierhagen – Der Ort liegt am Eingangstor der Halbinsel Fischland-Darß-Zingst und ist östlich von den Boddengewässern umspült.	
Bädersparte	Ostseebad
*Wellness*hotel	*Ostseehotel Dierhagen* ***S

Ahrenshoop – Die Stadt liegt zwischen Steil- und Flachufern, Wiesen und Wäldern, Meer und Bodden und ist von traditionell mit Rohr gedeckten Häusern geprägt.	
Bädersparte	Ostseebad
Klinik	*Reha-Klinik Ahrenshoop*
*Wellness*hotels	*Romantik Hotel Namenlos & Fischerwiege*, Kurhaus *Ahrenshoop – grand hotel moderne*

Prerow – Das ursprüngliche und traditionsreiche Fischer- und Seefahrerdorf bietet seinen Gästen viele alte Kapitänshäuser und Seemannskirchen inmitten einer parkartigen Umgebung. Der Ort zieht aufgrund seines weißen breiten Sandstrandes und den flachen Ufern viele Familien mit Kindern an.

Bädersparte	Ostseebad
Klinik	BARMER *Ostseeklinik*

Zingst – Das Ostseeheilbad liegt mitten im Nationalpark »Vorpommersche Boddenlandschaft« und bietet seinen Besuchern gemütliche Restaurants und Flaniermeilen am Hafen.

Bädersparte	Ostseeheilbad
Kliniken	*Fachklinik für Mutter und Kind Rehabilitation, Eltern-Kind-Klinik Haus am Meer Zingst, Kurmittelzentrum Zingst GmbH*
*Wellness*hotel	*Steigenberger Strandhotel and Spa Zingst*

Tab. Kurorte und Seebäder der Halbinsel Fischland-Darß-Zingst

Abb. Karte von Rügen

3.3.3 Auf der Insel Rügen

Die **größte Insel Deutschlands** liegt vor der pommerschen Ostseeküste und wird durch *Rügendamm* und *Rügenbrücke* mit dem Festland verbunden. Ihre Küste ist durch mehrere Meeresbuchten und vorspringenden Halbinseln stark zergliedert. Die Geschichte der Insel reicht **bis in die Steinzeit** zurück. Auf ganz Rügen befinden sich viele gut erhaltene Steindenkmäler wie Großsteingräber und Opfersteine, die an die Zeit erinnern.

Die Insel wird hauptsächlich wegen der facettenreichen, landschaftlichen Schönheit und den langen, feinsandigen Badestränden besucht. Doch auch die **Kreidefelsen im Nationalpark *Jasmund***, das **berühmt-markante Wahrzeichen** der Insel, zählen zu den beliebtesten Ausflugszielen der Insel und sogar der Ostsee.

Sehenswürdigkeiten:

- ***Kap Arkona*** (nördlichster Punkt Deutschlands)
- **Kreideküste** (Weiße Kreidefelsen)
- **»Rasender Roland«** (dampfbetriebene Schmalspurbahn)
- **Jagdschloss Granitz** (kastellartiger Bau mit vier runden Ecktürmen)
- ***Rügenpark*** (Freizeitpark)
- **Hiddensee** (Dünen und Heidelandschaften, drei Naturschutzgebiete, ein Leuchtturm, Inselkirche in Kloster)

Binz – Das größte Seebad auf Rügen liegt an der wundervollen Bucht *Prorer Wiek*, umgeben von Meer und *Schmachter See* sowie Wald und Heide. Die Bäderarchitektur besteht aus prunkvollen Villen mit Türmchen und Erkern, die sich entlang der Promenade reihen.

Abb. Bädervillen am Strand in Binz

© Tourismusverband MV

Bädersparte	Ostseebad
Kliniken	*Bernsteinklinik Binz auf Rügen GmbH, Kinder-Reha-Klinik Herford*
*Wellness*hotels	*Rugard Strandhotel *****, Grand Hotel Binz *****, Hotel Vier Jahreszeiten Binz, artepuri hotel meerSinn ****S, Travel Charme Hotel Kurhaus Binz, Seehotel* BINZ-THERME *Rügen* ****S, Hotel AM MEER & *Spa, Loev Hotel Rügen*

Sellin – Wahrzeichen des Ostseebades, das sich von der bewaldeten Steilküste bis in die hügelige Boddenlandschaft erstreckt, ist die wieder erbaute Seebrücke. Prunkvolle Villen zieren das Bild der Stadt. »Wasserratten« vergnügen sich an den Sandstränden und in dem Freizeitbad.

Abb. Selliner Seebrücke

© Tourismusverband MV

Bädersparte	Ostseebad
Kliniken	*Kurklinik Sellin GmbH & Co. KG*
*Wellness*hotels	*Hotel Bernstein ****, Cliff Hotel Rügen*

Göhren – Seit über 100 Jahren bietet das bekannte Ostseebad Rügens inmitten des Biosphärenreservates *Südost-Rügen* gelegen seinen Gästen Entspannung an herrlichen Stränden. Wahrzeichen Göhrens sind die 280 Meter lange Seebrücke, die Bernsteinpromenade mit Kurpavillon und der gewaltige Findling »Buskam«.

Bädersparte	Ostseebad und Kneipp-Kurort
*Wellness*hotels	Hotel HANSEATIC RÜGEN ****S, *Akzent Waldhotel Göhren*

Tab. Kurorte und Seebäder der Insel Rügen

3.3.4 Auf der Insel Usedom

Wie die **Perlen an einer Kette** reihen sie sich am Strand der Insel auf: **Usedoms Seebäder**. Die vielfältigen Ortschaften und die üppige Laubvegetation aus Buchen und Eichen, die bis an den Strand heran reicht, machen Usedom zu einem Ferienparadies.

Das »**Achterwasser**« (niederdt. *achtern*: »hinteres, hinten«) ist eine seeartige, nicht tiefe Erweiterung des in die Ostsee fließenden *Peenestroms* und ein beliebtes *Surf-* und Segelrevier.

Abb. Karte von Usedom

Sehenswürdigkeiten:

- **Schmetterlingsfarm *Trassenheide*** (Europas größte Schmetterlingsfarm)
- **Usedompark Kinderland**
- **Kopfüber-Haus**
- **Tierpark *Wolgast*** (Erlebnis für kleine Kinder)
- **Schloss *Pudagla***
- **Wasserschloss *Mellenthin***
- **Botanischer Garten *Mellenthin*** (Pflanzenpracht, Blütenzauber und Farbenvielfalt auf 60.000 Quadratkilometer)

Trassenheide – Die einstige Fischerkolonie ist heute ein kleines Ostseebad, das als »Familienort« ausgezeichnet ist und Europas größte Schmetterlingsfarm beherbergt.

Bädersparte	Ostseebad
*Wellness*hotel	Familien *Wellness Hotel Seeklause*

Zinnowitz – Das in der Nähe des Naturschutzgebietes »Möwenort« liegende Seebad zeigt mit seinen noblen Villen und Hotels eine fast 150 jährige Bädertradition auf. Der gepflegte, flach abfallende Sandstrand sowie die großzügig angelegte Strandpromenade bieten einen schönen Anblick und laden zum Erholen ein.

Abb. Bäderarchitektur

Bädersparte	Seebad
Therapieformen	Meeresklima, Meerbäder
Kurörtl. Einrichtungen	Bernsteintherme mit Meerwasserbereich (Salzgehalt 0,7–0,8 Prozent) und Thermalbereich (mit 2,8 prozentiger Soleanreicherung), diverse Saunen, Ostseebadestrand, Wassertretstelle, Mutter-Kind-Kuren im Eisenbahn-Waisenhort »Haus Möwennest«, Apotheke
*Wellness*hotels	*Strand- und Wellness*hotel *Preussenhof*, *Baltic Sport- & Ferienhotel*
Sport/Kultur/Freizeit	Wassersport und Volleyball am Strand, Wandern, Radfahren, Tennis, Sportpark, Sportschule, kulturelle Veranstaltungen im Theater, auf der Freilichtbühne *(Vineta-Spiele)*, im Musikpavillon und in den Hotels (Tanz, *Fitness*-, *Wellness*- und Gesundheitsangebote), Lesesaal in der Kurverwaltung, Tauchgondel an der Seebrücke, Seebrücke (Schiffsfahrten), Strandpromenade, Segelhafen, Kirche, Bade-Museums-Café, Heimatmuseum, Galerien, Bernsteintherme
Koserow – Als eines der »Usedomer Bernsteinbäder« inmitten des reizvollen Landstrichs zwischen Ostsee und *Achterwasser* gelegen, bietet Koserow seinen Gästen den Anblick auf den 60 Meter hohen *Streckleberg*. Besucher des Ortes können die älteste Kirche auf Usedom besichtigen oder den »Koserower Salzhütten« einen Besuch abstatten.	
Bädersparte	Ostseebad
*Wellness*hotel	*Best Western Hotel Hanse Kogge*
Drei Kaiserbäder: Ahlbeck/Heringsdorf/Bansin – Die traditionsreichen Seeheilbäder entstanden um die 19er Jahrhundertwende und beeindrucken durch die wilhelminische Bäderarchitektur mit prächtigen Villen, idyllischen Sommerresidenzen und exklusiven Hotels. Die Orte sind Ausgangspunkt für Wanderungen durch die »Usedomer Schweiz«, durch Wald und Flur, vorbei an Seen, Mooren und Stränden.  © Tourismusverband MV Abb. Seebrücke in Ahlbeck	
Bädersparte	Seeheilbad
Kliniken	*Inselklinik Heringsdorf GmbH & Co. KG Haus Kulm*, *Reha-Klinik Usedom*, *Inselklinik Heringsdorf Haus Gothensee*, Rehabilitationsklinik *Seebad Ahlbeck*
*Wellness*hotels	DAS AHLBECK Hotel & *SPA* ****S, *Romantik Seehotel Ahlbecker Hof* *****, *Kaiser Spa Hotel Zur Post* ****S, *First Class Parkhotel Bansin*, *Strandhotel Ostseeblick*, *Maritim Hotel Kaiserhof* ****S, *Aurelia Hotel & Villen*, *Travel Charme Strandidyll Heringsdorf*

Tab. Kurorte und Seebäder der Insel Usedom

Quelle: Deutsche Bäderkalender www.baederkalender.de

AUFGABEN

1. Nennen Sie die drei Motive eines Reisenden, der einen Gesundheits- bzw. einen *Wellness*urlaub unternimmt.
2. Erörtern Sie wozu ein Gesundheits- und *Wellness*urlaub im weiteren Sinne dient.
3. Je nach Gesundheitszustand können die Reisenden zwischen verschiedenen Möglichkeiten einer Gesundheitsreise wählen. Zählen Sie die Möglichkeiten auf und beschreiben Sie diese.
4. Erläutern Sie die Begriffe »Prävention« und »Rehabilitation«.
5. Beschreiben Sie eine *Ayurveda*-Behandlung.
6. Informieren Sie sich über die Bedeutung einer »Heilanzeige«.
7. In welcher Weise trägt der Kurgast einen Anteil der Kosten der touristischen Infrastruktur eines Ferienortes in Deutschland?
8. Welche Merkmale machen einen Kurort bzw. ein Heilbad aus?
9. Nennen Sie drei Therapieformen und ordnen Sie ihnen jeweils zwei natürliche Heilmittel zu.
10. Beschreiben Sie die Merkmale eines Seeheilbades und nennen Sie zwei Ortschaften, die dieser Bädersparte angehören.
11. Ordnen Sie die fünf Begriffe den entsprechenden Definitionen zu.

Begriffe	Definition
A Erholungsort	a) Ort mit natürlichen, wissenschaftlich anerkannten Heilmitteln des Bodens, Klimaanalyse und festgestellter Hauptheilanzeige.
B Seebad	b) Ort in landschaftlich bevorzugter Lage mit gepflegtem Ortsbild und reinlicher Gestaltung.
C Heilbad	c) Ort mit Klimaanalyse, Sparzierwegen, Sport-, Spiel- und Liegewiesen.
D Luftkurort	d) Heilbad mit warmen Meerwasserbädern und Kurmittelhaus.
E Seeheilbad	e) Ort am Meer mit gepflegtem Badestrand, Nebeneinrichtungen, überprüftem Klima.

12. Warum erhält die Gesundheitsreise Ihrer Meinung nach eine immer wichtigere Bedeutung für die Touristik und wird von erkrankten Reisenden gerne über einen Veranstalter gebucht?
13. Ordnen Sie der jeweiligen Kur das richtige Heilbad zu. Nutzen Sie unterstützend das Internet.

Kur	Heilbad
A Schwefel-Thermal-Kur	a) *Bad Oeynhausen*
B Moor-Kur	b) *Bad Homburg*
C *Kneipp-Kur*	c) *Bad Kohlgrub*
D *Sole*kur	d) *Aachen*
E Tonschlamm-Kur	e) *Bad Kreuznach*
F Salinen	f) *Bad Wörishofen*

14. Diskutieren Sie mit Ihren Mitschülern, warum der *Wellness*urlaub deutlich an Beliebtheit zugenommen hat.

15. Erklären Sie, warum es besonders für *Wellness*angebote und -einrichtungen wichtig ist, eine offizielle Qualifizierung vorzuweisen.

16. Nennen Sie fünf *Wellness*anwendungen und beschreiben Sie diese kurz.

17. Warum ist das Bundesland Mecklenburg-Vorpommern als Destination für einen Gesundheits- und *Wellness*urlaub so geeignet? Erörtern Sie die Gründe.

18. Nennen Sie drei gesundheitliche Erkrankungen, die an der Ostseeküste von Mecklenburg-Vorpommern therapiert werden können. Welche Heilmittel werden dazu genutzt?

19. Beschreiben Sie das Klima der Ostsee und erläutern Sie für welche gesundheitlichen Erkrankungen das Klima von therapeutischem Nutzen ist.

20. Welcher Ort ist für seine Therapieform »Meeresklima mit wechselnder bioklimatischer Reizintensität« bekannt? Nennen Sie kurörtliche Einrichtungen des Ortes.

21. In welchem Ort fährt eine alte Dampfmaschine, die unter Eisenbahnfreuden sehr beliebt ist?

22. Das damalige Fischerdorf, heute ein Ostseebad, ist bekannt für seinen Yachthafen mit etwa 750 Liegeplätzen.
a) Von welchem Ort ist die Rede?
b) Wie heißt der berühmte Yachthafen, nach dem auch ein sehr bekanntes *Wellness*hotel benannt ist?
c) Beschreiben Sie die touristische Infrastruktur des Ortes.

23. Wie heißt der in Mecklenburg-Vorpommern liegende größte Nationalpark Ostdeutschlands?

24. Rügen ist eine beliebte Urlaubsregion.
a) Wofür ist die Insel Rügen weltberühmt?
b) Wie heißt die nördlichste Spitze Rügens?
c) Wie heißt die längliche Insel westlich von Rügen?

25. Nennen Sie die Anreisemöglichkeiten für die Insel Rügen.

26. Beschreiben Sie den Küstenverlauf östlich von Rügen. Wie heißt eine solche Küste und wie ist ihre Entstehung begründet? Informieren Sie sich im Internet.

27. Empfehlen Sie drei Ausflugmöglichkeiten auf der Insel *Usedom*.

28. Welche drei Seeheilbäder sind unter dem Begriff »Drei Kaiserbäder« zusammengefasst? Charakterisieren Sie diese drei Ortschaften.

29. Zählen Sie die Orte in Mecklenburg-Vorpommern auf, die eine »Meeresklima-Therapie« anbieten.

30. Sie arbeiten als Auszubildende/r bei einem Reiseveranstalter, der sich auf *Wellness*urlaube spezialisiert hat und sollen die Insel *Usedom* in einem kurzen Portrait für einen *Flyer* vorstellen.
a) Entwerfen Sie einen Text der die Lage der Insel, die Anreise sowie fünf *Highlights*, die es zu besichtigen gilt, beschreibt.
b) Zählen Sie Ortschaften, die einer Bädersparte zugeordnet sind auf und informieren Sie über die *Wellness*einrichtungen, indem Sie ein Hotel und eine entsprechende Kundentyp-Empfehlung nennen. (Nutzen Sie für Details zu den Hotels das Internet.)
c) Zählen Sie Möglichkeiten zur Freizeitgestaltung bei Aufenthalt auf der Insel auf.

31. Eine Familie mit schulpflichtigen Kindern (sieben und neun Jahre alt), von denen eines unter Atemwegserkrankungen und Allergien leidet, plant für den kommenden August einen dreiwöchigen Urlaub in Norddeutschland. Der behandelnde Arzt empfiehlt als Reiseziel die Mecklenburgische Ostseeküste.
a) Empfehlen Sie der Familie eine Region sowie eine Insel, die sich besonders gut eignen.
b) Informieren Sie die Kunden über Lage, Landschaft und Besonderheiten beider Destinationen.
c) Beschreiben Sie kurz die jeweilige touristische Infrastruktur vor Ort und nennen Sie kinderfreundliche Ausflugs- und Unternehmungsmöglichkeiten.
d) Informieren Sie Ihre Kunden über die Anreisemöglichkeiten.

© Tourismusverband MV

4 Cluburlaub

Die **Erfindung des Cluburlaubes** erfolgte im Jahr 1950 in einem Zeltdorf an der *Bucht von Alcudia* auf Mallorca, als der belgische Unternehmer *Gérald Blitz* seinen Gästen nicht nur eine Unterkunft, sondern gleichzeitig Freizeitgestaltung bot. Seinem Konzept gab er den Namen ***Le Club*** und entwickelte es zusammen mit dem Franzosen *Gilbert Trigano* weiter zum ***Club Méditerranée.***

Viele Anbieter griffen das Konzept auf und bauten »Clubhotels«, die ihren Besuchern neben der Übernachtungsmöglichkeit viele Sport-, Freizeit- und Unterhaltungsmöglichkeiten bieten.

© Aldiana Club

Hauptmerkmal dieser Reiseform ist demnach der Aufenthalt der Urlauber in dem so genannten »Clubhotel« bzw. der Ferienanlage, die sich räumlich von der eigentlichen Umgebung der Destination abtrennt; dennoch in der Regel an interessanten, natürlichen Attraktivitätsfaktoren wie Stränden, Bergen oder Seen liegt, so dass die Cluburlauber die Ferienanlage im Grunde nicht verlassen müssen, da sie außerdem zahlreiche Unterhaltungsmöglichkeiten geboten bekommen.

Ist die **Auswahl der Destination bereits getroffen** und hat sich Ihr Kunde für eine bestimmte Reisezeit entschieden, spielen folgende Beratungskriterien, die zugleich wichtige Entscheidungsfaktoren für Ihren Kunden sind, während des Beratungsgespräches eine entscheidende Rolle:

- Freizeit-, Sport- und Unterhaltungsangebote
- Verpflegungsangebot
- Ausstattung des »Clubhotels«
- Preissegment

Freizeit-, Sport- und Unterhaltungsangebote

Spezielle **Freizeitangebote für jede Altersgruppe** bestimmen in der Regel den gesamten Tagesablauf der Clubgäste, darunter jegliche Sportarten wie Tennis, Basketball, Fußball, Volleyball, Wassergymnastik, Fahrradfahren, Reiten, Tauchen, Wasserski, Golf usw. Weitere Angebote sind *Fitness*- und *Wellness*-Möglichkeiten, Hobbykurse, Kinderbetreuung und Unterhaltung in Abendshows, in denen Tanzvorführungen, *Musicals,* Sketche oder *Quizshows* aufgeführt werden. Für die Unterhaltung der Gäste sorgen die so genannten **Animateure**, professionelle Unterhalter und Gästebetreuer. Viele »Clubhotels« setzen spezielle Schwerpunkte für die Freizeitgestaltung (z. B. Golf, Tauchen) und spezialisieren sich somit auf eine bestimmte Zielgruppe, um dieser ein möglichst umfangreiches Angebot bieten zu können.

Verpflegungsangebot

Die Verpflegungsart spielt beim Cluburlaub eine wichtige Rolle. Da sich die Urlauber in der Regel den gesamten Urlaub in der Clubanlage aufhalten, sind die Mahlzeiten und Getränke häufig schon im Reisepreis inbegriffen. Diese gern gebuchte Verpflegungsart bezeichnet sich als **All inclusive** (▸ LF 3, Kapitel 2.4) und bietet einen Urlaub ohne Nebenkosten.

Ausstattung des »Clubhotels«

Die hochwertigen »Clubhotels« bzw. Hotel- und Ferienanlagen mit Clubcharakter sind häufig mit kleinen Geschäften und Boutiquen, Friseuren, Ärzten, Bibliotheken und Diskotheken ausgestattet. In manchen Fällen werden sogar *Bowling*bahnen und Spielautomaten angeboten. Des Weiteren sind Pool und/oder Hallenbad und *Wellness*- oder *Spa*-Bereiche vorhanden. Es gibt außerdem Clubanlagen, die Familien mit Kindern neben Sportaktivitäten auch eine Kinderbetreuung, unterteilt nach Altersgruppen, mit Animation und Abendunterhaltung anbieten.

Preissegment

Clubanlagen unterscheiden sich insbesondere durch den Preis und in der Qualität. »Clubhotels« wie der *Club Méditerranée*, der *Robinson-Club* (Anbieter TUI) und der *Aldiana-Club* (Veranstalter *Neckermann-Reisen*) liegen im oberen Preissegment, während der *Club Calimera* (der *Rewe-Touristik*) und der *Club Alltoura* (von *Alltours*) deutlich preisgünstiger sind.

Der Cluburlaub **wird in der Regel pauschal gebucht.** Das bedeutet: Beförderung (z. B. Flug), Transfer, Beherbergung im Clubhotel, Verpflegung und Reiseleitung sind zu einem Gesamtpaket geschnürt und werden zu einem bestimmten Gesamtreisepreis angeboten (▸ Fachwissen Tourismus Band 1, LF 4.1). Das bedeutet für die Urlauber: überschaubare Kosten.

Reisende, die einen Cluburlaub antreten, möchten in erster Linie sorgenfrei reisen, den Reisepreis kalkulieren können und aktiv sein. **Reisetypen** vom Erholungssuchenden Badeurlaubern und Pauschalreisenden über Sport und Aktivbegeisterte bis hin zu den jungen Spaßurlaubern sowie Familien mit Kindern, Paare, *Best Ager* und Alleinreisende finden das passende Angebot eines »Clubhotels« ganz nach ihren spezifischen sozidemographischen und psychografischen Merkmalen (▸ LF 3, Kapitel 2.5).

4.1 Attraktivitätsfaktoren der Türkischen Riviera

Bei einem Verkaufsgespräch spielen die **verschiedenen Attraktivitätsfaktoren** der *Türkischen Riviera* eine besondere Rolle.

Analysieren Sie jedoch zuerst Ihren Kunden nach Interessen, Motivation und Einstellung, so dass Sie ihn einem Reisetypen (► LF 3, Kapitel 2.6) zuordnen können. Erfahren Sie noch das gewünschte Preissegment und machen Sie ihm/ihr anschließend die »*Destination Türkische Riviera*« mit Hilfe der Attraktivitätsfaktoren »schmackhaft«. Nennen Sie die Faktoren auf die der Kunde Ihres Erachtens Wert legt und geben Sie wenn möglich detaillierte Hinweise dazu.

Im Folgenden ein **Überblick der künstlichen- und natürlichen Faktoren**:

Natürliche Faktoren		Reisetypen/Zielgruppen
Klima	Ganzjähriges Reiseziel, viele Sonnenstunden, wenig Niederschlag, mildes Klima, überdurchschnittlich warmes Wasser	► Badeurlauber ► Familien mit Kindern ► Cluburlauber
Naturräumliche Gegebenheiten	Sand- und Kiesstrände, Taurus-Gebirge, Naturschutzgebiete	► Badeurlauber
Flora und Fauna	Orangen und Zitronenplantagen, Pinien- und Palmenhaine und Kiefernwälder Artenreiche Vogelwelt	► Wanderer ► Naturliebhaber
Gesundheit	Keine speziellen Impfvorschriften.	
Wasserqualität	Viele Strände sind mit der *Blauen Flagge* ausgezeichnet; bei wenigen anderen Stränden kam es in der Vergangenheit jedoch leider auch zu erheblichen, die Gesundheit gefährdenden hygienischen Verschmutzungen.	► Badeurlauber ► Wassersportbegeisterte
Künstliche Faktoren		**Reisetypen/Zielgruppen**
Erreichbarkeit/ Beförderung	Keine langen Flugzeiten von Deutschland	► Familien mit Kindern ► Flugängstliche
Einreise	Mindestens ein Personalausweis ist nötig	► Deutsche Staatsangehörige
Verkehrswege	Autobahnähnliche Straßen, Anmietung eines Wagens in den touristischen Orten möglich	► Individualreisende Entdecker

Künstliche Faktoren		Reisetypen/Zielgruppen
Hotellerie/ Gastronomie	Einfache Unterkünfte bis exklusive Hotels – alles wird geboten, Verpflegungsart der Hotels ist in den meisten Fällen All inclusive	▸ Pauschalurlauber ▸ Cluburlauber ▸ Preisorientierte Reisende ▸ Luxusurlauber
Freizeiteinrichtungen	Wasserparks, Wassersportbasen, Golfplätze, Tennisplätze, Reitmöglichkeiten, Wander- und Fahrradwege, Jeepsafaris Diskotheken, Bars, Einkaufsmöglichkeiten	▸ Familien mit Kindern ▸ Sport- und Aktivbegeisterte ▸ Junge Spaß-, Erlebnis- und Partyurlauber ▸ Alleinreisende und *Singles*
Soziokulturelle Faktoren	Antike Fundstellen und historische Stätten	▸ Kulturinteressierte ▸ Individualreisende Entdecker ▸ *Best Ager*
Sicherheit	Gute Medizinische Versorgung vor Ort, keine politischen Unruhen	▸ Alle Zielgruppen

Tab. Attraktivitätsfaktoren der *Türkischen Riviera*

Abb. Karte der *Türkischen Riviera*

Internationales Publikum wird von den verschieden attraktiven Ferienzentren mit großen Hotels, weitläufigen Clubanlagen und All inclusive-Angeboten angelockt.

Einreisebestimmungen

Für die Einreise in die Türkei benötigen deutsche Staatsangehörige einen **Personalausweis** oder **Reisepass,** der gültig oder höchstens seit einem Jahr ungültig ist. Allerdings wird von abgelaufenen Dokumenten abgeraten, da deren Besitzern in der Vergangenheit mehrfach die Einreise in das Land verweigert wurde. Touristen können sich **bis zu 90 Tagen pro Halbjahr visumfrei** im Land aufhalten.

Weitere Informationen sind auf der Internetseite des Auswärtigen Amtes einzusehen ► www.auswaertiges-amt.de.

Medizinische Hinweise

Standardimpfungen und **Standardreiseimpfungen** wie *Hepatitis A* und *B* sind empfehlenswert. Außerdem ist es ratsam ausschließlich Wasser sicheren Ursprungs zu trinken, z. B. Wasser aus Flaschen und nie Leitungswasser, um Durchfallerkrankungen zu umgehen.

Anreise

Ganzjährig bestehen gute Linienflugverbindungen, direkt ab Deutschland zu den türkischen Flughäfen *Antalya* (AYT), *Izmir* (ADB), *Istanbul* (IST), *Ankara* (ESB), *Adana* (ADA) und *Kayseri* (ASR) bieten *Lufthansa* (LH) und die türkische Fluggesellschaft *Turkish Airlines* (TK). Pauschalflugverbindungen in die Küstengebiete und nach *Istanbul* gibt es zahlreich während der Sommermonate und teilweise auch im Winter.

Verkehrsnetz

Das Straßennetz der Türkei wird ständig weiter ausgebaut. In den Regionen Mittelmeer- und Ägäisküste sowie *Istanbul* und *Ankara* gibt es autobahnähnliche Strecken. Im Rest des Landes sind die Straßen entweder asphaltiert oder bestehen aus befahrbarem Schotter. Die Anmietung eines Pkw ist für Flugreisende vielerorts möglich.

Alternativ ist der ***Dolmus*** (► Glossar) eine preiswerte Fahrmöglichkeit im Nahverkehr der größeren Städte und Touristenorte.

4.2 Cluburlaub an der Türkischen Riviera

Die Türkische Riviera wird gerne als Reiseziel für die **Urlaubsform »Cluburlaub«** gewählt. Europäisches bzw. internationales Publikum profitiert von den zahlreichen Angeboten der Clubhotels unterschiedlichster Sternekategorie. Viele der Clubanlagen befinden sich in erster Strandlage und verwöhnen ihre Kunden außerdem mit deiner All inclusive-Verpflegung und einer breiten Palette an Freizeit- und Sportmöglichkeiten.

Badeorte an der Türkischen Riviera

Kemer und Umgebung	
Kemer liegt etwa 45 Kilometer südlich von *Antalya* und besteht aus vielen kleinen Ortschaften wie ***Tekirova, Göynük*** oder ***Beldibi***. Das ehemalige Fischerdorf ist ein aufstrebendes Ferienzentrum mit zahlreichen Ferienclubs (darunter auch ein *Robinson Club, ein Magic Life Club* und ein *Club Med*), einem modernen Yachthafen, einer einladenden Promenade sowie eleganten Restaurants und Bars. Die Urlaubsregion *Kemer* liegt am Fuße des mächtigen *Taurus-Gebirges,* inmitten einer herrlichen Pinien bewachsenen Landschaft und ist geprägt von  schroffen Felsmassiven und kleinen Badebuchten mit kristallklarem Wasser und Kiesstrand. Die Hotel- und Clubanlagen bieten ein umfangreiches Sport- und Unterhaltungsangebot. Insgesamt wird die Region um *Kemer* von einer hohen Zahl russicher Gäste besucht, ist jedoch nicht so sehr vom Massentourismus heimgesucht wie *Antalya* und Umgebung. Die Transferdauer vom Flughafen *Antalya* bis in die Urlaubsregion *Kemer* beträgt 60 bis 90 Minuten.	
Tekirova	Der kleine verschlafene Ort *Tekirova* (12 Kilometer südlich von *Kemer*) ist mit einem vier Kilometer langen Kiesstrand und modernen Ferienclubanlagen (z. B. das Hotel *Amara Dolce Vita Club*) ein Paradies für Ruhe suchende und tauchende Cluburlauber.
Göynük	Am langen Kiesstrand des kleinen gewachsenen Ortes ***Göynük*** liegen viele weitläufige Hotel- und Clubanlagen (z. B. das ***Magic Life Kemer Imperial***), die verschiedene Sport- und Unterhaltungsmöglichkeiten anbieten.
Beldibi	15 Kilometer nördlich von *Kemer* liegt der Ort *Beldibi* am langen Kiesstrand. Die familienfreundlichen Clubhotels (z. B. das *SENTIDO Sultan Beldibi* und der *Amara Club Marine*) bieten unter anderem Wanderungen durch die nahe liegenden Orangenplantagen sowie unterschiedliche Wassersportarten an.
Ausflüge	Ein interessantes Ausflugsziel ist das antike Städtchen ***Phaselis*** mit drei Naturhäfen und einer ***Akropolis*** (► Glossar). Die Ruinenstadt liegt im 700 Quadratkilometer großen ***Olympos-Nationalpark***, welcher von ausgedehnten Wäldern sowie von bis zu 2.000 Meter hohen Bergen geprägt ist.
Antalya **und Umgebung**	
Die Hauptstadt der gleichnamigen Provinz ist mit fast 700.000 Einwohnern das **»Herz« der *Türkischen Riviera*** und hat sich im Laufe der letzten Jahrzehnte zu einem der beliebtesten Urlaubsregionen des Mittelmeeres entwickelt (leider mit teilweise bereits Massentourismus haften Zügen).	

Orangenbäume und Palmen säumen die Straßen der Hafenstadt, prachtvolle Parkanlagen laden zum Verweilen ein. Äußerst sehenswert ist die **römisch-seldschukisch geprägte Altstadt** am malerischen Hafen mit Holzhäusern aus osmanischer Zeit. Innerhalb der Stadtmauern von *Antalya* befinden sich **antike Sehenswürdigkeiten** wie das römisch prunkvolle **Hadrians-Tor**, ein Uhrturm, ein Basarviertel sowie das »gerillte« und »gestutzte« ***Yivli-Minarett***, welches das Wahrzeichen der Stadt ist. Der alte Hafen von *Antalya* bietet ein umfangreiches Programm an Unterhaltung, wie Restaurants, Bars, Straßencafés und Diskotheken. Moderne Geschäfte reihen sich entlang der Boulevardstraße von *Konyaalti*.

Entlang des *Konyaalti*-Kiesstrandes befinden sich Hotels der gehobenen Klasse. Der Transfer vom Flughafen zu den Urlaubsorten *Lara* und *Kundu* dauert 10 bis 15 Minuten.

Lara	Etwa 10 Kilometer östlich von *Antalya* liegt die neue Ferienregion *Lara*. Regelmäßig wird der weitläufige Strand von Bussen, *Dolmus* (► Glossar) oder Booten von *Antalya* aus angefahren. In der jungen Urlaubsregion befinden sich zahlreiche All inclusive-Luxusresorts und Clubhotels (z. B. das *Limak Lara de Luxe & Resort*, das *Rixos Lares* und das *Kervansaray Lara*) mit einer außergewöhnlichen Architektur und einem umfangreichen Angebot an Sport- und Unterhaltungsmöglichkeiten. Bekannt für seine Architektur ist auch das *Titanic Beach & Resort*, das einem Kreuzfahrtschiff gleicht.
Kundu	Für seine vielen Themenhotels bekannt ist der Ort *Kundu*. Hier stößt man auf berühmte Nachbauten wie den *Topkapi Palast*, das *Weiße Haus*, das *Venezia Palace* und viele mehr.
Ausflüge	Nur wenige Kilometer von *Antalya* entfernt liegt die große **Ausgrabungsstätte *Perge***. Die älteste Christengemeinde Kleinasiens wurde damals von *Apostel Paulus* während seiner ersten Missionsreise aufgesucht. Sehenswert sind die 200 Meter lange **Kolonnadenstraße (Kolonnade** ► Glossar), das Theater und ein für 12.000 Zuschauer angelegtes Stadion. Etwa 25 Kilometer nordöstlich von *Antalya* liegt die Ausgrabungsstätte ***Termessos*** in dem gleichnamigen Nationalpark. Zahlreiche Ruinen, wie beispielsweise die Stadtmauer, stammen aus dem 2. Jahrhundert n. Chr., der Blütezeit der Stadt im römischen Kaiserreich. Landschaftlich sehenswert sind die ***Düden*-Wasserfälle**, 15 Kilometer nördlich von *Antalya*, die direkt ins Meer stürzen.

Belek und Umgebung

Belek ist mit **fünf Golfplätzen** das »Golfmekka« der Türkei. Die junge Urlaubsregion liegt 40 Kilometer östlich von *Antalya* am Rand eines Nationalparks inmitten schattenspendender Pinienwälder. Zahlreiche hochwertige Hotels und Clubanlagen mit weitläufigen Gartenanlagen (unter anderem der *Robinson Club Nobilis, der Club Magic Life Belek Imperial* und der *Club Magic Life Waterworld Imperial* sowie der *Club Mega Saray,* das Clubhotel *Riu Kaya*, der Club *Asteria Belek* sowie das Clubhotel *Güral Premier Belek*, usw.) säumen den breiten, fein- bis grobsandigen Strand von *Belek*. Das **exklusive Feriengebiet** bietet ein umfangsreiches Wassersport- und Unterhaltungsprogramm. Die Transferzeit vom Flughafen in *Antalya* bis nach *Belek* beträgt etwa 20 Minuten.

Kumköy	Westlich des Ortskerns von *Belek* befindet sich der etwas ruhigere Ferienort *Kumköy* mit einigen Tavernen und Geschäften. Bei einem Sparziergang entlang des Strandes ist er von *Belek* bequem zu erreichen. Hotelgruppen mit Clubcharakter, wie z. B. das *Hane Family Resort* und das *Horus Paradise Village* bieten ihren Gästen eine große Palette an Sport- und Unterhaltungsmöglichkeiten.
Ausflug	Nur wenige Kilometer von *Belek* entfernt liegt die **antike Stätte *Aspendos***. Sie erlebte ihre Blüte während der römischen Herrschaft. Aus dieser Zeit, dem 2. Jahrhundert n. Chr., stammt das best erhaltenste Theater (► Abb. oben) mit einer beeindruckenden Akustik, das Platz für 20.000 Zuschauer bietet. Im Sommer wird die Theaterruine als Festspielort genutzt. Neben weiteren zahlreichen Ruinen sind die Reste eines Aquädukts sehr sehenswert.

Side und Umgebung

Zwischen den Städten *Antalya* und *Alanya*, auf einer breiten, in das Mittelmeer vorspringenden felsigen Halbinsel, liegt ***Side***. Der beliebte Ferienort ist zugleich eine **antike Stätte der alten Kulturlandschaft *Pamphyliens***. Sehenswert sind die ***Agora*** (► Glossar), der *Apollon-Tempel*, das Theater, die *byzantinische* Stadtmauer sowie der Fischerhafen. Malerische Gassen mit zahlreichen Tavernen, Cafés, Restaurants und kleinen Boutiquen laden zum Bummeln ein und sind für den Kraftverkehr geschlossen. Abends herrscht hier ein **reges Nachtleben**, das gern von jungem Publikum besucht wird. Die hervorragende touristische Infrastruktur bietet ein großes Unterhaltungsangebot.

© Ministerium für Kultur und Tourismus der Republik Türkei

Seine Beliebtheit verdankt ***Side*** ebenso den **kilometerlangen, flach abfallenden Stränden**: westlich der Landzunge gelegene Strände sind feinsandig, die übrigen sind grob bis kieselig. Die Wasser-qualität ist sehr gut. Das Meer türkisblau, allerdings leicht trüb. Rund um ***Side*** gibt es weitere große Feriensiedlungen mit weitläufigen Hotel- und Clubanlagen der gehobenen Mittelklasse, die sich ideal für einen Familienurlaub eignen. Die beliebten Clubanlagen, darunter der *Robinson Club Pamfilya* sowie der *Club Aldiana Side*, bieten ein großes Sportangebot. Weitere hochwertige Hotelgruppen mit Clubcharakter sind: der *Club Ali Bey Manavgat* und der *Club Ali Bey Park* sowie das *Iberotel Palm Garden* und die *Clubs Majesty Palm Beach, Melas Holiday Village, Victory Resort Holiday Club.*

Jedoch ist aus *Side* aufgrund der vielen preiswerten Hotalangebote und des daraus resultierenden Einzugs des Massentourimus eine große Bettenburg geworden. Es wimmelt von deutschen und russischen Urlaubern, die tolle Strände und viele Einkaufsmöglichkeiten in Side aufsuchen. Transferzeit vom Flughafen in *Antalya* in die Umgebung von *Side* beträgt etwa 60 Minuten.

Colakli* und *Evrenseki	Etwa sieben Kilometer westlich von *Side* entfernt liegen die beiden kleinen Ortsteile *Colakli* und *Evrenseki*. Ein kleines Flüsschen bildet die Grenze zu *Kumköy*. Meist feinsandige und flach abfallende Strände sowie diverse Tavernen, Restaurants und Einkaufsmöglichkeiten wie der *Saray Basar* in *Evrenseki* zeichnen diese Region aus. Unter anderem sind die Clubhotels *Calimera Monachus & Monachus Park* und der *Club Grand Aqua* vertreten.
Sorgun	*Sorgun* liegt etwa zwei Kilometer östlich von *Side* im so genannten **»Sorgunwald« mit seltenen Tieren und toller Flora**. Die Clubhotelgruppen, wie z. B. *Blue Waters Club & Resort* und *Club Pacific* sind von Pinien umgeben und befinden sich direkt am langen Sandstrand.
Ausflüge	Sehenswert in der Umgebung von ***Side*** sind die **Ruinen in der antiken Stätte *Seleukeia*** sowie die acht Kilometer entfernte Stadt *Manavgat* mit den schönen **Wasserfällen** des gleichnamigen Flusses.

Alanya und Umgebung

Der traditionsreiche Urlaubsort *Alanya* liegt am Fuße des Taurus-Gebirges, das nah an der Küste verläuft, inmitten von zahlreichen Bananen- und Zitrusplantagen. Die meisten Sehenswürdigkeiten stammen aus der **Zeit der Seldschuken**, so auch das Wahrzeichen der Stadt, der am Hafen gelegene ***Rote Turm*** sowie die Schiffswerft. Sehenswert ist außerdem die – auf einem ins Meer ragenden Felsen gelegene – **Festung** sowie die von einer Mauer umschlossene **Altstadt** und die mit einem Boot zu erreichende **Tropfsteinhöhle**. In der Altstadt befinden sich zahlreiche Restaurants, *Cafés* und Geschäfte, zusätzlich findet hier das **rege Nachtleben** statt. Gute Einkaufsmöglichkeiten befinden sich im **Basarviertel**. Da *Alanya* einer der größten Tourismusorte in der Türkei ist, hat auch hier und in der Umgebung der **Massentourimus** Einzug gehalten. Damit verbundene Probleme sind ungenügende Stromversorgung, Müllentsorgung sowie hohe Verkehrsbelastung.

Im Westen von *Alanya* erstreckt sich der drei Kilometer lange, flach ins Meer abfallende ***Kleopatra*-Sandstrand**. Anschließend folgen der **belebte *Damlatas* Strand** mit vielen Wassersportmöglichkeiten und der etwas ruhigere ***Ulas*-Strand**. Nach Osten wird der Sandstrand immer grobkörniger und abfallender. Moderne Hotels und Clubanlagen wie der *Maritim Club Alantur* prägen die langen Strände von *Alanya*. Der Bustransfer vom Flughafen *Antalya* bis nach *Alanya* beträgt etwa 2,5 Stunden.

Karaburun	Der kleine Ferienort *Karaburun* liegt etwa 30 Kilometer westlich von *Alanya* in einer geschwungenen Bucht am Kiesstrand mit klarem Wasser. Der Ort selbst bietet einige Sehenswürdigkeiten, die besichtigt werden können.
Incekum	Die Feriensiedlung *Incekum*, 25 Kilometer westlich von *Alanya*, ist eine **»künstliche Hotelzone«** mit einem weiten, flach abfallenden Sandstrand, der teilweise von Kieseln durchsetzt ist. Die großen Hotel- und Clubanlagen wie das *Pegasos Resort* und das *Club Hotel Kösdere* bieten etwas preiswerteren Urlaub mit einem großen Wassersportangebot.
Konakli	Rund zwölf Kilometer westlich von *Alanya* schließt sich der Ferienort *Konakli* an, dessen Umgebung noch sehr ländlich geprägt ist.
Ausflug	Für Aktivurlauber lohnt sich ein Ausflug in das ***Taurus-Gebirge.*** Zu Fuß, mit dem *Mountainbike* oder beim *Rafting* im Schlauchboot kann das Hinterland »erkundet« werden.

Tab. Badeorte der *Türkischen Riviera*

AUFGABEN

1. Charakterisieren Sie den Begriff »Cluburlaub« mit einzelnen Wörtern.
2. Was ist ein Clubhotel?
   a) Beschreiben Sie die Ausstattung eines Clubhotels.
   b) Welche Clubhotels kennen Sie? Nennen Sie vier Beispiele und ordnen Sie diese einem Preissegment zu (Oberes- und unteres Preissegment).
   c) Zählen Sie sieben Freizeit-, Sport- und Unterhaltungsmöglichkeiten auf, die ein Clubhotel seinen Gästen anbietet.
3. Vergleichen Sie den »konventionellen Hotelurlaub« mit einem Urlaub in geselliger Clubatmosphäre und nennen Sie die Unterschiede.
4. Ihre Kunden haben in den Reisekatalogen der Türkei oftmals den Begriff »All inclusive« gesehen und möchten ihn von Ihnen erklärt bekommen. Beschreiben Sie diese Verpflegungsart und außerdem zwei Vor- und zwei Nachteile für den Reisenden und/oder für die touristische Infrastruktur außerhalb des Clubhotels.
5. Warum steht für Reisende, die einen Cluburlaub bevorzugen, die Lage des Hotels nicht so sehr im Vordergrund, wie das Freizeit- und Unterhaltungsangebot des Clubhotels? Welche Reisemotive haben diese Urlauber?

6. Nennen Sie die Reisetypen, die einen Cluburlaub unternehmen.

7. Zählen Sie drei Destinationen auf, die hauptsächlich wegen ihrem großen Angebot an Clubhotels bereist werden.

8. Was ist ein *Dolmus?*

9. Drucken Sie die unter der Internetadresse ▸ www. europa-lehrmittel.de ▸ Titel »All inclusive Band 2« zu findende Stummkarte der *Türkischen Riviera* aus und bestimmen Sie die geografische Lage aller im Text beschriebenen Touristenzentren.

10. Zählen Sie die »Urlaubstypen« für die *Türkische Riviera* auf.

11. Bilden Sie zwei Nutzenbrücken für einen Cluburlaub an der *Türkischen Riviera* für Alleinreisende und *Singles*, DINKS und Familien mit Kindern.

12. Ein junges Paar im Alter von 20 Jahren kommt in Ihr Reisebüro und möchte von Ihnen zum Thema »Cluburlaub in der Türkei« beraten werden. Der junge Mann stellt sich einen reinen Badeurlaub vor und will die Hotelanlage nicht verlassen. Die junge Frau wirkt skeptisch und fragt, ob es nicht zu langweilig werden könnte nur in der Hotelanlage zu bleiben. Erklären Sie den jungen Leuten das Konzept eines Cluburlaubs und stellen Sie Ihnen einige Sport- und Unterhaltungsmöglichkeiten vor.

13. Zwei befreundete Ehepaare (beide kinderlos) planen einen gemeinsamen Urlaub an die *Türkische Riviera.* Sie legen Wert auf eine gehobene Hotelanlage mit Clubcharakter in der Nähe eines Ortes, in dem es eine große Auswahl an Einkaufsmöglichkeiten gibt. Die Pärchen möchten für zwei Wochen im nächsten Herbst verreisen. Damit Sie sich vor Ort um fast nichts mehr kümmern müssen, wollen sie Flug und Hotel pauschal buchen.

    a) Nennen Sie zwei verschiedene Ferienorte und deren Vorzüge.

    b) Erklären Sie den Paaren den Ablauf einer Pauschalreise und ihre inbegriffenen Leistungen.

    c) Ein Paar interessiert sich für Tagesausflüge zu den nahe gelegenen Sehenswürdigkeiten. Geben Sie den Kunden jeweils ein Beispiel für einen Ausflug mit kulturellen sowie landschaftlichen *Highlights.*

    d) Suchen Sie den befreundeten Ehepaaren unter Berücksichtigung der Wünsche eine passende Clubanlage und berechnen sie den gesamten Reisepreis pro Person in einem Doppelzimmer mithilfe der Veranstalterkataloge und des *CRS-Systems* (▸ Glossar).

5 Kreuzfahrten

Seit Jahren eilt die Kreuzfahrtbranche von Rekord zu Rekord. Rund 1,8 Millionen Bundesbürger machten 2011 Urlaub auf dem Wasser. Die Anbieter zählten damit 12 Prozent mehr deutsche Passagiere als 2010, so lautet das Ergebnis der Anfang März 2012 präsentierten Kreuzfahrtenstudie des **Deutschen Reise Verbands (DRV)**.

Die **Studie der F.U.R.** aus 2010 hat ergeben, dass fast zehn Millionen Deutsche zwischen 2011 und 2013 eine Kreuzfahrt planen oder sich generell vorstellen können. – Das ist ein Argument Kreuzfahrten aktiv anzubieten.

5.1 Merkmale einer Kreuzfahrt

Ein entscheidender Punkt für den boomenden Markt ist sicherlich der »**Hauch des Außergewöhnlichen**« den eine mehrtägige Schiffsreise mit Hotelcharakter in sich birgt. Täglich aufs Neue werden andere Häfen, Städte und/oder sogar Länder angefahren. Der **Besuch von Sehenswürdigkeiten und Landschaften** wird entweder mit **Erholung** oder mit Unterhaltungsmöglichkeiten auf dem Deck eines Schiffes verbunden. Das sonst übliche Ein- und Auspacken der Koffer entfällt, da das »**schwimmende Hotel**« stets mitreist. Eine Kreuzfahrt ist somit eine Form der Rundreise auf Gewässern mit dem Schiff als Transportmittel.

MERKE

Reisen mit dem Schiff
Bei einer Kreuzfahrt steht nicht der Transport von Personen zwischen zwei oder mehreren Orten im Mittelpunkt, sondern das Schiff ist die Hauptattraktion.

Grundsätzlich gibt es während einer Kreuzfahrt **keinen gleich ablaufenden Fahrplan**. Jeder Tag kann anders organisiert sein, abhängig von der Liegezeit im- und dem Abstand zum nächsten Zielhafen. Teilweise liegen die Schiffe nur wenige Stunden, manchmal den ganzen Tag oder aber die ganze Nacht in einem Hafen. **Bequem und komfortabel** lassen sich Destinationen bereisen, die auf dem Landweg nur schwer zu kombinieren oder zu entdecken sind, da die entsprechende touristische Infrastruktur fehlt. Außerdem können zumindest Hochseeschiffe in politisch unsicheren Regionen im Ernstfall auf andere Zielhäfen ausweichen.

Die deutschen Reiseveranstalter verzeichnen besonders bei **Fluss- und Hochseekreuzfahrten satte Zuwächse** der Passagierzahlen und ein enormes Wachstumspotenzial. Nachfolgend werden diese **zwei wichtigsten** Segmente der touristischen Reiseform auf dem Wasser anhand der Routenbeispiele in den Fahrtgebieten *Ägäis* und Donau genauer beschrieben.

Kreuzfahrtarten

Heutzutage gibt es für nahezu alle Zielgruppen und Geldbeutel die Möglichkeit diese Urlaubsform im Rahmen **verschiedener Kreuzfahrtarten** zu entdecken. Die Hochsee bietet hierbei deutlich mehr Varianten als der Fluss, auf dem ausschließlich Frachtschiffe, kleinere Fähren und vor allem Flusskreuzfahrtschiffe unterwegs sind.

Flusskreuzfahrt	**Klassisch-legere Kreuzfahrt**
Die Passagiere fahren »sanft« auf den Flüssen der Welt und beobachten die gemächlich »vorbeiziehende Landschaft«. Die Schiffe bieten neben Bistro, Restaurant und Bar weitere Einrichtungen, die während des Aufenthaltes an Bord genutzt werden können, darunter ein Sonnendeck und u. U. auch einen *Wellness*breich. **Beispiele:** A-ROSA, *Viking, Phoenix*	Das klassisch legere Kreuzfahrtschiff ist eine moderne »Ferienanlage auf hoher See«, das viele Sport- und Unterhaltungsangebote für die ganze Familie bietet. **Beispiele:** MSC und COSTA
Clubkreuzfahrt	**US-Spaßkreuzfahrt**
Die »schwimmenden Badehotels« sorgen mit einem riesigen Sport- und Unterhaltungsangebot dafür, dass sich immer häufiger junge Party- und Spaßurlauber und Familien mit Kindern an Bord wagen. Generell geht es auf den Schiffen lebhafter und unbefangener zu, als auf den anderen Hochseekreuzfahrt-Schiffstypen. Die Gastronomie ist vielfältig, es gibt Themenrestaurants und -bars. **Beispiele:** AIDA und TUI *Cruises*	Die so genannten »***Fun-Ships***« sind komplett auf das Thema »Erlebnis Schiff« ausgelegt. Sie bieten ein vielfältiges Angebot an Unterhaltungsprogrammen, Aktivitäten und Sportattraktionen, wie z. B. riesige Poollandschaften mit Rutschen, Eislaufbahnen, Kletterwänden, Golfsimulatoren, Bowlingbahnen, Computerspielhallen u. v. m. **Beispiele:** *Royal Caribbean Cruise Line, Norwegian Cruise Line, Carnival Cruise Line*
Klassisch-elegante Kreuzfahrt	**Expeditionskreuzfahrt**
Die Hochseeschiffe dieser Kreuzfahrtart bieten hohen Komfort durch größere Kabinen und Suiten. Es wird sehr viel Wert auf Qualität, Service und »Klasse« gelegt. Diese Schiffe werden tatsächlich nach wie vor von einer älteren Altersklasse mit größeren Ersparnissen gebucht. Landausflüge werden teilweise mit visualisierten Vorträgen vorbereitet, die Küche wird von Sterneköchen betrieben usw. **Beispiele:** MS *Deutschland* (»Das ZDF Traumschiff«, Reederei *Peter Deilmann*), MS *Europa*, das weltweit einzige Schiff, das	Expeditionsschiffe sind i. d. R. kleiner als viele andere Kreuzfahrtschiffe, damit sie auch schmalere Passagen, Fjorde und große Flüsse (z. B. den *Amazonas*) befahren können. Oftmals sind sie für etwa 200 Passagiere ausgelegt. Unterhaltung und Animation stehen eher »hinten an« – Landausflüge unter qualifizierter Leitung sowie Vor- und Nachbereitungsvorträge durch Lektoren an Bord stehen an erster Stelle. Um auch in flacher Küstennähe oder in Eis führenden Gewässern in den Polarregionen fahren zu

Klassisch-elegante Kreuzfahrt	Expeditionskreuzfahrt
mehrfach im *Berlitz Cruise Guide* mit der Höchstnote 5-Sterne-Plus ausgezeichnet wurde *(Hapag Lloyd-Kreuzfahrten), Queen Mary 2* und *Queen Victoria (Cunard Line)*	können, sind **spezielle Schiffstypen** erforderlich, wie z. B. Eisbrecher. Sie müssen mit modernster Technik und Gerätschaft ausgestattet sein. **Beispiele:** MS *Columbus* und MS *Bremen (Hapag Lloyd-Kreuzfahrten), Hurtigruten*
Segelkreuzfahrt	**Fährkreuzfahrt**
Unter den weißen Segeln einer kleinen Segelyacht oder eines Großseglers finden weniger Passagiere Platz, als auf großen Kreuzfahrtlinern. Eine solche Reise führt von einem Hafen zum anderen und lässt den Urlaub auf dem Wasser zu einem besonderen »Erlebnis der Freiheit« werden. Eine kleine Zahl an Bordpersonal versorgt die Passagiere. Bordeinrichtungen wie ein Restaurant, eine Bar und ein *Swimmingpool* sowie z. B. eine Sauna, sind nette Annehmlichkeiten die manche der exklusiven Kreuzfahrtsegelschiffe bieten. **Beispiele:** *Sea Cloud Cruises, Star Clippers*	Die neuen Schiffe der größeren Fährgesellschaften bieten ihren Passagieren mittlerweile auch schon einige Vorzüge eines Hochsee-Kreuzfahrtschiffes. Die Überfahrt von A nach B wird mit Aktivitäten und Unterhaltungsmöglichkeiten wie z. B. Badelandschaften, Shows und Sportangeboten ausgefüllt. Es können auch kulinarische Events gebucht werden. **Beispiele:** *Color Line, Stena Line, Bodensee-Schiffsbetriebe GmbH*

Tab. Kreuzfahrtarten

Routentypen

Die verschiedenen Arten einer Kreuzfahrt können als **unterschiedliche Routentypen** durchgeführt werden. In der Regel werden Turnus- und Schmetterlingskreuzfahrten sowie »Freies *Routing*« unterschieden.

- **Turnuskreuzfahrt** – Eine Turnusfahrt ist eine an mehreren Terminen stattfindende Kreuzfahrt mit regelmäßigem Routenverlauf und gleicher Dauer. Sie beginnt an demselben Hafen, dem so genannten **Basishafen**, an dem sie auch endet.

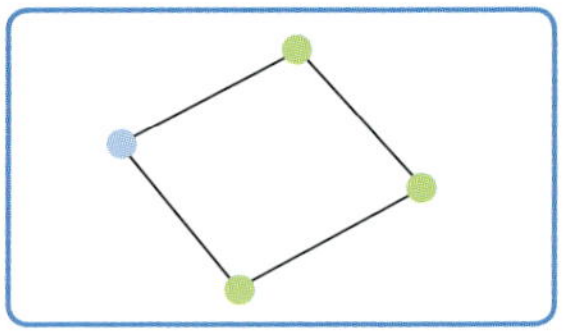

- **Schmetterlingskreuzfahrt** – Die Schmetterlingskreuzfahrt ist der Begriff für die **Kombination aus zwei Turnuskreuzfahrten**, da bildlich gesehen ein Schmetterling entsteht. Der Basishafen bildet dabei den »Körper«. Häufige Kreuzfahrtarten dieser beiden Routentypen sind: Klassisch-legere-, Club- und US-Spaßkreuzfahrten.

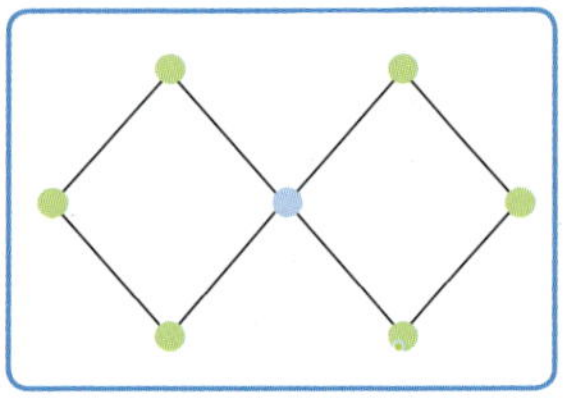

Schmetterlingskreuzfahrt

BEISPIEL

Ein Kreuzfahrtschiff hat den Basishafen Mallorca für drei Monate gewählt.
Jeden Samstag startet eine Reise erst in das westliche Mittelmeer, in der nächsten Woche in das östliche Mittelmeer, anschließend wieder ins westliche und wieder ins östliche Mittelmeer.

- »**Freies Routing**« – Dieser Routentyp wird mit diesem nicht ganz treffenden englischen Begriff bezeichnet, da **täglich ein anderer Hafen angefahren** wird. Die Kreuzfahrtroute selbst ist grundsätzlich zuvor festgelegt. Häufige Kreuzfahrtarten dieses Routentyps sind dann eher: Fluss-, Klassisch-elegante-, Expeditions- und Segelkreuzfahrten.

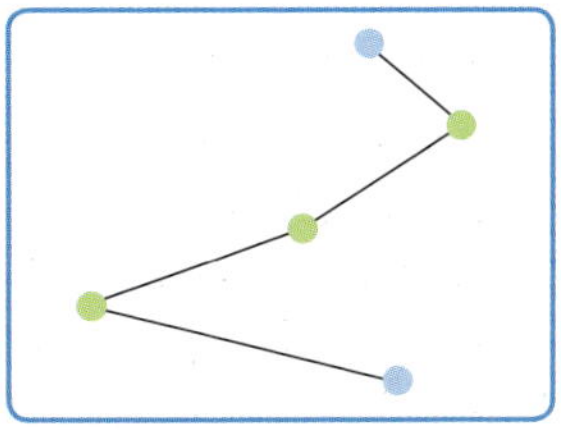

Einmal rund um die Welt reisen – daran erfreuen sich Langzeiturlauber. Auch diese Variante des Routentyps »Freies *Routing*« wird auf dem Wasser geboten und ist zugleich sehr bequem, da das »schwimmende Hotel« allzeit mitreist. Reisende, die zeitlich gebunden sind und nicht die Möglichkeit besitzen den gesamten Routenverlauf mitzureisen, können einzelne oder mehrere Etappen der Weltreise absolvieren. **Weltreisen mit dem Schiff** werden in den meisten Fällen westwärts gehend (engl. »*westbound*«) durchgeführt und sind so organisiert, dass die Schiffe immerfort in angenehmen Klimazonen unterwegs sind.

Schiffe und Sterne-Klassifizierung

Das **Vorderteil eines Schiffes wird als »Bug«** bezeichnet, das **Hinterteil als »Heck«**. Die in Fahrtrichtung rechts liegende Seite nennt sich »**Steuerbord**«, die in Fahrtrichtung linke Seite »**Backbord**«. Für die Mitte des Schiffes wird der Begriff »**Mittschiffs**« verwendet.

Kreuzfahrtschiffe sind in **mehrere Stockwerke,** so genannte **Decks** aufgeteilt, auf denen sich die Kabinen, die Restaurants sowie die Unterhaltungseinrichtungen befinden. Damit der Passagier die Übersicht nicht verliert, gibt es zur Orientierung einen **Deckplan**, der den Aufbau des Schiffes wiedergibt. Nutzen Sie den Deckplan bei der Auswahl der Kabine für Ihre Kunden.

Die vielen touristischen Schiffe lassen sich hinsichtlich ihrer Qualität, der vorhandenen Einrichtungen und dem Service an Bord klassifizieren und mit Sternen auszeichnen. Dies nehmen die Reedereien in der Regel selbst vor.

MERKE

Sterneklassifizierung von Schiffen
Im Unterschied zu den Hotelklassifizierungen können sich bei Kreuzfahrtschiffen die Reederein ihre Sterne selbst vergeben. Die Aussagekraft der Klassifizierung ist daher abzuwägen und eigene Erfahrungswerte oder Kundenaussagen bereits unternommener Kreuzfahrten sind einzubringen.

Damit dennoch ein Vergleich zu anderen Schiffen möglich ist, übernehmen die Reedereien in der Regel das Urteil des anerkannten britischen **Schiffbewerters *Douglas Ward,*** der jährlich das Buch *Berlitz Complete Guide to Cruising & Cruise Ships* mit Bewertungen aus praktischen Tests veröffentlicht.

Bordpersonal

Die Besatzung eines Schiffes wird ***»Crew«*** genannt. An der Spitze stehen der **Kapitän** und seine **nautischen Offiziere**, die für die Navigationen und den reibungslosen Schiffbetrieb verantwortlich sind.

Der ***»Cruise Director«*** (engl. Bezeichnung für dt. »Kreuzfahrtdirektor«) ist für die Bordprogramme, die Unterhaltung, sowie für die Betreuung der Passagiere verantwortlich und sorgt für den Ablauf der Landausflüge. Für die Passagiere ist er »das Gesicht« des Schiffes.
Den **gesamten Hotelbetrieb** auf dem Schiff regelt der ***»Hotelmanager«*** (engl. Begriff für dt. »Hoteldirektor«). Er leitet die Rezeption, das *Housekeeping*, die Küche, die Restaurants und teilweise auch die Bars.

An der **Rezeption eines Kreuzfahrtschiffes** steht in der Regel mehrsprachiges Personal als Ansprechpartner zur Verfügung, die unter dem Begriff »**Bordreiseleitung**« bekannt sind. ***»Hostess«*** bzw. ***»Guest Relation Manager«*** sind die Begriffe für die Person, die in erster Linie für die Gästebetreuung zuständig ist. Der oberster Zahlmeister oder auch ***»Chief Purser«*** genannt, hat die Aufgabe sämtliche Hafen-, Zoll- und Grenzformalitäten zu erledigen.

Für das gute Essen sind der **Koch und seine Gehilfen** verantwortlich. Damit die Kreuzfahrtgäste stets mit Getränken versorgt sind, steht die **Service*crew*** bereit. Sie arbeiten als Kellner/innen in den Restaurants oder Bars auf den Schiffen.
Das ***»Housekeeping«*** (dt. Zimmerreinigung) übernehmen in den meisten Fällen die so genannten »**Hausmädchen**«.

Des Weiteren befindet sich auf vielen Schiffen eine **Reiseleitung**, die die Passagiere auf Landausflüge führt. Ausschließlich auf den Hochseeschiffen halten sich ein **Bordarzt sowie ein Bordfotograf** auf.

An- und Abreise

Die Reedereien organisieren ihren Gästen in der Regel bestimmte Bus-, Bahn- oder auch Flug-Arrangements, die als Zusatzleistung zum Reispreis hinzu gebucht werden müssen. Außerdem bieten sie für sämtliche Anreisemöglichkeiten kostenpflichtige und ausschließlich im Voraus buchbare, lokale *Transfershuttle*, die die Gäste vom Bahnhof, Flughafen oder Parkplatz zum Schiff chauffieren.

- Der Reisende kann bei **Buchung der Flüge** über den jeweiligen Kreuzfahrtanbieter zwischen verschiedenen deutschen Abflughäfen und oftmals sogar zwischen mehreren Fluggesellschaften wählen. Er hat aber auch die Möglichkeit die Flüge unabhängig vom Anbieter, ganz individuell zu buchen.
- Für bestimmte Kreuzfahrtgebiete (z. B. auf Rhein oder Donau, Nordland und Mittelmeer) organisieren die Reedereien ihren Gästen die An- und Abreise in bequemen **Fernreisebussen**. Der Zu- und Ausstieg ist in verschiedenen deutschen Städten möglich. Auf längeren Strecken wird in manchen Fällen eine Zwischenübernachtung dazugestellt.
- Sofern die Einstiegshäfen einer Kreuzfahrt in Deutschland liegen, bieten die Reedereien in Zusammenarbeit mit der ***Deutschen Bahn AG* (DB)** eine stressfreie und komfortable An- und Abreise. Mit einer **RIT-Fahrkarte** (▸ Glossar, engl. *Rail Inclusive Tours*) reisen die Gäste zu günstigen Konditionen in allen fahrplanmäßigen Regelzügen der *DB AG*.
- Möchte der Gast mit dem **eigenen Pkw** anreisen, bieten Reedereien **kostenpflichtige, bewachte Parkplätze** direkt an den Häfen zur Reservierung an.

MERKE

An- und Abreise

Alle An- und Abreisemöglichkeiten gelten für gewöhnlich als Zusatzleistungen und müssen zusätzlich bezahlt werden.
Wenn das An- und Abreise Paket des Veranstalters gebucht wird, können Sie und Ihr Kunde immer »auf Nummer sicher gehen«, dass das Schiff wartet. Bei individuell anreisenden Passagieren kann bei eventuellen Flugverspätungen nicht gewährleistet werden, dass ihr Schiff noch im Hafen steht.

Ein- und Ausschiffung, Bordmanifest

Die »**Einschiffung**« verläuft so, dass die Kunden an der Rezeption einchecken und anschließend ihre Kabinen beziehen können. Die Koffer werden den Gästen spätestens vor dem *Check in* von dem Bordpersonal abgenommen und auf die entsprechende Kabine gebracht. In der Kabine liegen bereits einige Dokumente für die Gäste bereit, die über Essenszeiten und Restaurants an Bord, *Wellness*angebote, Sport- und Freizeitmöglichkeiten sowie die Abendunterhaltung informieren. In den meisten Fällen erhalten die Kreuzfahrtgäste täglich aufs Neue entsprechende Informationen in so genannten »**Journalen**« auf die Kabine.

Das **Bordmanifest** ist ein Fragebogen der **persönliche Angaben**, wie die Daten des Reisepasses bzw. des Personalausweises (je nach Einreisebestimmung), die Adresse des Passagiers sowie eine Notfallnummer von Zuhause Gebliebenen erfasst. Alle Angaben müssen von jedem Passagier **vor Beginn der Kreuzfahrt** an die entsprechende Reederei ausgehändigt werden, die diese dann listet und an die zuständigen Behörden in den Zielhäfen weiterleitet. Das Manifest dient zur **schnelleren behördlichen Freigabe** des Schiffes in den Häfen und verkürzt die dort anfallenden Wartezeiten.

Die »**Ausschiffung**« muss bis zu einer bestimmten Uhrzeit, in der Regel in der Vormittagszeit, erfolgen. Haben die Gäste der Hochseekreuzfahrt einen späten Rückflug gebucht, können Sie die öffentlichen Bordeinrichtungen so lange nutzen, bis sie von einem *Shuttle*-Fahrzeug abgeholt werden. Diese Option ist allerdings nur dann möglich, wenn der Kunde **den Flug pauschal über den Kreuzfahrtanbieter gebucht** hat. Andernfalls muss der Reisende als »Gast« eine Tagesgebühr zahlen, um nach dem *Check out* noch auf dem Schiff verweilen zu dürfen.

Zielgruppen (Reisetypen)

Das **Angebot an Kreuzfahrten** ist so vielfältig, dass es sie für fast alle Reisetypen (▸ LF 3, Kapitel 2.6) gibt.

Unterschiedliche Zielgruppen werden durch unterschiedlichen **Fahrtgebiete, Kreuzfahrtarten und Schiffe** angesprochen. Die Kreuzfahrtanbieter sind sehr kreativ und immer dabei, neue Reisen zusammen zu stellen, um die Attraktivität ihres Angebotes zu variieren und damit zu sichern. Das beweist auch die DRV-Kreuzfahrtstudie 2010, bei der das Durchschnittsalter für den Hochseekreuzfahrer nun bereits bei **48,4 Jahren** lag.

Für die **Beratung Ihres Kunden** beachten Sie bitte, dass verschiedene Reisetypen ihren Bedürfnissen entsprechend eine **bestimmte Kreuzfahrt** bevorzugen.

Zielgruppe	Bedürfnisse	Bevorzugte Kreuzfahrtart (Hochseeschiffe)
Kulturinteressierte	Außergewöhnliche Destinationen, Kulturangebote, Naturerlebnisse	Klassisch-legere Kreuzfahrt, Expeditionskreuzfahrt, Flusskreuzfahrt, Fährkreuzfahrt **Beispiele:** MS *Bremen, Hanseatic, Hurtigruten*
Sport- und Aktivbegeisterte	Animation, Sport-Aktivitäten, *Wellness*	Clubkreuzfahrt, US-Spaßkreuzfahrt, klassisch- legere Kreuzfahrt **Beispiele:** AIDA, TUI *Cruises, Costa,* MSC, NCL, RCL
Familien mit Kindern	Lockere Atmosphäre, Kinderbetreuung, Erholung für die Eltern, *Fun* und *Entertainment*	Klassisch-legere Kreuzfahrt, US-Spaßkreuzfahrt, Clubkreuzfahrt **Beispiele:** AIDA, *Costa,* MSC, *Carnival,* RCL, NCL
Best Ager	Kulturangebote, Naturerlebnisse, Sport-Aktivitäten, außergewöhnliche Destinationen, kein Kinderlärm	Flusskreuzfahrt, Klassisch-legere Kreuzfahrt, Expeditionskreuzfahrt **Beispiele:** A-ROSA, MSC, *Hurtigruten*
Paare und DINKS	Ruhiges, elegantes Ambiente, dezente Unterhaltung, *Wellness*, gute Küche	Clubkreuzfahrt, klassisch-elegante Kreuzfahrt, Flusskreuzfahrt in fernen Ländern **Beispiele:** *Celebrity,* TUI *Cruises, Queen Elisabeth*
Alleinreisende und *Singles*	Gesellschaftliche Verknüpfungen, Sicherheit in der Gruppe, Kulturangebote, Naturerlebnisse	Klassisch-legere Kreuzfahrt, Clubkreuzfahrt, Expeditionskreuzfahrt **Beispiele:** *Costa,* TUI *Cruises, Hurtigruten*
Reisende mit größerem Geldbeutel	Edles Ambiente, großzügiges Raumangebot, exzellente Küche und Service, kein Kinderlärm	Klassisch-elegante Kreuzfahrt **Beispiele:** MS *Deutschland,* MS *Europa*

Tab. Reisetypen und bevorzugte Kreuzfahrtschiffe

Haben Sie Kunden, die sich einerseits sehr für eine Kreuzfahrt interessieren, andererseits aber nicht ganz schlüssig sind, ob es die geeignete Form des Urlaubs für sie ist, schlagen Sie ihnen eine **Mini- bzw. Schnupperkreuzfahrt** vor. Diese sind in der Reisedauer **auf zwei bis fünf Tage** festgesetzt und dienen in erster Linie genau dem Zweck des »Beschnupperns« und des Kennenlernens der Reiseform auf dem Wasser. Sie werden von nahezu allen Reedereien in sehr vielen Fahrtgebieten angeboten.

5.2 Hochseekreuzfahrten

Hochseekreuzfahrtschiffe legen die großen Strecken bis zum nächsten Stopp in der Regel über Nacht zurück, so dass die Gäste tagsüber durch Landausflüge »Land und Leute kennen lernen« können. Wenn der Abstand zwischen den zwei Häfen zu groß ist, läuft das Schiff an einem Tag überhaupt keinen Hafen an und bleibt auf hoher See. Diese Tage werden als »**Seetage**« bezeichnet.

Mehr als 1,4 Millionen Deutsche verbrachten 2011 ihren Urlaub auf einem Hochseeschiff. Das entspricht in diesem Kreuzfahrtsegment einem **Plus von 13,8 Prozent** im Vergleich zu 2010 (Ergebnis der DRV-Studie 03/2012). Der Markt ist demzufolge »in Bewegung«. Dabei begann der steile Aufstieg der Branche in Deutschland erst 1996 mit *Aida Cruises*, damals noch unter dem Namen *Deutsche Seereederei*. Mit dem roten Mund auf dem Bug »küsste« sie quasi als erstes Clubschiff die Kreuzfahrtwelt »wach«.

Seitdem ist das jahrelang anhaftende »Langeweile-Image« begraben und das Bild der Seereise gründlich abgeändert. Kreuzfahrten sind nun nicht mehr nur »teuer« und »spießig« oder nur etwas für »alte Leute«, – Anbieter locken mit neuen, modernen Schiffen, **ausgefallenen Routen**, vielfältigen Unterhaltungsprogrammen und zahlreichen Bordeinrichtungen eine wachsende Urlaubsschar zu verhältnismäßig günstigen Preisen auf das Wasser. Des Öfteren setzten Reedereien spezielle Routen unter ein **bestimmtes Motto** (z. B. Musik, Literatur, Essen, Trinken, Golf), um eine spezifische Zielgruppe anzusprechen und ihr Angebot von anderen Reedereien abzuheben.

Damit Sie »Ihrem Kunden« ein **passendes Angebot für eine Hochseekreuzfahrt** unterbreiten können, sollten Sie diese weiteren Hintergrundinformationen und Verkaufsargumente beachten und in Ihre Beratung einfließen lassen:

5.2.1 Fahrtgebiete und Kreuzfahrtanbieter

Grundsätzlich werden die **Routen von den Anbietern zusammengestellt** und unterscheiden sich daher durch die Aufeinanderfolge der angesteuerten Häfen sowie durch die »Basishäfen« (Ein- und Ausstiegshäfen) in dem jeweiligen Fahrtgebiet.

Die **Wahl der Fahrtgebiete** ist, zum einen durch die Erreichbarkeit, und zum anderen hinsichtlich klimatischer Gegebenheiten von den Jahreszeiten abhängig, geprägt. Die Karibik ist für einen einwöchigen Urlaub zu weit entfernt, der Winter ist für eine Nordeuropa-Hochseereise zu kalt und die *Liner* befahren das Gebiet nur im Sommer. Die Reedereien berücksichtigen daher die beste Jahreszeit und vermeiden saisonbedingte Schlechtwetterzonen.

Fahrtgebiet	Häfen	Reisezeit
Nordland	Kiel, Hamburg, *Bergen, Trondheim, Hammerfest*, Nordkap, *Kirkenes, Reykjavik*	Mai bis September
Ostsee	Kiel, Travemünde, *Kopenhagen, Oslo, Stockholm, Helsinki, St. Petersburg, Tallinn, Riga, Danzig, Stettin*	Mai bis September
Westeuropa	Hamburg, *Amsterdam, London, Le Havre, Bilbao, Lissabon, Cadiz*	März/April und September/Oktober
Westliches Mittelmeer	*Funchal, Las Palmas, Santa Cruz, Agadir, Casablanca, Malaga, Barcelona, Palma de Mallorca, Genua, Rom*	September bis April
Östliches Mittelmeer/Ägäis	*Dubrovnik, Valetta, Tunis, Alexandria, Piraeus, Istanbul, Izmir, Antalya, Limassol, Santorin, Rhodos, Haifa*	April bis November
Transatlantik	Hamburg, *Amsterdam, Le Havre, Funchal, Bridgetown, St. John's, La Romana, Fort Lauderdale, New York*	März und Oktober
Karibik	*Fort Lauderdale, Miami, Santo Domingo, San Juan, St. John's, Bridgetown, Montego Bay, Cozumel*	November bis März
Indischer Ozean und Rotes Meer	*Dubai, Muscat, Goa, Male, Mombasa, Port Louis, Suez, Hurghada, Sharm el Sheik, Eilat*	November bis März
Asien	*Bangkok, Phuket, Singapur, Manila, Hong Kong, Shanghai, Tokio*	September bis April
Südsee und Australien	*Darwin, Brisbane, Sydney, Melbourne, Auckland, Christchurch, Honolulu*	September bis März

Tab. Beliebte Hochseekreuzfahrtrouten

Es gibt weitere Fahrtgebiete, die den Kreuzfahrtkunden zur Auswahl stehen. Doch die oben genannten sind die meist befahrenen Gebiete der auf dem deutschen Markt vertretenen Hochseekreuzfahrtanbieter.

Kreuzfahrtanbieter

Der **Hochseekreuzfahrtmarkt ist international** und besonders belebt. So haben sich auch US-Reedereien schon längst im deutschen Kreuzfahrtmarkt etabliert, darunter die zwei größten Kreuzfahrtunternehmen: *Carnival Corporation & plc.* und *Royal Carribean Cruise Lines*.

Die folgende Tabelle listet vier, für den deutschen Markt wichtigen Kreuzfahrtkonzerne und deren Tochtergesellschaften auf:

<table>
<tr><th colspan="12">Carnival Corporation & plc.</th></tr>
<tr><td colspan="12">Britisch-amerikanischer Konzern, größtes Kreuzfahrtunternehmen der Welt, hat 12 Tochtergesellschaften</td></tr>
<tr><td colspan="3">Carnival Cruise Lines (CCL)</td><td colspan="3">Cunard Line</td><td colspan="3">Costa Crociere S.p.A. (COSTA)</td><td colspan="3">AIDA Cruises (AIDA)</td></tr>
<tr><td colspan="3">► Größte Reederei des Konzerns und größter Kreuzfahrtveranstalter der Welt
► Schiffe werden als Fun-Ships (dt. »Spaßschiffe«) bezeichnet</td><td colspan="3">► Britische Reederei
► Trans-atlantik-Liner</td><td colspan="3">► Italienischer Schiffskonzern
► Zum Unternehmen gehören die Marken »COSTA-Kreuzfahrten« und »AIDA Cruises«</td><td colspan="3">► Tochterunternehmen von COSTA
► Sitz in Rostock</td></tr>
<tr><th colspan="12">Royal Carribean Cruise Lines (RRCL)</th></tr>
<tr><td colspan="12">US-amerikanisch-norwegisches Unternehmen, zweitgrößtes Kreuzfahrtunternehmen der Welt, hat fünf Tochtergesellschaften</td></tr>
<tr><td colspan="4">Celebrity Cruises</td><td colspan="4">Royal Caribbean International</td><td colspan="4">TUI Cruises</td></tr>
<tr><td colspan="4">Von der griechischen Reederei Chandris gegründet, anschließend Zusammenschluss mit Royal Caribbean International.</td><td colspan="4">Alle Schiffsnamen enden auf »of the Seas«, führen die beiden größten Schiffe der Welt.</td><td colspan="4">RCCL hält 50 Prozent der Anteile von TUI Cruises</td></tr>
<tr><th colspan="12">MSC Crociere S. A.</th></tr>
<tr><td colspan="12">Kreuzfahrtgesellschaft der Mediterranean Shipping Company (MSC) mit Sitz in Genf, als »MSC-Kreuzfahrten« (Tochtergesellschaft) auf dem deutschen Markt, fungiert als Veranstalter.</td></tr>
<tr><th colspan="12">Reederei Peter Deilmann GmbH</th></tr>
<tr><td colspan="12">Die deutsche Reederei mit ehemaligem Sitz in Neustadt in Holstein, hat seit 2009 nach der Insolvenz der Flussfahrten-Abteilung nur noch ein Schiff im Dienst, das Fünf-Sterne-Superior Schiff MS Deutschland (auch bekannt als »Das Traumschiff« aus der gleichnamigen ZDF-Fernsehserie). Die MS Deutschland ist das einzige Kreuzfahrtschiff unter deutscher Flagge.
Aus finanziellen Gründen übernahm im Oktober 2011 die Münchner Aurelius-Holding AG die Reederei Peter Deilmann.</td></tr>
</table>

Tab. Wichtige Kreuzfahrtkonzerne und ihre Schiffe

5.2.2 Schiffe und Ausstattung

Auf den unteren Decks eines Hochseekreuzfahrtschiffes befinden sich neben den Maschinen, Lager- und Vorratsräumen ebenso die Kabinen der *Crew*. Mit der auf dem Deckplan erwähnten Beschreibung (z. B. »Deck 1«) bauen sich die Passagierkabinen aufwärts wie ein Hochhaus auf. »Öffentliche Einrichtungen« wie Restaurants, Cafés, Bars, Theater, Kasino, *Wellness*bereich usw. sind auf den oberen Decks des Schiffes zu finden. Das oberste Deck ist das Sonnendeck, auf dem die *Pool*landschaft und einige Bars vorhanden sind. Die Decks sind über Treppenhäuser und Fahrstühle miteinander verbunden.

Abb. *Costa Fascinosa*

Wichtige technische Informationen der Hochseeliner sind z. B. Geschwindigkeit und Größe:

- Die **Geschwindigkeit** wird in **Knoten** (**kn**, 1 Knoten = 1 Seemeile = 1,852 Kilometer pro Stunde) gemessen. Stabilisatoren werden bei unruhiger See ausgefahren, um Rollbewegungen und das Schlingern des Schiffes zu reduzieren und Seekrankheit zu vermeiden. Das Bugstrahlruder ist zuständig für die Seitwärtsbewegung des Schiffes.
- Die **Größe** von Schiffen wird in **Bruttoraumzahl (BRZ)** angegeben. In der Regel liegen die meisten Kreuzfahrtschiffe in der Größenordnung zwischen 10.000 und 100.000 BRZ, haben eine Länge von 150 bis 290 Metern und eine Breite um die 30 Meter. Bis zu 2.000 Passagiere finden auf den großen Schiffen Platz. Bei den so genannten ***Mega Linern*** beginnt die BRZ ab 110.000, die Länge ab 290 Meter und die Breite liegt bei 40 Metern. Die Passagierzahl liegt weit über 2.000 Personen. Es »reist« quasi »eine Kleinstadt« auf diesen Schiffen.

Grundsätzlich steht fest: je größer das Kreuzfahrtschiff, desto umfangreicher sind die Bordeinrichtung, die Anzahl der Kabinen usw.

Die weltweit größten Kreuzfahrtschiffe

BEISPIEL

Das derzeit größte Schiff *Allure oft the Seas* umfasst 225.282 BRZ, ist 360 Meter lang und bietet Platz für bis zu 6.300 Passagiere sowie 2.100 Besatzungsmitglieder. Ihr Schwesternschiff ist die *Oasis of the Seas,* die ihr in vielen Faktoren gleicht. Trotzdem wird die *Allure of the Seas* aufgrund geringer Bautoleranzen als leicht größer angesehen. Beide Schiffe gehören der Reederei *Royal Caribbean International* an.
Ein weiteres großes Schiff, das auf den Weltmeeren kreuzt, ist die *Queen Mary 2* mit 345 Meter Länge und einer Vermessung von 148.528 BRZ. Die zugelassene Höchstpassagierzahl liegt bei 3.090 Passagieren mit 1.253 Besatzungsmitgliedern.

Kabinen

Generell werden die Kabinen in **drei Hauptkategorien** eingeteilt und somit preislich unterschieden:

- **Innenkabine** (ohne Fenster bzw. Bullauge)
- **Außenkabine** (Bullauge mit Blick auf das Meer)
- **Balkonkabine** (begehbarer Balkon)

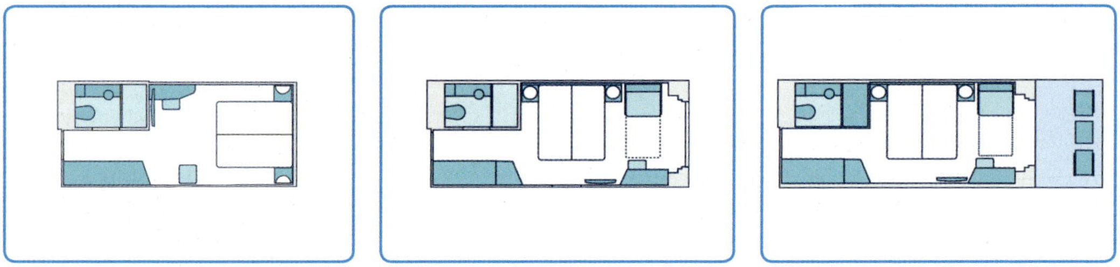

Abb. Grundriss Innen-, Außen- und Balkonkabine von *TUI Cruises*

Die **Hauptkategorie einer Kabine entscheidet über ihren Preis**: Die Innenkabine ist die günstigste Variante der Unterbringung auf dem Schiff, es folgt die Außen- und dann die Balkonkabine. Preislich günstiger als »normale« Außen- und Balkonkabinen: Kabinen, vor deren Fenster Rettungsboote hängen und die Sicht nach außen einschränken oder sogar ganz verdecken. Beachten Sie während der Beratung unbedingt die **Lage der Kabinen**. Die in den unteren Decks liegenden Kabinen sind teilweise von dem **Lärm des Schiffsmotors** betroffen und daher auch günstiger im Preis. Außerdem von Lärmbelästigung beeinflusst sind Kabinen in Nähe von Treppenaufgängen und Liften sowie in Nähe der Rezeption, des Kasinos, der Restaurants usw. **Mittschiffs gelegene Kabinen** sind in der Regel teurer, da hier die Seebewegung am wenigsten zu spüren ist.

Ebenso spielen **Größe und Ausstattungen** der Kabinen eine entscheidende Rolle für den Geldbeutel: Umso komfortabler die Ausstattung und größer die Kabine, desto höher liegt der Preis. (Einige Reedereien bieten *Spa*-Kabinen, *Juniorsuiten, Suiten* usw. an.) Normalerweise ist eine Kabine entweder mit zwei Einzelbetten, die zusammen oder auseinander platziert werden können oder einem französischen Bett oder zwei Sofabetten ausgestattet. Die Sofabetten werden am Abend von den Hausmädchen zu Betten umgewandelt. Jede Kabine ist mit einem privaten Bad mit Dusche oder Badewanne und WC ausgestattet. Außerdem gibt es Stauraum für Kleidung, einen Fernseher (auf den neuen Schiffen einen *Flatscreen*) und ab und zu eine Kaffeemaschine.

Für **Familien mit Kindern** stehen auf den meisten Kreuzfahrtschiffen wenige Mehrbett- bzw. Familienkabinen mit Oberbetten (in die Wand eingelassene Betten) zur Verfügung. Einzelkabinen sind selten verfügbar, deswegen wohnen **Alleinreisende** gegen einen Einzelzuschlag in einer Doppelkabine zur Alleinbenutzung.

MERKE

Buchung einer Kreuzfahrtkabine

Die Besonderheit bei Buchung einer Kreuzfahrtkabine (im Unterschied zur Buchung eines Zimmers in einem Hotel) ist, dass die Kunden die Möglichkeit haben, eine ganz bestimmte Kabine unter Angabe der Kabinennummer zu reservieren. Die Zimmernummer im Hotel wird erst beim *Check-in* mitgeteilt.

Aber: nicht bei jedem Preistarif können Ihre Kunden eine Kabinennummer wählen. Einige Anbieter präsentieren neben den im Katalog ausgeschriebenen Preisen **zusätzliche Preistarife, bei denen spezielle Bedingungen gelten**. Oftmals ist bei diesen Tarifen keine Reservierung der Kabinennummer möglich, es besteht lediglich die Wahl zwischen Innen-, Außen- oder Balkonkabine.

© AIDA Cruises

BEISPIEL

AIDA-Preistarife

Der Tarif »AIDA Vario« ist einer der drei Preisstaffeln der Reederei AIDA. Neben dem »Premium-Preis«, der im Katalog ausgeschrieben wird und die Auswahl der Kabinennummer enthält, kann bei dem Tarif »AIDA Vario« nur der verbindliche Wunsch für Innen-, Außen- oder Balkonkabine geäußert werden. Vorteil dieses Tarifes ist für Ihren Kunden der günstigere Preis gegenüber dem »Premium-Tarif«.

Bordeinrichtungen und Entertainment

Tagsüber gibt es an Bord der meisten Schiffe ein vielfältiges Unterhaltungsprogramm mit zahlreichen Aktivitäten und Freizeiteinrichtungen, die von Reederei zu Reederei variieren. Zu den **Bordeinrichtungen** gehören neben verschiedenen Restaurants, Bars und Cafés in der Regel Schwimmbecken und

Whirlpools auf dem Sonnendeck, Kinderspiellandschaften, eine Bibliothek, ein *Internet-Corner*, ein Friseur- und *Beauty*salon sowie ein großzügiger *Wellness*- und *Spa*-Bereich mit *Fitnesscenter* und Saunalandschaft und einem umfangreichen Angebot an *Beauty*behandlungen, Massagen und Entspannung.

Zum **Einkaufen** laden die vielen kleinen Geschäfte, Boutiquen und Juweliere sowie die *Duty-Free*-Läden ein. Ein Animationsteam spielt Kartenspiele, führt Turniere und Schönheitswettbewerbe aus, bietet Tanzkurse an und bietet somit reichlich Unterhaltung für jeden Passagier, der mitmachen möchte. Kinder und Jugendliche (ca. zwischen drei und 17 Jahren) treffen sich in Clubs, um dort von einer Betreuung spielerisch und unterhaltsam beaufsichtigt zu werden.

Besonders ausgeprägt sind die Freizeiteinrichtungen auf den **Clubschiffen** und den **amerikanischen *Fun*-Kreuzfahrtschiffen**. Eine Menge Vergnügen für Groß und Klein bringen der Aquapark mit Wasserrutschen, Bowlingbahnen, Golfsimulatoren, die Kletterwand, das *Shuffleboard,* Minigolf, Tennis und *Squash,* Joggingpfade (außen gelegen), Basketball und vieles mehr. Verschiedene Kinos, Spielkasinos sowie die neuen Unterhaltungsmedien wie etwa Spielkonsolen sorgen dafür, dass keine Langeweile aufkommt.

Am Abend erwartet die Passagiere unter dem Begriff »Bord-*Entertainment*« umfangreiche Theater- und Konzertvorführungen. Auf den Club- und *Fun*-Schiffen sowie auf einem klassisch-legeren Kreuzfahrtschiff gibt es ein großes *Entertainment*programm mit Musicals, Kabarettshows sowie *Pooldeck*-Partys und Diskotheken.

Bordgarderobe

Tagsüber an Bord und auf Landausflügen wird auf Clubschiffen legere und bequeme Kleidung getragen. Auch am Abend ist die **Kleiderwahl frei,** solange keine kurzen Shorts oder Bademoden getragen werden.

Auf klassischen und luxuriösen Schiffen sollte für die Abende mindestens ein Sakko und für **Galaveranstaltungen** festlich formale Kleidung, wie Anzug oder Smoking und Abendkleid im Koffer bereit liegen. Tagsüber ist auch hier sportliche Kleidung gern gesehen.

5.2.3 Im Reisepreis inkludierte Leistungen und Nebenkosten

Welche Leistungen im Reisepreis enthalten sind, handhaben Kreuzfahrtanbieter unterschiedlich: Teilweise beinhaltet der **Gesamtreisepreis** die An- und Abreise als »Paket«, in manchen Fällen ist nur der Kabinenpreis ausgeschrieben. Im letzten Fall bleibt es dem Kunden selbst überlassen, ob er das kostenpflichtige »Paket« des Veranstalters hinzubucht oder die An- und Abreise individuell organisiert.

Für den **persönlichen Luxus** fallen entsprechende Nebenkosten an, die Sie unbedingt vor Reisebeginn ansprechen sollten, damit Sie Ihren Kunden nicht verärgern.

Verpflegung

Das Essen auf einer Kreuzfahrt ist das »A und O«. Es gehört zu einer der wichtigsten Faktoren, die eine Reise auf dem Wasser **positiv in Erinnerung bleiben lässt**. Hervorragende und ansprechende Mahlzeiten sind daher ein besonderes kulinarisches Ereignis.

Standard ist Vollpension, das beinhaltet die drei üblichen Hauptmahlzeiten und zusätzlich Langschläferfrühstück, Nachmittagskaffee und Mitternachtsbüffet. Das ganze gibt es oftmals in mehreren Restaurants zur Auswahl. Dass die Speisen in den Büffetrestaurants für gewöhnlich im Reisepreis enthalten sind zeigt der **Ansturm der Passagiere**. Aus diesem Grund werden auf einigen Schiffen die Essenszeiten in zwei Sitzungen eingeteilt. Während einige Reedereien eine feste Tischordnung begrüßen, lassen andere ihre Gäste lieber selber entscheiden, wo sie und vor allem mit wem sie an einem Tisch sitzen möchten.

Abb. Buffet auf einem Kreuzfahrtschiff

Die Reedereien werden bezüglich ihrer Restaurants zunehmend kreativer: Neben den Büffetrestaurants und den *À-la-carte*-Restaurants bieten sie immer häufiger **Themenrestaurants** wie z. B. *Sushi*bars, Steak- und Brauhäuser. Viele Reedereien legen zudem großen Wert auf das **Kapitänsdinner**, bei dem der Kapitän seine Passagiere höchstpersönlich begrüßt.

All inclusive-Regelungen

BEISPIEL

Die Reedereien bieten z. B. im Kabinenpreis eingeschlossene Speisen und Getränke, doch das gilt längst nicht für alle kulinarischen Genüsse: Insbesondere *Softdrinks* und alkoholische Getränke müssen auf vielen Kreuzfahrtschiffen extra bezahlt werden. In manchen Fällen werden sie zu den Mahlzeiten auch gratis angeboten.

Einige Reedereien bieten ihren Gästen »zu-buchbare Getränkepakete« an, um die Zusatzkosten kalkulierbar zu machen. Doch auch hier variiert das Angebot – einige Anbieter haben ausschließlich alkoholfreie Getränke im Programm, andere bieten spezielle »Kinderpakete« und wieder andere wenden sich an »Weintrinker«.

TUI »Alles Inklusive«

TUI *Cruises* hat für seine Gäste ein neues Konzept entworfen: das »Premium Alles Inklusive«. Es beinhaltet ein umfangreiches Getränkesortiment auch außerhalb der Essenszeiten, das Speisen in allen Restaurants (außer in Spezialitätenrestaurants gegen Aufpreis), die Nutzung des *Spa*- und Sportbereichs mit Saunalandschaft und vieles mehr.

Zubuchungen und Serviceentgelte

Exklusive Getränke-, *Wellness*- und Ausflugspakete können entweder vor Antritt der Reise oder an Bord des Schiffes hinzu gebucht werden. Bei manchen Anbietern, die kein Service-Entgelt bzw. Trinkgeld in den Reisepreis inkludieren, wird dem Gast am Ende der Kreuzfahrt die Summe des täglich anfallenden Betrags vom Bordkonto abgebucht.

Eine einheitliche »All inclusive-Regel« gibt es in dieser Branche nicht. Dies verdeutlicht auch die Tabelle »Im Reisepreis inkludierte Verpflegungsleistungen« am ▸ Ende dieses Kapitels.

Ansonsten **sind meist folgende Leistungen im Kabinenpreis enthalten**: volle Verpflegung, Unterbringung in der gewünschten Kabine, Nutzung der zahlreichen Sport- und Gesundheitsangebote, *Entertainment* und bei Bedarf Kinder- und Jugendbetreuung.

Leistungen, die **in der Regel zusätzlich gezahlt werden müssen**, sind neben den Speisen in den *À la carte*- sowie Themenrestaurants, die Getränke an einer der vielen Bars oder in Cafés und der Besuch des *Wellness*bereiches mit entsprechenden Anwendungen. Ebenfalls extra zu zahlen sind für gewöhnlich Landausflüge und gegebenenfalls anfallende Arztkosten.

Landausflüge

Jeden Tag steuern die Kreuzfahrtschiffe ein anderes Reiseland mit neuen reizvollen Küstenlandschaften und faszinierenden Häfen an, die erkundet werden wollen. Bei der großzügigen Auswahl an Landausflügen finden Gäste jeden Alters mit Sicherheit etwas Entsprechendes. Unter deutschsprachiger, qualifizierter Reiseleitung werden beispielsweise **Stadtrundfahrten, Museumsbesuche oder landschaftliche Höhepunkte** angeboten. Aktive Urlauber können bei **Tauchgängen** in Unterwasserwelten eintauchen oder bei **Rad- und Wandertouren** die Landschaften entdecken.

MERKE

Kostenpflichtige Landausflüge
Versäumen Sie nicht, Ihrem Kunden mitzuteilen, dass die Ausflüge erhebliche Nebenkosten verursachen können. Generell sollten Ihre Kunden für Landausflüge Ausgaben in Höhe von 50,00 Euro für Halbtagesausflüge und 100,00 Euro für Ganztagesausflüge inklusive Mittagessen einkalkulieren. Geführte Stadtbesichtigungen liegen preislich zwischen 15,00 und 25,00 Euro. Natürlich richten sich die Kosten nach Fahrtgebiet, Länge oder Art des Ausflugs.

Bei Vorabbuchung der Ausflüge, kann Ihr Kunde bereits sparen, denn manche Reedereien erheben Vergünstigungen auf vorreservierte Ausflüge oder bieten insgesamt günstigere Ausflugspakete an.

In einigen Häfen ist es für den Kreuzfahrtkunden jedoch wesentlich günstiger, auf eigene Faust Sehenswürdigkeiten und Umgebung zu erkunden. Häufig schließen sich mehrere Gäste zu einer individuellen *Sightseeing*-Tour, z.B. mit dem Taxi, zusammen. Empfehlen Sie Ihrem Kunden in dem Fall, Kosten und Dauer mit den Begleitern und dem Taxifahrer im Vorfeld abzuklären. Außerdem müssen die Passagiere unbedingt die Auslaufzeiten des Schiffes beachten.

Fazit: Was also genau enthält nun der Kreuzfahrtpreis? Das Angebot ist verwirrend, denn es ist von Anbieter zu Anbieter unterschiedlich. Der Teufel steckt im Detail und genaues Hinsehen ist gefordert.

5.3 Hochseekreuzfahrten in der Ägäis

Als Beispiel für eine Hochseekreuzfahrt soll hier stellvertretend eine Kreuzfahrt in dem Fahrtgebiet der *Ägäis* vorgestellt werden, denn das Mittelmeer spielt in der Welt der Kreuzfahrten eine wichtige Rolle. – Es zählt zu einem der meist befahrenen Regionen weltweit.

Zum Vergleich: Eine Kreuzfahrt in der Karibik bietet i.d.R. nicht so viele soziokulturell geprägte Landausflüge wie das Mittelmeer, dafür aber endlos lange Sandstrände, die zum Sonnenbaden, Schwimmen und Entspannen einladen.

Einreisebestimmungen

Für die Einreise in die Länder der *Ägäis*, nach Griechenland und in die Türkei, benötigen deutsche Staatsangehörige einen **Personalausweis** oder **Reisepass,** der gültig oder höchstens seit einem Jahr ungültig ist. Allerdings wird von abgelaufenen Dokumenten abgeraten, da deren Gültigkeit in der Vergangenheit bezweifelt und den Passträgern die Einreise mehrfach verweigert wurden. Bei einem Aufenthalt in Griechenland von mehr als drei Monaten ist eine Aufenthaltserlaubnis vorgeschrieben. In der Türkei können sich Reisende **bis zu 90 Tagen pro Halbjahr visumfrei** aufhalten. Weitere Informationen gibt es auf der Internetseite des Auswärtigen Amtes unter ▸ www.auswaertiges-amt.de.

Medizinische Hinweise

Standardimpfungen und **Reiseimpfungen** wie *Hepatitis A* und *B* sowie *Thyphus* und Tollwut sind empfehlenswert. Außerdem ist es in der Türkei ratsam ausschließlich Wasser sicheren Ursprungs zu trinken, z. B. Wasser aus Flaschen und nie Leitungswasser, um Durchfallerkrankungen zu umgehen.

Anreise

Die Anreise erfolgt durch einen Linien- oder Charterflug zu den Zielflughäfen *Antalya* (AYT), *Izmir* (ADB), *Istanbul* (IST), *Athen* (ATH), *Heraklion* (HER) und *Chania* (CHQ) auf Kreta, *Rhodos* (RHO), *Samos* (SMI), *Santorin* (JTR), *Mykonos* (JMK), *Kos* (KGS) oder *Thessaloniki* (SKG). Ganzjährig gute Linienflugverbindungen werden u. a. von *Lufthansa* (LH), *Turkish Airlines* (TK), *Olympic Airways* (OA) und *Aegean Airlines* (A3) angeboten. Direktflüge von Deutschland nach Griechenland oder in die Türkei dauern zwei bis dreieinhalb Stunden.

Fähren verbinden sämtliche bewohnte griechische Inseln miteinander. Einige sind von den Fährverbindungen abhängig, da sie keinen eigenen Flughafen besitzen (z. B. *Symi*). Zentraler Fährhäfen Griechenlands ist *Piraeus* und das schon seit der Antike. Von hier aus starten die verschiedensten Reedereien mindestens einmal täglich zu den *Kykladen*, den *Dodekanes* und den *Sporaden*. Des Weiteren werden auf dem Festland die Hafenstädte *Thessaloniki*, *Velos* und *Kalamata* angelaufen, da sie über einen guten Bahnanschluss an das europäische Schienennetz verfügen. Außerdem sind die Griechischen Inseln durch Fährverbindungen mit dem türkischen Festland verbunden. Von *Bodrum* verkehren Fähren zur Insel *Kos*, von *Kusadasi* zur Insel *Samos*, von *Ayvalik* zur Insel *Lesbos*. Zwischen *Cesme* und der Insel *Chios* verkehren Fähren sowie zwischen *Marmaris* und der Insel *Rhodos*.

5.3.1 Attraktivitätsfaktoren der Ägäis und Zielgruppen

Bei einem Verkaufsgespräch spielen die verschiedenen Attraktivitätsfaktoren der *Ägäis* eine bedeutende Rolle. Analysieren Sie Ihren Kunden vorerst nach Interessen, Motivation und Einstellung, so dass Sie ihn einem der Reisetypen aus ► Kapitel 1.3 zuordnen können. Machen Sie ihm anschließend die Destination mit Hilfe der Attraktivitätsfaktoren »schmackhaft«. Nennen Sie genau die attraktiven Faktoren auf die der Kunde Ihres Erachtens nach Wert legt und geben Sie, wenn möglich, detaillierte Hinweise.

Hier ein Überblick der künstlichen und natürlichen Faktoren:

Natürliche Faktoren		**Reisetypen/Zielgruppen**
Klima	Heiße, niederschlagsfreie Sommer; Sommerwinde machen die Hitze auf den Inseln erträglich; angenehme Temperaturen in Frühjahr und Herbst; die Winter sind niederschlagsreich.	► Badeurlauber ► Sport- und Aktivbegeisterte ► Kulturinteressierte
Naturräumliche Gegebenheiten	Kleine Sandbuchten, längere Kiesstrände, hohe Berge und tiefe Schluchten, zahlreiche Inseln, Eilande und ***Archipele*** (► Glossar).	► Badeurlauber ► Sport- und Aktivbegeisterte ► »Seefahrer«, Kreuzfahrer
Flora und Fauna	Teilweise Kiefernwälder, Buschwerk, Olivenbäume, Weinreben, Orchideen. Verschiedene Vogelarten, Eidechsen, Schlangen, Landschildkröten und Meerestiere.	► Wanderer ► Fahrradfahrer ► Naturliebhaber
Gesundheit	Keine speziellen Impfvorschriften	► Alle Zielgruppen
Wasserqualität	Einige Strände sind mit der *Blauen Flagge* (► LF 3, Kapitel 2.2) ausgezeichnet, da die Wasserqualität sehr gut ist.	► Badeurlauber ► Wassersportbegeisterte
Künstliche Faktoren		**Reisetypen/Zielgruppen**
Erreichbarkeit/ Beförderung	Keine langen Flugzeiten von Deutschland	► Familien mit Kindern ► Flugängstliche
Einreise	Deutsche Staatsangehörige benötigen nur einen Personalausweis zur Einreise.	► Deutsche Staatsangehörige
Verkehrswege	Tägliche Fährverbindungen zwischen dem Festland und den griechischen Inseln.	► Individualreisende Entdecker

Künstliche Faktoren		Reisetypen/Zielgruppen
Hotellerie/ Gastronomie	Zahlreiche Unterkünfte aller Kategorien, angefangen bei preisgünstigen Pensionen über kleine Hotels bis hin zu absoluten Luxusklassen. In Restaurants und Tavernen gibt es ein großes Angebot der landestypischen Speisen.	▸ Alle Zielgruppen ▸ Kulinarisch orientierte Reisende
Freizeit-einrichtungen	Wassersportbasen, Bergwanderungen und Kletterpartien, Bootsausflüge zu den Nachbarinseln, Tavernen, Diskotheken, Einkaufsmöglichkeiten	▸ Sport- und Aktiv-begeisterte ▸ Junge Spaß-, Erlebnis- und Partyurlauber ▸ Familien mit Kindern
Soziokulturelle Faktoren	Archäologische Ausgrabungsstätten, Festungsbauten, antike Tempel und Theater, typisch griechische Architektur, Museen	▸ Kulturinteressierte ▸ *Best Ager* ▸ Individualreisende Entdecker
Sicherheit	Gute Medizinische Versorgung vor Ort	▸ Alle Zielgruppen

Tab. Attraktivitätsfaktoren der *Ägäis*

5.3.2 Routenbeispiel Ägäis

Die nachfolgende Route einer Kreuzfahrt durch die *Ägäis,* beginnt und endet in *Antalya.* Diese Route wird gern für Turnus- oder Schmetterlingskreuzfahrten genutzt.

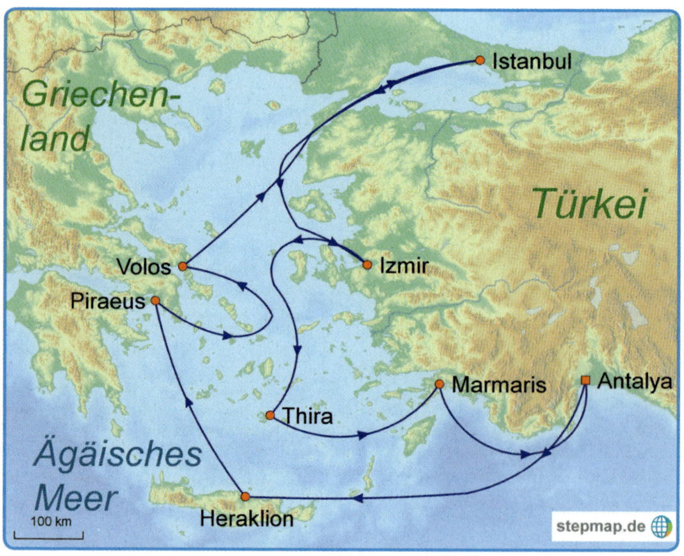

Abb. Kreuzfahrtroute in der *Ägäis*

	Hafen	Land
Tag 1	*Antalya*	Türkei
Tag 2	*Heraklion/Kreta*	Griechenland
Tag 3	*Piraeus/Athen*	Griechenland
Tag 4	*Volos*	Griechenland
Tag 5	*Istanbul*	Türkei
Tag 6	*Izmir*	Türkei
Tag 7	*Thira/Santorin*	Griechenland
Tag 8	*Marmaris*	Türkei
Tag 9	*Antalya*	Türkei

Tag 1 *Antalya*

Die »Perle« der türkischen Küste besticht nicht nur durch türkisfarbenes Meer, sondern auch mit kulturellen und historischen Sehenswürdigkeiten. Zu denen, die mit dem Bus oder zu Fuß erkundet werden können, zählen u. a. das Altstadtviertel *Kaleiçi*. Hier befindet sich das bekannte *Yivli-Minarett*, welches zur *Ulu-Moschee* gehört. Auf dem *Kalekapisi*-Platz steht der 25 Meter hohe Uhrenturm. Die berühmteste Hinterlassenschaft der Römer in *Antalya* ist jedoch das ***Hadrianstor.*** Es ist das Eingangstor zum Hafen der antiken Stadt. Auch das Archäologische Museum ist einen Besuch wert.

Interessante Landausflüge im Rahmen eines Kreuzfahrtstopps werden in ► LF 7, Kapitel 4.2 beschrieben.

Abb. *Hadrianstor*

Tag 2 *Heraklion* (► LF 3, Kapitel 4.4.3)

Kreta ist die größte sowie felsigste Insel Griechenlands und schließt einige umliegende Inseln mit ein, von denen die bewohnte Insel *Gavdos* den südlichsten Punkt Europas markiert. Sehenswürdigkeiten der Insel, Touren und Ausflüge wurden bereits in ► LF 3, Kapitel 4.4.3 beschrieben.

Tag 3 *Piraeus*

Piraeus ist einer der berühmtesten und wichtigsten Häfen im Mittelmeer, der schon zu der altgriechischen Zeit als Handelshafen diente. Er liegt neun km außerhalb der griechischen Hauptstadt ***Athen*** und zählt zu deren wichtigsten Sehenswürdigkeiten. Die Stadt *Athen* gilt als die Geburtsstätte der westlichen Zivilisation und Demokratie. *Athen* bietet viele archäologische Schätze. Eine Panoramafahrt führt vorbei am griechischen Parlament, an der Universität und dem *Panathinaikos*-Stadion, in dem 1896 die ersten Olympischen Spiele der Neuzeit stattfanden. Etwas mehr Zeit beansprucht der Besuch der berühmten ***Akropolis*** (► Glossar) und auch des Archäologischen Nationalmuseums, welche eine Fülle von Funden aus allen Teilen der antiken griechischen Welt beherbergen. Während eines Sparzierganges durch die Altstadtviertel *Plaka* können die riesige Auswahl an Tavernen, Kunsthandwerk- und Souvenirgeschäften und der weltberühmte Flohmarkt erkundet werden.

Weitere Ausflugsziele:
Mit dem Bus können der *Nike-Tempel*, das *Erechtheion* mit Säulen in Form von Mädchenstatuen und das *Odeon* des *Herodes Atticus*, welches zu einem der schönsten Theaterbauten Griechenlands gehört, angefahren werden.
Außerdem von den Reedereien oft angeboten werden u. a. auch eine Motorbootfahrt durch den berühmten *Kanal von Korinth* und die Besichtigung des *Apollon-Tempels* in *Alt-Korinth*.

Tag 4 *Volos*

Volos ist eine griechische Hafenstadt zu Füßen des *Pilion*-Gebirges und etwa 300 Kilometer nördlich von *Athen* gelegen. Ein Spaziergang durch die Innenstadt sowie über die Hafenpromenade ist durchaus zu empfehlen und in den meisten Fällen von den Liegeplätzen der Schiffe aus gut zu erreichen.
Durch das Flachland *Thessaliens* führen Busausflüge hin zu verschiedenen Sehenswürdigkeiten (► LF 3, Kapitel 4.4.3). Ein Beispiel: die schöne Stadt *Kalambaka*, am Fuße der *Meteora*-Felsen. Es können im Rahmen dieser Tour zwei der 24 Felsenklöster, die auf den Gipfeln der bis zu 300 Meter hohen Felsen thronen, besichtigt werden.

Abb. *Meteora*-Klöster

Die Reedereien bieten zudem **Fahrradtouren und Tauchausflüge** sowie Wanderungen durch das *Pilion*-Gebirge an. Badefreudige können an Ausflügen zu den Kieselstränden Nord-Griechenlands, z. B. dem *Boufa Beach* im kleinen Dorf *Korpi* teilnehmen.

Tag 5 *Istanbul*

Istanbul, die Stadt auf den zwei Kontinenten Europa und Asien, wird durch den Bosporus geteilt. Der europäische Teil *Istanbuls* wird durch die Meeresenge *Goldenes Horn* um ein weiteres geteilt. Viele Reedereien bieten einen Bootstrip vom *Goldenen Horn* auf den *Bosporus* an. Zu sehen ist dort der *Leanderturm*, ein historischer Leuchtturm.
Die weiteren Sehenswürdigkeiten *Istanbuls* sind bereits in ► LF 3, Kapitel 4.4.2 und 4.4.3 beschreiben.

Tag 6 *Izmir*

Die **wichtigste Straße *Izmirs*, die *Atatürk Caddesi*** beginnt am Fährhafen, dem ehemaligen Händlerquartier und heutigem Szene-Viertel und führt zum Platz der Republik. Sie ist mit liebevoll restaurierten Altstadthäusern und stets belebten Straßen*cafés* gesäumt.
Eine Stadtrundfahrt führt zu dem *Konak*-Platz, auf dem sich der 24 Meter hohe Uhrenturm und die *Konak-Moschee* befinden.

Beliebte Ausflugsziele der Reedereien sind neben einer Fahrt nach *Ephesos* und *Pergamon* (► LF 3, Kapitel 4.4.3) der Berg *Bülbül* (türkisch: Nachtigallenberg), auf dem sich das Haus der *Jungfrau Maria* befinden soll, in das sie sich in den letzten Jahren ihres Lebens zum Gebet zurückgezogen hat. Reedereien bieten außerdem buchbare Strandbesuche, z. B. in dem Ferienort *Cesme*, und verlockende Tauchausflüge entlang der Küste an.

Tag 7 *Thira*
Thira (auch *Fira* genannt), die Hauptstadt der Inselgruppe *Santorin*, bietet aufgrund ihrer Lage auf dem Kraterrand eines 300 Meter hohen Vulkans, einen atemberauben-den Ausblick auf die Umgebung der Stadt und auf das tiefblaue Meer. Sie zählt mit ihren kleinen weißen Häusern, die sich hoch oben an den Fels »klammern«, zu einer der schönsten Städte der Welt. Zu Fuß, auf dem Maultier oder mit der modernen Seilbahn geht es von dem kleinen Hafen etwa 300 Meter hinauf in die Stadt. Verwinkelte Straßen und malerische Treppengässchen prägen das Stadtbild.  Eine Inselrundfahrt auf *Thira* mit dem Bus und die angesteuerten Sehenswürdigkeiten sind in ► LF 3, Kapitel 4.3.3 beschrieben. Zur weiteren Freizeitgestaltung stellen die Reedereien **Badeausflüge** z. B. an den *Kamari Beach* und Schnorchel- und Tauchausflüge in der Rifflandschaft sowie Fahrradtouren zur Auswahl.
Tag 8 *Marmaris*
Nachtschwärmer kommen in *Marmaris* und dem Vorort *Içmeler* auf ihre Kosten. Buchen die Gäste eine der angebotenen **Bustouren der Reederei**, gelangen sie z. B. zur *Marmaris Kalesi*, einer malerischen Burg mit einem Museum. Nach der Besichtigung geht es weiter in die Altstadt von *Marmaris*, zum berühmten Basar mit über 500 Geschäften. **Sport- und Aktivbegeisterte** finden ein abwechslungsreiches Sportangebot vor (u. a. Tauchgänge, Schnorcheln und auch Wanderungen, Fahrradtouren und *Jeep*-Safaris im Hinterland). **Busse sowie auch Boote** fahren die Kreuzfahrtgäste zu den schönsten Badebuchten der Gegend, wie z. B. zum *Icmeler Beach* oder zum *Iztuzu Beach*, bzw. auch *Turtle-Beach* genannt. Ebenso die nahe gelegene **Kleopatra-Insel** lockt die Gäste an ihren Sandstrand. Weitere **Boots- und Kajakausflüge** führen entlang der ägäischen Küste zur *Gokova Bay* oder durch das *Delta von Daylan*, von wo aus die Felsengräber von *Kaunos* zu erkennen sind. 
Tag 9 *Antalya*
Ankunft in *Antalya*. Ausschiffen und Rückflug nach Deutschland oder Badeverlängerung an der türkischen Riviera (► LF 3, Kapitel 4.3.2).

Tab. Routenvorschlag für eine Kreuzfahrt durch die *Ägäis*

Diese Route stellt eine von vielen Möglichkeiten dar die *Ägäis* im Rahmen einer Kreuzfahrt zu erkunden. Jede Reederei behält sich eine eigene Route vor und unterscheidet sich somit von den anderen Anbietern.

5.4 Flusskreuzfahrten

Neben der »großen Schwester Hochseekreuzfahrt« erfreut sich die Flussreise ebenso großer Beliebtheit. Laut Kreuzfahrtstudie des DRV buchten im Jahr 2011 461.695 Gäste eine Flusskreuzfahrt. Damit stiegen die Passagierzahlen um 6,7 Prozent im Vergleich zu 2010. Die Flussurlauber zahlten für ihre Reise im Durchschnitt 1.075,00 Euro, somit 1,4 Prozent mehr als im Vorjahr. Die beliebtesten Flüsse der Deutschen waren mit deutlichem Abstand die Donau, gefolgt von *Nil* und Rhein sowie seinen Nebenflüssen.

Abb. Kreuzfahrtschiff auf der Donau

Die Flusskreuzfahrt ist eine sehr komfortable Form des Reisens, denn täglich aufs Neue ziehen sehenswerte Städte, reizvolle Landschaften und interessante Kulturschätze am sanft dahin gleitenden Schiff vorbei. Während die Flussschiffe oftmals tagsüber einzelne Teilstrecken der Route in angenehmem Tempo befahren, liegen sie nachts in den Häfen der Städte. Die Liegezeiten in den Häfen sind so geplant, dass die Gäste genügend Zeit haben, die Städte auf organisierten Ausflügen oder auf eigene Faust kennen zu lernen.

Durch den »angestaubten Ruf«, vor allem Senioren zu transportieren, werden die Flussschiffe teilweise als »weniger interessante Produkte« am *Counter* vernachlässigt. Allerdings ist gerade der **Reisetyp** des ***Best Ager*** (▸ LF 3, Kapitel 2.6) bei den Reedereien gern gesehen: die Personen dieses Typs sind aktiv, kulturinteressiert und verfügen im Gegensatz zur »jüngeren Generation« über mehr Zeit und meist auch mehr Geld. Außerdem machen sie einen hohen Anteil der »Wiederholungstäter« aus. Laut der DRV-Kreuzfahrtstudie 2010 liegt das **Durchschnittsalter eines Flussreisenden bei 59,4 Jahren** und um 1,6 Jahre höher als im Vergleich zum Vorjahr 2009.

Nichts desto trotz gestalten die Reedereien ihre Angebote nun auch für neue Kundengruppen attraktiver: Sie locken mit »**trendigen Mottos**«, wie z. B. »Genuss-Reise«, »Golf-Reise«, »Radkreuzfahrt« oder »Träume und Landschaften« eine spezifische Zielgruppe jeden Alters an.

Doch auch der **Fluss und die Route** sind entscheidend für den Altersdurchschnitt der Buchenden: Überwiegend junge Gäste zieht es auf die Flüsse ferner Länder.

Einige Urlauber nutzen die Flusskreuzfahrt aber auch als **Einstieg in die Welt »Urlaub auf dem Wasser«** oder geben als Reisemotiv an, **Bekanntes aus neuer Perspektive** entdecken zu wollen. Nutzen Sie diese und die folgenden Hintergrundinformationen während eines Beratungsgespräches als Entscheidungshilfe für Ihre Kunden.

5.4.1 Fahrtgebiete und Anbieter

Es ist einiges los auf den Flüssen Deutschlands, Europas und der Welt, denn das Angebot der Reedereien und Anbieter sowie die Nachfrage der Flussreisegäste sind groß und vielfältig.

Die **klassische Route der Donau**, die **romantische Fahrt auf Rhein/Main/Mosel**, die reizvollen Flüsse **Elbe und Oder** sowie die **Feinschmecker-Routen Rhône und Saône** reichen den deutschen Gästen nicht aus; sie wollen eine größere Auswahl an Möglichkeiten, die Reiseländer vom Schiff aus zu entdecken.

© Egypt 2011

Abb. Nilkreuzfahrtschiff

Daher bauen die Reedereien jährlich ihre Programme aus – längst bieten sie Schiffe auch auf **ferneren Wasserwegen**. Flussreisen auf *Nil, Jagtse, Wolga, Dnjepr, Mekong, Po* oder sogar auf dem *Amazonas* sind im Programm.

Führende **Anbieter des deutschen Flusskreuzfahrtmarktes** sind die Reedereien A-ROSA *Flussschiff, Nicko Tours, Phoenix Reisen,* TUI *Flusskreuzfahrten* sowie *Viking Flusskreuzfahrten.*

A-ROSA *Flussschiff*	Steht für »das Moderne« sowie für Sport- und *Wellness*angebote auf dem Fluss. Neun eigene Schiffe im gehobenen Vier-Sterne-Segment Fahrtgebiete sind: Donau, Rhein, Mosel, Main, *Rhône* (Auswahl)
Nicko Tours	Expandiert jährlich und breitet so das Angebot aus. 30 gepachtete Schiffe (vom Drei-Sterne-Schiff bis zur Premiumklasse) Fahrtgebiete sind: Donau, Rhein, Elbe, *Rhône/Saône*, Oder, *Douro, Nil, Dnjepr, Wolga, Jangtse* (Auswahl)
Phoenix Reisen	Verfügt weltweit über die größte gepachtete Flussschiff-Flotte, nämlich 47 Schiffe von der Mittel- bis zur Premiumklasse Fahrtgebiete sind: Donau, Elbe, Rhein, *Rhône, Seine, Wolga, Dnjepr, Nil, Amazonas, Jangtse, Ganges* (Auswahl)
TUI *Flusskreuzfahrten*	»Komfort und Großzügigkeit werden großgeschrieben«. Vier eigene Schiffe im Vier-Sterne-Plus-Segment und zwei gecharterte Schiffe im Fünf- und Sechs-Sterne-Segment Fahrtgebiete sind: Donau, Rhein, Main, Mosel
Viking Flusskreuzfahrten	Bietet weltweit Kreuzfahrten im gehoberen Segment an. 14 Schiffe auf dem deutschen Markt Fahrtgebiete sind: Donau, Elbe, Rhein, *Rhône/Saône, Seine, Nil, Wolga, Dnjepr, Jangtse* (Auswahl)

Tab. Beispiele einiger Reedereien und ihre Besonderheiten

Nur wenige Anbieter, wie z. B. die A-ROSA besitzen ihre Schiffe selbst. Oftmals werden die »Flusskreuzer« gechartert. Das bedeutet, dass Großveranstalter wie z. B. DER Tour und TUI die Flussreisen der Reedereien in eigenen, entsprechenden **Flussreisekatalogen** verkaufen. Daher kann es durchaus vorkommen, dass ein- und dasselbe Schiff mit derselben Route in mehreren Katalogen zu unterschiedlichen Reisepreisen auftaucht.

Die größten »Feinde« einer Flusskreuzfahrt sind das **Hoch- bzw. Niedrigwasser**, die dazu führen können, dass Teilstrecken einer Flussreise mit Bus oder Bahn zurückgelegt werden müssen. In Einzelfällen sind sogar Hotelübernachtungen in den jeweiligen Regionen erforderlich. Schlimmstenfalls wird eine Flusskreuzfahrt kurzfristig seitens des Anbieters abgesagt, falls die »höhere Gewalt« schon vor der Reise eintritt. (Mehr dazu in ▸ Fachwissen Tourismus Band 1, LF 4.1 Reiserecht.)

Aber auch Wartungsarbeiten und verkehrsbedingte Wartezeiten an Schleusen und Brücken können zu kurzfristigen Fahrplanänderungen führen.

5.4.2 Schiffe und Ausstattung

Im Gegensatz zu der »großen Schwester Hochsee« sind die Schiffe einer Flussreise individueller und weniger austauschbar. Trotz weniger Aufenthaltsräume und weniger Deckfläche existieren vielfältige Flusskreuzfahrtschiffe in allen Preis- und Qualitätsklassen. Sämtliche Schiffe liegen in der guten Mittelklasse bis hin zur »Premiumklasse«.

Premiumklasse

BEISPIEL

Anspruchsvoll und luxuriös mit Spitzengastronomie ist beispielsweise die MS *Heidelberg* von der Reederei *Nicko Tours*.
Ebenso bietet die Reederei *Viking Kreuzfahrten* mit dem Schiff *Viking Primadonna* im höheren Komfort-Segment.
Die A-ROSA Flotte legt ebenfalls großen Wert auf Komfort, verbindet diesen aber mit einem legeren Ambiente.

Für gewöhnlich sind auf fahrenden Flussschiffen Motorgeräusche und Vibrationen hör- und spürbar. Klassisch bei einem Flusskreuzfahrtschiff: der Schiffsmotor befindet sich im Bug (vorne) und die Antriebsanlage im Heck (hinten). Die neuen so genannten »*TwinCruiser*« (engl. *twin* = Doppel, Zwilling) bestehen aus zwei separaten Schiffskörpern, die durch spezielle Kupplung miteinander verbunden sind. Durch die Trennung wird die Übertragung von Vibrationen und Motorgeräuschen weitestgehend vermieden.

Die durchschnittliche Länge eines Flusskreuzfahrtschiffes beträgt 80 bis 130 Meter, die Breite liegt bei etwa 11 bis 17 Metern.

Die Schiffsgröße muss an die **Schleusen der jeweiligen Fahrtgebiete** angepasst werden. Somit können »Donauschiffe« mit einer Breite von etwa 14,4 Metern niemals den Rhein befahren, auf dem Schiffe mit einer Breite von bis zu 11,4 Metern fahren. Auf etwa drei, maximal vier Decks verteilen sich etwa 50 bis 100 Außenkabinen, die bis zu 250 Passagiere beherbergen können.

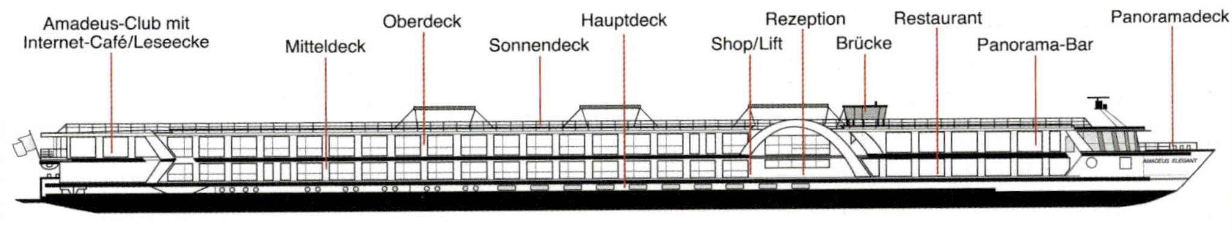

© Lüftner Cruises

Abb. Querschnitt Flussschiff Amad*eus Royal*

Der **Deckplan** gibt einen Überblick des Aufbaus:

- Verfügt das Schiff über drei Decks, befinden sich regulär auf dem untersten Deck, dem **Hauptdeck**, ausschließlich Kabinen, für die Gäste und die *Crew*.
- Das **Mitteldeck** besteht ebenfalls aus Kabinen, auf einigen Schiffen befindet sich hier auch die Rezeption.
- Das **Oberdeck** beinhaltet neben weiteren Passagierkabinen »öffentliche Einrichtungen« wie Restaurants (im Heck), *Wellness*bereich mit Sauna, Shops, ggf. die Rezeption, Cafés und Panoramabar (im Bug).
- Das **Sonnendeck** ist mit (Liege-)Stühlen und vor Sonne geschützten Bereichen, teilweise sogar mit *Whirlpool* und mit einer Bar ausgestattet.

Kabinen

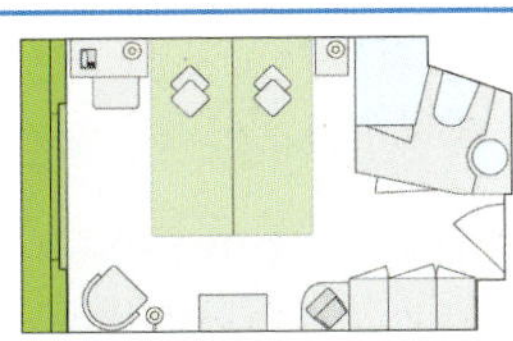

Abb. Grundriss Außenkabine mit Balkon der A-ROSA-Reederei

Die Flussschiffe verfügen im Gegensatz zu den **Hochseeschiffen ausschließlich über Außenkabinen**. Diese werden bezüglich ihrer Sicht nach außen kategorisiert in die Außenkabine mit Bullauge, Panoramafenster oder mit französischem Balkon. Somit kann jeder Gast zu jeder Zeit die »langsam vorbeiziehende Natur« direkt von der Kabine aus bewundern. Die Kabinengrößen schwanken zwischen acht Quadratmetern für eine Standard 2-Bett-Außenkabine, bis hin zu 20 Quadratmetern für eine *Suite*-Kabine. Einzelkabinen sind nicht vorhanden, Alleinreisende erhalten deswegen gegen Aufpreis eine **Doppelkabine zur Einzelbelegung**. Teilweise ist eine 3-er oder 4-er Belegung auf den Schiffen möglich, muss aber häufig zuvor angefragt werden. Je nach Schiff und Kabinengröße variieren die Schlafmöglichkeiten. Zwei nebeneinander stehende Einzelbetten befinden sich in einer »Zweibettkabine«.

In einer »Doppelkabine« ist ein Doppelbett vorzufinden. In manchen Kabinen lässt sich das Bett in ein Sofa verwandeln oder Platz sparend in die Wand klappen. Die heraus klappbaren Oberbetten nennen sich »Pullmann-Betten« und sind häufig in den Kabinen für 3-er oder 4-er Belegungen vorzufinden.

Bordgarderobe

Sowohl an Bord des Schiffes als auch an Land ist der Kleidungsstil in den meisten Fällen leger. Empfehlen Sie Ihrem Kunden bequeme, den klimatischen Bedingungen angepasste, sportliche Kleidung mitzunehmen. Auch bequemes und strapazierfähiges Schuhwerk sowie Regenkleidung für die Landausflüge sollte in den Koffer gepackt werden. Am Abend wird auf den meisten Schiffern gern sportlich-elegante Kleidung gesehen. Für das Kapitänsdinner ist festlich-formale Kleidung ratsam.

Bordsprache

Auf den vom deutschen Markt angebotenen Flusskreuzfahrtschiffen wird für gewöhnlich Deutsch gesprochen. Sämtliche Ankündigungen, Durchsagen und Vorträge gibt es demzufolge in deutscher Sprache, teilweise auch in mehreren Sprachen, je nach dem welches Reiseland befahren wird.

Doch nicht immer beherrscht das gesamte Bordpersonal die deutsche Sprache. An Bord eines Nil- bzw. Nassersee-Kreuzfahrtschiffes z.B. ist die Verständigungssprache Englisch. Dennoch erfolgen die Landausflüge mit deutschsprachigen Reiseleitern.

5.4.3 Im Reisepreis inkludierte Leistungen und Nebenkosten

Folgende Leistungen sind üblicherweise im Kabinenpreis **inkludiert**:

- **Unterbringung in der gebuchten Kabinenkategorie**, Hafengebühren, Informationsmaterial, volle Verpflegung, Bordunterhaltung sowie die freie Nutzung der Bordeinrichtungen. Für die meisten Flusskreuzfahrten besteht bereits bei der Buchung die Möglichkeit eine Kabinennummer mit Hilfe des Deck- und Kabinenplans herauszusuchen und reservieren zu lassen.
- **Service-Entgelt bzw. Trinkgeld für das Bordpersonal:** Hierfür variieren die Möglichkeiten wieder von Anbieter zu Anbieter. Entweder ist es bereits im Kabinenpreis enthalten oder die Gäste können am Tag der Ausschiffung selbst bestimmen, ob sie den empfohlenen Betrag (variiert je nach Reederei von 5,00 bis 10,00 Euro pro Tag) als Ausdruck der Zufriedenheit zahlen möchten.

- Das von vielen Reedereien veranstaltete **Kapitänsdinner** ist ebenfalls im Reisepreis enthalten.

Getränke, *Wellness*anwendungen an Bord sowie die Landausflüge sind für gewöhnlich **exklusiv** und müssen vom Gast zusätzlich gezahlt werden. Allerdings lassen sich diese Leistungen oftmals vor Reiseantritt hinzu buchen.

Verpflegung

An Bord wird großer Wert auf die Zubereitung und das Kredenzen des Essens gelegt, daher werden saisonale Köstlichkeiten mit regionalen Spezialitäten und Weinen abgerundet.

Auf den meisten Schiffen wird **Vollpension** in Form von Frühstück, meist in Buffetform, sowie umfangreichem Mittag- und Abendessen geboten, die mit lokalen Speisen bereichert werden. Viele Anbieter bevorzugen »à la carte« und den Service am Tisch, die Reederei A-ROSA hingegen bietet Mittag- und Abendessen in Buffetform an.

Die **Getränke zu den Hauptmahlzeiten sind normalerweise exklusiv** und müssen zusätzlich gezahlt werden. Selten reichen Reedereien Mineralwasser, Kaffee und Tee kostenlos dazu. Da auf den meisten Flusskreuzfahrtschiffen eine übersichtliche Zahl von Passagieren an Bord ist, werden die Mahlzeiten häufig in nur einer Tischzeit durchgeführt.

Auf vielen Reisen werden zusätzlich Kaffee, Tee und Gebäck am Nachmittag sowie ein Mitternachtssnack gereicht.

Bordunterhaltung und Aktivitäten

An Bord der Flusskreuzfahrtschiffe, insbesondere auf den großen Flussschiffen, können die Gäste die *Wellness*bereiche zu jeder Tageszeit aufsuchen. Auf manchen Schiffen können sie sich gegen Gebühr mit Massagen oder ähnlichen Behandlungen in einem *Beautysalon* verwöhnen lassen, teilweise werden Gymnastikkurse angeboten. Kostenlos in der Benutzung sind Sauna und Fitnessgeräte.

Des Weiteren befinden sich auf den Schiffen in der Regel eine Bücherecke sowie Brett- und Kartenspiele, die während einer Tasse Kaffees oder Tees im Salon kostenlos »getestet« werden können.

Am Abend sorgt die Kreuzfahrtleitung zusammen mit der *Crew* für Stimmung. Ob bei Tanz- oder *Live*-Musik, Folklore- oder musikalischen Darbietungen oder den bekannten Bingorunden – Spaß und Heiterkeit sind garantiert.

Abb. Auf dem Oberdeck

Landausflüge

Auf einer Flusskreuzfahrt können die Kunden die Schönheit und Kultur des jeweiligen Landes auf unterschiedlichen Ausflügen entdecken. Die Reedereien bieten ihren Gästen **einzelne Ausflüge oder ganze Ausflugpakete** an, die vor Reiseantritt oder je nach Verfügbarkeit an Bord gebucht werden können. In den meisten Fällen ist das Paket günstiger als die Summe der Einzelausflüge.

Die Ausflüge finden in der Regel **per Bus und/oder zu Fuß statt**, ob erlebnisreicher Stadtrundgang bzw. Stadtrundfahrt unter Führung einer Deutsch sprechenden landeskundigen Reiseleitung oder der Besuch eines Museums, einer Oper oder eines Kulturdenkmals usw. Die modernen *Audio-Sets*, die dann oft gereicht werden, sind Kopfhörer mit denen die Gäste ohne Nebengeräusche den Ausführungen der Reiseleitung lauschen können. Sie werden von einigen Reedereien kostenlos vergeben und tragen maßgeblich zur Qualität der Landausflüge bei.

Einige Reedereien wie z.B. A-ROSA *Flussreisen* und *Viking Flusskreuzfahrten* haben begleitete Fahrradausflüge in die schönen Landschaften oder zu den kulturellen Höhepunkten der Regionen in ihrem Programm, so z.B. an der *Rhône* in Frankreich. Selbstverständlich werden die Fahrräder von der Reederei gestellt.

Ferner finden Landausflüge im Rahmen einer Panoramafahrt, einer *Jeeptour*, eines Helikopterfluges oder in den fernen Ländern wie *Nil, Jangtse* oder *Amazonas* auch im Rahmen einer Wüstensafari oder sogar einer Dschungeltour statt.

Themenflusskreuzfahrten

Die Veranstalter und Reedereien basteln eifrig an Begleitprogrammen, um die Flussreise aus der »Oldie-Ecke« herauszuholen und neue Zielgruppen zu erschließen, außerdem suchen sie nach Differenzierungen zu den anderen Anbietern. Aus diesem Grund stehen manche Flussreisen unter einem besonderen Motto, wie z. B. Gourmetreisen, Weinreisen, *Wellness*reisen, Golfreisen, Radreisen, Kurzreisen, Advents-, Weihnachts- und Silvesterreisen. Ganz neu sind *Shopping*reisen, bei denen sogar *Outletcenter* auf dem Ausflugsprogramm stehen. Bordunterhaltung und Landprogramme werden auf die Themen entsprechend angepasst.

Wein-Reise auf dem Rhein BEISPIEL

Die Passagiere des Flussschiffes widmen sich ganz dem Thema »Wein«. Sie erhalten zum Essen ausgewählte Weine gereicht und können an Weinverkostungen teilnehmen. Ferner werden Weinexperten an Bord des Schiffes geladen, um den Passagieren z. B. den Anbau der Trauben »näher« zu bringen. An Land besteht die Möglichkeit Weingüter unter Führung der Winzer zu besichtigen.

5.5 Flusskreuzfahrten auf der Donau

Eine Flusskreuzfahrt soll nun am Beispiel der Donau stellvertretend für alle Fahrtgebiete beschrieben werden. Die Wahl der Donau wurde getroffen, da sie das **beliebteste Fahrtgebiet des Flusskreuzfahrtmarktes** bildet und zugleich die »Königin der Flüsse« ist. Dichter aller Jahrhunderte priesen den Reiz dieses Flusses, der Komponist *Johann Strauß* hat ihr mit dem »Donauwalzer« sogar ein eigenes Lied gewidmet.

Doch das wichtigste Flussfahrtgebiet bereitet den Anbietern ebenso Kopfzerbrechen. Auf der einen Seite gehört die Donau zum Pflichtprogramm, auf der anderen Seite wächst die Zahl der Schiffe so stark, dass an manchen Anlegestellen sehr großer Trubel herrscht. Teilweise stehen die Schiffe dicht an dicht in den Häfen und versperren sich gegenseitig die Sicht auf das Wasser und die jeweilige Stadt. Dies hat starke Preiskämpfe zur Folge.

Einreisebestimmungen

Die Einreise in sämtliche Donau-Anrainerstaaten wird deutschen Staatsangehörigen mit einem gültigen **Reisepass,** einem **gültigen oder vorläufigen Personalausweis** erlaubt. Bitte erkundigen Sie sich für genauere Details der einzelnen Länder bei den jeweiligen Auslandsvertretungen in Deutschland oder im Internet unter ▸ www.auswaertiges-amt.de.

Medizinische Hinweise

Pflichtimpfungen sind **nicht vorgeschrieben.** Die Standardimpfungen sowie Reiseimpfungen sind dennoch ratsam. Außerdem ist eine Impfung gegen die möglichen negativen Folgen von Zeckenbissen empfehlenswert.

Anreise

Damit die Urlauber schnell und komfortabel zu ihrem Schiff gelangen, bieten die Reedereien und Veranstalter verschiedene kostenpflichtige Anreisemöglichkeiten:

Die Anreise per Flugzeug erfolgt ab vielen deutschen Flughäfen bis nach Wien (VIE) mit einem Linienflug. Sofern die Anreise am Einschiffungstag und die Abreise am Ausschiffungstag erfolgt, steht ein **kostenpflichtiger *Transfershuttle*** ab/bis Hafen an. Beginnt die Flusskreuzfahrt in Passau, besteht für die Urlauber die Möglichkeit von vielen deutschen Flughäfen bis nach München (MUC) zu fliegen. Von dort aus gelangen sie mit öffentlichen Verkehrsmitteln nach Passau. Die Flugzeit von Frankfurt am Main nach München beträgt in etwa eine Stunde.

In Kooperation mit der *Deutschen Bahn AG* bieten die Reedereien und Veranstalter die Anreisemöglichkeit mit der Bahn **inklusive ICE-, EC-/IC Nutzung** von vielen deutschen Bahnhöfen an. Nicht immer ist der Transfer Bahnhof-Schiff-Bahnhof in Passau und Wien im Preis enthalten. Die Zugfahrt ab Frankfurt am Main nach Passau dauert ca. vier Stunden.

In der Stadt Passau stehen anreisenden Flussgästen bewachte **Pkw-Stellplätze und Garagen kostenpflichtig** zur Verfügung. In Wien besteht diese Möglichkeit nicht. Die Anreise ab Frankfurt am Main nach Passau erfolgt über die Autobahn A3 und dauert etwa fünf Stunden.

> **MERKE**
>
> **Busanreise**
> Die Reedereien bieten Ihren Gästen i. d. R. keinen Bustransfer nach Passau an. Üblich sind Flug-, Zug- und Pkw- Anreise.

5.5.1 Attraktivitätsfaktoren der Donau

Bei einem Verkaufsgespräch spielen die verschiedenen Attraktivitätsfaktoren der Donau eine bedeutende Rolle. Analysieren Sie Ihren Kunden, so dass Sie ihn einem Reisetypen aus ▸ LF 3, Kapitel 2.6 zuordnen können und machen Sie ihm anschließend die Destination »schmackhaft«.

Natürliche Faktoren		**Reisetypen/Zielgruppen**
Klima	Raues und gemäßigtes Kontinentalklima, warme Sommer, kalte Winter	▸ Alle Zielgruppen
Naturräumliche Gegebenheiten	Nationalparks und Naturreservate, Gebirge, Täler und Flachland	▸ Sport- und Aktivbegeisterte ▸ »Seefahrer«, Kreuzfahrer
Flora und Fauna	Laub- und Eichenwälder, Eschen, seltene Wasserpflanzen und Blumenarten, viele Vogelarten, Meerestiere, Biber und Otter	▸ Naturliebhaber ▸ Wanderer
Gesundheit	Keine speziellen Impfvorschriften	▸ Alle Zielgruppen
Wasserqualität	Die Donau ist für manche Staaten eine bedeutende Trinkwasserquelle, da sie in einigen Abschnitt sehr sauber ist. Badestellen gibt es, z. B. in *Wien* (Alte Donau) oder an Natur belassenen Sand- und Kiesstränden (Donau-Auen).	▸ »Badeurlauber«
Künstliche Faktoren		**Reisetypen/Zielgruppen**
Erreichbarkeit/ Beförderung	Gute Verbindungen mit Bus, Bahn und Flugzeug. Keine langen Anfahrzeiten mit dem Auto.	▸ Familien mit Kindern ▸ Flugängstliche ▸ Selbstfahrer
Einreise	Deutsche Staatsangehörige benötigen nur einen Personalausweis zur Einreise.	▸ Deutsche Staatsangehörige
Schiffe	Eine breite Palette an Flusskreuzfahrtanbietern mit 3-Sterne-Schiffen bis hin zum Premium-Schiff	▸ Flussreisende
Freizeiteinrichtungen	Stadtführungen, Theater, Oper, Einkaufsmöglichkeiten, Fahrradtouren, Wanderungen, Besuch der Nationalparks	▸ Aktiv- und Sportbegeisterte ▸ Kulturinteressierte
Soziokulturelle Faktoren	Historische Gebäude, Statuen, Museen, Schlösser	▸ Kulturinteressierte ▸ *Best Ager*
Sicherheit	Gute Medizinische Versorgung vor Ort, keine politischen Unruhen	▸ Alle Zielgruppen

Tab. Attraktivitätsfaktoren der Donau und Zielgruppen

5.5.2 Routenbeispiel

Der Fahrplan des Routenvorschlages einer achttägigen Flusskreuzfahrt auf der Donau könnte wie folgt aussehen:

Abb. Karte einer Flusskreuzfahrt auf der Donau

	Hafen	Aktivitäten und Ausflüge
Tag 1	Passau	Einschiffung
Tag 2	*Melk* *Wien*	Besichtigung *Stift Melk* Klassisches Konzert oder Ausflug zu den »Heurigen«
Tag 3	*Wien*	Stadtrundfahrt
Tag 4	*Budapest*	Stadtrundfahrt, Ausflug in die *Puszta*
Tag 5	*Budapest* *Donauknie*	Ausflug »Donauknie und *Esztergom*« (Wiedereinstieg am Donauknie)
Tag 6	*Bratislava*	Stadtrundfahrt/-gang
Tag 7	*Krems*	Stadtrundgang und Ausflug durch die *Wachau* mit *Stift Göttweig*.
Tag 8	Passau	Ausschiffung

Tag 1 Anreise nach Passau (Deutschland)

Individuelle Anreise in die Drei-Flüsse-Stadt Passau. Einschiffung, anschließender Kabinenbezug und Erkundung des »schwimmenden Hotels«.

Tag 2 *Melk* und *Wien* (Österreich)

Die Schifffahrt führt durch die romantischen Landschaften der *Wachau* Region nach *Melk*. Im Rahmen eines Ausfluges wird das berühmte ***Benediktinerstift Melk*** besucht. Der im frühen 18. Jahrhundert gebaute, imposante Barockbau thront über der Stadt und bildet das **Wahrzeichen der *Wachau***.

Abb. *Benediktinerstift Melk*

Zurück an Bord genießen die Gäste die Aussichten auf die Landschaft der *Wachau*, während sich das Schiff langsam der **Kaiserstadt *Wien*** nähert.
Nach dem Abendessen besteht für die Gäste die Möglichkeit in *Wien* ein klassisches Konzert zu besuchen. Alternativ können sie an einem Busausflug teilnehmen, der in die Weinbauorte und zu den **»Heurigen«** (► LF 3, Kapitel 4.2.1) in den *Wienerwald* führt.

Tag 3 *Wien* (Österreich)

Wien ist die Stadt der Musik und Lebensfreude.
Die Gäste können auf einer Stadtrundfahrt oder während eines Sparziergangs durch die historische Altstadt die bedeutendsten Sehenswürdigkeiten der Stadt kennen lernen (► Kapitel 6.3).
Alternativ zur Stadtrundfahrt kann das ***Schloss Schönbrunn*** mit seiner Parkanlage besichtigt werden.
Über Nacht nimmt das Schiff Kurs auf die Stadt *Budapest*.

Abb. *Schloss Schönbrunn*

Tag 4 *Budapest* und *Puszta* (Ungarn)

Der Metropole *Budapest* ist die Pracht und Herrlichkeit der alten Zeiten erhalten geblieben. Herrschaftlich liegt die Stadt beidseitig des Flusses: Auf der westlichen Seite das **hügelige *Buda***, östlich der Donau schließt das **flache *Pest*** an.
Nach der Einfahrt in den Hafen, bekommen die Gäste bei einer Stadtrundfahrt einen umfassenden Eindruck von der Metropole. Die Busfahrt beginnt am ***Heldenplatz*** im östlichen Stadtteil *Pest*. Auf dem im Jahre 1896 gestaltenden Platz befinden sich die Engelssäule und die Säulenhalle. Danach folgt die Besichtigung der sehr gut erhaltenen und zugleich **größten Synagoge Europas**. Vorbei an der Staatsoper, der ***St. Stephanskirche*** und dem beeindruckenden Parlamentsgebäude am Donauufer geht es über eine der vielen Donaubrücken hinauf zum hügeligen Stadtteil *Buda* und in das noch von Mauern umgebende

Abb. *Budapest*

historische **Burgviertel**. Die Gäste lassen die vielen architektonischen Höhepunkte, wie z. B. die *Matthiaskirche* (auch als **Krönungskirche** bezeichnet) auf sich wirken. Ein Besuch in der im neuromanischen Stil erbauten ***Fischerbastei*** darf bei einem Ausflug nicht fehlen. Zum Abschluss führt der Busausflug auf den *Burgberg*, der einen Rundumblick über das Donautal und auf die Stadt bietet.
Ein weiterer zusätzlich angebotener Ausflug führt in die baumarme **Steppenregion *Puszta*** wo die Gäste an Pferdeaufführungen und Folklore- Darbietungen teilnehmen dürfen.
Das Schiff liegt über Nacht in *Budapest*.

Tag 5 *Budapest* und *Esztergom* (Ungarn)

Die Gäste können an dem Ausflug »Donauknie und *Esztergom*« teilnehmen.
Die **Busfahrt** führt in den ältesten mittelalterlichen Stadtteil *Budapests*, in dem noch heute römische Ruinen des antiken *Aquincum* stehen. Nach einem geführten Rundgang durch diese mittelalterliche Künstlerstadt, die von den Serben gegründet wurde, steht den Gästen Zeit zur freien Verfügung, um die Kunstwerkstätten selbst zu erkunden. Anschließend führt die Busreise entlang eines alten Donauarms weiter nach *Visegrád*. Dort genießen die Gäste einen einmaligen Blick auf das **»Donauknie«**, einem lang gezogenen Flussbogen, in dem die Donau einen beinahe rechtwinkligen Knick macht. In schönem Ambiente wird das Mittagessen serviert. Danach führt der Ausflug zur alten **Königsstadt *Esztergom***, auf deren *Burgberg* eine Basilika thront. Die mächtige, gut 100 Meter hohe Säulenkuppel der **größten katholischen Kirche in Ungarn**, wurde im 19. Jahrhundert errichtet. Vom Plateau bietet sich ein herrlicher Blick über die Donaubrücke *Marie-Valerie*, die **Ungarn mit der Slowakei verbindet**.

Abb. *Esztergom*

Während des Ausfluges fährt das Schiff von *Budapest* weiter bis nach *Esztergom*, lässt dort die Gäste, die an dem Ausflug teilgenommen haben, zusteigen und nimmt über Nacht Kurs auf die Stadt *Bratislava*.

Tag 6 *Bratislava* (Slowakai)

Zunächst beginnt der Ausflug in die **slowakische Hauptstadt** mit einer Bummelzugfahrt zu der 83 Meter hoch über der Donau gelegenen Burg, die der Stadt den Namen ***Pressburg*** gegeben hat. Von hier oben bietet sich ein Panorama über die Stadt und die Donau. Wieder unten angekommen, steht ein Sparziergang durch die wunderschön renovierte »*Pressburger* Altstadt« auf dem Programm. In der autofreien historischen Altstadt sind die Domkirche, die gotische *Klarissenkirche* mit ihrem eigenwilligen Turm sowie das *Primatialpalais* mit seiner berühmten Gobelinausstellung besonders sehenswert. Sind die Gäste zurück an Bord geht die Flussreise stromabwärts in Richtung *Wachau*.

Tag 7 *Krems* (Österreich)

Der Busausflug von der Liegestelle in ***Krems*** führt zunächst zum ***Benediktinerstift Göttweig***, das noch immer von Mönchen bewohnt wird. Durch seine Lage auf dem Hügel eröffnet sich ein toller Blick auf die *Wachau* und das Donautal. Bei der geführten Innenbesichtigung werden u. a. der Klostergang, die Stiftskirche, die Krypta und der Kreuzgang vorgestellt.

Krems ist eine der **ältesten Städte des Landes** und einstiges Zentrum des Salz- und Weinhandels. Die in der Altstadt liegenden historischen Bauten und kostbaren Baudenkmäler stammen aus den Zeiten der *Romantik, Gotik, Renaissance* und des *Barocks* und sind zum Weltkulturerbe ernannt. Einen eindrucksvollen Kontrast zur Geschichte offenbart das pulsierende Leben in den zahlreichen Stadtcafés, Restaurants, Geschäften und Boutiquen der *Kremser Landstraße,* einer ein Kilometer langen Fußgängerzone. Über Nacht nimmt das Schiff wieder Kurs auf Passau.
Tag 8 Passau (Deutschland) und Abreise
Am Morgen sind die Gäste zurück in Passau. Nach einem letzten Frühstück an Bord, erfolgt die Ausschiffung.

Tab. Routenbeispiel einer Flusskreuzfahrt auf der Donau

Bei der Fülle der Kreuzfahrtprodukte können Sie hinter dem *Counter* schon mal den Überblick verlieren und leicht »klassische Beratungsfehler« machen. Doch genau in dieser Branche wiegen die Fehler besonders schwer, schließlich kann ein Kreuzfahrtgast, anders als ein Landurlauber, im Notfall nicht auf ein anderes Schiff ausweichen. **Daher lautet der Rat der Experten:** Spezialisieren Sie sich auf bestimmte Marken oder Reedereien.

Manche Bedarfsanalysen bei Kreuzfahrt-Neukunden mögen etwas länger dauern, da viele Kriterien zu besprechen sind, doch Sie werden sehen, Kreuzfahrten haben einen hohen Anteil an Wiederholern. Es wird sich lohnen!

AUFGABEN

1. Kreuzfahrten werden immer beliebter.
   Geben Sie drei Merkmale einer Kreuzfahrt wieder.
2. Kreuzfahrten unterscheiden sich in verschiedenen Varianten der Durchführung. Beschreiben Sie drei Arten und empfehlen Sie jeweils zwei Kundentypen, die sich für eine solche Kreuzfahrtart interessieren.
3. Erklären Sie die Begriffe »Schmetterlingskreuzfahrt« und »Freies *Routing*«.
4. Ihr Kunde hat einen Artikel über Kreuzfahrten gelesen, in dem der Aufbau des Schiffes beschrieben wurde. Dabei wurden die Begriffe »Bug«, »Heck«, »Backbord« und »Steuerbord« verwendet. Helfen Sie ihrem Kunden weiter und erklären Sie ihm die Bedeutung.
5. Welchen Namen trägt der Fragebogen, der von jedem Passagier mit den persönlichen Angaben vor Abreise ausgefüllt werden muss. Wozu dient er?
6. Stellen Sie den Vorteil einer Hochseekreuzfahrt für Familien mit Kindern, DINKS und *Best Agern* dar, in dem Sie jeweils eine Nutzenbrücke bilden.

7. Welche Reise bieten Sie Kunden an, die noch nie auf einem Schiff gereist sind und das Leben auf einem Kreuzfahrtschiff erst einmal »beschnuppern« wollen?

8. Nennen Sie jeweils zwei wesentliche Verkaufsargumente für eine Hochsee- und eine Flusskreuzfahrt.

9. Von welchem natürlichen Faktor ist die Auswahl des Fahrtgebiets für Hochseekreuzfahrten in erster Linie abhängig? Begründen Sie Ihre Antwort.

10. Der Kreuzfahrtmarkt auf der Hochsee ist belebt und international.
    a) Welche auf dem deutschen Markt etablierten Kreuzfahrtanbieter sind Ihnen bekannt? Nennen Sie drei.
    b) Welchen Kreuzfahrtanbieter bieten Sie einer Familie mit zwei Kindern, die viel Wert auf Unterhaltungsmöglichkeiten legen, an?
    c) Empfehlen Sie einem älteren Ehepaar, das sein 50. Hochzeitsjubiläum in einer noblen Atmosphäre feiern möchte, einen geeigneten Kreuzfahrtanbieter.

11. Nennen Sie Vorteile die Kreuzfahrten auf mittleren bis kleinen Schiffen mit sich bringen.

12. Ein wichtiger Faktor bei der Buchung einer Kreuzfahrt ist die Wahl der Kabine.
    a) Geben Sie jeweils einen Vorteil für eine Innenkabine, eine Außenkabine und eine Balkonkabine der Hochseekreuzfahrtschiffe an.
    b) Worin liegt der wesentliche Unterschied bei der Kabinenauswahl zwischen Hochsee- und Flusskreuzfahrt?
    c) Beschreiben Sie die unterschiedlichen Varianten einer Außenkabine des Flussschiffes hinsichtlich der Sicht nach außen.

13. Beschreiben Sie das Leben an Bord eines Hochkreuzfahrtschiffes und erläutern Sie die Unterschiede zu einem Flusskreuzfahrtschiff.

14. Informieren Sie Ihren Kunden welche Leistungen bei einer Hochseekreuzfahrt im Preis eingeschlossen sind und welche Leistungen Nebenkosten verursachen können. Zählen Sie jeweils drei Beispiele auf.

15. Welchen Vorteil hat Ihr Kunde, wenn er ein Getränkepaket bucht?

16. Bewerten Sie folgende Äußerungen über Kreuzfahrten und argumentieren Sie dagegen.
    a) »Kreuzfahrten sind teuer.«
    b) »Kreuzfahrten sind langweilig.«
    c) »Auf einer Kreuzfahrt sind nur alte Leute.«
    d) »Bei Kreuzfahrten wird nur gegessen.«
    e) »Kreuzfahrturlauber spielen ständig *Shuffleboard* und Bingo.«

17. Ihre Kunden, Familie Strohmann (zwei Kinder, fünf und acht Jahre alt) möchten in der Zeit der Sommerferien verreisen. Diesmal soll es etwas Besonderes sein, z. B. eine Kreuzfahrt. Spontan fällt Ihnen als Zielgebiet die *Ägäis* im östlichen Mittelmeer ein. Die Familie bittet Sie, ihr eine Kreuzfahrt-Route in der *Ägäis* vorzustellen. Sie schlagen die Route »Mittelmeer 5« mit der *AIDAdiva* vor.

Tag	Hafen	Ankunft	Abfahrt
Tag 1	*Antalya*	–	22:00 Uhr
Tag 2	Seetag		
Tag 3	*Istanbul*	10:00 Uhr	–
Tag 4	*Istanbul*	–	13:00 Uhr
Tag 5	*Izmir*	9:00 Uhr	18:00 Uhr
Tag 6	*Athen / Piraeus*	8:00 Uhr	16:00 Uhr
Tag 7	*Rhodos*	10:00 Uhr	18:00 Uhr
Tag 8	*Antalya*	6:00 Uhr	–

a) Erläutern Sie Ihren Kunden den Verlauf der Route.
b) Herr Strohmann äußert Bedenken, dass acht Tage auf einem Schiff langweilig werden könnten. Entkräften Sie diesen Einwand mit drei Argumenten für einen Urlaub auf einem Clubkreuzfahrtschiff.
c) Welchen preislichen Vorteil kann die Familie bei vielen Clubkreuzfahrtschiffen ziehen, wenn sie eine Kabine mit 3er- bzw. 4er- Belegung wählt?
d) Informieren Sie Ihre Kunden über die Einreise- und Impfbestimmungen für die *Ägäis*.
e) Zum Abschluss möchte Frau Strohmann noch über Ausflüge informiert werden. Schlagen Sie je zwei Ausflugsmöglichkeiten von den folgenden Anlegehäfen vor: *Antalya, Istanbul, Izmir* und *Piraeus*.

18. Welche Marketing-Idee wenden die Flusskreuzfahrtanbieter an, um ein breiteres Spektrum an Zielgruppen auf die Flussschiffe zu locken?

19. Welche auf dem deutschen Markt bekannten Flusskreuzfahrtanbieter kennen Sie? Geben Sie zwei Beispiele und nennen Sie jeweils ein besonderes Merkmal des Anbieters.

20. Welches sind die größten Feinde einer Flusskreuzfahrt?

21. Beschreiben Sie den Aufbau eines Flusskreuzfahrtschiffes.

22. Die Donau ist das beliebteste Fahrtgebiet für Flusskreuzfahrten und unter der Bezeichnung »Königin der Flüsse« bekannt. Warum bereitet das den Kreuzfahrtanbietern großes Kopfzerbrechen? Schildern Sie zwei Probleme.

23. Zu welcher Reisezeit wird die Donau im Rahmen einer Flusskreuzfahrt befahren?

24. Welchen zwei Zielgruppen empfehlen Sie eine Flusskreuzfahrt auf der Donau? Begründen Sie Ihre Entscheidung, indem Sie mit Hilfe der Attraktivitätsfaktoren jeweils zwei Nutzenbrücken bilden.

25. Das Seniorenehepaar Wellenbrock, langjährigen Flusskreuzfahrtkunden, möchten im kommenden Juli eine Flusskreuzfahrt auf der Donau unternehmen. Ihr Wunsch ist es die gesamte Donau zu befahren und nicht nur einen einzelnen Streckenabschnitt. Sie wissen von vorherigen Buchungen, dass das Ehepaar sehr viel Wert auf Komfort und guten Service legt. Daher empfehlen Sie Ihnen eine Flusskreuzfahrt auf einem *Viking*-Schiff ab Passau bis zum Donaudelta und zurück nach Passau für 15 Tage. Nehmen Sie sich zur Bearbeitung dieser Aufgabe den Katalog von *Viking Flusskreuzfahrten* zur Hilfe.

    a) Gestalten Sie eine tabellarische Übersicht des Reiseverlaufs mit Hilfe dieser Beispieltabelle:

Tag	Reiseverlauf
1. Tag	Passau
2. Tag	...

    b) Das Ehepaar erkundigt sich nach interessanten Ausflugszielen und Sehenswürdigkeiten, die sie während der Kreuzfahrt besichtigen können. Empfehlen Sie Ihren Kunden jeweils eine Sehenswürdigkeit bzw. ein Ausflugsziel pro Tag in Anlehnung an Ihren individuell gestalteten Reiseverlauf.

© Viking Flusskreuzfahrten

c) Informieren Sie Ihre Kunden über die An- und Abreisemöglichkeiten ab/von Passau. Welche Anreisemöglichkeit empfehlen Sie Ihren Kunden, die gerne stressfrei reisen?

d) Das Ehepaar ist auf Ihrer letzten Flusskreuzfahrt mit A-ROSA *Flussschiff* gereist. Geben Sie Ihren Kunden den Hinweis, dass es einen Unterschied in der Gestaltung der Mahlzeiten zwischen den beiden Flusskreuzfahrtanbietern gibt. Erläutern Sie dem Ehepaar diesen Unterschied.

e) Ihre Kunden möchten wissen, welche Leistungen der Gesamtreisepreis enthält. Zählen Sie diese auf.

26. Frau Kohorst (40 Jahre), ist *Single* und möchte zur Lavendelblüte in Frankreich eine achttägige Flusskreuzfahrt auf der *Rhône* unternehmen, um einige Tage auszuspannen. Sie wünscht eine lockere, legere Atmosphäre auf dem Schiff sowie Buffetform bei den Mahlzeiten.

a) Wann sollte Ihre Kundin reisen und welchen Kreuzfahrtanbieter würden Sie ihr empfehlen? Begründen Sie Ihre Antwort.

b) Beschreiben Sie mit Hilfe der Flusskreuzfahrtkataloge einen möglichen Reiseverlauf und nennen Sie die Häfen. Informieren Sie Ihre Kundin außerdem über die Anreisemöglichkeiten.

c) Erklären Sie Frau Kohorst, die noch nie zuvor mit einem Flussschiff verreiste, zwischen welchen Kabinenkategorien sie wählen kann und beschreiben Sie diese kurz. Beachten Sie dabei auch den preislichen Unterschied, da sie Alleinreisende ist.

Im Reisepreis inkludierte Verpflegungsleistungen

Anbieter	Inkludierte Speisen	Nicht inkludierte Speisen	Inkludierte Getränke	Nicht inkludierte Getränke	Buchbare Getränkepakete	Trinkgeld inklusive	Internetadressen
AIDA	Speisen in Haupt- u. Buffet-Restaurants	Speisen in *À la carte*-Restaurants	Kaffee, Tee zum Frühstück, Bier, Wein, Softdrinks in Buffet-Restaurants	Getränke in *Á la carte*-Restaurants, Bars, Cafés	nein	ja	*www.aida.de*
Celebrity Cruises	Speisen in Haupt- u. Buffet-Restaurants	Speisen in Spezialitäten-restaurants	Kaffee, Tee, Wasser, hauseigene Limonade zu den Mahlzeiten	Alkoholika, Softdrinks	ja	nein	*ww.celebritycruises.de*
Costa	Speisen in Haupt- u. Buffet-Restaurants plus einige Snacks	Speisen in Clubrestaurants	Wasser, Kaffee, Tee in Haupt- u. Buffet-Restaurants	Alkoholika, Softdrinks	ja	nein	*www.costakreuzfahrten.de*
Hapag-Lloyd	alle	–	Kaffee, Tee	Alkoholika, Softdrinks	nein*	ja	*www.hlkf.de*
MSC	Speisen in Haupt- u. Buffet-Restaurants plus einige Snacks	Speisen in Themenrestaurants	Wasser, Kaffee, Tee zum Frühstück	Alkoholika, Softdrinks	ja	nein	*www.msc-kreuzfahten.de*
NCL	Speisen in Haupt- u. Buffet-Restaurants	Speisen in Spezialitäten-restaurants	Wasser, Kaffee, Tee zu den Mahlzeiten	Alkoholika, Softdrinks	ja	ja	*www.ncl.de*
TUI *Cruises*	Speisen in Haupt- u. Buffet-Restaurants, Snacks in Bistros	Speisen in Spezialitäten-restaurants	fast alle	Champagner, besondere Weine, Spirituosen und Cocktails	nein	ja	*www.tui-cruises.com*

* Die *Columbus* bietet ein zu buchbares Komplettpaket, in dem unter anderem alle Getränke enthalten sind.

Quelle: Angaben der Reedereien

6 Städtereisen

Die **Reiseform der Städtereise** ist eine spezielle Ausprägung der Erlebnis- oder Bildungsreise (▸ LF 3, Kapitel 2.4) und dient primär zur Erkundung einer Stadt.

Im Vordergrund einer »Erlebnistour« eines Städte-Reisenden stehen traditionelle sowie moderne Kultur, lebendige Geschichte und die Errungenschaften der Gegenwart. Das besondere Stadtbild, geprägt von bedeutenden Monumenten, grünen Parks, bekannten Museen, quirligen Märkten und stilvollen Kaffeehäusern und Bars muss »stimmen«, denn mittels der **Atmosphäre, dem speziellen »Flair«** einer Stadt wird sie attraktiv für den städtischen Tourismus. Neben dem »*Flair*« stellen spezielle Events und Veranstaltungen wie Musicals, Theaterangebote, Konzerte oder Messen **Anlässe für eine Städtereise** dar, die meistens mit einer kulturellen Besichtigung der Stadt kombiniert werden. Außerdem werden die Einkaufsmöglichkeiten, die eine Stadt bietet, zu einem zunehmend wichtigen Faktor für eine Städtereise.

MERKE

Hauptmotive einer Städtereise
Die Hauptmotive einer Kurzreise in eine Stadt setzen sich aus dem atmosphärischen *Flair*, den Sehenswürdigkeiten, dem Veranstaltungs- und gastronomischen Angebot und den Einkaufsmöglichkeiten zusammen.

Reisetypen

Eine Städtereise ist so ziemlich für jeden Reisenden interessant, da das Angebot einer Stadt sehr vielfältig ist. **Kulturinteressierte und Erlebnis- oder Bildungsreisende** interessieren sich für die kulturellen Möglichkeiten, **junge Spaß- und Partyurlauber** besuchen die vielen Diskotheken, Clubs und Unterhaltungsmöglichkeiten. Aber auch **DINKS, *Best Ager*** oder **Alleinreisende und *Singles*** bereisen eine Stadt, um diese genauer zu erkunden, ihre Einkaufsmöglichkeiten oder die zahlreichen weiteren Freizeitangebote aufzusuchen.

In der Regel nutzen viele Reisende das Wochenende, gerne um einen Feiertag verlängert, für **einen Kurztrip in eine andere Stadt**. Das Tagesprogramm dieser wenigen Tage ist demnach mit vielen kulturellen *Highlights* gefüllt. Aufgrund der spontanen Umsetzbarkeit der Städtereise wird diese gern auf den »letzten Drücker« gebucht. Laut **Gesellschaft für Konsumforschung (GKF)** wächst die spontane »*Very-Last-Minute*-Reise« am dynamischsten.

Seit einigen Jahren *boomt* die Städtereise. Laut Reiseanalyse 2011 der F.U.R. unternahmen in den Jahren 2008 bis 2010 insgesamt 15,9 Millionen Menschen eine Städtereise. Zudem würde für 40 Prozent der deutschen Bevölkerung aktuell ein Städtetrip in den nächsten drei Jahren in Frage kommen. Das entspricht knapp einer **Verdopplung des Interesses** in den letzten zehn Jahren: Die Nachfrage für eine Städtereise betrug 10 Prozent im Jahr 2002 und 23 Prozent im Jahr 2011.

Die Städtereise ist zudem mit 31,2 Prozent die **beliebteste Reiseform für Kurzurlaubsreisen** von zwei bis vier Tagen.

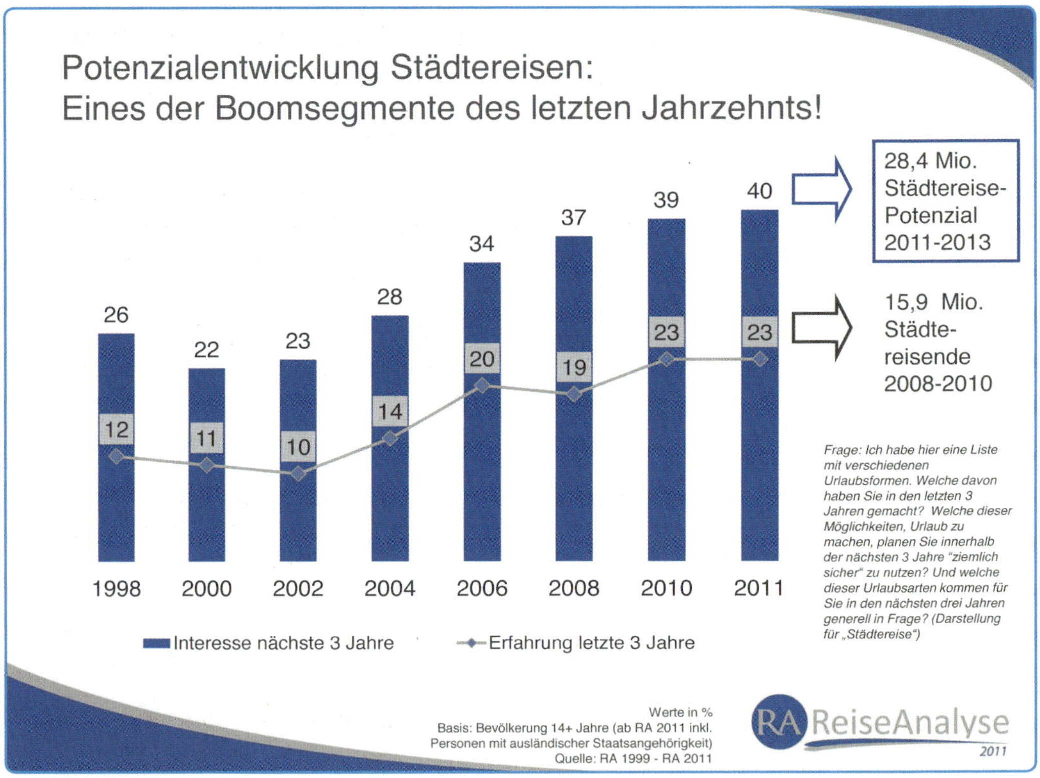

Abb. Nachfragepotenzial der Städtereise

Quelle: www.fur.de

MERKE

Nachfrage an einer Städtereise
Die Nachfrage an einer Städtereise wächst nicht nur konstant, sondern wird ebenso konstant kurzfristiger, preisbewusster und immer anspruchsvoller.

Welche Städte besuchen **deutsche Städtereisenden** am liebsten? Das Ergebnis einer Auswertung von 20.000 Städtereisebuchungen bei dem *Online*-Unternehmen Holidaycheck.de in den letzten zwölf Monaten (Stand 10/2011) lautet: Auf Platz eins bis drei der meist gewählten Ziele für eine Städtereise landeten die deutschen Städte Berlin, Hamburg und München (▸ LF 3, Kapitel 3.1). Die erste internationale Stadt liegt auf Platz vier, dabei handelt es sich um **Dubai im gleichnamigen Emirat**. Als weitere bevorzugte Reiseziele der Deutschen für eine **Städtereise wurden die türkische Stadt *Istanbul*, die italienische Hauptstadt *Rom* sowie die spanische Stadt *Barcelona*** für die Plätze fünf bis sieben ermittelt. Es folgen auf Platz acht bis zwölf die Metropolen ***Wien, London*** und ***New York.***

Kulturelle Reichtümer und historische Entwicklungen haben die meisten Städte maßgeblich geprägt und verleihen ihnen einen ganz besonderen Charme. Aufgrund dieser Tatsache lassen sich die Metropolen weltweit voneinander unterscheiden.

Damit Sie Ihrem Kunden die entsprechende Städtereise buchen können, achten Sie auf diese wichtigen **Verkaufsargumente und entschiedene Kriterien**:

Individuell oder in der Gruppe

Städtereisen können pauschal oder nicht pauschal gebucht, in einer Gruppe (z. B. über einen Studienreiseveranstalter) oder individuell angetreten werden. Viele verschiedene Kombinationen ermöglichen dem Städtereisenden eine ganz individuelle Reise.

Anreisemöglichkeiten

Eine Städtereise kann mit dem Flugzeug, der Bahn oder dem eigenen Auto angetreten werden.

- Dem Reisenden steht in den meisten Metropolen ein vielfältiges **Flugangebot** zur Verfügung. Wichtig zu wissen ist, dass bei Buchung einer Flugleistung in Kombination mit einer Unterkunft der Transfer vom Flughafen zur Unterkunft und zurück – wenn nicht anders erwähnt – nicht im Reisepreis enthalten ist. In einigen Städten besteht allerdings die Möglichkeit vorab einen ***Transfer* ab / bis** Flughafen in Verbindung mit einem Hotel zu buchen.

- In vielen großen Städten liegen die **Bahnhöfe** zentral, so dass sich die Anreise mit der Bahn für Städtereisende lohnt, da sie direkt in das »Herz der Stadt« gelangen. In Zusammenarbeit mit der *Deutschen Bahn AG* bieten die Reiseveranstalter flexible Bahnpreise mit der so genannten **RIT-Fahrkarte** (► Glossar). Mit weiteren öffentlichen Verkehrsmitteln (**Bus, S- und U-Bahn**, usw.) erreichen Ihre Kunden das gewünschte Hotel bequem.
- Reisen die Urlauber mit einem **gemieteten oder dem eigenen Auto** an, ist zu beachten, dass die Park- und Tiefgaragenplätze der Hotels je nach Verfügbarkeit vergeben werden. Eventuell anfallende Zusatzkosten sind im Hotel zu entrichten.

Unterkunft und Verpflegung

Städte offerieren ihren Besuchern eine attraktive Auswahl an Unterkünften, die für jeden Kundenwunsch das passende darbieten. – Ob luxuriös eingerichtet und komfortabel oder einfach ausgestattet zum besonders günstigen Spar-Angebot, ob *Wellness*-Einrichtung und außergewöhnliches Ambiente oder familienfreundliches Apartment bis Jugendherberge, alles steht dem Urlauber maßgeschneidert auf seine Bedürfnisse, zur Verfügung.

Der Standort der Unterkunft, ob zentral oder außerhalb der Stadt gelegen, ist ein entscheidendes Kriterium für den Reisenden sowie die Klassifizierung (Sterne) und der Übernachtungspreis. An speziellen Terminen (um Weihnachten, Silvester, Ostern, Messen usw.) können seitens der Hotels Mindestaufenthalte vorgeschrieben werden. Manche Reiseveranstalter und Hoteliers werben mit kostenfreien Extragagen nach dem Muster 3=2 oder 4=3.

Die Verpflegungsleistung der Unterkunft variiert je nach Stadt und Land von Übernachtung mit Frühstück (i. d. R. als Buffet), über Halbpension bis zu Vollpension oder eben ohne Mahlzeit. Hotelzimmer stehen den Gästen bei Anreise üblicherweise nicht vor 14 Uhr zur Verfügung und sollten am Abreisetag aufgrund der danach durchzuführenden Reinigung bis 10 Uhr geräumt werden.

Dauer

Oft nutzen Urlauber verlängerte Wochenenden oder »Brückentage« um einen Feiertag für einen Kurztrip (zwei bis vier Nächte) in eine Stadt, um diese zu erkunden. Für eine intensivere Besichtigung werden Städtereisen häufig bis zu einer Woche Dauer gebucht.

Zusatzleistungen

Die Reiseveranstalter locken mit attraktiven Erlebnisprogrammen während des Aufenthaltes. Das können Musical-, Museums-, und Ausstellungsbesuche, Stadtrundfahrten oder -führungen und vieles mehr sein.

Im Programm haben sie oftmals auch die vielerorts angebotene ***»City Card«***, die dann »freie Fahrt« mit den öffentlichen Verkehrsmitteln der jeweiligen Region ermöglicht sowie eine Vielzahl von Ermäßigungen für Museen, Sehenswürdigkeiten, Geschäften und Restaurants der jeweiligen Stadt erbringt. Sie ist für einen bestimmten Zeitraum z. B. 48 oder 72 Stunden lang gültig und kann ebenfalls als Gruppenkarte käuflich erworben werden.

Achten Sie während der Beratung auf eventuell anfallende **Kurtaxen** (► Glossar), **Kulturförderabgaben oder Ähnliches** und teilen Sie es Ihrem Kunden mit. Gegebenfalls muss er diese Kosten bei seiner Unterkunft entrichten.

6.1 Attraktivitätsfaktoren von Wien

Zusammenfassend ist zu sagen: Bei einem Verkaufsgespräch für eine Städtereise nach *Wien* spielen die verschiedenen Attraktivitätsfaktoren eine bedeutende Rolle.

Analysieren Sie jedoch Ihren Kunden zuvor nach Interessen, Motivation und Einstellung, so dass Sie wissen was er insbesondere von der Reise erwartet. Hilfreich ist auch ihn einem Reisetypen (► LF 3, Kapitel 2.6) zuordnen zu können und ihm/ihr anschließend die »Destination *Wien*« mit Hilfe der zahlreichen Attraktivitätsfaktoren »schmackhaft« zu machen. Geben Sie, wenn möglich, detaillierte Hinweise dazu.

Umseitig finden Sie eine Tabelle. Sie gibt einen Überblick bezüglich der künstlichen und natürlichen Faktoren *Wiens:*

Natürliche Faktoren		Reisetypen/Zielgruppen
Klima	Ganzjähriges Reiseziel	► Alle Zielgruppen
Naturräumliche Gegebenheiten	Donau, *Wienerwald*	► »Kreuzfahrer« ► Sport- und Aktivbegeisterte ► Wanderer
Gesundheit	Keine speziellen Impfvorschriften	► Alle Zielgruppen
Künstliche Faktoren		**Reisetypen/Zielgruppen**
Erreichbarkeit / Beförderung	Wiener Flughafen, Bahnhöfe	► Bahnreisende ► Flugreisende
Einreise	Aufgrund der Zugehörigkeit zur EU benötigen deutsche Staatsangehörige nur einen Personalausweis zur Einreise.	► Deutsche Staatsangehörige
Verkehrswege	Gutes öffentliches Verkehrsmittelnetz, gut ausgebautes Straßennetz	► Alle Zielgruppen
Hotellerie/ Gastronomie	Von einfachen bis hin zu exklusiven Hotels ist alles vertreten. Berühmte Gastronomie, bekannt z. B. für das Wiener Schnitzel und die »Sacher Torte«.	► Alle Zielgruppen ► Kulinarisch orientierte Reisende
Freizeiteinrichtungen	Opern, Theater, Einkaufsmöglichkeiten, »Prater«, Donauinsel, Donaukreuzfahrten, Einkaufsmöglichkeiten	► Kulturinteressierte ► DINKS ► Junge Spaß-, Erlebnis- und Partyurlauber ► Alleinreisende und *Singles* ► Familien mit Kindern ► *Shopping*liebhaber
Soziokulturelle Faktoren	Gebäude, Museen, Schlösser, Heurigenviertel Sprache: Österreichisch-deutsch	► Kulturinteressierte ► *Best Ager* ► Individualreisende Entdecker ► Alleinreisende und *Singles* ► DINKS
Sicherheit	Gute Medizinische Versorgung vor Ort, es besteht momentan kein länderspezifischer Sicherheitshinweis.	► Familien mit Kindern ► *Best Ager* ► Individualreisende Entdecker ► Alleinreisende und *Singles*

Tab. Attraktivitätsfaktoren *Wiens*

Einreisebestimmungen

Mit einem gültigen oder **höchstens seit einem Jahr ungültigen Personalausweis oder Reisepass** ist die Einreise nach Österreich für deutsche Staatsangehörige möglich.

Medizinische Hinweise

Empfehlenswert ist die Überprüfung und Vervollständigung der **Standardimpfungen** gegen *Tetanus*, *Diphtherie* und Keuchhusten.

Anreise

Ab Deutschland gibt es gute Flugverbindungen mit den Liniengesellschaften LH und *Austrian Airlines* (OS) zu dem **internationalen *Wiener Flughafen* (VIE)**, der etwa 20 Kilometer südöstlich des Zentrums in *Schwechat* liegt. Es bestehen gute Bus- und Zugverbindungen von dort in die Stadt und dorthin.

Zurzeit hat *Wien* **keinen Hauptbahnhof**, es wird zwischen West-, Süd- und *Franz Josefs*-Bahnhof unterschieden. Bahnreisende aus Richtung West- und Süddeutschland kommen am Westbahnhof an. Reisende aus dem Norden und Osten Deutschlands fahren mit dem Zug über Berlin und Dresden und gelangen zum *Wiener Ostbahnhof,* von wo aus sie verschiedene Anschlussmöglichkeiten in die Stadt haben. Eine direkte Zugfahrt von Frankfurt am Main in Österreichs Metropole dauert etwa sieben Stunden und verläuft über den Grenzübergang Passau, *Linz* und *St. Pölten*. In *Wien* bestehen ebenso gute Verbindungen zu mittel- und osteuropäische Staaten sowie innerhalb Österreichs.

Von vielen europäischen Städten bestehen mehrmals wöchentlich Fernbusverbindungen in die Hauptstadt Österreichs. Die Fahrtdauer der Strecke Berlin-*Wien* des Busanbieters *Eurolines* dauert in etwa neun Stunden und kostet einem Erwachsenen für die einfache Fahrt 55,00 Euro (Stand 12/2011).

Die Anreise mit dem Pkw von Deutschland führt über die Westautobahn A1 über München und *Salzburg* oder über Passau. Die Anreise über Passau oder durch die *Wachau* führt über die Donauuferautobahn A22. Auf den Autobahnen in Österreich besteht Mautpflicht. Das gilt ebenso für die Stadtautobahn in *Wien*.

Es besteht auch die Möglichkeit per Schiff **im Rahmen einer Donau-Kreuzfahrt** (► Kapitel 6.4) nach *Wien* anzureisen. Anlegestelle der Flusskreuzfahrtschiffe ist oftmals der Handelskai an der Reichstagsbrücke. Am Handelskai 265 befindet sich auch die Zentrale der *Ersten Donau-Dampf-Schiffahrts-Gesellschaft* (kurz DDSG), die Fährfahrten zu den anderen großen Metropolen an den Donau oder Donau-Rund- und Tagesfahrten anbietet.

Öffentliche Verkehrsmittel und andere Angebote zur Erkundung

Busse, U- und S-Bahnen sowie Straßenbahnen sorgen innerhalb *Wiens* und in dessen Umgebung über ein sehr gut ausgebautes Straßennetz für gute Anbindungen. Bei der **Buslinie *»Vienna Line Hop on Hop off«*** können Besucher der Stadt beliebig zu- und aussteigen und somit eine Menge Sehenswürdigkeiten auf eigene Faust besichtigen. Ganz bequem können Besucher mit **der *»Bim«*** (so wird die Straßenbahn in *Wien* genannt) die Stadt erkunden.

Abb. Fahrt mit dem *Fiaker*

Ein weiteres interessantes Angebot für Kurzbesucher ist die ***»Wien-Karte«***, mit der sie alle öffentlichen Verkehrsmittel nutzen können sowie Ermäßigungen in Museen, Musik- und Theaterstätten bekommen und Nachlass in verschiedenen Geschäften und Restaurants erhalten. Zudem werden **organisierte Stadtrundfahrten** oder **Stadtrundgänge** angeboten, die teilweise unter einem bestimmten Motto stehen wie z.B. »*Hundertwassers* städtische Fantasien« oder »Die *Wiener Altstadt* zwischen *Hofburg* und *St. Stephan*«.

Eine »andere Art« sich in *Wien* zu bewegen, ist eine **Fahrt im *Fiaker*** (Bezeichnung für eine offene Kutsche). Standplätze der *Fiaker* befinden sich u.a. am *Stephansplatz*, an der *Augustinerstraße* und am *Heldenplatz*.

6.2 Beispiel eines Stadtrundganges durch Wien

Viele bedeutende Sehenswürdigkeiten liegen im **historischen Stadtkern** *Wiens:*

Abb. *Stephansdom*

Den Mittelpunkt bildet der *Stephansplatz*, in dessen Mitte das wohl **bekannteste *Wahrzeichen Wiens* steht, der *Stephansdom*,** auch liebevoll »Steffel« genannt. Erste Bauarbeiten der prächtigen Kathedrale begannen im 13. Jahrhundert. Der 137 Meter hohe Südturm *(Stephansturm)* des gotischen Bauwerks ist einer der höchsten Kirchtürme der Welt. 343 Stufen führen hoch zu der *Türmerstube*, die einen grandiosen Ausblick über *Wien* bietet.

In unmittelbarer Umgebung zum *Stephansdom* befinden sich das **Dommuseum** und das **Mozarthaus,** in dem der Komponist mehrere Jahre lang lebte und arbeitete. Heute sind die drei Etagen seiner Wohnung als Museum genutzt.

Südlich des *Stephanplatzes* verläuft der **belebteste *Boulevard Wiens,*** die *Kärntner Straße*. Gesäumt von eleganten Boutiquen und Geschäften, noblen Cafés und Luxushotels verbindet die autofreie Einkaufsmeile den *Stephansplatz* mit dem Opernplatz und mündet in die *Ringstraße*.

Abb. *Wiener Staatsoper*

Am Opernplatz liegt die 1869 eröffnete ***Wiener Staatsoper,*** eines der weltweit renommiertesten Opernhäuser. In der Wiener Staatsoper können unter anderem die Oper »Heimat« oder Konzerte der ***Wiener Philharmoniker*** gebucht – oder aber der hier seit 1956 alljährlich stattfindende ***Wiener Opernball*** besucht werden (für diesen sind allerdings im Vorfeld Anmeldungen einzureichen und entsprechende Garderobe von Nöten).

Das traditionsreiche ***Hotel Sacher,*** das nicht nur als Luxushotel sondern auch durch seine gleichnamige Torte berühmt wurde, liegt ebenfalls am Opernplatz.

Das **Denkmal gegen Krieg und Faschismus** von dem Bildhauer *Alfred Hrdlicka* befindet sich nordwestlich des Opernplatzes auf dem Albertinaplatz. Weiter nördlich liegen die Kapuzinerkirche mit einem Kloster und der Eingang zur ***Kapuzinergruft,*** in der die Särge vieler Habsburger aufbewahrt sind, darunter *Maria Theresias*, *Franz Josefs* und *Sissis*.

Um die Ecke, am **Neuen Markt** steht der monumentale ***Donnerbrunnen.*** Er stammt von *Georg Ralph Donner* aus dem Jahr 1739. Gleich in der Nähe befindet sich zwischen *Dorotheergasse* und *Spiegelgasse* ***Wiens Antiquitäten-Viertel,*** wo Kostbarkeiten verschiedener Stilrichtungen und Epochen erworben werden können. Durch die *Dorotheergasse* geht es vom ***Dorotheum,* einem Auktionshaus**, vorbei am *Café Hawelka* (Wiener-Kaffeehaus-Legende) zum jüdischen Museum, welches die Geschichte der Juden in *Wien* beschreibt.

Über den *Stephansplatz* kann der 200 Meter lange und knapp halb so breite **»Graben« mit den exklusivsten Geschäften** *Wiens* (Juweliere, Edelboutiquen und angesagte Modeläden) erreicht werden. Die in der Mitte des »Grabens« gelegene barocke Dreifaltigkeitssäule oder auch **»Pestsäule«** genannt, entstand aufgrund eines kaiserlichen Gelübdes im Pestjahr 1679. In der Nähe liegt das ***Demel- und Marzipan-Museum,*** eines der legendärsten Kaffeehäuser *Wiens.* Vor allem zur Zeit der k. k. Donaumonarchie stellten die vielen eleganten Kaffeehäuser der Stadt mit einer sehr großen Auswahl an Kaffeevarianten und Torten einen festen Bestandteil des gesellschaftlichen Lebens von Künstlern und Gelehrten in *Wien* dar.

Die »Hofburg«

Südlich des »Grabens« erstreckt sich die imposante und ausgedehnte ***»Hofburg«***, die bis 1918 **Winterresidenz der *Habsburger*** war und heute dem österreichischen Bundespräsidenten als Sitz dient. Das aus mehreren Teilen bestehende Gebäude wurde zwischen dem 13. und 20. Jahrhundert in unterschiedlichen Baustilen erbaut und aneinandergefügt. Der großzügige Gebäudekomplex besteht aus mehreren Abschnitten, die besichtigt werden können, z.B. die *Kaiserapartments* in der *»Alten Burg«*, die *Albertina-Sammlung* in der *»Neuen Burg«* sowie der *Heldenplatz* und der Burggarten.

Tipp für die *»Hofburg«*: Die Reitvorführungen in der *Hofreitschule* und die Konzerte der *Sängerknaben* sind sehr begehrt und sollten deswegen frühzeitig gebucht werden.

Abb. Teilansichten der *»Hofburg«*

Weiter geht der Stadtrundgang in Richtung »Graben« über den ***Michaelerplatz***. Nördlich, entlang der sich windenden ***Herrengasse,*** vorbei am legendären ***Café Central,*** ist der ***Freyung,*** einer der schönsten *Wiener* Plätze zu erreichen. Er ist umgeben von imposanten Gebäuden.

Von diesem Standpunkt in Richtung Donaukanal befinden sich das **Puppen- und Spielzeugmuseum** sowie das benachbarte **Uhrenmuseum** (bekannt durch die astronomische Uhr, die für eine einzige Umdrehung 20.904 Jahre benötig).

Der sich dort in unmittelbarer Umgebung befindende ***Judenplatz*** ist bestimmt durch die Gastronomie-Szene. Vom Judenplatz geht es weiter zum ***Passauerplatz*** auf dem das barocke ***Alte Rathaus*** steht und das **Gotteshaus *»Maria am Gestade«*** angrenzt. Sie ist eine der ältesten gotischen Kirchen *Wiens.*

Hier ganz in der Nähe liegt einer der ältesten Plätze *Wiens*, der ***Hohe Markt***. Hier sind Reste einer römischen Legionssiedlung zu besichtigen. Die zehn Meter breite ***Ankeruhr*** lässt dort täglich um 12 Uhr zwölf **Figurenpaare aus der Geschichte *Wiens*** am alten Stadtwappen vorbeiziehen.

Weiter östlich befindet sich das so genannte »**Bermuda Dreieck**« von *Wien*, ein bekanntes Lokal- und »Szene-Viertel«, darunter das ***Griechenbeisl,*** das älteste Restaurant der Stadt.

Abb. *Ankeruhr*

Durch die ***Judengasse***, die heutzutage von vielen »trendigen« Modeboutiquen gesäumt ist, geht es zur römisch-katholischen ***Ruprechtskirche*** am gleichnamigen Platz gelegen. Die älteste Kirche *Wiens*, die der Legende nach um 740 gegründet wurde, hat sogar die ältesten Glasfenster der Stadt. Gegenüber liegt die 1826 vollendete ***Synagoge***, die älteste und größte der Stadt und die einzige, die den 1938 einsetzenden Terror gegen die jüdische Bevölkerung überstand.

Abb. Wiener Synagoge

Nachdem die *Rotenturmstraße* überquert ist, geht es zum schönsten *barocken* Innenhof, dem ***Heiligenkreuzerhof***. Hier herrscht der typische Charme der Stadt inmitten der liebevoll restaurierten ***»Pawlatschenhäuser«*** (so werden Häuser mit von Balkonen gesäumten Innenhöfen in *Wien* genannt). Im Mittelalter wurde dieser Platz für verschiedene Märkte wie z. B. den Fischmarkt genutzt.

Nach Verlassen des Platzes eröffnet sich durch eine Pforte eine dicht bebaute Gassenwelt. Unweit entfernt geht es vorbei an der ***Universitätskirche*** zum ***Franziskanerplatz*** mit gleichnamiger Kirche. Von dort aus führt die Singerstraße direkt zum Ausgangspunkt des Stadtrundgangs, dem *Stephansplatz*. In diesem Wegbereich, südlich des *Stephanplatzes* gelegen, ist das Idyll des Gassenwirrwarrs besonders geprägt.

Die Ringstraße

Mitte des 19. Jahrhunderts wurde **die Stadtmauer entfernt**, dafür wurde die hufeisenförmige *Ringstraße*, die um die *»Innere Stadt«* verläuft und an beiden Seiten vom Donaukanal begrenzt ist, angelegt. Entlang der vier Kilometer langen, fast 60 Meter breiten, von Bäumen gesäumten **Prachtstraße,** befinden sich zahlreiche öffentliche und private Bauten unterschiedlichen Stils sowie Grün- und Platzanlagen. Die *Ringstraße* gliedert sich **in neun Abschnitte**.

6.3 Wiens Innen- und Außenbezirke

Hinter der *Ringstraße* in den **Innenbezirken** liegen weitere interessante Sehenswürdigkeiten. Sie können nur begrenzt per Rundgang, leicht jedoch mit öffentlichen Verkehrsmitteln erreicht werden:

Die ***Leopoldstadt,*** *Wiens* **zweiter Bezirk**, ist im Norden umgrenzt von der **Donau** und im Süden vom ***Donaukanal***. Letzterer trennt diesen lebendigen Stadtteil vom gegenüberliegen, historischen Stadtkern. Die **Attraktion** dieses Bezirks ist der ***Prater,*** ein knapp 1.300 Hektar großer Naturpark, der einst kaiserliches Jagdrevier war und von keinem Bürger betreten werden durfte. Heute teilt sich der Park in zwei Abschnitte: Vergnügungspark »*Volksprater*« und Grünanlage »*Grüner Park*«. Weltberühmtes **Wahrzeichen *Wiens*** ist das hier gebaute ***Wiener Riesenrad.*** Es steht am Westende des *Praters* und war mit 70 Meter Höhe zur Zeit seiner Erbauung im Jahr 1897 eines der größten Riesenräder der Welt. Der Vergnügungspark, auch unter dem Begriff »*Würstelprater*« bekannt, bietet Trubel, Gaststätten, Schaubuden, Museen (*Pratermuseum* und *Sexmuseum*) und viele Karussellanlagen.

Das in den 1980er-Jahren vom gleichnamigen Künstler gestaltete und vom gleichnamigen Architekten realisierte ***Hundertwasser-Krawina-Haus*** (erstes *Hundertwasserhaus* der Welt) steht östlich des *Stubenrings* im **dritten Bezirk**. Hierbei handelt es sich um eine farbenfrohe Wohnanlage moderner Architektur ohne gerade Linien und Flächen. Das Gebäude ist asymmetrisch gebaut und mit verwinkelten Gängen, runden Kanten und goldenen Kuppeln auf den Dächern sowie Büschen und Bäumen bestückt.

Der im **vierten Bezirk** am Ende der *Kärntnerstraße* liegende ***Karlsplatz*** kann von der Oper durch die **unterirdische *Opern- und Karlspassage*** erreicht werden. Von 1716 bis 1736 wurde auf diesem Platz die ***Karlskirche*** erbaut, die zu den bedeutendsten sakralen *Barockbauten Wiens* gehört. Der gewaltige Kuppelbau besitzt griechische und römische Säulen sowie orientalische Glockentürme.

Unweit des *Karlsplatzes* schließen sich die beeindruckenden ***barocken Schlösser Belvedere*** an, die einst Sommerresidenz des berühmten Feldherren *Prinz Eugen von Savoyen* waren. Das »*Obere Belvedere*« war einst Repräsentationsschloss und hütet heute eine große Gemäldesammlung. Der *Marmorsaal* bietet einen herrlichen Ausblick auf den kunstvoll gestalteten Schlossgarten, der zu dem etwa ein Kilometer entfernten »*Unteren Belvedere*«, der damaligen Wohnstätte, führt. Hier sowie in der *Orangerie* und dem *Prunkstall* werden Sonderausstellungen mit Kunstwerken aus der ganzen Welt gezeigt. Mit einem Kombi-Ticket können Besucher das »*Obere-*« und »*Untere Belvedere*« sowie die *Orangerie* und den *Prunkstall* täglich zwischen 10 bis 12 Uhr besichtigen. Der Eintritt kostet 14,00 Euro für Erwachsene; Kinder haben freien Eintritt.

Die lange ***Mariahilfer Straße*** ist eine der Haupteinkaufstraßen in *Wien* mit zahlreichen Kaufhäusern und Geschäften (weniger exklusiv). Abzweigend vom *Burgring* verläuft sie bis zum Westbahnhof im **sechsten Bezirk**. Der ***Naschmarkt*** mit seinem basarartigen Gewimmel, den verschlungenen Gassen und Nischen im *Mariahilf-Stadtteil*, liegt südöstlich der *Mariahilfer Straße.*

Die **Außenbezirke** liegen außerhalb des »Gürtels« und sind ebenso gut wie die Innenbezirke mit den öffentlichen Verkehrsmitteln zu erreichen.

Der **13. Bezirk** *Wiens,* westlich des »historischen Stadtkerns« hinter der *Gürtelstraße* gelegen, ist mit der U-Bahn zu erreichen. Dort erstreckt sich ein weiteres *Highlight* der Stadt, das goldgelbe ***Schloss Schönbrunn,*** inmitten eines herrlichen Parks.

Schloss Schönbrunn

Die **ehemalige Sommerresidenz der Kaiserfamilie** gehört zu den schönsten *Barockanlagen* Europas. Der **Palast im Stil des *Rokoko*** mit 1.441 Räumen, von denen 45 besichtigt werden können, wurde zuletzt von *Kaiser Franz Joseph* mit seiner Frau *Sissi* bewohnt. Zwei Jahre nach dem Tod des Kaisers fiel das Schloss in die Verwaltung der neuen Republik.

Unter den 45 zugänglichen Räumen befinden sich neben den schlicht und einfach gehaltenen ***kaiserlichen Gemächern*** ebenso die **prunkvollen Repräsentationsräume**, u. a.:

- der ***Spiegelsaal*** (in dem der sechsjährige *Mozart* vor der verzückten Kaiserin musizierte),
- der ***blaue, chinesische Salon*** (in dem *Kaiser Karl I* seinen Verzicht auf die Regierung unterzeichnete, was das Ende der *k. k. Monarchie* bedeutete),
- das ***Millionenzimmer*** (mit Rosenholz getäfelt; zählt zu den schönsten *Rokokoräumen*).

An das Schloss grenzt der von *Kaiserin Maria Theresia* angelegte und gestaltete, weitläufige **Schlosspark**, der durch breite, sternenförmige Alleen und Hecken gegliedert ist. Meisterwerke *barocker Gartenarchitektur,* wie z. B. die Brunnen und Statuen, lockern die geometrisch angelegten Grünflächen auf.

Den adäquaten Abschluss der *barocken Schlossanlage* bildet die, auf dem ***Schönbrunner Berg*** gelegene ***Gloriette***. Es handelt sich dabei um einen schneeweißen Triumphbogen, der auf einer 20 Meter hohen Aussichtsterrasse mit *Café* einen einmaligen Panoramablick über den *Schönbrunner Park* bis zur *Wiener* Innenstadt bietet. Neben dem sehenswerten ***Botanischen Garten*** sowie dem ***Palmen- und Schmetterlingshaus*** (mit exotischen Pflanzen) ist der ***Tiergarten Schönbrunn*** einen Besuch wert. Mit über 4.500 Tieren ist er der älteste noch bestehende Tierpark der Welt. Das gesamte denkmalgeschützte Ensemble, Schloss, Park und Tiergarten wurde von der **UNESCO als Weltkulturerbe eingestuft** (► LF 3, Kapitel 2.3). Für die Besucher werden verschiedene Führungen angeboten.

Damit Sie eine weitere für den Tourismus bedeutende Stadt während eines Beratungsgespräches empfehlen können, folgt nun ein weiteres Beispiel einer Städtereise in *Rom*.

6.4 Attraktivitätsfaktoren Roms

»*Rom* ist eine Welt für sich, einmalig und unvergleichlich«, so *Papst Pius XII.*

Jährlich wird die Hauptstadt Italiens als **eines der beliebtesten Städte- und Kurzreiseziele der Deutschen** von **mehreren Millionen Besuchern** aus aller Welt besichtigt. Die Anmut und Eleganz antiker Bauwerke, die sich auf eine einzigartige Weise mit der quirligen und unbeschwerten italienischen Lebensfreude vermischt, macht *Rom* unvergesslich. In der liebevoll chaotischen Stadt pulsiert pralles Leben, egal ob Christen, Kunstliebhaber oder *Shopper,* für jeden bietet sie eine unermessliche Vielfalt an Sehenswürdigkeiten, *Events* und Einkaufsmöglichkeiten.

Abb. *Spanische Treppe*

Bei einem Verkaufsgespräch spielen die verschiedenen **Attraktivitätsfaktoren von *Rom*** eine bedeutende Rolle. Analysieren Sie auch wieder Ihren Kunden zuerst nach Interessen, Motivation und Einstellung, so dass Sie ihn / sie einem der Reisetypen (► LF 3, Kapitel 2.6) zuordnen können. Machen Sie ihm / ihr anschließend die »Destination *Rom*« mit Hilfe der Attraktivitätsfaktoren »schmackhaft«. Benennen Sie genau die Attraktivitäten, auf die der Kunde Ihres Erachtens Wert legt und geben Sie wenn möglich detaillierte Hinweise dazu.

Hier ein Überblick der künstlichen- und natürlichen Faktoren:

Natürliche Faktoren		Reisetypen / Zielgruppen
Klima	Ganzjähriges Reiseziel, heiße Sommer, milde Winter	► Kulturinteressierte ► Individualreisende Entdecker
Naturräumliche Gegebenheiten	Fluss *Tiber,* Umgebende/s Hügelland und Berge Erreichbarkeit der westlichen italienische Mittelmeerküste und des *Golf von Neapel*	► Alle Zielgruppen
Gesundheit	Keine speziellen Impfvorschriften	► Alle Zielgruppen

Künstliche Faktoren		Reisetypen/Zielgruppen
Erreichbarkeit/ Beförderung	mehrere Bahnhöfe, Anbindung an zwei Flughäfen	► Bahnreisende ► Flugreisende
Einreise	Aufgrund der Zugehörigkeit zur EU benötigen deutsche Staatsangehörige nur einen Personalausweis zur Einreise.	► Deutsche Staatsangehörige
Verkehrswege	Gut ausgebautes Netz für die öffentlichen Verkehrsmittel. Italienische Verkehrssituation	► Alle Zielgruppen
Hotellerie/ Gastronomie	Von einfachen bis hin zu exklusiven Hotels ist alles vertreten. Restaurants bieten die typische italienische und römische Küche mit traditionellen Gerichten in gehobener Preislage.	► Alle Zielgruppen ► DINKS ► Kulinarisch orientierte Reisende
Freizeiteinrichtungen	Grünanlagen, Einkaufsmöglichkeiten, Märkte, Restaurants, Bars, Diskotheken, Kinos, Theater, Feste	► Junge Spaß-, Erlebnis- und Partyurlauber ► Alleinreisende und *Singles* ► *Shopping*liebhaber ► Kulturinteressierte
Soziokulturelle Faktoren	Katholische Bevölkerung Vatikan, Römische Kultur, Museen, Brunnen, Plätze, antike Monumente, historische Stätten, Kirchen Sprache: Italienisch	► Religiös motivierte, Pilger ► Kulturinteressierte ► *Best Ager* ► Individualreisende Entdecker ► Sprachreisende ► Alleinreisende und *Singles*
Sicherheit	Gute Medizinische Versorgung vor Ort, keine politischen Unruhen. Aber: Achtung vor Taschendiebstahl!	► Alle Zielgruppen

Tab. Attraktivitätsfaktoren *Roms*

Einreisebestimmungen

Mit gültigem oder **höchstens seit einem Jahr ungültigen Personalausweis oder Reisepass** ist die Einreise nach Italien für deutsche Staatsangehörige möglich.

Medizinische Hinweise

Für die Reise nach *Rom* ist **keine Impfung vorgeschrieben.** Empfehlenswert ist die Überprüfung und Vervollständigung der Standardimpfungen sowie der Reiseimpfungen, wie z. B. *Hepatitis A* und *B.*

Anreise

Bekanntlich führen »alle Wege nach *Rom*« – direkt von Deutschland wird die Stadt von den Linienfluggesellschaften *Lufthansa* (LH) und *Alitalia* (AZ) sowie den kleineren Fluggesellschaften *Air One* (AP) und *Air Dolomiti* (EN) angeflogen. Saisonal werden auch Pauschalflüge und/oder *Low Cost Airlines* eingesetzt. Letztere landen auf dem Flughafen *Ciampino* (CIA), etwa 15 Kilometer südöstlich der Stadt. *Rom* ist ein wichtiges Luftfahrtsdrehkreuz in Italien und bietet somit gute Umsteigemöglichkeiten für Inlandsflüge. Der internationale Flughafen ***Leonardo da Vinci* (FCO)** liegt noch weiter außerhalb, etwa 30 Kilometer südöstlich der Metropole. Von beiden Flughäfen bestehen gute Zugverbindungen in die Stadt, darunter der ***Leonardo Express***.

Stazione Termini, der mitten in *Rom* liegende **Hauptbahnhof**, ist Ziel großer nationaler und internationaler Bahnlinien mit Verbindungen zu allen Landesteilen. Ab München dauert eine direkte Bahnfahrt nach *Rom* etwa zehn bis dreizehn Stunden. Empfehlenswert ist daher die Anreise mit dem **Nachtzug**, über elf bis zwölf Stunden. Weitere bedeutende Bahnhöfe sind *Stazione Trastevere* sowie *Stazione Tiburtina* mit vielen Durchgangszügen nach Süditalien.

Eine Anreise mit dem Pkw von Frankfurt am Main nach *Rom* dauert etwa vierzehn Stunden. Empfehlenswert sind aus diesem Grund eine oder mehrere **Zwischenübernachtungen** in auf dem Weg liegenden Ländern und Gebieten (z. B. in der Schweiz, an den *Oberitalienischen Seen,* in der *Toscana*). Erfolgt die Anreise beispielsweise über München durch *Tirol* (Dauer ca. zehn Stunden), bietet sich eine Übernachtung in der Gegend des *Gardasees* an. Weiter geht es dann über *Bologna* und *Florenz*. Zu Beachten sind jeweils die *Vignetten*pflicht und die *Maut*gebühr auf Autobahnen.

> **MERKE**
>
> **Pkw-Anreise nach *Rom***
> Aufgrund der Fahrweise der Italiener und der problematischen Parkplatzsituation in der Stadt ist es jedoch weniger empfehlenswert mit dem Pkw nach *Rom* anzureisen.

Touring/Eurolines bietet gute internationale Linienbusverbindungen nach *Rom,* wobei die Fahrt ab München etwa 13 Stunden beansprucht.

Rom ist Ziel vieler Kreuzfahrtschiffe, die den 80 Kilometer westlich entfernten **Hafen *Civitavecchia*** anlaufen und mit organisierten Bussen zu Besichtigungen und Ausflügen in die Stadt fahren.

6.5 Ein Stadtrundgang durch Rom

Historisches Zentrum

Aufgrund der **großen Anzahl sehenswerter Attraktionen** wird eine Stadtbesichtigung in der Regel in bestimmte **Themenbereiche sowie nach Epochen** unterteilt. So auch im folgenden Routenvorschlag, der nach den Rubriken »Altstadt«, »Antike Stadt« und »Vatikan« eingeteilt ist. Für die Besichtigung, die zu Fuß vorgenommen werden kann, sollten **mindestens vier Tage** eingeplant werden.

Abb. *Trevi-Brunnen*

Die Altstadt *(Centro Storico)*	
Piazza Venezia	Im Herzen von *Rom* liegt die *Piazza Venezia*. Umgeben von bedeutenden Bauten, bildet sie einen der **wichtigsten Verkehrsknotenpunkte** der Stadt. Benannt ist der Platz nach dem angrenzenden ***Palazzo Venezia***, einem **burgartigen Renaissancebau**. Der 70 Meter hohe monumentale Bau des **Nationaldenkmals *Vittorio Emanuele II*** sticht an der Südseite der *Piazza* hervor.
Jüdisches Viertel *Campo Firori*	Westlich der *Piazza Venezia*, in Richtung *Tiber*, erschließt sich das Jüdische Viertel, das seine **eigene Identität und Lebendigkeit** erhalten hat. Die kleinen **mittelalterlichen Gassen** des geschichtsträchtigen Viertels führen zum ***Piazza Campo di Firori***, auf dem wochentags bis 13 Uhr ein üppiger **Obst- und Gemüsemarkt** stattfindet. Schon früh morgens herrscht hier lautes Treiben, das in einem der vielen **Terrassencafés** hautnah beobachtet werden kann. Der Name des Platzes (dt. »Blumenfeld«) weist allerdings auf keine friedliche Vergangenheit zurück, denn im Mittelalter diente er als **Hinrichtungsstätte**. Daran erinnert die **Bronzestatue des *Giordano Bruno***.
Piazza Navona *Vier-Ströme-Brunnen*	Weiter nördlich liegt einer der beliebtesten Plätze Roms, ***der Piazza Navona***, der auf den Ruinen eines antiken Stadions erbaut wurde. **Drei Brunnen** zieren den **ellipsenförmigen barocken Platz**, darunter ***Berninis* meisterhafter »Vier-Ströme-Brunnen«**. Auch dieser lebhafte Platz, der zum späten Nachmittag gerne von jungen Leuten aufgesucht wird, ist von farbenfrohen Häusern und Kirchen sowie Restaurants, Cafés und Bars gesäumt.
Pantheon	Wenige Schritte in Richtung Osten, an der ***Piazza della Rotonda*** befindet sich das **besterhaltene antike Gebäude** *Roms*, das ***Pantheon.*** Es wurde im 1. Jh. v. Chr. als römischer Kuppeltempel gebaut und später in eine Kirche mit Grabstätte umfunktioniert (Eintritt frei).

Die Altstadt (*Centro Storico*)	
Via del Corso	Weiter östlich geht es über den ***Palazzo Chigi***, dem **Sitz des italienischen Ministerpräsidenten**, auf die ***Via del Corso***, einer von **prächtigen »*Palazzi*« (Adelspalästen) gesäumten Flaniermeile**. Inmitten der römischen Altstadt, zwischen der ***Piazza del Popolo*** und der *Piazza Venezia* gelegen, bildet sie den **mittleren Teil des *Tridente***, des »Dreizacks« (zu dem auch die *Via del Babuino* und die *Via Ripetta* gehören). An der **autofreien Einkaufsstraße** liegt das **Augustus-Mausoleum**, in dem der römische Kaiser und seine Familie bestattet sind.
Piazza del Popolo	Die *Piazza del Popolo*, der größte, geschichtsträchtigste und **beliebteste »Volksplatz«** *Roms* schmücken kleine Arkaden, *barocke* Kirchen und ein ***Obelisk*** (den die Römer aus Ägypten mitbrachten).
Piazza di Spagna *Spanische Treppe*	Von hier verzweigen sich die Straßen des *Tridente*, darunter die *Via Babuino*, die zur lebhaften *Piazza di Spagna* führt, benannt nach der hier gelegenen **spanischen Botschaft.** Beliebter Treffpunkt der internationalen Jugend und ein **Wahrzeichen *Roms*** ist die angrenzende **Spanische Treppe** (it. *Trinità dei Monti*), zu Füßen einer Kirche aus dem 16. Jahrhundert. Um die *Piazza di Spagna* erstrecken sich **noble Einkaufstraßen**, darunter ***Via Condotti*** und ***Via Veneto***.
Trevi-Brunnen	In der Nähe befindet sich ein weiteres **Wahrzeichen der Stadt**, der ***Trevi*-Brunnen** (it. *Fontana di Trevi*). Der berühmteste der über 1.000 Brunnen *Roms* stellt mit strahlend weißem Stein den **Meeresgott *Neptun*** dar. *Rom*-Besucher werfen Münzen in den Brunnen, um sich der Legende nach eine **Rückkehr nach *Rom*** zu sichern.
Palazzo del Quirinale	Hinter der **barocken Attraktion** erstreckt sich der ***Quirinale***, der mit etwa 60 Metern der **höchste der sieben Hügel** *Roms* ist. Auf ihm liegt der ***Palazzo del Quirinale,*** heute **Amtssitz des italienischen Präsidenten**, von dem man eine herrliche Aussicht über die »Ewige Stadt« hat.
Die »Antike Stadt«	
Kapitolsplatz	Südlich der *Piazza Venezia* erstreckt sich das ***Kapitol,*** der **kleinste der sieben Hügel** *Roms*. Einst war es politisches, gesellschaftliches und religiöses **Zentrum des *Imperium Romanum***. Auf den Fundamenten der ***Juno*** und ***Jupiter*** gewidmeten Tempel konzipierte ***Michelangelo*** den ***Kapitolsplatz*** (it. *Piazza del Campidoglio*). Eine Kirche sowie drei Renaissancepaläste, darunter ***der Palazzo Senatorio*** (Sitz der römischen Stadtregierung), rahmen den Platz, auf dem sich das **Reiterstandbild des *Kaisers Marc Aurel*** befindet.

Tab. Sehenswertes in der Altstadt von Rom

Die »Antike Stadt«	
Kapitolinische Museen	Hinter dem *Palazzo Senatorio* eröffnet sich ein faszinierender **Panoramablick** über das **antike *Forum Romanum***. In zwei weiteren Palästen sind die viel beachteten **Kapitolinischen Museen** mit bedeutenden Kunstwerken, wie der **Bronzestatue der »römischen Wölfin«**, untergebracht.
Forum Romanum *Kaiserforen* *Trajansäule*	Unmittelbar an den Kapitolsplatz schließt sich eine der meist **bedeutenden touristischen Attraktionen, das *Forum Romanum***. (Der Eintritt in das Forum ist kostenlos; täglich finden Führungen statt.) Die zahlreichen Mauerreste, Triumphbögen, Säulen und weitere Ruinen lassen erahnen, welchen Glanz die **Markthallen, öffentlichen Gebäude und Gerichtsplätze in der Antike** »ausstrahlten«. Als die Anlage den gestiegenen Anforderungen des aufstrebenden römischen Reiches nicht mehr gerecht wurde, ließen die **Bauherren *Cäsar, Augustus, Nerve* und *Trajan*** zur Erweiterung die **Kaiserforen (it. *Fori Imperiali*)** erbauen. Von der zum *Forum Romanum* angrenzenden, stark befahrenden Straße *Via di Fori Imperiali* ergibt sich ein guter Ausblick auf die **Trajanssäule**, die auf dem **Trajansforum** steht. Auf der Siegessäule thront die **Statue des Apostel *Paulus***.
Palatin *Titusbogen* *Konstantinbogen*	Im Süden des *Forum Romanum* liegt der **Hügel *Palatin***, auf dem *Kaiser Augustus* einen prachtvollen Palast (die it. Wörter *Palazzo* und dt. Palast leiten sich von lat. *Palatin* ab) mit wunderschöner **Gartenanlage** erbaute. Der ***Palatin*** war eine bevorzugte Wohngegend der Oberschicht. Nach dem Ende des Imperiums wurde die Anlage des *Forum Romanum* **als Steinbruch** genutzt. Doch einige Monumente sind recht gut erhalten, darunter der ***Titusbogen***, der an den **Sieg des römischen *Kaisers Titus* über die Juden** erinnert. Der Bogen liegt am Durchgang vom *Forum* zum **besterhaltenden Triumphbogen** *Roms*, dem *Konstantinbogen* aus dem 4. Jahrhundert n. Chr.

Abb. Antikes Rom: *Kolosseum, Forum Romanum, Konstantinbogen*

Die »Antike Stadt«	
Kolosseum	Dahinter erstreckt sich das *Kolosseum*, das **größte antike *Amphitheater* der Welt**. Die vierstöckige Ruine ist das **Wahrzeichen *Roms*** und gehört heute zu den **»Sieben neuen Weltwundern«**. Mindestens 50.000 Zuschauer fanden im *Kolosseum* Platz, um dort sportliche Wettkämpfe, Theater- und Zirkusdarbietungen, Gladiatorenkämpfe, Tierhetze und sogar Christenverfolgungen zu besuchen. Das **große Kreuz im Inneren** des Amphitheaters steht zum Gedenken an die verfolgten Märtyrer. (Besucher können mit einer Führung oder dem *Audio-Guide* die Geschichte des *Kolosseums* erfahren.)
Circus Maximus *Santa Maria in Cosmedin*	Ebenfalls bekannt für Gladiatorenkämpfe und Wagenrennen war der in der Nähe liegende ***Circus Maximus***, in den über 300.000 Menschen passten. Direkt an den Platz grenzt die einzige **orthodoxe Kirche** Roms, die *Santa Maria in Cosmedin*.

Tab. Sehenswertes in der »Antiken Stadt« von Rom

Abb. »Vatikanstadt«: *Obelisk* auf dem *Petersplatz,* »Heiliger Stuhl«, Kuppel des *Petersdoms*

Die »Vatikanstadt«	
Petersplatz	Westlich des Tibers erhebt sich mit knapp 0,5 Quadratkilometern der **kleinste Staat der Welt – die Vatikanstadt**. Zentraler Punkt ist der 340 Meter lange und 240 Meter breite **Petersplatz**, der im 17. Jahrhundert von dem großen **Barockkünstler *Bernini*** gestaltet wurde. Umrahmt ist der Platz von aus **Säulen bestehenden Kolonnaden** (► Glossar), auf deren Brüstung **140 Heiligenstatuen** thronen. In der Mitte des elliptischen Platzes steht ein weiterer **ägyptischer Obelisk**. An Sonn- und Feiertagen zelebriert der **Papst** auf dem gewaltigen Petersplatz **Messen**, zu denen tausende von Katholiken kommen, um den päpstlichen »Segen« zu empfangen.
Petersdom	Der dahinter liegende Petersdom ist das **größte Gotteshaus der Christenheit**. Das **Heiligtum der römisch-katholischen Kirche** ist fünfportalig und unter Mitwirkung bedeutender Baumeister der *Renaissance*, darunter *Raffael* und *Michelangelo*, im 16. Jh. erbaut worden – an der Stelle jener **Basilika, die Kaiser *Konstantin* über das Grab des Apostels *Petrus* errich-**

Petersdom	**ten ließ**. Ihr Inneres ist Ehrfurcht einflößend: 50 Altäre, 450 Statuen, 500 Säulen und Platz für nahezu 60.000 Menschen. Im prachtvollen Petersdom werden viele **Kunstschätze** aufbewahrt (z. B. Petersschatz, Reiterstandbilder *Konstantins* und *Karl des Großen*, Bronzestatue des hl. *Petrus*.)
Vatikanische Grotten	**Unter dem Dom** liegen die Vatikanischen Grotten, in denen sich die **Papstgräber** befinden, u. a. das Grab des 2005 verstorbenen *Johannes Paul II* sowie das Grab des ersten Apostels ***Petri***. Über dem letzteren steht im Dom der berühmte **»Heilige Stuhl«** von dem aus nur der Papst predigen darf.
Kuppel	Die 130 Meter hohe, frei zugängliche Kuppel des Doms bietet, fernab vom alltäglichen Lärm, einen grandiosen **Blick über das Dächer- Wirrwarr der »Ewigen Stadt«**. (Zur Kuppel wird Eintritt verlangt.)
Vatikanische Museen *Sixtinische Kapelle*	Rechts neben dem Petersdom liegen die **päpstlichen Wohn- und Arbeitsräume** im Vatikanischen **Palastkomplex**, indem sich auch die Vatikanischen Museen befinden. Sie beherbergen die **päpstliche Kunst- und Kultursammlung**, die eine der größten und bedeutendsten der Welt ist. Ein **sieben Kilometer langer Rundgang** führt durch die zwölf Komplexe und die über 1.300 Zimmer. Höhepunkt der Vatikanischen Museen ist für viele Besucher die Sixtinische Kapelle mit den von ***Michelangelo*** **geschaffenen Deckenfresken** – eines der berühmtesten Kunstwerke der Welt.
Via della Conciliazione *Engelsburg*	Vom Petersplatz führt die von zahlreichen Restaurants und Souvenirgeschäften gesäumte **Prachtstraße** *Via della Conciliazione* zu einer weiteren **antiken Sehenswürdigkeit**, der ***Engelsburg.*** Sie wurde unter ***Kaiser Hadrian***, im 2. Jahrhundert nach Chr. zum Zweck eines **Mausoleums für die Kaiserfamilie** erbaut. Im 6. Jahrhundert haben sich die **Päpste des Bauwerks bemächtigt**, es zur **Fluchtburg und Befestigungsanlage** umgebaut und darin ein **Foltergefängnis für Ketzer und Abtrünnige** eingerichtet. Ihren Namen erhielt die Engelsburg im 6. Jahrhundert als eine grausame Pest in der Stadt wütete. Papst *Gregor* soll die Erscheinung des Erzengels *Michael* über dem Grabbau erschienen sein, der das Ende der Seuche verkündete. Die **Bronzestatue auf der Burg** erinnert an die schwere Zeit. Heute ist die Engelsburg ein **Museum**, das Schatz- und Grabkammern sowie Waffensammlungen ausstellt.
Engelsbrücke	Direkt vor dem Eingangstor der *Engelsburg* führt die **autofreie *Engelsbrücke* über den *Tiber*** in die Innenstadt *Roms*. **Zehn *Barock*engel** säumen das Geländer der wohl schönsten *Tiber*brücke.
»Schweizer Garde«	An der Grenze zur »Vatikanstadt« finden keine Passkontrollen mehr statt, anstelle dessen bewacht die päpstliche **Schutztruppe »Schweizer Garde«** den kleinen Staat.

Tab. Sehenswertes in der »Vatikanstadt«

Die weiteren Sehenswürdigkeiten innerhalb des historischen Zentrums von *Rom* sind mit den öffentlichen Verkehrsmitteln gut zu erreichen:

Im Norden *Roms*
Der kleine Hügel ***Pinico***, oberhalb der *Piazza del Popolo*, bietet von seiner Aussichtsterrasse einen herrlichen Blick über *Rom*. Dahinter erstreckt sich die ***Villa Borghese***, die verbunden mit dem ***Monte Pinico*, einen der schönsten Parks** von *Rom* bildet. Der Zugang zum ***Renaissance*palast der *Villa Borghese*** befindet sich östlich von der »Spanischen Treppe«. In der weitläufigen Gartenanlage, die wie viele weitere Parks in *Rom* als **Landsitz für die Adelsfamilien** errichtet wurde, befinden sich antike Tempel, zahlreiche Skulpturen, ein künstlicher See sowie ein **Stadtzoo**.
Im Südwesten *Roms*
Pons Fabricio heißt die **älteste *Tiber*brücke**, die westlich vom Jüdischen Viertel auf die ***Tiber*insel** führt. Die Brücke ***Pons Cestius*** führt auf die westliche Seite des *Tibers* in den **Stadtteil *Trastevere*** (dt. »Jenseits des Tibers«). In der Antike gehörte das Viertel zu den Armenvierteln vor den Toren *Roms*. Heute, nachdem Künstler und Musiker dem Viertel im Mittelalter einen besseren »Anstrich« verliehen, lädt es Touristen und Römer in die lebhaft charmanten Gassen zum Verweilen ein. Restaurants, Bars und Diskotheken lassen das Viertel zum **abendlichen Treffpunkt** werden.
Im Südosten *Roms*
Die vermutliche älteste Papstkirche *Roms*, ***San Giovanni in Laterano*** mit Reliquien des Apostels *Petrus* und des heiligen *Paulus*, befindet sich neben der »Heiligen Treppe« des **Lateranpalastes**. In der Nähe erstreckt sich die über mehrere hundert Kilometer lange ***Via Appia Antica***, die bis in den Südosten Italiens in die Hafenstadt ***Brindisi*** verläuft. Die alte von Pinien und Zypressen gezierte Straße diente zur damaligen Zeit nicht nur als **Militär- und Handelsstraße**, sondern auch zur Bestattung der Toten, da das altrömische Stadtrecht Bestattungen innerhalb der Stadtmauern verbot. Zahlreiche Grabmäler, Kirchen, antike Ruinen und Denkmäler sowie Katakomben (unterirdische Beisetzungsstätten aus frühchristlicher Zeit) sind heute noch gut erhalten und machen **die Straße damit zum längsten Museum der Welt**. Eines der berühmtesten zugänglichen Grabmäler sind die rund 15 Hektar umfassenden und 20 Kilometer langen ***Calixtus-Katakomben.*** Etwa 170.000 Grabstellen sind bisher auf vier Ebenen in 20 Meter Tiefe entdeckt worden. Zur Besichtigung der kühlen Katakomben ist eine Führung zu empfehlen. In diesem Gebiet befindet sich auch die ***Caracalla-Therme,*** deren Heizsystem als das modernste und raffinierteste der Antike galt. Als sie im 2. Jahrhundert n. Chr. eröffnet wurde, fanden bis zu 2.000 Besucher Vergnügen in den warmen und kalten Bädern sowie in den Saunen, den Gymnastikräumen, in der Bibliothek und den Versammlungsräumen. Heute werden die Thermen-Ruinen für große Veranstaltungen genutzt. 

Tab. Weitere Sehenswürdigkeiten innerhalb des historischen Zentrums von *Rom*

Rom ist alt, ehrwürdig, groß, einzigartig und vielfältig. *Rom* einmal im Leben gesehen zu haben ist daher nicht selten ein manifestierter Wunsch oder ein Traumziel »in den Köpfen« vieler Menschen.

AUFGABEN

1. Welche Attraktionen und Veranstaltungen locken Besucher in eine Stadt? Beantworten Sie im Zusammenhang dazu außerdem die Frage, welche Reisemotive Anlass für eine Städtereise sind?
2. Warum werden Städtereisen Ihrer Meinung nach gern »auf den letzten Drücker« als spontane »*Very-Last-Minute*-Reise« gebucht?
3. Städtereisen werden i. d. R. im Rahmen einer Kurzurlaubsreise unternommen. Wie viele Tage dauert eine Kurzurlaubsreise?
4. Zwischen welchen Anreisemöglichkeiten können Ihre Kunden oftmals bei einer Städtereise wählen? Nennen Sie jeweils einen Vorteil pro Anreisemöglichkeit.
5. Welche Faktoren spielen bei der Auswahl eines Stadthotels eine wichtige Rolle? Nennen Sie drei Faktoren.
6. Welche Zusatzleistungen empfehlen Sie Ihren Kunden bei der Buchung einer Städtereise? Wie können Sie diese für Ihre Kunden buchen?
7. Welchen Reisetypen empfehlen Sie eine Städtereise? Nennen Sie drei und bilden Sie jeweils eine für jeden Typ passende Nutzenbrücke für eine Städtereise.
8. *Wien* ist auf verschiedenen Wegen zu erreichen.
   a) Skizzieren Sie kurz die Anreisemöglichkeiten nach *Wien* mit dem Auto.
   b) Wie lautet der Drei-*Letter-Code* vom Flughafen *Wien?*
   c) Welche vier öffentliche Verkehrsmittel bzw. Transportangebote empfehlen Sie Ihren Kunden zur Erkundung der Innenstadt *Wiens?*
9. Ihre Kundin Frau Jansen hat einige Fragen zur Stadt *Wien* und erkundigt sich bei Ihnen. Beantworten Sie ihr die Fragen:
   a) Welches ist *Wiens* Wahrzeichen Nummer eins?
   b) Wie heißt der Pracht*boulevard*, der rund um den historischen Stadtkern verläuft?
   c) Welche ist die Vorzeigebühne wienerischer Kulturtradition?
   d) Wie heißt die Sommerresidenz von *Prinz Eugen von Savoyen*?
   e) In welcher Straße kann sie ausgesprochen gut im hochwertigen Segment einkaufen?
10. Empfehlen Sie Ihren kulturinteressierten Kunden sowie anderen Kunden, die Sie der Reisetypologie DINKS zuordnen würden eine Städtereise nach *Wien*, indem Sie jeweils zwei Nutzenbrücken bilden.
11. Drucken Sie den Stadtplan *Wiens* als Arbeitsblatt von der Internetseite ► www. europa-lehrmittel.de ► Titel »All inclusive Band 2« aus und tragen Sie darauf die Sehenswürdigkeiten des ► in Kapitel 6.2 beschriebenen Stadtrundgangs ein.

12. Sie buchen für Ihre Kunden, das Ehepaar Meyer, eine Städtereise nach *Wien* mit einem Hotel in zentraler Lage im historischen Stadtkern. Das Ehepaar möchte in jedem Fall einen Stadtrundgang durch die Innenstadt unternehmen und erhofft sich von Ihnen einige wertvolle Tipps bei der Auswahl der Sehenswürdigkeiten. Erstellen Sie Ihren Kunden einen Stadtrundgang, indem Sie den Verlauf in den Stadtplan (▸ Aufgabe 11) einzeichnen. Nennen Sie zudem mindestens zehn interessante Sehenswürdigkeiten entlang der Route.

13. Sie sind Mitarbeiter eines Reiseveranstalters und sollen eine Städtereise nach *Wien* ausschreiben. Hierfür erstellen Sie ein dreitägiges *Wien*-Programm mit zwei Übernachtungen.
   a) Führen Sie die Anreisemöglichkeiten auf und geben Sie dazu einige Informationen.
   b) Für den ersten Tag planen Sie eine Stadterkundung im historischen Stadtkern *Wiens*. Fest eingeplant sind auf der Strecke der *Stephansdom* sowie die *Hofburg*. Schlagen Sie drei weitere Sehenswürdigkeiten vor, die zu Fuß besichtigt werden können. Charakterisieren Sie alle fünf Sehenswürdigkeiten jeweils anhand eines Merkmals.
   c) Für den folgenden Tag planen Sie weitere Bezirke *Wiens* erkunden zu lassen. Geben Sie drei unterschiedliche Bezirke an und nennen Sie deren Sehenswürdigkeiten. Wie sind die Bezirke zu erreichen?
   d) Sie unterbreiten Ihren Kunden Vorschläge für ein Abendprogramm in *Wien*. Nennen Sie zwei unterschiedliche Möglichkeiten.
   e) Für die Kunden, die *Wien* bereits kennen, möchten Sie einen Tagesausflug in die Umgebung empfehlen. Nennen Sie drei unterschiedliche Ausflugsmöglichkeiten und beschreiben Sie diese stichpunktartig. Recherchieren Sie selbst oder informieren Sie sich in ▸ LF 3, Kapitel 4.2.1.

14. Drucken Sie den Stadtplan *Roms* als Arbeitsblatt von der Internetseite ▸ www. europa-lehrmittel.de ▸ Titel »All inclusive Band 2« aus und tragen Sie darauf zehn Sehenswürdigkeiten des ▸ in Kapitel 6.5 beschriebenen Stadtrundgangs ein.

15. Zwei befreundete Männer, beide 55 Jahre alt, zeigen großes Interesse an Kultur und Geschichte. Um ihrem Interesse auch im Urlaub ein wenig nachzukommen, möchten Sie einen viertägigen Städtetrip nach *Rom* unternehmen. Sie lassen sich von Ihnen im Reisebüro beraten.
   a) Die Männer möchten gerne per Flugzeug zum internationalen Flughafen von *Rom* anreisen. Wie heißt dieser und wie lautet der Drei-*Letter-Code*? Empfehlen Sie den Männern eine Transportvariante, um vom Flughafen in die Innenstadt von *Rom* zu gelangen.
   b) Die Freunde fragen Sie, ob Sie ihnen als Fachmann/-frau ein Vier-Tagesprogramm ausarbeiten können. Sie möchten viel von der Stadt

sehen und außerdem einen Halbtagesausflug in die Umgebung von *Rom* unternehmen. Erstellen Sie Ihren Kunden einen Plan für jeden Tag, mit jeweils zwei Besichtigungsmöglichkeiten am Vormittag und am Nachmittag. Für den Abend geben Sie Ihren Kunden zwei Möglichkeiten zur Auswahl. Beachten Sie, dass die An- und Abreise mit berücksichtigt werden muss. Wählen Sie Sehenswürdigkeiten so aus, dass sie gut nacheinander zu erreichen sind. Nutzen Sie folgende Tabelle.

	Tag 1	Tag 2	Tag 3	Tag 4
Vormittags	Anreise			
Nachmittags				
Abends				Abreise

c) Suchen Sie Ihren Kunden mit Hilfe der Veranstalterkataloge ein Vier-Sterne-Hotel in zentraler Lage mit Frühstück und ermitteln Sie den Gesamtreisepreis pro Person inkl. Flug ab Deutschland nach Rom (Preisberechnungen ▸ Kapitel 1.5).

16. Andere Kunden möchten für eine Städtereise mit dem eigenen Auto nach *Rom* fahren. Geben Sie drei Städte bzw. Orte in Italien an, die auf der Strecke von Deutschland nach *Rom* liegen, in denen Ihre Kunden eine Pause oder auch eine Übernachtung einlegen können. Worauf müssen Sie Ihre Kunden bei der Anreise mit dem Pkw nach *Rom* hinweisen?

17. Die Stadtführungen und Ausflüge in *Rom* werden zu verschiedenen Themen angeboten.
   a) Die Stadtführung »*Rom* und seine Monumente« in der Altstadt *Roms* führt zu einigen bedeutenden Plätzen. Geben Sie zwei Plätze mit je einer Sehenswürdigkeit an.
   b) Der Stadtrundgang »Antikes *Rom*« beinhaltet unter anderem die Sehenswürdigkeiten *Forum Romanum* und *Kolosseum*. Erläutern Sie jeweils deren Bedeutung bzw. Funktion im antiken *Rom*.
   c) Die in der »Vatikanstadt« stattfindende Führung »Christliches *Rom*« beinhaltet unter anderem den *Petersdom* sowie die *Vatikanischen Museen*. Nennen Sie je ein sehenswertes Detail des *Petersplatzes* und des *Petersdoms*. Zeigen Sie außerdem eine besondere Sehenswürdigkeit der *Vatikanischen Museen* auf.

18. Beschreiben Sie drei Attraktivitätsfaktoren von *Rom* und empfehlen Sie diese jeweils für einen der in ▸ LF 3, Kapitel 2.6 genannten Reisetypen indem Sie eine Nutzenbrücke bilden.

7 Studienreisen

Studienreisen sind eine ideale Form des Urlaubs für alle, die in ihrer »schönsten Zeit des Jahres« nicht nur Erholung suchen, sondern auch **Neues entdecken und erfahren** möchten.

Während solcher Reisen erhalten die Urlauber **Einblicke in und Verständnis für andere Kulturen** in Begleitung von gleich gesinnten Menschen mit ähnlichen Interessen. In der Regel reist die Gruppe mit einem **klimatisierten Reisebus** von Stadt zu Stadt oder Sehenswürdigkeit zu Sehenswürdigkeit und übernachtet in verschiedenen Hotels, um möglichst viel von dem Reiseziel erkunden zu können. Im Fall einer **Städtestudienreise** wird häufig in nur einem Hotel übernachtet und die Sehenswürdigkeiten werden zu Fuß oder mit öffentlichen Verkehrsmitteln erreicht.

Vorteil einer Studienreise ist die Begleitung durch Experten, die das Reiseziel bestens kennen und es den Reisenden mit einer ausgewogenen Mischung aus Besichtigungen von Sehenswürdigkeiten und Vorträgen zu bestimmten Themenkreisen näher bringen. Aus dem Grund wird die Studienreise besonders häufig in **politisch unsicheren Destinationen** wie z. B. in Israel neben anderen Arten einer Erlebnis- oder Bildungsreise bevorzugt.

Das **Interesse an fernen Ländern und Kulturen** lockte bereits vor Jahrzehnten Urlauber zu Reisen, in deren Mittelpunkt historische, kunst- und religionsgeschichtliche sowie landeskundliche Themen standen. Mit dem Wandel der Zeit musste auch die **Studienreise neu** an die veränderten Kundenbedürfnisse **konzipiert** werden. Der »typische Studienreisende« entwickelte sich mit der Zeit zu einem modernen Reisenden, der vielseitige Interessen zeigt und die stetige Abwechslung sucht.

BEISPIEL

Ausführungen und Varianten
Studienreisen werden heutzutage in vielen Ausführungen und Varianten angeboten, übereinstimmend mit den Wünschen der Gäste.

Eine **gut organisierte und strukturierte Studienreise** beinhaltet also nicht nur **aktive Stunden**, sondern bietet auch **Zeit zum Entspannen**. Studienreisende müssen demnach nicht mehr an straff organisierten Programmterminen teilnehmen, sondern haben auch genug Zeit **individuelles *Sightseeing*** zu unternehmen oder z. B. am Strand zu *relaxen*.

Studienreiseveranstalter

Die auf dem **deutschen Markt vertretenen Studienreiseveranstalter** unterscheiden sich in ihrem Angebot und in der Ausführung einer Studienreise. Hier Beispiele der drei namhaften Veranstalter:

Reiseveranstalter	Ausführung
Dr. Tigges	Die Kunden bekommen einen »*Dr. Tigges*-Mehrwert« geboten, der aus exklusiven Erlebnissen abseits bekannter Pfade besteht.
Gebeco	**Besondere Programmpunkte abseits der Masse** werden zu der Rundreise hinzugefügt, wie z. B. außergewöhnliche Besichtigungen, besondere Mahlzeiten und unvergessliche **Begegnungen mit den Menschen** des Reiselandes.
Studiosus	Der Veranstalter bietet seinen Gästen häufig **zusätzliche Alternativen zum Tagesprogramm**, die der Reiseleiter am Vorabend vorstellt und organisiert. So entsteht **Raum für die persönliche Urlaubsvorstellung**, Spontanität und Freiheit der Kunden. Die so genannten **»Extratouren«** sind nicht im Reisepreis inkludiert und müssen vor Ort beim Reiseleiter gezahlt werden.

Tab. Unterschiedliche Angebote und Ausführungen der Studienreiseveranstalter

Die vielfältigen, bei den Reiseveranstaltern im Programm stehenden Studienreisen decken **verschiedene Aspekte der Kultur eines Landes** ab. Das bedeutet **sie setzen Schwerpunkte** für die einzelnen Reisen, um damit **bestimmte Zielgruppen** anzusprechen und ihnen eine intensivere Erfahrung des Landes bieten zu können.

BEISPIEL

Schwerpunktsetzung und Ansprache bestimmter Zielgruppen

Den **Kunstliebhabern** (Reisetyp Kulturinteressierte ► LF 3, Kapitel 2.6) werden Studienreisen mit einem speziellen **Schwerpunkt auf Malerei und darstellende Kunst** geboten. Sie unternehmen exklusive Führungen durch Museen und Galerien. Lange Wartezeiten und lästiges Anstehen für einzelne Ausstellungen entfallen.
Kulinarisch Interessierten (Reisetyp *Best Ager*, DINKS ► LF 3, Kapitel 2.6) empfiehlt sich die Teilnahme an einer Reise mit kulinarischem Schwerpunkt. Die Reisenden **nähern sich einem Land durch dessen Küche** und typischen Speisen an und erfahren somit nicht nur viele Eindrücke und Wissen, sondern auch den Genuss gut zu speisen.

Hier Beispiele der genannten Veranstalter, die **Studienreise mit Schwerpunkten** zu versehen:

Reiseveranstalter	Schwerpunkte
Dr. Tigges	*Dr. Tigges* **»Themenreisen«** führen Studienreisende mit besonderen thematischen Perspektiven wie »Von Magie und Medizin«, »Klangwelten ohne Gleichen« oder »Gärten und Parks« zu historischen Wurzeln großer Hochkulturen und zugleich mitten in den Alltag der Menschen des Landes.
Gebeco	*Gebeco* konzipiert **unterschiedliche »Reisestile«**, die seine Gäste ein Stück näher an die faszinierenden Kulturen, zu den Menschen vor Ort und in das Herz ihres Reiselandes bringen sollen. Dazu zählen »Wander-, Rad- und Erlebnisreisen«, »Kreuzfahrt-, Studien- und Städtereisen« sowie »Privatreisen«.
Studiosus	Auch bei *Studiosus* können die Reisenden zwischen vielen **verschiedenen Reisevarianten** wählen: »Klassik- und Naturstudienreise«, »Wanderstudienreise«, sowie »Preiswert-» und »*ServicePlus*-Studienreise«.

Tab. Schwerpunkte der Studienreiseanbieter (Stand 06/2011)

Durch die sorgfältige **Auswahl der Programmpunkte im Vorfeld** wird Studienreisenden **Sicherheit, Qualität und Service** geboten. Flexibel auswählbare An- und Abreisemöglichkeiten, Transfer, qualitativ gute Hotels oder landestypische Unterkünfte, eine fachlich kompetente Reiseleitung und ein Kofferservice sind in den meisten Fällen und bei den meisten Reiseveranstaltern im Reisepreis enthalten sowie ein Reiseführer und eine Liste ausgewählter Reiseliteratur.

7.1 Wichtige Beratungs- und Entscheidungskriterien

Wichtige Aspekte, die Sie während einer Beratung ansprechen sollten und die Ihrem Kunden zugleich bei seiner Entscheidung zwischen den vielfältigen Angeboten aus der Welt der Studienreisen helfen, sind:

- Teilnehmerzahl und garantierte Durchführung
- Qualifizierte und deutschsprachige Reiseleitung
- Inkludierte Verpflegung
- Art und Lage der Unterkünfte
- Beförderungsmittel
- Organisation am Ankunfts- und Abreisetag
- Tagesablauf während der Reise
- Reisetypen und Gruppenzusammensetzung

Teilnehmerzahl und garantierte Durchführung

Abb. Gruppenreise

Von Reise zu Reise und von Saisonzeit zu Saisonzeit können die **Mindest- und Höchstteilnehmerzahlen variieren**. Sollte die benötigte Teilnehmerzahl, die im Katalog angegeben ist, nicht erreicht werden, hat der Reiseveranstalter aus vertraglich vereinbarten Gründen die **Möglichkeit die Reise rechtzeitig abzusagen** (► Fachwissen Tourismus Band 1, LF 4.1, Kapitel A). Insoweit der Veranstalter keine gleichartige Reise (gleiches Zielgebiet, gleiche Zeit, gleiche Kosten, Reiseleitung) aus seinem Programm anbieten kann, wird er es den Reisenden mitteilen. In einem solchen Fall erhält der Reisende seinen **bereits gezahlten Reisepreis in vollem Umfang zurück.**

Bei einer Auswahl von Reisen garantieren die Veranstalter bereits mit der Veröffentlichung der Kataloge eine **Durchführung der Reise ab zwei Personen**. Dies ist für Reisende sehr vorteilhaft, die nur zu einem ausgewählten Termin reisen können und weniger flexibel sind was die zeitliche Urlaubsplanung betrifft.

Qualifizierte und deutschsprachige Reiseleitung

Als **Kenner des Landes** mit einem umfangreichen Wissen, vermittelt der qualifizierte, erfahrene und **deutsch sprechende** Studienreiseleiter kulturelle und geschichtliche Hintergründe und bringt den Gästen die Lebensart der Einheimischen nahe.

Als **Vermittler zwischen den Kulturen** versteht der Reiseleiter es, seine Gäste zum Dialog untereinander und mit den Einheimischen anzuregen. Sein **Organisationstalent** ermöglicht es den Reisenden, sich nur auf die Schönheit des Landes zu konzentrieren.
Zum Teil wird der Reiseleiter von einem qualifizierten lokalen Führer oder einem einheimischen Fahrer unterstützt.

Die Reiseleitung begleitet eine Studienreise aber nicht nur, um Wissen kundzugeben, sondern fungiert zugleich als **Ansprechpartner für Fragen, Anregungen, Unklarheiten und bei Problemen**. Sollten die Gäste mit ihrem Hotelzimmer nicht zufrieden sein, können sie sich an den Reiseleiter wenden, der sich umgehend darum kümmert, dass eine Lösung gefunden wird.

Die **Tätigkeit eines Reiseleiters** stellt eine **Rund-um-die-Uhr-Betreuung der** Reisegruppe dar, sie ist vielfältig, aber stets darauf bedacht, dass die Studienreise gemäß dem ausgeschriebenen Programm verläuft. Der Reiseleiter sollte dem Reisenden ein verlässlicher Ansprechpartner sein.

Damit Reiseleiter in der Lage sind, die **vielfältigen Anforderungen** zu erfüllen, werden sie von den Studienreiseveranstaltern **regelmäßig aus- und weitergebildet**. Die **Reiseleiterqualität** ist sogar messbar. Verschiedene Institutionen in Deutschland bieten Lehrgänge an, die von Tagesseminaren bis hin zu mehrmonatigen Kursen reichen und mit einem Diplom abschließen. Allerdings genießen diese Schulungen bisher noch keine internationale Anerkennung. Seminare der IHK werden mit dem Zertifikat »Reiseleitung« abgeschlossen. Seit 2006 wird nun auch die **Qualifikation der Zielgebiets-Reiseleiter** von Experten des *Teams für Internationale Touristische Kommunikation* (kurz TINTKO) geprüft und mit einem **Qualitätssiegel zertifiziert**. Der Studienreiseveranstalter *Studiosus* ist Europas erster Veranstalter mit Qualitätszertifikat für die Auswahl, Ausbildung und Weiterbildung seiner Reiseleiter. Geprüft und zertifiziert vom TÜV Rheinland nach DIN EN ISO 9001:2008. Jährlich unterliegt der Veranstalter einer Qualitätsprüfung von einer unabhängigen Institution.

MERKE

Reiseleiterschulungen
Deutsche sowie einheimische Reiseleiter werden ständig in entsprechenden Schulungen aus- und fortgebildet, um bestmögliche Qualität zu liefern.

Inkludierte Verpflegung

In den meisten Fällen ist **die inkludierte Verpflegungsleistung Halbpension**. Die Gäste erhalten Frühstück und Abendessen. Am Mittag und Nachmittag können sie individuell die Spezialitäten des entsprechenden Reiselands kosten. Auf vielen Reisen wird bewusst auf Mahlzeiten ausschließlich in den Hotelrestaurants verzichtet und auswärts gegessen, um die ganze Bandbreite der landestypischen Kochkunst kennen zu lernen.

Art und Lage der Unterkünfte

Die während einer Studienreise **angebotenen Unterkünfte** sind überwiegend Hotels mit *Flair*, Stadthotels oder landestypische Unterkünfte, die der Reiseveranstalter sorgfältig ausgewählt hat.

Alle Hotelzimmer verfügen i. d. R. über Bad oder Dusche und WC. Eventuelle **Ausnahmen müssen benannt werden**. Die für die entsprechende Reise ausgewählten **Unterkünfte sind im Katalog ausgeschrieben**. Über **kurzfristige Änderungen** werden Ihre Kunden entweder schriftlich oder telefonisch vor der Reise informiert oder sie erhalten vor Ort Auskunft von der Reiseleitung.

Tipp: Beachten Sie bei der **Ausschreibung die Art der Unterkunft** sowie die angegebene Sterneanzahl, sie sind für Studienreisende von wichtiger Bedeutung. In der Regel entsprechen die Unterkünfte dem Standard der gehobenen

Mittelklasse, oder aber sie passen sich dem Charakter der Studienreise und der örtlichen touristischen Infrastruktur an. In diesen Fällen ist eventuell kein Hotel zu beziehen sondern nur eine Übernachtungen auf Schiffen, in Zelten, Hütten oder in Mehrbettzimmern gegeben.

Je nach Routenverlauf werden die **Unterkünfte von Tag zu Tag gewechselt**. Das bedeutet, der Reisende muss täglich ein- und auschecken und seinen Koffer packen. (Um die Organisation des Koffertransports von Unterkunft zu Unterkunft kümmert sich die Reiseleitung.)

Beförderungsmittel

Damit die Reisenden von Stadt zu Stadt oder von Sehenswürdigkeit zu Sehenswürdigkeit gelangen, ist die Beförderung von **wichtiger Bedeutung**. Angepasst an die Straßenverhältnisse des jeweiligen Reiseziels können die Beförderungsmittel landesübliche, klimatisierte Reisebusse, Kleinbusse und/oder Allradfahrzeuge sowie auch Bahn und/oder Schiff sein; alle Verkehrsmittel haben zum **Ziel, die Reisenden sicher** zu ihrem Zielort zu bringen.

Häufig gibt sich auch die Gelegenheit **einige Strecken zu Fuß** zu bewältigen, wie z.B. bei Besichtigungen oder Stadtführungen. Dies wird in den Katalogen ausgeschrieben.

Organisation an Ankunfts- und Abreisetag

Die An- und Abreise ist in den meisten Fällen bereits von dem Reiseveranstalter mit der eigentlichen Reise zu einem Paket geschnürt. Flexible Auswahlmöglichkeiten der An- und Abreiseart je nach Reiseziel variieren zwischen Flug-, Bahn- oder Busanreise.

Die Studienreiseveranstalter geben ihren Gästen auch die Möglichkeit, Reisen ohne Flug bzw. Anreisepaket zu buchen. In diesem Fall können sich die Reisenden selber um die An- und Abreise kümmern und gegebenenfalls sogar mit dem eigenen Pkw anreisen. Allerdings entfallen bei dieser Variante die Transfers am Ankunfts- und Abreisetag. Haben sich die Reisenden für die **selbst organisierte An- und Abreise** entschieden, sind sie für die pünktliche Ankunft selbst verantwortlich. Bei Verspätung sind Rückerstattungen für nicht in Anspruch genommene Leistungen oft nicht möglich.

In jedem Fall werden die Reisenden direkt **am Zielflughafen, am Zielbahnhof oder im Zielhotel** von der Reiseleitung, die ab da an die Gruppe rund um die Uhr während der Reise begleitet, in Empfang genommen. (In den ersten bei-

den Fällen findet anschließend der Transfer zur ersten Übernachtungsmöglichkeit statt, sofern das An- und Abreisepaket des Veranstalters gebucht wurde.) Die **Reiseleitung übernimmt das Einchecken** woraufhin die Gäste das Zimmer beziehen können.

Je nach Vorgaben des Reiseveranstalters und Handhabung der Reiseleitung stellt diese am Ankunftstag **den Reiseverlauf und das Zielgebiet** vor und macht die Gruppe miteinander bekannt.

Am **Abreisetag checken die Reisenden im Hotel aus**. Abhängig von den Abreisezeiten wird der Transfer seitens der Reiseleitung organisiert und die Gruppe fährt gemeinsam mit dem Reisebus oder den öffentlichen Verkehrsmitteln zum Flughafen bzw. Bahnhof. Nach der Verabschiedung durch die Reiseleitung reisen die Gäste zurück in die jeweilige Heimat.

Tagesablauf während der Reise

Das **allgemeine Tagesprogramm** ist bei jedem Reiseveranstalter, jedem Zielgebiet und jedem Schwerpunkt der Reise anders gestaltet. Damit der Reisende einen Überblick erhält, wird das Tagesprogramm detailliert **in den Katalogen ausgeschrieben**. Schließlich ist der Tagesablauf **entscheidend für die Auswahl** der Reise und wird **Bestandteil des Reisevertrages** (Reiserecht ▸ Fachwissen Tourismus Band 1, LF 4.1, Kapitel A).

Der **übliche Tagesablauf einer Studienreise** beginnt schon sehr früh mit dem individuellen Frühstück, das in den meisten Fällen im Übernachtungshotel eingenommen wird. Anschließend checkt der Reisende bei einem Hotelwechsel aus und trifft sich in der Reisegruppe. Nach Begrüßung der Reiseleitung beginnt die Gruppe die Ausflüge laut Programmablauf. **Über Mittag** haben die Reisenden meist Zeit zur freien Verfügung, um auf eigene Faust entdecken zu gehen, sich auszuruhen und individuell essen zu gehen. **Am Abend,** nach den täglichen Reisezielen, erreichen die Reisenden z. B. ihr Hotel und checken ein, haben ein wenig Freizeit, um sich für den Abend vorzubereiten. In den meisten Fällen geht die **Gruppe geschlossen zu einem landestypischen Restaurant**.

Der restliche Abend steht dann entweder wieder zur freien Verfügung oder die Reisegruppe unternimmt an manchen Abenden etwas Gemeinsames, wie z. B. Theaterbesuche oder den Besuch einer Bar.

Reisetypen und Gruppenzusammensetzung

Reisende, die **während ihres Urlaubs neue Kulturen entdecken oder mehr über bestimmte Lebensarten lernen** möchten, interessieren sich für eine Studienreise. Der Vorteil einer Studienreise gegenüber anderen Reiseformen ist, dass sie **wissenschaftlichen Charakter** zeigt und besonderen Wert auf die intensive Vermittlung von Besonderheiten eines Reiseziels oder eines Mottos, wie

z. B. Kunst, Kultur und Religion legt. Einem ausgewählten **Kreis von Gleichgesinnten** werden die Sinne für kulturelle Vielfalt von einer fachlichen Reiseleitung geschärft.

Gemeinsamkeiten zu Rund- und Erlebnisreisen MERKE
Generell ähnelt eine Studienreise einer Rund- und Erlebnisreise in den Faktoren: begrenzte Teilnehmerzahl, festgelegtes Reisethema, festgelegte Reiseroute sowie deutschsprachige, fachlich qualifizierte Reiseleitung.

Reisende, die **Sicherheit durch eine Gruppenzugehörigkeit** suchen, da sie zum Beispiel als *Single* oder als Witwe/Witwer allein reisen müssen oder bereits in einem höheren Alter sind und sich eine Reise allein bzw. ohne Betreuung nicht zutrauen, sind bei einer Studienreise gut aufgehoben.

Tipp: Ganz wichtig, um Unzufriedenheit in der Gruppe zu vermeiden ist es zu erwähnen, dass jeder Alleinreisende ein Einzelzimmer buchen und sich somit von den Mitreisenden zurückziehen kann. Gezwungenes Beisammensein und das Knüpfen von erzwungenen Freundschaften werden von kompetenten Studienreiseveranstaltern vermieden.

7.2 Studienreise auf Sizilien

Die **Lage zwischen Afrika und Europa** macht *Sizilien* zu einem **Schnittpunkt der Kulturen**. Griechen, Römer, Araber, Normannen, Staufer, Franzosen, Spanier, Österreicher – alle hinterließen Spuren auf der größten Insel des Mittelmeers, die teilweise noch heute zu besichtigen sind. Diese Höhepunkte der Insel erleben Urlauber am besten während einer Studien- oder Rundreise.

Für gewöhnlich beträgt die Dauer einer Studienreise auf *Sizilien* **sieben bis 14 Tage** und wird oft mit einem Badeurlaub an einem der schönen Strände der Insel abgerundet. Die ***Highlights Siziliens*** (Vulkane, Insel, Tempel und Paläste) werden oft von den Reiseveranstaltern zur Thematisierung einer Studienreise genutzt. Solche Themen können sein »Tempel und Vulkane« oder »Von Insel zu Insel«.

Einreisebestimmungen

Mit einem gültigen oder **höchstens seit einem Jahr ungültigen Personalausweis oder Reisepass** ist die Einreise nach Italien für deutsche Staatsangehörige möglich.

Medizinische Hinweise

Empfehlenswert ist die Überprüfung und Vervollständigung der Standardimpfungen, z.B. *Hepatitis A* und *B*, gegen *Tetanus*, *Diphtherie* und Keuchhusten sowie der Reiseimpfungen.

Anreise

Von **allen großen deutschen Flughäfen** gibt es, im Sommer häufiger als im Winter, täglich direkte Charterflugverbindungen zu den Flughäfen *Catania* (CTA) und *Palermo* (PMO). Im Linienverkehr fliegen die Fluggesellschaften *Lufthansa* (LH) und *Alitalia* (AZ) sowie die kleineren *Airlines Air Dolomiti* (EN) und *Air One* (AP) die Insel an. Die Flugzeit beträgt etwa zwei Stunden. Direktbusse verbinden größere Städte mit den Flughäfen.

Eine **direkte Bahnverbindung ab Deutschland gibt es nicht**. Umstiege sind entweder in *Mailand* oder in *Rom* möglich. Die Fahrzeit ab München beträgt 23 bis 25 Stunden, deswegen ist ein Schlaf- oder Liegewagen empfehlenswert. (Die Bahnpreise sollten mit den Flugpreisen verglichen werden.)

Die **Anreise mit dem Pkw** ab München erfolgt zum Beispiel über die Strecke *Bologna*, *Rom*, *Neapel* und *Villa San Giovanni* oder *Reggio de Calabria* und beträgt etwa 1.600 Kilometer. Empfehlenswert ist eine Übernachtung in der *Toskana* oder z.B. in *Rom*. Bei der Anreise mit dem Pkw sind die ***Vignetten*pflicht in Österreich und die *Maut*pflicht in Italien** zu berücksichtigen.

Tipp: Da das Straßennetz in *Sizilien* gut ausgebaut ist und sich in jeder großen Stadt eine Autoanmietstation befindet, lohnt es sich bei nicht eigener Anreise ein Auto zu mieten und die Insel mit dem Mietauto zu erkunden.

Von *Villa San Giovanni* und *Reggio de Calabria* bestehen **Fährverbindungen** nach *Sizilien* zur Stadt *Messina*. Die Überfahrt nach *Messina* dauert eine gute halbe Stunde. Nach *Sizilien* bestehen weitere Fährverbindungen ab *Genua*, *Livorno Civitavecchia*, *Neapel* und *Salerno* nach *Palermo*. Ebenfalls **im Rahmen einer Kreuzfahrt** werden am häufigsten die Häfen von *Palermo* und *Catania* angelaufen.

7.2.1 Attraktivitätsfaktoren von Sizilien

Bei einem Verkaufsgespräch für die Destination *Sizilien* spielen verschiedenste Attraktivitätsfaktoren eine bedeutende Rolle; *Sizilien* kann nicht nur in Form einer »Studienreise« besucht werden.

Daher analysieren Sie Ihren Kunden am besten nach Interessen, Motivation und Einstellung, so dass Sie ihn einem der Reisetypen (▸ LF 3, Kapitel 2.6) zuordnen können. Machen Sie ihm anschließend die »Destination *Sizilien*« mit Hilfe der Attraktivitätsfaktoren »schmackhaft«.

Natürliche Faktoren		Reisetypen/Zielgruppen
Klima	Heiße Sommer und milde Winter. März bis April Mandelblüte.	▸ Badeurlauber ▸ Sport- und Aktivbegeisterte ▸ Kulturinteressierte ▸ Familien mit Kindern
Naturräumliche Gegebenheiten	Bergketten, steil ins Meer abfallende Felsküsten, Vulkangebiete, fast weiße, feinsandige Strände, Waldgebiete	▸ Badeurlauber ▸ Sport- und Aktivbegeisterte ▸ Individualreisende Entdecker
Flora und Fauna	Tannen, Kiefern, Buchen Orangen, Weinreben, Oliven, Mandeln und Pistazien Zugvögel, Wild, Füchse, Fische	▸ Wanderer ▸ Fahrradfahrer ▸ Naturliebhaber
Gesundheit	Keine speziellen Impfvorschriften	▸ Alle Zielgruppen
Wasserqualität	Viele Strände sind mit der *Blauen Flagge* ausgezeichnet, da die Wasserqualität sehr gut ist	▸ Badeurlauber ▸ Wassersportbegeisterte
Künstliche Faktoren		**Reisetypen/Zielgruppen**
Erreichbarkeit/ Beförderung	Keine langen Flugzeiten ab Deutschland	▸ Alle Zielgruppen
Einreise	Aufgrund der Zugehörigkeit zur EU benötigen deutsche Staatsangehörige nur einen Personalausweis zur Einreise	▸ Deutsche Staatsangehörige
Verkehrswege	Gut ausgebaute Straßen, schnelle Erreichbarkeit zwischen den Ferienorten und den größeren Städten	▸ Individualreisende Entdecker
Hotellerie/ Gastronomie	Hotels und Unterkünfte jeglicher Kategorie Viele Restaurants mit landestypischen Gerichten	▸ Alle Zielgruppen ▸ Kulinarisch orientierte Reisende (DINKS, *Best Ager*)
Freizeiteinrichtungen	Golfplätze, Tennisplätze, Wander- und Fahrradwege, Diskotheken, Bars, Einkaufsmöglichkeiten	▸ Sport- und Aktivbegeisterte ▸ Familien mit Kindern ▸ Alleinreisende und *Singles*
Soziokulturelle Faktoren	Schnittpunkt verschiedener Kulturen: Griechische Tempel, römische Theater und Villen Museen, Ausgrabungsstätten	▸ Kulturinteressierte ▸ *Best Ager* ▸ Individualreisende Entdecker ▸ Alleinreisende und *Singles*
Sicherheit	Gute Medizinische Versorgung vor Ort, keine politischen Unruhen	▸ Alle Zielgruppen

Tab. Attraktivitätsfaktoren von *Sizilien* und Zielgruppen

7.2.2 Routenvorschlag für eine Studienreise

Abb. Routenvorschlag für eine Studienreise auf *Sizilien*

Die nachfolgende Studienreise beginnt und endet in *Catania* und umfasst im Uhrzeigersinn die **wichtigen Städte sowie kulturellen und landwirtschaftlichen Sehenswürdigkeiten**, die häufig während einer Studien- oder Rundreisereise angefahren werden:

Tag 1: Ankunft in *Catania*

Tagesprogramm: Flug nach *Catania*. Empfang durch die Reiseleitung am Flughafen. Transfer zum Hotel. Nach dem Zimmerbezug Vorstellung des Reiseverlaufs. Anschließender Stadtrundgang und Abendessen in einem typisch sizilianischen Restaurant. Übernachtung in *Catania*.

Sehenswertes : Viele Gebäude der barocken Stadt *Catania* sind aus **schwarzem Lavastein gebaut** und stehen im **Kontrast zur Lebensfreude** der Bewohner auf den Straßen. **Wahrzeichen der Stadt ist der »Elefantenbrunnen«** vor dem Dom, der einen ägyptischen Obelisken trägt. Weitere Sehenswürdigkeiten sind der Normannendom (in dem sich Komponist *Bellinis* Grab befindet) sowie das *Castello Ursino* und das römische Theater.

© Fototeca ENIT

Abb. Elefantenbrunnen

Tag 2: *Syrakus*

Tagesprogramm : Frühstück im Hotel, anschließendes Treffen der Gruppe. Busfahrt nach *Syrakus* und Besichtigung der Stadt. Abendessen im Hotel und Übernachtung in *Syrakus*.

Sehenswertes: Die Altstadt von *Syrakus* liegt zwischen zwei Naturhäfen auf der **vorgelagerten Insel** *Ortigia*. Ein Altstadtbummel führt durch die liebevoll restaurierte, autofreie »Wachtelinsel« vorbei an den Überresten eines ***Apollon*-Tempels**, über die *Piazza Archimede* mit dem ***Artemisbrunnen*** zu dem ***Athena*-Tempel**, einem heutigen Dom. Die romantische **Süßwasserquelle *Arethusa*** ist ein beliebter Treffpunkt der Jugendlichen.
Auf dem Festland befindet sich die Neustadt mit mehreren Kirchen und einem Archäologischen Museum, welches antike und Requisiten des vergangenen Lebens dokumentiert.

© Fototeca ENIT

Abb. *Syrakus*

Am Rande der modernen Stadt erstreckt sich die ausgedehnte, **archäologische Zone von Syrakus,** der *Parco Archeologico della Neapoli*. Absolutes Highlight der Ausgrabungsstätte ist das imposante ***Teatro Greco,*** die griechische Aufführungsstätte der »Tragödie des *Aischylos* und des *Sophokles*«. Unter den vielen antiken Steinbrüchen befindet sich die bekannte **Steinbruchhöhle »Ohr des *Dionysios*«** mit einer außergewöhnlichen Lauschakustik. Spektakuläre Gladiatorenkämpfe begeisterten das damalige Volk im noch heute erhaltenen **römischen Amphitheater**.

Tag 3: *Noto – Cava d'Ispica – Ragusa – Caltagirone*

Tagesprogramm : Frühstück im Hotel, anschließendes Treffen der Gruppe. Busfahrt nach *Noto* und Stadtbesichtigung. Weiterfahrt in die Stadt *Ragusa* und Freizeit. Weiterfahrt nach *Caltagirone*, gemeinsames Abendessen in der Stadt und Übernachtung.

Sehenswertes : Auf dem Weg Richtung Westen geht es durch die **Hybläischen Berge** zur typisch sizilianische **Kleinstadt** *Noto*, die wegen ihrer barocken Architektur bei der **UNESCO als Weltkulturerbe** gelistet ist. Ihre Kirchen und Paläste aus hellem Kalkstein »strahlen« dem Besucher entgegen.
Etwa 27 Kilometer südwestlich von *Noto* liegt die **Karstschlucht *Cave d'Ispica*** (Karst ▸ Glossar), in der sich **Katakomben und byzantinische Höhlenkirchen** befinden.
Einer Filmkulisse gleicht das **Städtchen *Ragusa*, ebenfalls UNESCO-Weltkulturerbe**. Über Treppen und Brücken ist das ältere Viertel *Ragusa Ibla* mit der barocken Oberstadt verbunden, in der das *Highlight,* die Kirche *San Giorgio* thront.
60 Kilometer nördlich von *Ragusa* erhebt sich weit sichtbar **auf einer Bergspitze das Städtchen *Caltagirone***. Kirchtürme, Kuppeln und insbesondere Keramik dominieren das auch als »Stadt der Keramik« bezeichnete *Caltagirone*. Besonders bekannt und sehenswert ist die ***Scala Monumentale* aus dem 16. Jahrhundert**, die bildreichste aus Keramik geflieste Treppe.

© Fototeca ENIT

Abb. *Noto*

Tag 4: ***Piazza Armerina – Morgantina – Enna***

Tagesprogramm: Frühstück im Hotel, anschließend treffen in der Gruppe. Busfahrt nach *Piazza Armerina*. Besuch der *Villa Casale*. Weiterfahrt nach *Morgantina* und Besichtigung der Ausgrabungen. Anschließend geht es nach *Enna*. Freizeit am Nachmittag. Gemeinsames Abendessen im landestypischen Restaurant und anschließende Stadtführung bei Nacht. Übernachtung in *Enna*.

Sehenswertes: Die Fahrt in das Landesinnere Siziliens führt in das **Städtchen *Piazza Armerina,*** das für die römische ***Villa Casale*** (**UNESCO-Weltkulturerbe** ► LF 3, Kapitel 2.3) bekannt ist. Auf dem 3.500 Quadratmeter großen Fußboden der Villa erstrecken sich farbenprächtige Mosaike, die vom einstigen römischen Luxusleben mit wilden Tieren und von den berühmten »Bikinimädchen« erzählen.

© Fototeca ENIT

Abb. *Villa Casale*

Weiter geht es zu der **Ausgrabung von *Morgantina***, 15 Kilometer nordöstlich von *Piazza Amrerina*. Grottengräber, Rundhütten und ein ungewöhnlich unregelmäßiges Straßensystem dokumentieren Leben verschiedener Zeitalter.
Die Weiterfahrt führt 35 Kilometer nordwestlich von *Morgantina*, vorbei am mythischen ***Pergusa*-See** zu der auf 1.100 Meter Höhe gelegenen **Burgstadt** *Enna*. Sehenswert in diesem Städtchen sind in erster Linie die aus normannisch-staufferischer Zeit stammenden Befestigungsanlagen. Darunter das ***Castello di Lombardia,*** das am Fels *Rocca di Cerere* mit einer wunderschönen Aussicht liegt.

Tag 5: ***Agrigent***

Tagesprogramm: Frühstück im Hotel, anschließendes Treffen der Gruppe. Busfahrt nach *Agrigent*. Stadtrundgang. Abendessen und Übernachtung im Hotel bei *Agrigent*.

Sehenswertes: Der erste Blick auf ***Agrigent*** mag vielleicht enttäuschen, denn die weniger schöne Beton-*Skyline* aus den 1970er Jahren des modernen *Agrigent* versperrt die Sicht auf die **geschichtsträchtige Altstadt**. Dieser mittelalterliche-barocke Stadtteil *Agrigento* wurde im 6. Jh. v. Chr. von den Griechen auf einem Hügel gegründet und war während ihrer Glanzzeit im 5. Jh. wirtschaftlich und militärisch das zweitwichtigste griechische Machtzentrum auf *Sizilien*. Eindrucksvoll thront eine **mächtige normannische Kathedrale** an der höchsten Stelle der Altstadt und imponiert durch ihren großen, lichten Innenraum und ihrer **Aussicht auf das »Tal der Tempel«**, die bei Dunkelheit spektakulär in Licht gesetzt sind.

© Fototeca ENIT

Abb. Das *Tal der Tempel*

Wie Perlen reihen sich die **Reste der fünf griechischen Tempel (UNESCO-Weltkulturerbe)**, darunter die monumentalen Reste des ***Zeus*-Tempels**, in dem **antiken Stadtteil *Akragas*** aneinander und zeugen von einstigem Prunk und Reichtum der Antike.

Tag 6: *Sciacca über Eraklea Minoa – Selinunt*

Tagesprogramm: Frühstück im Hotel, anschließend treffen in der Gruppe. Busfahrt nach *Selinunt* mit Zwischenstopp in *Eraklea Minoa*. Übernachtung und Abendessen bei *Selinunt*.

Sehenswertes: Über die ***Sikanischen* Berge** mit malerischen Dörfern und Klöstern geht es über ***Eraklea Minoa*, einer kleinen Ausgrabungsstätte** nahe dem Fluss *Platani* in die einst wichtige, **griechische Hafenstadt *Selinunt*** (it. *Selinunte*). Heiligtümer und Stadtruinen erzählen vom Aufstieg und Niedergang der Stadt, die im 6. Jh. v. Chr. von griechischen Kaufleuten gegründet wurde. Erst vor wenigen Jahren begannen die Ausgrabrungen der nun **größten archäologische Ausgrabungsstätte Europas** mit Relikten prachtvoller, griechischer Tempel sowie einer Befestigungsanlage.

© Fototeca ENIT

Abb. *Selinunt*

Tag 7: *Marsala – Insel Mozia – Marsala – Trapani* (Ausflug *Ägadische Inseln*)

Tagesprogramm: Frühstück im Hotel, anschließend treffen in der Gruppe. Busfahrt nach ***Marsala***. Ausflug zur Insel *Moiza*, anschließend Busfahrt nach *Trapani*. Angeboten wird eine Stadtführung oder die Möglichkeit an einem **fakultativen Ausflug zu den *Ägadischen Inseln*** teilzunehmen. Abendessen und Übernachtung in *Trapani*.

Sehenswertes: Entlang der Küste geht es von *Selinunt* nach *Marsala* in die Heimat des bekannten Dessertweins. Von einer langen, imposanten Stadtmauer eingekränzt, beherbergt die **Barockstadt *Marsala*** viele fröhlich beschwingte Fassaden und Gässchen sowie ein Museum, in dem sich die **Reste eines *punischen* Schiffes** aus dem 3. Jh. v. Chr. befindet. Der Fährhafen der Stadt bietet Fährverbindungen zu der einen Kilometer entfernten Insel *Mozia*.

Die **Überfahrt nach *Mozia*** dauert etwa eine halbe Stunde. Die **Ausgrabungsstätte und das Museum**, das einen wundervollen »marmornen Jüngling« zur Schau stellt, erinnern an die einstig glanzvolle Zeit der Insel. Mit der Fähre geht es zurück nach *Marsala*, von dort Weiterfahrt nach *Trapani*.

© Fototeca ENIT

Abb. Ausgrabungsstätte von *Mozia*

Die Stadt ***Trapani*** liegt etwa 30 Kilometer von *Marsala* entfernt und **ragt wie ein langer Finger ins Meer hinaus**. Hinter der langen Hafenfront verbirgt sich die zwischen beeindruckenden Palästen und leuchtendem Korallenschmuck liegende, gründlich **renovierte Altstadt**.

Die ***Salinen* im Naturreservat** vor der Stadt waren einst die Wirtschaftsgrundlage und werden teils noch heute zur Salzgewinnung, aber auch als tolles Fotomotiv genutzt.

Ab *Trapani* verkehren **Fähren nach *Pantelleria*** und zu den sechs bis 30 Kilometer entfernten ***Ägadischen Inseln***. Etwa eine halbe Stunde dauert die Überfahrt mit der Fähre oder den Tragflügelbooten zu den drei bewohnten Eilanden: *Favignana* (die mit 19 qkm größte der drei Inseln), *Levanzo* (sehenswert wegen der *Grotta del Genovese*, in der alte Felszeichnungen eingeritzt sind) und *Marettimo* (beliebt wegen ihrer üppigen Pflanzenwelt). Falls dieser Ausflug nicht schon im Reiseverlauf enthalten ist, wird er oft fakultativ angeboten.

Tag 8: ***Segesta – Monreale***

Tagesprogramm: Frühstück im Hotel, anschließendes Treffen der Gruppe. Abfahrt mit dem Bus nach *Segesta*. Besuch der Ausgrabungsstätte und des Theaters. Weiterfahrt nach *Monreale*. Besichtigung des Doms und anschließende Freizeit. Abendessen im typischen Restaurant der Stadt und Übernachtung.

Sehenswertes: Etwa 40 Kilometer südöstlich von *Trapani* befindet sich, von Weinbergen umkränzt, die **Ausgrabungsstätte von *Segesta***. Einsam in einem Tal liegt der nie vollendete, griechische **Säulentempel der *Elymer***. Oberhalb auf dem Hügel *Monte Barbaro* erhebt sich das alte **griechisch-römische Theater** mit einer grandiosen Aussicht auf die Berge und die herrliche Küste.

© Fototeca ENIT

Abb. Säulentempel *Elymer*

60 Kilometer nordöstlich folgt die Stadt ***Monreale* mit der sehenswerten *Cappella Palatina* am *Normannen*palast**, in der das Beste aus drei Welten vereint ist: *Normannische* Architektur, arabische Schnitzkunst und *byzantinische* Mosaiken. Göttliche Bildergeschichten vom »Alten- und Neuen Testament« erzählen die golden funkelnden Mosaiken des ***Doms von Monreale***. Daneben befindet sich der beeindruckende Kreuzgang des ehemaligen *Benediktiner-Klosters,* dessen Pfeiler und Säulen ihre Bilder im Marmor darstellen.

Tag 9: ***Palermo***

Tagesprogramm: Frühstück im Hotel, anschließendes Treffen der Gruppe. Busfahrt nach *Palermo*, danach geführter Stadtrundgang. Der Nachmittag steht zur freien Verfügung, kann aber auch genutzt werden um **fakultative Ausflüge zum *Normannenpalast* oder zum *Lustschloss*** zu unternehmen. Abends steht nach dem gemeinsamen Essen der Besuch des Opernhauses auf dem Programm. Übernachtung in *Palermo*.

Sehenswertes: Rund 10 Kilometer nordöstlich von *Monreale*, in einer von Bergen umgebenen fruchtbaren Ebene, liegt die **größte Stadt *Siziliens*** und zugleich fünftgrößte Stadt Italiens: ***Palermo***. Die im 8. Jahrhundert v. Chr. von *Phöniziern* gegründete Stadt wurde im 9. Jh. n. Chr. Hauptstadt unter den Arabern und ist heute das wirtschaftliche, politische und kulturelle Zentrum der Insel. Die Stadt voller Gegensätze bietet zahlreiche Attraktionen, die während eines Stadtrundgangs erkundet werden können.

© Fototeca ENIT

Abb. Kathedrale von *Palermo*

Am »barocken Nabel« der Stadt, dem *Quattro-Canti-Platz* befinden sich u. a. zwei **orientalisch anmutende *Normannen*kirchen** sowie die um 1800 sanierte **mittelalterliche Kathedrale**.

Die Kathedrale beherbergt **Sarkophage der Königshäupter** *Siziliens,* darunter das Grab von *Friedrich II.*
Weitere Attraktionen sind die **rote Kuppel** der Kirche *San Giovanni degli Eremiti* und das ***Teatro Massimo,*** eines der größten Opernhäuser Europas.
Weltberühmte Funde und eine der bedeutendsten italienischen Sammlungen der Antike sind im **Archäologischen Museum** untergebracht.
Im Südosten der Stadt, auf einem Hügel gelegen, befindet sich der ***Normannen*palast** mit der altehrwürdigen *Cappella Palatina*. Die Wände der ***Cappella Palatina*** sind mit **arabischer Schnitzkunst** und unzähligen goldenen Mosaiksteinen verziert, die die *byzantinische* und *normannisch*-römische Pracht der damaligen Zeit widerspiegeln.
Etwas außerhalb der Stadt errichteten arabische Baumeister dem *normannischen* König im 12. Jh. mit dem ***Castello della Zisa,*** ein wunderbares *Lustschloss,* das es zu besichtigen gilt.

Tag 10: *Cefalu – Tindari*

Tagesprogramm: Frühstück im Hotel, anschließendes Treffen der Gruppe. Busfahrt nach *Cefalu*. Stadtrundgang, danach Freizeit. Anschließend Weiterfahrt zum Felsen von *Tyndaris*. Übernachtung und Abendessen in *Tindari.*

Sehenswertes: Am Fuß eines wuchtigen Felsens, rund 70 Kilometer östlich von *Palermo,* liegt die malerische **Altstadt von *Cefalu***. Ein weiter, feinsandiger Strand und ein gepflegter Fischerhafen verschönern das Bild der Stadt.
Beim Flanieren durch das bunte Gassengewirr zum **öffentlichen Waschplatz *Lavatoio***, kann ein Einblick in das typisch sizilianische Leben gewonnen werden. Sehenswert ist die ***normannische*** **Kathedrale *San Salvadore***, deren Inneres mit feinen Mosaiken *byzantinischer* Meister besetzt ist.
Die Weiterfahrt führt 100 Kilometer von *Cefalu* zu dem unübersehbaren **Kennzeichen der Nordküste *Siziliens***, dem **Felsen von *Tyndaris***. Hoch über dem Meer auf dem Felsen, liegt die **Stadt *Tindari***, die aufgrund ihres **schwarzen Madonnenbildes** in der Wallfahrtskirche ein Ziel vieler Pilger ist.

Abb. *Cefalu*

Tag 11: *Milazzo – Äolische Inseln (Liparische Inseln) – Milazzo*

Tagesprogramm: Frühstück im Hotel, anschließendes Treffen der Gruppe. Busfahrt nach *Milazzo*. Schifffahrt auf die Insel *Lipari*. Besichtigung der Insel mit ihren Sehenswürdigkeiten. Anschließend geht es mit dem Schiff auf die Insel *Vulcano* zum Baden. Am Abend fährt das Schiff an der Insel *Stromboli* vorbei und zurück nach *Milazzo*. Abendessen und Übernachtung im Hotel in *Milazzo*.

Sehenswertes: Etwa 35 Kilometer von *Tindari* entfernt, liegt das **Städtchen *Milazzo***. Ab dort besteht die Möglichkeit mit einem Schiff auf die **acht *Äolischen Inseln*** überzusetzen. Die landschaftlich sehr reizvollen Inseln, die auch als *»Liparische Inseln«* bezeichnet werden, sind vulkanischen Ursprungs und umfassen eine Gesamtfläche von 117 qkm.

Eine Überfahrt mit dem Tragflügelboot nach *Lipari* dauert etwa eine Stunde. ***Lipari*, die größte Insel** und zugleich Hauptinsel des **Archipels** (► Glossar), hat eine sehr gute touristische Infrastruktur. Sehenswert sind unter anderem die ***Akropolis*** (► Glossar) **aus dem 16. Jh.**, die vielen Kirchen und Paläste, das ***Äolische Museum*** mit zahlreichen archäologischen Funden sowie die **römische Therme** in der die älteste Sauna der Welt zu besichtigen ist.
Nur einen Kilometer entfernt liegt die **Insel *Vulcano*,** die Badevergnügen im warmen Schlamm der ***Sulfur*quellen** bietet. Einen sehr beeindruckenden Anblick bietet die abseits liegende **Insel *Stromboli*** bei Dunkelheit, denn der fleißige Vulkan, der seit 2.000 Jahren regelmäßig ausbricht, spuckt in dichten Abständen Glutgarben.

© Chantal Ruby

Abb. Vulkan *Stromboli*

Tag 12: *Messina* – *Taormina* – Vulkan *Ätna* – *Catania*

Tagesprogramm: Frühstück im Hotel, anschließendes Treffen in der Gruppe. Busfahrt nach *Messina* und Stadtbesichtigung. Danach Weiterfahrt nach *Taormina* und Zeit zur freien Gestaltung. Anschließend geht es mit dem Bus hinauf auf den Vulkan *Ätna*. Dort kann ein Sparziergang um den Krater oder eine Wanderung zum Gipfel des Vulkans unternommen werden. Fahrt mit dem Bus zur Stadt *Catania*. Abendessen und Übernachtung in der Stadt.

Sehenswertes: An der Nordostspitze, 30 Kilometer von *Milazzo* entfernt, liegt die **drittgrößte Stadt der Insel, *Messina***. Aufgrund der kurzen Fährverbindung über die »Straße von Messina« zum italienischen Festland, ist die Stadt für **Zug- oder Autoreisende das »Tor nach *Sizilien*«**. Häufig wurde die Stadt von Erdbeben heimgesucht, aber bislang immer wieder aufgebaut. Allerdings sind nur wenige alte Sehenswürdigkeiten erhalten, darunter Kirchen, *Renaissance*brunnen und der Dom, dessen freistehender Glockenturm die **größte mechanische Uhr der Welt** besitzt.

© Fototeca ENIT

Abb. *Taormina*

Am Fuße des *Ätnas* liegt die **Bergstadt *Taormina***. Schon seit Jahren tummeln sich in diesem turbulenten Ferienort »*Stars* und Sternchen«. Der lebhafte *Corso Umberto*, der von vielen kleinen Geschäften und romantischen *Cafés* flankiert wird, führt in den Stadtpark. Eine der zahlreichen antiken Sehenswürdigkeiten ist die **Ruine** des oberhalb gelegenen griechisch-römischen Theaters mit dem schönen Bühnenbild: dem **grandiosem Blick auf die Bucht von *Giardini Naxos*** sowie auf den ***Ätna*.**

Durch Weingärten, Zitronenhaine, Kastanienwälder und karge Lavafelder geht es hinauf zum **beliebtesten Ausflugsziel *Siziliens,*** dem **ständig rauchenden Vulkan *Ätna.*** Auf 1.900 Meter Höhe, inmitten des Nationalparks, befindet sich der ***Silvestri-Krater,*** der bei einem Sparziergang erkundet werden kann. Mit der Seilbahn oder einem geländegängigen Fahrzeug kann die Bergstation auf bis zu 3.000 Meter Höhe erreicht werden, um dort die Spuren der letzten Ausbrüche zu erforschen. Die Wanderungen zum Gipfel des aktiven Vulkans sind nur in Begleitung von Führern möglich und wetterabhängig. Etwa 33 Kilometer in Richtung Südost liegt die Stadt *Catania*, der Ausgangs- und Endpunkt dieser Studienreise.
Tag 13: Abreise aus *Catania*
Tagesprogramm: Frühstück im Hotel und Fahrt zum Flughafen. Verabschiedung des Reiseleiters und der Gruppe. Flug nach Deutschland.

Tab. Routenvorschlag für eine Studienreise auf *Sizilien*

Wie bereits erwähnt, **ähnelt eine Studienreise einer Rundreise** in vielen Faktoren, doch legt sie besonderen Wert auf das **einzelne Individuum in der Gruppe** und auf die **Qualität im Detail der Reise**. Daher ist sie in der Regel auch teurer als die »normalen Rundreisen« der Reiseveranstalter.

AUFGABEN

1. Beschreiben Sie drei Merkmale einer Studienreise.
2. Im Wandel der Zeit haben Sich die Wünsche und Bedürfnisse der Reisenden verändert. Somit musste auch die Studienreise neu konzipiert werden, um weiterhin als attraktive Reiseform auf dem Markt bestehen zu bleiben. Beschreiben Sie die Veränderungen mit Hilfe von Konzeptbeispielen der Studienreiseveranstalter.
3. Immer häufiger werden Studienreisen mit einer garantierten Durchführung ab zwei Personen beworben. Welchen Vorteil ziehen die Reisenden daraus? Erklären Sie in diesem Zusammenhang auch, aus welchem Grund eine Studienreise abgesagt werden kann.
4. Studienreisen werden in Begleitung eines Reiseleiters durchgeführt.
   a) Welche Tätigkeiten übt ein/e Reiseleiter/-in aus? Nennen Sie drei.
   b) Welche charakterlichen, persönlichen und fachlichen Fähigkeiten sollte ein/e Studienreiseleiter/in erfüllen? Zählen Sie drei auf.
5. Welche Zielgruppen interessieren sich für eine Studienreise? Nennen Sie zwei Beispiele und bilden Sie jeweils eine Nutzenbrücke.
6. Es gibt verschiedene Möglichkeiten zur Anreise nach *Sizilien.*
   a) Welche zwei Flughäfen der Insel können international angeflogen werden. Nennen Sie die entsprechenden Drei-*Letter-Codes*.

b) Die Zugwaggons werden im Hafen von *Villa San Giovanni* in *Kalabrien* auf die Fähre geladen und »fahren« somit bis auf die Insel, allerdings gibt es keine direkte Verbindung aus Deutschland. In welchen zwei großen Städten kann umgestiegen werden?

c) Was muss bei einer Anreise mit dem Pkw von Deutschland nach Italien berücksichtigt werden? Welche großen Städte liegen auf der Strecke von München nach *Villa San Giovanni*?

d) Von welchen Häfen auf dem Festland besteht eine Fährverbindung zum Hafen von *Messina* auf *Sizilien?*

7. Warum ist *Sizilien* Ihrer Meinung nach für eine Studien- oder Rundreise ideal geeignet? Begründen Sie anhand von drei Aspekten.

8. Bitte drucken Sie die Stummkarte von *Sizilien*, die sich unter der Internetadresse ▸ www.europa-lehrmittel.de ▸ Titel »All inclusive Band 2« befindet aus und zeichnen Sie den in ▸ Kapitel 7.2.2 ausführlich beschriebenen Reiseverlauf in die Karte ein.

9. Geben Sie zu jedem der genannten Orte je eine Sehenswürdigkeit an:
a) *Palermo,* b) *Catania,* c) *Syrakus,* d) *Agrigent* und e) *Selinunt.*

10. Sie arbeiten bei einem Reiseveranstalter der Studienreisen durchführt und sollen nun selbst eine Reise auf *Sizilien* organisieren. Diese soll 10 Tage dauern und unter ein bestimmtes Thema gesetzt werden. Nehmen Sie sich aktuelle Veranstalterkataloge der Mitbewerber zur Hilfe und gestalten Sie eine Studienreise.

a) Überlegen Sie vorab welche Orte und Sehenswürdigkeiten auf der Route liegen sollen (maximal 10). Beschreiben Sie diese stichpunktartig.

b) Zeichnen Sie anschließend den vorgesehenen Reiseverlauf in die Stummkarte von *Sizilien* ein, die sich unter der Internetadresse ▸ www.europa-lehrmittel.de ▸ Titel »All inclusive Band 2« befindet.

c) Entwerfen Sie einen tabellarischen Reiseverlauf.

d) Für einen viertägigen Anschlussaufenthalt bieten Sie aus den Reisekatalogen zwei Badeurlaubsorte an. – Welche wählen Sie?

e) Beschreiben Sie die besondere Lage von *Taormina* und nennen Sie eine Ausflugsmöglichkeit in die Umgebung.

f) Bieten Sie zusätzlich zum Rundreiseprogramm zwei fakultative Ausflugsziele auf *Sizilien* an. Führen Sie zu jedem Ausflugsziel eine Sehenswürdigkeit oder ein Detail auf und geben Sie auf der Stummkarte dessen geografische Lage wieder.

8 Rundreisen

In der Touristikbranche gibt es neben der Studienreise eine weitere Reiseform, die den Reisenden ermöglicht das jeweilige Reiseland intensiv zu besichtigen: **die Rundreise**. Täglich aufs Neue werden verschiedene Stationen angefahren und besichtigt, wobei die Reisenden das jeweilige Land kulturell sowie landschaftlich kennen lernen und Impressionen sammeln.

Die **Reisetypen einer Rundreise** sind neugierig auf die Menschen und die Lebensweisen in anderen Ländern, interessiert an Jahrtausende alten Kunstschätzen und/oder begeistern sich für die Schönheit der Natur. Menschen mit diesen Interessen und jeglichen Alters unternehmen Rundreisen, bevorzugt jedoch die Reisetypen der *Best Ager*, DINKS, Alleinreisende oder *Singles* sowie die Individuellen Entdecker.

Die meisten Rundreiseangebote der **Reiseveranstalter** erheben nicht den Anspruch als Studienreise zu gelten. Das bedeutet, sie sind hinsichtlich der Programmpunkte und der Reiseleitung weniger fachlich ausgerichtet als die Studienreisen (▸ Kapitel 7). Anbieter einer Rundreise sind fast alle großen Reiseveranstalter, wie DERTOUR, TUI, *Neckermann, Meier's Weltreisen*, usw. Natürlich gibt es auf diesem Gebiet auch **Spezialisten**, die ausschließlich Rundreisen anbieten. Hier können z. B. die Veranstalter *Djoser Reisen* und *Windrose Finest Travel* genannt werden.

Kundengruppe	Reisevorlieben
Einsteiger	*Highlights* des Landes kompakt und komfortabel besichtigen.
Klassiker	Seit vielen Jahren beliebte Rundreise mit den wichtigsten Sehenswürdigkeiten.
Genießer	Für Gäste, die Wert auf Qualität von Unterkunft, Verpflegung, Transport und Reiseleitung legen.
Kenner	Gäste wünschen ein intensives Kulturerlebnis mit mehr Hintergrundinformation, abseits der Touristenpfade.
Individualisten	Gäste gestalten sich ihre Mietwagen-/Selbstfahrerrundreise selbst.
Familien mit Kindern	Kindgerechte Ausflugsprogramme und Familienunterkünfte.

Tab. Kundengruppenempfehlungen der Rundreiseveranstalter

Die Rundreiseanbieter nehmen Rücksicht auf die unterschiedlichen Reisevorlieben ihrer Kunden indem sie **spezielle Themenrundreisen** »zusammenschneidern« bzw. eine Kundengruppenempfehlung für die jeweilige Rundreise ausschreiben:

Die Reiseveranstalter geben ihren Reisenden **bei Buchung** oftmals **zwei Varianten für die Gestaltung** der Rundreise zur Auswahl:

- Zum einen bieten sie bereits fertig zusammengestellte Rundreisen an, die sämtliche Leistungen wie **An- und Abreise, Transport, Unterkünfte sowie Eintritte und ggf. eine Reiseleitung** enthalten.
- Zum anderen geben Sie den Teilnehmern die Möglichkeit eine Rundreise nach eigenen Wünschen und Vorstellungen zusammenzustellen. Das sieht so aus, dass viele Unterkünfte im Programm geführt werden, aus denen der Reisende seine/ihre bevorzugten wählen kann und sich so eine eigene Route zusammenstellt.

Einige Veranstalter arbeiten mit **ortsansässigen Agenturen (*Incoming* Agenturen)** zusammen, die sich um die weitere Ausarbeitung der Rundreise kümmern. Sie haben die besseren Kontakte zu den lokalen touristischen Leistungsträgern und können bei Problemen vor Ort schneller reagieren.

Alternativ zu einer Pauschalbuchung bei nur einem Rundreiseveranstalter hat der Reisende die Möglichkeit, die Programmpunkte einer Rundreise ganz nach seinen eigenen Vorstellungen und Bedürfnissen zusammen zu stellen, zu organisieren und die einzelnen Elemente bei **unterschiedlichen Anbietern** zu buchen. Das bedeutet, er schließt einzelne Verträge ab und führt somit eine Individualreise durch. Hierfür gelten andere, reiserechtliche Bedingungen (▸ Fachwissen Tourismus Band 1, LF 4.1 Reisevertragsrecht, Exkurs in Kapitel A.1).

8.1 Merkmale einer Rundreise

Damit Sie Ihrem Kunden eine geeignete Rundreise empfehlen können, berücksichtigen Sie bitte einige wichtige Kriterien, zu denen einzelne elementare Leistungen der Rundreise gehören.

An- und Abreise

Die An- und Abreisemöglichkeiten variieren je nach Entfernung zwischen Heimat- und Reiseland. Ist die Entfernung nicht all zu groß, haben die Reisenden die Möglichkeit mit dem eigenen Pkw anzureisen. Einen Parkplatz müssen sie allerdings selbst organisieren. Selten stehen vom Veranstalter organisierte Busan- und -abreisen zur Verfügung. Besteht zum Reiseziel eine gute Zugverbindung, können die Angebote der jeweiligen Bahngesellschaften wie die der *Deutschen Bahn* (DB) genutzt werden. Die am häufigsten genutzte Variante ist jedoch die An- und Abreise **per Flugzeug**. Einladend sind die zahlreichen flexiblen Flugarrangements sämtlicher Fluggesellschaften.

Grundsätzlich können die Reisenden bei der Buchung zwischen folgenden Möglichkeiten wählen:

- Entweder buchen sie die **An- und Abreisepakete** des jeweiligen Veranstalters (Pauschalreise)
- oder sie organisieren die **Beförderung zum Zielgebiet selbst**, was gleich bedeutend mit der Buchung von zwei einzelnen Leistungen von unterschiedlichen Anbietern ist, die miteinander kombiniert werden (▸ Individualreise).

BEISPIEL

Selbst organisierte An- und Abreise

Im Reisebüro Sonnenschein bucht Familie Theiling eine Andalusien-Rundreise über den Reiseveranstalter TUI. Sie lehnt allerdings das Flugan- und -abreisepaket des Veranstalters ab und bucht separat (ebenfalls im Reisebüro Sonnenschein) einen Linienflug bei *Lufthansa*.

Achtung: Falls der Teilnehmer nun z. B. aufgrund von extremen Wetterverhältnissen verspätet am vereinbarten Treffpunkt eintrifft und den Beginn der gebuchten Rundreise verpasst, muss er **selbst organisiert zum nächstmöglichen Treffpunkt** gelangen und die Kosten, die er dafür aufgewendet hat, selber tragen.

MERKE

Individuelle An- und Abreise

Ist die An- und Abreise kein Leistungsbestandteil der Rundreise, also nicht über den Reiseveranstalter gebucht, ist es für den Reisenden ratsam bereits die erste Nacht vor Beginn der Rundreise in der Nähe des »Einstiegsortes« bzw. des Einstiegshotels zu verbringen.

Unterkünfte

Die Unterkünfte entsprechen dem **Charakter der Rundreise**. Das bedeutet, der Reiseveranstalter stimmt die **Art zu Übernachten** auf das Thema der Rundreise ab.

Handelt es sich um eine »**Premium-Rundreise**« wählt er gezielt sehr hochwertige und komfortable Hotels aus, handelt es sich um eine unter dem Thema »Umweltschutz« stehende Rundreise, sucht der Reiseveranstalter nach (zertifizierten) umweltorientierten Unterkünften (▸ LF 3, Kapitel 2.3).

Die »**klassische Auswahl**« und für fast jede Rundreise geeignet, stellen **Mitteklasse- bis gehobene Mitteklassehotels** dar. Doch sowohl Jugendherbergen und Campingplätze, als auch Schiffe, dienen als Übernachtungsmöglichkeiten für eine Rundreise.

Generell wählen die Reiseveranstalter Unterkünfte mit freundlicher Atmosphäre in optimaler Lage zum Routenverlauf, zentral in Ortschaften oder Städten gelegen. Falls vor Ort dennoch kein adäquates Hotel vorhanden ist, suchen die Anbieter nach **Alternativen.**

Alternative Unterkunft

BEISPIEL

Eine Busrundreise in *Tansania* verläuft durch einen weit von der Zivilisation abgelegenen Teil des Landes in dem keine touristische Infrastruktur vorhanden ist. In diesem Fall ist eine Übernachtung in einem bzw. in mehreren Zelten unumgänglich.

Rundreisen müssen allerdings nicht immer so ausgelegt sein, dass Reisende von Tag zu Tag ein neues Hotel auf ihrer Route beziehen. Liegen die Höhepunkte einer Reise in kurzer Entfernung nah beieinander, besteht die Möglichkeit, die Rundreise täglich von einem so genannten »**Standorthotel**« zu starten. Vorteil dieser Variante: Ihrem Kunden entfällt das ständige Kofferpacken und er kehrt jeden Abend in das ihm bereits bekannte Hotel zurück.

Die Auswahl ist erkennbar vielfältig und kommt den verschiedenen Bedürfnissen und Wünschen jeglicher Ziel- und Altersgruppen entgegen.

Für gewöhnlich gilt der **Reisepreis für eine Person in einer Doppelbelegung**. Gegen Zuschlag ist oftmals auch eine Einzelbelegung möglich. Kurze Angaben der jeweiligen Unterkünfte finden Sie in den Veranstalterkatalogen neben dem detailliert aufgeführten Reiseablauf.

Tagesablauf

Für eine kompetente Beratung müssen sie den **allgemeinen Tagesablauf** einer Rundreise kennen. Der tägliche Ablauf ändert sich nicht grundsätzlich, nur die Tagesziele.

- Rundreisen beginnen früh morgens mit einem **Frühstück** in den Übernachtungsunterkünften. Im Anschluss daran wird, falls nötig, an der Rezeption des Hotels ausgecheckt.
- Danach findet der erste im Reiseverlauf aufgeführte **Programmpunkt** statt. Das kann eine Stadtführung, der Besuch eines

Museums, die Besichtigung von historischen Gebäuden sowie Denkmälern oder eine Fahrt durch einen Nationalpark oder vieles mehr sein.

- Über **Mittag** ist in der Regel Zeit für einen *Snack* oder ein Mittagsimbiss eingeplant. Anschließend geht es nochmals auf Entdeckungsreise.
- Am Abend beziehen die Rundreisenden ihr neues Übernachtungshotel, machen sich frisch und nehmen das **Abendessen** ein. Hinterher haben sie oftmals die Möglichkeit die Umgebung der Unterkunft kennen zu lernen und z. B. ein wenig spazieren zu gehen, sofern dies aus Sicherheitsgründen zulässig ist.

Transfer-Arten

Rundreisen unterscheiden sich in den Transfer-Arten. Kategorisiert wird hinsichtlich des Transfers bzw. des Fortbewegungsmittels zwischen den Tageszielen vor Ort:

Busrundreise 	Möchten die Reisenden die *Highlights* eines Landes **bequem** innerhalb einer **Gruppe** besichtigen und zusätzlich von einer **Reiseleitung** betreut werden, wählen sie die Form der Busrundreise. Die Reiseroute ist festgelegt und die Unterkünfte werden bereits im Voraus vom Reiseveranstalter reserviert.
Rund- und Kreuzflüge und -fahrten 	Sehr **komfortabel** ist eine Rundreise im Rahmen von Rund- und Kreuzflügen (oder Kreuzfahrten ▸ Kapitel 5). Die Urlauber legen keine zeitaufwendigen Strecken auf der Straße zurück, sondern gelangen bequem, ausgeruht und rund um versorgt zu ihrem nächsten Etappenziel. Ferner können sie sowohl den **landschaftlichen Ausblick, z. B. von »oben«** genießen, als auch mehr Zeit vor Ort verbringen. Diese häufig in einer **Gruppe** durchgeführte Form der Rundreise wird stets von einer **qualifizierten Reiseleitung** begleitet.
Wander- oder Radrundreise 	Eine Destination kann auch **»aktiv« erkundet** werden. Diese Möglichkeit bieten die Wander- und Radrundreisen. In Begleitung eines *Guide* wird die Reisegruppe sportlich durch das Land (rund) geführt (Wanderurlaub ▸ Kapitel 12). Auch hier ist die Reiseroute festgelegt und die Unterkünfte werden bereits im Voraus vom Reiseveranstalter reserviert.
Mietfahrzeugrundreise 	Reisende, die es lieber etwas **unabhängiger** mögen, wählen die Form der Mietfahrzeugrundreise (**Selbstfahrerrundreise**). Somit können sie auf eigene Faust das jeweilige Land kennen lernen und **selbst entscheiden**, wo und wie lange sie welche Sehenswürdigkeit besichtigen. Die Reiseveranstalter fertigen den Reisenden für diese Reiseform bereits eine Route an und reservieren entsprechende Hotels und Unterkünfte. (Alternativ wählen die Reisenden verschiedene, in den Programmen des Veranstalters aufgeführte Hotels oder Übernachtungsplätze aus und legen den Routenverlauf somit selbst fest.)

Tab. Transfer-Arten bei einer Rundreise

Die meisten Rundreisen werden von dem **Reiseveranstalter organisiert** und häufig mit dem Bus durchgeführt. Mit der Möglichkeit der **Rundreise per Mietfahrzeug** räumen Reiseveranstalter ihren Kunden ein weitaus höheres Maß an Flexibilität ein.

MERKE

Selbstfahrerrundreise
Die Reisenden stellen sich quasi ihre »eigene Rundreise« zusammen, buchen dennoch pauschal über nur einen Reiseveranstalter. Daher fällt die Reise unter das Pauschalreiserecht (► Fachwissen Tourismus Band 1, LF 4.1) und die Reisenden können verschiedene Rechte geltend machen.

Um Ihnen die Möglichkeit der kundenorientierten Beratung zu geben, müssen Sie genau wissen, welche **Art von Rundreise** Ihr Kunde wünscht.

Vergleich von Busrundreise und Selbstfahrerrundreise

Dieses Kapitel konzentriert sich auf den Vergleich zwischen einer vom **Veranstalter organisierten** und durchgeführten **Rundreise** (per Bus) und einer individuell vom Reisenden durchzuführenden, aber organisierten **Selbstfahrerrundreise** (per Mietfahrzeug).

Organisierte Busrundreise	Mietfahrzeugrundreise
Teilnehmerzahl	
Eine Busrundreise wird in der Regel in einer **Gruppe** mit vorgeschriebener **Mindestteilnehmerzahl** durchgeführt. Diese liegt häufig bei 15 bis 20 Personen. Falls die Busreise die Mindestteilnehmerzahl nicht erreicht, kann diese nicht durchgeführt werden und wird rechtzeitig von den Veranstaltern abgesagt (► Fachwissen Tourismus Band 1, LF 4.1, Kapitel A.5). Einige Veranstalter bieten jedoch für gewisse Rundreisen eine Durchführungsgarantie ab zwei teilnehmenden Personen an.	Die Teilnehmerzahl einer Mietfahrzeugrundreise ist auf die Anzahl der Sitzmöglichkeiten im Fahrzeug begrenzt. **Garantierte Durchführung** der Reise, sofern genügend Fahrzeuge und Unterkünfte auf der Rundreiseroute verfügbar sind. 
Fahrzeuge und Versicherung	
Die Busse entsprechen in der Regel dem **europäischen Sicherheits- und Sternestandard** und sind mindestens mit Klimaanlage und Bordtoilette ausgestattet.	Eine Mietfahrzeugrundreise kann mit einem **Pkw, einem *Camper* oder *Campmobil*** oder z. B. mit einem **Motorrad** unternommen werden. Die von den Veranstaltern ausgewählten **Vermietstationen**

 Neben der zu empfehlenden **Reiserücktritts- und Reisekrankenversicherung** gibt es keine separat auf Busrundreisen zugeschnittenen Versicherungen.	unterliegen den internationalen Standards. Über den Reiseveranstalter können Sie zusätzlich ein **Versicherungspaket** (▸ Glossar) buchen, das z. B. eine Kaskoversicherung (CDW, SDW, TDW), eine Diebstahlversicherung (TLW, STW, TTW), eine Insassen-Unfallversicherung (PAI) und eine Haftpflichtversicherung enthält. Nicht bei allen Rundreisen ist das Fahrzeug im Reisepreis enthalten und muss in dem Fall **separat hinzu gebucht** werden.
Reiseleitung	
Die Gruppe wird von einer Deutsch sprechenden, qualifizierten **Reiseleitung** begleitet. Diese kennt nicht nur das Land und die Sehenswürdigkeiten, sondern ist auch der Ansprechpartner vor Ort, auch für Reisemängel (▸ Fachwissen Tourismus Band 1, LF 4.1, Kapitel B). Die Reiseleitung kümmert sich in erster Linie um einen reibungslosen Ablauf der Rundreise. Reiseleiter geben Tipps und stehen mit Rat und Tat zur Seite.	 Bei einer individuellen Reise ist die Betreuung durch einen Reiseleiter nicht gegeben. Die Urlauber sind ihre »eigene Reiseleitung« und gestalten den Tag wie sie möchten. Sie sind für alles selbst verantwortlich. Das bedeutet, dass sie sich bereits im Vorfeld **genauestens auf die Reise vorbereiten** müssen.
Verpflegung	
Viele Busrundreisen enthalten ein **kontinentales Frühstück sowie Mittagimbiss und Abendessen**. Während das Frühstück in den Hotels eingenommen wird, werden am Mittag oder am Abend Bistros bzw. Restaurants meist außerhalb des Hotels ausgesucht. Achten Sie auf die Ausschreibung der Verpflegung im Katalog.	Organisierte Selbstfahrerrundreisen enthalten in den meisten Fällen ein **tägliches Frühstück** und – falls die vorreservierten Unterkünfte ein Restaurant besitzen – **auch ein Abendessen**. Achten Sie auf die Ausschreibung der Verpflegung im Katalog. **Selbstverpflegung:** Wird keine Unterkunftsleistung gebraucht, da der Kunde als Mietfahrzeug einen Camper oder ein Campmobil gewählt hat, verpflegt er sich i. d. R. selbst.
Besichtigungen und Ausflüge	
Stadtrundfahrten, Besichtigungen und Eintrittsgelder gemäß Reiseablauf sind **bereits im Reisepreis enthalten**.	In der Regel sind keine Eintrittsgelder im Reisepreis enthalten und müssen **vor Ort zusätzlich gezahlt werden**.

Gesamtablauf der Reise	
Je nach Anreisevariante, werden die Reisenden am Flughafen bzw. Bahnhof von einem Transfer*shuttle* zum ersten Übernachtungshotel chauffiert. Bereits am Flughafen oder spätestens im Hotel treffen die Urlauber auf den Reiseleiter. Für gewöhnlich finden **am Anreisetag** keine festen Programmpunkte statt, da die Rundreisenden mit unterschiedlichen Beförderungsmitteln anreisen und deswegen zu unterschiedlichen Uhrzeiten eintreffen. Der Morgen des zweiten Tages nimmt seinen Anfang mit dem individuellen Frühstück. Anschließend beginnt die Rundreise mit dem ersten Programmpunkt gemäß Rundreiseablauf. Der **Abreisetag** startet ebenfalls wie jeder andere Tag mit dem Frühstück im Übernachtungshotel. An diesem Tag finden i. d. R. ebenfalls keine Programmpunkte mehr statt, da die Reisenden mit dem Transfer*shuttle* zum Flughafen bzw. zum Bahnhof gebracht werden und die Heimreise antreten.	Die Selbstfahrer nehmen nach der jeweiligen Anreisevariante das vorab gebuchte Mietfahrzeug i. d. R. am **Anreisetag** an der angegebenen Anmietstation in Empfang. Zusätzlich erhalten sie ausführliches Informations- und Kartenmaterial zu dem Reiseland. Anschließend können sie jeden Tag aufs Neue individuell gestalten und das vorab vom Veranstalter gebuchte oder selbst ausgewählte Hotelzimmer beziehen. Die Reiseveranstalter geben die ungefähre Kilometerzahl der täglich zurückzulegenden Etappen an. Diese können von den tatsächlich gefahrenen Kilometern abweichen. Die Reisenden sollten sich also lediglich an den Routenvorschlag halten, um am Abend die bereits gebuchte Unterkunft oder den entsprechenden Stellplatz zu erreichen. Die Selbstfahrer können **jeden Tag selbst entscheiden**, welche Sehenswürdigkeiten sie wann anfahren möchten und wie lange sie sich dort aufhalten. Am **Abreisetag** müssen sie das Mietfahrzeug rechtzeitig an der Anmietstation abgeben, je nach vertraglichem Abkommen gereinigt und aufgetankt.
Sonstiges	
Um die **Sitzplatzreservierung** im Bus gerecht zu gestalten, werden die Plätze täglich nach einem Rotationsverfahren gewechselt. Die Reservierung eines festen Sitzplatzes ist daher in den meisten Fällen nicht möglich. Außerdem erhalten Busreisende einen **Kofferservice**, d. h. der Koffer wird von dem jeweiligen Hotelpersonal auf das Zimmer bzw. in den Bus gebracht. Das Reisegepäck sollte auf ein Minimum reduziert und in weichen Reisetaschen transportiert werden (keine Hartschalenkoffer).	 Achten Sie bei der Buchung eines Mietfahrzeuges auf die **Größe**. ▸ Finden alle Mitreisenden Platz im Auto oder Camper? ▸ Wie viele Gepäckstücke können im Kofferraum des Autos verstaut werden? Haben Sie aber vor allem ein Auge auf die vom Anbieter ausgeschriebenen Versicherungen und Bedingungen, wie z. B. die zu entrichtende **Kautionshöhe und -zahlung**, das Mindestalter des/der Fahrer sowie die **Reinigungs- und Tankregelungen** bei **Fahrzeugrückgabe**.

Tab. Vergleich von organisierter Bus- und Mietfahrzeugrundreise

Raten Sie Kunden von Mietfahrzeugrundreisen in **politisch unsichere oder touristisch weniger gut erschlossene Destinationen** ab. Das Sicherheitsrisiko ist zu groß, um allein durch das Land zu fahren. Eine Busrundreise in Begleitung einer qualifizierten Reiseleitung, die die Sicherheitslage der Destination kennt, ist dann empfehlenswerter.

Sie haben es bemerkt: Die Variante der Busrundreise ähnelt in dem Ablauf sehr dem Ablauf einer Studienreise (► Kapitel 8) und wird daher nicht noch einmal beschrieben. Zur Verdeutlichung des Ablaufes einer Rundreise folgen **zwei Rundreisebeispiele** in den Destinationen »Südafrika« und »Südwesten der USA«. Die Südafrika-Rundreise ist ein Beispiel einer Mietwagenrundreise und die Rundreise durch den Südwesten der USA ein Beispiel einer Rundreise mit dem *Camper* oder *Campmobil.*

8.2 Reisen nach Südafrika

© South African Tourism

Mit dem **Reisepass, der mindestens 30 Tage** über das Ende der Reise hinaus gültig sein muss, ist die Einreise für deutsche Staatsangehörige in die Republik Südafrika möglich. Grundsätzlich benötigen deutsche Staatsangehörige für kurzfristige, touristische Besuchs- oder Geschäftsreisen **kein *Visum.*** Gegen Vorlage des deutschen Reisepasses und eines gültigen Rückflugscheines wird bei Einreise in aller Regel eine **Besuchsgenehmigung *(visitor's permit)*** für den Zeitraum der geplanten Reise, jedoch maximal mit einer Gültigkeit von bis zu 90 Tagen erteilt.

Näheres zur Einreise finden Sie auch auf der Internetseite der südafrikanischen Botschaft unter ► www.suedafrika.org oder auf der Internetseite des Auswärtigen Amtes unter ► www.auswaertiges-amt.de.

Medizinische Hinweise

Standardimpfungen sowie **Reiseimpfungen** werden empfohlen.

Häufig auftretende **Durchfallerkrankungen** können unter Beachtung entsprechender Hygieneregeln, wie z. B. ausschließlich Wasser sicheren Ursprungs trinken, vermieden werden.

In letzter Zeit nehmen die ***Malaria*-Erkrankungen** besonders in den Gebieten des *Krügerparks* und der nördlichen Küstenebenen der Provinz *Kwazulu-Natal* deutlich zu. Die Übertragung von *Malaria* erfolgt durch den Stich Blut saugender, nachtaktiver Mücken. Aufgrund des hohen Infektionsrisikos ist eine *Malariaprophylaxe* bei Besuch von in den nordöstlichen Landesteilen gelegenen Gebieten, Nationalparks und privaten Wildreservaten empfehlenswert.

Das größte Gesundheitsproblem in Südafrika ist **HIV-Virus bzw. die Krankheit AIDS** mit einer weiter ansteigenden Häufigkeit. Ein hohes HIV-Ansteckungsrisiko besteht grundsätzlich bei Bluttransfusionen, Drogenkonsum (Gebrauch von unsauberen Spritzen und Kanülen) und bei sexuellen Kontakten.

Anreise

Regelmäßig und *nonstop* werden die internationalen Flughäfen Südafrikas von Linienfluggesellschaften, wie *Lufthansa* (LH) und *South African Airways* (SAA), von den deutschen Flughäfen aus angeflogen. SAA fliegt sogar täglich von *Frankfurt* nach ***Kapstadt*** (CPT) und von Frankfurt oder München nach ***Johannesburg*** (JNB).

Etwa 10 Stunden dauert der Flug nach *Johannesburg* und ca. 12 Stunden bis nach *Kapstadt*. Südafrikas Flughäfen werden aber auch von Pauschalfluggesellschaften ab Düsseldorf und München angeflogen.

Verkehrsnetz

Aufgrund der großen Entfernungen in Südafrika, spielt das Flugnetz für das Reisen im Land eine wichtige Rolle. Der Flughafen in *Johannesburg* stellte das wichtigste Drehkreuz Südafrikas dar und verbindet landesweit viele kleine Flughäfen sowie die Nachbarländer miteinander. Der Flugverkehr innerhalb des Landes wird neben der nationalen Fluggesellschaft SAA und ihrer Tochterfirmen auch von kleinen regionalen *Airlines* durchgeführt. Für Inlandsflüge können ausländische Reisende, die die internationale Strecke mit SAA fliegen, vergünstigte Tarife in Form von ***Coupon-Tickets*** erwerben.

Südafrika unterhält ein gutes und dichtes Schienennetz im Fernverkehr, das alle größeren Zentren, wie *Johannesburg*, *Kapstadt*, *Durban*, *East London*, *Port Elizabeth*, *Bloemfontein* und *Pretoria* miteinander verbindet. Allerdings sind die Fahrtzeiten relativ lang. Die **öffentlichen Nahverkehrsnetze** sind **teilweise unsicher und unübersichtlich.**
So genannte »**Nostalgiezüge**« stellen eine besondere Reisevariante in Südafrika dar, mit der weite Strecken komfortabel, luxuriös oder leger und entspannt überbrückt werden können (▸ LF 3, Kapitel 4.4.2).

Mit komfortablen **Überlandbussen** können Reisende preiswert die größeren Städte erreichen. Innerhalb der Städte bewegen sich die Reisenden aus Sicherheitsgründen am besten mit einem **öffentlichen Taxi.** Fahrten mit städtischen Bussen und Minibus-Taxis sollten Reisende aufgrund der Sicherheitsrisiken und Überfüllungen besser meiden.

Das Straßennetz in Südafrika ist sehr gut ausgebaut und bietet beste Bedingungen das Land mit Mietfahrzeugen zu erkunden. Über das ganze Land verstreut, befinden sich Anmietstationen, die *Cabrios, Minivans, Allrad-Jeeps, Camper* oder ähnliches vermieten. Zu beachten ist, dass in Südafrika **Linksverkehr** herrscht und Autobahnen teilweise *maut*pflichtig sind. Es gelten die gleichen Verkehrszeichen und ähnliche Verkehrsregeln wie in Mitteleuropa. Die zulässige Höchstgeschwindigkeit beträgt 60 km/h in Ortschaften, 100 km/h auf Landstraßen und 120 km/h auf Autobahnen.

Südafrika wird auch häufig im Rahmen einer **Kreuzfahrt** (▸ Kapitel 5) angelaufen. Bedeutende Häfen sind *Richard's Bay*, *Durban*, *East London*, *Port Elizabeth* und *Kapstadt*.

8.2.1 Attraktivitätsfaktoren Südafrikas und Zielgruppen

Bei einem Verkaufsgespräch spielen die verschiedenen Attraktivitätsfaktoren von Südafrika eine bedeutende Rolle. Analysieren Sie Ihren Kunden zuerst nach Interessen, Motivation und Einstellung, so dass Sie ihn einem der in ▸ LF 3, Kapitel 2.6 genannten Reisetypen zuordnen können. Machen Sie ihm anschließend die »Destination Südafrika« mit Hilfe der Attraktivitätsfaktoren »schmackhaft«.

Nennen Sie die attraktiven Faktoren auf die der Kunde Ihres Erachtens Wert legt und geben Sie wenn möglich detaillierte Hinweise zu den unterschiedlichen Reisevarianten.

Hier ein Überblick der **künstlichen- und natürlichen Faktoren** der Destination:

Natürliche Faktoren		Reisetypen/Zielgruppen
Klima	Ganzjähriges Reiseziel, viele Sonnenstunden, warme Temperaturen, wenig Niederschlag	▸ Alle Zielgruppen
Naturräumliche Gegebenheiten	3.000 Kilometer Küste tlw. mit Sandstränden u. Felsbuchten, Hoch- u. Flachland mit vielen Gebirgen, (Halb-) Wüste, zwei Ozeane, südlichster Punkt Afrikas (*Cape Agulhas*)	▸ Sport- und Aktivbegeisterte ▸ Individualreisende Entdecker
Flora und Fauna	Gras- und Buschland, *Fynbos*-Vegetation (Hartlaubgewächse), Affenbrotbaum (*Baobab*), Astern, Geranien usw. »*Big Five*« und Delphine, Wale, Haie, Bergzebras, Springböcke, Kuhantilopen, Kapfüchse, Paviane.	▸ Individualreisende Entdecker ▸ Wanderer ▸ Naturliebhaber ▸ *Safari*-Liebhaber

Natürliche Faktoren		**Reisetypen/Zielgruppen**
Gesundheit	Keine speziellen Impfvorschriften; eine *Malariaprophylaxe* ist dennoch empfehlenswert	▸ Alle Zielgruppen (außer Kinder, wenn *Prophylaxe* notwendig)
Wasserqualität	2011 wehten insgesamt 27 *Blaue Flaggen* in Südafrika.	▸ Badeurlauber ▸ Wassersportbegeisterte
Künstliche Faktoren		**Reisetypen/Zielgruppen**
Erreichbarkeit/ Beförderung	Viele Linien- oder *Charter*flüge ab/bis Deutschland. (Kein *Jetlag*!)	▸ Alle Reisetypen, außer Flugängstliche
Verkehrswege	Gut ausgebautes Flugstrecken- sowie Bahnnetz innerhalb des Landes, gut ausgebaute Straßen	▸ Individualreisende Entdecker ▸ Rundreisende
Hotellerie/ Gastronomie	Campingplätze, *Rest Camps, Lodges,* Stadthotels. Winzereien, Restaurants mit typischer Landesküche, *Gourmet*restaurants	▸ Individualreisende Entdecker ▸ Rundreisende ▸ *Gourmets*, Weinliebhaber ▸ Paare und DINKS
Freizeit-einrichtungen	Nationalparks, Tierreservate, Safaris, Wanderwege, *Bungee Jumping, Rafting,* Surfen, *Wale Watching*, Wasserparks, Golfplätze, Tennisplätze, Reitmöglichkeiten, Bars, Diskotheken, Einkaufsmöglichkeiten	▸ *Safari*-Liebhaber ▸ Sport- und Aktivbegeisterte ▸ Familien mit Kindern ▸ *Best Ager* ▸ Paare und DINKS
Soziokulturelle Faktoren	Verschiedene Museen, Wandmalereien der afrikanischen Stämme, historische Bauten, Denkmäler, Bevölkerung	▸ Kulturinteressierte ▸ *Best Ager* ▸ Individualreisende Entdecker
Sicherheit	Die medizinische Versorgung ist insgesamt gut. Besonders in den großen Städten gibt es viele private Krankenhäuser mit europäischem Standard. Da die Kriminalitätsrate in manchen Städten, wie etwa in *Johannesburg* sehr hoch ist, sollten sich die Reisenden an Verhaltenstipps und Sicherheitshinweise der örtlichen Behörden halten.	▸ *Best Ager* ▸ Alleinreisende und *Singles* ▸ Individualreisende Entdecker

Tab. Attraktivitätsfaktoren von Südafrika und Zielgruppen

8.2.2 Selbstfahrerrundreise durch Südafrika

Wenige Touristen kommen für einen **reinen Badeurlaub** oder **nur für eine *Safari*** nach Südafrika. Für gewöhnlich kombinieren sie Erholung und Tierbeobachtungen in Form einer **Rundreise.** Somit wird Südafrikas kulturelle und landschaftliche Vielfalt im Rahmen einer Busrundreise oder einer Selbstfahrerrundreise mit einem Mietfahrzeug »unter die Lupe genommen«.

Viele Rundreiserouten beginnen in *Johannesburg* oder *Port Elizabeth* und führen nach *Kapstadt* oder umgekehrt. Für Reisende, die das Fahren längerer Strecken vermeiden möchten, bieten die Reiseveranstalter **komfortable Inlandsflüge** an, die nicht nur Zeit sparend sind, sondern die Reise zugleich entspannter machen.

MERKE

Rundreisen mit einem Mietfahrzeug
Für diese Art des Reisens gilt: besser nicht mehr nach Einbruch der Dunkelheit fahren. Zu diesem Zeitpunkt sollte die Unterkunft (bei Campingfahrzeugen der Stellplatz) für die Nacht bereits aufgesucht worden sein, um sich keiner unnötigen Gefahr durch umherziehende Gruppen und Tiere auszusetzen.

Für **individuell Reisende mit dem Mietfahrzeug** ist geraten die Route vorab gut zu planen und zu kalkulieren, da die Entfernungen in Südafrika groß sind und ein dem entsprechender Fahrtaufwand und Benzinverbrauch einberechnet werden muss.

Die nachfolgende **Route ist ein Vorschlag für eine Selbstfahrertour** mit dem Mietwagen. Die pauschalen Kilometerangaben beinhalten keine »Pirschfahrten« durch die Parks.

Tag 1 Deutschland – *Johannesburg*

Ankunft am Flughafen in *Johannesburg*. Annahme des Mietwagens sowie des Kartenmaterials und der detaillierten Informationen. Anschließende Fahrt in die Innenstadt von *Johannesburg*. Bei einer individuellen Stadtrundfahrt können einige Sehenswürdigkeiten besichtigt werden. Übernachtung in *Johannesburg*.

Johannesburg

Abb. *Gold Reef City*

Über drei Millionen Einwohner zählt die Stadt *Johannesburg* in der südafrikanischen **Provinz *Gauteng*.**
Da die Stadt noch sehr »jung« ist, sind nur wenige alte Gebäude zu besichtigen, darunter aber das **alte Postamt** aus dem Jahr 1897 und gegenüber gelegen, die ***City Hall*** von 1910. Einen Besuch wert ist das ***Apartheid-Museum,*** in dem die Geschichte der Rassentrennung verdeutlicht wird. Sehenswert im Süden der Stadt ist das **Stadtviertel *Gold Reef City,*** eine Nachbildung von *Johannesburg* während des Goldrausches.

Hinweis: Aufgrund der anherrschenden, hohen Kriminalitätsrate sollten die Reisenden die armen Viertel der Stadt meiden und sich nur in der Innenstadt aufhalten. Dort werden von der Polizei Maßnahmen getroffen, u. a. mit Überwachungskameras, um den vielen Verbrechen entgegenzuwirken.

Tag 2 *Pretoria (Tshwane) – Mpumalanga*

Am Morgen Autofahrt nach *Pretoria* (ca. 55 Kilometer) und Stadtbesichtigung. Anschließend geht die Route weiter durch die **Provinz *Mpumalanga*** in Richtung Osten. Ziel ist die Stadt *Lydenburg*. Übernachtung in *Lydenburg*.
(ca. 300 Kilometer)

Abb. Rathaus in Pretoria

Pretoria (Tshwane)

Pretoria ist mit knapp einer Millionen Einwohnern die **Hauptstadt Südafrikas** und bildet aufgrund ihres hübschen Stadtbildes ein genaues Gegenteil zur Metropole *Johannesburg*. Die Hauptstadt ist bekannt für ihre farbenfrohen **Gärten** und violett blühenden ***Jacaranda*-Bäume** sowie für die **staatlichen und historischen Gebäude.** Im März 2005 wurde der Stadtname *Pretoria*, der an die düsteren Zeiten der Apartheidpolitik erinnert, von dem Stadtrat in *Tshwane* umbenannt. Ausschließlich das **Regierungsviertel** behielt den Namen *Pretoria* bei. Mittelpunkt des alten *Pretorias* ist der Platz *Church Square* auf dem die Bronzeskulptur *Paul Krügers* steht. In unmittelbarer Umgebung liegen auf einer Anhöhe aus Sandstein erbaute, sehenswerte Regierungsgebäude, die so genannten ***Union Buildings.*** Südlich der Stadt liegt das Granitgebäude ***Voortrekker Monument*** mit einem Museum zum Gedenken an die entscheidende Schlacht der *Buren* gegen das Volk der *Zulus* im 19. Jahrhundert.

Abb. *Voortrekker Monument*

Tag 3 *Panorama Route*

Nach dem Frühstück führt die Fahrt entlang der wunderschönen *Panorama Route* zu dem gewaltigen *Blyde River Canyon* und weiter in die Stadt, in der übernachtet wird: *Hazyview.* (Eine externe Karte der *Panorama Route* können Sie sich im Internet unter ▸ www.europa-lehrmittel.de ▸ Titel »All inclusive Band 2« ansehen und ausdrucken.)
(ca. 250 Kilometer)

Wie es der Name bereits verrät, handelt es sich bei der ***Panorama Route*** um eine befahrbare Straße, die eine unglaubliche Aussicht auf die umliegende Landschaft bietet. Sie verläuft durch die **nördlichen Ausläufer der *Drakensberge*** in der Provinz *Mpumalanga* zum spektakulären *Blyde River Canyon.*
Vom Ausgangsstädtchen *Lydenburg* führt die Straße über den *Long Tom Pass* (2.149 Meter hoch) am Bergkamm des *Mount Anderson* in den Ort *Sabie*. Der folgende Abschnitt zwischen *Sabie* und der nördlich gelegenen Stadt *Graskop* wird wegen der unzähligen, wunderschönen Wasserfälle, darunter die *Mac Mac Falls*, die **»Straße der Wasserfälle«** genannt.

Nirgendwo sonst in Südafrika gibt es diese Vielfalt an Wasserfällen auf engstem Raum wie hier.
Das westlich von *Graskop* liegende ***Pilgrim's Rest*** ist ein ehemaliges Goldgräberstädtchen, das aufgrund liebevoller Restauration die Ursprünglichkeit erhalten hat. Der **Museumsort** gilt heute als **nationales Kulturdenkmal.** Weiter führt die Route nördlich in Richtung ***Blyde River Canyon.*** Der spektakuläre *Blyde River Canyon* ist mit 16 Kilometer Länge und 800 Metern Tiefe der **drittgrößte *Canyon* der Welt** und gilt zugleich als **eines der Naturwunder Südafrikas.** Von diesem *Highlight* führt die Straße in Richtung Süden in die Stadt *Graskop.* Auf dem Weg dorthin werden viele landschaftliche Attraktionen, wie z. B. die eindrucksvolle **Geländeformation *Bourke's Luck Potholes,*** die vor Millionen Jahren durch Erosion entstanden, oder das ***God's Window,*** mit einem herrlichen Blick über das *Lowveld*, gekreuzt. Von *Graskop* verläuft die *Panorama Route* weiter in Richtung Osten, in die Stadt *Hazyview*, dem »Sprungbrett« zum *Krüger Nationalpark*.

Abb. *Blyde River Canyon*

Tag 4 *Krüger Nationalpark*

Am Morgen geht es über das *Paul Kruger Gate* in den berühmten *Krüger Nationalpark*. Bis zum Sonnenuntergang besteht die Möglichkeit die Tiere, darunter die ***»Big Five«*** (Büffel, Elefant, Leopard, Löwe und Nashorn), auf eigene Faust vom Mietwagen aus zu beobachten. Am Abend kann fakultativ an einer »Nachtpirschfahrt« teilgenommen werden. Übernachtung in einem *Rest Camp*.
(ca. 100 Kilometer bis zum Park)

Im Nordosten Südafrikas, in den **Provinzen *Mpumalanga* und *Limpopo*,** befindet sich **eines der größten Wildschutzgebiete Afrikas**, das zugleich den bedeutendsten und ältesten Nationalpark Südafrikas bildet. Die Rede ist vom ***Krüger Nationalpark***, der nach seinem Gründer *Paul Kruger* benannt ist. **Frei von Zäunen** beherbergt er auf einer Fläche von über 20.000 Quadratkilometer unzählige exotische Tiere, darunter die berühmten *»Big Five«*.

Zur Tierbeobachtung werden sowohl geführte *Safaritouren,* als auch individuelle »Pirschfahrten« im eigenen Mietwagen angeboten. Solange die Sicherheitshinweise der *Ranger* eingehalten werden, ist die Fahrt mit dem Mietwagen gefahrlos. Neben den gut befahrbaren Schotterstraßen sind mehr als ein Drittel der beschilderten Straßen zwischen den *Restcamps* asphaltiert und bieten einen guten Fahrkomfort.
Im *Krüger Nationalpark* gibt es viele Campingplätze sowie über 20 verstreut liegende *Restcamps* und die privaten und luxuriösen *Lodges*, die eher am Rande des Parks liegen.

Hinweise: Für Tierbeobachtungen im *Krüger Nationalpark* sind die trockene und relativ »mückenfreie« Winterzeit – Mai bis August – am besten geeignet. Es ist zu beachten, dass im Park, vor allem im Sommer, ***Malaria*gefahr** besteht. Aus diesem Grund wird Reisenden dazu geraten, rechtzeitig eine entsprechende ***Prophylaxe*** vorzunehmen.

Tag 5 *Krüger Nationalpark – Hluhluwe*

Der nächste Morgen beginnt sehr früh mit einer weiteren »Pirschfahrt« durch den *Krüger-Nationalpark*. Am Nachmittag wird der Park verlassen und die Rundreise führt weiter in Richtung Süden, vorbei am **Königreich *Swasiland,*** in die Stadt *Hluhluwe*. *Hluhluwe* liegt nahe dem ***Hluhluwe-Umfolozi Park,*** der zu den ältesten Nationalparks Südafrikas zählt. Übernachtung in *Hluhluwe*.
(ca. 600 Kilometer)

Tag 6 *Hluhluwe – Durban*

Die nächste Etappe führt von *Hluhluwe* am frühen Morgen weg durch die **Provinz *Kwa-Zulu-Natal*** in Richtung Süden. Die zweite Hälfte der Strecke verläuft entlang der Küste des *Indischen Ozeans* und lädt an vielen **Aussichtspunkten** zum Verweilen ein. Am Nachmittag sollte die sehenswerte und **zweitgrößte südafrikanische Stadt *Durban*** erreicht sein. Nach einer ausführlichen Stadtbesichtigung oder einem erholsamen Strandnachmittag (wetterabhängig) besteht am Abend die Möglichkeit das Nachtleben der Stadt zu genießen. Übernachtung in *Durban*.
(ca. 270 Kilometer)

Durban

In der Provinz *Kwa-Zulu-Natal*, der **Heimat des Volkes der *Zulu,*** liegt das weit über eine Millionen Einwohner zählende *Durban*. Der Hafen der direkt am *Indischen Ozean* liegenden Stadt, zählt zu den **größten Häfen Afrikas** und rangiert unter den bedeutendsten der Welt.
Die vielen mit Palmen gesäumten Sandstrände, die zugleich über eine sehr gute Infrastruktur verfügen, locken zahlreiche Besucher, aber vor allem *Surfer* in die Stadt am Meer.

Abb. *Durban*

Die Vielzahl an Theatern, Konzerten, Museen sowie Restaurants, *Pubs* und Diskotheken sorgt für ein **großes Spektrum an Unterhaltungsmöglichkeiten.** Ausgezeichnete Einkaufszentren bieten ein **breitgefächertes Angebot für *Shopping*liebhaber,** aber auch die traditionellen, **indischen Märkte** sind einen Besuch wert. Entlang der größten Strände von *Durban* erstreckt sich die **Promenade *The Golden Mile,*** die von luxuriösen Hotels und Wohnblöcken geziert wird. Die Attraktion der Promenade ist der am südlichen Ende gelegene ***Marine World Komplex,*** dessen Herzstück das ***Sea World Aquarium*** bildet. Vorführungen mit Seehunden und Delphinen locken täglich viele Besucher in das Aquarium.

Tag 7 *Durban – Drakensberge – Durban*

Heute verläuft die Route von *Durban*, vorbei am ***Valley of 1.000 Hills,*** entlang vieler sehenswerter **Wasserfälle** zu den majestätischen ***Drakensbergen*** (dt. Drachenberge*)* im Hinterland. Übernachtung wieder in *Durban*.
(ca. 200 Kilometer)

Drakensberge
Die *Drakensberge* sind mit knapp 3.500 Metern das **höchste Gebirge des südlichen Afrika.** Zahlreiche Schluchten, Höhlen, Wasserfälle, Wildblumenwiesen sowie unvergleichliche Gebirgspanoramen und Gipfel zeichnen das Bild der Berge.
Sehenswert ist der ***Khahlamba Drakensberg Park*** (UNESO Weltnatur- und Kulturerbe ► LF 3, Kapitel 2.3), der eine rund 200 Kilometer lange **Hochgebirgswelt** der *Drakensberge* schützt. Aufmerksame Wanderer können hier mehr als 2.000 Jahre alte **Felswandmalereien** entdecken. Diese Zeichnungen erzählen vom Leben und Sterben der ältesten Bewohner des südlichen Afrikas, **den *San*.**

Abb. Malerei der Ureinwohner

Tag 8 *Durban – Port Elizabeth*

Am frühen Morgen findet die **Rückgabe des Mietwagens** am **Flughafen von *Durban*** statt. Von dort aus geht es per Flugzeug nach *Port Elizabeth*. Am Flughafen wird der neue Mietwagen entgegengenommen und die **Fahrt geht nach *Port Elizabeth* hinein.** Der Tag kann für eine Stadtbesichtigung oder für Bademöglichkeiten an den Stränden genutzt werden. Übernachtung in *Port Elizabeth*.
(ca. 20 Kilometer)

Port Elizabeth
Port Elizabeth ist die **fünftgrößte Stadt Südafrikas** mit knapp über einer Million Einwohnern. Auswandernde Engländer, die hier im Jahr 1820 strandeten, vereinnahmen das Gebiet und gründeten die Stadt. Als **Handels- und Industriezentrum** in Südafrikas Südosten besitzt sie den drittgrößten Hafen des Landes sowie einen großen Flughafen **(*Code* PLZ)**. Sehenswürdigkeiten sind: die historische *Donkin Street* mit **viktorianischen Häusern,** der zentrale Platz *Marquet Square*, der *St. Georgs* Park, der über 50 Meter hohe **Turm am Hafen** und das ***Boardwalk Casino*** mit *Entertainment World*.
Sie alle spiegeln verschiedene Epochen der **kurz »P.E.« genannten Stadt** wieder. Lebendige Geschichte, Kultur und Tradition kann mit einem Besuch in den ***Townships*** – den während der *Apartheid* eingerichteten Wohngegenden für die schwarze und farbige Bevölkerung – erfahren werden. Neben Unterhaltungs- und Einkaufsmöglichkeiten bietet die Großstadt P.E. auch eine Vielzahl von Sportmöglichkeiten an den touristisch gut ausgebauten und

Abb. *Port Elizabeth*

weitläufigen Sandstränden und westlich der Stadt liegende Obstanbaugebiete, die mit der **Schmalspurbahn *»Apple Express«*** angefahren werden. Beliebte Ausflugsziele sind weiterhin das ***Ozeanarium* und der Schlangenpark**, die zum außerhalb von P.E. liegenden **Museumskomplex *Bayworld*** gehören.

Tag 9 *Port Elizabeth – Addo Elephant Park*

Von der Metropole *Port Elizabeth* geht die Fahrt morgens weiter zum nahe gelegenen *Addo Elephant Park*. Eine individuelle »Pirschfahrt« gibt einen Einblick in den Artenreichtum des Parks. Übernachtung in einer der *Lodges* im Park.
(ca. 70 Kilometer)

Addo Elephant Park

Der etwa 70 Kilometer nordöstlich von *Port Elizabeth* liegende *Addo Elephant Nationalpark* wurde zum **Schutz der letzten überlebenden Elefanten** eingerichtet. Neben den ca. 400 Elefanten leben hier aber auch viele andere Tiere, darunter Nashörner, Leoparden, Zebras, Antilopen und zahlreiche Vogelarten. Nach der zukünftigen geplanten Ausweitung des *Addo Elephant Parks* bis zur Küste an den *Indischen Ozean* wird er der **erste National Park der Welt** sein, der die ***»Big Seven«*** (Elefant, Büffel, Nashorn, Leopard, Löwe, weißer Hai und Wal) anbieten kann.

Hinweis: Der Park ist ***Malaria* frei.** Reisende benötigen daher keine entsprechende *Prophylaxe*.

Tag 10 *Addo Elephant Park – Jeffrey's Bay*

Bereits vor Sonnenaufgang geht es mit einem **landeskundigen Führer** auf »Pirschfahrt« im Park. Nach der Rückkehr am späten Vormittag führt die Reise weiter an die Küste zum Badeort *Jeffrey's Bay*. Übernachtung in *Jeffrey's Bay*.
(ca. 200 Kilometer)

Jeffrey's Bay

Lange Strände und das angenehm warme Wasser laden zu einem Abstecher an den auch bei Surfern sehr beliebten Badeort *Jeffrey's Bay* ein. Der Ort liegt etwa 100 Kilometer östlich von »P.E«.

Tag 11 und 12 *Garden Route*

Der weitere Routenverlauf führt von *Jeffrey's Bay* durch den ***Tsitsikamma Nationalpark*** und ***Plettenberg Bay*** über die ***Garden Route*** nach ***Knysna.*** Aufgrund der Fülle von sehenswerten *Highlights*, sind zwei Tage an der *Garden Route* geplant. Zwei Übernachtungen in *Knysna*.

(Eine externe Karte der *Garden Route* können Sie sich im Internet unter ► www.europa-lehrmittel.de ► Titel »All inclusive Band 2« ansehen und ausdrucken.)
(ca. 200 Kilometer)

© South African Tourism

Die berühmte ***Garden Route*** gehört zu den **schönsten Küstenabschnitten Südafrikas.** Die befahrbare Straße erstreckt sich 200 Kilometer entlang der Küste, **beginnend an der Mündung des *Storms River*** am *Tsitsikamma Nationalpark* und **endend an der *Mossel Bay.*** Ihren Namen verdankt die Route der vegetationsreichen Küste und dem gebirgigen Hinterland. Unterschiedliche Landschaftsformationen und beeindruckende Gebirgspanoramen sowie Strände, z. T. inmitten dichter Küstenurwälder, hohe Klippen und Felswände, eine üppige Blütenpracht und *Fynbos*-Vegetation, aber auch die berühmten *Yellowwood*-Bäume (► Abbildung) locken im Jahr zahlreiche Gäste an die *Garden Route*.

Tsitsikamma National Park

Der Park, der seit März 2009 Teil des ***Garden Route Nationalparks*** ist, liegt in der wilden, schluchtenreichen Küstenlandschaft und bildet den Anfang der *Garden Route*. Meter hohe Farne, Lilien, *Proteen*, Orchideen sowie bis zu 50 Meter hohe und über 800 Jahre alte *Yellowwood*- Bäume wachsen im waldreichen Park. Mehrere **gekennzeichnete Wanderwege** führen durch die *Fynbos*-Vegetation. Besonders bekannt sind der 40 Kilometer lange ***Otter Trail*** und der ***Tsitsikamma Trail*** (für beide ist eine vorherige Anmeldung erforderlich).
Die 216 Meter hohe *Bloukransbridge* bietet Reisenden die **Möglichkeit einen der höchsten *Bungee Jumps* der Welt** zu wagen. Ebenfalls werden täglich *Bungee Jumps* von der etwa 200 Meter langen und 130 Meter hohen *Storms River Bridge* angeboten.

Plettenberg Bay

Die herrlichen, kilometerlangen Sandstrände, das warme Meerwasser, aber auch die gute touristische Infrastruktur machen *Plettenberg Bay* zu einem **exklusiven Seebad.** Besonders zur Hochsaison, im südafrikanischen Sommer, werden die zahlreichen Sportmöglichkeiten zu Land (Reiten, Golf usw.) sowie auf dem Wasser (Tauchen, Segeln, *Surfen* usw.) von Reisenden genutzt. Zwischen *Plettenberg Bay* und *Knysna* liegt der *Knysna Forest*.

Knysna Forest

Der am Hang der ***Outeniqua Mountains*** liegende, 80.000 Hektar große *Knysna Forest*, ist **Südafrikas größtes Waldgebiet.** Einheimische Bäume, die das Waldgebiet wie einen Dschungel wirken lassen, wurden damals als begehrte Hölzer für Möbel- und Schiffsbauten genutzt. Unter Wanderern ist der **Wanderweg *Elephant Walk*** sehr beliebt.

Knysna

Zwischen Wäldern und einer einzigartigen **Lagune** liegt die **Stadt *Knysna.*** Die 1.800 Hektar große Lagune steht unter dem Schutz der ***Knysna National Lake Area*** und ist einer der wenigen Küstenplätze weltweit an dem **Austern gezüchtet** werden.

© Ullstein bild – Uhlenhut

Tag 13 *Garden Route*

Von *Knysna* führt die *Garden Route* durch den ***Wilderness* Nationalpark** in die Stadt *George*. Besichtigung der Stadt. Von dort aus wird ein Ausflug in das Hinterland nach *Oudtshoorn* unternommen. Anschließend Weiterfahrt nach *Mossel Bay*. Übernachtung in *Mossel Bay*. (ca. 220 Kilometer)

Wilderness National Park

Der 2.500 Hektar große Park, der seit März 2009 Teil des ***Garden Route* Nationalparks** ist, zählt zu den **artenreichsten Vogelrevieren Südafrikas.** Zu diesem ökologisch einzigartigen Gebiet gehören eine Reihe von Seen, Sumpflandschaften und Lagunen. Am 18 Kilometer langen Küstenstreifen des Parks liegt der **Ferienort *Wilderness,*** der aufgrund seiner vielfältigen Freizeitmöglichkeiten wie Wandern, Gleitschirmfliegen und Segeln ein Paradies für Naturliebhaber ist. Eine Attraktion in *Wilderness* ist die Möglichkeit **ganzjährig Delfine und von Juni bis November sogar Wale** zu beobachten.

George

George ist die **größte Stadt an der *Garden Route*** am Fuß des 1.600 Meter hohen *Outeniqua Mountain*. Die Stadt, die von **Gebäuden des kapholländischen Stils** geprägt ist, gilt als ein beliebter Wohnsitz für Pensionäre und bietet ein breit gefächertes Unterhaltungs- und Sportprogramm. Besonders das Golfspiel steht im Mittelpunkt.

Oudtshoorn

Etwa 60 Kilometer von *George,* inmitten der ***Kleinen Karoo,*** liegt das Städtchen, welches für seine **großen Straußenfarmen** bekannt ist. Einige Straußenfarmen sind für Besucher geöffnet und bieten täglich Führungen an, bei denen Interessantes über Aufzucht und Haltung der großen, flugunfähigen Vögel zu erfahren ist.

Abb. Straußenfarm in *Oudtshoorn*

Mossel Bay

Etwa 50 Kilometer westlich von *George* befindet sich *Mossel Bay*. **Europäische Seefahrer** betraten in *Mossel Bay* **erstmals südafrikanischen Boden,** woran die vielen Museen der Stadt erinnern. Attraktion im historischen Ortskern ist der **»Postbaum«**, der im 16. Jahrhundert als Kommunikationssystem von den Seefahrern genutzt wurde. Diese legten Briefe in die Spalten des Baumes, in der Hoffnung ein nächster Seefahrer würde das Schreiben entdecken und es mit in den Heimathafen nehmen. Ihren Namen erhielt die Industriestadt *Mossel Bay* von den **vielen Muscheln,** die es an den schönen Stränden der Bucht gibt.

Eine **«gemütliche« Alternative zur Autofahrt** nach *Mossel Bay* bietet die **historische Schmalspurbahn *Outeniqua Choo-Tjoe Train:*** Sie fährt ab der Stadt *George* die Küste und verschiedene Seen entlang, über Lagunen und durch Tunnel bis nach *Mossel Bay*. Die einfache Fahrt dauert drei Stunden.
Hier endet die *Garden Route*.

Tag 14 *Mossel Bay – Kap Agulhas – Hermanus*

Von *Mossel Bay* aus werden der **südlichste Punkt Afrikas** und anschließend die Stadt *Hermanus* angefahren. Übernachtung in *Hermanus*. (ca. 410 Kilometer)

Kap Agulhas
Das Kap bildet den südlichsten Punkt des afrikanischen Kontinents, und nicht, wie oft angenommen, das weitaus spektakulärere *Kap der Guten Hoffnung*. Der Aussichtspunkt bietet einen grandiosen **Blick auf zwei Weltmeere**. Denn an diesem Punkt fließen *Atlantischer-* und *Indischer Ozean* »ineinander«.

Hermanus
Neben den schönen Sandstränden ist eine weitere Attraktion des Ferienortes *Hermanus* das ***»Whale Watching«***. Im südafrikanischen Winter ziehen aus der *Antarktis* kommende Wale hier vorbei; teilweise kalben sie sogar.

© Ullstein bild – JOKER/ Walter G. Allgöwer

Abb. Wale beobachten bei *Hermanus*

Tag 15 *Hermanus – »Winelands«* – Kapstadt

Der Routenvorschlag führt von *Hermanus* nach *Franschhoek*. Von dort aus durch die **Weingebiete** nach *Paarl* über *Stellenbosch* bis hin zur Metropole *Kapstadt*. Nach Ankunft in *Kapstadt* kann das lebhafte Nachtleben der Stadt genossen werden. Übernachtung in *Kapstadt*. (ca. 210 Kilometer)

»Weinrouten«
Spezielle Routen führen durch die schönsten Weingegenden (»*Winelands*«) in der Umgebung von *Kapstadt*. Während des Routenverlaufs besteht die Möglichkeit, die »edlen Tropfen« der Weingüter in aller Ruhe zu verkosten und ebenso zu kaufen. Auf **kulinarische Genüsse und Lebensart** treffen die Reisenden in den Restaurants, Gästehäusern, Hotels oder sogar in den Museen und Galerien, die häufig an die Weingüter angeschlossen sind. *Franschhoek, Paarl, Stellenbosch* und *Constantia*, historische Weingegenden mit den ältesten und schönsten Weingütern.

Tag 16 Kapstadt

Die Stadt ist vielfältig und sollte auf einer **vorab buchbaren Stadtrundfahrt** mit Reiseleitung genauer erkundet werden. Der Rest des Tages kann individuell gestaltet werden. Am Abend können die zahlreichen Restaurants und Bars an der *Victoria und Alfred Waterfront* zur Unterhaltung aufgesucht werden. Übernachtung in Kapstadt.

»Kappprovinz«

Den südwestlichen Abschnitt der Republik Südafrikas bildet die **Provinz *Western Cape*** (dt. Westkap), auch unter dem Begriff »Kapprovinz« bekannt. Die etwa 130.000 Quadratkilometer große Provinz ist von atemberaubenden und vielfältigen Landschaftsbildern und einer einzigartigen Naturlandschaft geprägt. Knapp 4,5 Millionen Menschen leben in dieser Region, dessen nördlich gelegenes Zentrum, Kapstadt, die drittgrößte Stadt Südafrikas bildet.

Kapstadt *(Cape town)*

Abb. Tafelbucht

Die Stadt ist **politisches, kulturelles und wirtschaftliches Zentrum** der Region sowie ein **wichtiger Verkehrsknotenpunkt.** Zugleich gilt Kapstadt als eine der schönsten Städte der Welt und wird unter den Einwohnern häufig als **»Mutterstadt«** bezeichnet (▸ LF 3, Kapitel 4.4.2). Die im **17. Jahrhundert von europäischen Seefahrern gegründete Stadt** ist die einzige unterhalb des Äquators, in der »Schwarze« nicht eindeutig die Mehrheit der Bevölkerung darstellen. Denn unter den fast 2,9 Millionen Einwohnern treffen unterschiedlichste Nationen aufeinander, darunter viele »*Coloureds*« und »Weiße«.

Die Stadt liegt zu Füßen ihres gut 1.000 Meter hohen **Wahrzeichens, dem *Tafelberg,*** der wie die benachbarten Hügel und Berge dem *Table Mountain National Park* angehört. Mehr als **über 300 Wanderwege** (Aufstieg zu Fuß dauert zwei bis vier Stunden) und eine **Drahtseilbahn** (Fahrdauer etwa fünf Minuten) führen auf den Berg.

Das **Zentrum** Kapstadts, bekannt unter dem Begriff »*City Bowl*«, liegt zwischen dem südlichen *Tafelberg*, dem westlichen *Signal Hill*, der nördlichen *Table Bay* (dt. Tafelbucht) und der *False Bay*, die die Kaphalbinsel im Osten begrenzt. Vorstädte und *Townships*, die so genannten ***»Cape Flats«*-Wohngebiete** der Schwarzen und Elendsviertel – ziehen sich teilweise bis hinunter zur *False Bay*.

Die Innenstadt ist eine bunte Mischung aus modernen Glasbauten und älteren Gebäuden im kapholländischen Stil.

City Hall: *Renaissance*-Stil erbautes Gebäude mit Glockenturm, der eine Nachbildung des *Big Ben* in *London* ist.

Castle of Good Hope: Die sternförmige Festung ist das **älteste Gebäude des Landes** aus dem Jahr 1666 und beherbergt mehrere Museen.

Adderley Street: Haupteinkaufstraße mit vielen Geschäften und *Cafés*. Im oberen Abschnitt der Straße steht die bedeutendste Kirche Kapstadts, die niederländische ***Groot Kerk*** aus dem 19. Jahrhundert. Gleich daneben liegen das ***South African Cultural History Museum*** und das beeidruckende weiße Gebäude ***Houses of Parliament***, in dem das südafrikanische Parlament untergebracht ist.

Gouvernment Avenue: Von mächtigen Eichen gesäumte Fußgängerzone mit einigen Sehenswürdigkeiten wie z. B. das ***South African Museum*** und die ***South African National Gallery.*** Der ***Company's Garden*** bietet die Möglichkeit zur Entspannung im Grünen.
District Six Museum: Beleuchtet die Geschichte der Apartheid.
Greenmarket Square: Marktplatz mit vielen bunten Ständen.

Abb. Häuser in *Bo Kaap*

Aus den Moscheen des ***Malay Viertels*** ertönen Gebetsrufe. Dieses Viertel, dass auch als ***»Bo Kaap«*** bezeichnet wird, ist der wohl älteste bewohnte Stadtteil Kapstadts. Hier lebt eine starke Gemeinschaft von *Muslimen,* die aus den Nachkommen von Sklaven aus *Malaysia, Sri Lanka,* Indien und Indonesien besteht. Die Atmosphäre des Viertels ist daher »orientalisch angehaucht« und lädt inmitten der farbenfrohen Häuser und *Moscheen* in die zahlreichen Restaurants ein. Das *Malay Quarter* liegt am Hang des 350 Meter hohen ***Signal Hill,*** einem beliebten Aussichtspunkt mit einem beeindruckenden Blick auf den Atlantik und die »*City Bowl*« von Kapstadt.
Für eine weitere gute Aussicht sorgt der ***Lion's Head*** (dt. Löwenkopf). Ebenso wie der *Signal Hill*, ist er ein Ableger des *Tafelsberges*, westlich des Stadtzentrums gelegen. Der *Lions's Head* bildet, wie der Name es schon verrät, die Silhouette eines Löwen.

© South African Tourism

Abb. *V & A Waterfront*

Rund um die historische *Table Bay*, dem Hafenbecken, lädt die moderne Erlebnis- und Unterhaltungswelt der ***Victoria und Alfred Waterfront*** (kurz: *Waterfront*) zum Flanieren und Bummeln ein. Für abendliche Unterhaltung sorgen Restaurants, Kneipen, Kinos und Theater. Eine **Top-Adresse für Einkäufe** ist das große Einkaufszentrum *Victoria Wharf*, im Zentrum der *Waterfront* gelegen.
Von der *Waterfront* fahren die Fähren nach ***Robben Island,*** **einer Gefängnisinsel** aus der Zeit der Apartheid, ab. Mehr als über 3.000 schwarze Widerständkämpfer, darunter der später **erste schwarze südafrikanische Präsident, *Nelson Mandela,*** wurden auf dieser Insel festgehalten. An der *Waterfront* werden außerdem **Bootsrundfahrten** durch den Hafen und in die Hafenbucht oder **Segelbootsfahrten entlang der Küste** angeboten.
In unmittelbarer Nähe zur *Waterfront* wurde das *Green Point Stadium* zur Fußball-Weltmeisterschaft 2010 in Südafrika erbaut.

Abb. »*City Bowl*« und *Robben Island*

Tag 17 Kapstadt: *Tafelberg – Kirstenbosch Botanical Garden* – Weingut

Bereits am frühen Morgen wird mit der Tagestour begonnen. Es geht hinauf zum *Tafelberg*, um die grandiose Aussicht zu genießen. Anschließend wird *Kirstenbosch Botanical Garden* angefahren und die verschiedenen Pflanzen »unter die Lupe« genommen. Empfehlenswert für den restlichen Tag ist eine **Weinverkostung** im ältesten Weingut Südafrikas, das sich in *Constantia* befindet. Übernachtung wieder in Kapstadt.
(ca. 40 Kilometer)

Table Mountain
Mit der Seilbahn (für Sportliche auch zu Fuß von der Talstation der Seilbahn aus) geht es hinauf zum *Tafelberg*. Die Touren sind wetterabhängig. Bei gutem Wetter, wenn das Gipfelplateu nicht von Wolken (dem so genannten »Tafeltuch«) eingebettet ist, zählt der Ausblick bis zum *Kap der Guten Hoffnung* **zu den spektakulärsten Aussichten,** die Afrika zu bieten hat.

Kirstenbosch Botanical Garden
Nur fünf Kilometer vom Zentrum der Kapprovinz-Metropole entfernt liegt *Kirstenbosch Botanical Garden*, **einer der schönsten Botanischen Gärten der Welt** mit der Kulisse des *Tafelberges* im Hintergrund. In der faszinierenden Parkanlage blüht eine überwältigende Artenvielfalt, auch *Fynbos*-Vegetation, darunter die **Nationalblume *Protea*.** Der Garten, der ein **eigenes Ökosystem** an (nur hier wachsenden, endemischen) Pflanzenarten vertritt, erstreckt sich über ein schönes Areal an der Südostflanke des Tafelberg-Massivs.

Constantia
Mitten in einem Weinanbaugebiet liegt *Constantia*, ein weiterer Stadtteil des von hier nur 20 Kilometer enfernten Kapstadts. In dem noblen Stadtviertel befindet sich **Südafrikas ältestes Weingut *Groot Constantia*,** aus dem 17. Jahrhundert. Dieses und viele weitere Weingüter bieten Weinverkostungen und Führungen an.

Tag 18 Kapstadt: *Kaphalbinsel*

Während des Aufenthaltes in Kapstadt, empfiehlt sich eine individuelle Fahrt über die Kaphalbinsel zum berühmten *Kap der Guten Hoffnung*. Übernachtung in Kapstadt.
(ca. 150 Kilometer)

Die häufig als das **»schönste Ende der Welt«** bezeichnete, etwa 50 Kilometer lange und bis zu 16 Kilometer breite **Kaphalbinsel,** beschert ihren Besuchern unverfälschte Landschaftserlebnisse. Westlich von Kapstadt geht es in Richtung Süden, durch die beliebten Badeorte *Clifton*, *Camps Bay* und *Llandudno*. Hinsichtlich der Lage zwischen Atlantikküste und Felsmassiv der »*Twelve Apostles*«, das aus zwölf einzelnen Felsblöcken besteht, handelt es sich bei diesen Orten um **sehr teure (»weiße«) Wohngegenden,** deren Strände trotz vieler Proteste nicht privatisiert wurden und daher heutzutage von der gesamten südafrikanischen Bevölkerung genutzt werden können. Entlang der Strandporomenaden reihen sich viele hochwertige Hotels und Villen sowie Bars und Restaurants.

Abb. *Chapman's Peak Drive*

Etwa 20 Kilometer südlich von Kapstadt entfernt, liegt das kleine Fischer- und Touristendorf ***Hout Bay*** an der gleichnamigen Bucht. Zahlreiche Fischrestaurants und der Vogelpark »*World of Birds*«, in dem mehr als 3.000 Vögel und sogar Affen leben, machen das Städtchen sehenswert. Am Hafen besteht die Möglichkeit die vorgelagerte Insel *Duiker Island*, auf der viele Robben und Vögel leben, mit dem Boot zu besichtigen.
Ab dem Städtchen *Hout Bay* startet der ***Chapman's Peak Drive,*** eine zehn Kilometer lange **Küstenpanoramastraße,** die durch enge Kurven in das südliche *Nordhoek* führt. Sträflinge erbauten die Serpentinenstraße, die mit Hilfe von Sprengungen in bis zu 160 Meter hohe Felsen eingelassen wurde. Der Küstenort *Nordhoek* weist den längsten Strand des Kaps auf (fünf Kilometer) und ist ideal für Wanderer, Reiter und *Surfer.* Zum Baden ist er aufgrund des kalten *Atlantiks* weniger geeignet. Das *Highlight* einer Kap-Rundfahrt liegt im 8.000 Hektar großen ***Cape of Good Hope Nature Reserve*, das *Kap der Guten Hoffnung*** (engl. *Cape of Good Hope*). Den spektakulären Aussichtspunkt bildet ***Cape Point,*** der sowie auch zwei beeindruckende Leuchttürme, auf einem schroffen Fels liegt. Besucher erreichen ihn entweder nach einer etwa **einstündigen Wanderung** durch die einzigartige *Fynbos*-Pflanzenwelt oder mit einer **Zahnradbahn.** Das *Kap der Guten Hoffnung*, an dem im Jahr 1680 das Schiff des »Fliegenden Holländers« spurlos verschwand, ist meist sehr stürmisch.
Auf dem Weg Richtung Norden liegt die ***Cape Point Ostrich Farm***. Auf der von einem Deutschen gegründete, etwa 70 Hektar großen Farm können eine Menge Straußenvögel bewundert und allerlei Straußenprodukte erworben werden.

Abb. Kap der guten Hoffnung *(Cape Point)*

An der Ostküste ***False Bay,*** nördlich des Kaps, liegt ***Simon's Town.*** Sie ist nicht nur eine Stadt mit gut erhaltenen Häusern aus viktorianischer Zeit, sondern zugleich ein Marinestützpunkt. Die Hauptattraktion der Stadt ist der südlich liegende Strand *Boulders Bay*. Hier tummelt sich eine **Kolonie von Pinguninen.**

Abb. Strand in der *False Bay*

Etwa 15 Kilometer nördlich des sehenswerten Hafenstädtchens *Simon's Town*, erstreckt sich ***Muizenberg***, ein weiterer Stadtteil von Kapstadt. Auf dem dazwischen liegenden Abschnitt liegen die verträumten, kleinen Badeorte *Fish Hoek* (hier wird kein Alkohol ausgeschenkt), *Kalk Bay* und *St. James*. Ihre malerischen Strände mit den bekannten bunten Umkleidekabinen und das relativ warme Wasser der *False Bay* laden zum Schwimmen ein.

Der nur etwa 35 Kilometer von Kapstadt entfernte **Stadtteil *Muizenberg*** ist – als der nördlichste und älteste Badeort der *False Bay* – ein beliebtes Wochenendziel der Stadtbevölkerung. Der Ort bietet zahlreiche Restaurants und Gaststätten sowie Museen, darunter das *Rhodos Cottage* mit einer Vielzahl von alten Reetdachhäusern.

Tag 19 Kapstadt – Deutschland.

Nach dem letzten Frühstück dieser Reise, sind die Stunden bis zum Abflug aus Kapstadt zur freien Verfügung. Der Flughafen sollte entsprechend zeitig angefahren werden, da der Mietwagen noch übergeben werden muss. Anschließend Rückflug nach Deutschland

Tab. Routenvorschlag für eine Rundreise durch Südafrika

Reisende mit einem Mietwagen haben grundsätzlich die Möglichkeit ihren Tagesablauf selbst zu organisieren und sind nur bei den Übernachtungsmöglichkeiten gebunden.

Alternativ zu einer Rundreise im südlichen Afrika wird im Folgenden eine weitere, für Rundreisen ausgesprochen beliebte Destination auf der Welt beschrieben, der Südwesten der Vereinigten Staaten von Amerika.

8.3 Reisen in die USA

Jeder Reisende, auch Kinder jeden Alters, benötigt für die **Einreise in die USA** einen noch mindestens über die Dauer des geplanten Aufenthalts gültigen, maschinen lesbaren Reisepass *(bordeauxrot)*. Seit dem 26. Oktober 2006 muss jeder **Reisepass,** der ab diesem Datum ausgestellt wird, **biometrische Daten** enthalten.

Deutsche, Österreicher und Schweizer nehmen am ***»Visa Waiver«*-Programm** der USA teil. Das bedeutet, sie können geschäftliche und touristische Reisen inklusive Durchreisen (engl. *Transit*), bis zu einer Dauer von 90 Tagen ohne ein *Visum* in die USA unternehmen, soweit sie im Besitz eines Weiter- oder Rückflugtickets sind.

Das so genannte »**ESTA**« ***(Electronic System for Travel Athorization)*** ersetzt dabei das meist im Flugzeug ausgefüllte, grüne Formular I-94W. Seit dem 8. September 2010 kostet die **notwendige *online*-Beantragung der Einreise** über ESTA 14,00 US-Dollar und ist nur mit einer Kreditkarte zu bezahlen. Es ist empfohlen diese »elektronische Reisegenehmigung« einzuholen, sobald eine Reise in die USA geplant wird, spätestens jedoch 72 Stunden vor Abflug. Das ESTA behält für zwei Jahre seine Gültigkeit.

Seit 1. November 2010 sind die Fluggesellschaften dazu verpflichtet, bis 72 Stunden vor Abflug »***Secure Flight Passenger Data***« an die US-amerikanische »***Transportation Security Administration***« **(TSA)** zu übermitteln. Dazu gehören der vollständige Name (wie er im amtlichen Lichtausweis steht), Geburtsdatum, Geschlecht und *Redress*-Nummer (falls vorhanden). Eine ***Redress*-Nummer** ist ein von der TSA ausgestellter Code, der bestimmten Personen zugeordnet wird, um namentliche Verwechslungen zu vermeiden. Diese Daten werden in erster Linie zum Zweck der Bekämpfung von Terrorismus und anderen schweren grenzüberschreitenden Verbrechen verwendet.

Laut **APIS *(Advance Passenger Information System)*** sind die Fluggesellschaften gesetzlich dazu verpflichtet, den Zollbehörden der USA Reservierungs- und Flugangaben der Passagiere zur Verfügung zu stellen. Die im APIS-Formular detailliert zusammengestellten Reiseangaben beinhalten neben den Pass- und Visadaten und dem Land des Hauptwohnsitzes, auch die Adresse der ersten Übernachtung bzw. der Mietwagenstation in den USA. Das ausgefüllte Formblatt muss spätestens beim *Check-in* an die Fluggesellschaft ausgehändigt werden.

Am **ersten Flughafen**, an dem der Reisende in den USA eintrifft, finden die Pass- und Zollkontrolle statt, auch wenn nur umgestiegen wird.

Medizinische Hinweise

Anlässlich einer Reise in die USA sollten die Standard- und Reiseimpfungen überprüft und vervollständigt werden, Impfvorschriften gibt es jedoch keine.

Anreise

Direktflüge ab Deutschland gibt es täglich mit der *Lufthansa* (LH) ab Frankfurt (FRA) und mehrmals wöchentlich ab München (MUC) zu den zwei großen internationalen Flughäfen in Kalifornien: ***San Francisco*** (SFO) und ***Los Angeles*** (LAX).

Die *Nonstop*-Flugdauer ab Frankfurt am Main beträgt elf bis zwölf Stunden. Aufgrund günstiger Windverhältnisse (dem Westwind »*Jetstream*«) benötigen Flüge von den USA zurück nach Europa in der Regel etwa 30 bis 60 Minuten weniger Zeit als Flüge in die umgekehrte Richtung.

Weitere Flughäfen im Westen der USA, die von Deutschland direkt angeflogen werden, sind ***Las Vegas*** (LAS) in *Nevada* und ***Denver*** (DEN) in *Colorado*. Im *Charter-* und Inlandsflugverkehr werden auch viele kleine Städte angeflogen, darunter der bedeutende Flughafen von ***San Diego*** (SAN) in Südkalifornien.

Bedeutende US-Fluggesellschaften sind *American Airlines* (AA), *Continental Airlines* (CO), *Delta Airlines* (DL), *United Airlines* (UA), *US Airlines* (US) und *Northwest Airlines* (NW).

Gepäckregelung auf Flügen von und in die USA:

Grundsätzlich ist pro Person in der *Economy Class* **ein** Gepäckstück mit einem Gewicht von bis zu **23 Kilogramm** erlaubt **(»*Piece Concept*«).** Passagiere der *Business Class* dürfen **zwei** Gepäckstücke mit einem Gewicht von jeweils bis zu **32 Kilogramm** kostenfrei aufgeben.

8.3.1 Attraktivitätsfaktoren Kaliforniens und Zielgruppen

In den USA bzw. in Kalifornien ist an **Freizeitbeschäftigung** nahezu alles möglich: Von erlebnisreichen Touren wie Helikopterflüge, Rundflüge, Heißluftballonfahrten oder *Rafting-Touren* über Sportarten wie Klettern, Wandern, Reiten, Golfen, als auch *Surfen* und Tauchen an der Küste, bis hin zu **kulturellen Erlebnissen** (z. B. Indianerkultur und das Leben in den Reservaten, Geschichte der »Eroberung des Wilden Westens«) und **landschaftlichen Besichtigungen** in den vielen Nationalparks oder auch extrem viele diverse ***Shopping*möglichkeiten** – das Angebot ist riesengroß. »Große« und »kleine« Besucher zieht es in die vielen **Vergnügungs- und Freizeitparks,** wie *Disney-World* oder *Seaworld*. Das alles macht Kalifornien zu einem wahren »Freizeitparadies«.

Abb. Indianer

Die verschiedenen **Attraktivitätsfaktoren des Südwestens der USA** spielen für die Buchung eine bedeutende Rolle. Analysieren Sie bei einem Verkaufsgespräch Ihren Kunden zuerst nach Interessen, Motivation und Einstellung, so dass Sie ihn einem der Reisetypen (▸ LF 3, Kapitel 2.6) zuordnen können. Nennen Sie dann die attraktiven Faktoren der »Destination Südwesten der USA« und registrieren Sie, auf welche der Kunde Ihres Erachtens Wert legt. Geben Sie wenn möglich genaue Hinweise.

Hier ein **Überblick der künstlichen- und natürlichen Faktoren**:

Natürliche Faktoren		**Reisetypen/Zielgruppen**
Klima	Ganzjähriges Reiseziel, viele Sonnenstunden.	► Kulturinteressierte ► Badeurlauber ► Sport- und Aktivbegeisterte
Naturräumliche Gegebenheiten	3.000 Kilometer Küste und viele Sandstrände, hohe Gebirge wie die *Sierra Nevada* und die *Rocky Mountains*, Wüstengebiete, *San Andreas*-Graben (Ursprung: Kontinentalplattenverschiebung).	► Badeurlauber ► Sport- und Aktivbegeisterte ► Kulturinteressierte
Flora und Fauna	*Redwood*bäume, *Sequoia*bäume, *Joshua-Tree*, Zitronenbäume, Mammutbäume, Weinreben, Indigosträucher, verschiedene Kaktus- u. Straucharten. Meerestiere, Robben, Murmeltiere, Stinktiere, Klapperschlangen, Bären.	► Sport- und Aktivbegeisterte ► Naturliebhaber
Gesundheit	Keine speziellen Impfvorschriften	► Alle Zielgruppen
Künstliche Faktoren		**Reisetypen/Zielgruppen**
Erreichbarkeit/ Beförderung	Täglich Flugverbindung ab/ bis Deutschland.	► Alle Zielgruppen
Verkehrswege	Gut ausgebautes Flugstrecken- und Straßennetz innerhalb des Landes, weite Entfernungen	► Individualreisende Entdecker ► Rundreisende
Hotellerie/ Gastronomie	Campingplätze, Jugendherbergen (*Hostels*), Pensionen, Motels, Hotels jeder Klasse, Luxusressorts; *Fast Food*-Ketten, Restaurants mit vielen, teuren, warm gemachten Gerichten, aber auch Sterne-Restaurants	► Junge Spaß-, Erlebnis- und Partyurlauber ► *Best Ager* ► Familien mit Kindern ► Paare und DINKS ► Luxusorientierte Reisende
Freizeiteinrichtungen	Wander-, Fahrrad- und Reitwege, Wassersport, *Jeep*-Touren, Vergnügungsparks, Spielkasinos, Diskotheken, Bars, Einkaufsmöglichkeiten	► Sport- und Aktivbegeisterte ► Familien mit Kindern ► Junge Spaß-, Erlebnis- und Partyurlauber
Soziokulturelle Faktoren	Nationalparks, Indianerdörfer, verschiedene Museen, Missionen, Geisterstädte der Goldgräber	► Kulturinteressierte ► Naturliebhaber ► *Best Ager* ► Individualreisende Entdecker
Sicherheit	Gute Medizinische Versorgung vor Ort, keine politischen Unruhen	► Alle Zielgruppen

Abb. Attraktivitätsfaktoren des Südwestens der USA und Zielgruppen

8.3.2 Camperrundreise durch den Südwesten der USA

Eine **organisierte Rundreise** ist wohl die bequemste Art und Weise das »Land der unbegrenzten Möglichkeiten« zu bereisen. Auf einer Rundreise durch das Land können die vielfältige Landschaft der Nationalparks und der Küsten parallel zu dem Erfahren einer anderen Kultur und den Unterhaltungs- und Einkaufsmöglichkeiten in den großen Metropolen entdeckt werden. Ein absolutes *Highlight* im Südwesten der USA ist die **legendäre Straße *Highway No. 1*,** deren berühmtester Abschnitt zwischen den Städten ***San Francisco*** und ***Los Angeles*** verläuft. Zahlreiche Besucher des »*Golden State*« verbinden diese Attraktionen auf einer Bus-, Mietwagen- oder Camperrundreise mit einem Erholungsaufenthalt an der südkalifornischen Strandküste.

Abb. Karte für eine Rundreise durch den Südwesten der USA

Hinweise für eine Rundreise MERKE

Eine Kalifornien-Rundreise dehnt sich teilweise bis in die US-Bundesstaaten Arizona und Utah aus und beginnt in der Regel entweder in *San Francisco* oder in *Los Angeles*. Die kalifornische Küstenstraße *(Highway No. 1)* sollte immer von Nord nach Süd befahren werden, da auf der Fahrt in die andere Richtung nicht angehalten werden kann bzw. darf. Außerdem wird so die Meerseite der Strecke befahren, die genügend Aussichtspunkte zum Fotografieren bietet.

Der nachfolgende **Routenvorschlag** ist für Selbstfahrer mit dem Campmobil bestimmt. Die pauschalen Kilometerangaben geben die täglich zurück zu legenden Strecken an. Fahrten innerhalb der Parks sind dabei nicht berücksichtigt.

Tag 1 Deutschland – *Los Angeles* (L.A.)

Ankunft in *Los Angeles* und Übernahme des Campmobil am Flughafen. Restlicher Tag steht zur freien Verfügung. Übernachtung auf einem der voraus gebuchten Campingplätze in Stadtnähe.

Tag 2 *Los Angeles*

Zunächst werden auf einer Stadtrundfahrt die berühmten Stadtteile *Hollywood, Beverly Hills* und *Downtown L.A.* besichtigt. Anschließend können die *Universal Filmstudios* besucht – oder die lebhaften Stadtstrände genossen werden. Übernachtung auf dem Campingplatz des Vortages.

Die »Stadt der Engel«, abgekürzt **L.A.** genannt, ist nach *New York* die zweitgrößte Metropole der USA. Das heutige zwei Quadratkilometer große Stadtzentrum *Downtown L.A.* bildet die ursprüngliche Siedlung, die im Jahr 1781 gegründet wurde.
Sehenswert sind:
Financial and Business District: Viele Wolkenkratzer, darunter das höchste Gebäude der Stadt.
Civic Center: Das Verwaltungs- und Kulturzentrum, dessen Kernstücke die *Cityhall* (dt. Rathaus) und das *Music Center* mit mehreren Spielstätten sind.
Broadway: Weltberühmte Straße durch L. A., an der viele für die Stadt wichtige historische und moderne Gebäude, z. B. alte Filmpaläste aus den 20er-Jahren stehen.

Hollywood: Der in den gleichnamigen Bergen gelegene Stadtteil ist für seinen 16 Meter hohen, weißen Schriftzug weltberühmt. Seit Mitte des 20. Jahrhunderts erlebt der Stadtteil mit den Filmstudios eine glanzvolle Zeit, an die so manche berühmte Sehenswürdigkeiten am *Hollywood Boulevard* erinnern:
Walk of Fame: Gehweg, auf dem sich über 2.000 marmorne Sterne mit eingravierten Namen bekannter Stars befinden.

Grauman's Chinese Theatre: Premierenkino mit chinesischer Architektur, auf dessen Vorplatz sich zahlreiche Filmstars durch Hand- und Schuhabdrücke in Zementblöcken verewigt haben.
Griffith Park: Die »grüne Lagune von L.A.« zählt zu den größten Stadtparks Kaliforniens. In ihr befinden sich ein Zoo, eine Sternwarte, Sporteinrichtungen und ein griechisches Theater.

Weiter nördlich, jenseits der Berge, befindet sich die ***Universal City*** mit den weltbekannten ***Universal Studios,*** den größten und ältesten Filmstudios der USA. Um die Studios wurde eine gleichnamige Vergnügungs- und *Shopping*zeile angelegt. Bei Studio-Rundfahrten können u. a. Filmkulissen, *Stuntshows* und *Special Effects* bewundert werden.
Über den legendären ***Sunset Boulevard*** sind das gepflegte »*Trend*viertel« ***West Hollywood*** sowie die daneben liegenden »Nobelviertel« ***Beverly Hills*** und ***Bel Air*** erreichbar. Hier haben die berühmten (Film)Künstler ihre großteils pompösen Häuser stehen. Teure *Designer*geschäfte und *Boutiquen* sowie die besten Hotels der Stadt säumen den ***Rodeo Drive,*** der im noblen Geschäftsviertel von *Beverly Hills* liegt.
Weitere Stadtteile, die bei einem Besuch von L.A. besichtigt werden sollten, sind:
Santa Monica: An der gekurvten Strandpromenade ***Santa Maria Pier*** befindet sich der von zahlreichen *Hollywood*filmen bekannte Vergnügungspark mit einem Riesenrad und weiteren Fahrgeschäften.
Venice: Die Promenade ***Ocean Front Walk*** wird zum «Sehen und Gesehen werden" genutzt.
Malibu: In diesem Teil der Stadt befindet sich der nördlichste Stadtstrand, der u. a. durch die TV-Serie *Baywatch* bekannt wurde. Es ist das Stranddomizil der Reichen und ist von vielen prächtigen Villen gesäumt. Aufgrund der hohen Wellen wird der Strand mit jeder Menge »*Beachlife*« gern von Surfern aufgesucht.

Tag 3 *Los Angeles – San Diego*

Die Route führt in die **südlichste Metropole** Kaliforniens, *San Diego*. Die Reisenden haben die Möglichkeit die Stadt ausführlich zu besichtigen. Übernachtung auf einem stadtnahen Campingplatz.
(ca. 120 Meilen/195 Kilometer)

San Diego
Mit fast 1,3 Millionen Einwohnern ist *San Diego* Kaliforniens zweitgrößte Stadt und zugleich bedeutende Hafenstadt und Militärbasis.

Gaslamp Quarter: Historisches Stadtviertel mit liebevoll restaurierten Ziegelbauten und viktorianischen Häusern, die heute noch mit Gaslaternen beleuchtet werden.
Horton Plaza: Postmodernes Einkaufsparadies.
Old Town State Historic Park: Kleines Viertel, in dem die »*Padres*« im Jahr 1769 ihre erste Mission (von insgesamt 21) gründeten und wo heute noch historische ***Adobe*-Bauten** (▸ Glossar) und viktorianische Häuser hübsch anzusehen sind.
Balboa Park: Größte Grünanlage der Stadt in der sich der berühmte große Zoo mit über 4.000 Tieren weitere historische Gebäude, verschiedene Museen und zahlreiche Sportanlagen befinden.
Sea World: Attraktion im *Mission Bay Park*. Hier finden zahlreiche *Shows* mit Meerestieren wie Delfinen, Walen und Pinguinen statt.

Tag 4 *San Diego – Joshua Tree National Park*

Die Route verläuft weiter in Richtung Nordost, vorbei am 50 Kilometer langen **Salzsee *Salton Sea***, durch die noble **Stadt *Palm Springs*,** die im *Coachella Valley* liegt. Noch heute besitzen die ***Cahuilla*-Indianer** einen Großteil dieses Gebietes, das ebenfalls für seinen vielen Golfplätze bekannt ist. Von dort aus geht es weiter zum 3.200 Quadratkilometer großen *Joshua Tree National Park*. Übernachtung auf dem Campingplatz im Park.
(ca. 240 Meilen/387 Kilometer)

Joshua Tree National Park

In dem von bizarren Felsformationen geprägten Nationalpark zwischen der *Colorado Wüste* und der *Mojave Wüste*, wachsen bis zu **12 Meter hohe *Yucca*gewächse**, nach denen der Park benannt ist. Die abwechslungsreiche Vegetation aus Kakteen und Wildblumen sowie die spektakulären Gesteinsformationen des »*Wonderland of Rocks*« laden Wanderer und Kletterer auf erlebnisreiche Touren ein. Durch den Nationalpark führt eine befahrbare, 60 Kilometer lange Panoramastraße, die die Möglichkeit zum Anhalten und Aussteigen bietet.

Tag 5 *Joshua Tree National Park – Phoenix*

Der *Joshua Tree National Park* wird verlassen und die Reise geht weiter östlich über den *Highway No. 10* in die **Hauptstadt *Arizonas*, nach *Phoenix***. Übernachtung auf einem Campingplatz in der Nähe der Stadt.
(ca. 280 Meilen/450 Kilometer)

Phoenix

In der Hauptstadt des fast 300.000 Quadratkilometer großen **US-Bundesstaates *Arizona*** leben knapp 1,5 Millionen Menschen. Die Stadt liegt im so genannten »*Valley of the Sun*« (dt. »Tal der Sonne«), in der *Sonara-Wüste*. *Scottsdale* ist einer der bekanntesten Vororte und wird häufig von Besuchern aufgesucht, die die elegante Atmosphäre der kleinen Altstadt mit erlesenen Restaurants und Einkaufsmöglichkeiten zu schätzen wissen.

Tag 6 *Phoenix – Sedona – Grand Canyon*

Die Weiterfahrt über den *Highway No. 17* führt in das nördlich gelegene *Sedona*, dessen pittoreske Landschaft unbedingt besichtigt werden sollte. Anschließend ist einer der Höhepunkte der Rundreise erreicht, der *Grand Canyon*. Übernachtung auf dem Campingplatz *Grand Canyon Village*.
(ca. 225 Meilen/360 Kilometer)

Sedona

Sedona ist ein »magischer Ort«, der jährlich zwischen zwei und drei Millionen Besucher wegen seiner spektakulären landschaftlichen Umgebung anzieht. Der malerische ***Oak Creek Canyon,*** der durch das Künstlerstädtchen fließt und vor allem die weltbekannten roten Felsformationen im ***Red Rock State Park,*** die hunderte Meter hoch in den strahlend blauen Himmel ragen, locken viele Reisende an, die auf dem Weg zum *Grand Canyon* sind. Inmitten der allgegenwärtigen Naturwunder wurden zahlreiche Westernfilme gedreht.

Grand Canyon National Park

Der ***Grand Canyon*** ist eine steile, etwa 450 Kilometer lange, bis zu 30 Kilometer breite Schlucht im Norden des US-Bundesstaates Arizona, die während mehrerer Millionen Jahre vom Wasserlauf des ***Colorado River*** in das Gestein des ***Colorado-Plateaus*** gegraben wurde. Das Plateau ist eine um mehrere tausend Meter angehobene Ablagerungsdecke, die überwiegend aus Sand- und Kalksteinschichten besteht und sich von Nord-Arizona und Nord-*New Mexico* bis weit hinauf nach Utah und *Colorado* erstreckt. Der größte Teil des *Grand Canyon*, der zu den bedeutendsten Naturwundern der Welt gehört und zugleich ► UNESCO-Weltnaturerbe ist, liegt im ***Grand Canyon Nationalpark***. Der 5.000 Quadratkilometer große Nationalpark, der in drei Gebiete unterteilt wird, kann über drei Aussichtsplattformen angefahren werden.

South Rim (dt. Südrand) – 2.000 Meter hoch, ganzjährig geöffnet, von der Mehrzahl der Reisenden besucht.

North Rim (dt. Nordrand) – noch höher gelegen, aber touristisch ruhiger und nur wetterabhängig zwischen Mitte Mai bis Mitte Oktober geöffnet.

West Rim (dt. Westrand) – neu erschlossene, transparente Aussichtsplattform (so genannter »*Skywalk*«) auf 1.200 Metern Höhe, befindet sich auf dem Reservatsgebiet der *Hualapai*-Indianer.

Alle drei »Canyonränder« bieten an den Aussichtspunkten phänomenale Panoramen auf das ständig wechselnde Spiel von Licht, Schatten und Farbe auf den Gesteinsformationen des *Grand Canyon*. Das touristische Zentrum ***Grand Canyon Village*** mit Besucherzentrum, *Lodges*, Campingplätzen und kleinen Geschäften befindet sich am *South Rim*. Von hier aus besteht die Möglichkeit Wanderungen entlang des *Canyons* zu unternehmen. Alternativ dazu werden Maultierritte, Bootsfahrten sowie Rundflüge mit kleinen Propellermaschinen angeboten.

Tag 7 *Grand Canyon – Monument Valley – Lake Powell* und *Page*

Bevor die Reise in das tiefrote *Monument Valley* an der Grenze zwischen den US- Bundesstaaten Arizona und Utah führt, sollte noch ein letzter Blick auf den grandiosen *Grand Canyon* geworfen werden. Nach der ebenfalls beeindruckenden Fahrt durch *Monument Valley*, führt die Route wieder in Richtung Westen zum *Lake Powell* nach *Page*. Übernachtung auf dem Campingplatz mit Blick auf den See.
(ca. 300 Meilen/485 Kilometer)

Monument Valley

Das *Monument Valley* ist ein flaches Steppen- und Wüstenland auf dem *Colorado*-Plateau an der südlichen Grenze des US-Bundesstaates *Utah* zu *Arizona*. Es liegt innerhalb der ***Navajo Indian Reservation*** und zählt dank seiner beeindruckenden, bis zu 300 Meter hohen monolithischen Sandsteingebirge in Form von Tafelbergen, Nadeln, Zinnen, Burgen, Plateaus und Felsbögen zu den bemerkenswertesten Landschaften der USA. Je nach Sonneneinstrahlung wechseln die Gesteinsformationen ihre Farben von hellrot bis violett und einem besonderen dunkelrot bei Sonnenuntergang. Die markante Ebene diente bereits mehrfach als Kulisse für Dreharbeiten von Westernfilmen und nicht zuletzt ist sie aus der Zigarettenwerbung bekannt.

Abb. *Monument Valley*

Lake Powell

Der Stausee liegt rund 350 Kilometer nordöstlich von *Las Vegas*, im Grenzgebiet von Utah und *Arizona*. Seine Existenz ist dem ***Glen Canyon Dam*** zu verdanken, der in den 1960er-Jahren zur Stromgewinnung mitten in den *Colorado River* gebaut wurde. Der See reicht vom südlichen Ende beim Städtchen *Page* bis weit nach *Utah* hinein. *Lake Powell* ist geprägt von Buchten, versteckten Stränden, Orten der Ruhe sowie von engen, durch fließendes Wasser geschaffenen Schluchten, den so genannten ***»Slot Canyons«***. Ihre rötlichbraunen Sandsteinwände, die teilweise über 100 Meter hoch sind, lassen – von den Sonnenstrahlen erleuchtet – das Gebiet »mystisch« erscheinen. Die Formation der ***Rainbow Bridge*** ist mit 82 Metern Spannweite und 88 Metern Höhe die größte natürliche Steinbrücke der Welt. Sie ist mit einer Bootsfahrt über den See zu erreichen.

Die einzige **Stadt am *Lake Powell* ist *Page (Arizona)***, am südwestlichen Ende des Sees. *Page* war ursprünglich eine Wohnsiedlung für Arbeiter des ***Glen Canyon*-Staudamms**. Heute zählt sie etwa 6.000 Einwohner und ist das »Drehkreuz« für Reisen in die Nationalparks Südutahs und *Arizonas*.

Abb. *Glen Canyon Dam*

Tag 8 *Page – Bryce Canyon*

Die heutige Fahrt führt in die »Zauberwelt« des *Bryce Canyon*, einem der schönsten Nationalparks der USA. Übernachtung auf dem Campingplatz im Nationalpark.
(ca. 155 Meilen/250 Kilometer)

Bryce Canyon

Der ***Bryce-Canyon-Nationalpark*** liegt am Rande des *Paunsaugunt*-Plateaus auf einer Höhe von 2.400 bis 2.700 Metern im Südwesten *Utahs*, eingebettet in weitläufige Kieferwälder. Das besondere des Nationalparks sind die farbigen, bizarren **Felspyramiden**, die so genannten ***»Hoodoos«***. Sie resultieren aus einer Erosion und strahlen von der morgendlichen Sonne bis zum Sonnenuntergang immer wieder in brillanten Farben wie rosa, weiß, gelb und rot. Höchste und neuste geologische Formationen sind die »*Pink Cliffs*« (dt. »Rosa Klippen«), die einen Teil der Hauptgebirgskette bilden.

Abb. *Bryce Canyon*

Tag 9 *Bryce Canyon – Zion Nationalpark – Las Vegas*

Das heutige Etappenziel ist die »Spieleroase« *Las Vegas*. Empfehlenswert ist es, ein Zwischenstopp im *Zion Nationalpark* einzulegen. Am Abend können die Reisenden die Stadt »unsicher« machen und entdecken. Übernachtung im Hotel *Circus Circus*. Der *Camper* kann auf dem *R.V.-Park* neben dem Hotel untergebracht werden.
(ca. 155 Meilen/250 Kilometer)

Zion Nationalpark

Der im Jahr 1919 gegründete Nationalpark befindet sich im Südwesten des US-Bundesstaates *Utah* an der Grenze zu *Arizona*. Landschaftlich geprägt ist der Park durch die angrenzende *Great Basin* und *Mojava-Wüste*. Die etwa 580 Quadratkilometer große Fläche gehört geologisch zum *Colorado- Plateau*. Im *Zion Nationalpark* haben sich Flüsse durch die Gesteinsschichten hindurchgearbeitet und tiefe Schluchten mit senkrechten, bis zu 800 Meter hohen Wänden und bizarren Felsformationen unterschiedlicher Größe hinterlassen. Sie tragen religiöse Namen wie ***»West Temple«, »Three Patriarchs«, »Mountain of the Sun«*** und ***»Angels Landing«***. Die Felswände erscheinen bei verschiedenen Lichtverhältnissen in unterschiedlichen Farben (gelb, orange oder rot, bis hin zu violett, blau und grau). Nach einem niederschlagsreichen Winter tritt im Frühjahr an verschiedenen Stellen Wasser aus der Felswand – sei es als tosender Wasserfall, breiter Wasservorhang oder als tropfendes Rinnsal.

Tag 10 *Las Vegas*

Die Stadt, die als ***»Entertainment Capital of the World«*** bezeichnet wird, erwartet die Reisenden mit ihren prächtigen Kasinos und Themenhotels am *Las Vegas Boulevard*, dem »*Strip*«. Zweite Übernachtung im Hotel *Circus Circus*.

Las Vegas

Die **»Stadt der Spieler und Casinos«** ist berühmt für ihre unzähligen Spielkasinos, herausragenden Shows, Vorführungen und Events. In zahlreichen meist kitschigen Kapellen (»Wedding Chapels«) heiraten jährlich etwa 100.000 Menschen, was *Las Vegas* zu einem **»Mekka des Heiratens«** macht. Die schillernde Metropole zieht jedes Jahr 30 Millionen Besucher in ihren Bann und verfügt, als eine Ferienoase mitten in der Wüste *Nevadas,* über die höchste Anzahl der größten Hotels weltweit. Die Hotels, die häufig unter einem bestimmten Motto stehen, übertreffen sich gegenseitig mit integrierten Erlebnisparks, Kasinos, *Shopping-Malls,* Hochzeitskapellen und vielen anderen Einrichtungen. Viele der ausgefallenen Themenhotels reihen sich an dem fast sieben Kilometer langen *Las Vegas Boulevard,* dem ***Strip*** zu einer Kunstkulisse aneinander.
Spektakuläre Hotels sind:
MGM Grand Hotel: am südlichen Ende des *Strips* gelegen. Am Eingang des Hotels befindet sich eine große, bronzene Löwenstatue. Momentan ist es der Anzahl seiner Zimmer nach das drittgrößte Hotel der Welt. Der bekannte Zirkus *Cirque de Soleil* (dt. »Zirkus der Sonne«) präsentiert hier seine *Show.*
The Mirage: tropischer Regenwald, Tigershow von *Siegfrid & Roy,* die hier viele Jahre auftraten, jede halbe Stunde bricht ein künstlicher Vulkan aus.
Treasure Island: Seeschlachten in der Piratenlagune vor dem Hotel.
Luxor: riesige gläserne Pyramide mit Licht- und *Lasershow* am Abend.
Circus Circus: familienfreundliches Hotel, das unter dem Motto »Welt des Zirkus« steht.
The Venetian Resort: mit 7.000 Betten das größte Hotel der Stadt und zugleich eines der größten der Welt, im *Venedig-Stil* erbaut.

Sehenswürdigkeiten in der Nähe:
Stratosphere: Am nördlichen Ende des *Strips* liegt der 350 Meter hohe *Show*turm, auf dessen großer Aussichtsplattform ein Restaurant und ein Vergnügungspark mit Achterbahn liegen.
Hofbräuhaus Las Vegas: Ein Nachbau des *Münchner Brauhauses.*
Abgesehen vom touristischen Zentrum, dem *Strip*, ist auch das ältere ***Downtown Las Vegas*** einen Besuch wert. Die überdachte Fußgängerzone ***Freemont Street*** bietet ebenso eine Vielzahl an Unterhaltungsmöglichkeiten wie Kasinos, *Shopping-Malls* und Museen. Bekannt ist die Lichtershow des Stadtviertels und der *Cowboy* aus Neonlichtern, der in einigen Metern Höhe über der Straße prangt. Ausflugsziel ist der knapp 50 Kilometer entfernte Staudamm ***Hoover Dam***. Dieser ist für die Energiegewinnung verantwortlich und dient zur Stromversorgung der **»Stadt der Lichter«.** Naherholungsziel mit Bade- und Wassersportmöglichkeiten ist der mit knapp 800 Quadratkilometer Fläche größte, künstliche See der USA, der Stausee ***Lake Mead.***

Tag 11 ***Las Vegas – Death Valley Nationalpark – Visalia***

Heute erwartet die Reisende die faszinierende Wüstenlandschaft des *Death Valley*, das auf dem Weg nach *Visalia* durchquert wird. Übernachtung auf einem der stadtnahen Campingplätze.
(ca. 490 Meilen/790 Kilometer)

Death Valley Nationalpark

Der Nationalpark beherbergt das ***Death Valley***, eine 230 Kilometer lange abflusslose Grabensenke in der *Mojave- Wüste* sowie den **tiefsten Punkt** der USA mit 86 Metern unter dem Meeresspiegel. Goldgelbe Sanddünen, farbig schimmernde, verwitterte Felsformationen, farbenprächtige Wildblumen, *Canyons* sowie von Seen hinterlassene weiße Salzablagerungen (die aus der Eiszeit stammen), prägen das Bild der öden Talebene des *Death Valley Nationalparks*. Zu Sonnenauf- bzw. -untergang ist der *Zabriskie Point* zweifelsohne der Aussichtspunkt, der mit einem wunderbaren Blick auf die bizarren, ockerfarbenen Gesteinsformationen lockt. Das so genannte »Tal des Todes« ist einer der **trockensten Plätze der USA** und zugleich eine der heißesten Gegenden der Erde mit Tagestemperaturen von über 50 Grad Celsius.

Abb. *Death Valley*

MERKE

Death Valley Nationalpark

Der Nationalpark darf im Sommer mit dem Wohn- und Campmobil nicht befahren werden, da die extreme Hitze dem Motor des Fahrzeuges zu schaffen macht. Alternativ kann ein Tagesausflug von *Las Vegas* mit einem vor Ort gebuchten Mietwagen unternommen werden.

Visalia

Die Stadt mit knapp 125.000 Einwohnern bietet einige Unterkünfte für Besucher der umliegenden Nationalparks und kann mit einigen Sehenswürdigkeiten aufwarten, zu denen beispielsweise die *Paramount Citrus Plantage*, eine große Zitronenplantage, zählt.

Tag 12 ***Visalia – Sequoia Nationalpark – Fresno***

Die Route führt zunächst zum *Sequoia Nationalpark* und anschließend in die Stadt *Fresno*. Übernachtung auf einem Campingplatz in der Nähe der Stadt.
(ca. 110 Meilen/180 Kilometer)

Sequoia Nationalpark

Der Nationalpark liegt in der südlichen *Sierra Nevada* in Kalifornien und geht in den ***Kings Canyon Nationalpark*** über. Beide Parks weisen eine Gesamtfläche von etwa 3.500 Quadratkilometer auf und erheben sich auf eine Höhe von bis zu 4.000 Meter.

Hauptattraktion sind die **»Riesenmammutbäume«** ***(Sequoia-Bäume)***, die mehr als 60 Meter hoch wachsen können und einen Durchmesser von über 11 Meter erreichen. Außerdem bilden riesige Berge, darunter der 4.418 Meter hohe ***Mount Whitney*** sowie tiefe *Canyons* unterschiedliche Lebensräume für Tiere und Pflanzen. Die Parks bieten optimale Bedingungen für Wanderer.

Fresno

In *Fresno* leben fast 500.000 Einwohner. Zu den Sehenswürdigkeiten der Universitätsstadt gehören das ***Kearney Mansion* Museum** (große Villa mit Parkanlage), der ***Chaffee Zoo*** (bekannt ist das Reptilienhaus), ***Forestiere Underground Gardens*** (unterirdische Gärten), das *Storyland* (Freizeit- und Märchenland) sowie das ***African-American-Museum*** (lokale Geschichte der afro-amerikanischen Kultur).

Tag 13 *Fresno – Yosemite Nationalpark – San Francisco*

Heute steht der Besuch des *Yosemite National Park* auf dem Programm. Anschließend geht die Rundreise weiter in Richtung Pazifikküste. Am Abend wird die Metropole *San Francisco* erreicht. Übernachtung auf einem der stadtnahen Campingplätze.
(ca. 290 Meilen/460 Kilometer)

Yosemite Nationalpark

Der bereits im Jahr 1890 gegründete Nationalpark erstreckt sich mit über 3.000 Quadratkilometer Fläche entlang der westlichen Hänge der *Sierra Nevada* und liegt in einer Höhe von über 4.000 Meter. Der Park wurde 1984 aufgrund seiner gewaltigen Granitfelsen sowie rund geschliffenen Felsendome, tosenden Wasserfälle, klaren Bäche, gewaltigen Mammutbäumen und seiner beeindruckenden Artenvielfalt zum UNESCO-Weltnaturerbe erklärt. Als besonderes *Highlight* gelten die ***Yosemite Falls*** (Wasserfälle), die besonders im Frühjahr durch die Schneeschmelze elegant und gewaltig von über 730 Meter Höhe in die Tiefe stürzen. Einst war das ***Yosmite-Tal*** von Indianern besiedelt, bis die Weißen im Jahr 1851 das Tal für sich entdeckten.

Abb. *Yosemite NP*

Der *Yosmite Nationalpark* bietet viele sportliche Freizeitaktivitäten wie Angeln an den verschiedenen Seen, Bergklettertouren auf dem ***El Capitán*** (ein 2.300 Meter hoher Felsblock) und Wanderungen entlang des idyllischen ***Mirror Lake,*** der mit dem *Busshuttle* des Parks zu erreichen ist.
Weitere wichtige Sehenswürdigkeiten sind:
Sentinel Rocks **–** frei stehender Felsen, von dem aus der 1.000 Meter tiefer gelegene Talboden des *Yosmite-Tals* überblickt werden kann.
Glacier Point **–** 2.200 Meter hohe Felsnase an der Südostecke des Tales, die als beliebter Aussichtspunkt über den Nationalpark dient.
Half Dome **–** Fels mit vertikal halbierter Kuppe am östlichen Ende des Tales.
Yosmite Village – Mittel- und Sammelpunkt für Besucher des Nationalparks mit *Visitor Center*, Gaststätten, Einkaufsmöglichkeiten und Museum.

Tag 14 *San Francisco*

Das kosmopolitische *Flair,* die einzigartige Lage und die weltbekannten Sehenswürdigkeiten dieser »Traumstadt« werden die Reisenden bei einem Stadtrundgang begeistern. Übernachtung auf dem Campingplatz des Vorabends.

San Francisco

Abb. *Golden Gate Bridge*

Die Stadt gilt als eine der **schönsten und attraktivsten in den USA** und liegt auf einer schmalen Halbinsel, die die ***San Francisco Bay*** vom *Pazifischen Ozean* teilt. In der modernen und außergewöhnlichen Metropole wohnen etwa 770.000 Menschen auf 130 Quadratkilometer Fläche. Im Gegensatz zu vielen anderen amerikanischen Großstädten ist das Stadtzentrum relativ kompakt und das öffentliche Verkehrsnetz sehr gut ausgebaut, so dass die Metropole zu Fuß oder unter anderem mit den berühmten ***»Cable Cars«*** erkundet werden kann. Die restaurierten, **nostalgischen Straßenbahnen,** die zu einer der Wahrzeichen *San Franciscos* gehören, rattert über die steilen, hügeligen und krummen Straßen der Stadt. Eine sehr bekannte Straße, die auch gern als Filmkulisse genutzt wird, ist die blumengeschmückte Serpentine der ***Lombard Street.***

Absolutes *Highlight* ist jedoch die weltbekannte und 240 Meter hohe Hängebrücke ***Golden Gate Bridge*** am nordöstlichen Ende der Stadt, die nach *Salitos* führt (fünf USD Mautgebühr »stadteinwärts« werden verlangt). In Richtung Osten führt die ***Bay Bridge*** nach *Oakland* und *Bekerly* (Sitz der *University of California*).

Weitere Touristische Attraktionen:

- ***Union Square:*** Im Herzen der Stadt liegt mit *Union Square* einer der ältesten Plätze der amerikanischen Westküste, der Start und zugleich Ziel der berühmten »*Cable Cars*« ist. Zahlreiche Kaufhäuser, kleine Geschäfte, Restaurants und Hotels liegen an einem mit Palmen gesäumten zentralen Platz.
- ***Civic Center:*** Verwaltungs- und Kulturzentrum der Stadt, in dem sich das Rathaus (am. *City Hall*) mit angrenzendem Opernhaus befindet.
- ***China Town:*** Das Drachentor ist die Verbindung zwischen der Haupteinkaufsstraße ***Market Street*** und dem Stadtteil *China Town*. Es ist das zweitgrößte chinesische Viertel außerhalb Asiens, in dem es eine Vielzahl an traditionellen Restaurants und kleinen exotischen Geschäften gibt.
- ***Coit Tower:*** Ein 64 Meter hoher Aussichtsturm auf dem *Telegraph Hill,* der einen herrlichen Blick auf die Stadt und die Bucht bietet. Er wurde zu Ehren der freiwilligen Feuerwehr erbaut.

Abb. *Lombard Street*

- ***Fisherman's Wharf:*** Alter Fischereihafen an dessen Hafenpromenade zahlreiche Restaurants, Hotels und in alten Fabrikgebäuden untergebrachte, moderne *Shopping-Malls* gereiht sind. Die ehemalige Bootsanlegestelle ***»Pier 39«*** ist heute das Kernstück von *Fisherman's Wharf* und zugleich eine im alten Stil rekonstruierte, hölzerne Einkaufszeile. Besonders sehenswert ist die Seehundekolonie, die vom umliegenden Kai aus beobachtet werden kann.
- ***Golden Gate Park:*** Naherholungsgebiet mit dem ***Japanese Tea Garden*** und einigen Museen.
- ***Alamo Square:*** Stadtteil und Park zugleich, in dem sechs bunte Häuser der viktorianischen Holzbauweise nebeneinander gereiht stehen. Der Park bietet einen atemberaubenden Ausblick auf *Downtown San Francisco* im Hintergrund.
- ***Twin Peaks:*** Zwei fast gleich hohe Zwillingshügel (fast 300 Meter hoch) bieten einen grandiosen Ausblick über die Stadt und die gesamte *Bay Area*.
- ***Alcatraz:*** Ehemalige Gefängnisinsel mit einem der ältesten Leuchttürme der USA. Unter anderem war auf der Insel der berühmte Mafiosi *Al Capone* inhaftiert. Das ehemalige Zuchthaus kann per Schiffstour von *Fisherman's Wharf* aus besichtigt werden.

MERKE

Campingfahrzeuge in *San Francisco*

Die Stadt ist angesichts der vielen engen Straßen und den zu wenigen Parkmöglichkeiten absolut ungeeignet für Wohn- und Campmobile. Empfehlenswert ist daher, das Fahrzeug auf einem der stadtnahen Campingplätze unterzustellen und die Stadt auf eigene Faust und ohne Fahrstress zu besichtigen.

Tag 15 *San Francisco – Monterey/Carmel – San Simeon/Pismo Beach – Santa Maria*

Nach dem die große beeindruckende Metropole in Richtung Süden verlassen wurde, geht die Fahrt weiter entlang der Pazifikküste auf dem berühmten *Highway No. 1*. Die Orte *Montrey, Carmel, San Simeon* und *Pismo Beach* werden durchfahren oder dienen als Zwischenstopps auf dem Weg zum Tagesziel *Santa Maria*. Übernachtung auf einem Campingplatz nahe *Santa Maria*.
(ca. 300 Meilen/480 Kilometer)

Monterey und Carmel

Der Norden und Süden der *Monterey*-Halbinsel können nicht unterschiedlicher sein: Während das ehemalige Fischerdorf *Monterey* im Norden immer noch auf dem Weg zur modernen Stadt ist, scheint sich das beschauliche und verschlafene *Carmel* im Süden bereits zu einem teuren und noblen Städtchen gewandelt zu haben.

Monterey und seine wichtigsten Sehenswürdigkeiten:

- *Fisherman's Wharf*
- *Monterey Bay Whale Watch Tour*
- *Cannery Row* (dt. etwa »Konservenfabrikreihe«; Küstenstraße und Touristenviertel)
- ***17-Mile Drive*** (Panoramastraße in der Nähe von *Monterey*)
- ***The Lone Cypress*** (dt. »Die einsame Zypresse« etwa 250 Jahre alter Baum, der auf einem Felsen an dem *17-Mile-Drive* steht; bekanntes Fotomotiv ► nächste Seite)

Carmel ist berühmt für seine breiten, traumhaften Strände sowie für die kleinen Häuser im Kolonialstil mit wunderschön angelegten, romantischen Vorgärten. Sehenswürdigkeiten:

- *Carmel Beach*
- *Carmel Mission*
- *Ocean Avenue*
- *Pebbel Beach* und Golfplatz in der Nähe *(Big Sur)*

Abb. *Highway No. 1*

Abb. *The Lone Cypress*

San Simeon – Sehenswertes:
Vistapoint (Seelöwen), *Hearst Castle*, Leuchtturm »*Piedras Blancas Light*«

Pismo Beach
Die Stadt mit etwa 8.700 Einwohnern liegt an der berühmten, landschaftlich wunderschönen Küstenstraße ***Highway No. 1*** und ist ein hübscher Küstenort. Ein **37 Kilometer langer, breiter Sandstrand** gilt als idealer Platz zum Wellensurfen. Hervorragend zum Angeln und um Sparziergänge zu unternehmen ist der 350 Meter lange, hölzerne Pier.

Santa Maria
Die Stadt liegt südlich von *Santa Maria River*, unweit der Küste Kaliforniens und zählt knapp 100.000 Einwohner. Ein wichtiger Bestandteil der Wirtschaft in der einst von Indianern gegründeten Stadt ist die Landwirtschaft. Dazu gehört auch der **Weinanbau**, für den die Stadt bekannt ist. Sehenswertes:
Gerichtsgebäude »*Superior Court*«, Weinbaugebiet *Santa Ynez Valley* (Ausflug), *Neverland Range* von *Michael Jackson* (Ausflug)

Tag 16 *Santa Maria – Santa Barbara – Los Angeles*

Die letzte Etappe dieser Rundreise führt von *Santa Maria* über *Santa Barbara* entlang der »**Amerikanischen *Riviera***« nach *Los Angeles*. Abgabe des Campers an einer der Anmietstation in L.A. und Übernachtung in einem Hotel.
(ca. 170 Meilen/275 Kilometer)

Santa Barbara
Die Stadt liegt direkt an der Pazifikküste in einer Region, die wegen ihres Mittelmeerklimas als »*Amerikanische Riviera*« bezeichnet wird. Franziskanermönche erbauten *Santa Barbara* im Jahr 1786 und erhielten dabei Unterstützung von spanischen Soldaten, die die Stadt vor Eindringlingen verschiedener Kolonialmächte verteidigten.

Die Stadt wird auch als die **»Königin der Missionsstationen«** bezeichnet, da sich hier die best erhaltene, im Originalzustand gebliebene Mission befindet. Im Jahr 1925 wurde *Santa Barbara* fast völlig von einem Erdbeben zerstört. Heute, nach dem Wiederaufbau, glänzt die Stadt wegen ihrer Häuser mit den weißgetünchten Fassaden und roten Ziegeldächern. Der gemütliche und exklusive Charme der wohlhabenden Stadt zieht **viele Prominente und reiche Pensionäre** zur Niederlassung an. Sehenswertes in *Santa Barbara*: ► Mission *Santa Barbara* mit Museum und Friedhof ► ***El Presidio de Santa Barbara State Historic Park*** (ursprünglich militärischer Stützpunkt, heute touristischer Anziehungspunkt und archäologische Ausgrabungsstätte)
Tag 17 *Los Angeles* – Deutschland
Organisierter Transfer vom Hotel zum Flughafen von *Los Angeles*. Flug nach Deutschland.

Tab. Rundreise durch den Südwesten der USA

Eine Rundreise ist ziemlich **umfangreich in der Beratung**, da sehr viele wichtige Fragen vor der Reise geklärt werden müssen. Nehmen Sie sich die Zeit und besprechen Sie gemeinsam mit Ihrem Kunden die grundsätzlich festzulegenden Kriterien und geben Sie alle notwendigen Informationen und Hinweise.

So kann Ihnen die gute Beratung gelingen und der Kunde kann sich auf eine einmalige Reise freuen.

AUFGABEN

1. Beschreiben Sie eine Rundreise anhand von zwei Merkmalen.
2. Welchen Reisetypen empfehlen Sie eine Busrundreise in der Gruppe? Begründen Sie Ihre Antworten.
3. Geben Sie drei Beispiele für spezielle Themenrundreisen. Nehmen Sie dafür die Reisekataloge zur Hilfe.
4. Welche zwei Durchführungsmöglichkeiten bieten die Veranstalter ihren Gästen bei der Gestaltung einer pauschal organisierten Rundreise? Erläutern Sie beide Varianten.
5. Alternativ zu der pauschal abgewickelten Rundreise gibt es eine weitere Möglichkeit die Rundreise zu organisieren.
   a) Welchen Nachteil erbringt diese Gestaltungsform Ihren Kunden bei extremen Wetterverhältnissen oder weiteren Gründen, die für eine Flugverspätung sorgen könnten?
   b) Was raten Sie Ihren Kunden, um einem solchen Problem vorzubeugen?

6. Nennen Sie den Vorteil für die Reiseveranstalter, wenn sie mit *Incoming-Agenturen* zusammen arbeiten.

7. Eine Rundreise lässt sich hinsichtlich der Transportmittel differenzieren. Nennen Sie drei Rundreisearten und beschreiben Sie diese kurz.

8. Beschreiben Sie fünf wesentliche Unterschiede zwischen einer Bus- und einer Mietwagenrundreise.

9. Organisierte Selbstfahrerrundreisen werden mit Mietfahrzeugen aus der jeweiligen Destination durchgeführt. Bei der Buchung eines solchen Fahrzeuges müssen Sie als Tourismuskaufmann/-frau auf einige Aspekte achten.

   a) Welche zwei grundsätzlichen Bedingungen muss Ihr Kunde erfüllen, um ein Mietfahrzeug fahren zu dürfen?

   b) Bei der Annahme des Mietfahrzeugs vor Ort muss Ihr Kunde i. d. R. eine Kaution hinterlegen. Welche Art der Zahlung wird von vielen Mietfahrzeugunternehmen vorausgesetzt?

   c) Die Standardversicherung der Autovermietung deckt meistens nicht alle Schäden ab. Welche Versicherungen sind meistens in den Versicherungspaketen der Reiseveranstalter enthalten?

   d) Welche Vorteile hat der Kunde, wenn er das Mietfahrzeug bereits bei Ihnen im Reisebüro bucht?

10. Geben Sie Ihrem Kunden Informationen zu den für Südafrika empfohlenen Impfungen.

11. Drucken Sie sich bitte im Internet unter ► www.europa-lehrmittel.de ► Titel »All inclusive Band 2« die Karte der *Panorama Route* aus und ordnen Sie den markierten Punkten die entsprechenden Orte und Sehenswürdigkeiten zu.

12. Beschreiben Sie das »Erlebnis *Krüger-Nationalpark*« anhand von vier verschiedenen Merkmalen.

13. Zählen Sie die Tierarten auf, die als »*Big Five*« bezeichnet werden.

14. Welcher Nationalpark, der zum Schutz der letzten überlebenden Elefanten eingerichtet wurde, ist *Malaria* frei?

15. Bitte drucken Sie die unter ► www.europa-lehrmittel.de ► Titel »All inclusive Band 2« zu findende externe Karte der *Garden Route* noch einmal aus und beantworten Sie folgende Fragen:

   a) Welche natürlichen Attraktivitätsfaktoren bietet die *Garden Route*?

   b) Umgrenzen Sie das Gebiet der *Garden Route* geografisch und markieren Sie den Start- und Zielpunkt in der Karte.

verschiedene Arten von Korallenriffen (► LF 3, Kapitel 2.3) wie das **Saum- und Barriereriff** und die **ringförmigen Riffe,** die so genannten **Atolle**.

Die **Korallen** selbst sind fragile Lebewesen die nur sehr langsam wachsen – manche der Korallen benötigen für einen Zentimeter Wachstum bis zu 10 Jahre. Daher bitten Sie Ihren Tauchkunden immer umsichtig und verantwortungsbewusst zu tauchen. Tabu ist für jeden Taucher das Betreten, Abbrechen, Anfassen und vor allem Mitnehmen von jeglichen toten und lebendigen Meeresbewohnern, und auch von Korallen.

Neben der Korallenvielfalt locken auch versunkene Schiffe in die Unterwasserwelt. Taucher besichtigen diese beim so genannten **Wracktauchen** (► Kapitel 9.3).

Beliebte Tauchregionen

BEISPIEL

Das *Rote Meer* in *Ägypten*, die Insel *Bali* in Indonesien, die *Malediven*, *Mauritius*, die Insel *Cozumel* in Mexiko, die Philippinen, die *Seychellen*, der Staat *Mosambik* in Südostafrika und das Land Thailand.

Nicht alle Tauchreviere liegen in Küstennähe und sind von Land aus zugänglich; daher werden sie mit Booten angefahren. Haben die touristischen Orte mit einer entsprechenden Infrastruktur an Tauchschulen und Hotels aufgrund eines Hausriffes kein Möglichkeit einen Bootsanleger zu bauen, besteht lediglich die Möglichkeit einen längeren »Anfahrtsweg« zu dem nächsten Ort mit Bootsanleger in Kauf zu nehmen.

Tauchschulen und Tauchscheine

Die **Reiseveranstalter**, die Tauchreisen in ihrem Programm führen (z. B. *Neckermann Reisen* oder TUI) wählen die Tauchbasen mit Bedacht aus und prüfen sie. Dabei wird sehr viel Wert auf folgende Kriterien gelegt:

- Lage und Organisation,
- Ausrüstung und Sicherheit (internationale Standards),
- Professionalität und Erfahrung,
- Ausbildungsqualität und gutes sprachliches Verständnis.

In der Regel arbeiten die Veranstalter eng mit den **Tauchschulen PADI, CMAS oder SSI** zusammen, die internationale Standards und Sicherheit gewähren. Die Tauchzentren bieten ihren Gästen unterschiedliche **Tauchpakte und -kurse** an, die sich für Anfänger und erfahrene Taucher unterscheiden.

Die **PADI Tauchschule** bietet ihren Tauchern beispielsweise modulare Ausbildungskurse an, die vom klassischen Einsteigerkurs über spezialisierte Trainings bis hin zur Ausbildung als Profi reichen.

- **Anfänger** können im Kurs **PADI *Discover Scuba Diving*** das einfache Gerätetauchen kennen lernen, indem sie in die Ausrüstung eingewiesen werden und erste Tauchgänge im Schwimmbecken als auch im »begrenzten Freigewässer« unternehmen. Die Teilnehmer erhalten nach Abschluss ein lebenslang gültiges, international anerkanntes Tauchzertifikat, das ihnen erlaubt in Begleitung eines **professionellen Tauchers** (mind. *Divemaster*) bis zu 12 Metern Tiefe zu tauchen.

© Egypt 2011

- **Einsteiger** können z. B. an einem **Tauchkurs,** dem Einsteigerkurs **PADI *Open Water Diver*** (kurz: **OWD,** dt. »Freiwasser-Taucher«), in ihrem Urlaub teilnehmen. Der Kurs beinhaltet einen Theorieteil, der sich in der Regel aus fünf Modulen zusammensetzt, und Praxisübungen, die im Schwimmbecken bzw. in »begrenzten Freigewässern« stattfinden. Bei den Tauchgängen werden die Anfänger von den Instruktoren auf das Freiwassertauchen vorbereitet. Nach Abschluss des letzten Tauchgangs erhalten die Schüler ihr persönliches, weltweit gültiges ***Brevet* (Tauchschein)** das einen *(Junior) Open Water Diver* auszeichnet und berechtigt selbstständig Tauchgänge mit anderen brevetierten Tauchern durchzuführen. Dieses Zertifikat ist lebenslang gültig und international anerkannt.
- **Fortgeschrittene** Taucher können den **PADI *Advanced Open Water Diver*** (kurz: **AOWD**, dt. »fortgeschrittener Freiwasser-Taucher«) ablegen, der auf dem Einsteigerkurs aufbaut. Die Taucher erlernen dabei zusätzliche Fähigkeiten und neue Erfahrungen. Verschiedene Spezialgebiete, wie z. B. Wracktauchen, Nachttauchen oder Tieftauchen stehen auf dem Programm.
- Ebenfalls erfahrenen Tauchern schnüren die Tauchzentren »**Tauchpakete**«, die beispielsweise eine gewisse Anzahl an Tauchgängen pro Tag, bestimmte Tauchausflüge zu Korallenriffen und Wracks und/oder einen ermäßigten Ausrüstungsverleih beinhalten.
- Der Kurs **PADI *Rescue Diver*** (kurz: RD, dt. »Rettungstaucher«) baut auf dem AOWD auf und lehrt Notsituationen zu vermeiden, bzw. bei Bedarf Rettungstechniken bei sich oder anderen anzuwenden.

Einen Einstieg in den **professionellen** Bereich des PADI-Systems ermöglicht der **PADI *Divemaster*** (kurz: DM, dt. »Tauchmeister«). Nach Erhalt des Zertifikats darf ein *Divemaster* soweit es ihm/ihr von dem professionellen Tauchlehrer erlaubt ist, in dessen Tauchkursen assistieren und ihn unterstützen.

MERKE

Tauchscheine

Raten Sie Ihrem Kunden davon ab, auf Preisangebote unbekannter Tauchschulen einzugehen, denn nicht alle Tauchscheine sind international anerkannt.

Nicht alle Tauchbasen können unlimitiert und zu jeder Zeit Taucher aufnehmen. Damit Ihre Kunden **garantiert tauchen** und von **günstigen Vorausbucher-Raten profitieren**, empfehlen Sie ihnen die »Tauchpakete« bereits im Voraus zu buchen. Bei Tauchkursen ist dies sogar dringend zu empfehlen. Weisen Sie Ihre Kunden außerdem darauf hin, dass bei Buchung vor Ort oft staatliche *Taxen* zum Preis dazugerechnet werden.

Tauchausrüstung

Tauchausrüstungen sind in jeder Tauchbasis vorhanden, allerdings nicht immer genügend und in allen benötigten Größen. Fortgeschrittenen Tauchern wird daher empfohlen eine Tauchausrüstung (mit Ausnahme von Tauchflaschen und Bleigürteln) von zu Hause mitzubringen.

Eine **Tauchgrundausrüstung (auch ABC-Ausrüstung genannt)** besteht aus: Tauchmaske, Schnorchel und Tauchflossen. Die Ausrüstung allein ist ausreichend zum Schnorcheln.

»Schnorchler«

BEISPIEL

© Egypt 2011

Nicht nur Tauchanfänger und -profis interessieren sich für einen Tauchurlaub – »Schnorchler« zählen ebenfalls zur Zielgruppe dieser Reiseform. Denn ihre Wünsche und Bedürfnisse ähneln denen der Taucher und bedürfen der gleichen Voraussetzungen, wie z. B. eine intakte und farbenfrohe Unterwasserwelt sowie Hausriffe (Strand nahe Riffe). Die Tauchzentren der Destinationen sind daher meist auch auf »Schnorchler« vorbereitet und bieten ihnen spezielle Schnorchelausflüge und zu mietende Schnorchelausrüstung an. Diese besteht aus Schnorchel, Maske und Flossen. Teilweise können »Schnorchler« auch angebotene Tauchausflüge begleiten.

Zur Ausrüstung beim **Geräte- und Sporttauchen** gehören ein **Tauchanzug** (verschiedene Ausfertigungen) zum Kälteschutz, ein **Bleigewicht** (Bleigürtel) um den Auftrieb des Tauchers und der Tauchrüstung zu kompensieren, eine **Druckflasche** mit komprimierter Luft, ein **Lungenautomat** zur Reduzierung des Flaschendrucks auf den jeweiligen Umgebungsdruck, eine aufblasbare **Tarierweste** zur Regulierung des Auftriebs und ein **Tiefenmesser**, das die aktuelle Tauchtiefe anzeigt. Moderne Tiefenmesser sind meist in einem **Tauchcomputer** integriert, der auch weitere Informationen wie die aktuelle Tauchzeit angeben kann.

Weitere Ausrüstungsteile sind ein **Tauchkompass**, ein **Tauchmesser**, eine **Taucherlampe**, ein **Tauchseil** sowie ein **Taucherlogbuch**.

Sicherheitsregeln

Aus Sicherheitsgründen haben sich alle Taucher **an strikte Regeln zu halten**, werden diese nicht eingehalten, kann dies im Ernstfall sogar zum Tauchverbot führen. Grundsätzlich gilt: Tauchausflüge im offenen Meer sind nur mit einem **Tauchschein (*Brevet*)** erlaubt. Eigenverantwortliches Tauchen benötigt außerdem noch eine gewisse Anzahl an »eingeloggten« (registrierten) Tauchgängen.

Die Nachweise müssen in dem Tauchzentrum vorgelegt werden. Ferner ist bei praktisch allen kompetenten Tauchzentren ein **Checktauchgang** zu Beginn des Urlaubs vorgeschrieben. Des Weiteren ist das Tragen eines **Tauchcomputers** meist Standard, mancherorts sogar Pflicht. In vielen Tauchrevieren ist eine maximale Tauchtiefe vorgeschrieben, die häufig bei 40 Metern Tiefe liegt.

MERKE

Ärztliches Attest für Tauchtauglichkeit
Das Vorweisen eines gültigen ärztlichen Attests ist für die meisten Tauchkurse bzw. Tauchpakete Pflicht. Das Attest bescheinigt eine Tauchtauglichkeit für Pressluftflaschen und sollte nicht älter als ein Jahr sein.

Tauchern ist der Abschluss einer Reisekranken- oder einer Reiseunfallversicherung für den »Fall der Fälle« besonders zu empfehlen. Teilweise ist es sogar verpflichtend.

9.1.1 Der Tauchausflug

Der Tauchausflug wird im Voraus von dem begleiteten **Tauch*guide*** des Tauchzentrums genauestens geplant und vorbereitet. Er oder sie kennt den Tauchplatz und dessen Tücken und weiß Bescheid über das Wetter und die hydrologischen Bedingungen unter Wasser. Der *Guide* stellt die benötigte Ausrüstung für die Tauchgruppe zusammen und überprüft sie auf Vollständigkeit und Zustand, außerdem prüft er/sie den Flaschendruck.

Ferner organisiert der Tauch*guide* erforderliche weitere Sicherheitsmaßnahmen, wie z. B. Leinen, Sicherheitstaucher, Orientierungshilfen, Reserveluftvorräte usw. Anschließend findet das ***Briefing* mit der Tauchgruppe** statt. Der *Guide* stellt den im Voraus geplanten Verlauf des Tauchausfluges hinsichtlich der Dauer der Tauchgänge, der ausgesuchten Tiefe und der Zusammensetzung des *Teams* vor.

MERKE

*»Buddy-*System«
Tauchgänge dürfen nicht allein, sondern immer nur mit einem direkten Tauchpartner, dem so genannten Buddy durchgeführt werden. Dieser Grundsatz im Tauchsport bezeichnet sich als »*Buddy*-System« (aus dem Amerikanischen für »Kumpel«).

Bei Tauchergruppen mit mehreren Personen werden üblicherweise ***Buddyteams*** gebildet.

Der **Tauchgang** wird von Taucher und *Buddy* gemeinsam vor- und nachbereitet, wobei mögliche Sonderzeichen- und Signale besprochen werden. Außerdem wird Hilfestellung beim An- und Ausziehen sowie das Überprüfen der Tauchausrüstung geleistet. Die Tauchpartner halten vor allen Dingen während des Tauchgangs laufend Kontakt zueinander.

© Egypt 2011

Nach dieser Vorbereitung, die ausschließlich auf dem Land stattfindet, begibt sich die Gruppe einschließlich Tauch*guide* auf das Ausflugsschiff. Ist der Tauchplatz (auch bekannt als **Tauch*spot***) erreicht, tauchen die Reisenden nach einem letzen Überprüfen der bereits angelegten Tauchausrüstung in die faszinierende Unterwasserwelt ein. Das Abtauchen wird beim Tauchsport als ***drop-off*** bezeichnet.

Das Auftauchen beginnt nach **Erreichen der geplanten Grundzeit**, Anbrechen des **Reserveluftvorrats** oder bei Problemen. Der Aufstieg ist kontinuierlich langsam aufgrund des stattfindenden Druckausgleichs.

Nach Verlassen des Wassers überprüft der Tauch*guide* als erstes die Ausrüstung und insbesondere das Team auf Vollzähligkeit. Anschließend findet ein *Debriefing* (dt. Schlussbesprechung) statt, bevor es wieder an Land geht.

9.1.2 Die Tauchsafari

© Egypt 2011

Gäste, die bereits über ausreichend »Taucherfahrung« verfügen und in ihrem Urlaub auf individuelle und unabhängige Weise tauchen möchten, empfiehlt sich eine Tauch*safari*. **Das *Safari*-Schiff ist das Hotel** auf dem gegessen, geschlafen und von dem getaucht wird. Es bietet durch seine kleine *Crew* guten Service und einen hohen Sicherheitsstandard für die Taucher. Das Schiff bleibt für die Dauer der *Safari* auf dem Meer und kann daher weiter entfernte Standorte erreichen. Eine Tauch*safari* ist z. B. bei den Reiseveranstaltern TUI, *Jahn Reisen,* DERTOUR usw. im Katalog aufgeführt.

Tauch*safari*

MERKE

Dieser Art der Tauchreise eröffnet Tauchern eine ganz andere Welt von erstklassigen Möglichkeiten, die bei der Kombination Hotel und Tauchzentrum nicht möglich sind. Ob früh am Morgen oder in der Abenddämmerung, getaucht wird »fast« zu jeder Tageszeit in Gruppen mit Guide oder zu zweit im »*Buddy*-System«.

© Egypt 2011

Frühstück, Mittag und Abendessen werden auf dem Schiff von einem mitreisenden Koch serviert. Verpflegung, Transfer vom Flughafen oder Hotel zum Schiffsanleger sowie Übernachtungsmöglichkeit, Tauchgänge und Tauch*guide* sind in der Regel im Reisepreis enthalten.

Mitreisende Nichttaucher und »Schnorchler« sind auf Tauch*safaris* in den meisten Fällen auch herzlich Willkommen. Viele der besuchten Tauchplätze bieten gleichzeitig Möglichkeiten schwimmen zu gehen oder zu Schnorcheln. Erklären Sie Ihrem nicht tauchenden Kunden aber bitte, dass die *Safari* in erster Linie für Taucher konzipiert ist. Da auch er die Verpflegung in Anspruch nimmt, ist der Reisepreis für den Nichttaucher derselbe.

Transport von Tauchgepäck

MERKE

Es ist zu beachten, das Tauchgepäck der Kunden bei der jeweiligen Fluggesellschaft anzumelden ist. Wenn dieses versäumt wird, ist es möglich, dass das Sportgepäck nicht transportiert wird. Die Mitnahme der Tauchlampe ist nur im Handgepäck gestattet, wobei Batterie und Leuchtmittel voneinander getrennt sein müssen.

Bei aller Planung sind viele, nicht zuletzt für die Sicherheit und Gesundheit des Reisenden relevante Dinge zu berücksichtigen. Kennen Sie sich in bei einigen nicht genügend aus, informieren Sie sich bitte zuerst, bevor sie eine falsche Auskunft geben.

Tauchen und Rückflug

MERKE

Aufgrund des angesammelten Stickstoffs im Blut, darf mindestens 24 Stunden vor dem Rückflug nicht mehr getaucht werden, um diesen abzubauen und einen gesundheitlichen Unfall zu vermeiden.

9.2 Ägypten – Attraktivitätsfaktoren

Ägypten ist aufgrund der vielen Tauchreviere und Korallenriffe ein überaus **beliebtes Reiseziel für Tauchurlauber**. Jedoch auch viele nicht ausschließlich tauchende Badeurlauber nutzen neben dem umfangreichen **Wassersportangebot** speziell das **beständig warme Klima** sowie die **kulturellen *Highlights*** (► LF 3, Kapitel 4.3.6).

beide © Egypt 2011

Bei einem Verkaufsgespräch spielen die verschiedenen **Attraktivitätsfaktoren** des *Roten Meeres* und *Ägyptens* eine bedeutende Rolle. Analysieren Sie die Wünsche Ihrer Kunden zuerst nach Interessen, Motivation und Einstellung des Kunden, so dass Sie ihm einem der Reisetypen (► LF 3, Kapitel 2.6) zuordnen können. Nennen Sie die attraktiven Faktoren, auf die der Kunde Ihres Erachtens besonderen Wert legt und geben Sie wenn möglich detaillierte Hinweise.

Überblick der **künstlichen- und natürlichen Faktoren:**

Natürliche Faktoren		Reisetypen/Zielgruppen
Klima	Ganzjähriges Reiseziel, viele Sonnenstunden, sehr wenig Niederschlag	► Badeurlauber ► Taucher
Naturräumliche Gegebenheiten	Lange Sand-, Kiesstrände, Wüstengebirge und -steppen, der *Nil*, eindrucksvolle Korallenriffe	► Badeurlauber ► Taucher ► Naturliebhaber
Flora und Fauna	Dornsträucher, Hartgräser, Dattelpalmen, Bambusrohr, Schilfgewächse, Korallen. Wasservögel, Kamele, Esel, Schafe, Ziegen, Kobra, Krokodile, unzählige Fischarten	► Naturliebhaber ► Taucher ► Wüstenwanderer
Gesundheit	Keine speziellen Impfvorschriften, allerdings sind *Hepatitis A*- und *B*-Impfungen aufgrund mangelnder Lebensmittel- und Trinkwasserqualität empfehlenswert. Sehr verbreitet ist ebenfalls, dass *Hepatitis C*-Virus, gegen das es keine Impfungen gibt.	► Alle Zielgruppen
Wasserqualität	Warme Wassertemperaturen, Korallenriffe	► Badeurlauber ► Wassersportbegeisterte ► Taucher

Künstliche Faktoren		Reisetypen/Zielgruppen
Erreichbarkeit/ Beförderung	Ab Deutschland mehrmals täglich *non-stop* mit Linien- und Charterfluggesellschaften erreichbar.	▸ Alle Zielgruppen
Einreise	Einreise neben dem Reisepass auch mit Personalausweis und zusätzlichem Passfoto möglich. Visum erforderlich, das kostenpflichtig am Flughafen in *Ägypten* ausgestellt wird.	▸ Deutsche Staatsangehörige
Verkehrswege	Linienflüge sorgen für eine gute Verbindung zwischen den größeren Städten. Das Straßennetz der touristischen Gebiete ist gut ausgebaut; ein Mietwagen empfiehlt sich trotzdem nicht. Touristen-*Konvois* werden von Sicherheitspersonal begleitet. Der *Nil* ist ein wichtiger Verkehrsweg des Landes.	▸ Pauschalurlauber ▸ (Fluss-)Kreuzfahrer
Hotellerie	Viele große Hotelanlagen in allen Preisklassen und Hygienestandards mit All inclusive-Angeboten und hoteleignen Tauchbasen.	▸ Badeurlauber ▸ Cluburlauber ▸ Taucher
Freizeit-einrichtungen	Wassersportbasen, Tauchschulen, Jeep-, *Quad*- und Kameltouren, Golfplätze, Einkaufsmöglichkeiten	▸ Sport-/Aktiv-begeisterte
Soziokulturelle Faktoren	Pyramiden, Totenstädte, Gräber, Ausgrabungen, Museen, *Souqs*	▸ Kulturinteressierte ▸ *Best Ager*
Sicherheit	Medizinische Versorgung in den touristischen Gebieten ist gut. Immer wieder kam es in den vergangenen Jahren zu Anschlägen auf Hotels und Touristenziele. Vorab informieren ist empfehlenswert.	▸ Alle Zielgruppen

Tab. Attraktivitätsfaktoren und Zielgruppen *Ägyptens* und des *Roten Meeres*

Einreisebestimmungen

Für die Einreise nach *Ägypten* benötigen deutsche Staatsangehörige einen sechs Monate über die Reise hinaus **gültigen Reisepass oder Personalausweis** sowie ein ***Visum.*** Das *Visum* wird gegen eine Gebühr von etwa 22,00 Euro am Flughafen in *Ägypten* ausgestellt. Bei Einreise mit dem Personalausweis wird eine spezielle **Einreisekarte** ausgestellt. Hierzu muss ein **Passfoto mitgebracht werden** (Stand: August 2011). Weitere Informationen finden Sie unter ▸ www.auswaertiges-amt.de

MERKE

Sinai-Einreise
Sinai-Urlaubsreisende, die *Sharm-el Sheikh* mit einem Direktflug anfliegen, erhalten ein kostenloses Visum, das »*Sinai only*«, welches allerdings weder den Besuch des Nationalparks *Ras Mohammed*, noch die Weiterreise über den *Suezkanal* gestattet.

Medizinische Hinweise

Empfehlenswert ist die Überprüfung oder Vervollständigung der **Standardimpfungen** sowie der **Reiseimpfungen *Hepatitis A*** und ***B, Typhus*** und ***Tollwut.***

Sehr verbreitet im Land ist ***Hepatitis C,*** gegen dessen Auslöser es keine Impfung gibt. Das Virus kann insbesondere bei direktem Blutkontakt (z.B. über Blutkonserven) übertragen werden.

Extrem häufig treten **Durchfallerkrankungen** auf, die sich durch eine entsprechende Lebensmittel- und Trinkwasserhygiene vermeiden lassen.

Anreise

Der Reiseverkehr erfolgt vorwiegend per Flugzeug. Deutsche Fluggesellschaften, wie die *Lufthansa* (LH) und ägyptische Fluggesellschaften wie *Egypt Air* (MS) bieten Flugverbindungen an. Direktflüge von Deutschland nach *Ägypten* dauern vier bis fünf Stunden.

Ganzjährig bestehen Pauschalflugverbindungen ab Deutschland nach *Luxor* (LXR) in Oberägypten, *Hurghada* (HRG), *Marsa Alam* (RMF) und *Sharm-el Sheikh* (SSH) am *Roten Meer.* Mehrmals pro Woche wird *Alexandria* (ALY) von Frankfurt am Main aus angeflogen. Ab Deutschland führen täglich direkte Linienflugverbindungen nach *Kairo* (CAI) von wo aus es zahlreiche gute Flugverbindungen zu inländischen Flughäfen mit der MS gibt.

9.3 Tauchreviere am Roten Meer

© Egypt 2011

Besonders beliebt ist das maximal **2.600 Meter tiefe *Rote Meer*** bei Tauchern, die dort etwa **2.000 Kilometer Korallenriffe** vorfinden. Sie finden dort ganzjährig angenehme Temperaturen vor.

Das *Rote Meer* präsentiert sich – aufgrund einer Bodenschwelle am Ausgang zum *Indischen Ozean,* die den Wasseraustausch verhindert und es somit kaum ***Plankton*** (► Glossar) gibt – in kräftigen Blau- und Grüntönen. Seinen Namen verdankt es einer bestimmten Algenart, die manchmal für eine **rötlichbraune Verfärbung** sorgt. Ein ungewöhnlich hoher Salzgehalt von 4,2 Prozent mit relativ wenigen Nährstoffen ist maßgebend für die besonders gute Sichtweite der Taucher unter Wasser verantwortlich.

Das *Rote Meer* gehört mit seinen angenehmen Wassertemperaturen, überwältigenden Weichkorallen, unberührten Riffen und tausenden von farbenfrohen Fischen zu den besten und erlebnisreichsten Tauchrevieren der Welt und ist ein **Paradies für Taucher und »Schnorchler«**.

Touristisch am besten erschlossen ist die **Küste in *Ägypten.*** Zahlreiche Hotelanlagen mit *All inclusive*-Angeboten locken dort sonnenhungrige **Badeurlauber und Taucher** an. Am längsten Küstenstück des *Roten Meeres,* in **Saudi-Arabien**, sind westliche bzw. deutsche Touristen noch selten, obwohl einige deutsche Reiseveranstalter inzwischen auch Tauchsafaris in diesem Land anbieten.

Das Kapitel konzentriert sich daher ausschließlich auf die **Tauchgebiete an der *ägyptischen* Küste:** Besonders beliebte Ausgangziele am *Roten Meer* für Tauchausflüge sind die Städte ***Hurghada, Marsa Alam, Sharm-el Sheikh*** und ***Dahab.*** Sie alle sind touristisch gut erschlossen, verfügen über nahe gelegene Flughäfen und zahlreiche moderne Hotel- und Ferienressorts mit hauseigenen, ausgezeichneten Tauchbasen und -schulen.

Zahlreiche Tauchzentren in den Küstenorten, eingeschlossen der hoteleigenen Tauchbasen und -schulen, **bieten Tauchkurse und Tauchausflüge** in die Unterwasserwelt des *Roten Meeres* an. Im kristallklaren Wasser liegen korallenbedeckte Riffe, umschwärmt von faszinierenden, leuchtenden Fischarten. An den Riffen, die zum offenen Meer hinaus liegen, treffen die Taucher auf beeindruckende Großfische wie z. B. Barrakudas, Delfine oder sogar Haie.

Abb. Karte des *Roten Meeres*

Badeschuhe

MERKE

Da sich Bruchstücke der Korallenriffe bis zum Strand und ins flache Wasser hinein erstrecken, wird dringend empfohlen, feste Badeschuhe mitzunehmen.

Für den **Tauchsport bedeutende Regionen und Städte**, die hervorragende Ausgangspunkte für Tauchgänge und -ausflüge bilden, sind:

Region *Hurghada*

Das **größte touristische Zentrum *Ägyptens*** erstreckt sich auf knapp 50 Kilometern, entlang der schönen langen Sandstrände des *Roten Meeres*. Aufgrund des **stetigen Ausbaues an Hotel-Komplexen** dehnt sich die Region immer weiter aus. Die zahlreichen Hotels im landestypischen Stil oder mit Clubcharakter bieten ein vielfältiges Sportangebot, darunter auch Tauchschulen.

Die **Fahrt vom Flughafen** in *Hurghada* zu den Hotels dauert 10 bis 40 Minuten.
Das **vor *Hurghada* liegende Korallenriff** eignet sich besonders gut zum Tauchen und Schnorcheln, doch auch zum Surfen. In über 60 Tauchschulen werden Ausflüge mit einem Glasbodenboot oder mit dem U-Boot zur Besichtigung der farbenprächtigen Unterwasserwelt angeboten. Anfänger und Profis kommen hier auf den Geschmack und auf ihre Kosten. Die vielen gesunkenen Schiffe im Tauchgebiet von *Hurghada* machen die Region zu einem ***»Eldorado«* für Wracktaucher**.

Beispiel eines Tauchplatzes bei *Hurghada*:
***Thistlegorm**:* Ein beliebter Tauchausflug führt von *Hurghadas* Küste zu einem der berühmtesten Wracks der Welt, der *Thistlegorm* (übersetzt »Blaue Distel«). Es handelt sich dabei um einen großen englischen Frachter, der im Zweiten Weltkrieg Fahrzeuge und Munition transportierte. Der Frachter wurde bombardiert und versank samt Ladung im Meer. Das Wrack ist aufgrund der schlechten Sichtverhältnisse (in 10 bis 15 Metern Tiefe) am besten während einer Tauchsafari in den frühen Morgenstunden zu betauchen. An Deck des versunkenen Schiffes haben sich teilweise Weichkorallen und Schwämme (Meereslebewesen mit elastischem Körper) angesiedelt.

El Gouna

Der exklusive Urlaubsort, 15 bis 25 Kilometer nördlich von *Hurghada* gelegen, ist umsäumt von kleinen Lagunen und wird deswegen gerne als das **»Venedig Ägyptens«** bezeichnet.
In dem im nubischen Stil gebauten Ort gibt es zwei Yachthäfen, einen Golfplatz, eine Vielzahl von Geschäften, einen traditionellen Handwerkermarkt, kleine Restaurants und eine große Auswahl an Sportmöglichkeiten. Die **Transferdauer** vom internationalen Flughafen *Hurghadas* bis zu den Hotels in *El Gouna* beträgt etwa 30 Minuten.
Besitzen einige Hotelressorts aufgrund der Lagunenlandschaft nur einen schmalen Strandabschnitt, bieten sie ihren Gästen in den meisten Fällen einen kostenlosen *Shuttle* zum großen Hauptstrand von *El Gouna*.

Abb. *El Gouna*

Beispiel eines Tauchplatzes bei *El Gouna:*
Dolphin Houses: Im ausgedehnten sichelförmigen Riffsystem des *Dolphin Houses* sind immer wieder Delfine zu beobachten, die Taucher und »Schnorchler« bisweilen dicht an sich heran lassen bzw. aus reiner Neugier spielerisch näher kommen. Neben diesem *Highlight* bietet der Tauchplatz, der für Anfänger und Fortgeschrittene ideal ist, eine üppige Flora und Fauna.

Sahl Hasheesh, Makadi Bay, Soma Bay, Safaga
Der neue Badeort *Sahl Hasheesh* sowie die Ferienorte *Makadi Bay, Soma Bay* und *Safaga* liegen südlich von *Hurghada*. Dieser Küstenabschnitt gilt als landschaftlich sehr reizvoll, da die schmalen Küstenstreifen bis an die Berge heranreichen. Die Orte sind im Vergleich zu *Hurghada* weniger touristisch überlaufen und verbaut und bieten ihren Urlaubern mit dem vorgelagerten Hausriff gute Tauch- und Schnorchelmöglichkeiten.
Die **Transferzeit** vom Flughafen in *Hurghada* zu den Ferienorten variiert zwischen 30 und 60 Minuten.

Makadi Bay liegt an einer romantischen Bucht und hat sich zu einem touristischen Dorf entwickelt. Die **Halbinsel *Soma Bay*** ist eine Oase der Ruhe mit einem der schönsten Strände des *Roten Meeres,* einem Golfplatz und einem *Robinson Club* sowie hervorragenden Tauchmöglichkeiten und umfangreichen Sport- und Erholungsmöglichkeiten.
Kurort und zugleich älteste Hafenstadt am *Roten Meer* ist der Ort ***Safaga***. Der schwarze Sand wird zur Behandlung vieler Hautkrankheiten genutzt. Die Hafenstadt hat ihren ursprünglichen Charme behalten, weshalb man hier kein ausgeprägtes Nachtleben und riesige Einkaufszentren findet. Dafür warten rund 25 fantastische Tauchgebiete darauf entdeckt zu werden.

Beispiel eines Tauchplatzes bei *Safaga*:
Salem Express: Wrack eines ägyptischen Fährschiffes, das 1,5 Bootsstunden südöstlich von *Safaga* entfernt liegt und von außen betaucht werden kann. Das Wrack wurde offiziell zu einem Grab erklärt, da bis heute nicht alle Leichen aus dem Schiffsinneren geborgen wurden. Aus dem Grund ist es **verboten in das Schiffsinnere zu tauchen**. Der Fisch- und Korallenreichtum ist groß. Anzutreffen sind Makrelen, Muränen, Barrakudas u. v. m.

Beispiel eines Tauchplatzes bei *Soma Bay:*
Das **Hausriff von *Soma Bay*** ist kilometerlang und beginnt bereits am Strand. Bemerkenswert sind die sieben ***turmartigen Korallenstöcke,*** die aus dem 10 Meter tief gelegenen Sandgrund bis an die Oberfläche empor wachsen. Die Türme sind mit Weichkorallen bewachsen und geben ein ideales Fotomotiv ab. Viele bunte Lebewesen, wie Kugelfische, Rotfeuerfische und auch Leopardenhaie bevölkern die Türme. Aufgrund der Sichtverhältnisse sind die Türme ein idealer Platz für Nachmittagstauchgänge.

Region *Marsa Alam*

Im Jahr 2001 eröffnete der *Marsa Alam International Airport* (RMF) zwischen den Städten *El Quseir* und *Marsa Alam*. Viele Charterfluggesellschaften bieten direkte Flugverbindungen ab Deutschland an. Vorteil des neuen Flughafens ist die Verkürzung der Transferzeit zu den Urlaubsorten der Region *Marsa Alam*. Die Transferzeit von früheren zwei bis 3,5 Stunden ab dem Flughafen *Hurghada* hat sich nun auf fünf bis 50 Minuten ab dem Flughafen *Marsa Alam* verkürzt.

El Quseir

Etwa 150 Kilometer südlich von *Hurghada* liegt die ehemalige Hafenstadt des osmanischen Reiches *El Quseir*. Entlang der Sandstrand-Küste der Stadt liegt **ein lang gezogenes Saumriff** (▸ LF 3, Kapitel 2.3). Dieses »Hausriff« ermöglicht den Tauchern einen Einstieg für Tauchgänge in vielen Fällen von Land aus. Allerdings hindert es die Tauchzentren daran direkt mit Booten auf das Meer zu fahren. Daher müssen die Taucher, um weiter entfernte Tauchplätze zu erreichen, zuerst mit dem Jeep eine andere Stadt anfahren, um von dort aus mit dem Boot den Tauchausflug zu starten.

© Egypt 2011

Beispiel eines Tauchplatzes bei *El Quseir*:
***El Kaf*:** Tauchplatz, der 10 Kilometer südlich von *El Quseir* liegt. Attraktion dieses Tauchplatzes sind die *Canyons*, die durch Wasserrücklaufkanäle in Tausenden von Jahren in den porösen Kalkstein »gemeißelt« wurden.

Port Ghalib

Etwa 80 Kilometer südlich von *El Quseir* und nur fünf Minuten von dem *Marsa Alam International Airport* entfernt gelegen, befindet sich die neue Ferienwelt *Port Ghalib*. Mit einer Größe von 8.500 Quadratmetern hat *Port Ghalib* **die zweitgrößte von Menschenhand geschaffene Salzwasserlagune der Welt**. Luxuriöse Hotels und Themendörfer in ägyptischer Architektur bieten Wassersportlern, Konferenzteilnehmern, Golfspielern, *Wellness*-Urlaubern sowie Familien mit Kindern ein außergewöhnliches Freizeitangebot. Weitere Attraktionen sind der Yachthafen, die lebendige Strandpromenade, der ägyptische *Souq* (dt. Markt ▸ Glossar) sowie der schöne lange Strand mit idealen Bade- und Tauchmöglichkeiten.

Marsa Alam

Der vor wenigen Jahren noch ruhige und ursprüngliche Urlaubsort *Marsa Alam*, 60 Kilometer südlich von *Port Ghalib* gelegen, entwickelt sich zum aufstrebenden Ferienareal, vor allem für Tauchurlauber. **Unberührte Tauchgründe, die intakte Unterwasserwelt** und die Korallenbänke, die bis zum Strand ragen, stellen ein »Eldorado« für Taucher dar. Auch wenn die Riffe von *Marsa Alam* nicht zu den spektakulärsten in Ägypten zählen, gelten sie aufgrund der intakten Unterwasserwelt noch als »Geheimtipp«. Nur selten treffen mehrere Tauchboote aufeinander, daher können Taucher die Riffe ohne den in anderen Orten üblichen »Tauch-Massentourismus« erkunden.

Beispiel eines Tauchplatzes bei *Marsa Alam* und *Port Ghalib*:
***Elphinstone-Riff*:** Nur zehn Minuten Bootsfahrt von *Marsa Alams* Küste entfernt, liegt das *Elphinstone-Riff*. Es besteht aus einer Steilwand, die Hunderte Meter in die Tiefe reicht. Die Korallenwand ist aufgrund der guten Zufuhr mit frischem Wasser sehr dicht bewachsen. Schildkröten und Haie sind hier keine Seltenheit.

Halbinsel *Sinai* an der Küste des *Golfes von Aqaba*

Die Halbinsel *Sinai* stand lange im touristischen Abseits, doch die fantastischen Tauchreviere und Traumstrände im **südlichen Teil und an der Ostküste**, am *Golf von Aqaba* (auch als ***»Riviera des Roten Meeres«*** bezeichnet), lassen die Region touristisch aufleben. Der Flughafen *Sharm-el Sheikh* wird mehrmals täglich mit Direktverbindungen von *Charter*gesellschaften ab Deutschland angeflogen.

Taba Heights
Im äußersten Norden der Halbinsel, nahe der Grenze zu Israel und etwa 250 Kilometer von *Sharm-el Sheikh* entfernt gelegen, befindet sich das **Hoteldorf** *Taba Heights*. Der Ferienort ist ein Schwesterprojekt von *El Gouna* und bietet ein umfangreiches Freizeit- und Unterhaltungsprogramm. Die Transferdauer vom *Flughafen Sharm-el Sheikh* beträgt etwa drei Stunden. Wichtig zu wissen ist, dass im Jahr 2004 im **Nachbarort *Taba*** das *Hilton Hotel* einem **Sprengstoffattentat** zum Opfer fiel.

© Egypt 2011
Abb. *Taba Heights*

Die Tauchgebiete um *Taba Heights* sind nicht so spektakulär und tief wie in anderen Urlaubsgebieten der Halbinsel, für Anfänger und Fotobegeisterte aber gut geeignet.

Beispiel eines Tauchplatzes bei *Taba Heights*:
***Picasso Reef*:** Es handelt sich bei dem Riff um einen »unterseeischen Berg«, etwa 200 Meter vom Strand entfernt. Taucher haben die Möglichkeit an den großen Korallen am Fuß des Berges vorbeiziehende Adlerrochen, Barrakudas und wunderschöne *Picasso*-Drückerfische, von denen der Name des Riffes abgeleitet ist, zu Gesicht zu bekommen.

Nuweiba
Die *ägyptische* Hafenstadt *Nuweiba* liegt südlich von *Taba Heights* und etwa 170 Kilometer nördlich von *Sharm-el Sheikh* entfernt. Etwa zwei Stunden dauert der Transfer vom Flughafen in *Sharm-el Sheikh* bis nach *Nuweiba*.
Vom Hafen in *Nuweiba* führen Schiffsverbindungen nach *Aqaba* in *Jordanien*.
Die im Süden der Stadt gelegene ***Nuweiba Bay*** bietet hervorragende Schnorchel- und Tauchbedingungen. Es besteht sogar die Möglichkeit mit Delfinen zu schwimmen.
Nuweiba ist unheimlich **beliebt bei Unterwasserfotografen**, da sie hier oft auf eher ungewöhnliche Meeresbewohner wie Seepferdchen, Pegasusfische, farbenfrohe Nacktschnecken u. v. m. treffen.
Aufgrund der geografischen Lage sind *Nuweibas* Tauchplätze vor Wind und Wetter geschützt. Daher gibt es für gewöhnlich keine starken Strömungen und die Plätze sind optimal geeignet für »Schnorchler« und Tauchanfänger.

Beispiel eines Tauchplatzes bei *Nuweiba*:
***Ras Shaitan* (dt. »Kopf des Teufels«):** Aus einem sandigen Plateau bestehendes Riff. Es beherbergt eine Vielfalt an Leben, große Seegrasflächen mit wunderschönen Korallen und seltenen roten, blauen und grünen Anemonen. Außerdem treffen Taucher ab und zu auch Haie und große Rochen.

Dahab
Dahab, knapp 100 Kilometer nördlich von *Sharm-el Sheikh* gelegen, ist **»das *Surf*revier« in Ägypten**. Das einstige kleine **Beduinendorf** (▸ Glossar) bietet seinen Pauschaltouristen und Tauchurlaubern heute über 80 Tauchbasen. Einige spektakuläre Korallenriffe müssen über einen Landtransfer und anschließender Bootsfahrt angefahren werden, da sie einige Kilometer vom Ferienzentrum entfernt liegen. Der Transfer vom Flughafen in *Sharm-el Sheikh* bis nach *Dahab* dauert etwa 60 bis 90 Minuten.

© Egypt 2011

Beispiel eines Tauchplatzes bei *Dahab:*
Blue Hole: Dieses Tauchgebiet ist eines der bekanntesten und zugleich **gefährlichsten**. Es befindet sich etwa 12 Kilometer nördlich von *Dahab*, ist fast kreisrund, 150 Meter breit und 110 Meter tief. In 52 Meter Tiefe verbindet ein 26 Meter langer »Tunnel« das *Blue Hole* mit dem Meer. Jedoch ist dieser Tauchplatz mit Vorsicht zu genießen, da hier jedes Jahr Taucher sterben, die die enorme Tiefe unterschätzen.

Nabq Bay
Eine ideale Urlaubsregion für Taucher stellt auch die *Nabq Bay* dar. Die gebirgige Bucht ist von der Wüste geprägt und bietet traumhaft schöne Strände. Von der Bucht aus haben die Urlauber außerdem einen einzigartigen Ausblick auf die Insel *Tiran* und den Berg *Sinai*. Der Transfer vom Flughafen in *Sharm-el Sheikh* bis nach *Nabq Bay* dauert etwa 15 Minuten.

Beispiel eines Tauchplatzes bei *Nabq Bay:*
Gordon Reef: Riff mit einem großen weitläufigen Sandplateau, das eine Tiefe von ca. 10 bis 25 Metern hat. Die Strömung kann hier sehr stark sein, was jedoch den Vorteil hat, dass die Pflanzen- und dadurch wiederum auch die Tierwelt reichlich mit Nahrung versorgt ist. Taucher treffen am *Gordon Reef* nicht nur auf schöne Korallen, Großfische aller Art, Haie und Schildkröten, sondern auch auf Fässer sowie ein Wrack und Wrackteile.

Shark Bay, Naama Bay
Die beiden Buchten, die etwa 10 Kilometer nördlich von *Sharm-el Sheikh* liegen, sind der **Mittelpunkt des Urlaubsgeschehens der Halbinsel *Sinai*** geworden. An den gut besuchten Sandstränden liegen zahlreiche Hotels, die oft eigene Tauchbasen unterhalten. Die ***Naama Bay*** ist **»das *Las Vegas* Ägyptens«**. Hier sammeln sich eine Vielzahl an Tauchschulen, Wassersportzentren, Spielkasinos, Cafés, Diskotheken, kleine Geschäfte, Einkaufszentren und eine Promenade. Die **Bucht von *Naama*** gilt als eines der besten Tauchreviere *Ägyptens*.

© Egypt 2011

Beispiel eines Tauchplatzes bei *Shark Bay:*
Shark Bay: Tauchplatz mit großen Formationen, die vom Sandboden empor stehen. Eine Vielzahl an Fischen sind hier anzutreffen, ebenso ein sandiger *Canyon*, der etwa 40 Meter tief liegt.

Sharm-el Sheikh
Der internationale, recht exklusive Badeort *Sharm-el Sheikh* (dt. »Die Bucht des Scheichs«) gilt als Tauch- und Badeparadies. Die Wasserqualität ist sehr geschätzt, in der Region liegen verschiedene Buchten mit Sandstränden. Zahlreiche Hotels, Restaurants, Einkaufsmöglichkeiten, Basare, Golfclubs und Diskotheken haben sich in dem **»Haupttouristenort« des *Sinai*** niedergelassen. Der Ort bietet außerdem eine lange, palmengesäumte Strandpromenade sowie ein umfassendes Angebot an Sportmöglichkeiten. *Sharm-el Sheikh* ist nicht zuletzt wegen **den größten und bedeutendsten Tauchrevieren im *Golf von Aqaba*** sehr beliebt.

Beispiel eines Tauchplatzes bei *Sharm-el Sheikh:*
Dunraven: Ein damaliger britischer Dampfer, der im *Ras Mohammes Nationalpark* sank und heute in zwei Teile getrennt am Grund liegt. Beide Wrackteile sind »betauchbar«, doch auch eine Umrundung des Wracks ist empfehlenswert, da häufig Napoleon- und Rotfeuerfische anzutreffen sind.

Tab. Tauchregionen und Tauchplätze an der *ägyptischen* Küste des *Roten Meeres*

Nähere Informationen zu den Tauchschulen in den verschiedenen Orten, den Tauchkursen und -paketen, finden Sie in den einzelnen Länderkatalogen der Tauchreiseveranstalter.

AUFGABEN

1. Nennen Sie drei Voraussetzungen, die eine Destination erfüllen muss, um ein geeignetes Reiseziel für einen Tauchurlaub darzustellen.
2. Welche faszinierenden *Highlights* können die Taucher unter Wasser erleben und besichtigen?
3. Korallenriffe gibt es in verschiedenen Formen und Arten (► LF 3, Kapitel 2.3).
   a) Zählen Sie auf und beschreiben Sie die Arten stichpunktartig.
   b) Welche Art von Korallenriff ist auf den *Malediven* vorzufinden?
   c) Welche Informationen geben Sie Ihrem Kunden bezüglich der Umgangsweise mit den Korallen?
4. Nennen Sie drei international anerkannte Tauschschulen.
5. Zählen Sie die Ausbildungstauchkurse der Tauchschule PADI auf, die bis zur Ausbildung eines Profis reichen.

6. Aus welchen Bestandteilen besteht eine Tauchausrüstung? Zählen Sie diese bitte auf.

7. Welche Nachweise müssen die Taucher den Tauchschulen i. d. R. vor einem Tauchgang im offenen Meer vorlegen?

8. Beschreiben Sie stichpunktartig die Aufgabe eines Tauch*guides*.

9. Erklären Sie das »*Buddy*-System«.

10. Charakterisieren Sie eine »Tauch*safari*« und nennen Sie jeweils einen Vor- und einen Nachteil gegenüber dem Tauchurlaub mit Hotelübernachtung.

11. Die Sauerstofflasche muss für den Transport im Flugzeug entleert werden und gilt als Extra-Gepäck. Doch welcher Bestandteil des Tauchgepäcks darf nur im Handgepäck transportiert werden?

12. Informieren Sie Ihre Kunden über die Einreisebestimmungen für *Ägypten*.

13. Welche Zielflughäfen werden für einen Urlaub am *Roten Meer* von Deutschland aus angeflogen? Geben Sie auch die Drei-*Letter-Codes* an.

14. Nennen Sie drei ägyptische Orte am *Roten Meer,* die bei Tauchern sehr beliebt sind und charakterisieren Sie diese kurz.

15. Warum sollten Sie Ihren Kunden in manchen Regionen am *Roten Meer* empfehlen Badeschuhe zu tragen, wenn Sie in das Meer gehen möchten?

16. Wie heißt der große englische Frachter, der nun als Wrack ein beliebtes Ziel für Tauchausflüge darstellt?

17. Charakterisieren Sie die touristischen Zentren *El Gouna* und *Taba Heights*. Welche Gemeinsamkeit haben Sie? Nennen Sie jeweils einen beliebten Tauchplatz in der Nähe.

18. Zeichnen Sie die Urlaubsorte und größeren Städte in die Stummkarte vom *Roten Meer* ein, die Sie sich als Arbeitsblatt unter ▸ www.europa-lehrmittel.de ▸ Titel »All inclusive Band 2« herunterladen können.

19. Welchen Reisetypen (mindestens drei) empfehlen Sie einen Urlaub in *Ägypten* am *Roten Meer?* Belegen Sie Ihre Entscheidung mithilfe von Nutzenbrücken.

20. Damit Sie Ihrem Kunden den geeigneten Urlaubsort A, B oder C anbieten können, nutzen Sie den »Zielfinder«. Wählen Sie hierzu drei Urlaubsorte am *Roten Meer* und wenden Sie den Zielfinder an.

Der individuelle Zielfinder	xxx = sehr gut geeignet, xx = gut geeignet, x = geeignet, o = wenig geeignet, -- = nicht ideal		
Sie suchen:	**Urlaubsort A**	**Urlaubsort B**	**Urlaubsort C**
Bademöglichkeit (Meer/See)			
Sandstrand			
Unterkünfte in Strandnähe			
Großes Angebot an Restaurants			
Ausgehmöglichkeiten am Abend			
Einkaufsmöglichkeiten			
Sportmöglichkeiten			
Wassersportmöglichkeiten			
Kulturelle Sehenswürdigkeiten			
Landschaftliche Sehenswürdigkeiten			
Ruhige Umgebung			
Kinderfreundliche Einrichtungen			

21. Ihr Stammkunde Herr Bussmann möchte mit seinem Arbeitskollegen Herrn Meyer verreisen und sucht einen Urlaubsort auf der *Sinai-Halbinsel* in dem er seinem Hobby, dem Tauchen, nachkommen kann. Seine langjährige Erfahrung macht ihn zum Profi auf diesem Gebiet.

a) Empfehlen Sie Herrn Bussmann zwei verschiedene Ferienzentren, die Ausgangspunkt für Tauchausflüge sind und beschreiben Sie diese kurz.

b) Nennen Sie ihm außerdem jeweils einen nahe gelegenen Tauchplatz.

c) Der Kunde ist flexibel in der Reisezeit und fragt Sie welches die beste Zeit für seinen einwöchigen Sporturlaub ist. Er möchte nicht allzu viel Geld für den Urlaub ausgeben. Von welcher Reisezeit raten Sie ihm ab?

d) Ihr Stammkunde erkundigt sich, ob er sein eigenes Tauchgepäck mitnehmen kann. Informieren Sie Ihn über seine Möglichkeiten.

e) Berechnen Sie mithilfe der Reiseveranstalterkataloge und des *CRS-Systems* (▸ Glossar) einen Reisepreis im Einzelzimmer mit *All inclusive*-Verpflegung, in der von Ihnen empfohlenen Reisezeit mit

Abflug aus Hamburg. Nähere Informationen zu der Berechnung des Reisepreises finden Sie in ▸ Kapitel 1.5.

f) Nennen Sie außerdem den Preis für ein Tauchpaket einer nahe liegenden Tauchschule. Wählen Sie den Herren entsprechend für ihren Aufenthalt ein geeignetes Tauchpaket ohne Tauch*guide*. Entnehmen Sie diese Informationen den Veranstalterkatalogen.

22. Eine vierköpfige Familie (Tochter 18 Jahre alt, Sohn 15 Jahre alt) will in den Osterferien für zwei Wochen verreisen. Alle haben unterschiedliche Vorstellungen von dem Urlaub: Während der Sohn nach Sport und Unterhaltungsmöglichkeiten sucht, möchte die Tochter gerne Tauchen lernen. Sie hatte von Bekannten gehört, dass *Ägypten* ein »*Eldorado* für Taucher und Schnorchler« sein soll. Vater und Mutter haben sich für das Reiseziel *Ägypten* entschieden, da sie als Abwechslung zum Strandleben kulturelle Besichtigungen unternehmen möchten.

a) Suchen Sie der Familie einen entsprechenden Küstenurlaubsort am *Roten Meer* sowie ein Hotel mit Clubcharakter und begründen Sie die Vorzüge des Ortes mit Hilfe von zwei Nutzenbrücken.

b) Beschreiben Sie die Lage der Region und die Strandverhältnisse, sowie die Transferdauer zum nächstgelegenen Flughafen.

c) Informieren Sie die Tochter über Besonderheiten sowie Möglichkeiten zum Thema »Schnorcheln und Tauchen in *Ägypten*«. Schildern sie ihr in bildlicher Sprache die Unterwasserwelt und nennen Sie ihr einen geeigneten und nahe gelegenen Schnorchel- und Tauchplatz.

d) Die Eltern wollen einen Tagesausflug unternehmen, während die Kinder ihren eigenen Interessen nachkommen. Welche interessanten Ausflugsziele schlagen Sie dem Paar vor und wie erfolgt die Anreise dorthin?

23. Der Tauchverein aus Ihrer Stadt bittet Sie um Informationen für einen einwöchigen Tauchurlaub im kommenden Juli in *Ägypten* am *Roten Meer.*

a) Welche *ägyptischen* Küstenregionen und welche speziellen Urlaubsorte, die nicht weiter als 50 Kilometer vom Zielflughafen entfernt sind, empfehlen Sie? Beschreiben Sie jeweils die Tauch-(ausflugs-) und Freizeitmöglichkeiten sowie das Strandleben der Orte.

b) Ist der Hochsommer eine geeignete Reisezeit für diese Destination? Wozu raten Sie?

c) Informieren Sie den Verein über die Bescheinigung, die jeder Teilnehmer unbedingt zur Vorlage bei den ortsansässigen Tauchschulen mitführen muss. Welche Versicherungen sind den Tauchern besonders zu empfehlen?

10 Golfurlaub

Golfplätze in den schönsten Landstrichen der Erde ermöglichen Golfspielern ihrem Hobby auch im Urlaub nachzukommen. Naturerlebnisse, international sportliche Begegnungen und insbesondere das leidenschaftliche Spiel sind für die Golfspieler Anreiz genug, um **Golfgebiete auf der ganzen Welt aufzusuchen.**

Abb. Golfplatz neben den *Pyramiden*

Für einen Golfurlaub interessieren sich leidenschaftliche Golfspieler, die Abwechslung und Möglichkeiten zum Spielen suchen. Fortgeschrittene Golfspieler nutzen den Urlaub häufig um ihr ***Handicap*** (▸ Kapitel 10.1) aufzubessern und Erfahrungen zu sammeln, oder auch um es mit neuen Herausforderungen aufzunehmen. Anfänger mit einem niedrigen *Handicap* interessieren sich ebenfalls für diese Urlaubsart und belegen Golfkurse an den entsprechenden Schulen.

MERKE

Golfurlauber
Reisende, die eine Golfreise buchen, verbringen die meiste Zeit ihres Urlaubes auf den Golfplätzen. Daher zeigen sie eher wenig Interesse an der Besichtigung kultureller Stätten oder an der Nutzung touristischer Einrichtungen.

Abb. Golfplatz

Damit Sie am *Counter* **für jeden Ihrer golfinteressierten Kunden** eine geeignete Golfreise finden, gibt es in den Katalogen der deutschen Reiseveranstalter eine große Auswahl an Möglichkeiten. Die Veranstalter kombinieren Flugreisen mit ausgewählten Golfhotels, die teilweise sogar über einen angeschlossenen Golfplatz und eine Golfschule verfügen. Zusätzlich bieten Sie Golfpakete und Golfkurse, ob für Anfänger oder Profis.

Golfplätze

Die von einem Reiseveranstalter sorgfältig ausgesuchten Golfplätze sind in der Regel **Treffpunkte internationaler Golfspieler.** Sie liegen inmitten schöner Landschaften, in interessanten Zielgebieten und bieten sportliche Herausforderungen, aber auch Bahnen, die ausschließlich zum Genießen einladen. Von Bedeutung sind Qualität und Niveau des ausgewählten Platzes, der schließlich dafür verantwortlich ist, dass ein Golfspieler einen gelungenen Urlaub erlebt. Beliebte Lagen der Golfplätze in Urlaubsgebieten sind die mit »Blick auf das Meer« oder mit »Blick auf ein beeindruckendes Gebirge«. Golfplätzen sind für gewöhnlich Golf*clubs* und Golfschulen angeschlossen sowie weitere Einrichtungen wie *Equipment*-Verleih oder Pro*shops* (Tabelle in ▸ Kapitel 10.1).

Die von den Reiseveranstaltern in ihren Programmen geführten Golfplätze liegen in der Regel in **milden Klimazonen**, die es den Golfspielern ermöglichen den Platz **ganzjährig zu bespielen**.

BEISPIEL

Beliebte touristische Zielgebiete für einen Golfurlaub

Andalusien, Italien, die Kanaren, *Mallorca, Portugal* und die Türkei.
Selbstverständlich gibt es in zahlreichen anderen Ländern und Regionen auch Golfangebote, wobei traditionelle Golfländer wie Großbritannien oder die USA weniger touristisch angeboten werden.

Wünscht Ihr Kunde eines der **traditionellen Golfländer** anzureisen, müssen Sie häufig ein entsprechendes Angebot selbst zusammenstellen. Das bedeutet, Sie buchen Flug, Hotel und Golfplatz einzeln und nicht als Paket über einen Reiseveranstalter. Achtung: In diesem Fall liegt keine Pauschalreise vor!

Golfhotels

Auch die von den Veranstaltern sorgfältig getätigte Auswahl der Golfhotels unterliegt einigen wichtigen Aspekten. Dabei sind Hotels mit vorzüglicher Lage von großer Beliebtheit. Entweder liegt das **Hotel in der Nähe eines Golfplatzes** und bietet gegebenenfalls einen *Shuttle-Service* an oder es weist bestenfalls einen **eigenen »Hausplatz«** auf, den die Kunden in nur wenigen Minuten zu Fuß erreichen können.

Die **pauschal gebuchte Golfreise** der Veranstalter erbringt dem Golfspieler einige exklusive Vorteile in den Hotels: Sei es der kostenlose *Shuttle-Service* zum Golfplatz oder zeitlich unbegrenztes Golfen auf ausgewählten Plätzen.

Darüber hinaus bieten viele der Golfhotels einen **exklusiven *Service*, kulinarische Köstlichkeiten** bei Halbpension oder All inclusive-Verpflegung mit zusätzlichem Golf-*Lunch*, diversen **Sportangeboten,** abwechslungsreicher **Unterhaltung** und einen angebotsreichen ***Wellness*bereich**.

»Golfpakete« und Golfgepäck

Reiseveranstalter sorgen mit zusätzlich buchbaren »Golfpaketen« dafür, dass sich der Kunde vor Ort um so wenig wie möglich kümmern muss. Bereits bei der Reiseplanung kann er zwischen so genannten **hotelgebundenen Paketen** oder **frei buchbaren Paketen** auswählen. Die Pakete beinhalten beispielsweise *Greenfee*-Ermäßigungen (-Pakete), garantierte Startzeiten und/oder sogar *Wellness*-Angebote für das jeweilige Hotel.

Bei jedem Golfurlaub stellt sich die Frage: Die **Schläger vor Ort ausleihen** oder die **eigene Ausrüstung mitnehmen**?
Erkundigen Sie sich bei Ihrem Kunden, denn nicht jeder »Golfer« möchte seine Ausrüstung der mehr oder weniger schonenden Behandlung auf dem Weg ins Urlaubsziel aussetzen.

- Sollte sie/er die Schläger ausleihen wollen, müssen Sie dieses bei Reiseanmeldung notieren, damit der Reiseveranstalter eine **vorzeitige Reservierung** bei dem jeweiligen Golfclub vornehmen kann.
- Möchte Ihr Kunde nicht auf seine Ausrüstung verzichten wollen, müssen Sie diese als »Golfgepäck« bei den Fluggesellschaften **zusätzlich anmelden**. Ein Versäumnis kann dazu führen, dass die Fluggesellschaft aus Gewichtsgründen die Beförderung ablehnt.

Einige Fluggesellschaften sehen das Golfgepäck bis zu einem gewissen Gewicht als »**Teil der Freigepäckgrenze**« an, andere verlangen grundsätzlich eine **kostenpflichtige Anmeldung.** Auch der Veranstalter sollte über das Mitführen des Golfgepäcks informiert werden, damit er im Zielgebiet Bescheid geben kann und somit die Beförderung im Bus vor Ort sichergestellt ist, denn nicht jeder Reisende, der pauschal gebucht hat, führt Golfgepäck mit sich.

10.1 Buchungshinweise und wichtige Informationen

Für die Beratung eines Golfurlaubers, sollten Sie einige **wichtige Begriffe des Golfsports** kennen.

Begriff	Erklärung
Bunker	Mit Sand gefülltes Hindernis.
Caddy	Ist die Person, die dem Spieler u. a. die Golftasche (engl. *Bag*) trägt.
Clubhaus	Gebäude an dem Golfplatz gelegen, in dem sich Umkleidekabinen, Restaurants und *Proshops* befinden.
Driver	Längster Schläger, auch als »Holz eins« bezeichnet. Wird für flache und weite Abschläge genutzt.

Driving Range	Übungsplatz bei dem Golfplatz. Wird zum Schlagtraining oder auch zum »Warmspielen« genutzt.
Eisen	Bezeichnung für die Schläger, die früher einen Schlägerkopf aus Eisen hatten. Heute werden auch andere Metalle genutzt. Es gibt die **Eisen eins bis neun** sowie das **Sand-*Wedge*** und das ***Pitching-Wedge***.
Etikette	Korrekte Verhaltensregeln auf dem Golfplatz (Sicherheit, Rücksichtnahme und Platzschonung).
Fairway	Kurz gemähte Spielfläche zwischen Abschlag und »Grün«.
Golfmobil	Golfplatzfahrzeug, das einen Transport für ein bis zwei Spieler mitsamt Golf*equipment* ermöglicht. Auch unter den Begriffen: *Clubcar*, Golf*car*, Golf*cart* und *Buggy* bekannt.
Green **(Grün)**	Kurz gemähte Fläche auf dem die Fahne steht und das Loch umgibt.
Greenfee	Spiel- oder Platznutzungsgebühr für ***club*fremde Golfspieler**.
Handicap **(Vorgabe)**	Gibt die Spielstärke des Golfers an. Es entspricht der Schlagzahl, die ein Spieler mehr benötigt als auf einem Platz vorgegeben ist. Je niedriger, desto besser. Das *Handicap* (HCP) richtet sich nach den bei Turnieren erzielten Ergebnissen.
Hole	Englischer Ausdruck für »Loch«. Auch die ganze Spielbahn wird als »Loch« bezeichnet.
Links Course	Ein Golfplatz mit wenig Bäumen direkt am Meer gelegen.
Par	Schlagvorgabe jeder Spielbahn (»Loch«) sowie der gesamten Runde. Abkürzung für *Professional Average Result*, zu Deutsch: »Durchschnittliches Spiel(er)ergebnis«. Ergibt sich aus der vermessenen Länge der einzelnen Spielbahn sowie für den gesamten Platz aus der Summe aller Spielbahnen.
Pin	Der Flaggenstock, der das Loch auf dem »Grün« kennzeichnet.
Professional	kurz: »Pro«; Golftrainer *(»Teaching Pro«)* oder Berufsspieler *(»Playing Pro«)*
Proshop	Geschäft, in dem Golfutensilien gekauft werden können.
Putt	Der Schlag auf dem »Grün« zum Loch hin. Dieser wird mit dem *Putter* ausgeführt.
Putter	Besonderer Golfschläger, der ausschließlich auf dem »Grün« verwendet wird um den Ball in das Loch zu spielen.
Putting Green	Übungsplatz, auf dem mehrere Löcher angeordnet sind, die sich durch unterschiedliche Lagen und Distanzen unterscheiden.
SATEF Turnierkurse	Spezieller Turnierkurs der ***amp*** Golfschule zur Aufbesserung des *Handicaps*, fernab vom Alltag in schöner Urlaubsumgebung.

Tee (Abschlag)	Ort, an dem das zu spielende Loch beginnt und von dem aus der erste Schlag ausgeführt wird.
Tee Time	Abschlagzeit, d. h. die Uhrzeit, zu der eine Runde beginnt.
Wedge	Kurzes Eisen, das für kurze Schläge genutzt wird. ▸ *»Lob«-Wedge*: für hohen, sehr kurzer Schlag auf dem »Grün« ▸ Sand-*Wedge*: für Schlag aus einem Sand*bunker* ▸ *Pitching-Wedge*: für kurzen und (häufig) hohen Annäherungsschlag an die Fahne

Tab. Golfbegriffe

recherchiert bei: www.golfen-preiswert.de/golflexikon_d.html

Damit Ihr Kunde nach der Golfreise zufrieden und mit neu gesammelten Erfahrungen nach Hause kommt, sollten Sie einige wichtige Aspekte während der Buchung beachten und ansprechen.

Platzreife

Eine Platzreife (auch als **Platzerlaubnis** bezeichnet) wird benötigt, um auf einem Golfplatz zu spielen. Hierfür sind **theoretische (Golf- und Etiketten-) Regeln** sowie **praktische Kenntnisse** erforderlich. Spieler erlangen die Platzreife im Rahmen einer **Platzreife-Prüfung**, die von Golflehrern erteilt wird. Mit erfolgreichem Bestehen der Platzreife hat ein Spieler zunächst ein ***Handicap* von 54, der Clubvorgabe**.

- ***Handicap* 54** berechtigt den Spieler/die Spielerin an Turnieren im Heimatclub teilzunehmen und dabei das HCP zu verbessern.
- ***Handicap* 36** ermöglicht die Teilnahme an Turnieren fremder Golf*clubs*.
- Die internationale Vorgabe ist das ***Handicap* 28**, mit dem die Golfer auf fast allen Golfplätzen der Welt spielen können.

Viele Golfspieler träumen von einem einstelligen *Handicap* (neun bzw. null).

BEISPIEL

Handicap

Hat ein Spieler ein *Handicap* von 10, so benötigt er bei einem Platz mit Spielvorgabe *(Par)* 72, durchschnittlich 82 Schläge.

Golfschulen und Golfausrüstung

In den touristisch gut besuchen Golfgebieten gibt es eine Vielzahl an **internationalen Golfschulen** wie die ***German Golf Academy*** oder **amp** *(agitetur mente pila)*. In der Regel bieten diese Golfschulen Kurse in deutscher Sprache an und verleihen bei Buchung eines Golfkurses zusätzlich das entsprechende **Golf-*Equipment***.

MERKE

Golf-*Equipment*

Besteht aus einem Golf*bag*, in dem die Schläger transportiert werden sowie ausreichend Bälle. Ein Satz Golfschläger darf maximal 14 Schläger umfassen, die grundsätzlich zwischen Eisen und Holz (Schläger) unterschieden werden. Der Satz Schläger besteht aus den »Eisen« eins bis neun, dem »Lob«-*Wedge*, dem Sand-*Wedge* sowie dem *Pitching-Wedge*, dem *Driver* und dem *Putter*.

Kurse für Anfänger sowie **SATEF-Turnierkurse (von amp)** für Fortgeschrittene dauern in der Regel etwa **drei bis fünf Tage**. Für erfahrene Golfer mit *Handicap* 36 bis null bieten die Golfschulen Kurse für die Technikfeinabstimmungen an, die bis zu fünf Tage dauern können.

Tee Times und Startzeiten

Die Golfplätze in den touristischen Zielgebieten sind meist gut besucht. Um einen **reibungslosen Spielbetrieb zu gewährleisten**, vergeben die meisten Golf*clubs* daher vorab **Abschlagzeiten**, die so genannten ***Tee Times***, die pünktlich eingehalten werden sollten. Aus diesem Grund muss jeder Golfspieler **Startzeiten** reservieren, entweder rechtzeitig vor Ort (im Golf*club* oder im Hotel) oder aber vorab bei Buchung im Reisebüro. Somit erhält er einen so genannten ***Tee Time Voucher***, den er im Golf*club* vorlegen muss, bevor er das Spiel beginnt.

BEISPIEL

Tee Time Voucher

Der Veranstalter TUI verfügt beispielsweise über ein internetbasiertes System, auf das Sie jederzeit zugreifen können. Hierüber können nicht nur die Startzeiten der *Greenfee*-Pakete sondern auch Plätze in allen Feriengebieten ausgewählt werden. Mit Abschluss der Reservierung wird der *Tee Time Voucher* ausgestellt.

Voraussetzungen für die Reservierung der Startzeiten ist bei Reiseveranstaltern ein Hotelaufenthalt.

Sagt Ihrem Kunden keines der *Greenfee*-Pakete zu, hat er die Möglichkeit seine Golfrunden selbst zusammenzustellen, indem er **individuelle Startzeiten** reserviert. Allerdings sind diese kein Bestandteil der Pauschalreise eines Veranstalters. Jeweiliger Vertragspartner ist das Hotel, eine Agentur oder der Golf*club*.

MERKE

Startzeitenreservierung
Sie können die Startzeiten bei den meisten Reiseveranstaltern direkt bei der Buchung auswählen und reservieren. Es werden generell keine Startzeiten für An- und Abreisetage vergeben, da es immer zu kurzfristigen Flugzeitänderungen kommen kann.

10.2 Golfregion Andalusien

Die wohl vielseitigste Region in Europa, was den Golfsport und das entsprechende Angebot an Golfplätzen angeht, **ist Andalusien.** Aus diesem Grund werden Ihnen nun einige Informationen zu dieser Destination und ihrer Golfplätze näher gebracht.

Einreisebestimmungen

Für die Einreise nach Andalusien bzw. Spanien benötigen deutsche Staatsangehörige einen **gültigen Personalausweis oder Reisepass,** letzter wird auch dann akzeptiert, wenn er maximal ein Jahr abgelaufen ist. Mit diesen Dokumenten ist ein Aufenthalt von bis zu drei Monaten zulässig. Kinder benötigen einen Kinderausweis.

Abb. Gartenanlage der *Alcázar* in *Sevilla*

Medizinische Hinweise

Es bestehen keine Impfvorschriften. Jedoch sollten die **Standardimpfungen** generell für Kinder und Erwachsene anlässlich einer Reise überprüft und vervollständigt werden. Weitere Informationen entnehmen Sie der ▸ Internetseite des Auswärtigen Amtes oder informieren sich bei einem Reise- und Tropenmediziner.

Anreise

Direkte Pauschal-, Linien- und *Low Cost*-Flugverbindungen bestehen ab Deutschland zum größten Flughafen Andalusiens nach *Málaga* (AGP), dem Zentrum der *Costa del Sol. Lufthansa* (LH) sowie die spanischen Linienfluggesellschaften *Spanair* (JT) und *Iberia* (IB) unterhalten die Linienflugverbindungen. Ferner werden die Flughäfen *Almeria* (LEI) an der *Costa de Almeria, Jerez de la Frontera* (XRY) an der *Costa de la Luz* und *Sevilla* (SVQ) im Landesinneren von Pauschal- und/oder *Low Cost*-Airlines angeflogen. Die Fluggesellschaft *Iberia,* die ihre Drehkreuze in *Madrid* und *Barcelona* hat, fliegt ebenso die genannten Flughäfen und *Granada* (GRX) zusätzlich an. Die Flugzeit ab Deutschland nach Andalusien beträgt zwei bis drei Stunden. Die Stadt *Huelva* an der *Costa de la Luz* kann auch über den Flughafen *Faro* (FAO) in Portugal erreicht werden, da der Transfer vom Flughafen zur Stadt nur etwa 90 Minuten dauert.

In Andalusien ist das Bahnnetz sehr gut ausgebaut. **AVE-Hochgeschwindigkeitszüge** (► Glossar) verkehren zwischen *Madrid* und den Städten in Andalusien. Eine Fahrt von *Madrid* nach *Cordoba* dauert knapp zwei Stunden, nach *Málaga* sind es etwa drei Stunden. Fünf Stunden beträgt die Fahrzeit von *Barcelona* nach *Málaga*. Für die Zuganreise von Frankfurt am Main über *Paris* und *Madrid* nach *Málaga* sollten etwa 24 Stunden eingerechnet werden. Es besteht ebenfalls die Möglichkeit Andalusien ab Nordspanien mit dem **Autoreisezug** anzureisen.

Wird *Málaga* von Frankfurt am Main über *Straßburg, Lyon, Nîmes, Montpellier, Barcelona, Valencia* und *Alicante* **mit dem Pkw angefahren**, beträgt die reine Fahrzeit etwa 22 Stunden. Bitte beachten Sie, dass die Strecke mautpflichtig ist. Die Anreise ab Nordspanien verläuft über die Schnellstraße N4, die den Pass *Despeñaperros* überquert.

Von vielen deutschen Städten ist die Anreise mit einem **preisgünstigen Linienbus** in viele verschiedene Städte und Orte Andalusiens möglich. Ab Frankfurt am Main fährt z. B. *Touring/Eurolines* nach *Málaga* und benötigt in der Regel 33 bis 37 Stunden.

Häufig angelaufene **Zielhäfen der Kreuzfahrtschiffe** sind *Cádiz* und *Málaga*.

10.2.1 Attraktivitätsfaktoren von Andalusien und Zielgruppen

Bei einem Verkaufsgespräch spielen die verschiedenen Attraktivitätsfaktoren von Andalusien eine bedeutende Rolle.

Analysieren Sie Ihren Kunden und ordnen Sie ihn einem der Reisetypen (► LF 3, Kapitel 2.6) zu. Machen Sie anschließend die »Destination Andalusien« mit Hilfe der Attraktivitätsfaktoren »schmackhaft«. Nennen Sie die Faktoren auf die der Kunde Ihres Erachtens besonderen Wert legt und geben Sie wenn möglich detaillierte Hinweise zu den **natürlichen und künstlichen Faktoren.**

Abb. *Minarett Giralda in Sevilla*

Natürliche Faktoren		Reisetypen/Zielgruppen
Klima	Ganzjähriges Reiseziel, viele Sonnenstunden, wenig Niederschlag, mildes Klima, warme Wassertemperaturen am Mittelmeer, viel Wind um *Gibraltar*	▸ Badeurlauber ▸ Sport- und Aktivbegeisterte ▸ Rundreisende
Naturräumliche Gegebenheiten	Sandstrände, zerklüftete Küsten, Gebirge, große Flüsse, Naturschutzgebiete, Naturparks, Gebirge	▸ Badeurlauber ▸ Sport- und Aktivbegeisterte (spez. Wassersportler, Reiter, *Mountainbiker*, Golfer, Tänzer, Wanderer, Skifahrer)
Flora und Fauna	Zitrusfrüchte, Zuckerrohr, Weinreben, Bananen, Palmen, Stein- und Korkeichen, Olivenbäume. Kampfstiere, Andalusier (Pferde), vielfältige Vogelwelt, Luchse, Wölfe, Schlangen, Flamingos	▸ Naturliebhaber ▸ Wanderer
Gesundheit	Keine speziellen Impfvorschriften	▸ Alle Zielgruppen
Wasserqualität	Viele Strände sind mit der *Blauen Flagge* ausgezeichnet.	▸ Badeurlauber ▸ Wassersportbegeisterte
Künstliche Faktoren		**Reisetypen/Zielgruppen**
Erreichbarkeit/ Beförderung	Keine langen Flugzeiten von Deutschland. Anreise mit der Bahn oder mit dem Pkw und Bus ist möglich.	▸ Familien mit Kindern ▸ Flugängstliche
Einreise	Mindestens Personalausweis; keine Grenzkontrollen bei An- und Abreise über den Landweg.	▸ Deutsche Staatsangehörige
Verkehrswege	Gut ausgebaute Verkehrswege, Großstädte sind durch Autobahnen oder Schnellstraßen sowie durch Hochgeschwindigkeitszug AVE und Linienfluggesellschaften miteinander verbunden.	▸ Individualreisende Entdecker
Hotellerie/ Gastronomie	Von einfachen Unterkünften bis hin zu exklusiven Hotels – alles wird geboten. Es gibt landestypische *Tapas*bars und international hochwertige *Gourmet*restaurants.	▸ Individualreisende Entdecker ▸ Cluburlauber ▸ Pauschalurlauber ▸ Luxusurlauber ▸ Kulinarisch Interessierte ▸ *Gourmets*

Künstliche Faktoren		Reisetypen/Zielgruppen
Freizeit-einrichtungen	Wassersportbasen, Surfstrände, Golfplätze, Tennisplätze, Reitmöglichkeiten, Wander- und Fahrradwege, Diskotheken, Bars, Einkaufsmöglichkeiten	► Sport- und Aktivbegeisterte ► Junge Spaß-, Erlebnis- und Partyurlauber ► Familien mit Kindern ► Paare und DINKS
Soziokulturelle Faktoren	Historische Gebäude, Festungen, Klöster, Kirchen, große Plätze, Kunst-Ausstellungen, Museen, Sprache: *Andaluz*-Spanisch	► Kulturinteressierte ► Individualreisende Entdecker ► *Best Ager* ► Sprachschüler
Sicherheit	Gute Medizinische Versorgung vor Ort, keine politischen Unruhen	► Alle Zielgruppen

Tab. Attraktivitätsfaktoren von Andalusien und Zielgruppen

Das touristisch erschlossene Andalusien lässt sich ziemlich vielfältig erleben und ist daher auch für unterschiedliche Reiseformen sehr interessant. Hat sich ein Kunde also bereits für dieses Urlaubsziel entschlossen, seien Sie aufmerksam für geäußerte Wünsche und Interessen und schlagen Sie ihr/ihm dann die geeignete Reiseform vor.

Abb. Palast in *Sevilla*

10.2.2 Golfplätze und deren Lage

Die *Iberische Halbinsel* hat sich in den letzten Jahrzehnten zu **einer der Topadressen für Golfspieler entwickelt**.

Etwa 100 Golfplätze befinden sich in der Region. Aufgrund des milden Klimas lässt sich diese Sportart an der Küste **das ganze Jahr** über betreiben.

Abb. *San José-Playa de los Genoveses* an der *Costa de Almeria*

Modernes Anlagen-*Design* mit künstlich angelegten Hindernissen, sportliche Golf-Ausrüstungen, geschulte Lehrkräfte und der beeindruckende Blick auf das Meer oder die Bergkulisse im Hinterland locken Golfliebhaber aus aller Welt in die **Golfhochburg Europas**.

An der *Costa del Sol* befindet sich sogar die höchste Dichte an Golfplätzen im Mittelmeer.

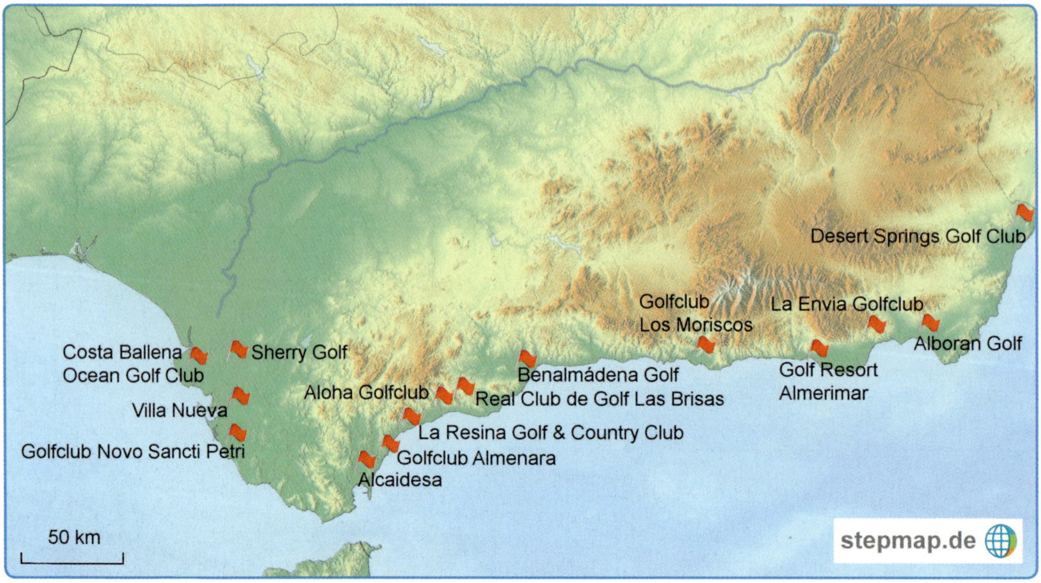

Abb. Karte Andalusiens mit eingezeichneten Golfplätzen

Damit Sie Ihrem Golfkunden einige **Golfplätze in Andalusien** nennen können und in der Lage sind, deren Umgebung zu beschreiben sowie die wichtigsten Sehenswürdigkeiten des Landes aufzuzählen, nutzen Sie die folgende Tabelle.

Costa de Almeria
Mojácar Östlichster Küstenabschnitt von Andalusien und zugleich von der *Costa de Almeria* ist *Mojácar*. Nahe der Ortschaft liegen drei Golfplätze. Einer ist z. B. der ***Desert Springs Golf Club:*** Erster europäischer Golfplatz im Wüstenstil von Arizona. Die Bahnen sind von Kakteen, Flüssen und Felsen gesäumt (18-Loch, *Handicap* H28/D36, *Par* 71). Die Golf*club*-Anlage ist mit Schlägerverleih, Golfschule, *Driving Range*, Pro*shop*, Hotel und Restaurants ausgestattet.
Almeria Die Stadt *Almeria* ist aufgrund ihres **Hafens bedeutend für den Export** im Südosten Andalusiens sowie für die **Fährverbindungen nach Nordafrika**. Sie ist die Stadt mit den **meisten Sonnenstunden pro Jahr in Spanien** und die am stärksten **maurisch geprägte** Stadt der iberischen Halbinsel. Westlich von *Almeria* erstreckt sich die anspruchsvolle **Golfclubanlage *Alboran Golf*** mit einer hervorragenden 18-Loch-*Championship*-Strecke. Viele strategisch angeordnete Bunker und Seen fordern von den Spielern höchste Konzentration. Leihschläger, Golfmobile, *Driving Range, Proshop*, Golfschule und Restaurant gehören zur Ausstattung bzw. Einrichtung der Clubanlage (18-Loch, *Handicap* H28/D36, *Par* 72).

Roquetas de Mar

Zwischen der Küste *Costa de Almeria* und den Salinen im Hinterland liegt der vielseitige Ort, der in zwei Stadtteile unterteilt ist. Das **Fischerdorf** *Roquetas de Mar* bildet den älteren Teil der Stadt und ***Roquetas Urbanisation*** mit großen, mittelklassigen »Hotelklötzen« die neue Feriensiedlung. Dazwischen liegt der noch aktive Fischerhafen. Wahrzeichen der Stadt ist der Turm der Burg *Santa Ana*. Einige Strände sind mit der *Blauen Flagge* ausgezeichnet. Wunderschön in einem Tal gelegen, eröffnet der Platz des ***La Envia Golfclubs*** eine eindrucksvolle Aussicht auf die umher liegenden, imposanten Berge (18-Loch, *Handicap* H36/D36, *Par* 70). Der Golfclubanlage gehören *Driving Ranges*, *Proshops*, Golfschulen und Restaurants an.

© Turespaña

Abb. *La Envia Golfclub*

Almerimar

Eine grüne, ruhige Feriensiedlung, die sich in den letzten Jahren weiterentwickelte und zu einem **Luxusressort** wurde. Sie besitzt den größten Sporthafen der Provinz mit etwa 1.100 Anlegeplätzen und eine nur **wenige Meter vom Meer entfernte, einzigartige Golfanlage**. Die Strände von *Almerimar* sind mit der *Blauen Flagge* ausgezeichnet.

© Turespaña

Abb. *Golf Resort Almerimar*

Inmitten einer wunderschönen Palmen- und Wasserflächenlandschaft liegt das ***Golf Resort Almerimar*** mit enormen Spielmöglichkeiten und hohen Herausforderungen für qualifizierte Golfer (18-Loch, *Handicap* H28/D36, *Par* 72).

Costa del Sol

Die Küstenregion ist mit einer Länge von über 300 Kilometern der **südlichste Teil der spanischen Mittelmeerküste**, der östlich von *Gibraltar* beginnt und bei *Málaga* endet. Der Küstenabschnitt östlich von *Málaga* zieht sich bis in die Umgebung von *Motril* und umschließt die ***Costa Tropical***. Für Golfliebhaber aus aller Welt ist die Region südlich von *Málaga* ein *»Eldorado«*, denn hier befindet sich die höchste Dichte an Golfplätzen in Europa.

Motril

Golfspieler mit *Handicap*-Beschränkung 28/36 finden auf dem ebenen 9-Loch-Platz des ***Clubs de Golf Los Moriscos***, in der Nähe der **Stadt *Motril***, ideale Bedingungen. Das ebene Gelände mit breiten Spielbahnen, inmitten tropischer Palmen und künstlich angelegter Seen, liegt vor der gewaltigen Kulisse der Bergkette der *Sierra Nevada* (9-Loch, *Handicap* H28/D36, *Par* 27).

Unweit von *Málaga* erstreckt sich die 9-Loch-Golfanlage ***Benalmádena Golf***, die dank künstlicher Beleuchtung **sogar bei Nacht** bespielt werden kann. Der *Club* ist bekannt für seine großartigen *Putting*-Zonen und seine Golfschule (9-Loch, *Handicap* H54/D54, *Par* 27).

© Turespaña

Abb. *Benalmádena*

Marbella

Östlich von *Málaga* an der *Costa del Sol* liegt *Marbella*, die **Golfhauptstadt Andalusiens.** Komplett ausgestattete Golfplätze schaffen mit exklusiven und umfangreichen Angeboten ideale Bedingungen für Anfänger, Fortgeschrittene und Experten. Eingebettet in weitläufigen Landschaften mit sanften Geländeformen, bieten die 9- bis 27-Loch-Plätze eine wunderbare Aussicht auf das Meer und die Berge. So z. B. der Golfplatz des ***Real Club de Golf Las Brisas***, der besonders für Fortgeschrittene geeignet ist (18-Loch, *Handicap* H24/D32, *Par* 72). Die Qualität lässt sich auch an den Hotels definieren, z. B. an dem ***Marbella Club Hotel Golf Resort und Spa***, das 2008 als bestes Ressort Europas für die ***World Travel Awards*** nominiert wurde.

Manche Golfclubs von *Marbella* können mit Mitgliedern aus **zwanzig verschiedenen Nationen** aufwarten, wie z. B. der ***Aloha Golf Club*** (18+9-Loch, *Handicap* H24/D28, *Par* 72), ein natürlicher Platz, der ziemlich abwechslungsreich ist, so dass keine Strecke der anderen gleicht.

© Turespaña

Abb. *Aloha Golf Club*

Am 5-Sterne-Hotel *Las Dunas* in ***Estepona***, rund 30 km von *Marbella* entfernt, befindet sich der ***La Resina Golf & Country Club*** mit einem 9-Loch- Platz und einer Golfschule (9-Loch, *Handicap* H54/D54, *Par* 27).

Regionen um *Sotogrande*:

Die Ortschaften *Sotogrande* und *Alcaidesa*, im Süden der *Costa del Sol,* bieten anspruchsvolle Kurse der Extraklasse in üppig-grüner Landschaft. Der 27-Loch **Golfplatz *Almenara*,** in der Nähe des **exklusiven Ortes *Sotogrande***, gehört dem Hotel *Almenara Golf Hotel & Spa* an und bietet ideale Bedingungen für begeisterte Golfspieler (27-Loch, *Handicap* H28/D32, *Par* 72). Eine echte Herausforderung ist der **Golfplatz *Alcaidesa***, der den **einzigen Links-Kurs** in Südspanien bietet (18-Loch, *Handicap* H28/D36, *Par* 72).

Costa de la Luz

Die »Küste des Lichts« erstreckt sich über 260 Kilometer entlang des Atlantiks von der **Grenze zu Portugal bis zur *Straße von Gibraltar***.

Die vielen 18- bis 27-Loch-Plätze, die in traumhaften Parkanlagen liegen, bieten unter anderem weite *Fairways*, tolle *Greens* und künstlich angelegte Hindernisse wie Seen und Bunker.

Sherry Golf* heißt der *Championship*-Platz** in der Nähe der Stadt ***Jerez de la Fontera, der allen Golfliebhabern die Pforten öffnet. Nach amerikanischem Vorbild gestaltet, bietet die luxuriöse Anlage breite *Fairways*, großzügige *Greens*, enorme Seelandschaften und 18 abwechslungsreiche Löcher (18-Loch, *Handicap* H28/D36, *Par* 72).

Etwa 15 Kilometer von *Cádiz* entfernt, an der kleinen Ortschaft ***Puerto Real***, erstreckt sich der leicht hügelige 18-Loch-**Golfplatz *Villa Nueva***. Fünf Seen und zahlreiche große Bunker erschweren jeden Schlag auf den breiten *Fairways* (18-Loch, *Handicap* H28/D36, *Par* 72).

© Turespaña

Abb. *Villa Nueva*

Drei Golfplätze liegen an der ***Bahia de Cadiz,*** darunter die 100 Hektar große 27-Loch-Anlage des ***Costa Ballena Ocean Golf Clubs***, die **Trainingssitz vieler internationaler Golfverbände** ist (27-Loch, *Handicap* H28/D36, *Par* 72).
Der **Golfclub *Novo Sancti Petri*** gehört mit seinen 54 Löchern zu den größten und attraktivsten Golfanlagen Europas und ist in drei Plätze à 18-Loch aufgeteilt. Das hügelige Gelände bietet zahlreiche **Wasserhindernisse** und Bunker sowie einzigartige **Ausblicke auf den Atlantik** (54-Loch, *Handicap* H28/D36, *Par* 72). Im rustikalen Clubhaus befinden sich neben einem *À-la-carte-Restaurant*, einer Bar, einem *Café* und einem *Proshop*, auch eine Sauna und Massagemöglichkeiten.
In der Nähe liegt auch das schöne »Weiße Dorf« ***Vejer de la Frontera*** mit einem weiteren Golfplatz.

Tab. Golfplätze in Andalusien

Nehmen Sie während der Buchung die Golfkataloge der jeweiligen Reiseveranstalter zu Hilfe und nutzen Sie die bereits geschnürten Gesamtpakete, um Ihrem Kunden einen »golfreichen« Urlaub ganz nach seinem Geschmack zu buchen.

AUFGABEN

1. Welche drei grundlegenden Einrichtungen sollte eine Destination aufweisen, um von Golfern besucht zu werden?
2. Zählen Sie fünf Destinationen auf, die wegen ihrer guten Einrichtungen für den Golfsport gern von Golfern aufgesucht werden.
3. Benennen Sie die Unterschiede eines Golfhotels zum normalen Hotel.
4. Beschreiben Sie Ihrem Kunden den Vorteil eines Golfpaketes. Welche Leistungen enthält es?
5. Informieren Sie Ihren Kunden über *Greenfee*-Ermäßigungen.
6. Aus welchen Bestandteilen besteht die Golfausrüstung?
7. Golfinteressierte dürfen erst nach erfolgreichem Bestehen der Platzreifeprüfung einen Golfplatz eigens betreten.
   a) Beschreiben Sie den Begriff »*Handicap*«.
   b) Welche *Handicap*-Vorgaben gibt es? Nennen Sie jeweils ein Merkmal dazu.
8. Erklären Sie die folgenden Begriffe aus der Fachsprache des Golfsportes stichpunktartig:
   »*Driving Range*«, »*Par*«, »*Greenfee*«, »*Tee Time*« und »*Putting Green*«
9. Nennen Sie eine international bekannte Golfschule beim Namen.

10. Warum müssen Golfspieler Startzeiten reservieren? Wie können Sie Ihrem Kunden diesbezüglich weiterhelfen?

11. Urlauber, die nach Andalusien reisen möchten, haben unterschiedliche Anreisemöglichkeiten.

   a) Zählen Sie sämtliche internationale Zielflughäfen Andalusiens auf und nennen Sie die Drei-*Letter-Codes*.

   b) Welchen Flughafen können Ihre Kunden ebenfalls nutzen, wenn sie im Nordwesten von Andalusien Urlaub machen?

   c) Wie heißt der spanische Hochgeschwindigkeitszug?

   d) Ihr Kunde entscheidet sich für eine Zuganreise von Frankfurt am Main nach *Málaga*. Welche Städte liegen auf der Strecke? Wie viel Zeit sollte er einplanen?

   e) Welche Städte würde Ihr Kunde durchfahren, wenn er mit seinen Pkw reist? Worauf müssen Sie Ihn bei der Anreise mit dem Auto hinweisen?

12. Nennen Sie drei landestypische Vorteile und Erlebniswerte (Attraktivitätsfaktoren) in Andalusien, die das Reisen durch das Land interessant und angenehm machen.

13. Welchen fünf Urlaubstypen empfehlen Sie Andalusien? Begründen Sie Ihre Antwort.

14. Ein sportliches Ehepaar, beide sind 35 Jahre alt und leidenschaftliche Golfer, möchte im November einen einwöchigen Aufenthalt in Andalusien in einem Hotel des oberen Preissegments buchen. Die Unterkunft sollte nahe eines lebhaften Küstenortes und mehreren Golfplätzen gelegen sein und mindestens Halbpension bieten. Recherchieren Sie selbst oder nehmen Sie die Informationen über die Destination Andalusien aus ▸ LF 3 Kapitel 4.4.5 zur Hand.

   a) Empfehlen Sie dem Paar zwei in Frage kommende Ferienzentren und beschreiben Sie die nähere Umgebung bezüglich der Golfplätze und Sehenswürdigkeiten.

   b) Welchen Zielflughafen in Andalusien sollten die Kunden für den ausgewählten Ort anfliegen? Bieten Sie den Kunden einen privaten Transfer an und nennen Sie die Vorteile.

   c) Die Frau legt sehr großen Wert auf *Wellness* und *Beauty* und möchte den Tag mit Entspannung und einigen Behandlungen abrunden. Suchen Sie zu den beiden ausgewählten Ferienorten je ein Hotel, das den Anforderungen der Kunden gerecht wird. Beachten Sie dabei, dass die Hotels ein *Greenfee*-Paket im Angebot haben.

d) Berechnen Sie den Gesamtpreis pro Person inklusive Flug, Privattransfer, Hotel, Doppelzimmer, Halbpension und *Greenfee*-Paket.

15. Zwei Freunde, beide Anfang 20, möchten ihren diesjährigen Jahresurlaub in Andalusien verbringen. Dafür haben sie sich im Juli zwei Wochen Zeit genommen. Beide sind begeisterte Golfspieler (*Handicap* 28) und möchten auf den Sport auch im Urlaub nicht verzichten. Allerdings interessieren sie sich auch für Kultur und wollen einige Tage nutzen, um sich »Land und Leute« anzusehen. Auf das Hotel legen Sie keinen allzu großen Wert, da sie der Meinung sind, es lediglich zum Schlafen zu nutzen.

a) Sie schlagen den Herren eine siebentägige Mietwagenrundreise vor. Erarbeiten Sie ihnen eine Reiseroute und nennen Sie anschließend die wichtigsten Sehenswürdigkeiten, die auf der Rundreise besichtigt werden können.

Tage	Stationen/Städte	Sehenswürdigkeiten	Golfplatz
Tag 1	*Málaga*	*Alcazaba*	*Baviera Golf*
Tag 2	...	...	...

b) Rufe Sie die Internetseite ▸ www.europa-lehrmittel.de ▸ Titel »All inclusive Band 2« auf und drucken Sie die Stummkarte Andalusiens aus. Zeichnen Sie den Verlauf der Rundreise in die Karte ein.

c) Für die restlichen sieben Nächte empfehlen Sie den Freunden jeweils ein Urlaubszentrum der drei Küstenabschnitte Andalusiens, in deren Umgebung genügend Golfplätze vorhanden sind.

d) Suchen Sie je zwei Golfplätze, die in der Nähe der ausgewählten Urlaubsorte liegen und nennen Sie deren Besonderheiten sowie die *Handicap*-Beschränkungen.

16. Ein Sportverein, bestehend aus 14 Personen, möchte die nächste Vereinsreise nach Andalusien unternehmen, um zu golfen. Da die Gruppe recht gemischt, aus erfahrenen Golfern und Anfängern besteht, wünschen Sie ein Zielgebiet, das für jeden etwas bietet.

a) Welche Reisezeit empfehlen Sie den Vereinsmitgliedern, die zu einer preisgünstigen Saison reisen möchten?

b) Empfehlen Sie einen Urlaubsort, der für alle Vereinsmitglieder ansprechend ist.

c) Der Vereinsleiter gibt zu bedenken, dass jedes Vereinsmitglied seine eigene Golfausrüstung mitnehmen möchte. Informieren Sie ihn über die Golfgepäck-Regelung.

11 Winterurlaub

© Tirol Werbung

Winterurlaub gilt als die intensivste Art den Winter zu erleben, da sich Bewegung, Erholung und Spaß miteinander kombinieren lassen. Dabei nehmen **geübte** sowie auch **ungeübte Wintersportler** die attraktiven und auf ihre Interessen zugeschnittenen Angebote der Reiseveranstalter im Rahmen eines **Kurzurlaubs** (z. B. über ein verlängertes Wochenende) oder für einen längeren Aufenthalt (i. d. R. für **eine Woche**) wahr.

Der **Winterurlaub gestaltet sich heutzutage abwechslungsreicher denn je** und muss nicht zwangsläufig mit Skiern und Liften in Zusammenhang stehen. Schneesichere Winterregionen bieten neben **Wintersporteinrichtungen** zahlreiche **Winteraktivitäten** für Urlauber die gerne abseits der Skipisten sportlich aktiv sind (► Kapitel 11.1.2).

Die großen Reiseveranstalter und ebenso spezielle Winterurlaub-Anbieter haben ihre Winterprogramme **entsprechend auf diesen Trend** abgestimmt und die **Zusatzangebote** der Wintersportregionen aufgenommen.

11.1 Häufig ausgeführte Winterurlaubsaktivitäten

Wintersportarten und **wintersportliche Aktivitäten** können nur zu bestimmten Witterungsverhältnissen im Winter ausgeübt werden. Es sei denn in entsprechenden Hallen wird **künstlich für Schnee oder Eis** gesorgt, dann ist die Ausübung auch zu anderen Jahreszeiten möglich.

11.1.1 Skilaufen

Der traditionelle **Skilauf** (österr. *Schilauf*) ist der Hauptgrund für einen Winterurlaub. Als **Gesamtkonzept des Wintersports** enthält er alle Sportarten, bei denen die Wintersportler auf Skiern über den Schnee gleiten, so z. B. das **Skifahren** (österr. *Schifahren*) und daneben den **Ski-Langlauf**. In der Alltagssprache werden heute sogar andere Sportarten wie das ***Snowboarden*** unter den Begriff »Skifahren« gefasst. Um Verwechslungen auszuschließen wird daher das Skifahren im Wettkampfsport als ***Ski Alpin*** bezeichnet.

Innerhalb des Skisports und seinen Wettkämpfen wird grundsätzlich zwischen den **nordischen und den alpinen Sportarten** unterschieden. Der Unterschied liegt im Ski selbst.

- **Alpinskier** sind mit Stahlkanten versehen, die in Schnee und auf Eis guten Halt gewährleisten sowie mit einer Bindung, die aus Sicherheitsgründen bei Stößen oder Blockaden aufspringt.
- **Nordische Skier** sind lang und schmal, verfügen nicht über eine Stahlkante, sondern haben eine Bindung, bei der nur die Schuhspitze fixiert ist und die Ferse frei bleibt; im Gegensatz zu den Alpinskiern springt diese nicht auf.

Beide Sportarten benötigen zwei **Skistöcke** zum Abstützen, Anschieben, Aufrichten, Halten des Gleichgewichts und zur Unterstützung des Bewegungsablaufes. Ferner gehört zur Ausrüstung der Skiläufer die **Wintersportbekleidung** (Funktionsunterwäsche, *Fleece* oder Rollkragenpullover, Ski- oder *Snowboard*jacke und -hose, Mütze und Handschuhe), Ski- oder *Snowboard*schuhe, Skibrille und gegebenenfalls aus Sicherheitsgründen ein Helm; es besteht allerdings keine Helmpflicht.

Alpine Sportarten und *Ski Alpin*	Nordische Sportarten und *Ski Nordisch*
Skifahren – ist eine Wintersportart, bei der die Skifahrer die Abfahrt einer präparierten Piste unterschiedlicher Schwierigkeitsgrade bewältigen.  © Tirol Werbung	**Skilanglauf** – eine Wintersportdisziplin bei der die Langläufer mit Skiern und Stöcken nicht nur Hang abwärts gleiten, sondern sich durch Rückstöße auch horizontal oder sogar bergauf auf speziell präparierten Schneespuren, den so genannten *Loipen* fortbewegen.  © Tourist Information Passauer Land
Auf Wettkämpfen wird das ***Ski Alpin*** genau genommen in insgesamt fünf verschiedene Disziplinen unterteilt, die sich durch die Torsetzung unterscheiden: *Super-G* (*Speed*-Wettbewerb), *Riesenslalom* und *Slalom* (Technik-Wettbewerbe) sowie *Alpine Kombination* (*Speed*- und Technik-Wettbewerb). Je enger die Tore gesetzt werden, umso geringer wird die Fahrgeschwindigkeit, jedoch steigt dafür die Zahl der erforderlichen Bewegungen.	**Skispringen** – bei der Wettkampfsdisziplin fahren die Sportler auf Skiern mit Schwung den Anlauf einer Skisprungschanze hinunter, springen an der Rampe ab und versuchen dann möglichst weit zu fliegen bevor sie wieder auf dem Boden landen.

Alpine Sportarten und *Ski Alpin*	Nordische Sportarten und *Ski Nordisch*
Snowboardfahren – ein *Snowboard* ist ein Wintersportgerät in Form eines Brettes, auf dem der *Snowboarder* mit beiden Füßen seitlich zur Fahrtrichtung steht. Er benötigt keine Stöcke.  © Tourist Information Passauer Land	***Nordische Kombination*** – Einzel- und Mannschaftswettbewerb, der aus einer Kombination der Disziplinen Skispringen und Langlauf besteht. Erforderlich sind zuerst zwei Sprünge von der Normal- oder Großschanze und anschließend ein 15 Kilometer Langlauf. 
Freestyle-Skiing – wird von *Freeridern* (im deutschsprachigen Raum auch unter den Begriff »Trickskifahrer« bekannt) betrieben. Sie fahren auf Skiern und bevorzugen die Buckelpisten, springen Figuren mit Hilfe von Sprungschanzen oder in einer *Halfpipe* oder sie fahren Ski auf einem *Parcours* um die Wette.	
Carving – Im Gegensatz zum *Freestyle-Skiing* werden beim *Carving* (von engl. *to carve* – schnitzen) keine Skistöcke benötigt, denn hier werden die Kurven vollständig auf den Stahlkanten der Skier gefahren, wobei tiefe Spuren in den Schnee »geschnitzt« werden. Zur Ermöglichung dieser Fahrtechnik gibt es extra *Carving*-Skier, die generell kürzer als Alpinskier sind und sich außerdem einfacher auf der Kante fahren lassen.	

Tab. Unterschied alpine und nordische Skisportarten

Im Zusammenhang mit den Alpinskiarten sollte nicht unerwähnt bleiben: Viele Wintersportdestinationen bieten so genannte ***Snow- bzw. Funparks***. Das ist eine meist überdachte Halle mit schneebedeckter Fläche und Schneepisten. Aus Schnee konstruierte Sportanlagen wie *Halfpipes* (engl. für »Halbröhre«, Schneefläche in Form einer halbierten Röhre), *Jumps* (einzelne Absprungrampen), *Rails* (Geländer zum *sliden*, dt. gleiten bzw. rutschen) oder *Kicker* (aus Schnee geformte Schanze, die zu Sprüngen verhilft, um in der Luft Saltos und Tricks durchzuführen). Ereignisse wie ***Boardercross*** (*Snowboard*-Wettkampf, bei dem mindestens vier Fahrer gleichzeitig gegeneinander eine Abfahrtsstrecke bewältigen) locken insbesondere *Snowboarder* und *Freeride*r in die Parks.

Für die Skiläufer aller Art bieten die Skigebiete Abfahrtspisten jeglicher Schwierigkeitsgrade sowie Langlauf*loipen* und *Snowboard*-Reviere, die über moderne Liftanlagen zu erreichen sind.

Skipisten

Skipisten sind ein Teil eines Berges, die für das Skifahren und *Snowboarden* vorgesehen sind. Sie werden von **Skifahrzeugen** präpariert, so dass ein Fahrvergnügen gewährleistet ist. In manchen Skigebieten sorgen sogar **Schneekanonen** für optimale Schneeverhältnisse.

Die präparierten Pisten werden nach **unterschiedlichen Schwierigkeitsgraden** farblich markiert, abhängig von Gelände und Gefälle. Außerdem erhöht sich der Schwierigkeitsgrad durch schlechte Schnee- und Sichtverhältnisse. Die Markierungen der Schwierigkeitsgrade in den Alpen sind wie folgt festgelegt und dienen dem Skifahrer zur Orientierung:

- **Blaue Piste:** Leicht. Nicht mehr als 25 Prozent Gefälle. Geeignet für Anfänger und Familien mit Kindern.
- **Rote Piste:** Mittel. Nicht mehr als 40 Prozent Gefälle. Beliebt bei Fortgeschrittenen.
- **Schwarze Piste:** Schwer. Mehr als 40 Prozent Gefälle. Für Profis geeignet.
- **Grüne Piste:** Einfache und flache Skipisten sowie Übungshänge.

Regeln auf der Skipiste MERKE

Jeder Skifahrer und *Snowboarder* muss sich so verhalten, dass er keinen anderen gefährdet. Das bedeutet ausreichend Abstand halten, auf Sicht fahren, Geschwindigkeit und Fahrweise dem eigenen Können und den Gelände-, Schnee- und Witterungsverhältnissen sowie der Verkehrsdichte anpassen. Wagt sich ein Fahranfänger auf die schwarze Piste und verletzt sich, muss er oder sie die gesundheitlichen und haftungstechnischen Konsequenzen tragen.

Neben den präparierten Pisten gibt es noch weitere spezielle Abfahrten, so z. B. die **Skiroute**, eine nicht präparierte aber markierte und vor **Lawinen** (▸ Glossar) **gesicherte Piste** auf der Tiefschneefahren möglich ist.

Beliebt bei *Freeridern* und *Snowboardern* ist die **Buckelpiste**, eine unebene, markierte Skipiste. Derartige Strecken entstehen auf natürliche Weise oder werden künstlich angelegt und sind entweder als Skiroute oder als Schwarze Piste gekennzeichnet.

Ski-Tourengehen findet abseits der präparierten Pisten statt. Ausgerüstet mit speziellen Skiern und **Schneeschuhen** (▸ Kapitel 11.1.2) sowie **Skistöcken** gehen Tourengeher entweder allein, zu zweit oder in der Gruppe idealer Weise durch Pulverschnee. Es besteht allerdings eine **erhöhte Lawinengefahr** bei dieser Wintersportart, daher sollten die Sicherheitshinweise unbedingt beachtet werden.

Abb. Ski-Tourengehen

MERKE

Tiefschneehänge
Sie befinden sich abseits der präparierten Pisten und sind im Idealfall unberührt und deswegen auch nicht markiert. Das Skifahren und *Snowboarden* im tiefen Schnee erfordert den sicheren Umgang mit ungünstigen Schneeverhältnissen.

Liftanlagen

Für die Überwindung von Wegstrecken befinden sich neben oder nahe der Skipisten verschiedene **Liftanlagen,** die die Wintersportler befördern. Das können sein:

- **Schlepplift:** Lift mit einem etwa drei bis vier Meter hohen Stahlseil, an dem über einen Aufrollmechanismus Zugbügel befestigt sind. Die Zugbügel ziehen die Skifahrer langsam über den schneebedeckten Boden bergaufwärts.
- **Zauberteppich:** Ein langsam laufendes, auf dem Boden angebrachtes Förderband.
- **Sessellift:** Luftseilbahn mit Sesseln für eine- oder bis zu acht Personen.
- **Gondel:** Luftseilbahn an deren Förderseil Personengondeln befestigt sind.
- **Standseilbahn:** Schienengebundenes Verkehrsmittel, das kurze Strecken mit beträchtlichen Höhenunterschieden überwinden kann.

Abb. Liftarten: Schlepplift, Zauberteppich

Die unterschiedlichen Liftanlagen beginnen und enden an den verschiedenen Stationen eines Skigebietes. Eingang zu den Pisten bildet die **Talstation**, in der sich außerdem Parkplatzmöglichkeiten sowie Bushaltestellen befinden. In vielen Skigebieten werden kostenlose Skibusse für den Transport der Wintersportgäste zwischen den nahe gelegenen Skiorten und den Talstationen eingesetzt. Liftanlagen führen zu den **Mittel- oder Bergstationen** eines Skigebietes. Bereits an der Mittelstation gibt es Abfahrten. Oberste Station ist die **Bergstation** an der die meisten Liftanlagen enden. Alle Stationen verfügen für gewöhnlich über **Hütten- und Bergrestaurants** mit Sonnenterassen, Skischulen, Skiverleih, Ski*service* oder sonstige Wintersporteinrichtungen wie Rodelbahnen, *Snow-* und *Funparks* usw.

Skipass

Das Befahren der Pisten ist kostenpflichtig, daher offerieren die Betreiber der Skigebiete ihren Gästen den **Kauf eines Skipasses.** Dieser bietet den Urlaubern den Vorteil die Pisten des jeweiligen Skigebiets je nach **Gültigkeitsdauer und Öffnungszeiten** so oft wie sie möchten zu befahren. Neben dem **Eintritt zu den Pisten** bietet der Pass ebenso die **Nutzung der entsprechenden Liftanlagen** sowie der **Skibusse,** die für den Transport der Wintersportler zu den Skigebieten sorgen.

Es gibt **Saisonkarten** die ganzjährig, zur Haupt- oder Nebensaison gültig sind. Teilweise stehen spezielle Skipässe, die für **mehrere Skigebiete gültig** sind zur Verfügung und bieten dem Urlauber somit fast unbegrenzte Sportmöglichkeiten. Die Preise variieren je nach Saison und Gültigkeitsdauer für Erwachsene, Jugendliche und Kinder. Teilweise führen die Veranstalter einige Skipässe in ihrem Programm, die bei Buchung eines Winterurlaubs direkt hinzu gebucht werden können.

11.1.2 Andere wintersportliche Aktivitäten

Das **Schneeschuhwandern** erfreut sich wachsender Beliebtheit, ist es doch für jede Altersklasse interessant und benötigt fast keinerlei Vorkenntnisse zur Technik. Auf angeschnallten Schneeschuhen – die modernen bestehen komplett aus Hartplastik und bieten mit Krallen und *Spikes* einen optimalen Halt auf allen Schneebeschaffenheiten – bewandern Familien mit Kindern bis hin zu *Best Agern* flaches sowie steiles Gelände bestehend aus Pulverschnee oder Hartschnee.

Das **Eislaufen**, das auf einer gefrorenen Wasserdecke im Freien oder in der Halle stattfindet, wird in **Eisschnelllauf** und **Eiskunstlauf** unterschieden.

Das **Rodeln bzw. Schlittenfahren** gilt als eine ursprüngliche Wintersportart, bei dem ein Berghang mit einem lenkbaren Rodelschlitten (kurz: Rodel oder Schlitten) hinab gefahren wird.

Verwandt mit dem Rodeln ist das **Bobfahren**, das bei den Olympischen Winterspielen sogar Teil des Programms ist. Zwei, bzw. vier Sportler fahren in dem Sportgerät namens »Bob« eine meist künstlich angelegte 1.200 bis 1.600 Meter lange, vereiste Bobbahn hinunter.

Ein besonderes Erlebnis sind **Hundeschlittenfahrten** durch die verschneite Winterlandschaft. Das Gespann an meist *Husky*-Schlittenhunden zieht einen Holzschlitten, auf dem zwei bis fünf Personen Platz finden. Rundfahrten können mehrere Stunden dauern.

Abb. Andere wintersportliche Aktivitäten

Eine beliebte Mannschaftssportart auf dem Eis ist das **Eis*hockey*** (Bezeichnung kommt aus dem Französischen und steht für »krummer Stock). Zwei Mannschaften, die jeweils aus fünf Feldspielern und einem Torwart bestehen, versuchen die kleine Hartgummischeibe, den *Puk*, mit Hilfe ihrer »krummen« Schläger in das gegnerische Tor zu befördern.

Ein alter Volkssport ist das **Eisstockschießen**; heute gilt es als Freizeit- und Leistungssport. Zwei Mannschaften aus jeweils vier Spielern versuchen ihre Eisstöcke von der Abspielkante aus möglichst nah an die »Daube« heran zu schießen.

Angler, die im Winter nicht auf ihr Hobby verzichten möchten, gehen **Eisangeln**. Dafür sollte das Eis aus Sicherheitsgründen eine gewisse Dicke aufweisen.

Eine spezielle Wintersportart ist das **Eisklettern** an Eisformationen wie gefrorenen Wasserfällen, das die Kenntnisse des Bergsteigens voraussetzt.

Zu Abenteuern und neuen Herausforderungen lädt das **Winter*canyoning***. Darunter verstehen sich spezielle Schluchtentouren, bei denen sich Abenteurer unter fachkundiger Anleitung eines *Guides* an bizarr geformten Wasserfällen abseilen, durch ausgespülte Felsen rutschen und an einer Seilbahn über Schluchten gleiten.

Das **Höhlen*trekking*** ist eine Abenteuertour durch riesige Höhlensysteme, teilweise auch unter der Erde. Ausgerüstet mit Stirnlampe und *Karabid* dringen die Kletterer in Begleitung eines Höhlenführers durch die Dunkelheit vor. Zu unberührten Plätzen müssen sie sich teilweise durch Engstellen zwängen.

Die verschneite Berglandschaft einmal von oben begutachten und genießen können, das macht das ***Paragliding*** (dt. Paragleiten oder Gleitschirmfliegen) möglich.

Après-Ski

BEISPIEL

Auch unter dem Begriff »Einkehr« bekannt, darf es für viele Ihrer Kunden im Winterurlaub nicht fehlen. Nach den wintersportlichen Aktivitäten kehren viele Sportler in gemütliche Ski- und Berghütten oder in andere Lokalitäten ein, teilweise direkt bei den Stationen der Skigebiete oder in den Wintersportorten. Zu bekannter *Après-Ski*-Musik wird getanzt, gefeiert, getrunken und gelacht. **Doch Vorsicht:** Wer danach oder generell betrunken z. B. auf der Piste fährt riskiert straf- und zivilrechtliche Konsequenzen.

11.2 Wichtige Beratungs- und Entscheidungskriterien

Im Folgenden lesen Sie nützliche Informationen zum Ablauf eines Winterurlaubes. Die einzelnen Aspekte sind ebenfalls wichtige Faktoren, die während eines Beratungsgespräches besprochen werden müssen:

- Welches Winterziel bevorzugt Ihr Kunde?
- Welche Unterkunft wählt er/sie?
- Wie möchte Ihr Kunde anreisen?
- Was sind die Vorteile bei Buchung des Winterurlaubes über das Reisebüro?
- Welche Wintersportregion ist für welchen Kundentypen interessant?

Beliebte Ziele und Reisezeiten für einen Winterurlaub

In erster Linie sind es die **Ziele im Nahbereich**, die touristisch gern für den Winterspaß gebucht werden: Deutschland, die Schweiz, die französischen Alpen, Italien, Österreich, Tschechien, die Slowakei und Polen. In Deutschland sind es genauer gesagt der Bayerische Wald, der Schwarzwald, das Alpenvorland, das Vogtland sowie das Sauerland, die für zahlreiche Winteraktivitäten sorgen. In Österreich kommen Winterurlauber im *Salzburger Land*, in *Tirol* (▸ Kapitel 11.3) und in *Kärnten* auf ihre Kosten.

Als »**Mittelstreckenziele**« können die **nordischen Länder** wie Norwegen, Schweden und Finnland genannt werden. Bekannte und beliebte Winterregionen in **Norwegen** sind *Hemsedal, Hafjell, Geilo* und *Trysil*. Sie präsentieren sich äußerst familienfreundlich, abwechslungsreich und bestens gepflegt. In **Schweden** sind es die Wintersportzentren *Åre* und *Sälen*, die viele Wintersportfreunde anlocken. **Finnland** besitzt mehrere große Wintersportregionen. Das größte Wintersportzentrum liegt am *Fjäll Levi* in Lappland; ein weiteres befindet sich in *Ylläs*.

Auf ihre Kosten kommen Wintersportbegeisterte ebenso in den **fernen Ländern**, wie etwa in den USA, Kanada, Australien oder Neuseeland. Touristisch bekannte Skigebiete in den **USA** sind *Heavenly* am *Lake Tahoe* und *Mammoth Mountain* in Kalifornien, *Breckenridge* in *Colorado, Salt Lake City* in *Utha.* Bekannt in **Kanada** sind die Skigebiete *Sun Peaks* und *Banff.* In **Australien** sind es die Skigebiete der *Snowy Mountains* in *New South Wales* und *Victoria* sowie die Skigebiete in Tasmanien. **Neuseelands** touristisch gern besuchte Skigebiete liegen auf der Nordinsel am *Mount Ruapehu.*

Schneegarantie

BEISPIEL

Bewirbt ein Reiseveranstalter in seinen Reisekatalogen ein Skigebiet mit den Worten: »absolut schneesicheres Skigebiet« muss dort auch Schnee liegen. Ist das nicht der Fall, liegt ein **Reisemangel** vor, der mit Hilfe der ***Frankfurter Tabelle*** (▸ Fachwissen Tourismus Band 1, LF 4.1, Exkurs Kapitel B.2.2) gewichtet werden kann. Für die Schneesicherheit und Befahrbarkeit der Pisten übernehmen die meisten Veranstalter daher (ausdrücklich) keine Garantie. Wenige lassen ihre Urlaubsgäste kulanterweise, aufgrund von Schneemangel auf einen späteren Zeitpunkt oder/und auf ein anderes Zielgebiet umbuchen.

Im europäischen Raum sowie in Kanada und den USA findet der Winterurlaub in der Regel von **November bis April** statt, eben dann, wenn Schnee in den Wintersportgebieten liegt. Besonders **beliebte Reisezeit sind Weihnachten und Silvester**, da die Winterurlaubsorte während der Feiertage oft mit großen Veranstaltungen oder besonderen *Events* werben.

In den fernen Ländern beginnt die Wintersport-Saison sobald die benötigten Witterungsverhältnisse gegeben sind. Das ist in Australien und Neuseeland beispielsweise von **Juni bis Oktober** der Fall.

Infrastruktur und Unterkünfte

Die **Winterurlaubsorte** bieten ihren Wintergästen eine hervorragende touristische **Infrastruktur.** Angefangen bei der großen Auswahl an Unterkünften, über die Gaststätten, Restaurants und Bars bis hin zu bestens präparierten Pisten, sportlichen Aktivitäten abseits der Piste und Einrichtungen zur Freizeitgestaltung, wie z. B. Sporthallen und Erlebnisbäder oder *Thermen.*
Ferner finden in den größeren Ortschaften *Events* und Großveranstaltungen statt, wie z. B. das *Hahnenkammrennen* von *Kitzbühel.*

Einfache und preiswerte **Unterkünfte** (wie Ferienwohnungen und -häuser), gemütliche Pensionen und traditionelle Gästehäuser gibt es ebenso wie komfortable, gut ausgestattete Drei- bis Fünf-Sterne-Hotels.

- Beachten Sie bei einer **Beratung** zum Thema **Ferienwohnungen und -häuser**, dass diese i. d. R. von Samstag bis Samstag, im sieben-, vierzehn- usw. Nächte-Rhythmus zu buchen sind.

- Insbesondere zu den Hauptsaisonzeiten um Weihnachten und Silvester sind viele **Hotels mit einem Mindestaufenthalt** von z. B. drei Tagen versehen.
- Informieren Sie darüber, dass in vielen Winterurlaubsländern in den Hotels eine zusätzliche **Kurtaxe** (▸ Glossar) anfällt.

Viele Hotels in den Wintersportorten bieten ihren Gästen einen hauseigenen *Shuttleservice* zu den Pisten oder den Verleih von Alpin- und Langlaufausrüstung (Skier, Schuhe und Stöcke) für den gesamten Aufenthalt sowie *Beauty-* und *Wellness*-Arrangements in den hauseigenen *Wellness-* und *Spa*-Bereichen.

MERKE

Check-in / Check-out

In den Hotels und Ferienwohnungen ist in den meisten Fällen der Zimmerbezug zwischen 14:00 und 18:00 Uhr möglich. Die Abreise muss i. d. R zwischen 8:00 und 12:00 Uhr erfolgen.

An- und Abreise

Je nach Entfernung zur Destination können Ihre Kunden mit dem Auto, Bus, der Bahn oder dem Flugzeug an- und abreisen.

- Reisen Ihre **Kunden mit dem Auto** in die Alpen, sollten sie die **Schneeketten** nicht vergessen, denn auf einigen Alpenstrecken oder -pässen sind diese zwingend erforderlich. Für die Benutzung der Autobahnen in Österreich, der Schweiz, in Tschechien und in der Slowakei ist eine ***Vignette*** nötig (Erhalt an Tankstellen und Grenzübergängen). In Frankreich und Italien sind die Autobahnen ebenfalls gebührenpflichtig. Gezahlt wird an den festen Zahlstationen in bar oder mit Kreditkarte. Vielerorts stehen den Pkw-Anreisenden meist kostenpflichtige Parkmöglichkeiten zur Verfügung.
- Einige Reiseveranstalter bieten ihren Kunden eine organisierte **An- und Abreise mit dem Bus** an. Abfahrts- und Ankunftspunkte sind in vielen großen Städten in Deutschland. Bei einer größeren Entfernung wird eine Zwischenübernachtung eingelegt. Der **Transport der eigenen Wintersportausrüstung** muss bei Buchung angemeldet werden.
- Viele Wintersportorte besitzen einen eigenen Bahnhof mit Anbindung an größere, nah gelegene Städte und sind daher auch bequem **mit dem Zug zu erreichen**.
- Bei **Anreise mit dem Flugzeug** sollten Sie darauf achten, dass der Reiseveranstalter einen ***Transfershuttle* zum Hotel** bietet. Ist das nicht der Fall, sollten Sie als kompetente Fachkraft Ihrem Kunden Möglichkeiten nennen

können, um zu dem gebuchten Hotel zu gelangen. Bestenfalls reservieren Sie über einen anderen Anbieter ein *Shuttle*. Möchte Ihr Kunde seine eigenen Skier mitnehmen, müssen Sie das **Sportgepäck** vorab bei der jeweiligen Fluggesellschaft kostenpflichtig anmelden.

Vorteile bei Buchung des Winterurlaubes über das Reisebüro

Häufig gehen Ihnen als Fachkräfte am *Counter* Winterurlaubsbuchungen verloren, da die Wintersportler direkt bei den Wintersporthotels entsprechende Zimmer reservieren. Um dieses zu vermeiden, nennen Sie Ihrem Kunden die **Vorteile einer Buchung über das Reisebüro** bzw. über den Veranstalter:

- **Hotelpreise** sind über den Veranstalter i. d. R günstiger als vor Ort, da der Veranstalter eine gewisse Anzahl an Zimmer reserviert (ein **Zimmerkontingent** einkauft) und mit dem Hotelier spezielle Konditionen vertraglich vereinbart.
- Über den Reiseveranstalter sind **Zusatzpakete buchbar** bzw. teilweise bereits im Reisepreis enthalten, so z. B. ein Skipass oder die Reiseversicherung und/oder eine *Vignette*.
- Ihre Kunden haben einen **direkten Ansprechpartner** für Fragen und Probleme, im Vorfeld Sie und vor Ort die Reiseleitung.
- Urlauber schließen einen **Vertrag mit dem Reiseveranstalter** ab, bei dem das deutsche Recht (Pauschalreiserecht ▸ Fachwissen Tourismus Band 1, LF 4.1, Kapitel A) gilt.

Wintersportschutz

MERKE

Der Abschluss einer Ski- und *Snowboard*-Versicherung sowie einer Kranken- und Unfallversicherung ist empfehlenswert, da es trotz größter Vorsicht schnell zu Zusammenstößen auf der Piste und somit zu Knochenbrüchen oder ähnlichem kommen kann.

Gefahr besteht auch durch **Lawinen** (▸ Glossar). Raten Sie Ihrem Kunden Regionen mit Lawinengefahr zu meiden.

Welcher Winterurlaubsort für welche Zielgruppe?

In erster Linie unternehmen **Skiläufer aller Art** (▸ Kapitel 11.1.1) einen Winterurlaub in den dafür vorhergesehenen Skiorten, darunter befinden sich insbesondere die Urlaubstypen Sport- und Aktivbegeisterte, junge Spaß- und Partyurlauber, Familien mit Kindern, DINKS und sportliche *Best Ager*.

© Tirol Werbung

Für Urlauber, für die sich der Winterurlaub weniger um den Skisport als um ein **Schnee- und/oder Naturerlebnis** dreht (sie sind z. B. keine großen Alpin-Fans und genießen die Landschaft mehr als den *Après*-Ski auf den Hütten), suchen nach alternativen Winterurlaubsaktivitäten abseits der Pisten (▸ Kapitel 11.1.2). Das Spektrum der Schnee- und Naturliebhaber ist groß und reicht von Familien mit Kindern über DINKS bis hin zu den *Best Agern*, die in Gruppen oder allein bzw. als *Single* reisen.

Die **Bedürfnisse und Interessen** der einzelnen Zielgruppen sind **sehr unterschiedlich** und werden daher von vielen großen und bekannten Winterurlaubsorten berücksichtigt.

BEISPIEL

Familienskigebiet

In einigen Skigebieten sind vor allem Familien mit Kindern aufgrund der entsprechenden Einrichtungen bestens aufgehoben. Besonders große Aufmerksamkeit schenken diese Orte z. B. einem vorhandenen »Kinderland« mit Kinderbetreuung und Kinderskischule, Familienskipässen, Kinderermäßigungen, eigenen Kinderzugängen bei Lifts und Parks, Rodelhängen usw. Aber auch Erlebnisbäder, Kinderdiskotheken oder kindgeeignete Abendanimationen sind im Angebot.

Spaß-, Erlebnis- und Partyzone

Andere Wintersportorte bieten ihren tagsüber meist sportlich aktiven Gästen ein großes Spektrum an abendlichen Ausgehmöglichkeiten an wie etwa Berghütten, Bars und Diskotheken, in denen ausgelassen zu Gesang und Musik gefeiert wird. Unterschiedliche *Events* und große Veranstaltungen sollen zusätzlich für Spaß und gute Laune sorgen. *Après-Ski* wird in erster Linie von all denen betrieben, die auf Feierstimmung aus sind, wie etwa junge Spaß-, Erlebnis- und Partyurlauber.

Wellness-Wintererlebnis

Wieder andere Winterurlaubsorte konzentrieren sich auf den Entspannungs- und Erholungswunsch ihrer Gäste. In diesen Orten befinden sich neben öffentlichen Einrichtungen wie Thermen und Erlebnisbädern viele hochwertige Hotels mit großen *Wellness*- und *Spa*-Bereichen, in denen sich die Gäste nach den wintersportlichen Aktivitäten wie z. B. Pferdekutschfahrten durch- oder Ballonfahrten über winterliche Landschaften verwöhnen lassen können. Saunalandschaften, Ruheräume, Erlebnisduschen und Massageanwendungen lassen das Herz eines jeden Erholungsurlaubers und *Wellness*fans höher schlagen.

Jeder der großen Veranstalter stellt in seinem **Winterkatalog** die einzelnen Winterurlaubsorte, Wintersportregionen bzw. Skigebiete vor. Nutzen Sie diese Zusammenfassungen während der Beratung, denn sie können sehr hilfreich sein und zur Orientierung beitragen.

11.3 Winterurlaub in Tirol

Für großes Wintersportvergnügen sorgen in *Tirol* professionell präparierte Pisten, moderne Gondelbahnen, zahlreiche Langlaufloipen, Skirouten und Winterwanderwege, Rodelbahnen, *Snow- und Fun*parks sowie fast allerorts *Après-Ski*-Gaudi. Auch abseits der Pisten finden Gäste viele Möglichkeiten für die Freizeitgestaltung, so etwa Kletterhallen, Eislaufhallen, *Wellness*bereiche und Thermen, Hundeschlittenfahrten, Pferdekutschfahrten, Eisstockschießen u. v. m.

Einreisebestimmungen

Mit einem gültigen oder höchstens seit einem Jahr ungültigen **Personalausweis oder Reisepass** ist die Einreise nach Österreich für deutsche Staatsangehörige möglich.

Medizinische Hinweise

Empfehlenswert ist die Überprüfung und Vervollständigung der **Standardimpfungen** gegen *Tetanus, Diphtherie* und Keuchhusten.

Anreise

Innsbruck (INN) wird von vielen deutschen Flughäfen durch die Fluggesellschaften *Lufthansa* (LH) und *Austrian Airlines* (OS) angeflogen; wobei die LH den Flughafen direkt anfliegt und die OS an ihrem **wichtigsten Drehkreuz in *Wien* (VIE)** zwischenlandet. Die Flugdauer eines Direktflugs beträgt 60 bis 90 Minuten.

Von Deutschland ist *Tirol* über die vielen **Passstraßen und die Alpenpässe** (*Achenpass, Schamitzpass* und *Fernpass*) oder über die ***Inntalautobahn* (A12)** zu erreichen. Die Autobahn ist die Hauptverkehrsader des Landes und verläuft von *Kufstein* über *Innsbruck* bis nach *Zams* bei *Landeck*. Bei *Innsbruck* besteht **Anschluss zur Brennerautobahn**. *Tirol* ist ein bedeutendes **Transitgebiet** zwischen Deutschland und Italien. Seit 1997 sind die Autobahnen **mautpflichtig**. Eine *Vignette* ist Pflicht und kann an Grenzübergängen, bei Tankstellen oder Automobilclubs gekauft werden. Weisen Sie Ihren Kunden auf die notwendige **Winterausrüstung des Autos** (Winterreifen, Schneeketten) während der Wintermonate hin.

Tirol ist durch **internationale Zugverbindungen** sehr gut erschlossen. Die meisten deutschen Verbindungen (*ICE-Züge* und **Autozüge**) verlaufen über München weiter über den Grenzübergang *Kufstein*. Knapp zwei Stunden beträgt die Fahrtzeit der Direktzüge von München nach *Innsbruck*.

Attraktivitätsfaktoren von Tirol und Zielgruppen

Bei einem Verkaufsgespräch spielen die verschiedenen Attraktivitätsfaktoren von *Tirol* eine bedeutende Rolle. Analysieren Sie Ihren Kunden zuerst nach Interessen, Motivation und Einstellung, so dass Sie ihn einem Reisetypen (► LF 3, Kapitel 2.6) zuordnen können und machen Sie ihm anschließend die »Destination *Tirol*« mit Hilfe der Attraktivitätsfaktoren »schmackhaft«.

Nennen Sie die Faktoren auf die der Kunde Ihres Erachtens Wert legt und geben Sie wenn möglich detaillierte Hinweise dazu. Hier ein Überblick der **künstlichen- und natürlichen Faktoren**:

Natürliche Faktoren		**Reisetypen/Zielgruppen**
Klima	Ganzjahresreiseziel, mild-feuchte Sommer, schneereiche Winter	► Sport- und Aktivbegeisterte ► Wintersportbegeisterte ► Familien mit Kindern
Naturräumliche Gegebenheiten	Alpen, Hochgebirge, Täler, Flusstäler, Seen, Flüsse	► Sport- und Aktivbegeisterte (Wintersportler, Wanderer, Kletterer)
Flora und Fauna	Wiesen, Wälder mit Fichten, Lärchen, Buchen, Kiefern; Bergblumen wie Enzian, Edelweiß; Moose Steinböcke, Rothirsche, Rehe, Murmeltiere, Fuchs, Dachs, Siebenschläfer	► Naturliebhaber ► Wanderer ► Familien mit Kindern ► *Best Ager*
Gesundheit	Keine speziellen Impfvorschriften	► Alle Zielgruppen
Künstliche Faktoren		**Reisetypen/Zielgruppen**
Erreichbarkeit/ Beförderung	Anreise mit Pkw, Bus, Bahn und per Flugzeug möglich	► Alle Zielgruppen
Einreise	Max. Personalausweis; keine Grenzkontrollen bei An- und Abreise über den Landweg.	► Deutsche Staatsangehörige
Verkehrswege	Verfügt über ein sehr gutes Straßennetz und zahlreiche Passstraßen. Großstädte sind durch Autobahnen oder Schnellstraßen miteinander verbunden.	► Individualreisende Entdecker ► Autofahrer, Motorradfahrer, Wanderer

Hotellerie/ Gastronomie	Ferienwohnungen, Bauernhöfe, Pensionen, *Wellness*-Hotels, Fünf-Sterne-Hotels. Gaststätten mit landestypischer Küche, *Gourmet*restaurants, Berg- und Hüttenrestaurants	▸ Familien mit Kindern ▸ Paare und DINKS ▸ *Best Ager*
Freizeiteinrichtungen	Wander-, Fahrrad-, Reitwege, Tandemflüge, *Paragliding*-Absprunghänge, Anbieter für *Canyoning* und Höhlen*trekking*, Ballonfahrten Gasthäuser, Bars, Freizeitzentren mit Kegelbahnen und Tennisplätzen, Kinder-Freizeitparks, Hallenschwimmbäder oder Erlebnisbäder mit Wasserrutschen, Saunalandschaft, *Wellness*einrichtungen, Kinos, Einkaufsmöglichkeiten.	▸ Sport- und Aktivbegeisterte ▸ Junge Spaß-, Erlebnis- und Partyurlauber ▸ Familien mit Kindern ▸ Paare und DINKS ▸ *Wellness*urlauber
Wintersport- und Winterurlaubseinrichtungen	Ski-/Langlaufschulen, Skiverleihe, präparierte Pisten mit Beschneiungsanlagen, Skitouren, Tiefschneehänge, *Snow*- und *Funparks*, Bobbahnen, Eislaufhallen und -bahnen, Eiskletterwände, Hunde- und Pferdeschlittenfahrten, Schneeschuhtouren, Winterwanderwege	▸ Winter(sport)begeisterte
Soziokulturelle Faktoren	Almabtrieb, historische Ortschaften, Kirchen, Burgen, Schlösser, Kulturfestivals	▸ Kulturinteressierte ▸ Naturliebhaber ▸ *Best Ager*
Sicherheit	Gute Medizinische Versorgung vor Ort, keine politischen Unruhen	▸ Alle Zielgruppen

Tab. Attraktivitätsfaktoren *Tirols* und Zielgruppen

Tirol bietet in fast allen Ortschaften und Regionen **Möglichkeiten für Winterurlaub und Wintersport** sowie eine entsprechende Infrastruktur mit zahlreichen Unterkünften. Von vielen Ortschaften und Gemeinden können die Wintersportler direkt in die Skigebiete »einsteigen«. Daher wird für jeden Kunden, abgestimmt auf seine Wünsche und Vorstellungen, ein geeigneter Winterurlaubsort zu finden sein.

Im Folgenden erfolgt eine **Auswahl der Wintersportgebiete** in den verschiedenen *Tiroler Verwaltungsbezirken.* Die Lage der Bezirke selbst und weitere Sehenswürdigkeiten *Tirols* in den Bezirken werden in ▸ LF 3, Kapitel 4.2.3 genauer beschrieben.

11.3.1 Wintersportregionen in den Nordtiroler Verwaltungsbezirken

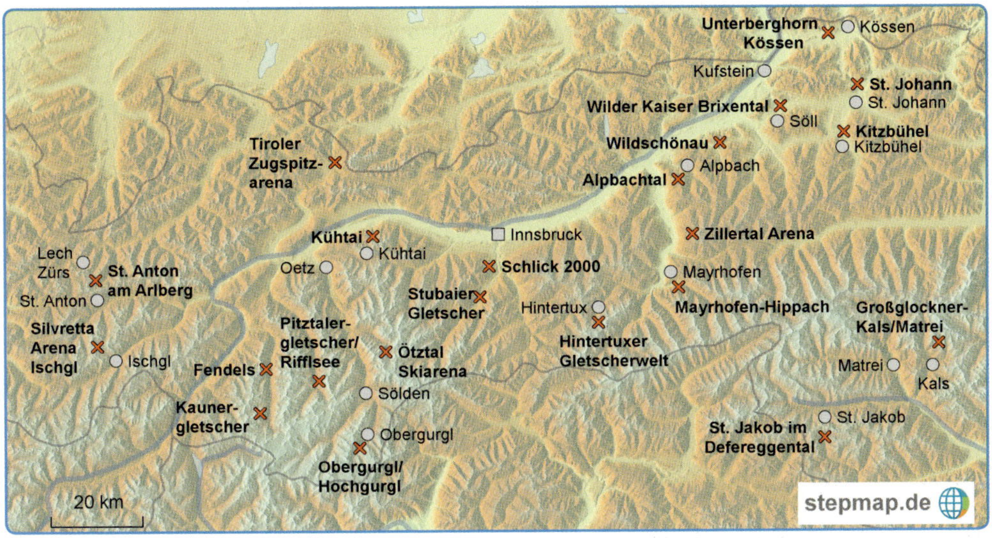

Abb. Karte *Tirols* mit Skigebieten

Bezirk Reutte

Der Bezirk *Reutte* liegt im Nordwesten *Tirols*. Er umfasst u. a. das *Lechtal* und hat Anteile an den *Lechtaler-*, *Allgäuer-* und *Ammergauer Alpen* sowie am *Wettersteingebirge* mit dem höchsten Berg Deutschlands, der **Zugspitze.**

Insgesamt sieben Skigebiete gehören der ***Tiroler Zugspitz Arena*** (989–2.962 Meter ü. M.) an. Talstationen, die Zutritt zu der beliebten Skiarena verschaffen, befinden sich u. a. in den Gemeinden *Berwang*, *Lermoos* und *Ehrwald*.

Präparierte Pistenkilometer	148 km
Schwierigkeitsstufen	Blau --- : 80 km, Rot --- : 55,4 km, Schwarz --- : 7,5 km, Skirouten: 5,1 km
Anzahl der Liftanlagen	55 Liftanlagen (Schlepp- und Sessellifte, Gondeln, Zauberteppiche)
Skisaison	Ende November bis Ende April
Talstationen	*Berwang, Biberwier, Bichlbach, Ehrwald, Heiterwang, Lermoos*
Infrastruktur und weitere Winterangebote	Skischulen, Kinderparks, kostenloser Skibus, Skiverleih, *Skiservice*, Gletscherskigebiet, etwa 118 Kilometer *Loipen* für Langläufer, über 60 Kilometer Winterwanderwege, Hütten- und Bergrestaurants, *Après-Ski*-Bars und ein *Funpark* mit *Halfpipe* und *Boardercross*. Eislaufmöglichkeiten und Rodelbahnen.

Tab. Daten Skigebiet *Tiroler Zugspitz Arena*

Top Snow Card

Der Kombipass bietet Zugang zu 84 Liften und Abfahrten auf 216 Pistenkilometern in neun Wintersportgebieten, u. a.: Zugspitze, *Garmisch-Classis,* Mittenwald, *Ehrwald, Lermoos* und *Berwang.* Die ca. 180 Tage über die Wintersaison gültige *Card,* in der auch die Bergbahnfahrten der jeweiligen Orte inkludiert sind, kostet pro Erwachsenen 570,00 Euro, ein Kind zahlt 285,00 Euro (Stand 2011). Weitere Informationen unter ► *www.zugspitze.de/de/winter/preise/saisonpaesse/.*

Bezirk Landeck

Landeck umfasst das *Oberinntal* und die davon abzweigenden Täler *Kaunertal* und *Paznauntal.* Ferner gehört dem Bezirk auch das *Arlberggebiet,* ein Teil der *Ötztaler Alpen* und der *Verwallgruppe* sowie der *Samnaungruppe* und der *Lechtaler Alpen* an.

Arlberg

Das im äußersten Westen liegende, touristisch sehr gut erschlossene Skigebiet gehört Dank seiner sehr hohen Schneesicherheit zu den besten, aber auch teuersten Skigebieten Österreichs. Talstationen bilden diese Ortschaften:

St. Christoph: Der bei Familien beliebte Ort (1.800 Meter ü. M. gelegen) ist klein und ursprünglich und bietet einige exklusive Hotels sowie gemütliche Gasthöfe mit stimmungsvoller Einkehr.

Lech und ***Zürs:*** Beide sind *mondäne* (von frz. *Mondain,* übersetzt dt. »weltlich«, »von Welt«) Skiorte mit *kosmopolitischem* Flair (weltbürgerliche Atmosphäre) Sie bestehen überwiegend aus Hotels, Gasthöfen und Pensionen der gehobenen Kategorie.

St. Anton: Im mondänen und zugleich traditionsreichen Ferienort *St. Anton* wurde im Jahr 1922 **die erste Skischule der Welt gegründet.** In komfortablen Hotels können sich die Gäste mit allen Annehmlichkeiten verwöhnen lassen. ***St. Anton am Arlberg,*** 2.811–3.304 Meter ü. M., ist zu Recht ein Skigebiet mit Weltruf und ausgezeichnetem Gästeservice.

Präparierte Pistenkilometer	463 km
Schwierigkeitsstufen	Blau --- : 112 km, Rot --- : 138 km, Schwarz --- : 33 km, Skirouten: 180 km
Anzahl der Liftanlagen	90 Liftanlagen (Schlepp- und Sessellifte, Gondeln)
Skisaison	Ende November bis Anfang Mai
Talstationen	*St. Anton, St. Christoph, Stuben, Zürs, Oberlech, Stubennach, St. Jakob*

Infrastruktur und weitere Winterangebote	Skischulen, Kinderparks, kostenloser Skibus, Skiverleih, *Skiservice*, Hütten- und Bergrestaurants, *Après-Ski*-Bars, vier *Funparks* mit *Halfpipes*, knapp 70 Kilometer *Loipen* für Langläufer sowie 70 Kilometer Winterwanderwege. Ferner Eislaufmöglichkeiten und Rodelbahnen sowie romantische Fahrten im Pferdeschlitten.

Tab. Daten Skigebiet *St. Anton am Arlberg*

Paznauntal-Silvretta

Südlich des *Arlbergs* erstreckt sich das fast 40 Kilometer *lange Paznauntal*. Talstationen, die einen guten Einstieg in die verschiedenen Skigebiete der *Silvretta* bieten sind z. B.:

Ischgl: Auf 1.377 Meter ü. M. liegt der Tiroler *Lifestyleort*. Er zählt aufgrund seiner zahlreichen *Aprés-Ski*-Möglichkeiten und *Events* der Extraklasse wie z. B. *Top of the Mountain Opening Concert* zu den bekanntesten Skiorten Europas. Turbulent geht es vor allem für das junge Publikum am Abend zu: die Hütten und Bergrestaurants werden zur »Partyzone« erklärt. Großartige Schneebedingungen und grandiose Bergpanoramen machen das **Skigebiet *Silvretta Arena Ischgl*** (1.400–2.872 Meter ü. M.) zu einem Lieblingsort vieler Besucher.

Präparierte Pistenkilometer	210 km
Schwierigkeitsstufen	Blau --- : 38 km, Rot --- : 127 km, Schwarz --- : 45 km, keine Skirouten
Anzahl der Liftanlagen	40 Liftanlagen (Schlepp- und Sessellifte, Gondeln)
Skisaison	Ende November bis Anfang Mai
Talstationen	*Ischgl*
Infrastruktur und weitere Winterangebote	Ein *Funpark* mit präparierter *Halfpipe* lockt *Snowborder* in das Wintersportgebiet. Langläufer finden ihr Vergnügen auf rund 40 Kilometer *Loipen*. Hütten- und Bergrestaurants sorgen für eine gute Verpflegung an den Pisten.

Tab. Daten Skigebiet *Silvretta Arena Ischgl*

***Silvretta*-Skipass**

Der Skipass ist gültig für 68 Liftanlagen in den Wintersportgebieten *Ischgl/Samnaun, Galtür, Kappl* und *See*. Eine Sechs-Tage-Karte in der Hochsaison kostet für einen Erwachsenen 242,00 Euro, für ein Kind 136,50 Euro. Stand 2011. Weitere Informationen finden Sie auf der Internetseite ► *www.ischgl.com/skipass-preise-tirol.de.htm.*

Kaunertal

Der Ort *Feichten* ist die Talstation des *Ski*gebietes ***Kaunertaler Gletscher***, welches mit dem kleinen Familienskigebiet ***Fendels*** zusammenhängt.

Präparierte Pistenkilometer	52 km
Schwierigkeitsstufen	Blau --- : 28 km, Rot --- : 16 km, Schwarz --- : 8 km, keine Skirouten
Anzahl der Liftanlagen	17 Liftanlagen (Schlepp- und Sessellifte)
Skisaison	Oktober bis Juni
Talstation	*Feichten*
Infrastruktur und weitere Winterangebote	Skischulen, Kinderparks, Skiverleih, *Skiservice*. Ein Bergrestaurant und eine *Après-Ski*-Bar sorgen für gesellige Runden, allerdings nicht zu vergleichen mit denen in den nicht weit entfernten Wintersportmetropolen *Ischgl* und *Sölden*. *Snowboarder* und *Freerider* können sich im *Funpark* und auf dessen *Halfpipe* austoben. Für Langläufer wird eine fünf Kilometer lange Höhen*loipe* präpariert. Einmal in der Woche bietet das Familienskigebiet *Fendels* Nachtskifahren und Nachtrodeln an. Außerdem verfügt das Skigebiet über Kinder- und Anfängerbereiche.

Tab. Daten Skigebiete *Kaunertaler Gletscher und Fendels*

Bezirk Imst

Der Bezirk umfasst einen Teil des Oberinntals und dessen Seitentäler (*Ötztal, Pitztal* und *Gurgltal*). Ferner ist das Gebiet von den Hochgebirgen *Stubaier-* und *Ötztaler Alpen* sowie dem *Mieminger Gebirge* umgeben.

In Richtung Süden befindet sich Tirols höchster Gletscher, der ***Pitztaler* Gletscher**, an dem das Skigebiet ***Pitztaler Gletscher/Rifflsee*** (1.640–3.440 Meter ü. M.) zu vielfältigen Wintersportaktivitäten einlädt.

Präparierte Pistenkilometer	68 km
Schwierigkeitsstufen	Blau --- : 15 km, Rot --- : 40 km, Schwarz --- : 13 km, keine Skirouten
Anzahl der Liftanlagen	13 Liftanlagen (Schlepp- und Sessellifte, Gondeln, Standseilbahn, Zauberteppiche)
Skisaison	Ende September bis Anfang Mai
Talstationen	*Mittelberg, Mandarfen*
Infrastruktur und weitere Winterangebote	Ski- und Langlaufschule, Kinderparks, kostenloser Skibus, Ski- und Langlaufskiverleih, *Skiservice*, Hütten- und Bergrestaurants sowie eine *Après-Ski*-Bar. Der *Après-Ski* »tobt« hier zwar nicht so wie im benachbarten *Ötztal*, dennoch muss niemand darauf verzichten. Neben den hervorragend präparierten Pisten gibt es auch 12 Kilometer *Loipen* am Gletscher und im Talgrund. Ein *Funpark* mit *Halfpipe, Boardercross, Jump* und *Rail* lockt *Snowboarder und Freerider* an.

Infrastruktur und weitere Winterangebote	Der *Hintere Brunnenkogl* (3.440 m, höchster Punkt im Gletscher) ist mit der *Pitz-Panoramabahn* (höchste Seilbahn in Österreich) zu erreichen. Er bietet eine atemberaubende Aussicht auf die Kulisse der umliegenden Dreitausender. Der *Rifflsee*, der größte See in den *Ötztaler Alpen*, westlich oberhalb des *Pitztals* ist ein typischer Moränenstausee (von frz. *moraine*, dt. »Geröll« vom Gletscher).

Tab. Daten Skigebiet *Pitztaler Gletscher/Rifflsee*

Ötztal
Östlich des *Pitztals* verläuft das etwa 60 Kilometer lange, gut besuchte Tal. Malerisch zwischen den Bergen und Gletschern liegen die Wintersportorte, die einen bequemen Einstieg in die Skigebiete ermöglichen.

Oetz: Der Ort, der dem *Ötztal* seinen Namen gab, ist ein klassisches Wintersportzentrum am Eingang des Tals. Das angeschlossene Skigebiet *Hochoetz* ist ganz auf Familien eingestellt. Urige Hütten laden zu gemütlichen Runden ein, romantische Winterwanderwege, Rodelbahnen und Eislaufmöglichkeiten sorgen für winterliches Vergnügen. Mit bunt bemalten Tiroler Häusern hat sich der Ort seinen nostalgischen Charme bewahrt.

Sölden/Hochsölden: Der fast 1.400 Meter hoch gelegene Ort *Sölden* ist der Hauptort des *Ötztals* und ***Hot Spot* der Alpen**. Er zählt zu den attraktivsten Skidestinationen Tirols. In dem lebhaften Ort ist für grenzenloses *Après-Ski*-Vergnügen und Unterhaltung gesorgt, außerdem lässt die ***Freizeit-Arena*** mit einem Hallenbad und Kegelbahnen sowie Sport- und Tennishallen keine Wünsche offen. Nahe *Sölden* liegen die Gletscher ***Rettenbach*** und ***Tiefenbach***, die die ***Ötztal-Skiarena*** (1.350–3.340 Meter ü. M.) bilden. *Rettenbach* gilt sogar als eines der besten Sommerskigebiete Österreichs.

Präparierte Pistenkilometer	151 km
Schwierigkeitsstufen	Blau --- : 57 km, Rot --- : 61 km, Schwarz --- : 31 km, zwei Skirouten: 2 km
Anzahl der Liftanlagen	34 (Schlepp- und Sessellifte, Gondel)
Skisaison	Anfang November bis Anfang Mai
Talstationen	*Sölden*
Infrastruktur und weitere Winterangebote	Skischulen, ein Kinderpark, kostenloser Skibus, Skiverleih, *Skiservice. (Snow)Boarderpark*, Buckelpiste, Langlauf*loipen* und Winterwanderwege bringen den vollen Genuss. An die 25 Hütten- und Bergrestaurants sowie etwa 25 *Après-Ski*-Bars laden zur Einkehr ein. *Sölden* ist das einzige Skigebiet Österreichs mit drei Dreitausender-Gipfeln, den *Big 3*, die mit dem Lift erschlossen sind.

Tab. Daten Skigebiet *Ötztal-Skiarena*

Obergurgl/Hochgurgl: Zu den am höchsten gelegenen Wintersportorten zählen das mondäne *Obergurgl* mit dem nahe liegenden Hoteldorf *Hochgurgl*. Im Anschluss an die beiden Orte liegt das ***Skigebiet Obergurgl/Hochgurgl*** (1.800–3.080 Meter ü. M.) am Ende des Ötztals.

Präparierte Pistenkilometer	118 km
Schwierigkeitsstufen	Blau --- : 35 km, Rot --- : 55 km, Schwarz --- : 20 km, Skirouten: 8 km
Anzahl der Liftanlagen	24 Liftanlagen (Schlepp- und Sessellifte, Gondeln, Zauberteppiche)
Skisaison	Mitte November bis Anfang Mai
Talstationen	*Obergurgl, Hochgurgl, Pill*
Infrastruktur und weitere Winterangebote	Skischule, Kinderparks, kostenloser Skibus, Skiverleih, *Skiservice*. Viele Hütten- und Bergrestaurants sowie *Après-Ski*-Bars sorgen für reichlich Unterhaltung und Einkehrschwung. Abseits der gut präparierten Pisten findet der *Freestyle*-Skifahrer auch Vergnügen auf den Naturbuckelpisten oder in dem *Funpark* mit *Halfpipe* und *Rail*. Langlaufbegeisterte können auf 12 Kilometer Langlauf*loipen* Kondition tanken.

Tab. Daten Skigebiet *Obergurgl/Hochgurgl*

Bezirke Innsbruck Land und Innsbruck-Stadt

Innsbruck Land, der zweitgrößte Bezirk Österreichs, umfasst einen Teil des Ober- und Unterinntals sowie den Nordtiroler Teil des *Wipptals* und seine Seitentäler (*Sellraintal, Stubaital* und *Geschnitztal*). Eindrucksvoll liegt der Bezirk im Herzen der Alpen, zwischen *Stubaier Alpen* im Südwesten, *Tuxeralpen* im Südosten, *Wettersteingebirge* und *Karwendel* im Norden. Er umschließt außerdem den Bezirk *Innsbruck-Stadt*.

Sellraintal

Das Seitental des *Inns* ist bis auf den höchstgelegenen Wintersportort ganz Österreichs *Kühtai* touristisch nur mäßig erschlossen. Einst war der kleine, exklusive Ort Jagdsitz von Kaisern und Grafen. Heute ist das Skidorf bekannt für ein abwechslungsreiches Angebot für Skifahrer und Familien mit Kindern und seinem **Skigebiet *Kühtai*** (2.020–2.520 Meter ü. M.).

Präparierte Pistenkilometer	44 km
Schwierigkeitsstufen	Blau --- : 7 km, Rot --- : 29 km, Schwarz --- : 8 km, keine Skirouten
Anzahl der Liftanlagen	13 Liftanlagen (Schlepp- und Sessellifte, Gondel, Zauberteppich)
Skisaison	Anfang Dezember bis Anfang Mai
Talstationen	*Kühtai, Zirmbach*

Infrastruktur und weitere Winterangebote	Skischulen, ein Kinderpark, Skiverleih, *Skiservice* und Berg- sowie Hüttenrestaurants stellen eine gute Grundausstattung für das Skigebiet dar. 11 Kilometer *Loipen* sowie eine Langlaufskischule lassen die Herzen der Langläufer höher schlagen. Der gut ausgestattete *Funpark* sorgt mit *Rails, Kicker* und *Jumps* dafür, dass bei den *Snowboardern* keine Langeweile aufkommt. Nachteulen werden zum vergnüglichen Nachtskilaufen eingeladen.

Tab. Daten Skigebiet *Kühtai*

Innsbruck-Stadt
In der näheren Umgebung von *Innsbruck* befindet sich der ***Patscherkofl***, der Olympia-erprobte Hausberg der *Innsbrucker* mit einem grandiosen Panorama. Ein Skiparadies für Familien bildet das **Skigebiet *Schlick 2000*** (1.000–2.230 Meter ü. M.) mit einem großen Kinderland an der Mittelstation.

Präparierte Pistenkilometer	29 km
Schwierigkeitsstufen	Blau --- : 16 km, Rot --- : 8 km, Schwarz --- : 1 km, eine Skiroute: 4 km
Anzahl der Liftanlagen	10 Liftanlagen (Schlepp- und Sessellifte, Gondeln, Zauberteppiche)
Skisaison	Ende November bis Mitte April
Talstationen	*Fulpmes*
Infrastruktur und weitere Winterangebote	Skischulen, ein großes Kinderland, kostenloser Skibus, Skiverleih, *Skiservice*, Hütten- und Bergrestaurants und *Après-Ski*-Bars. Winterwanderwege, Langlauf*loipen*, Eislauf- und Rodelbahnen sorgen für sportliche Unterhaltung. Das Skigebiet gilt aufgrund seiner vielen Tiefschneehänge, der *Speed*pisten und dem *Funpark* mit *Jump* und *Rail* als eines der besten *Freeride*-Paradiese in Westösterreich.

Tab. Daten Skigebiet *Schlick 2000*

Stubaital
Südwestlich von *Innsbruck* erstrecken sich die ***Stubaier Alpen*** sowie das 30 Kilometer lange ***Stubaital***. Den Abschluss des Tals bildet der imposante ***Stubaier Gletscher*** (1.750–3.210 Meter ü. M.), Österreichs **größtes Gletschergebiet.**

Präparierte Pistenkilometer	101,5 km
Schwierigkeitsstufen	Blau --- : 47 km, Rot --- : 32 km, Schwarz --- : 3 km, Skirouten: 19,5 km
Anzahl der Liftanlagen	25 Liftanlagen (Schlepp- und Sessellifte, Gondeln, Zauberteppiche)

Skisaison	Oktober bis Juni
Talstationen	*Mutterberg, Neustift, Fulpmes, Mieders*
Infrastruktur und weitere Winterangebote	Skischulen, Kinderparks, kostenloser Skibus, Skiverleih, *Skiservice*. Erstklassige Gletscherpisten, Tiefschneehänge, 130 Kilometer Höhen*loipen*, Winterwanderwege, Rodelstrecken, viele Eislaufmöglichkeiten oder Gleitschirmflüge über die verschneite Schneelandschaft lassen das Herz eines jeden Wintersportlers höher schlagen. Kinder und Jugendliche sind herzlich willkommen im *BIG Family-*, Kinder- und Jugend-*Skicamp*, in dem entsprechende Skikurse und Betreuung angeboten werden. Beim *Snowboarden* in den drei *Funparks* ausgestattet mit *Halfpipe*, *Boardercross* und *Rails* ist auch für *Action-* und Abenteuerfans gesorgt. Für »Ski-Profis« wartet eine 10 Kilometer lange Talabfahrt durch die so genannte »*Wilde Grub'n*«. Abwechslungsreiche Gastronomie und über 20 urige *Après-Ski*-Bars laden zu geselligen Runden ein.

Tab. Daten Skigebiet *Stubaier Gletscher*

Bezirk Schwaz

Der Bezirk *Schwaz* umfasst einen Teil des *Unterinntals*, das gesamte *Zillertal* mit seinen Seitentälern (*Tuxertal*) sowie das *Achental* mit dem *Achensee*. Des Weiteren liegen die Gebirge *Tuxer Alpen*, *Zillertaler Alpen*, *Kitzbühler Alpen*, *Karwendel* sowie der *Rofan* im Bezirk.

Zillertal

Absolutes Wintersportvergnügen finden die Sportler im Pistenparadies der ***Zillertal Arena*** (1.250-2.500 Meter ü. M.). Einstieg in das erlebnisreiche Skigebiet bietet der Ort ***Zell am Zillertal***. Der Ferienort liegt auf 560 m und hat einen eigenen ***Freizeitpark Zell*** mit der **Achterbahn »*Arena Coaster*«**. *Freerider* und *Snowboarder* zieht es in den Ort ***Gerols*** (1.300 Meter ü. M.), der auch den Einstieg in die ***Zillertal Arena*** ermöglicht; denn dort befindet sich das *Freestyle*-Paradies ***Arena Hot-Zone.TV Snowpark*** mit diversen *Halfpipes*.

Präparierte Pistenkilometer	166 km
Schwierigkeitsstufen	Blau --- : 42 km, Rot --- : 114 km, Schwarz --- : 10 km, keine Skirouten
Anzahl der Liftanlagen	49 Liftanlagen (Schlepp- und Sessellifte, Gondeln, Zauberteppich)
Skisaison	Anfang Dezember bis Mitte April

Talstationen	*Zell im Zillertal, Hainzenberg, Gerols, Ramsau, Königsleiten, Krimml.*
Infrastruktur und weitere Winterangebote	Skischulen, ein Kinderpark, kostenloser Skibus, Skiverleih, *Skiservice*. Die Arena zählt zwei *Snowparks* mit *Halfpipes und Boardercross* sowie eine sieben Kilometer lange (Nacht-) Rodelbahn. 200 Kilometer Langlauf*loipen* sowie über 80 Kilometer Winterwanderwege für Tourengeher und Naturliebhaber. Der Freizeitpark *Zell* bietet seinen Besuchern eine Kunsteisbahn, Eisstockbahn, Tennishalle und moderne Kegelbahnen. Mit den zahlreichen Skihütten, Schneebars und Restaurants ist eine stimmungsvolle *Après-Ski-Gaudi* garantiert.

Tab. Daten Skigebiet *Zillertal Arena* und *Arena Hot-Zone.TV Snowpark*

Abwechslung zum erlebnisreichen Pistenleben finden Besucher des Ortes ***Mayrhofen*** aufgrund seiner hervorragenden touristischen Infrastruktur. Nur vier Kilometer von *Mayrhofen* entfernt liegt der Ort ***Hippach***. Die beiden Orte sind umgeben von dem »Genießerberg« ***Ahorn*** und dem »*Action*berg« ***Penken***. Diese beiden zusammen bilden das abwechslungsreiche und namhafte **Skigebiet *Mayrhofen-Hippach*** (630–2.500 Meter ü. M.).

Präparierte Pistenkilometer	159 km
Schwierigkeitsstufen	Blau --- : 45 km, Rot --- : 94 km, Schwarz --- : 20 km, keine Skirouten
Anzahl der Liftanlagen	53 Liftanlagen (Schlepp- und Sessellifte, Gondeln, Zauberteppiche)
Skisaison	Anfang Dezember bis Ende April
Talstationen	*Mayrhofen, Hippach, Tux-Lanersbach, Finkenberg*
Infrastruktur und weitere Winterangebote	Skischulen, ein Kinderpark, kostenloser Skibus, Skiverleih, *Skiservice*. Die **größte Seilbahn Österreichs** befindet sich in diesem Skigebiet und befördert die Wintersportfans zu den Pisten. Eine echte Mutprobe ist die ***Harakiri*-Abfahrt**: sie ist mit 78 Prozent Gefälle die steilste präparierte Abfahrt Österreichs. Jede Menge *Jumps, Rails* und eine *Halfpipe* machen den ***Vens Penken* Park** zu einem der **größten *Snowparks* Europas** und zu einer internationalen Top-Adresse für *Freestyler*. Winterwandern auf den geräumten Wanderwegen oder Langlaufen auf 30 Kilometer *Loipen* erfreuen Tourengeher und Naturliebhaber. Iglu-*Suiten* in der *White Lounge* auf 2.000 Meter Höhe laden zum Träumen ein. Etwa 28 urige Hütten- und Bergrestaurants sowie zahlreiche »*hippe*« Schnee- und *Après-Ski*-Bars verleiten schon früh zum endgültigen Einkehren. In *Mayrhofen* sorgen Top-DJs für ein »fetziges« Nachtleben.

Tab. Skigebiet *Mayrhofen-Hippach*

Tuxertal

Im hinteren Ende des *Zillertals* in Richtung Südtirol, befindet sich Österreichs einziges **Ganzjahresskigebiet**, die ***Hintertuxer Gletscherwelt*** (1.500–3.250 Meter ü. M.). Den Talabschluss des Gletschers bilden die Ortschaften ***Hintertux*** und ***Finkenberg***.

Präparierte Pistenkilometer	86 km
Schwierigkeitsstufen	Blau --- : 23 km, Rot --- : 47 km, Schwarz --- : 16 km, keine Skirouten
Anzahl der Liftanlagen	21 Liftanlagen (Schlepp- und Sessellifte, Gondeln)
Skisaison	Ganzjährig
Talstationen	*Hintertux, Finkenberg*
Infrastruktur und weitere Winterangebote	Skischulen, ein Kinderpark, kostenloser Skibus, Skiverleih, *Skiservice*. Alternativen abseits der Pisten bilden die zahlreichen Lang*laufloipen*, Winterwanderwege, Naturrodelbahnen, Eislaufbahnen, Höhlen*trekking*, **Eisklettertouren** oder **Winter*canyoning*.** Eine besondere Attraktion für Kinder ist der ***Gletscherfloh-Park*** mit zahlreichen *Highlights* wie etwa das Schneereifen-Karussell. Für *Snowboardfans* und *Freerider* interessant: Neben den Tiefschneehängen befinden sich im Skigebiet auch eine *Weltcup-Halfpipe* sowie der *Snowpark Hintertux*, der auch für Könner eine Herausforderung darstellt. Die »Partyszene« befindet sich in den vielen urigen Einkehrmöglichkeiten der Orte.

Tab. Daten Skigebiet *Hintertuxer Gletscherwelt*

Die Skigebiete Mayrhofen-Hippach und Hintertuxer Gletscherwelt bilden zusammen die **Ski- und Gletscherwelt Zillertal 3000.**

Zillertaler Superskipass

Dieser Skipass ermöglicht uneingeschränktes Wintersportvergnügen auf 662 Pistenkilometern und 171 Liftanlagen aller *Zillertaler* Skigebiete, inklusive Hintertuxer Gletscherwelt. Die Preise einer Sechs-Tage-Karte liegen für den Erwachsenen bei 205,00 Euro, für das Kind bei 92,00 Euro (Stand 2011). Weitere Informationen erhalten Sie unter ► www.zillertal.at/de/winter/das-zillertal/zillertaler%20superskipass/.

Bezirk Kufstein

Der drittbevölkerungsreichste Bezirk *Tirols* umfasst in erster Linie das *Unterinntal* sowie dessen Seitentäler, z.B. *Alpbachtal* und *Wildschönau*, und hat Anteil an den Gebirgen *Kitzbüheler Alpen*, *Kaisergebirge* sowie den *Chiemgauer Alpen*.

Alpbachtal

Es ist ein Seitental des *Inntals* und erhält seinen Namen durch den *Alpbach*, welcher das gesamte Tal durchfließt. Zwischen den Nachbartälern *Zillertal* und *Wildschönau* gelegen, bietet das *Alpbachtal* ein abwechslungsreiches Skigebiet für den Wintersportler, das ***Skigebiet Alpbachtal*** (600–2.100 Meter ü. M.).

Präparierte Pistenkilometer	54 km
Schwierigkeitsstufen	Blau --- : 15 km, Rot --- : 34 km, Schwarz --- : 5 km, keine Skirouten
Anzahl der Liftanlagen	19 Liftanlagen (Schlepp- und Sessellifte, Gondeln)
Skisaison	Mitte Dezember bis Ende April
Talstationen	*Alpbach, Reith im Alpbachtal, Inneralpbach*
Infrastruktur und weitere Winterangebote	Skischulen, ein Kinderpark, kostenloser Skibus, Skiverleih, *Skisservice*. Familien mit Kindern finden ideale Übungsreviere, Skischulen und Betreuung in einem Kinderclub vor. Beim Winterwandern, Rodeln, Langlaufen, Schlittenfahren oder *Paragliding* können die Winterfreunde ein wahres Postkartenidyll entdecken. Dreimal pro Woche können »Nachteulen« am Nachtskilaufen teilnehmen. *Snowboarder* und *Freerider* können sich im *Snowpark* an den verschiedenen *Jumps* und der *Halfpipe* auslassen. Die Hütten- und Bergrestaurants sowie die *Après-Ski*-Bars sorgen für stimmungsvolles Einkehren im Skigebiet.

Tab. Daten Skigebiet *Alpbachtal*

Auf einem sonnigen Plateau in 1.000 m Höhe, am Ende des *Alpbachtals* liegt das Bergdorf ***Alpbach***, das zu einem der schönsten Dörfer Österreichs gewählt wurde. Familien mit Kindern erwartet im 640 m hoch gelegen Dorf ***Reith im Alpbachtal*** eine große Palette an kinderfreundlicher Unterhaltung, wie z. B. eine Kinderdisko oder ein Zauberwald.

Wildschönau

Das Tal *Wildschönau* liegt eingerahmt zwischen den *Kitzbühler* und *Zillertaler Alpen* und bildet ein überschaubares Areal mit **gleichnamigem Skigebiet,** das auf 830–1.900 Meter Höhe liegt.

Präparierte Pistenkilometer	75 km
Schwierigkeitsstufen	Blau --- : 15 km, Rot --- : 43 km, Schwarz --- : 12 km, zwei Skirouten: 5 km
Anzahl der Liftanlagen	27 Liftanlagen (Schlepp- und Sessellifte, Gondeln und Zauberteppiche)
Skisaison	Anfang Dezember bis Anfang April

Talstationen	*Niederau, Oberau, Auffach*
Infrastruktur und weitere Winterangebote	Skischulen, Kinderparks, kostenloser Skibus, Skiverleih, *Skiservice*. Auch abseits der Pisten, beim Rodeln, Langlaufen auf 50 Kilometer *Loipen*, Winterwandern auf 40 Kilometer präparierten Strecken oder bei Kutschfahrten und Fackelwanderungen kommen Wintergenießer »auf Touren«. Ein ausgezeichnetes Trainingsgebiet für Profis bildet die *Race & Boarder Arena*. *Snowboarder* und *Freerider* lockt der *Funpark* mit *Halfpipe*, *Jumps* und *Rails*. Am Abend geht der Winterspaß beim zünftigen *Après-Ski* in den urigen Hütten, beim Nachtskilaufen oder Nachtrodeln weiter.

Tab. Daten Skigebiet *Wildschönau*

Stadt *Kufstein* und das *Kaisergebirge*

Kufstein liegt östlich des *Inntals*, eingebettet zwischen dem Naturschutzgebiet des ***Kaisergebirges*** und einer herrlichen Seenlandschaft. Die nahe gelegenen Skigebiete versprechen unglaubliche Natur- und Sporterlebnisse. Die Stadt *Kufstein* liegt direkt am Eingang zu der ***Skiwelt Wilder Kaiser- Brixental*** und bietet somit eine große Palette wintersportlicher Angebote. Östlichen von *Kufstein*, entlang der deutsch-österreichischen Grenze, erstreckt sich das ***Kaisergebirge*** unterteilt in zwei Bergketten, dem südlichen ***Wilden Kaiser*** und dem nördlichen ***Zahmen Kaiser***. Das **Skigebiet *Wilder Kaiser-Brixental*** ist die **größte zusammenhängende »Skiwelt« Österreichs** (620–1.960 Meter ü. M.).

Präparierte Pistenkilometer	279 km
Schwierigkeitsstufen	Blau --- : 124 km, Rot --- : 128 km, Schwarz --- : 11 km, Skirouten: 16 km
Anzahl der Liftanlagen	91 Liftanlagen (Schlepp- und Sessellifte, Gondeln)
Skisaison	Anfang Dezember bis Anfang April
Talstationen	*Brixen im Thale, Ellmau, Going, Hopfgarten, Itter, Kelchsau, Scheffau, Söll, Westendorf*
Infrastruktur und weitere Winterangebote	Weit über 10 Skischulen und Kinderparks, kostenloser Skibus, Skiverleih, *Skiservice*. Neben den abwechslungsreichen Pisten stellt das Skigebiet mit über 200 Kilometern Langlauf*loipen*, Winterwanderwegen, Rodel- und Eislaufbahnen sowie drei *Funparks* eine ideale Basis für sowohl einen aktiven, als auch einen erholsamen Winterurlaub. Mit über 70 Einkehrmöglichkeiten, Nachtski- und -rodelmöglichkeiten kann »die Nacht zum Tag gemacht« werden.

Tab. Daten Skigebiet *Wilder Kaiser-Brixental*

Direkt am Fuße des ***Wilden Kaisers***, auf einer nach Süden abfallenden Terrasse, liegt der idyllische Ort ***Scheffau***. In der Wintersaison zieht das im Ort liegende ***Kinder-Kaiserland*** (bietet auch

eine Skigeisterbahn) besonders Familien mit Kindern an. Doch auch die **Schnupperbiathlon-Anlage** oder die **beleuchteten Langlauf*loipen*** sind nur einige der vielen attraktiven Zusatzangebote für die Wintergäste.
Schneevergnügen und die typische Tiroler Gastfreundschaft finden Urlauber im windgeschützten Ort ***Söll***. Ob Langlauf, Rodeln, Winterwandern, Kutschfahrten oder gesellige Abende in den Restaurants und Bars, für jeden ist die richtige Aktivität dabei.
Weiter östlich folgt der Hauptort des *Wilden Kaisers*, ***Ellmau***, eingebettet in die unverwechselbare Landschaft inmitten der *Skiwelt Wilder Kaiser-Brixental*. Einige Abfahrten reichen bis in das Ortszentrum von *Ellmau* hinein. Optimale Bedingungen für einen Winterurlaub bieten die vielfältigen Angebote, u. a. die unzähligen *Après-Ski*-Möglichkeiten.
Die sanft geneigten, weiten **Skipisten des *Zahmen Kaisers*** (660–1.150 Meter ü. M.) sind ideal für Einsteiger und Familien mit Kindern.

Kaiserwinkl
Nordöstlich des *Zahmen Kaisers* liegt die attraktive **Urlaubsregion *Kaiserwinkl***, einer der schneereichsten Regionen Tirols. Die zwei Skigebiete *Zahmer Kaiser* und *Unterberghorn-Hochkössen* warten mit bestens präparierten Pisten auf Ski-Anfänger und -Fortgeschrittene und auf Familien mit Kindern, die in der Kindererlebniswelt bestens aufgehoben sind. Das **Skigebiet *Unterberghorn-Kössen*** liegt auf 600–1.750 Meter ü. M.

Präparierte Pistenkilometer	30 km
Schwierigkeitsstufen	Blau --- : 15 km, Rot --- : 11 km, Schwarz --- : 4 km, keine Skirouten
Anzahl der Liftanlagen	11 Liftanlagen (Schlepp- und Sessellifte, Gondel)
Skisaison	Anfang Dezember bis Anfang April
Talstationen	*Kössens*
Infrastruktur und weitere Winterangebote	Skischule, Kinderpark, Skiverleih und *Skiservice*. Neben den bestens präparierten Pisten für Skifahrer bietet das Skigebiet einen *Sunny Kids Park* mit Betreuung für die Kleinsten sowie hervorragende Gastronomie in den Hütten- und Bergrestaurants. Einen besonderen Blick auf das Panorama des *Kaisergebirges* und auf zahlreiche berühmte Berggipfel erhaschen Wanderer und Naturliebhaber auf den zahlreichen Winterwanderwegen und auf 140 Kilometer Langlauf*loipen*.

Tab. Daten Skigebiet *Unterberghorn-Kössen*

In der gemütlichen Urlaubsregion finden Urlauber u. a. Unterkünfte in den Orten ***Walchsee*** und ***Kössen***. *Walchsee* ist ein renommiertes Langlaufzentrum und offeriert vor allem für die jungen Familien ein großes Unterhaltungsangebot.

Bezirk Kitzbühel

Im Westen grenzt der Bezirk an die Bezirke *Kufstein* und *Schwaz*, im Süden und Osten an *Salzburg* und im Norden an Bayern.

Stadt *Kitzbühel* und Umgebung

Tradition und Lifestyle vereinen sich im sportlich eleganten *Kitzbühel*, das am Skigebiet der *Kitzbühler Alpen* liegt. Der nur fünf Kilometer nordwestlich von *Kitzbühel* entfernte Ort *Reith* gilt als verstecktes Juwel und bietet zahlreiche Langlaufloipen und ein Skigebiet für Anfänger und Kinder sowie ein großes Kinderland. Die Skischule in *Reith* gehört zu den besten in Tirol. Südlich von *Kitzbühel* liegen die Bergdörfer *Aurach* und *Jochberg*. Sie bilden den **ruhigen Gegenpol** zu dem lebhaften *Kitzbühel* und bieten einen direkten Einstieg in das **Skigebiet *Kitzbühel*** (800–2.00 Meter ü. M.).

Präparierte Pistenkilometer	202 km
Schwierigkeitsstufen	Blau --- : 69 km, Rot --- : 77 km, Schwarz --- : 24 km, Skirouten: 32 km
Anzahl der Liftanlagen	54 Liftanlagen (Schlepp- und Sessellifte, Gondeln und Zauberteppich)
Skisaison	Ende Dezember bis Mitte März
Talstationen	*Kitzbühel, Hollersbach, Jochberg, Aschau, Kirchberg*
Infrastruktur und weitere Winterangebote	Skischulen, Kinderparks, kostenloser Skibus, Skiverleih, *Skiservice*. Nicht nur die abwechslungsreichen, gut präparierten Pisten, sondern auch die *action*reichen *Snowparks*, die 80 Kilometer Langlauf*loipen* und die 100 Kilometer Winterwanderwege machen das Skigebiet zu einem **Jugend-Skisport-Gebiet** auf **internationalem Niveau**. Eislauf- und Naturrodelbahnen sorgen zusätzlich für eine Menge Winterspaß. Das große Angebot an Sportmöglichkeiten und die zahlreichen Veranstaltungen und *Events* erbringen der Ferienregion jedes Jahr den Titel »*Best of the Alps*«. Das Skigebiet *Kitzbühel* hat sich aufgrund seiner 42 Hütten- und Bergrestaurants sowie den 20 *Après-Ski*-Bars einen Namen gemacht und verwandelt sich am Abend in eine große »Partyzone«.

Tab. Daten Skigebiet *Kitzbühel*

All Star Card

Schneesichere Skiregionen, darunter *Alpbachtal, Kitzbühel, Skicircus Saalbach Hinterglemm-Leogang, Schneewinkel, Skiwelt Wilder Kaiser-Brixental,* Hochtal *Wildschönau* und *Zell am See* mit insgesamt 356 Liftanlagen können mit nur einer Karte, der *All Star Card* besucht werden.

Der Preis einer Sechs-Tage-Karte zur Wintersaison für einen Erwachsenen liegt bei 224,00 Euro und der eines Kindes bei 112,00 Euro (Stand 2011). Weitere Informationen gibt es z.B. unter ► *www.allstarcard.at/de/allstarcard-skipass.html.*

***St. Johann* und Umgebung**

Das touristische Zentrum der Region, *St. Johann*, befindet sich in einem Talkessel zwischen dem Gebirgsmassiv des *Wilden Kaisers* und dem *Kitzbühler Horn*. Ein beliebter Treffpunkt für Wintersportler und Naturliebhaber ist das ***Skigebiet St. Johann*** auf 670–1.700 Meter ü.M.

Präparierte Pistenkilometer	66 km
Schwierigkeitsstufen	Blau --- : 29 km, Rot --- : 30 km, Schwarz --- : 7 km, keine Skirouten
Anzahl der Liftanlagen	26 Liftanlagen (Schlepp- und Sessellifte, Gondeln und Zauberteppich)
Skisaison	Anfang Dezember bis Anfang April
Talstationen	*St. Johann, Oberndorf*
Infrastruktur und weitere Winterangebote	Skischulen, Kinderparks, kostenloser Skibus, Skiverleih, *Skiservice*. Durch die Urlaubsregion erstrecken sich etwa 250 Kilometer Langlauf*loipen*. Ebenso führen über 100 Kilometer Winterwanderwege vorbei an Höfen, Feldern und Bächen durch eine märchenhafte Landschaft. Rodel- und Eislaufbahnen warten auf Winterfans. *Snowboarder* und *Freerider* können ihr Können auch im *Fun*park an der *Halfpipe* sowie an den *Jumps* testen. Knapp 20 Hütten- und Bergrestaurants sowie sechs *Après-Ski*-Bars sorgen für einen stimmungsvollen Abend.

Tab. Daten Skigebiet *St. Johann*

11.3.2 Wintersportregionen in Osttirol

Zu Füßen der *Hohen Tauern* im Norden der Region erstreckt sich die **Nationalpark Region** mit dem westlichen ***Virgental*** am ***Großvenediger*** (3.674 Meter) und dem östlichen ***Kalsertal*** nahe dem ***Großglockner*** (3.798 Meter). Das touristische Zentrum der Nationalpark Region ist ***Matrei*** mit einer entsprechenden Infrastruktur und 25 Kilometer Winterwanderwegen.

Präparierte Pistenkilometer	110 km
Schwierigkeitsstufen	Blau --- : 30 km, Rot --- : 64 km, Schwarz --- : 16 km, keine Skirouten
Anzahl der Liftanlagen	15 Liftanlagen (Schlepp- und Sessellifte, Gondeln)
Skisaison	Anfang Dezember bis Mitte April
Talstationen	*Kals, Matrei*

Infrastruktur und weitere Winterangebote	Skischulen, Kinderparks, kostenloser Skibus, Skiverleih, *Skiservice*. Eislauf- und Rodelbahnen, 30 Kilometer Langlauf*loipen* und ein *Funpark* mit *Halfpipe* bieten für alle Wintersportfans eine Menge Vergnügen. Für den Einkehrschwung und ausreichend Verpflegung sorgen die Hütten- und Bergrestaurants sowie die *Après-Ski*-Bars.

Tab. Daten *Skiresort Großglockner-Kals/Matrei*

In einzigartiger Natur liegen auch die Winterwanderwege und Langlauf*loipen* des malerisch, ruhigen Ortes **Kals** am *Großglockner*. Beide Ortschaften liegen am **Skiresort Großglockner-Kals/Matrei** (980–2.620 Meter ü. M.), das ein schneesicheres Skigebiet für alle Ansprüche und sehr beliebt bei Tourenskifahrern ist.

Südlich des *Virgentals* erstreckt sich das ***Defereggental*** mit seinem ***Skigebiet St. Jakob im Defereggental*** auf bis zu 2.500 Meter Höhe. Skifahrer und *Snowboarder* erwarten präparierte Pisten für alle Ansprüche und eine faszinierende Panoramasicht auf den *Großglockner*. Der beschauliche Familienort ***St. Jakob*** ist wegen seinem *Funpark* zugleich ein »Geheimtipp« unter den *Snowboardern*.

Präparierte Pistenkilometer	52 km
Schwierigkeitsstufen	Blau --- : 17 km, Rot --- : 32 km, Schwarz --- : 3 km, keine Skirouten
Anzahl der Liftanlagen	Acht Liftanlagen (Schlepp- und Sessellifte, Gondel und Zauberteppich)
Skisaison	Anfang Dezember bis Ende April
Talstationen	*St. Jakob, Brunnalm*
Infrastruktur und weitere Winterangebote	Skischulen, ein Kinderpark, kostenloser Skibus, Skiverleih, *Skiservice*. 75 Kilometer Langlauf*loipen*, 40 Kilometer Winterwanderwege, Eislauf- und Rodelbahnen und vieles mehr stehen den Wintergästen zur Verfügung. *Freerider* und *Snowboarder* können sich im *Snowpark* oder bei ausreichender Schneelage auch abseits der Pisten austoben. Zu geselligen runden und Einkehrstimmung laden die Hütten- und Bergrestaurants sowie die *Après-Ski*-Bars.

Tab. Daten Skigebiet *St. Jakob im Defereggental*

Ski Hit Card

Mit nur einem Skipass erleben die Käufer der ***Ski Hit Card*** einen uneingeschränkten Wintersporturlaub in acht Skiregionen, darunter das *Großglocknerresort*, das Skizentrum *Silian Hochpustertal* sowie *Zettersfeld* und *Hochstein Lienz*. Eine Sechs-Tage-Karte kostet für einen Erwachsenen in der Hauptsaison 198,00 Euro und für ein Kind 98,00 Euro (Stand 2011). Weitere Informationen finden Sie im Internet unter ► *www.osttirol.com/de/skihit/*.

... schneegarantie ist ein)hit

ski)hit Osttirol, Mölltaler Gletscher ...mit Schneegarantie

Erfragen Sie während der Beratung für einen Winterurlaub die genauen Wünsche und Vorstellung Ihres Kunden und suchen Sie ihm/ihr daraufhin eine geeignete Wintersportregion heraus. Nutzen Sie dafür die nützlichen Informationen der Veranstalter-Kataloge oder informieren Sie sich für Tirol unter ▸ www.tirol.at, für andere Winterdestinationen bei Fremdenverkehrsämtern oder entsprechend im Internet.

AUFGABEN

1. Welche Reisemotive werden im Rahmen eines Winterurlaubes erfüllt?
2. Der traditionelle Skilauf lässt sich in zwei Skisportarten unterscheiden. Nennen Sie die beiden Sportarten und ordnen Sie ihnen die einzelnen Wettkampfdisziplinen zu.
3. Präparierte Skipisten werden hinsichtlich der Schwierigkeitsgrade markiert. Welche farblichen Markierungen gibt es und für welche Skifahrer sind sie geeignet?
4. Informieren Sie Ihre Kunden über das Ski-Tourengehen.
5. Liftanlagen dienen zur Überwindung von Wegstrecken und transportieren die Wintersportfans zu den Pisten. Zählen Sie fünf Liftarten auf und beschreiben Sie zwei genauer.
6. Beschreiben Sie die touristische Infrastruktur einer Tal- und einer Bergstation.
7. Was erwartet Ihre sportlichen Kunden in einem *Snow*- bzw. *Fun*park?
8. Informieren Sie Ihre Kunden über die Vorteile eines Skipasses.
9. Zählen Sie neben dem Skiiaufen noch weitere sechs Wintersportarten auf die während eines Winterurlaubes gern durchgeführt werden und beschreiben Sie diese kurz.
10. Ihre Kunden möchten gerne von Ihnen wissen, was es mit dem Begriff »Einkehr« auf sich hat. Was bedeutet dieser Begriff?
11. Nennen Sie fünf Wintersportgebiete in Europa.
12. Über welche touristischen Infrastrukturen muss ein Wintersportort verfügen, um von Wintersportfans besucht zu werden?
13. Welche Arten an Unterkünften werden von Wintersportfans gerne gebucht?
14. Empfehlen Sie drei Zielgruppen einen Winterurlaub, indem Sie jeweils eine Nutzenbrücke bilden.
15. Wozu raten Sie Ihren Kunden nach Abschluss einer Buchung für einen Wintersporturlaub?

16. Nennen Sie drei Vorteile für eine Buchung des Winterurlaubes über das Reisebüro im Gegensatz zu einer individuellen Buchung über das Internet oder über das jeweilige Hotel per Telefon bzw. E-Mail.

17. *Tirol* ist schon seit jeher ein sehr wichtiges Transitland zwischen Deutschland und Italien.

    a) Welche Pässe können für die Anreise nach *Tirol* von Deutschland kommend genutzt werden?

    St. Gotthard-Pass, Scharnitzpass, Reschenpass, Brennerpass, Achenpass oder *Fernpass*

    b) Welcher Alpenpass über den Alpenhauptkamm ist ganzjährig befahrbar?

    c) Geben Sie Ihrem Kunden nützliche Hinweise für die Anreise mit dem Pkw nach Österreich.

    d) Erläutern Sie die Pkw-Anreisemöglichkeiten nach *Osttirol.* Über welchen Ort führt die schnellste Verbindung von *Innsbruck* nach *Lienz*, dem Hauptort *Osttirols?*

18. Nennen Sie fünf Täler *Tirols*, die vor allem für Liebhaber des alpinen Skisports sehr gut geeignet sind.

19. Geben Sie jeweils einen Wintersporthinweis zu *St. Anton, Ischgl, Sölden* und *Mayrhofen.*

20. Welches Skigebiet empfehlen Sie *Snowboarden* und *Freeridern*? Erklären Sie warum.

21. Wie heißt das bedeutendste Skiabfahrtsrennen, das einmal im Jahr in *Kitzbühel* stattfindet?

22. Langläufer haben es im Skigebiet *Wilder Kaiser-Brixental* besonders gut. Belegen Sie diese Aussage mit einer Erklärung.

23. Empfehlen Sie Ihrem Kunden die *All Star Card.*

24. Beschreiben Sie zwei Skigebiete in *Osttirol* hinsichtlich der Lage und des Wintersportangebotes.

25. Die junge Familie Hülsmann (zwei Kinder im Alter von vier und sieben Jahren) möchte gerne im kommenden Januar für eine Woche in den Winterurlaub nach *Tirol.* Die Erwachsenen sind erfahrene Skiläufer,

nur die Kinder standen bis *dato* noch nicht auf den »Brettern« und sollen daher Kinderkurse belegen. Die Familie möchte sich nun bei Ihnen hinsichtlich der Auswahl des Wintersportortes beraten lassen.

a) Empfehlen Sie der Familie zwei Wintersportgebiete in *Tirol* mit jeweils einem in der Nähe liegenden Wintersportort, die entsprechende Einrichtungen aufweisen, in denen die Kinder im Rahmen von Skikursen das Skifahren erlernen.

b) Suchen Sie mithilfe der Veranstalterkataloge jeweils ein familienfreundliches Hotel heraus, das ein Familienzimmer anbietet. Die Verpflegungsleistung sollte Halbpension sein. Beschreiben Sie das Hotel, dessen Lage und Einrichtungen.

c) Berechnen Sie mithilfe des Reisekatalogs oder des *CRS*-Systems (▸ Glossar) den gesamten Reisepreis, den die Familie zu zahlen hat. In ▸ Kapitel 1.5 wird das Berechnen eines Reisepreises aus den Veranstalterkatalogen anhand von Beispielen erklärt.

26. Eine Gruppe Studenten möchte in dem Wintersemester für eine Woche Skiurlaub nach *Tirol* fahren. Als begeisterte Skifahrer legen sie großen Wert auf hervorragende Skigebiete, lange Abfahrtskilometer und lebhafte Orte mit einem ausgeprägten *Après-Ski*-Leben.

a) Nennen Sie zwei Regionen mit jeweils einem entsprechenden Ort, der den Vorstellungen der jungen Leute gerecht wird und ein lebhaftes Nachtleben aufweist.

b) Die Studenten bitten Sie um detaillierte Informationen über weitere Wintersportarten in den beiden Skigebieten. Zählen Sie ihnen einige auf.

27. Stellen Sie Ihrem Kunden die folgenden Wintersportgebiete ausführlich vor:

a) *Tiroler Zugspitz Arena*

b) *Ötztal- Skiarena*

c) *Wilder Kaiser-Brixental*

28. Im Bezirk *Schwaz* befindet sich ein Skigebiet, das ganzjährig befahren werden kann.

a) Um welches Skigebiet handelt es sich?

b) Welche Zielgruppen werden mit den Angeboten des Skigebietes angesprochen?

12 Wanderurlaub

»Der Weg ist das Ziel.« so lautet ein Zitat des chinesischen Schriftgelehrten *Konfuzius*. – Getreu diesem Motto tritt der Wanderer seinen Urlaub an. Ihm geht es in erster Linie nicht um das Ziel selbst, sondern im Vordergrund seiner Reise stehen der **Spaß am Wandern** sowie das **Erleben und Genießen von Natur und Landschaften** einer Region.

Flora und Fauna, das Besichtigen von landschaftlichen und kulturellen Höhepunkten »am Weg« und teilweise sogar das **Kontakte knüpfen** mit Einheimischen (z.B. Bauern, Förster) sind erwünschte »Zugaben«.

Wandern liegt im Trend. Kein Wunder, ist es doch die ursprünglichste und natürlichste Fortbewegungsart des Menschen. Mehrere Millionen Deutsche wandern in Freizeit und Urlaub, darunter Hobby- oder Profi-Wanderer, Gruppen- oder Alleinreisende und *Singles*, Familien mit Kindern, *Best Ager*, Paare und DINKS.

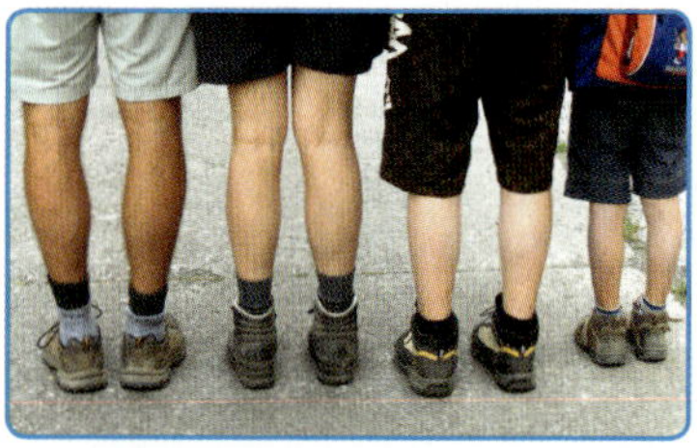

Den »Urlaub der bewegt« können sie aus den Katalogen der **Spezialveranstalter**, wie z.B. *Wikinger* und *Hauser*, buchen oder aus den **Wanderkatalogen** der großen Reiseveranstalter. Diese arbeiten eng mit **Wanderschulen** zusammen, bilden **Partnerschaften und Kooperationen,** um die langjährige Wandererfahrung der Schulen mit der eigenen Kompetenz zu bündeln. Dies gilt sowohl für die Auswahl von Unterkünften, als auch für die grundsätzliche Zusammenstellung einer Wanderreise.

Wanderschulen

BEISPIEL

Renommierte Wanderschulen sind beispielsweise ASI (*Alpin Schule Innsbruck*), die eine Partnerschaft mit dem Reiseveranstalter TUI pflegt und *Krauland*, die mit dem Reiseveranstalter *Neckermann Reisen* kooperiert.

Die **Wanderprogramme der Veranstalter** unterscheiden sich bezüglich der Art des Wanderns, der Zielgebiete und Wanderregionen sowie bezüglich der Wanderwege und deren Schwierigkeitsgrade und Anforderungskriterien voneinander.

Ferner lässt sich ein Unterschied zwischen der **Standort-Wanderreise** und der **Rundwanderreise** sowie zwischen der **Gruppenwanderung mit Wanderführer *(Tour-Guide)*** und der **Individualwanderung** ausmachen. Grundsätzlich wird im Wandertourismus zwischen dem »Genusswandern« und dem »Sportlichen wandern« unterschieden.

12.1 Die wichtigsten Fakten zum Thema Wandern

Irrtümlicherweise wird das Wandern immer zuerst mit »den Bergen« und mit großen Höhenunterschieden in Verbindung gebracht, doch die Annahme stimmt nicht ganz: Es gibt ebenso zahlreiche Wanderwege ohne Höhenunterschiede in Wäldern, zwischen Wiesen, an der Küste oder sogar in der Wüste. Das bedeutet, dass das Wandern nicht immer einer großen sportlichen Anstrengung bedarf.

Im Folgenden werden Sie verschiedene Formen und Variationen des Wanderns kennen lernen, die größtenteils in die Wanderprogramme der Reiseveranstalter aufgenommen sind.

12.1.1 Wanderarten

(in Anlehnung an die Fachliteratur: »Wandertourismus« von Dreyer, Menzel und Endreß, Oldenbourg Wissenschaftsverlag GmbH, 2010)

»Genusswandern«

Im Mittelpunkt einer solchen Wanderung stehen die **Landschafts- und Naturerlebnisse** sowie das gemeinsame Wandern in der Gruppe.

Diese Wanderart dient der **Erholung** und **des Kennenlernens** einer Region vom Wegrand aus. Derzeit ist sie die häufigste und beliebteste Form des Wanderns und nimmt einen hohen Stellenwert im Bereich Wanderurlaub ein.

Genusswanderungen können unterschiedlich lange andauern.

Tageswandern

Häufig wird das »Genusswandern« als Tageswanderung ausgeübt, die keine Übernachtung enthält. Sie fällt daher meist **nicht in den Bereich des Wandertourismus**, sondern wird als **Freizeitaktivität** definiert. Die Durchführungsart ist unterschiedlich:

- Einige **Tageswanderungen** beginnen vor der Haustür des Wanderers oder an einem nahe gelegenen **Startpunkt** und führen in die nähere Umgebung.

Abb. Wanderaussicht *Rheinsteig*

- Eine weitere Variante sind **Tagesausflüge** bzw. Tageswanderungen in Urlaubsgebieten. Im Rahmen eines Tagesausfluges kehren die Wanderer gern in Gaststätten und Cafés ein, um sich zu stärken und zu erholen.

Das Tageswandern ist jedoch vom **Spazierengehen** zu differenzieren: Unterschiede liegen in den Streckenlängen und in der zeitlichen Größenordnung.

MERKE

Spazierengehen oder Wandern?
Das Wandern beginnt bei einem Fußmarsch mit einer Mindestgeschwindigkeit von durchschnittlich drei bis sechs Kilometer pro Stunde (unter Beachtung des Streckenprofils).

Erlebnis- und Themenwandern

Viele Wander- bzw. Tourismusregionen bieten ihren Gästen ergänzend zu den ausgeschilderten Wanderwegen Erlebnis- und Themenpfade an, bei denen **nicht nur die Natur, sondern auch die Kultur, die Geschichte oder die kulinarische Vielfalt** im Mittelpunkt stehen. Die Idee der Wanderung beruht auf einer nachvollziehbaren Verbindung des Themas zur Region bzw. Landschaft. **Streckenlänge und Höhenunterschiede** der jeweiligen Pfade müssen Sie ermitteln bzw. erfragen. Nützlich dafür sind die Internetseiten der entsprechenden Wander- bzw. Tourismusregion.

Abb. Wattwanderung

BEISPIEL

Erlebnis- und Themenpfade

- In den Schweizer Alpen befindet sich der »**Heidiweg**«, der über 12 Stationen hinauf zur »Heidialp« führt. Die Besucher dieses Erlebniswanderweges erleben die Geschichte des Filmklassikers »Heidi« unmittelbar in naturbezogener Umgebung.
- Die **Wattwanderung** wird im Wattenmeer an den Küsten und im Rahmen einer organisierten Führung unter Leitung eines kundigen Wattführers unternommen.

Winterwandern

Eine Winterwanderung findet – wie es der Name schon sagt – **in den Wintermonaten** statt, in denen die Wanderer durch die verschneite Winterlandschaft spazieren. Wanderkarten zeigen auf, wo eine Winterwanderung möglich ist. Dabei gilt zu beachten, dass einige Wanderwege aufgrund z. B. einer zu hohen Schneemenge aus Sicherheitsgründen gesperrt sind und auch nicht betreten werden dürfen.

Abb. Winterwanderwege

Für das Winterwandern sollten sich die Wanderer vorab über **Einkehrmöglichkeiten** wie Gasthäuser und Hütten erkundigen, damit sie diese in einer angemessenen Zeit erreichen können, um sich wieder aufzuwärmen. Grundsätzlich muss die Kälte beim Winterwandern aber nicht befürchtet werden, da die Wanderer in **dauerhafter Bewegung** sind. Hilfreich ist es allerdings ein **wärmendes Getränk** im Wanderrucksack mitzuführen.
Zur **Ausrüstung des Winterwanderns** zählen generell eine entsprechend warme Winterkleidung mit Mütze und Handschuhen sowie *Trekking*stöcke, die für sicheren Halt sorgen. Ebenso wichtig sind wintertaugliche Schuhe mit guten Profilsohlen, die Halt auf vereisten Flächen gewährleisten sollen. Zusätzlich können Schuh*spikes* und Gamaschen von Nutzen sein.

GPS-Wandern

Diese Art des Wanderns wird in den letzten Jahren immer häufiger gewählt. Beim Wandern wird ein spezielles ***GPS-System*** genutzt, das durch einen Satelliten unterstützt wird und so die genaue Position in einem Gebiet angeben kann. Mit Unterstützung des Gerätes können die Wanderer beispielsweise **Routen in unbekannten Gebieten** verfolgen – und das **ohne einen *Tour-Guide***. Ferner zeigt das Gerät Einkehrmöglichkeiten und die Besonderheiten der Strecke an.
Eine **erweiterte Variante** des GPS-Wanderns ist das ***Geo-Caching***, eine moderne Art der »Schatzsuche« und der »Schnitzeljagd«. Der »Schatz« bzw. die Zwischenstationen und das Ziel werden in Form von Koordinaten im Internet veröffentlicht, die über das GPS-System lesbar sind.
Das GPS-Wandern ist nicht nur in Deutschland möglich, sondern in vielen Regionen weltweit. Eine **Wanderkarte** sollte zur **Vorsorge gegen Batterieausfall und Empfangsschwierigkeiten** aus Sicherheitsgründen mitgeführt werden.

Tab. Varianten des »Genusswanderns«

»Sportliches Wandern«

Beim sportlich orientierten Wandern liegt weniger der Natur- und Landschaftsgenuss im Vordergrund als **die sportliche Herausforderung** an sich.

Die Wegbeschaffenheiten der Wanderrouten über Fels, Eis oder Schnee stellen wesentlich **höhere körperliche Ansprüche** als die »normalen« Wanderrouten, da die Strecken länger, die Schwierigkeitsgrade (► Kapitel 12.1.3) höher und die Gehgeschwindigkeit langsamer, aber intensiver ist. Bei dieser Wanderform kommen **Wanderstöcke** voll zum Einsatz.

Auch das »Sportliche Wandern« weist verschiedene Variationen auf, die in umseitiger ► Tablle beschrieben werden.

Nordic Wandern

Das *Nordic* Wandern ist eine Anlehnung an das *Nordic Walking*, das schnelle Gehen mit zwei Stöcken, bei dem nicht nur die Beinmuskeln, sondern auch die Armmuskeln trainiert werden. Ebenso wie beim *Walking* werden beim Wandern zwei **Stöcke *(Trekking*stöcke)** genutzt, die sowohl der Fortbewegung, als auch der Sicherheit dienen. Sie geben Halt und können gleichzeitig als Stütze im unwegsameren Gelände genutzt werden. Unterschied zum *Nordic Walking* ist das **Zurücklegen weiter Strecken** in Tagesetappen.
Am *Nordic* Wandern erfreuen sich nicht nur viele junge Menschen und sogar Kinder, sondern auch »fitte« *Best Ager* bzw. ältere Menschen, da sie ihre Schrittfolge besser koordinieren können.

Gipfel- und Höhenwandern

(Bergwandern, Hochalpines Wandern)

Wanderer, die die **Bergwelt** erkunden und erleben möchten, nutzen das Gipfel- und Höhenwandern, das in der Regel in **Regionen ab 1.500 Meter ü. M.** beginnt. Spezielle **Wander- oder Panoramatouren** führen auf die Gipfel der Berge hinauf oder verlaufen auf den **Höhenwegen** in der Bergwelt. Die Wanderwege sind oftmals steil und schmal und erfordern daher eine gewisse Trittsicherheit und Konzentration. Gewandert wird im Sommer als auch im Winter, dann allerdings auf präparierten Strecken.
Für die Gipfel- und Höhenwanderung benötigen die Wanderer grundsätzlich Wanderschuhe, Wanderrucksack und Wetter angepasste Kleidung. Führt die Wanderung abseits der klassischen Wanderrouten, sollten spezielle **Wanderstöcke** mitgenommen und eingesetzt werden können, um die Wanderung sicher zu gestalten. Für **Wanderungen im hochalpinen Bereich** können zusätzlich Schuh*spikes*, Gamaschen, Schneeschuhe, Schneebrille und ein Anseilsystem von Nutzen sein.

Fern- und Weitwandern

Bei der Fern- und Weitwanderung legen die Wanderer weite Strecken von mehr als 100 Kilometer zurück oder die Wanderung dauert **mindestens drei Tage**. Somit ist es möglich eine ganze Region zu Fuß zu erkunden.
Die Fern- und Weitwanderwege sind gut beschildert und markiert. Es ist allerdings nicht immer davon auszugehen, dass nach kurzer Strecke eine Einkehrmöglichkeit vorzufinden ist. Daher ist es für die Wanderer ratsam, **genügend Proviant und eine ausreichende Ausrüstung** (mindestens warme und wetterfeste Kleidung, Wanderschuhe sowie *Trekking*stöcke) mitzuführen. Hilfreich beim Fernwandern ist eine **Wanderkarte oder ein *GPS-System***.

Trekking

Trekking erfordert körperliche *Fitness*, da **längere Strecken mit Gepäck** über einen längeren Zeitraum zurückgelegt werden.
*Trekking*touren werden weitgehend in unberührter Natur, **abseits der Zivilisation** und ohne jegliche Infrastruktur durchgeführt. Das bedeutet, es gibt meist keine ausgeschilderten und markierten Wanderwege. Unbedingt notwendig ist daher eine **detaillierte Wanderkarte oder ein *GPS-System***. Wanderer benötigen außerdem eine **gute Kondition**, bei Begleitung *Team*geist und eine funktionelle ***Trekking*ausrüstung**. Diese beinhaltet mindestens zwei *Trekking*stöcke, einen Rucksack, *Outdoor*kleidung- und Schuhe, **einen Schlafsack und ein Zelt**.
Erfahrene Wanderer (oder Wanderführer eine Gruppe) *»trekken«* auf **Klettersteigen** in felsigen Wänden, auf hochalpinen **Gletscher*routen*** oder durch sonstige anspruchsvolle Landschaftsformationen. Hierzu bedarf es weiterer spezieller Ausrüstung.

Tab. Varianten des »Sportlichen Wanderns«

12.1.2 Wanderregionen und Wanderwege

Parallel zur Auswahl der Art des Wanderns sollte Ihr Kunde eine Entscheidung in der **Wahl des Zielgebietes** treffen. Teilweise sind Wanderart und Zielgebiet voneinander abhängig. Beispielsweise ist das erwähnte Bergwandern nur in Zielgebieten mit einem entsprechenden Höhenunterschied möglich.

Besonders beliebt sind Wanderregionen mit einer Vielfalt an **natürlichen Sehenswürdigkeiten** und **landschaftlichen Höhepunkten** wie Aussichtspunkte, Berggipfel, Schluchten, Seen, Wasserfälle, Bäche, grüne Wiesen. Eine zweitrangige Rolle spielen kulturelle Sehenswürdigkeiten wie etwa Burgen und Schlösser.

Abb. Landschaftliche Höhepunkte

Ein weiterer wichtiger Aspekt bei der Auswahl eines Zielgebietes ist das vorhandene **Wanderangebot** mit seinem **Netz aus Wanderwegen, es macht die Wanderregion aus**. Daran erst schließt die Bedeutung der Unterkünfte in der Wanderregion an.

Wandermöglichkeiten in Hülle und Fülle bieten die reizvollen Landschaften und dichten **Wanderwegenetze in Deutschland**. Aber auch außerhalb Deutschlands, **innerhalb Europas oder weltweit** gibt es unzählige Wandermöglichkeiten auf attraktiven Wanderwegen mit einer entsprechenden Infrastruktur.

BEISPIEL

Deutsche und Europäische Wanderregionen

Typische touristische Wanderregionen

- in Deutschland sind die Nord- und Ostseeküste, die *Lüneburger Heide*, der Harz, das *Dahner Felsenland*, die *Sächsische Schweiz*, der *Pfälzer Wald*, der Schwarzwald, der Bayrische Wald, das Allgäu und die Voralpen;
- in Österreich und der Schweiz sind es die gesamten Alpenregionen, aber auch das Bundesland Steiermark in Österreich und der *Genfer See* in der Schweiz sind beliebte Wanderregionen,
- in Frankreich werden ebenfalls die Alpenregion, das *Massif Central*, die Vulkanhöhen der *Auvergne* bewandert, aber auch das Elsass und die *Provence*;
- die Balearen und die Kanarischen Inseln können anbieten: auf Mallorca das *Tramuntana*-Gebirge, auf Teneriffa werden gerne die *Masca*-Schlucht und der *Teide* bewandert, auf Gran Canaria z. B. der *Barranco de Cernicalos* (dt. Falkenschlucht) und die Inseln La Palma und El Hierro gelten sowieso als reine »Wanderinseln«;
- die portugiesische Insel Madeira bietet ihren Besuchern ein dichtes Wandernetz meist an Kanälen entlang über die gesamte Insel;
- die Britischen Inseln, ebenfalls bei vielen Wanderern beliebt für ihre Naturlandschaften, werden sowohl entlang der Küsten, als auch im Landesinneren bewandert.

Erst die Wanderwege bzw. das **Netz aus Wanderwegen machen eine Wanderregion aus**. Wann darf ein Fußweg als Wanderweg bezeichnet werden? Ein **Fußweg ist erst dann ein Wanderweg**, sobald er mit Wegzeichen oder Wegweisern, die zur Orientierung und Entfernungsangabe dienen, markiert bzw. ausgeschildert ist. Die Markierungen und Ausschilderungen unterscheiden sich von Region zu Region, von Land zu Land und werden häufig symbolisch unterstützt. Ein qualitativ guter Wanderweg verfügt zusätzlich über Informations-, Wander- und Übersichtskarten.

Abb. Wanderzeichen des *Rheinsteiges*

Speziell in **Deutschland** gibt es mehrere Initiativen, die Qualität der Wanderwege weiter zu verbessern. Messbare Qualitätskriterien sind z. B. die naturnahe Wegführung, die gute Ausschilderung und der Erlebniswert während einer Wanderung.

BEISPIEL

Qualitätsweg

Ein Qualitätssiegel ist z. B. der Qualitätsweg *Wanderbares Deutschland*, der vom *Deutschen Wanderverband* verliehen wird. Die Wanderwege werden nach bestimmten Kriterien analysiert und bewertet (► LF 3, Kapitel 2.2).

Jedoch führen **ausgedehnte Wegenetze** nicht nur durch Regionen eines Landes sondern sind auch Landes- oder grenzüberschreitend:

Die ***Europäische Wandervereinigung*** hat durch die Einrichtung großer und einheitliche markierter **Fernwanderwege** (Abk. »**E**« und eine Ziffer, z. B. E1) ein Völker verbindendes Wegenetz durch Europa geschaffen. Die Erkundung der **Europäischen Fernwanderwege** benötigt mehrere Tages- bzw. Wochenetappen und auf die Dauer ein gutes Durchhaltevermögen.

Fernwanderweg E5 BEISPIEL

Dieser Fernwanderweg führt von *Pointe du Raz* am französischen Atlantik, in die *Vogesen* (Mittelgebirge in Ostfrankreich) bis nach *Konstanz* am Bodensee, weiter nach *Oberstdorf* und von da über die Alpen, vorbei an *Meran* nach *Verona* an die Adria. Der »E5« nimmt unter den europäischen Fernwanderwegen aufgrund seiner durchweg vielen bergigen bzw. alpinen Strecken, für die eine gewisse Grundkondition von Nöten ist, eine Sonderstellung ein.

Weitere Informationen und Landkarten zu Europäischen Wanderwegen finden Sie z. B. *online* unter ▸ www.era-ewv-ferp.com.

Zu den bekanntesten **Fernwanderwegen weltweit** zählt der **mittelalterliche *Jakobsweg***, der jedes Jahr unzählige Pilger aus unterschiedlichen Motiven anlockt. In erster Linie war er kein fest vorgeschriebener Weg, sondern vielmehr ein ausgestrecktes ausgedehntes Wegenetz aus Altstraßen oder Natur belassenen Wegen. Der Hauptweg ***Camino Francés***, der zum UNESCO-Weltkulturerbe ernannt ist, führt von Frankreich über die *Pyrenäen* durch Nordspanien bis nach *Santiago de Compostela*.

Touristische Infrastruktur einer Wanderregion

Eine touristische Wanderregion benötigt neben vernünftig ausgestatteten Wanderwegen und Wanderrouten ebenso ansprechende Gasthöfe und Unterkünfte. Ansonsten bedarf es keiner weiteren »touristischen Extras«, da das Wandern schließlich der Hauptgrund der Urlaubsreise ist.

In der Regel ist eine **Wanderroute** mit verschiedenen »Stationen« »ausgestattet«, die den einen Teil der Infrastruktur einer Wanderregion darstellen.

Zu jeder Wanderung gehört die Erholung im Rahmen der **Rast bzw. der »Einkehr**«. Wanderer lassen sich zwischen den Gehzeiten gegebenenfalls in Restaurants, Hütten, auf einer Bank oder sonstigen Rast- und Einkehrmöglichkeiten nieder, essen, trinken und unterhalten sich. Allerdings dient eine Rast oft auch der erlebnisreichen Aussicht, die zum Teil zu den Höhepunkten einer Wander- bzw. *Trekking*tour gehört.

Der weitere Teil der Infrastruktur einer Wanderregion, die **Unterkünfte**, dienen den Wanderern zur Übernachtung in unmittelbarer oder direkter Lage zur Wanderroute. Wanderfreundliche Unterkünfte sind Hotels, teilweise sogar mit *Wellness*-Einrichtungen, (Berg-) Hütten, Jugendherbergen, Pensionen, eventuell, wenn es die touristische Infrastruktur nicht anders zulässt, sogar Zelte. Beispielsweise sind Wander- bzw. *Trekking*touren auf dem *Himalaya*, dem höchsten Gebirge der Welt, oder auf den *Kilimandscharo*, den höchsten Berg in Afrika, nur mit Übernachtungen im Zelt durchführbar, da es in dieser Höhenlage keine Hotels gibt.

12.1.3 Schwierigkeitsgrade und Anforderungskriterien

Die verschiedenen Wanderarten und Wanderwege werden bei den Reiseveranstaltern in Schwierigkeitsgrade unterschieden und in ihren Katalogen entsprechend gekennzeichnet.

Von Bedeutung für die Einteilung des Schwierigkeitsgrades einer Wandertour sind **Gehzeiten und Höhenunterschiede**. Als Höhenmeter bezeichnet wird die Differenz zwischen dem jeweils niedrigsten und höchsten Punkt einer Wanderung. Des Weiteren sind die **Wegbeschaffenheit** und die **Steigung des Geländes** wichtig.

Tipp: Fragen Sie Ihren Kunden wie viel Wandererfahrung er bereits gesammelt hat und wie viel er sich körperlich zutraut. Richten Sie sich anschließend nach der Schwierigkeitsgradangabe und nach den Anforderungskriterien des jeweiligen Veranstalters.

ASI Schwierigkeits-Einteilung der Wanderwege

Schwierigkeitsgrad 1 ■□□□□

ASI Reisen mit dem geringsten Anspruch an Kondition und Fitness. Es handelt sich um sehr leichte Touren ohne besondere körperliche Anforderungen. Voraussetzung für die Teilnahme an einer solchen Reise sind Spaß an der Natur, an Bewegung und nicht zuletzt Gesundheit.

Empfohlene Vorbereitung: keine

Wandern: Auf- und Abstiege bis **150 Höhenmeter**; vereinzelt mehr, Gehzeiten bis **3 Stunden**

Schwierigkeitsgrad 2 ■■□□□
Geringe Anforderung an Kondition und körperliche Fitness charakterisiert diesen Schwierigkeitsgrad. Besonders geeignet sind Reisen dieser Kategorie für Einsteiger im Bereich Aktivurlaub. Freude und Spaß an der Natur und Bewegung vorausgesetzt.
Empfohlene Vorbereitung: Einmal pro Woche zügiges Gehen/Nordic Walken für rund eine Stunde bei Beginn und ausgedehnte Spaziergänge 2-3 Monate vor Abreise.
Wandern: Auf- und Abstiege bis **400 Höhenmeter**, vereinzelt mehr, Gehzeiten bis **4 Stunden**

Schwierigkeitsgrad 3 ■■■□□
Ein mittleres Maß an Fitness ist für diese Reisen Voraussetzung. Die Touren dieses Schwierigkeitsgrades sind für gesunde Menschen mit normaler Kondition leicht zu bewältigen. Erfahrung im jeweiligen Aktivitätsbereich ist von Vorteil.
Empfohlene Vorbereitung: Zweimal pro Woche zügiges Gehen/*Nordic Walken* im hügeligen Gelände bei Beginn 2-3 Monate vor Abreise.
Wandern: Auf- und Abstiege bis **600 Höhenmeter**, vereinzelt mehr, Gehzeiten bis **6 Stunden**

Schwierigkeitsgrad 4 ■■■■□
Eine gute bis sehr gute Ausdauerkonstitution ist für diese Reiseart Voraussetzung. Die Touren verteilen sich teilweise über den ganzen Tag und erfordern erste Vorkenntnisse im jeweiligen Aktivitätsbereich.
Empfohlene Vorbereitung: Zwei- bis dreimal pro Woche aktiven Ausdauersport (Radfahren, Laufen, Aerobic etc.) bei Beginn mindestens 6 Monate vor Abreise.
Wandern: Auf- und Abstiege bis **1.000 Höhenmeter**, vereinzelt mehr, Gehzeiten bis **8 Stunden**

Schwierigkeitsgrad 5 ■■■■■
Ausdauer und Kondition sind mit der Kategorie vier vergleichbar. Die so bezeichneten Reisen verlangen einschlägige Erfahrungen im jeweiligen Aktivitätsbereich sowie mentale Stärke und Durchhaltevermögen.
Empfohlene Vorbereitung: Zwei- bis dreimal pro Woche aktiver Ausdauersport (Radfahren, Laufen, Aerobic etc.) bei Beginn mindestens 6 Monate vor Abreise.
Wandern: Auf- und Abstiege bis **1.800 Höhenmeter**, vereinzelt mehr, Gehzeiten bis **14 Stunden**

Alpin Schule Innsbruck (ASI) www.asi.at, Stand: 11/2011

12.2 Gestaltung einer Wanderreise

Die Reiseveranstalter überlassen ihren Kunden die Entscheidung bei der Gestaltung ihres Wanderurlaubs. Sie können zwischen verschiedenen Möglichkeiten wählen.

Nutzen Sie für die Beratung die »Wanderkataloge« der Reiseveranstalter, sie enthalten wertvolle und hilfreiche Tipps und Informationen und letztendlich auch für die Entscheidungsfindung.

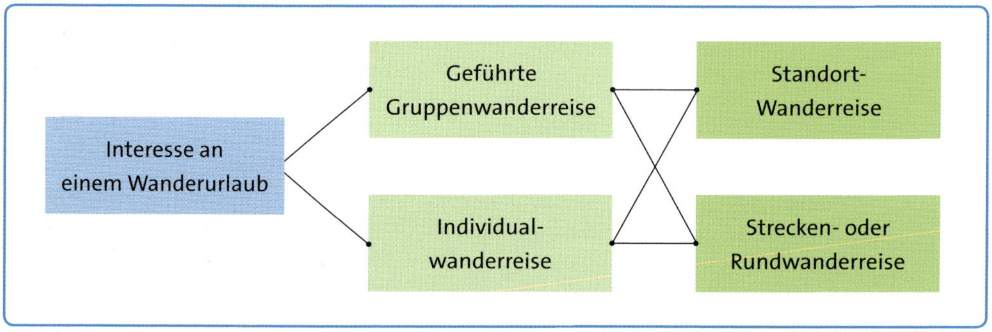

Abb. Gestaltung der Wanderreise

Zuerst sollte sich Ihr Kunde entscheiden, ob er/sie gerne in einer von einem *Tour Guide* geführten Gruppe oder bevorzugt alleine, zu zweit, mit Freunden oder der Familie wandern möchte:

Geführte Gruppenwanderreise

Die Veranstalter kombinieren **organisiertes, erlebnisreiches Wandern in einer kleinen Gruppe** mit Übernachtungen in Hotels, Berghütten oder Zelten. Die jeweiligen Unterkünfte, die im Voraus von den Veranstaltern reserviert werden, können sowohl an der Wanderroute liegen, als auch einige Kilometer davon entfernt sein. Ist das Letztere der Fall, nutzen die Veranstalter einen so genannten »**Wanderbus**«, der die Wanderer von der Unterkunft zum Ausgangspunkt der Wanderung und vom Endpunkt wieder in eine Unterkunft bringt.

Die im Reisepreis **enthaltene Verpflegung** variiert von Veranstalter zu Veranstalter. Häufig sind jedoch Frühstück und Abendessen geboten. Die Mahlzeiten werden oftmals in einheimischen Lokalen der bewanderten Region eingenommen.

Die Wanderer einer geführten Gruppenwanderreise kommen **in den Genuss des inklusiven Gepäcktransportes**; das bedeutet ihr »großes« Gepäck wird von Unterkunft zu Unterkunft transportiert, so dass während der Wanderung lediglich ein Rucksack mit entsprechendem Proviant mitgeführt werden muss.

Grundsätzlich wird die kleine Gruppe von einem erfahrenen und **qualifizierten Wanderführer *(Tour Guide)*** begleitet. Er oder sie verfügt über notwendiges Wissen über Natur und Kultur der durchwanderten Landstriche. Er/Sie steht mit Rat und Tat zur Seite, führt die Gruppe sicher über die Wanderroute und organisiert das Beziehen der Unterkünfte und den Transport des Gepäcks. In der Regel durchlaufen die Reiseleiter, bevor sie für geführte Wanderungen eingesetzt werden, ein mehrstufiges Bewerbungsverfahren und nehmen an Veranstalter-internen Aus- und Fortbildungen teil.

Individualwanderreise

Für Wanderer, die gerne mit der Familie, unter Freunden, zu zwei oder aber allein wandern möchten, bietet sich die **Individualwanderreise** an. Teilnehmer dieser Wanderreise sind oft flexibel in der Terminwahl innerhalb einer Saison.

Auch im Rahmen der Individualwanderreise (ausgenommen der *Trekkingtour*) reserviert der Reiseveranstalter die **Unterkünfte im Voraus und organisiert einen Gepäcktransport**, der den Reisenden das Wandern ohne schweres Gepäck ermöglicht. Die Teilnehmer sind **während der *Tour* unabhängig** und können vor allem ihr eigenes Tempo bestimmen. Schon vor Reiseantritt erhalten sie von dem Veranstalter **präzise Wegbeschreibungen und Kartenmaterial**, die zur Orientierung dienen, da sie eben nicht von einem *Tour Guide* begleitet werden.

Durchführungsvarianten

Anschließend muss sich Ihr Kunde zwischen zwei Durchführungsvarianten eines Wanderurlaubs entscheiden:

- **Standort-Wanderreise** – Die Wanderer folgen den Etappen eines Wegenetzes in einer Region ohne täglich die Unterkunft zu wechseln. Das bedeutet sie übernachten während der Wanderreise in ein oder zwei ausgesuchten Unterkünften. Daher wird bei der Standortreise kein Gepäckservice benötigt.
- **Strecken- oder Rundwanderreise** – Einige Wanderrouten sind durch einen täglichen Standortwechsel gekennzeichnet. Das bedeutet, die Reisenden wandern z. B. auf einem Fernwanderweg von Ort zu Ort und beziehen daher während ihrer Wanderreise mehrere Unterkünfte. Buchen die Wanderer über einen Reiseveranstalter, wird ihr Reisegepäck als Extra-Service zu der jeweiligen nächsten Unterkunft transportiert. Daher reicht tagsüber ein kleiner Rucksack mit Proviant aus.

Nützliche Tipps zum Thema Wandern

MERKE

- Zum Wandern wird eine passende Wanderausrüstung benötigt, dazu gehört mindestens bequemes, Knöchel hohes Schuhwerk mit Profilsohle, zweckmäßige, sportliche und wetterfeste Wanderbekleidung, ggf. Wanderstöcke sowie ein Wanderrucksack mit Proviant (Flüssigkeit und Essen). Es sollte nur das Nötigste mitgenommen werden.
- Eine vorab gründlich geplante Tour schützt vor Überraschungen (Schwierigkeitsgrad der Tour, Länge, Routenverlauf, Wetterentwicklung u. a.).
- Nur in gesundem Zustand eine Wanderung antreten.
- Für den Notfall ein Mobiltelefon mitführen.

Haben Sie während der Beratung alle oben genannten Faktoren berücksichtigt, können Sie nun mit Hilfe der Wanderkataloge die entsprechende Wanderreise für Ihren Kunden heraussuchen, ihm vorstellen und bestenfalls auch buchen.

12.3 Wandern im Allgäu

Auf über 7.000 Kilometer erschlossenen Wegen unterschiedlicher Schwierigkeitsgrade sind **Wandergenuss und Panoramaaussichten** im Allgäu garantiert. Wanderer treffen im Allgäu auf zahlreiche ausgeschilderte Routen, die durch Täler, Wälder und Almen führen. Ziel vieler Wanderungen sind die Berghütten, die zu Rast und Einkehr einladen, aber auch als Übernachtungsmöglichkeiten dienen.

Einfache, aber erlebnisreiche Wege führen vorbei an Flüssen, Bächen und Seen. Das Spektrum des Angebots an Wanderwegen ist groß und erstreckt sich bis in die österreichischen Alpen. Daher werden auch höchste Bergsteiger-Ansprüche erfüllt.

Kartenmaterial erhalten Sie oder Ihre Kunden im Internet unter der Adresse: www.allgaeu.info oder in gedruckter Form vor Ort, z. B. an der Tourist Information oder bei den Wanderschulen. Die **Allgäuer Wanderschulen** bieten ihren Gästen geführte Touren, teils auch inklusive Gepäcktransport und Hüttenübernachtung an.

Das Allgäu bietet für jeden »Wander-Freund« die **geeignete Wanderroute.** Nach den Anreisemöglichkeiten werden einige Beispiele beschrieben.

Anreise

Zur **Anreise mit dem Flugzeug** dient der neue *Allgäu-Airport* in Memmingen (FFM), der Bodensee-Airport Friedrichshafen (FDH), der Flughafen München (MUC) sowie der Flughafen Augsburg (AGB).

Nach Kempten, Memmingen und Buchloe gibt es **direkte Zugverbindungen** aus vielen Großstädten Deutschlands. Wichtige Knotenpunkte für den Bahnverkehr ins Allgäu sind die Städte Ulm, Augsburg und München.

Das Allgäu ist mit dem **Pkw** über die **Bundesautobahn A 7** aus dem Norden zu erreichen, aus Richtung München über die **Bundesautobahn A 96.** Beide schneiden sich am Autobahnkreuz Memmingen. In Richtung Oberstdorf und ins *Kleinwalsertal* geht es ab dem Dreieck Allgäu auf der vierspurigen Bundesstraße B 19. Gut ausgebaute Passstraßen führen von Österreich in die Region.

Leicht hügeliges Gelände (Tal)	
»Kneipp-Wanderweg« (Kneipp-Therapie ► Glossar) (Themenwanderung, Streckenwanderung) Länge: Etwa 38 Kilometer Aufstieg: 621 Meter Abstieg: 587 Meter Schwierigkeitsgrad: schwer Informationen: ► *www.bad-woerishofen.de*	Der »Kneipp-Wanderweg« führt von *Bad Grönenbach* bis nach *Bad Wörishofen*, vorbei an der sehenswerten barocken *Benediktinerabtei Ottobeuren* und der einzigen erhaltenen altdeutschen Getreidemühle Bayerns aus dem 17. Jh., der *Katzbrui*. Die Wanderer begeben sich bei dieser Tour auf die Spuren des bekannten *Sebastian Kneipp*, dessen Geburtsort und Lebensstationen über den »bachreichsten« Wanderweg im Allgäu miteinander verbunden sind; Kneipp-Möglichkeiten gibt es auf dem Weg keine. Der Wanderweg, kann an einem Tag, in etwa 12 Stunden bewandert werden. Alternativ dazu bietet die »Zwischenstation Ottobeuren« nach 25 Kilometern Übernachtungsmöglichkeiten.
»Westallgäuer Käsestraße« (Erlebniswanderung, Streckenwanderung) Länge: Etwa 150 Kilometer Höhenunterschied: keine Angaben Schwierigkeitsgrad: leicht Informationen: ► *www.westallgaeuer-kaesestrasse.de*	Ein ganzes Netz an Erlebniswanderungen führt von den Alpen bis an den Bodensee, vorbei an insgesamt 10 traditionelle Sennereien. In dem Bewirtschaftungsbetrieb werden vor Ort aus Milch Milchprodukte wie Käse und Butter hergestellt. Entlang dieser »Käsestraße« werden in den Gasthäusern viele Spezialitäten angeboten. Die Wanderstrecke kann in mehrere Etappen aufgeteilt werden, z. B. in zehn Streckenabschnitte. Die Wanderzeit liegt in diesem Fall bei etwa drei Stunden pro Tag.

»Thalrunde« (*Nordic* Wandern, Rundwanderung) Länge: Etwa sieben Kilometer Aufstieg: 80 Meter Abstieg: 81 Meter Schwierigkeitsgrad: leicht Informationen: ► *www.oberstaufen.de*	Die »Thalrunde«, die zum *Nordic Walking* Park des Allgäus gehört, führt von Thalkirchdorf nach Wengen und weiter zur *Hündle Talstation*. Von hier verläuft der Wanderweg entlang des Ufers der *Konstanzer Ach* zurück nach Thalkirchdorf. *Highlight* des Weges ohne Anstieg ist z. B. das Bauernhausmuseum in Knechtenhofen.

Tab. Beispiele für Wanderrouten in leicht hügeligem Gelände oder im Tal

Mittlere Höhenlage (Voralpen)	
Breitachklamm (Erlebniswanderung) Länge: 4,5 Kilometer Aufstieg: 242 Meter Abstieg: 243 Meter Schwierigkeitsgrad: mittel Informationen: ► *www.breitachklamm.com*	Die Felsschlucht *Breitachklamm* wurde durch den Fluss *Breitach*, einem Quellfluss der *Iller*, geschaffen und gehört zu den tiefsten und beeindruckendsten Felsschluchten in Mitteleuropa. Der 4,5 Kilometer lange und sehr schmale Wanderweg führt zwischen bewaldeten Felsen über kleine Holzbrücken und Treppen durch die Schlucht.
Maximiliansweg (Weitwanderung, Streckenwanderung) Länge: Etwa 388 Kilometer Höchster Punkt: 1.834 Meter Niedrigster Punkt: 639 Meter Schwierigkeitsgrad: schwer Informationen: ► *www.maximiliansweg.de*	Der Weitwanderweg, benannt nach *Maximilian II* (ehem. König von Bayern) führt von Lindau am Bodensee vorbei an der *Pöllatschlucht*, die unterhalb des weltberühmten Königschlosses *Neuschwanstein* bei Füssen liegt, entlang der deutschen Alpen bis hin nach Berchtesgaden. Meistens verläuft der Weg streckengleich mit dem Europäischen Fernwanderweg E4. Den gesamten Weg können Wanderer innerhalb von 10 Tagen bei einer täglichen Gehzeit im Durchschnitt von sieben Stunden bewandern.
Oberallgäuer Rundwanderweg (Weitwanderung, Rundwanderung) Länge: Etwa 220 Kilometer Aufstieg: 6.464 Meter Abstieg: 6.457 Meter Schwierigkeitsgrad: mittel Informationen: ► *www.allgaeu.info/wandertouren*	Ausgangspunkt des 220 Kilometer langen Rundwanderweges im voralpinen Hügelland ist die Allgäumetropole Kempten. Von hier aus führt der Weg über 10 Etappen, z. B. über die Berge der *Nagelfluhkette* bei Oberstaufen, bis hin zu den markanten Gipfeln des *Allgäuer Hochkamms* bei Oberstdorf und *Bad Hindelang* und wieder zurück zum Ausgangspunkt. Auf insgesamt 10 Tagesetappen können Wanderer bei durchschnittlich drei Wanderstunden pro Tag diesen Rundwanderweg erkunden.

Tab. Beispiele für Wanderrouten in Mittleren Höhenlagen (Voralpen)

Alpine Höhen (Alpen)	
Ostallgäuer Höhenweg (Gipfel- und Höhenwanderung, Streckenwanderung) Länge: Etwa 78 Kilometer Aufstieg: 4.302 Meter Abstieg: 4.357 Meter Schwierigkeitsgrad: schwer Informationen: ► *www.wandern-ostallgaeu.de*	Der reizvolle Wanderweg in alpiner Höhenlage **startet auf der *Alpspitze* bei Nesselwang**. Er führt während einer sechstägigen Bergwandertour mit Tagesetappen von jeweils fünf bis sechs Stunden Gehzeit vorbei an schönen Aussichtspunkten mit Blick auf die Allgäuer Alpenwelt oder die Gipfel der *Ammergauer Berge*. Die Tour hält viele Möglichkeiten für Abstecher z. B. zu den Orten Pfronten und Füssen bereit.
»Rund um den Hohen Ifen« (Winterwanderung, Rundwanderung) Länge: Etwa 50 Kilometer Höhenmeter: 1.800 Meter Schwierigkeitsgrad: schwer Informationen: ► *www.kleinwalsertal.com*	Beginnend im ***Kleinwalsertal*** führt die Wochentour auf den *Allgäuer Hauptkamm*, entlang des *Bregenzer Waldes* in Österreich über die Berge zwischen *Balderschwang* und *Obermaiselstein* zum ***Gottersackplateau***, das einer Sandwüste gleicht. Dabei umrundet die Wandertour die eigenartige Gipfelformation des ***Hohen Ifen*** im weiten Bogen.
»Steinbocktour« (Gipfel- und Höhenwanderung, Themenwanderung) Länge: Etwa 37 Kilometer Aufstieg: 4.713 Meter Abstieg: 4.533 Meter Schwierigkeitsgrad: mittel *Informationen*: ► *www.steinbock-tour.de*	Der Höhenweg beginnt auf dem ***Nebelhorn* bei Oberstdorf**, führt von Hütte zu Hütte über zahlreiche Gipfel durch das Revier der Steinböcke, die im Allgäu heimisch sind und während der Wanderung beobachtet werden können. Die Wandertour dauert etwa fünf Tage, wobei eine Tagesetappe mit einer Gehzeit zwischen vier und acht Stunden berechnet wird.

Tab. Beispiele für Wanderrouten in Alpinen Höhen (Alpen)

Einige dieser Wanderwege und -routen sind als **Teilstreckenabschnitte** in die Wanderprogramme der Reiseveranstalter aufgenommen worden. Nähere Details erhalten Sie entweder über den Reiseveranstalter selbst oder aber über die Tourist Information des Allgäus.

AUFGABEN

1. Nennen Sie vier Aspekte, die im Vordergrund einer Wanderreise stehen.
2. Warum arbeiten Ihrer Meinung nach die großen Reiseveranstalter eng mit Wanderschulen zusammen?
3. Zählen Sie zwei Reiseveranstalter auf, die Wanderreisen anbieten.
4. Grundsätzlich wird das Wandern hinsichtlich unterschiedlicher Motivationen differenziert. Welche zwei Motivationen sind gemeint?

5. Eine Möglichkeit, die Ausübung des Wanderns zu differenzieren ist die in Aufgabe 4 behandelte Unterscheidung nach der Motivation des Reisenden. Es gibt allerdings noch weitere Ansätze die Art des Wanderns zu unterscheiden, diese sehen Sie in neben stehender Grafik.

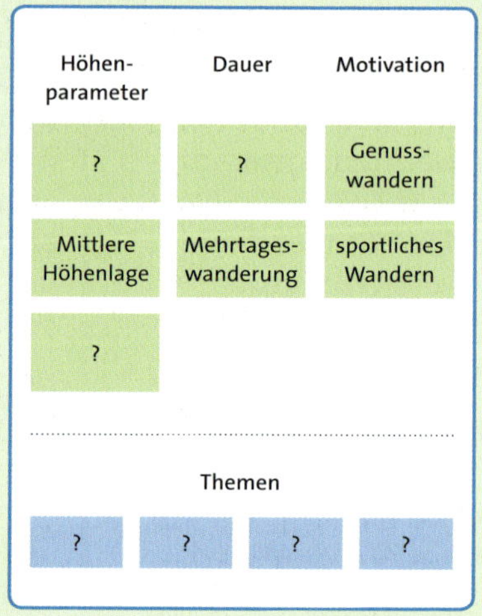

a) Welche Aspekte dienen zur weiteren Differenzierung der Art des Wanderns?

b) Geben Sie zwei weitere Beispiele für unterschiedliche geografische Höhenlagen.

c) Neben der Mehrtageswanderung gibt es die einfache …-Wanderung. Beschreiben Sie deren Merkmale. Fällt sie unter den Begriff »Wandertourismus«?

d) Geben Sie vier Beispiele für Themenwanderungen.

6. Die Wanderarten lassen sich in weitere Ausprägungen einteilen:

a) Erläutern Sie das GPS-Wandern.

b) Beschreiben Sie die Wanderart »*Trekking*«.

c) Für welche Variationen des Wanderns benötigt der Wanderer Stöcke?

7. Der erste Entscheidungsgrund bei der Wahl eines Wanderurlaubs ist die Wanderregion selbst. Welche natürlichen und künstlichen Attraktivitätsfaktoren müssen die Wanderregionen aufweisen, um bei den Wanderern beliebt zu sein?

8. Welche Elemente benötigt ein Fußweg, um als Wanderweg genutzt und anerkannt zu werden?

9. Erklären Sie den Begriff »Fernwanderweg« und nennen Sie zwei Weg-Beispiele.

10. Welche Aspekte sind für die Charakterisierung eines Wanderweges nach Schwierigkeitsgrad und Anforderungskriterien von Bedeutung?

11. Die Wanderschule ASI charakterisiert ihre Wanderwege mit eigens konstruierten Schwierigkeitsgraden.

a) Welchen Reisenden können Sie eine Wanderreise mit dem »ASI Schwierigkeitsgrad 1« empfehlen?

b) »ASI Schwierigkeitsgrad 4« ist anspruchsvoll. Was wird von den Reisenden vorausgesetzt?

12. Beschreiben Sie anhand der Abbildung »Gestaltung der Wanderreise« in ▸ Kapitel 12.2 welche Entscheidungen Ihr Kunde bei der Buchung einer Wanderreise treffen muss.

13. Nennen Sie jeweils einen Vor- und einen Nachteil für die geführte Gruppenwanderreise sowie für die Individualwanderreise.

14. Beschreiben Sie eine Standort-Wanderreise. Welchen entscheidenden Vorteil hat sie für einen Wanderer gegenüber der Strecken- und Rundwanderreise?

15. Welche Tipps geben Sie Ihrem Kunden nach Abschluss der Buchung »mit auf den Weg«?

16. Das Allgäu ist über verschiedene Wege zu erreichen.

a) Zählen Sie die Flughäfen und deren Drei-*Letter-Codes* auf, die für eine Anreise in das Allgäu genutzt werden können.

b) Nennen Sie die Städte im Allgäu, die eine direkte Zugverbindung zu vielen großen Städten in Deutschland aufweisen.

c) Über welche Autobahn ist das Allgäu aus dem Norden zu erreichen? Welche Autobahn nutzen Reisende, die aus Richtung München kommen?

17. Sie arbeiten als Auszubildende/r bei einem Reiseveranstalter der Wanderreisen durchführt. Sie sollen nun eine Wanderreise im Allgäu zusammenstellen, die in den neuen Sommerkatalog aufgenommen werden soll. Die zwölftägige Wanderreise (inkl. An- und Abreise) führt über den *Maximiliansweg*. Recherchieren Sie im Internet.

a) Entwerfen Sie zur Übersicht des Wanderprogramms einen tabellarischen Reiseverlauf.

b) Beschreiben Sie den Verlauf des *Maximiliansweges* in einer bildhaften Sprache.

c) Empfehlen Sie drei sehenswerte *Highlights*, die auf der Wegstrecke liegen, indem Sie diese kurz beschreiben.

d) Bilden Sie Nutzenbrücken für die Reisetypen *Best Ager*, Familien mit Kindern und DINKS.

Glossar

***Adobe* Bauten** (▸ LF 7, Kap. 8.3.2)
Der spanische Begriff *Adobe* steht für luftgetrocknete Lehmsteine aus feuchtem, oft mit Häckseln und Stroh vermischten Lehm. Die getrockneten Lehmziegel werden zum Bau von Mauern und Wänden genutzt. Diese Lehmbauten werden dann als *Adobe*-Bauten bezeichnet.

Agora (▸ LF 7, Kap. 4.2)
Der Begriff *Agora* stammt aus dem Altgriechischen und bedeutet »Versammlungsstätte, Marktplatz«. Im antiken Griechenland stellte ein solcher Platz eine bedeutende gesellschaftliche Einrichtung dar.

Akropolis (▸ LF 3, Kap. 4.3.5 und LF 7, Kap. 4.2, Kap. 5.3.2, Kap. 7.2.2)
Akropolis ist die ursprüngliche, altgriechische Bezeichnung für die »Oberstadt«, in Form von einer Burg.

Alcazaba (▸ LF 3, Kap. 4.3.2)
Der spanische Begriff *Alcazaba* ist von dem arabischen *Al-qasbah* »Festung, Zitadelle« abgeleitet und ist eine Bezeichnung für eine maurische Festungsanlage in Spanien. Oftmals thronen die Festungen über einer Stadt, da sie auf einem Hügel liegen.

Alcázar (▸ LF 3, Kap. 4.3.2)
Der spanische Begriff *Alcazar* ist von dem arabischen *Al-qasr* »Festung, Schloss« abgeleitet und bezeichnet ein maurisches Schloss in Spanien.

Archipel (▸ LF 3, Kap. 4.3.1 und LF 7, Kap. 5.3.1, Kap. 7.2.2)
Ansammlung von relativ nahe gelegenen Inseln; Synonym »Inselgruppe«.

Autonome Region (▸ LF 3, Kap. 4.2.3, Kap. 4.3.2, Kap. 4.3.3)
Autonome Regionen sind territoriale Einheiten eines Staates, die mit bestimmten legislativen und exekutiven Befugnissen sowie einem vorgegebenen Maß an unabhängiger und selbstständiger Verwaltung ausgestattet sind.

AVE-Hochgeschwindigkeitszug (▸ LF 7, Kap. 10.2)
Der *Alta Velocidad Española* (kurz: AVE) ist ein spanischer Hochgeschwindigkeitszug, der bis zu 300 Kilometer pro Stunde schnell fahren kann.

Bastion (▸ LF 3, Kap. 4.3.2)
Bastion ist eine süddeutsch-österreichische Bezeichnung für den Teil einer Festung, die als Verteidigungsstellung dient.

Beduinen, Beduinendorf (▸ LF 3, Kap. 4.3.6; LF 7, Kap. 9.3)
Beduinen sind nomadische Wüstenbewohner die hauptsächlich von der Viehzucht leben. Unter anderem züchten sie Dromedare, Ziegen und Schafe. Doch immer mehr Beduinen passen sich der modernen Lebensweise an: Dromedare werden gegen Autos eingetauscht und die höfliche Gastfreundschaft wird genutzt, um entweder für Reiseveranstalter oder in eigenen Feriencamps zu arbeiten.

CRS-System (▸ LF 7, Kap. 1.1, Aufg. Kap. 4 und Aufg. Kap. 9)
Das *computer reservation system*, kurz: CRS, ist ein globales, reiseleistungsspezifisches Reservierungssystem mit dem in der Touristik gearbeitet wird. Es dient zur weltweiten Vermittlung von Unterkünften sowie Reiseverkehrsmitteln (Flüge, Mietwagen usw.). Mit dem System können Vakanzen geprüft, Preisabfragen und Reservierungen bzw. Buchungen getätigt, Dokumente erstellt und die Zahlungsabwicklung angegeben werden.

Dolmus (▸ LF 7, Kap. 4.1)
Ein *Dolmus* ist ein Sammeltaxi in der Türkei mit festgelegten Haltestellen und Fahrpreisen.

Drei-Letter-Code (▸ LF 7, Kap. 2.2 u. a.)
Der *»3-Letter Code«* ist eine international anerkannte Abkürzung der weltweit wichtigsten Flughäfen. Die *Codes* werden aber nicht nur für den Flugverkehr benötigt. Veranstalter nutzen zur Benennung ihrer Leistungen, wie z. B. Hotels, die *Codes* des nahe gelegenen Flughafens.

Fatimiden (▸ LF 3, Kap. 4.3.6)
Die *Fatimiden* waren eine *Dynastie* (ein Herrschergeschlecht) von *Shiiten* (angehörige Gruppe des Islam) mit islamistischem Hintergrund, die von 903 bis 1.171 n. Chr. in Nordafrika, hauptsächlich in *Ägypten* und in *Syrien* herrschten.

Föhn (▸ LF 3, Kap. 3.2.2)
Der Föhn ist ein warmer, trockener und häufig stark böiger Fallwind auf der in Windrichtung gelegenen Leeseite eines Gebirges. Verbunden mit Wolkenauflösungen erreicht der Föhn-Wind je nach Stärke und Feuchtegehalt der Anströmungen im Luv des Gebirgszuges, und je nach Höhe des Gebirges, Sturm- bis Orkanstärke. Dieses Phänomen tritt häufig nördlich und südlich der Alpen auf.

Gulet (▸ LF 3, Kap. 4.3.4)
Ein *Gulet* ist ein klassischer Motorsegler aus Holz.

Jungmoränenlandschaft (▸ LF 3, Kap. 3.2.1)
Jungmoränen sind in der jungen Eiszeit entstandene Schuttablagerungen, die bei der Bewegung von Gletschern mitgeschleift bzw. aufgehäuft wurden.

Kalifat (▸ LF 3, Kap. 4.3.2)
Das *Kalifat* stellt eine islamische Regierungsform dar, bei der die weltliche sowie die geistliche Führerschaft bei der Person des *Kalifen* (als Stellvertreter Allahs) liegen.

Karstlandschaft, Karst (▸ LF 3, Kap. 3.2.2 und LF 7, Kap. 7.2.2)
Der Begriff Karst stammt von einem aus Kalkstein aufgebauten Gebirge im früheren Jugoslawien. Heute bezeichnet man jedes Gebiet, in dem sich Kalk von Gestein löst, als Karstlandschaft.

Kneipp-Therapie (▸ LF 3, Kap. 4.2.3 und LF 7, Kap. 3.1.2, Kap. 12.3)
Pfarrer *Sebastian* ***Kneipp*** erfand die gleichnamige Heilmethode im 19. Jahrhundert in Bad *Wörishofen* im Allgäu. Die Kneipp-Therapie ist heutzutage ein bekanntes Behandlungsverfahren, das Wasseranwendungen (Hydrotherapie), Pflanzenwirkstoff-Anwendungen *(Phytotherapie)*, Bewegungs- und Ernährungsempfehlungen beinhaltet. Kneipp-Kuren werden sowohl vorbeugend (lat. *präventiv*) als auch zur Behandlung bereits bestehender Erkrankungen (lat. *kurativ*) wie etwa bei Herz- und Kreislauferkrankungen, Erkrankungen des Bewegungsapparates usw. eingesetzt.

Kolonnade (▸ LF 7, Kap. 4.2, Kap. 6.5)
Die Kolonnade (von lat. *columna*, dt. Säule) ist die Bezeichnung für einen Säulengang mit einer aus Balken bestehenden Decken- bzw. Dachkonstruktion.

Kurtaxe (▸ LF 7, Kap. 3.1.1, 6 und 11.2)
Eine Abgabe, die von touristischen Gemeinden (Kur- oder Erholungsorte) erhoben wird um verschiedene Einrichtungen, Veranstaltungen und andere touristische Leistungen, die für den Gast geboten werden, zu finanzieren. Die Abgabe wird auf die Aufenthaltszeit berechnet und von dem Gast vor Ort bezahlt.

Lawine (▸ LF 7, Kap. 11.1.1)
Eine Lawine ist eine große Masse von Schnee oder Eis, die sich von Berghängen ablöst und in das Tal rollt bzw. stürzt und dabei alles mit sich reißt. Besteht Lawinengefahr, müssen die Betreiber der jeweiligen Skipiste durch Signale und Hinweistafeln an den Liften darüber informieren.

Medina (▸ LF 3, Kap. 4.3.2)
Bezeichnung für die Altstadt arabischer, meist nordafrikanischer Städte.

Minarett (▸ LF 3, Kap. 4.3.2, Kap. 4.3.6)
Ein *Minarett* ist ein Turm oder erhöhter Standplatz bei oder an einer Moschee für den Gebetsrufer (Muezzin).

Municipium, Munizipien (▸ LF 3, Kap. 4.2.1, Kap. 4.2.4)
Munizipien sind altrömische Stadtbezirke mit innerer Selbstverwaltung und bestimmter staatsrechtlicher Stellung, die dazu dienten die Stadt besser zu verwalten.

Nekropole (▸ LF 3, Kap. 4.2.6)
Der Begriff »Nekropole« setzt sich aus den beiden altgriechischen Wörtern *nekrós* (dt. Toter) und *polis* (dt. Stadt) zusammen und bedeutet daher »Totenstadt«. Es handelt sich dabei um größere Begräbnisstätten des Altertums, die oberirdisch, zum Teil auch unterirdisch und abseits der griechischen, römischen, phönizischen und jüdischen Wohnsiedlungen liegen.

Plankton (▸ LF 7, Kap. 9.3)
Im Wasser treibende und schwebende Organismen werden als *Plankton* bezeichnet. *Plankton* (griechisch für umhertreiben, umherirren) wird unterschieden in pflanzliches und tierisches Plankton, das es in zahlreichen Formen und Größen gibt. Die kleinste Form sind Bakterien.

RIT-Fahrkarte (▸ LF 7, Kap. 5.1, Kap. 6)
Die RIT-Fahrkarten (engl. *Rail Inclusive Tours*) sind ermäßigte Bahnfahrkarten der *Deutschen Bahn AG* in Zusammenarbeit mit Reiseveranstaltern. Sie sind ausschließlich in Verbindung mit mindestens einem touristischen Pauschalarrangement, z. B. einer Hotelübernachtung, buchbar. Gültig sind die RIT-Fahrkarten nur für die Bahnbeförderung innerhalb Deutschlands, für Einzelreisende und gemeinsam reisende Personen. Kinder bis einschließlich 14 Jahren fahren auf den DB-Strecken in Begleitung der Eltern oder Großeltern kostenfrei. Die Gäste reisen zu den günstigen Konditionen in allen fahrplanmäßigen Regelzügen der *Deutschen Bahn AG* wie z. B. mit dem *Intercity-Express* (ICE). Die Preistarife richten sich nach festgelegten Kilometerzonen. Der Reisepreis für Hin- und Rückfahrt ist abhängig von der Entfernung des Abfahrtsbahnhofes bis zum Reiseziel.

Scirocco (▸ LF 3, Kapitel X.X)
Der ***Scirocco*** ist ein heißer Wind, der aus der Sahara in den Mittelmeerraum weht. Aufgrund seiner Entstehung in der Wüste, bringt er viel Sand und Staub mit sich und verursacht somit eine gelblich-graue Färbung in der Luft. Gelegentlich kann der Wind sogar den Charakter eines Sandsturmes annehmen. Während der Wind über Afrika trocken ist, reichert er sich über dem Mittelmeer mit reichlich Feuchtigkeit an, was unter Umständen zu heftigen Niederschlägen führen kann.

Souq (▸ LF 7, Kap. 9.3)
Ein *Souq* (arabisch *Sūq*, dt. »Markt«) ist ein kommerzielles Viertel einer arabischen Stadt, in der Händler ihre Waren verkaufen. Es gleicht einem großen Markt auf dem reges Treiben herrscht.

Versicherungspaket (▸ LF 7, Kap. 8.1)
Ein Versicherungspaket beinhaltet häufig:
- Kaskoversicherungen (CDW, SDW, TDW)
- Diebstahlversicherung (TLW, STW, TTW)
- Insassen-Unfallversicherung (PAI)
- Haftpflichtversicherung

Wiener Kongress (▸ LF 3, Kap. 4.2.1 und LF 7 Kap.)
Die Beendigung der Kriege gegen *Napoleon* war der Anlass für den vom österreichischen Außenminister *Fürst von Metternich* präsidierten Wiener Kongress (18. September 1814 bis 9. Juni 1815). Politisch bevollmächtigte Vertreter aus rund 200 europäischen Staaten berieten zum einen die Neuordnung Europas unter dem Gesichtspunkt der Wiederherstellung der Ordnung wie sie vor der *Französischen Revolution* bestanden hatte (Restauration) und zum anderen die territoriale Neugliederung im Hinblick auf das Gleichgewicht der Mächte. Die Ergebnisse des Kongresses wie z. B. die Festlegung eines locker organisierten *»Deutschen Bundes«* anstatt eines deutschen Nationalstaates fielen nüchtern aus und dienten in erster Linie den Großmächten *Preußen*, Österreich, *Vereinigtes Königreich* und *Russland*. Doch letztendlich sicherte die geschaffene Ordnung Europa 40 Friedensjahre.

Sachwortverzeichnis